CW00796526

LES SERMONS

« Spiritualités vivantes »

MAÎTRE ECKHART

LES SERMONS

Traduits et présentés
par Gwendoline Jarczyk
et Pierre-Jean Labarrière

Albin Michel

Albin Michel
■ *Spiritualités* ■

Collection « Spiritualités vivantes »
dirigée par Jean Mouttapa et Marc de Smedt

Présentation

Le volume que voici est une nouvelle version française des sermons allemands de Maître Eckhart, réalisée pour la première fois dans son intégralité. Il aura fallu attendre en effet plus de six siècles pour que ce corpus, dont l'importance pour la littérature mystique et philosophique ne saurait être surévaluée, soit enfin l'objet d'un travail de critique textuelle que l'on peut tenir pour définitif. L'aura dont jouissait cette pensée — jointe au parfum d'inorthodoxie qui flotte autour d'elle depuis que le pape Jean XXII [1] eut condamné vingt-sept propositions dont beaucoup, souvent déformées il est vrai, appartenaient à cette partie de l'œuvre eckhartienne — avait favorisé au long des siècles la constitution d'un recueil de textes hétéroclites faussement attribués au Maître de Thuringe. Quelques tentatives de clarification, insuffisamment averties, avaient été engagées dès le milieu du XIXe siècle, en particulier par Franz Pfeiffer [2] et un peu plus tard, de façon fort partielle, par Frantz Jostes [3] ; des traductions en allemand moderne, aussi précieuses que prématurées, avaient vu le jour —

parmi elles on peut citer celles de H. Büttner[4] et de Schulze-Maizier[5]; mais ce n'est qu'en 1935 que Josef Quint commença de produire, dans le cadre d'une entreprise globale portant sur les œuvres latines et les œuvres allemandes de Maître Eckhart, les fascicules destinés à constituer les cinq volumes placés sous le titre *Die deutschen Werke*[6].

Quint se livra d'abord à un recensement des textes allemands qui, à une époque ou à une autre de la tradition, avaient été attribués à Eckhart — soit environ cent soixante sermons et pas moins d'une vingtaine de traités. Avec l'aide de collaborateurs, il entreprit ensuite d'établir une mise en ordre de la tradition manuscrite. La dernière étape du travail, la plus délicate, consista, au terme d'une minutieuse critique interne, à prendre position sur l'authenticité de chaque texte. Furent retenus dans cette édition, qui fait désormais autorité, quatre traités[7] : les *Discours du discernement*, le *Livre de la consolation divine*, le sermon développé intitulé *De l'homme noble*, enfin le traité *Du détachement*[8]. En ce qui concerne les sermons, Quint avait eu la possibilité, avant sa mort survenue en 1976, d'en publier quatre-vingt-six (en réalité quatre-vingt-douze, si l'on prend en considération les doublets)[9].

L'authentification de ces textes est liée à des critères internes. Josef Quint a d'abord retenu seize sermons contenant des propos repris dans les actes d'accusation produits lors des procès de Cologne et d'Avignon. Huit autres (n°s 17 à 24) sont authentifiés par des rapprochements avec certains sermons latins du Maître qui sont hors de conteste[10]. Les autres sermons, publiés par ordre de certitude décroissante (mais néanmoins à l'aide de critères toujours convaincants), sont reconnus authentiques en raison des parallèles qu'ils présentent avec les sermons allemands déjà retenus : les n°s 25 à 30 s'appuient de la sorte sur les sermons 1-24, les n°s 31 à 59 sur les sermons 17-30, les n°s 60 à 86 sur les sermons 25-59 et sur d'autres rapprochements avec les premiers sermons, les *Traités*, enfin telle ou telle partie de l'œuvre latine. Avec la publication, à partir de critères semblables, de vingt-neuf derniers sermons[11], l'ensemble se présentera comme une construction solidement cimentée, dans laquelle les textes retenus en dernier bénéficient de la légitimité dont ils sont redevables à ces authentifications en cascade.

La tradition tourmentée qui a véhiculé jusqu'à nous les textes d'Eckhart a connu de ces regroupements dans lesquels en particulier un certain nombre de sermons, authentiques ou apocryphes, étaient présentés sous un intitulé qui cherchait à dire par avance quelque chose de leur esprit. Ainsi du *Paradisus anime intelligentis*, une compilation de soixante-quatre textes, qui date des environs de 1340, moins de quinze années après la mort d'Eckhart et sa condamnation à Avignon[12]. Dans ce recueil composite, la moitié des textes est attribuée à Eckhart lui-même. Les sermons sont distribués, par groupes de six au maximum, selon le déroulement de l'année liturgique et selon le calendrier des fêtes des saints. On trouve là, à côté de textes que la critique récente a dû écarter, certaines pièces authentiques, par exemple l'admirable sermon que l'on pourra lire ici même sous l'*incipit* «*Maria stuont ze dem grabe und weinete*[13]». Venant en complément du précédent, plus développé, sur le même thème, ce sermon décrit la venue de Marie-Madeleine au tombeau, le matin de Pâques. Une merveille de sensibilité, de silence et de pudeur : «C'était miracle, tant elle était troublée, qu'elle puisse pleurer. Amour la faisait se tenir debout, souffrance la faisait pleurer. [...] Elle n'avait rien à perdre; tout ce qu'elle avait, elle l'avait perdu en lui. Lorsqu'il mourut, elle mourut avec lui. Lorsqu'on l'ensevelit, on ensevelit son âme avec lui. C'est pourquoi elle n'avait rien à perdre. [...] Alors elle s'avança; alors il la rencontra.»

On doit noter que cette compilation ne présente aucun des textes incriminés lors du procès d'Avignon; le dessein est donc clair : il s'agit d'une réhabilitation posthume, destinée à faire connaître des propos susceptibles de restaurer, s'il en était besoin, la fiabilité du Maître. D'où probablement la teneur du titre : *Paradisus anime intelligentis*, qui cherche à exprimer, de façon à la fois juste et relativement neutre, le plus essentiel de sa pensée. Comment le traduire? L'«intelligence» dont il est ici question ne peut être que la *Vernünfticheit* eckhartienne — «intellect», puissance supérieure qui reprend à son compte en les menant à leur accomplissement les constructions de l'entendement (*Verstandnisse*) ou celles de l'imaginaire. Et donc : *Le paradis de l'âme douée d'intellect* — autrement dit le lieu où s'épanouit dans sa figure achevée ce qui est à la fois le plus profond et le plus haut dans l'homme, ce par quoi il est véritablement *Un*, par droit de nature et par capacité d'exercice, avec cette *moelle*, ce *noyau*, cette *racine*, cette *veine* dont il procède et auxquels il fait retour. Tout Eckhart est là, dans la simplicité d'une lexie qui appelle un déploiement sans limites, pour autant que l'on consente, comme il le dit bellement en un autre contexte, à en *briser la coque* : « J'ai déjà dit souvent : il faut que la coque soit brisée, s'il faut que ce qui est dedans vienne au-dehors ; car si tu veux avoir le noyau, il te faut briser la coque. Et de même : si tu veux trouver nûment la nature, il faut alors que toutes les ressemblances soient brisées, et plus loin on pénètre là, plus proche on est de l'être[14]. »

Venant après notre édition des *Traités* et du *Poème*, ce volume comporte la traduction de quatre-vingt-dix sermons réalisée à partir de l'original *moyen-haut allemand* — cette langue vernaculaire qui prenait alors son essor, et que Maître Eckhart, traduisant les termes techniques du latin scolastique, a marquée de son empreinte et contribué à créer[15]. Bien des concepts qu'il forgea à l'usage de ses auditeurs ignorants du vocabulaire utilisé dans les universités d'alors ont connu une fortune enviable et sont venus jusqu'à nous, chargés de cet esprit que le Maître rhénan avait su leur insuffler. Revenir à ces sources et percevoir l'écart qui se trouve introduit par notre auteur entre les notions en usage dans le latin de l'époque et les termes allemands qui s'imposèrent à lui permet de pressentir l'originalité de l'expérience qui fut sienne et qu'il s'efforce de transmettre.

Maître Eckhart prédicateur[16]

Cette expérience, Eckhart la communique à travers un double registre expressif — celui du professeur qui, à Paris, à Erfurt, à Cologne, se plie, dans le cadre des universités nouvellement fondées, au traitement des questions débattues dans l'Ecole ; celui également, plus libre de forme, plus novateur aussi, du prédicateur itinérant allant de monastère en monastère à la rencontre d'auditoires de moniales ou de simples fidèles pour traduire en leur langage les richesses intérieures dont il s'est lui-même reconnu participant. D'un côté l'enseignant, que l'on peut rejoindre surtout dans son œuvre latine ; de l'autre, l'apôtre lancé sur les routes du monde pour dispenser à tous, de la façon la plus abordable mais sans rien rabattre d'une exigence extrême, les critères d'un discernement portant sur les formes aussi concrètes que sublimes du détachement et de l'union. On pourrait être tenté de chercher, dans la personnalité de Maître Eckhart, une partition des choses qui donnerait la palme d'un côté au métaphysicien intrépide, affronté au traitement théorique des questions doctrinales, et, de l'autre, au mystique s'efforçant de transmettre quelque chose de sa propre expérience intérieure. Pourtant, ayant posé cette division de son œuvre à tous perceptible[17], il faut aussitôt prendre garde à ne pas la comprendre de façon dichotomique. Chez Eckhart en effet, le métaphysicien n'est pas autre que le mystique ; et ce dernier pour sa part ne connaît d'autre moyen d'engager son auditeur sur les chemins de l'union que de lui rappeler à temps et à contretemps, en grande précision *théorique*, les merveilles dont il est investi par situation d'origine ; ne suffit-t-il pas d'amener ces réalités au jour de la connaissance pour que l'être tout entier trouve ou retrouve son ordination intrinsèque à Dieu ? C'est à ce titre justement que l'on peut parler, à propos de Maître Eckhart comme aussi de ses disciples Henri Suso et Johannes Tauler, de « mystique spéculative ». En entendant que ce terme n'implique aucune évasion dans une pensée déconnectée du réel, mais souligne le fait que le plus proche et le plus familier n'ont sens qu'à se reconnaître prévenus et sous-tendus par une relation qui s'adresse d'abord à l'intelligence : « Tu dois savoir », ne cesse de répéter Eckhart — et cela dans la conviction qu'un tel rappel suffit à accorder la liberté au mouvement qui la constitue.

Métaphysicien et mystique, « maître » aussi bien dans le domaine de la pensée que dans celui de la vie[18], Eckhart donne libre cours à cette orientation double et unique dans la totalité de son œuvre, mais jamais plus peut-être que lorsqu'il s'adonne à la prédication. N'est-il pas un représentant, et des plus éminents, de cet ordre dominicain qui vit le jour un demi-siècle à peine avant sa naissance et dont les membres voulaient être connus et reconnus comme des « prêcheurs[19] » ? L'estime que Maître Eckhart porte à cette fonction est telle que, dans l'un de ses sermons où il commente la parole de l'évangile *Homo quidam fecit coenam magnam*[20], venant à l'épisode d'après lequel l'homme en question — un homme, dit-il, qui n'a pas de nom, parce qu'en réalité c'est de Dieu qu'il s'agit

— envoie un serviteur pour rappeler aux invités qu'ils sont attendus dans la salle du festin, il pose aussitôt la question : « Qui donc est le serviteur ? » Et il répond : « Ce sont les anges et les prêcheurs. » Quelques lignes plus haut, il avait déclaré pareillement, étendant son propos à un troisième terme qui montre en quelle excellence il tenait cette fonction de médiation : « Ce serviteur, ce sont des prêcheurs. Selon un autre sens, ce serviteur est les anges. En troisième lieu, à ce qu'il me semble, ce serviteur est la petite étincelle de l'âme. » Certes, cette identification des anges et des « prêcheurs » est appuyée sur une citation de saint Grégoire, et ce ne sont donc pas les fils de saint Dominique, venus quelques siècles plus tard, qui sont ici visés ; disons plutôt que ceux-ci, en faisant choix de ce titre de « prêcheurs », se sont inscrits dans une tradition que Grégoire et d'autres avec lui ont su mettre au plus haut quand il s'agit de dire et de faire l'actualité de l'évangile.

Il est significatif de ce point de vue que le premier écrit assuré que nous possédions d'Eckhart soit un sermon latin retrouvé il y a peu et qui fut sans doute prononcé à Paris le 18 avril 1294, pour la fête de Pâques[21]. Quant aux circonstances dans lesquelles virent le jour les cent quinze sermons dont la traduction figure ici, elles demeurent entourées d'une relative obscurité. Quelques allusions à des débats qui ont eu cours « à l'Ecole[22] » et auxquels Eckhart avait sans doute pris part laissent supposer que certains d'entre eux peuvent remonter aux années qui suivirent son premier enseignement à Paris — où il avait gagné son titre de « Maître » (1302-1303) — et auraient pu être donnés en conséquence pendant le séjour d'une dizaine d'années qu'il fit alors à Erfurt ; mais il est vrai que les multiples charges qu'il eut alors à assumer ne lui laissèrent sans doute que peu de loisir pour se livrer à cette tâche ; c'est donc plutôt dans la décennie suivante, après son second enseignement parisien — par conséquent, à partir de 1313 — qu'il composa et prononça la plupart de ces sermons. Il était alors basé à Strasbourg, et avait charge de visiter, pour leur porter assistance et conseil, les couvents de moniales dominicaines qui avaient fleuri autour de cette ville, et plus loin jusqu'en Suisse et en Rhénanie du Sud[23]. Il était également visiteur, conseiller et protecteur du millier de « béguines » présentes en ces contrées — ces femmes spirituelles, en marge des ordres religieux traditionnels, regroupées dans des sortes d'ermitages qui étaient autant de creusets d'aventures mystiques, souvent suspectes à l'autorité. Passant de lieu en lieu, répondant aux besoins qui se faisaient jour, Eckhart ne manquait pas de prêcher devant des auditoires qui rassemblaient sans doute aussi les croyants de toute venue vivant à l'ombre de ces monastères et de ces béguinages. Il transcrivait là, dans la langue drue de l'époque, les concepts latins polis dans son enseignement et dans ses joutes universitaires — et les inventions auxquelles il était amené de la sorte enrichissaient en retour sa quête de la vérité. On peut penser que ce bon artisan du langage avait loisir de tester en l'occurrence les audaces de pensée et d'expression auxquelles le contraignait l'intensité d'une expérience sans compromis, et que ces affirmations, en retour, portaient en elles la nécessité d'une clarification du savoir.

Eckhart n'eut sans doute pas souci de fixer lui-même par écrit le texte de ces interventions où la part de l'improvisation orale est bien souvent patente. Il est loisible de supposer alors le processus suivant : dans le désir de prolonger les bienfaits de l'enseignement reçu au cours de ces « visites », les moniales et les béguines ou d'autres auditeurs prirent l'habitude d'écrire les propos entendus. Il est peu probable que le Maître ait eu loisir d'authentifier ces textes et de s'engager de façon réfléchie sur la lettre qui lui était ainsi attribuée — avec certes la fidélité de principe qu'implique le sentiment de vénération dont il était l'objet en ces milieux, mais aussi avec les aléas inévitables qui sont le lot de telles transcriptions. En plus de quoi l'on peut conjecturer que les recueils qui se constituèrent de la sorte — et que l'on se passait sans doute de monastère en monastère — furent bien des fois recopiés, ce qui augmentait le danger d'approximations ou de glissements verbaux. Pour autant, l'on ne saurait développer à l'égard de ces textes un soupçon de principe ; lors de ses différents procès à Cologne puis à Avignon, Eckhart se vit certes contraint de récuser tel ou tel de ces propos qu'on lui prêtait sur la foi de transmissions incertaines, mais le plus souvent il admit la littéralité des énoncés qui lui étaient reprochés, quitte à mettre en cause l'interprétation trop immédiate que l'on en donnait. Cette situation ne paraît pas fondamentalement différente de celle que connurent les traités qu'il produisit de sa plume, voire même les textes latins qui servaient de canevas à ses cours — des collections d'énoncés qui connurent les mêmes disgrâces et qui, aussi bien que les sermons, servirent de vivier aux censeurs.

La condamnation de Maître Eckhart ne manqua pas de compliquer encore les choses. On se plaît parfois à minimiser la portée de cet acte de l'autorité ecclésiastique. Il est vrai que l'archevêque de Cologne, Henri de Virneburg, n'obtint pas du pape que la personne d'Eckhart se trouvât elle-même mise en cause, non plus que son œuvre en tant que telle : ce sont vingt-huit *propositions*[24] qui furent déclarées « hérétiques » pour dix-sept d'entre elles et « malsonnantes, très téméraires et suspectes d'hérésies » pour les onze autres. Il est vrai aussi que la publication de la bulle de condamnation fut explicitement limitée au diocèse de Cologne, alors que Henri de Virneburg aurait souhaité une promulgation plus large ; il reste que Jean XXII, le pape d'Avignon, écrivit à l'archevêque de Cologne le 30 avril 1328, sans doute peu de temps après la mort d'Eckhart, pour le « rassurer » : oui, la procédure irait à son terme, oui, la condamnation explicite d'un certain nombre d'articles serait prononcée — ce qui devint effectif le 27 mars 1329 avec la publication de la bulle *In agro dominico*[25]. C'est pourquoi il importe, dépassant la malhonnêteté objective et sans doute la malveillance que trahit cette sélection d'énoncés coupés de leur contexte, de replacer chacun d'entre eux dans le mouvement total de la pensée, pour montrer que telle formulation plus délicate trouve justification de l'ensemble auquel elle se réfère, et que son audace bien souvent se trouve exigée par la rigueur d'une visée d'expérience hors de tout conteste.

Avant d'évoquer la teneur de quelques-unes de ces idées, un mot encore sur « l'allure » de ces textes, sur leur puissance intrinsèque, leur pertinence oratoire et la séduction dont ils se parent à nos yeux jusque dans la distance[26]. Eckhart connaît toutes les ressources d'un genre littéraire qu'il maîtrise avec un art consommé. Il mêle et articule sans coup férir le familier et le sublime, l'intransigeance et l'encouragement plein de compassion. Sa parole se présente comme pleinement autorisée, par ses références à l'Ecriture, à l'opinion des « maîtres » (chrétiens ou non), à son expérience propre ; elle use de solennité et se permet toutes les insistances ; elle se sait et se veut entraînante, ne dédaignant pas d'apostropher l'auditeur, faisant appel à toutes les possibilités d'une pédagogie éveillée aux finesses de la psychologie et aux subtilités de l'âme ; elle ruisselle d'images et sait agrémenter les propos les plus graves de sourires délicats, conjuguant avec souplesse et naturel l'enseignement puisé aux meilleures sources et les remarques de bon sens où transparaît une capacité innée d'observation. La vérité est à dire, avec une urgence que rien ne peut infléchir ; en même temps, elle se propose en liberté, misant sur l'adhésion intime, toujours émerveillée et jamais triomphante. Nombre de ces compositions mériteraient de figurer dans une anthologie, à côté des productions des plus grands peintres de l'âme, de ceux au moins qui sont portés par certaine tendresse, par une liberté de jugement, une force de compassion, une volonté passionnée de remettre l'homme à la splendeur de son origine[27]. Eckhart a une foi sans limites dans la puissance d'éveil que recèle le verbe humain, lui qu'il décrit bellement comme un adverbe auprès du Verbe : « C'est cela, précise-t-il en toute assurance, que je vise dans tous mes sermons[28]. » On a pu suggérer avec pertinence que ce service de la parole a pour lui une force quasi sacramentelle et qu'elle se trouve chargée d'une puissance créatrice qui vient de ce que Dieu s'engage là aux côtés de l'homme — de tout homme qui accepte de laisser remonter en lui un savoir très ancien coextensif à son être même. C'est toujours de ce niveau *ontologique* que parle Eckhart, c'est à lui qu'il s'attache à ramener ceux qui veulent bien l'écouter, engageant à ce compte son expérience la plus intime : « Ce que je vous ai dit, c'est vrai ; de quoi je vous donne la vérité pour témoin et mon âme en gage[29]. »

Ce sont ces qualités exceptionnelles qui font que Eckhart, métaphysicien et mystique, est aussi — et peut-être d'abord — un poète et un créateur d'immense puissance.

« Quand je prêche, j'ai coutume... »

Eckhart n'est pas simplement un prédicateur hors pair qui procéderait par une sorte d'instinct, il sait aussi faire la théorie de son art en prenant distance vis-à-vis de sa pratique et en énonçant, sinon les « recettes » qu'il met en œuvre, du moins les impératifs auxquels il se sent tenu de se conformer.

Question de forme d'abord, mais qui va plus loin qu'il ne paraît. Dans un sermon d'une particulière densité qui traite de justice et d'amour et rassemble une nouvelle fois Dieu et l'homme dans la gratuité d'un « sans pourquoi », Eckhart introduit de la façon suivante un propos dont il mesure l'audace : « Prêtez bien attention à cette interprétation. Elle est tout à fait en accord avec l'Ecriture, si on est prêt à desceller, à dénuder celle-ci [30]. » Dénuder l'Ecriture, ôter d'elle le voile qui la recouvre ou le sceau qui, la maintenant fermée, empêche qu'on ne la lise en vérité, procéder en somme à ce que l'on appellerait une herméneutique débarrassée de tout jugement convenu, c'est bien à quoi s'attache l'exégèse spirituelle de Maître Eckhart. Voilà qui donne à ses commentaires un air de grande liberté, lui permettant de se laisser happer, le cas échéant, par une interprétation inhabituelle qui pique l'attention et sollicite *autrement* le jeu de l'intelligence. Faut-il aller jusqu'à dire que Eckhart, qui entend délivrer une doctrine fondée par ailleurs sur sa propre expérience, cherche seulement dans l'Ecriture — telle qu'elle est proposée dans la liturgie d'un jour — un *pré-texte* aux développements dont il porte l'exigence ? Au vrai, il n'y aurait rien de péjoratif à reconnaître que telle est bien, en nombre de cas, sa manière de procéder. Pour autant, cette référence scripturaire ne doit pas être tenue pour négligeable ; elle permet de jeter un autre regard sur l'origine de la « révélation », en situant celle-ci en son lieu de vérité, qui est primairement la façon dont l'Esprit vient à parler à l'esprit de l'homme.

Cela est confirmé par l'énoncé des thèmes que

Eckhart lui-même reconnaît dominants dans sa prédication. Tous sont au cœur de sa doctrine « métaphysique-mystique ». « Lorsque je prêche, affirme-t-il par exemple, j'ai coutume de parler de détachement et de ce que l'homme doit se trouver dépris de soi-même et de toutes choses. En second lieu, que l'on doive se trouver formé intérieurement dans le bien simple[31] qui est Dieu. En troisième lieu, que l'on pense à la grande noblesse que Dieu a déposée dans l'âme, pour que l'homme par là parvienne à Dieu de façon merveilleuse. En quatrième lieu, de la limpidité de la nature divine — quelle clarté se trouve en la nature divine, cela est inexprimable[32]. » Quatre considérations l'une à l'autre enchaînées selon une logique remarquable : d'abord, au centre de ce que l'on appellera un dispositif « relationnel », la réalité du *détachement*, qui est au-delà de toute vertu et qualifie l'être dans sa liberté essentielle, aussi bien en Dieu qu'en l'homme ; ensuite, le regard que de là l'on peut jeter tant sur l'intériorité de l'homme, dans sa texture métaphysiquement complexe, que sur la nature de Dieu lui-même — la vérité de l'expérience spirituelle tenant dans l'exacte réciprocité entre ces deux déterminations du regard, le fait que le contenu de chacune d'entre elles doive être trouvé dans l'autre, et que le détachement ou la déprise consiste très précisément dans cet échange de déterminations entre Dieu et l'homme.

Un terme simple rassemble parfois ce processus, celui de naissance (ou d'*engendrement*). Dans un autre sermon, Eckhart précise en effet : « J'ai parlé quelquefois d'une lumière qui est dans l'âme, qui est incréée et incréable[33]. Cette lumière, j'ai coutume d'en toucher toujours dans mes sermons, et cette même lumière saisit Dieu sans intermédiaire et sans couverture (*sunder decke*) et nu, tel qu'il est en lui-même ; c'est là [le] saisir dans l'opérativité de la naissance-intérieure[34]. » En somme, la *facture* d'un sermon, l'argumentaire qu'il met en œuvre ou encore la discursivité qu'il déploie, n'ont d'autre finalité que de porter toutes les facultés de l'homme — ses puissances inférieures et sensibles, ses puissances supérieures, volonté et intellect — vers cette sorte de *reprise* intime à laquelle elles sont promises en ce lieu sans lieu où l'homme peut connaître le mode sans mode[35] de son union *essentielle* avec la déité. Commentant, dans un autre sermon prononcé en la fête de saint Dominique, le texte de l'Ecclésiastique qui commence par les mots « *Quasi stella matutina* », Eckhart affirme : « Je vise le petit mot "quasi", qui signifie "comme", ce que les enfants à l'école appellent un adverbe. C'est cela que je vise dans tous mes sermons[36] » — pour conclure quelques lignes plus loin : « Saint Jean dit : "Au commencement était le Verbe", et [il] veut dire qu'auprès du Verbe l'on doit être un adverbe. » Qu'est-ce à dire ? Etre un adverbe du Verbe, comme l'étoile du matin tout entière orientée vers le soleil — ni près ni loin, simplement définie par cette proximité, signe d'une dépendance *mutuelle* — c'est répondre à ce qui constitue l'homme dans la vérité de son être. Ainsi le précise Eckhart dans ce même sermon, en inscrivant à nouveau sous ce but unique l'enjeu de sa prédication : « L'homme qui veut parvenir à ce dont on vient de parler — à quoi tend ce discours tout entier — il doit être comme une étoile du matin ; toujours présent à Dieu et toujours auprès et exactement proche et élevé au-dessus de toutes choses terrestres et près du Verbe être un adverbe. »

Cela dit, et même s'il est vrai, comme on l'a rappelé, que l'acte de la prédication pour Maître Eckhart a une portée quasi sacramentelle, il est loin d'en faire on ne sait quelle réalité absolue. Ce serait contraire au fait que Dieu — de par son universalité et de par sa présence constitutive, inamissible, à l'homme, au monde et à l'histoire — ne saurait être localisé, comme si la possibilité que l'on a de le rencontrer se trouvait liée à *ceci* ou à *cela*. Une affirmation qui touche à l'essence des choses, et que le Maître exprime parfois avec une touche d'humour : « [...] pour de vrai, celui qui s'imagine obtenir davantage de Dieu dans l'intériorité, dans la ferveur, dans la douceur et dans une grâce particulière que près du feu ou dans l'étable, tu nc fais alors rien d'autre que si tu prenais Dieu et lui enroulais un manteau autour de la tête et le poussais sous un banc. Car qui cherche Dieu selon un mode, il se saisit du mode et laisse Dieu qui est caché dans le mode. Mais qui cherche Dieu sans mode, il le prend tel qu'il est en lui-même ; et cet homme vit avec le Fils, et il est la vie même[37]. » S'attacher à un sermon, penser que l'on atteint Dieu plus sûrement ou plus rapidement *sous ce mode*, c'est avouer qu'on manque à le reconnaître présent et opérant, comme *mode sans mode*, dans le tissu de l'univers entier ; d'où cette déclaration abyssale, qui exprime le *détachement* avec lequel il convient de se prêter à cette communication particulière, marquée de totale relativité : « Qui ne connaîtrait que les créatures, il n'aurait jamais besoin de penser à aucun sermon, car toute créature est pleine de Dieu et est un livre[38]. »

L'union dans l'âme au-delà de l'âme

« La petite étincelle de l'intellect, c'est le chef de l'âme, [...] quelque chose comme une petite étincelle de nature divine, une lumière divine, un rayon et une image imprimée de nature divine[39] » —, et ensuite vers celui dont procède cette *capacité* même, l'infini de cette *contenance* que seul il est à même de combler : *Dieu au-delà de Dieu.* Ainsi, du côté de l'homme, l'*étincelle de l'âme* est-elle en elle comme au-delà d'elle, de même *Dieu* tel qu'en lui-même n'est pas d'abord le « Dieu » des créatures — ainsi que le précise ci-dessous le Sermon 52[40], l'un des plus beaux textes du monde — mais l'abîme qui s'ouvre à l'aplomb des Personnes divines elles-mêmes et que Eckhart désigne le plus souvent sous le vocable de « déité » (*Gotheit*).

Voici un passage de ce texte d'une extrême précision dans son inspiration comme dans son vocabulaire. On y verra que viser Dieu *au-delà de lui-même*, dans l'abîme de son insondabilité, c'est l'atteindre dans ce lieu sans lieu où l'homme lui-même *au-delà de l'homme* peut s'unir à lui en marge de toute projection de l'imaginaire. Car « lorsque je me tenais dans ma cause première, je n'avais pas de Dieu, et j'étais alors cause de moi-même ; alors je ne voulais rien ni ne désirais rien, car j'étais un être dépris et me connaissais moi-même selon la vérité dont je jouissais. Alors je me voulais moi-même et ne voulais aucune autre chose ; ce que je voulais je l'étais, et ce que j'étais je le voulais, et je me tenais ici dépris de Dieu et de toutes choses. Mais lorsque, de par ma libre volonté, je sortis et reçus mon être créé, alors j'eus un Dieu ; car, avant que ne fussent les créatures, Dieu n'était pas "Dieu", plutôt : il était ce qu'il était. Mais lorsque furent les créatures et qu'elles reçurent leur être créé, alors "Dieu" n'était pas Dieu en lui-même, plutôt : il était "Dieu" dans les créatures [41]. »

Texte *visionnaire* — au sens où ce qui se donne à voir est plus que ce que l'on découvre *immédiatement*, ainsi qu'on peut le lire en un autre contexte : « Lorsqu'on dit : "Voyez", on entend là trois choses : quelque chose qui est grand ou quelque chose qui est étonnant ou quelque chose qui est extraordinaire [42]. » Qu'est-il donc là de *grand*, d'*étonnant*, d'*extraordinaire* ? Simplement cette double équation, dont l'une n'annule pas l'autre, mais dont elle révèle la profondeur : à reprendre ce texte par son terme, lorsqu'il vient à toucher le temps, il y a en effet « Dieu » et la créature, comme en face à face, dans une relation qui, pour l'homme, signe sa dépendance par rapport à son principe ; et à l'autre bout, au principe justement, il y a Dieu, délivré de tous guillemets, Dieu tel qu'en lui-même, lui qui de tout temps « était ce qu'il était ». Or le « Dieu » des créatures n'est pas autre que *lui-même au-delà de lui-même* — mais il faut pourtant « se déprendre » de lui, briser la coque en quelque sorte, atteindre la moelle pour que se recompose, dans une pleine différence sans hiérarchie, l'unité qui prévalait « lorsque je me tenais dans ma cause première », que « je n'avais pas de Dieu » (ce Dieu en face à face, connu dans le temps comme le « Dieu » des créatures), et que « j'étais alors cause de moi-même » — Dieu moi-même dans l'idée de Dieu[43]. *Dieu au-delà de Dieu* : Dieu *comme tel* — auquel a accès, pour s'y unir, l'homme *comme tel*, autrement dit *l'homme au-delà de l'homme*. Dès lors, dans la *différence* qu'implique l'idée de *relation*, il n'est plus de limite à la diction de l'*unité* : « On entend certes la chaleur sans le feu et l'éclat sans le soleil ; mais Dieu ne peut s'entendre sans l'âme et l'âme sans Dieu ; tant ils sont Un[44]. »

Le corrélat de cet abîme qu'est Dieu, c'est donc l'abîme que l'homme est lui-même. Eminent représentant, à ce titre, de la longue tradition dialectique qui s'étend de Platon à Hegel et au-delà, et qui marque en particulier le courant de ce que l'on appelle la *mystique spéculative*, Eckhart dispose au cœur de sa logique la pensée d'une *unité* qui n'est telle que des *différences* qu'elle engendre comme sa propre structure, et qui ne cessent donc de se résoudre en elle en trouvant là le principe de leur différenciation : « Amour a pour nature sienne de fluer et de jaillir à partir de deux en tant que un. Un en tant que un ne donne pas amour, deux en tant que deux ne donne pas amour ; deux en tant que un donne de nécessité amour naturel, impérieux, ardent[45]. »

Cette pensée mystique promeut donc une valorisation conjointe et de Dieu et de l'homme. Rien là en particulier qui sonnerait comme une minoration des capacités de l'homme au chemin de son accomplissement. Ainsi peut-il dire : « Il faut que l'âme, avec toute sa puissance, fasse une percée vers sa lumière. De la puissance et de la lumière jaillit un brasier, un amour. Ainsi faut-il que l'âme, avec toute sa puissance, fasse une percée vers l'ordonnance divine[46]. » Ou encore, dans le même sermon : « L'âme ne doit jamais cesser qu'elle ne devienne aussi puissante que Dieu en œuvres. » Une « puissance » (*Macht*) qui assure l'homme, à l'instar de Dieu lui-même, dans une véritable *autonomie relationnelle*.

C'est sur ce fondement, valable en tout temps parce que hors du temps[47], que Maître Eckhart déploie ce que l'on peut appeler son *travail d'architecte*. Ordonnance de l'âme, ordonnance de Dieu, ordonnance commune de Dieu et de l'âme : l'un des textes de ce volume compare l'âme humaine à une maison solidement bâtie, aménagée et tenue avec soin : « Cette maison vise l'âme en sa totalité, et les marches de la maison désignent les puissances de l'âme[48]. » Puissances *inférieures*, symbolisant les sens, par quoi l'extériorité accède, et souvent de façon dommageable, à la resserre intime que rien ne doit troubler si Dieu y doit faire son séjour. Il faut donc veiller sur le seuil, pour que la ténèbre et le trouble ne gagnent pas l'intériorité, et que la lumière, comme il échoit à l'homme, être de médiation, s'étende de là jusqu'aux confins de toute réalité.

Ainsi l'image architecturale, que Thérèse d'Avila portera à l'extrême dans son *Château intérieur*, se trouve-t-elle prise et comme emportée dans un grand *mouvement* qui, sous l'égide d'un *détachement ontologique* qui touche l'être de Dieu autant et plus que celui de l'homme, met en symbiose réflexive le tout de l'intériorité et le tout de l'extériorité : être et devenir (sous la figure de la relation), la réalité et son image, l'infinité du fini lui-même, le rien de rien (*niht nihtes*) qui *est* possession du tout, l'obscurité enfin qui est le mode d'émergence de la lumière même — cette lumière dont Eckhart ose dire : « [...] j'ai coutume d'en toucher toujours dans mes sermons, et cette même lumière saisit Dieu sans intermédiaire et sans couverture et nu, tel qu'il est en lui-même ; c'est là [le] saisir dans l'opérativité de la naissance-intérieure[49]. » Avec ce dernier terme — la *naissance* — vient au jour ce qui est sans doute, pour un Eckhart, le concept le plus intégrant de toute aventure spirituelle : naissance de Dieu en l'homme et de l'homme en Dieu — sous la raison de ce *dynamisme ascensionnel* que Eckhart intercale parfois, en guise de tierce puissance supérieure, *entre* la volonté et l'intellect[50], et qui est le répondant chez lui de cette fonction de médiation qu'assume l'*espérance* dans le schéma augustinien.

Dans le Sermon 53, on l'a vu, Eckhart, en rappelant les thèmes centraux de sa prédication, dispose autour de l'attitude à tous égards centrale du *détachement* les deux réalités que sont « la grande noblesse que Dieu a mise dans l'âme » et « la limpidité de la nature divine ». Deux réalités qui ne sont qu'une en leur essence, même si le théologien que fut Maître Eckhart sait apporter les nuances qui tiennent à ce que l'homme a certes en lui une part « incréée et incréable » mais n'est point tel en sa totalité. On peut dire en effet que l'*union* entre Dieu et l'homme les saisit l'un et l'autre dans l'ultime de ce qui constitue leur fond — la « déité », le « petit château fort » — mais selon une différence qui tient à ce que l'un est *par soi-même* tandis que l'autre est ce qu'il est — pleinement égal à son origine — *sous la modalité de l'image*. Cette égalité plénière dans la figure de la différence constitue l'essentiel de la doctrine eckhartienne concernant l'union de l'homme et de Dieu[51]. De cette doctrine, on verra que le Sermon 16 b, qui développe une réflexion sur le thème de l'*image*, présente à son propos une étude des plus fines, servie par des expressions aussi précises que paradoxales. Ainsi peut-on lire : « L'image n'est pas par elle-même ni n'est pour elle-même ; elle est seulement par ce dont elle est l'image, et est pour lui pleinement tout ce qu'elle est. Ce qui est étranger à ce dont elle est image, elle ne lui appartient pas et n'est pas pour lui[52]. »

Un même être, par conséquent, mais dans la disparité qui existe entre ce qui procède et ce dont il procède. Pareille unité substantielle détermine par conséquent un type de réalité qui est d'ordre véritablement ontologique. Maître Eckhart nomme le lieu où s'exprime cette unité d'origine : « [...] une puissance est dans l'âme qui sépare le plus grossier et se trouve unie à Dieu : c'est la petite étincelle de l'âme. Encore plus une avec Dieu devient mon âme que la nourriture avec mon corps[53]. »

A propos de cette « petite étincelle », Eckhart ne craint pas d'articuler deux séries d'affirmations d'apparence contradictoire et qu'il faut pourtant saisir dans leur conjonction. Elle est, dit-il, « de nature divine »[54] — et il développe avec force ce point de vue radical, allant jusqu'à corriger ses déclarations antérieures : « J'ai dit parfois qu'il est une puissance dans l'esprit qui seule est libre. Parfois j'ai dit que c'est un rempart de l'esprit ; parfois j'ai dit que c'est une lumière de l'esprit ; parfois j'ai dit que c'est une petite étincelle. Mais je dis maintenant : Ce n'est ni ceci ni cela ; pourtant c'est un quelque chose qui est plus élevé au-dessus de ceci et de cela que le ciel au-dessus de la terre. C'est pourquoi je le nomme maintenant de plus noble manière que je ne l'ai jamais nommé, et il se rit de la noblesse et de la manière et est au-dessus de cela. Il est libre de tous noms et démuni de toutes formes, dépris et libre tout comme Dieu est dépris et libre en lui-même. Il est aussi pleinement un et simple que Dieu est un et simple, de sorte que d'aucune manière l'on ne peut y jeter le regard[55]. » *Aussi pleinement un et simple que Dieu est un et simple* : on se voit donc contraint, tout en ne cessant de dire que son siège est « dans l'âme », d'affirmer qu'elle « n'est pas une puissance de l'âme[56] ». Voilà qui illustre ce que l'on a appelé plus haut la nature métaphysiquement complexe de l'homme : il est Dieu même, en Dieu *et* de par Dieu. Dans le même sermon où il a dit que la petite étincelle est « de nature divine », Eckhart ajoute en effet qu'elle est « créée par Dieu », « une lumière imprimée d'en haut » — et il conclut en rassemblant ces deux dimensions inséparables dans une formule paradoxale : cette petite étincelle est en l'homme « une image de nature divine »[57].

Penser la conjonction de ces deux affirmations, c'est l'enjeu d'un éveil à la logique eckhartienne. La différence n'y est jamais soustraite à la plénitude de l'unité, et celle-ci n'est pas l'autre de ces différences qui constituent sa richesse sans jamais porter atteinte au principe de son identité à soi-même. Simplicité et multiplicité vont donc ici de pair pour cette pensée de la différence réelle dans la non-hiérarchie. Dieu et l'homme sont un seul être et possèdent un seul fond, sans que pour autant le Un qui les rassemble (au-delà même de l'égalité) induise ce qu'il faudrait appeler la non-pensée d'une fusion. Car « amour a pour nature sienne de fluer et de jaillir à partir de deux en tant que un. Un en tant que un ne donne pas amour, deux en tant que deux ne donne pas amour ; deux en tant que un donne de nécessité amour naturel, impérieux, ardent[58]. »

Du côté de l'homme, cette division de l'unité, en expression de sa richesse, se redouble dans une première articulation que Eckhart, le visionnaire et le poète, institue entre ce qu'il appelle « les deux visages de l'âme ». S'appuyant sur l'opinion des maîtres, il écrit en effet : « [...] l'âme a deux visages, et le visage supérieur contemple Dieu en tout temps, et le visage inférieur regarde vers le bas et informe les sens ; et le visage supérieur, c'est ce qui de l'âme est le plus élevé, cela se tient dans l'éternité et n'a rien à faire avec le temps, et ne sait rien du temps ni du corps ; et j'ai dit parfois qu'en cela se trouve cachée comme une origine de tout bien et une lumière qui luit, qui luit en tout temps, et comme un brasier ardent qui arde en tout temps, et le brasier n'est rien d'autre que le Saint Esprit[59]. »

Deux ordres hétérogènes ? Nullement. Le visage supérieur de l'âme, *en tant que tel*, ne saurait se commettre, certes, avec ce qui relève de la temporalité ou du corps dans la mesure où ces réalités seraient abordées et comprises, en prime instance, sur une ligne de fuite par rapport à l'origine — le rapport se spécifiant alors comme cette extériorité oppositive qui dispose la créature *face au* créateur ; mais il est de la *nature* de la sensibilité de se ranger sous la tutelle des puissances supérieures de l'âme et de faire allégeance, à travers elles, à « la suprême vérité » — selon « l'ordonnance d'une armée » où « l'écuyer est subordonné au chevalier et le chevalier au comte et le comte au duc »[60]. Hiérarchie, cette fois ? Disons plutôt que là se dessine cette « ordonnance de l'âme » qui est une *image* exacte — au sens précisé plus haut — de l'« ordonnance divine[61] ».

Resserrant l'objectif, Eckhart montre alors comment le visage supérieur de l'âme est lui-même constitué par deux réalités, à la fois pleinement identiques et de capacité différente — l'une d'entre elles portant plus loin que l'autre dans ce que l'on pourrait appeler l'échelle de la gratuité. « Les maîtres disent, précise à ce propos Eckhart, que de la part supérieure de l'âme fluent deux puissances. La première se nomme volonté, la seconde intellect[62]. » La volonté aborde Dieu « en tant qu'il est bon, et si le nom de bonté faisait défaut à Dieu, amour n'irait jamais plus loin. Amour prend Dieu sous un pelage, sous un vêtement[63] ». Ce n'est pas ainsi qu'agit l'intellect ; il « prend Dieu nu, tel qu'il est dévêtu de bonté et d'être[64] » ; sans nul intérêt, par conséquent, que la simple reconnaissance de l'absolu de son *être*. Mettant à nouveau en regard l'une de l'autre la volonté et l'intellect, Eckhart affirme : « [...] la perfection de ces puissances tient à la puissance supérieure qui s'appelle intellect, qui jamais ne peut entrer en repos. Elle ne veut pas Dieu en tant qu'il est le Saint Esprit et en tant qu'il est le Fils, et fuit le Fils. Elle ne veut pas non plus Dieu en tant qu'il est Dieu. Pourquoi ? Là il possède un nom, et s'il y avait mille dieux elle fait d'autant plus sa percée, elle le veut là où il n'a pas de nom : elle veut quelque chose de plus noble, quelque chose de meilleur que Dieu en tant qu'il a nom. Que veut-elle donc ? Elle ne sait pas : elle le veut en tant qu'il est Père. C'est pourquoi saint Philippe dit : "Seigneur, montre-nous le Père, cela nous suffit." Elle le veut en tant qu'il est une moelle d'où sourd originairement bonté ; elle le veut en tant qu'il est un noyau d'où flue bonté ; elle le veut en tant qu'il est une veine dans laquelle sourd originairement bonté, et là il est uniquement Père[65]. »

Tout semble donc clair : puissances inférieures et puissances supérieures, au titre de leur *ordonnance* réciproque et de l'unité que leur confère le mouvement ascensionnel de la « percée en retour », trouvent dans l'intellect, sommet de l'âme, le lieu d'une *union* entre Dieu et l'homme qui excède toute modalité pour toucher à l'ultime de leur *être*. En de nombreux passages, Eckhart s'en tient à cette structure métaphysique, qui justifie que l'on parle à son propos de mystique *spéculative* : « Je ne suis pas bienheureux de ce que Dieu est bon. Je ne veux pour jamais désirer que Dieu me rende bienheureux par sa bonté, car cela il ne voudrait le faire. Je suis seulement bienheureux de ce que Dieu est doué d'intellect et que je connais cela[66]. » Mais à côté de cette perspective qui met fort nettement la béatitude, c'est-à-dire l'accomplissement de l'homme dans la vérité de son être originel, sinon au pouvoir de l'intellect, du moins à sa portée en l'instituant comme le *lieu* de l'union par-delà toute image[67], un autre ensemble de textes, non moins explicites, affirment que cette union excède l'intellect autant que la volonté et qu'elle est à situer au-delà de l'un *et* de l'autre[68]. Car s'il est vrai que l'intellect est capable de se rendre présent à Dieu dans la plénitude positive d'un « sans pourquoi », il ne peut pourtant jamais le saisir en lui-même « dans la mer de son insondabilité[69] » ; et c'est pourquoi Eckhart ajoute avec quelque solennité, « Je dis : au-dessus de ces deux, connaissance et amour, il y a miséricorde ; là Dieu opère miséricorde, dans le plus élevé et le plus limpide que Dieu puisse opérer. » De cette unité entre l'homme et Dieu par-delà tout multiple — Dieu dépouillant « ses noms divins et sa propriété personnelle » pour n'être plus que pure *déité*, et l'homme campant par-delà ses puissances dans le *petit château fort* « élevé par-delà tout mode et toutes puissances » — le Sermon 2 propose une vision flamboyante, aussi rigoureuse que pure[70]. Mais il est bien d'autres déclarations qui vont dans ce sens, Eckhart multipliant à ce propos les expressions de nature symbolique : le petit château fort est aussi l'étincelle, le quelque chose ; ou encore, rejoignant ce qui est dit de ce Dieu au-delà de Dieu qui est origine et terme de cette union : le lieu de cette unité fondatrice par-delà tout multiple est dite aussi *moelle*, *noyau*, *racine*, *veine*[71]. Lieu sans lieu vers lequel tout converge, raison sans raison de l'union à laquelle tout aspire. C'est cela que nous sommes en droit de chercher — et que nous avons la quasi-certitude de trouver — en chacun des textes du maître. On le constatera sans mal en prenant au hasard l'un ou l'autre des sermons de ce volume — ou du volume précédent et de ceux à venir : avec un éclat, une force, un bonheur d'expression qui certes connaissent ici ou là des moments de plénitude plus intense — une écriture par pleins et par déliés —, c'est toujours cette même visée fondatrice qui affleure dans les mots, comme une invite à l'abîme de pensée et de sentiment qui s'ouvre en chacun d'eux.

Ainsi, l'union entre Dieu et l'homme est-elle à la fois en l'âme et au-delà de l'âme. Car la « lumière divine », dont l'intellect procède à l'origine et à laquelle il se trouve *essentiellement* ordonné, n'a pas de prise immédiate sur les puissances *en tant qu'elles sont créées*. Ainsi s'exprime en effet Eckhart : « Lumière divine est trop noble pour en venir à faire communauté avec les puissances ; car tout ce qui là touche et se trouve touché, de cela Dieu est loin et à cela étranger. Et c'est pourquoi lorsque les puissances se trouvent touchées et touchent, elles perdent leur virginité[72]. » Ce qu'il faut entendre ainsi : les puissances supérieures elles-mêmes, bien qu'intrinsèquement ordonnées à Dieu, ont nécessairement commerce avec les sens et avec le cosmos ; comment pourrait-on parler autrement d'une unité de l'homme ? Mais cette finalité double et une — volonté et intelligence puisant dans le corps et dans le monde la matière de leur mouvement *ascensionnel* — laisse ouverte la possibilité d'un détournement de finalité. C'est pourquoi l'on doit dire qu'un procès de déprise et de détachement est requis pour que la « percée en retour » des deux puissances supérieures puisse s'effectuer. D'où la nuance capitale apportée par Eckhart aux propos que l'on vient de lire : « Lumière divine ne peut briller en elles ; mais en s'exerçant et en se dépouillant, elles peuvent devenir réceptives[73]. » Ainsi les puissances supérieures — et singulièrement l'intellect — reçoivent-elles en partage « une lumière qui est égale à la [lumière] intérieure » ; mais cette lumière « n'est pas la lumière intérieure ». Une fois encore, il y a une différence (sans hiérarchie) entre ce qui est *par soi* et ce qui n'est pas tel. Disons alors qu'à ces puissances « advient une impression, de sorte qu'elles se trouvent réceptives à la lumière intérieure ». Le dernier mot est laissé à « un autre maître » : « Toutes les puissances de l'âme qui opèrent dans le corps meurent avec le corps, sauf connaissance et volonté : cela seulement demeure dans l'âme. Si meurent les puissances qui là opèrent dans le corps, elles demeurent pourtant dans la racine. » Cette *racine* de toutes les puissances — et en première instance, bien sûr, des puissances supérieures que sont la volonté et l'intellect — n'est autre cette fois que la *lumière divine*, laquelle se trouve alors *dans* l'âme comme ce qui est *au-delà* de l'âme, la constituant en vérité dans son ultime profondeur.

Tel est ce que l'on pourrait appeler le cadre général de la pensée eckhartienne quand sont en jeu, dans leurs derniers ressauts, l'ordonnance de l'âme et l'ordonnance divine. Sur ce canevas viendront se greffer bien des précisions ou des nuances ; elles feront l'objet d'explications, chaque fois que cela paraîtra s'imposer, dans les notes qui accompagnent la lecture de ces sermons.

Une pensée de la totalité

Maître Eckhart appelle un nouvel apprentissage de la lecture. Chacun de ses sermons, chaque développement et chacun même, pourrait-on dire, des énoncés qu'ils comportent, se situe explicitement *au niveau de la totalité*. Qu'est-ce à dire ? Deux notes permettent d'approcher cette caractéristique. Tout d'abord le corps et la continuité du discours, dans la diversité des éléments qu'il organise, s'inscrit toujours (ou se détache) sur fond d'une visée qui déborde la particularité du *dit* pour laisser apparaître la force d'un *dire* qui se saisit du mot et le porte à l'ultime en faisant connaître en lui l'universel dont il est à la fois l'index et l'expression concrète. Cette particularité d'écriture qui élève chaque atome de sens au niveau du sens total s'exprimait déjà pour Platon par le jeu de la *methexis* ou « participation » de *tout ce qui est* à l'intelligible, lequel, comme diction de l'universel, est nécessairement présent à chacun des moments de ce tout. Hegel, pour sa part, vise cette même expérience à travers le fameux thème de l'*Aufhebung*, qui dit comment chacun des moments d'un procès de sens est porté — pris *au-dessus de lui-même*, « sur-sumé » — par l'universel qui l'habite en *trans-figurant* la représentation qui l'exprime dans le dire conceptuel qui est sa vérité. Quant à Maître Eckhart, proche de l'un et de l'autre, il enclôt ce travail de la pensée sous le terme de *durchbrechen*, que l'on traduit au moins mal par « percée en retour », en comprenant par là que l'esprit, en chacune de ses expériences, se trouve invité à *traverser* le voile des phénomènes — sans pour autant jamais cesser d'être enraciné en eux, mais *autrement* — pour *se retrouver en posture d'origine* et vivre chaque fragment du temps dans le filigrane de l'éternité.

Totalité logique, qui n'amasse ni n'accumule selon une visée quantitative, mais gonfle chaque parcelle du discours et l'amène à sa propre vérité, qui est de signifier davantage qu'il n'appert à prime lecture. Une distinction a été proposée naguère, dans un autre contexte, entre une *totalité-somme* et une *totalité-mouvement*[74] ; elle se montre pleinement pertinente en l'occurrence — avec une précision qui complète sa portée : la *totalisation*, pour lors, ne se gagne pas seulement au terme d'un procès qui déploie selon leur ordre tous les éléments de l'univers spirituel, pour le faire culminer dans une « *relation ouverte et cependant accomplie*[75] », mais elle se donne à goûter dans chaque parcelle de ce tout, par le jeu d'une *intériorisation amplifiante* qui laisse affleurer en elle la nappe d'un *détachement* ultime.

La seconde note qui permet de comprendre ici la notion de *totalité* est fournie par la trame du

Sermon 74 — « à propos de mon cher Messire saint François[76] ». Si saint François fut « aimé de Dieu et des hommes », c'est sans doute parce qu'il pratiqua ces deux vertus éminemment *aimables* que sont la *pauvreté* et l'*humilité*. Mais surtout parce qu'en cela et en toutes choses il fut un homme de la totalité qui jamais, au temps de sa sainteté, ne connut le partage. Ici prévaut la règle du *Tanquam* — autant tu donnes, autant tu reçois — soustraite comme il se doit à tout calcul mercantile, mais donnant la mesure d'une sorte d'*algèbre spirituelle*, exacte mesure du sérieux de l'amour. « Je dis : Autant tu es détaché, d'autant plus as-tu. Mais penses-tu à ce qui doit t'advenir et as-tu là-dessus un regard, alors rien ne t'en advient. Mais autant je sors [de moi et de toutes choses], autant il m'advient. »

De ce principe, Eckhart tire un propos d'ordre général qui touche à *la capacité que l'on a de se laisser soi-même* et *la liberté que l'on engage dans l'amour du prochain*. En ces deux domaines, « celui qui laisse le plus reçoit aussi le plus. Mais les gens auraient-ils omis quelque chose d'eux-mêmes ou de ce qui est leur, alors ils n'auraient rien laissé, comme je dis à propos de saint Pierre qu'il a dit : "*Ecce nos reliquimus omnia*" : "Vois, Seigneur, nous avons laissé toutes choses ; qu'en sera-t-il pour nous en retour ?" Celui qui a regard sur ce qu'il en est pour lui en retour, comment peut-il avoir laissé toutes choses ? »

Ainsi, toute révérence gardée, peut-on penser que Pierre, dans cet épisode que rapporte l'Evangile, n'a pas encore éprouvé ce qu'est le détachement dernier, dans lequel il ne s'agit pas de donner pour recevoir, mais plus simplement de *laisser* toutes choses, sans rien garder sur quoi l'on ait encore barre — car *celui qui n'a pas tout donné n'a rien donné*. Ce que Eckhart exprime de façon positive : « Lorsque l'on dit "tout", alors rien n'est exclu. » Conception semblable de la totalité à celle qu'exprimera un Jean de la Croix dans l'une de ses maximes : « C'est une chose semblable qu'un oiseau soit lié par une petite attache ou par un gros lien ; car bien que ce ne soit qu'un simple fil, néanmoins jusqu'à tant qu'il le rompe, il demeurera toujours lié et ne pourra prendre l'essor : ainsi en est-il de l'âme qui s'attache à une chose quelconque, même très petite[77]. » En ajoutant pour son compte, avec un sens éveillé de la psychologie humaine, qu'il est souvent plus facile de rompre un câble que de couper un fil...

Le néant de Dieu

Cette *totalité d'abandon*, bien plus essentielle, bien plus exigeante qu'aucune totalité de don, apparie l'homme et Dieu dans cette *liberté relationnelle* qui est le fondement de leur unité, sous l'égide d'une commune vacuité dont l'expression la plus radicale est celle du *rien* ou du *néant*. Néant de l'homme, néant de Dieu. C'est cela qui exprime le *fondement ontologique* de leur unité — comme l'énonce encore ce même Sermon 74 : « Notre Seigneur est ton Dieu ; aussi vraiment et aussi puissamment est-il tien qu'il est à soi-même (pense cela comme tu le veux), c'est ainsi qu'il est tien. Comment se trouve-t-il ainsi tien ? — en ce que tu es pleinement sien. Dieu doit-il être mien comme sien, je dois alors être sien comme mien. » Où s'identifient pleinement détachement et possession, ainsi que le dit à sa façon la suite de ce texte : « Un écrit dit : Quand Dieu est-il tien ? — Quand rien ne te réjouit [que ce qui est sien], car c'est ainsi qu'il a goût pour toi. Mais désires-tu quelque chose qui de quelque façon attire en dehors de lui, alors il n'est pas tien. »

Dans un passage clé du *Discours du discernement*, Maître Eckhart souligne ce paradoxe qui identifie le rien et le tout, le détachement de soi et de toutes choses et la possession de Dieu et *en lui* de toutes choses. Ce développement, qui met en œuvre une grande force de pensée et laisse affleurer une plénitude de sentiment, s'intitule justement : « Du détachement et du posséder-Dieu[78]. » Il nous avertit, s'il en était besoin, de ce que le néant dont Eckhart parle si souvent dès lors qu'il s'agit de l'ultime en l'homme et en Dieu ne signifie aucunement une absence d'être, sous quelque forme qu'on l'imagine, mais une reconduction de tout ce qui est à sa propre origine qui est mode sans mode et être sans être : c'est ainsi que *Dieu au-delà de Dieu*, dans l'abîme intérieur éminemment positif de sa déité, ne peut être exprimé que comme néant — plus exactement comme un « surnéant », cet *ueberniht* si cher aux Rhénans.

Ainsi le néant revêt-il une pluralité de significations, qui s'enchaînent dans une progression qui accompagne le développement de l'expérience spirituelle. Au plus bas degré, le mot qualifie la non-consistance de toutes les choses temporelles — quand elles sont prises selon l'économie du *ceci* ou *cela* — par rapport à la densité de leur origine. Que l'on relise à ce propos le Sermon 5 b[79], l'un des plus explicites dans l'énoncé de ce thème, à vrai dire omniprésent. « Toutes les créations sont un pur néant [...] Toutes choses sont créées de néant ; c'est pourquoi leur juste origine est le néant, et pour autant que cette noble volonté[80] s'incline vers les créatures, elle s'écoule avec les créatures vers leur néant. »

Un tel néant, peut-on dire, découpe l'être et creuse en lui dommageablement un manque qui est cause de souffrance. D'où ce passage aussi curieux que révélateur : « Il est une question, qu'est-ce qui brûle en enfer ? Les maîtres disent communément : C'est la volonté propre qui le fait. Mais je dis pour de vrai que c'est le néant qui brûle en enfer. « Comment cela ? Précisément parce que le néant, sous cette première manière qui ressortit à une négation simple, est le lieu d'un *manque* ou d'un *défaut* qui, comme tels, sont source de souffrance. Pour le laisser entendre, Eckhart en appelle à un fait d'expérience : un charbon ardent brûle la paume de la main dans laquelle il est déposé. N'est-ce pas parce que *manque* en la main la qualité qui lui permettrait de ne pas ressentir cette brûlure ? Et donc, ce qui la brûle, ce n'est pas le charbon en tant que tel — qu'on le dépose sur de l'acier, il ne le *brûlera* pas, tout au plus l'échauffera-t-il —, mais c'est, en la main, l'*absence* ou le *néant* de certaine *égalité* avec, en l'occurrence, la chaleur et le feu. Pour que l'homme et Dieu s'unissent en vérité, il faut donc que soit *néantisé* ce *néant ou ce manque de Dieu* qui affecte celui qui se disperse dans le ceci ou le cela. Négation de la négation ? En un sens premier, sans doute — comme une *néantisation* de ce *néant* qui n'est qu'absence. Car, en vérité, « tout ce qui est néant doit être déposé et tellement caché qu'il ne doit même jamais se trouver pensé. Du néant nous ne devons rien savoir, et avec le néant nous ne devons rien avoir en commun ». D'où cette conclusion, toute de force et de clarté : « Je dis pour de vrai : Autant le néant t'affecte, autant es-tu imparfait. C'est pourquoi si vous voulez être parfaits, vous devez être nus de néant. »

Nus de néant ! Pareille négation seconde met alors l'homme au niveau de cet autre *néant*, tout positif cette fois, qui qualifie le *mode sans mode* de l'*être* de Dieu. Le Sermon 82[81] est fort explicite en ce qui regarde cette double négation, qui qualifie le néant de Dieu comme un au-delà de l'être *et* du néant entendus selon l'économie de leur opposition. « Un cardinal, lisons-nous là, demandait à saint Bernard : "Pourquoi dois-je aimer Dieu et selon quel mode ?" Alors saint Bernard dit : "Je vais vous le dire. Dieu est la cause pour laquelle on doit l'aimer. Le mode est sans mode", car Dieu est néant ; non point qu'il serait sans être : il n'est ni ceci ni cela que l'on puisse dire ; il est un être au-dessus de tous les êtres. Il est un être dépourvu d'être. C'est pourquoi le mode doit être dépourvu de mode, par quoi l'on aime Dieu. Il est au-delà de tout dire. »

Un tel néant — néant de ceci et de cela — vise en Dieu cette absence de détermination du premier degré par quoi l'universel et la totalité qu'il est peuvent poser librement et dans leur vérité toutes déterminations intérieures et extérieures. Cette nappe la plus profonde — ou ce sommet, car profondeur et hauteur sont également signifiantes pour désigner pareille réalité — c'est précisément ce *Dieu au-delà de Dieu* que Eckhart nomme la *déité*. Non comme un quart-terme qui ferait nombre avec les moments de sa détermination intérieure selon les « Personnes », mais comme l'unité indivise de cette trinité même. Cela compris, Eckhart peut multiplier les négations sans risque de nihilisme ; ainsi dans le Sermon 83 : « "Comment donc dois-je l'aimer ?" — Tu dois l'aimer tel qu'il est Un non-Dieu, Un non-esprit, Une non-personne, Une non-image, plutôt : selon qu'il est un limpide pur et clair Un, séparé de toute dualité, et dans cet Un nous devons nous abîmer éternellement du quelque chose au rien[82]. »

Le *Dieu* véritable — la déité identique au Un « limpide pur et clair » — est donc le *non-Dieu* des créatures. Quant à l'homme qui doit s'unir à lui, faudrait-il dire semblablement qu'il doit être un *non-homme* ? Le mot ne se trouve pas chez Eckhart, mais il est appelé par le contexte de sa pensée. Ne peut-on en trouver une explication dans la pénultième strophe du Poème, qui met l'homme lui aussi en devoir de dépasser l'être aussi bien que le néant ?

« Deviens tel un enfant
deviens sourd, deviens aveugle !

Ton être même
faut que néant devienne,
  tout être, tout néant, bannis delà tout sens
Laisse lieu, laisse temps
et l'image également !
Prends sans chemin
le sentier étroit
ainsi viendras-tu à l'empreinte du désert[83]. »

Le *désert* qui est Dieu ne se gagne qu'en arpentant le *sentier étroit* sur lequel l'homme n'est plus assujetti ni à l'audition ni à la vision, ni à l'être ni au néant du premier degré, ni à l'espace ni au temps — toutes réalités qu'il lui faut *bannir* (*par-*) *delà tout sens*, c'est-à-dire délaisser en tant que principes d'une connaissance représentative, pour les retrouver dans la limpidité du terme, là où elles ne sont ni ceci ni cela, mais se rencontrent dans le sans-fond de leur origine — admirable échange entre l'être-néant de Dieu et le néant-être de l'homme :

« Ô mon âme
sors, Dieu entre !
Sombre tout mon être
dans le néant de Dieu,
sombre dans ce flux sans fond[84] ! »

Comme un livre à portée de main

Le présent volume se clôt sur quatre textes — les Sermons 87 à 90 — dont la version originale a été publiée par Georg Steer, pour prendre la suite des quatre-vingt-six sermons déjà fixés par Josef Quint dans les *Gesammelte Werke* de Maître Eckhart[85]. Comme ces quatre nouveaux sermons connaissent ici leur première traduction française, on nous permettra de souligner ce qu'il peut y avoir d'original dans les thématiques qu'ils mettent en œuvre.

Le sous-titre ici retenu — « comme un livre à portée de main » — est tiré du Sermon 89. Il traduit au plus près l'inspiration de tous ces textes. Certains « auteurs » — Eckhart prend l'exemple de Moïse et d'Augustin — ont voulu, après avoir écrit de nombreux livres, en produire un dernier qui soit comme une récapitulation de tous les autres : un *hantbuoch* que l'on a toujours par-devers soi — porte ouverte sur un monde dont il signe l'aboutissement. « Ainsi en est-il pleinement en ce qui concerne l'homme : Dieu l'a fait comme un livre-à-portée-de-main (*hantbuoch*), pour qu'il le voie, joue avec lui et ait plaisir en lui. » En somme, ayant déployé sa puissance, au long des six premiers jours, pour produire les merveilles de la création, Dieu voulut encore se recueillir et composer, en produisant l'homme, une sorte d'*abbreviatum* de toutes ses œuvres. Eckhart en tire une anthropologie spirituelle, qui tient toute dans la nécessité où se trouve l'homme de ratifier cette ordonnance ; en effet, « l'homme commet grand péché lorsqu'il détruit cet ordre saint. Car au dernier jour toutes les créatures doivent appeler le malheur sur celui qui fait cela».

Il s'agit donc, dit encore ce Sermon 89, de «faire place nette pour Dieu» : telle est en effet «la vérité de toute l'Ecriture». Quant au Sermon 87, il redit la convenance — mieux, la nécessité — de pareille «naissance intérieure de Dieu dans l'âme». Il serait *pitoyable* en effet que l'homme, en oubliant cette origine toujours actuelle, «soit hors de ce sans quoi il ne peut être bienheureux»; «plus *pitoyable* encore que l'homme soit hors de ce sans quoi il ne peut avoir d'être»; enfin, «*pitoyable* au plus haut point qu'il soit hors de celui qui est sa béatitude éternelle». «Car il est vrai, précise encore ce texte en une formule remarquable de finesse et d'humanité, que Dieu donne son royaume céleste comme une gorgée d'eau fraîche à un cœur bon. Voilà qui suffit.»

Cette anthropologie — et cela, sans être nouveau dans la pensée de Maître Eckhart, se trouve ici souligné avec une force particulière — est tout entière fondée dans une christologie dont il convient d'apprécier les nuances. Le Sermon 88 ne comporte qu'une esquisse des plus sommaires, mais dessine pourtant un parallèle entre les étapes — huit «jours» — qui durent être franchies pour que l'enfant puisse recevoir le nom de Jésus et celles par lesquelles l'homme doit passer pour recevoir ce même nom. C'est surtout le Sermon 90, dans ses deux versions parallèles, qui déploie cette relation selon une sorte de hiérarchie descendante tout entière ordonnée à une unité sans partage. Eckhart distingue d'abord deux sortes de sciences qui furent l'apanage du Christ : d'une part, une science « selon la déité » — avec une sous-distinction entre la connaissance qui est le propre du Père (connaissance que le Christ possède « dans l'être ») et celle qui lui échoit en tant que « Personne médiatrice » — et d'autre part une science « selon l'humanité ». Une autre distinction se greffe sur celle-là en une sorte d'amplification : le Christ, en effet, exerce en lui une troisième et une quatrième science : la première, qui lui est commune avec l'ange, concernant les réalités naturelles et mettant en jeu un savoir que l'homme qu'il est ne connaît pas par lui-même, mais qu'il possède de façon intime cependant, « comme le sceau donne sa forme à la cire » ; la seconde, une science « qui progresse » et qui a son siège en la sensibilité par le travail de l'imagination et de l'entendement.

C'est cette quadruple science qui du Christ s'écoule en l'homme et le remet en son origine, avec pour fruit « une paix quiète » ou « accoisée », et le gain de cette « simplicité » qui procède de ce qu'en vérité « Dieu est de l'âme l'intériorité la plus intérieure ». Pour autant, cet ordre des choses n'évoque une hiérarchie dans la processualité de l'expérience que pour l'inverser, si l'on peut dire, dans le terme advenu. Là, en effet, non seulement l'homme se trouve pleinement apparié au Christ en son être même, mais il le dépasse, si l'on ose dire, à tout le moins selon l'immédiateté de son existence dans le corps. En effet, comme le dit le Sermon 87, « la béatitude suprême est que Dieu naisse et se trouve manifesté dans l'âme en une union spirituelle. Dont l'âme devient plus bienheureuse que le corps de Notre Seigneur Jésus Christ sans son âme et sans sa divinité, car toute âme bienheureuse est plus noble que le corps mortel de Notre Seigneur Jésus Christ».

Simple pétition de principe? Il se peut. Mais Eckhart avait déjà dit ailleurs que Dieu nous a aimés davantage que le Christ, car ce qu'en partage nous avons à l'égal de lui nous vient d'une *prédilection* de gratuité à la mesure de l'amour qui nous a façonnés. Au vrai, et bien que ce mot ait pu être employé ici — comme caractérisant une étape de la science «qui progresse» — le terme de *hiérarchie* est inadéquat pour définir la relation qui existe entre l'homme et le Christ, entre l'homme et Dieu : c'est d'*unité* qu'il convient de parler, une unité relationnelle vivant des différences qui d'elles procèdent et qui vers elle font leur *percée en retour* — mode sans mode au-delà de tout être et de tout néant.

*
* *

Le *mittelhoch deutsch* dans lequel Eckhart exprime cette part de son œuvre (moyen-haut allemand), un système expressif qu'il contribue à créer et qu'il enrichit de son expérience, vient à nous dans la séduction d'une langue saturée de couleurs, qui cultive l'anacoluthe sans mépriser longueurs et digressions, magnifiquement épurée et procédant en même temps par accumulations, pauvre en vocabulaire de base et croisant sans cesse les mots les plus simples pour les parer de nuances neuves. Si l'œuvre du traducteur ne consiste pas à gommer ces particularités de la *langue-*

source pour les banaliser dans le bien-connu de la *langue*-cible, si donc son souci premier n'est pas de *bien écrire* dans sa propre langue en faisant oublier qu'il est au service d'un texte né dans une autre culture, s'il doit chercher, par conséquent, et dans le cas d'un texte historiquement *daté*, à enrichir l'expérience actuelle de la langue en laissant sourdre en elle, fût-ce dans l'étonnement d'une invention qui bouleverse les habitudes communes, quelque chose d'un *sentir* et d'un *dire* vraiment *autres*, alors le texte auquel il aboutit doit conserver quelque chose de son étrangeté d'*origine*. *Sourcier* plus que *cibliste* — pour reprendre ces catégories élaborées par les linguistes-traducteurs de nos jours, il lui faudra certes tempérer son audace en la mesurant à la capacité d'accueil de ses contemporains, mais en gardant les yeux fixés sur ce que l'on a appelé une « naturalisation sans assimilation mimétique et réductrice [86] ».

La présente traduction reprend autant que faire se peut la langue rugueuse et expressive qui est celle de Maître Eckhart — avec ses brachylogies, ses économies d'articles ou de déterminants, son attrait pour les mots de lumière et de mouvement — cela afin de permettre au lecteur français, dépaysé, d'en faire lui-même l'expérience. « Le résultat, le livre ou le poème traduit, n'est ainsi pas tout à fait seulement un récit, un poème de la langue d'arrivée, mais une chimère. Toute grande traduction est une bête fabuleuse, qui dit : “Je vous écris d'un pays lointain” [87]. »

Eckhart écrivait au début du XIVe siècle, alors que les langues vernaculaires étaient dans leurs premiers soubresauts — Chrétien de Troyes ou Guillaume de

Machaut en France, Dante en Toscane, Raimon Llul en Catalogne. Quand nous voulons comprendre sa pensée, il nous faut la saisir sans apprêts, dans la forme en laquelle elle se coula, mieux, qu'elle sut créer souvent de toutes pièces. A lire ces pages, il faudrait pouvoir humer « ce parfum particulier des œuvres traduites, parce qu'elles sont traduites, qui est en lui-même voyage, exotisme, étrangeté [88] ». Et cela parce que, idéalement, pourrait être perçue « la coexistence, dans le texte, [...] d'un état extrême contemporain de langue (ce qui pourrait être écrit aujourd'hui par quelqu'un écrivant) et de marques pas moins extrêmes d'archaïsme, laissant la fracture des siècles visible, audible, dans une immédiateté sans excuses [89] ».

Eckhart invitait ses auditeurs au *dépaysement* d'une expérience essentielle. On ne revient pas indemne de cette épreuve du verbe — qui est épreuve de l'*adverbe* auprès du *Verbe* [90] ; sous la forme du langage ou sous celle de la vie, l'accueil du tout exige que l'on sorte de soi pour éprouver la radicalité du *rien de rien*. « Les autres langues vous changent, comme aimer dans un idiome étranger [91]. »

Aussi avons-nous eu pour dessein de servir en toute occasion les nouveautés tant de vocabulaire que de construction que Eckhart osa introduire dans son texte, avec la volonté de donner à ressentir le choc de cette nouveauté, avec aussi le secret espoir d'enrichir par là les capacités de notre langue. Car l'ambition de qui s'attache à pareille tâche exaltante et aride est de donner à connaître la richesse d'un *dire originel* que ne saurait épuiser aucune migration dans un autre système expressif — alors même que chacune des *langues-cibles* peut et doit bénéficier de pareil apport. Ainsi que l'écrit excellemment un Michel Deguy : « La traduction fait sortir la pensée (j'aurais écrit “de la pensée” si ce partitif pouvait ne pas être pris pour un complément — locatif — de “sortir” : du pensé avec son impensé ; du pensable avec son impensable) hors du lit de sa littéralité originale — ou langue de départ. Elle la chasse, l'excède, lui fait entreprendre un exode sans fin. La traduction propose une autre lettre fidèle à l'originale, grâce à quoi se transporte, transposée vers nous dans la “langue d'arrivée”, la pensée qui attend littéralement son dans-tous-les-sens, son expansion générale, son tous-les-sens-qu'on-voudra-lui-prêter (Rimbaud, Mallarmé, Valéry). La traduction opère cette légère transcendance du sens, son devenir migratoire progressif, par les bonds successifs de son guéage de version en version[92]. »

En précisant seulement que les traducteurs, dans l'établissement du texte d'exode dont ils prennent la responsabilité, ne jouent pas d'une inventivité sans lisières, mais se reconnaissent pleinement au service de cette capacité de signifier que porte en lui le texte-source — dans la volonté, par conséquent, de ne pas l'excéder, mais aussi de lui laisser toute sa chance ; ils n'ont donc pas à « prêter » au texte des sens qu'il n'appellerait pas de lui-même, mais, en même temps qu'ils pratiquent ce *retrait*, il leur faut rendre hommage — le mot est beau — à la « légère transcendance du sens » sur son expression première et sur le gain qu'elle reçoit elle-même de la *percée en retour* qu'opère vers elle sa résurgence dans une autre langue.

L'épreuve de la traduction est ainsi à bénéfices partagés. Il nous souvient d'un érudit qui disait consulter les traductions étrangères de textes auxquels il avait accès dans sa propre langue, dans le dessein de percevoir des harmoniques nouvelles à ce qu'il croyait trop bien connaître. Mais l'avantage premier échoit sans nul doute aux pratiquants de la « langue d'arrivée ». A condition — ce qui fut notre souci — que l'on ne craigne pas, comme Eckhart nous en donne le modèle dans son déchiffrement de l'Ecriture, de « desceller » la « langue de départ », pour lui permettre de déployer toutes ses possibilités expressives. Dans l'espoir de produire un texte d'autant plus délectable qu'il conserve lucidement en lui quelque chose de son étrangeté d'*origine*.

Sermon 1

Intravit Jesus in templum et coepit eicere vendentes et ementes. Matthaei.

Nous lisons dans le saint évangile que Notre Seigneur entra dans le temple et jeta dehors ceux qui là achetaient et vendaient, et dit aux autres qui là avaient tourterelles et choses semblables à vendre : « Enlevez-moi ça, débarrassez-moi ça[1] ! » Pourquoi Jésus jeta-t-il dehors ceux qui là achetaient et vendaient, et commanda-t-il à ceux qui là avaient des tourterelles de les enlever ? Il ne visait rien d'autre que le fait qu'il veuille avoir le temple vide[2], tout comme s'il disait : J'ai un droit sur ce temple et veux y être seul et avoir seigneurie sur lui. Qu'est-ce qui est dit par là ? Ce temple où Dieu veut régner puissamment selon sa volonté, c'est l'âme de l'homme[3], qu'il a formée et créée si exactement égale à lui-même, comme nous lisons que Notre Seigneur dit : « Faisons l'homme selon notre image et à notre ressemblance[4]. » Et c'est aussi ce qu'il a fait. Si égale à lui-même il a fait l'âme de l'homme qu'au ciel ni sur terre, parmi toutes les créatures magnifiques que Dieu a créées si admirablement, il n'en est aucune qui lui soit aussi égale que l'âme de l'homme seulement. C'est pourquoi Dieu veut avoir ce temple vide[5], en sorte qu'il n'y ait là rien de plus que lui seul. C'en est ainsi parce que ce temple lui plaît tellement dès lors qu'il lui est si exactement égal et il se complaît tellement dans ce temple chaque fois qu'il y est seul.

Or donc, prêtez attention maintenant ! Qui étaient les gens qui là achetaient et vendaient, et qui sont-ils encore ? Maintenant prêtez-moi grande attention ! Je ne veux pour ce coup prêcher maintenant qu'à propos de gens de bien. Néanmoins je veux montrer pour cette fois qui étaient là et qui sont encore les marchands qui achetaient et vendaient et le font encore, eux que Notre Seigneur chassa et jeta dehors. Et cela il le fait encore à tous ceux qui là achètent et vendent dans ce temple : il n'en veut laisser un seul au-dedans. Voyez, ce sont tous des marchands ceux qui se préservent de péchés grossiers et seraient volontiers des gens de bien et font leurs bonnes œuvres pour honorer Dieu, comme de jeûner, veiller, prier, et quoi que ce soit, toutes sortes d'œuvres bonnes, et ils les font cependant pour que Notre Seigneur leur donne quelque chose en retour, ou pour que Dieu leur fasse en retour quelque chose qui leur soit agréable : ce sont tous des marchands. Il faut l'entendre en ce sens grossier, car ils veulent donner une chose pour l'autre, et veulent ainsi commercer avec Notre Seigneur. En ce commerce ils sont trompés. Car tout ce qu'ils ont et tout ce qu'ils sont en mesure d'opérer, donneraient-ils pour Dieu tout ce qu'ils ont et se livreraient-ils pleinement pour Dieu, pour autant

Dieu ne serait en rien de rien tenu envers eux de donner ou de faire, à moins qu'il ne veuille le faire gratuitement de bon gré. Car ce qu'ils sont ils le sont de par Dieu et ce qu'ils ont ils l'ont de par Dieu, et non par eux-mêmes. C'est pourquoi Dieu n'est en rien de rien tenu par leurs œuvres et leurs dons, à moins que de bon gré il ne veuille le faire de par sa grâce et non en raison de leurs œuvres ni en raison de leur don, car ils ne donnent rien qui soit leur et n'opèrent pas non plus à partir d'eux-mêmes, ainsi que dit Christ lui-même : « Sans moi vous ne pouvez rien faire[6]. » Ce sont des fous fieffés ceux qui veulent ainsi commercer avec Notre Seigneur ; ils ne connaissent de la vérité que peu de chose ou rien. C'est pourquoi Notre Seigneur les chassa hors du temple et les jeta dehors. Il ne se peut que demeurent ensemble la lumière et les ténèbres. Dieu est la vérité et une lumière dans soi-même. Lors donc que Dieu vient dans ce temple, il rejette au dehors l'ignorance, c'est-à-dire les ténèbres, et se révèle soi-même avec lumière et avec vérité. Alors les marchands sont partis lorsque la vérité se trouve connue et la vérité n'a nulle envie de mercantilisme. Dieu ne cherche pas ce qui est sien ; dans toutes ses œuvres il est dépris et libre et les opère par juste amour. Ainsi aussi fait cet homme qui est uni à Dieu ; il se tient lui aussi dépris et libre dans toutes ses œuvres, et les opère seulement pour honorer Dieu, et ne recherche pas ce qui est sien, et Dieu l'opère en lui.

Je dis plus encore : Tout le temps que l'homme dans toutes ses œuvres cherche quoi que ce soit de tout ce que Dieu peut avoir donné ou veut donner, il est égal à ces marchands. Veux-tu de mercantilisme être pleinement dépris, en sorte que Dieu te laisse dans ce temple, tu dois [faire] alors tout ce qui est en ton pouvoir dans toutes tes œuvres, cela tu dois le faire limpidement pour une louange de Dieu, et tu dois donc te tenir dépris de cela comme est dépris le néant qui n'est ni ici ni là. Tu ne dois désirer rien de rien en retour. Quand tu opères de la sorte, tes œuvres sont alors spirituelles et divines et du coup les marchands sont jetés hors du temple entièrement, et Dieu y est seul lorsque l'homme ne vise rien que Dieu. Voyez, c'est ainsi que ce temple est vide[7] de tous les marchands. Voyez, l'homme qui ne vise ni soi ni rien que seulement Dieu et l'honneur de Dieu, il est véritablement libre et dépris de tout mercantilisme dans toutes ses œuvres et ne cherche pas ce qui est sien, tout comme Dieu est dépris dans toutes ses œuvres et libre et ne recherche pas ce qui est sien *.

J'ai dit en outre que Notre Seigneur dit aux gens qui là avaient des tourterelles à vendre : « Débarrassez-moi ça, enlevez-moi ça ! » Les gens, il ne les jeta pas dehors ni ne les réprimanda fortement ; mais il dit avec grande bonté : « Débarrassez-moi ça ! », comme s'il voulait dire : Ce n'est pas mauvais et pourtant

---

* L'idéal de déprise et de liberté ici proposé à l'homme ne ressortit pas à un impératif d'ordre ascétique ; il procède tout entier de l'égalité foncière entre l'homme et Dieu dont l'agir et l'être même sont déprise et liberté.

cela dresse des obstacles à la vérité limpide. Ces gens, ce sont tous gens de bien, qui font leur œuvre limpidement pour Dieu et ne cherchent pas en cela ce qui est leur, et le font pourtant selon le moi propre [8], selon temps et selon nombre, selon avant et selon après. Dans ces œuvres ils connaissent un obstacle à la vérité suprême selon laquelle ils devraient être libres et dépris, tout comme Notre Seigneur Jésus Christ est libre et dépris et, en tout temps à nouveau, sans relâche et hors du temps, se reçoit de son Père céleste et, en ce même maintenant, sans relâche s'engendre parfaitement en retour avec une louange de gratitude jusqu'en la grandeur paternelle dans une égale dignité *. C'est ainsi que devrait se tenir l'homme qui voudrait se trouver réceptif à la vérité suprême et vivant là sans avant et sans après et sans être entravé par toutes les œuvres et toutes les images dont il eut jamais connaissance, dépris et libre, recevant à nouveau dans ce maintenant le don divin et l'engendrant en retour sans obstacle dans cette même lumière avec une louange de gratitude en Notre Seigneur Jésus Christ. Ainsi seraient écartées les tourterelles, c'est-à-dire obstacles et attachement au moi propre [9] en toutes les œuvres qui néanmoins sont bonnes, en quoi l'homme ne cherche rien de ce qui est sien. C'est pourquoi Notre Seigneur dit avec grande bonté : « Enlevez-moi ça, débarrassez-moi

---

* Liberté et déprise, communes à l'homme, au Christ et à Dieu même, sont entièrement reprises sous l'idée d'un engendrement qui est production de soi et de l'autre comme à la fois identique et différent.

ça ! », comme s'il voulait dire : Cela est bon, cependant cela dresse des obstacles.

Lors donc que ce temple se trouve vide [10] de tous obstacles que sont attachement au moi propre [11] et ignorance, alors il reluit de façon si belle et brille de façon si limpide et claire, par delà tout ce que Dieu a créé et à travers tout ce que Dieu a créé, que personne ne peut l'égaler en éclat, si ce n'est le Dieu incréé seul *. Et en juste vérité, à ce temple personne non plus n'est égal, si ce n'est le Dieu incréé seul. Tout ce qui est au-dessous des anges, cela ne s'égale en rien de rien à ce temple. Les anges les plus élevés eux-mêmes égalent quelque peu ce temple de l'âme noble, mais pas pleinement. Qu'ils soient égaux à l'âme en quelque mesure, c'est en connaissance et en amour. Cependant un but leur est fixé ; ils ne peuvent l'outrepasser. L'âme le peut certes assurément. Une âme se trouverait-elle égale à l'ange le plus élevé, [l'âme] de l'homme qui vivrait encore dans le temps, l'homme pourrait néanmoins, dans sa libre capacité, parvenir incomparablement plus haut au-dessus de l'ange, à nouveau, en tout maintenant, sans nombre, c'est-à-dire sans mode et au-dessus du mode des anges et de tout intellect créé. Et Dieu est seul libre et incréé, et c'est pourquoi lui seul lui est égal [= est égal à l'âme] quant à la liberté, et non quant au caractère-incréé, car elle est créée. Lorsque l'âme parvient à la lumière sans mélange, elle se précipite dans son

* L'ordre de comparaison s'inverse ici de façon significative : à l'homme dépris et libre seul Dieu peut convenir.

néant de néant, si loin du quelque chose créé, dans ce néant de néant, qu'elle n'est aucunement en mesure de revenir, de par sa force, dans son quelque chose créé *. Et Dieu, par son caractère-incréé, soutient son néant de néant et maintient l'âme dans son quelque chose de quelque chose. L'âme a couru le risque d'en venir au néant et ne peut non plus par elle-même atteindre à elle-même, si loin de soi elle est allée, et [cela] avant que Dieu ne l'ait soutenue. Il faut de nécessité qu'il en soit ainsi. Car, ainsi que j'ai dit plus haut : Jésus était entré dans le temple et avait jeté dehors ceux qui là achetaient et vendaient, et se mit à dire aux autres : « Enlevez-moi ça ! » Oui, voyez, j'ai maintenant le petit mot : Jésus entra et se mit à dire : « Enlevez-moi ça ! », et ils l'enlevèrent. Voyez, il n'y avait là plus personne que Jésus seul, et [il] se mit à parler dans le temple. Voyez, tenez-le pour vrai : quelqu'un d'autre que Jésus seul veut-il discourir dans le temple, c'est-à-dire dans l'âme, alors Jésus se tait, comme s'il n'était pas chez lui, et il n'est certes pas chez lui dans l'âme quand elle a des hôtes étrangers avec lesquels elle s'entretient. Mais Jésus doit-il discourir dans l'âme, alors il faut qu'elle soit seule et il faut qu'elle-même se taise, si elle doit entendre Jésus discourir. Ah, il entre alors et commence à parler. Que dit le Seigneur Jésus ? Il

---

* Supérieure à l'ange, l'âme l'est dans la mesure où celui-ci n'est ici considéré que sous l'aspect où s'exprime en lui une spécification de l'agir divin ; l'âme, quant à elle, est illimitée en ce qu'elle est identique d'origine à l'infinité de Dieu, en sorte que, selon son rapport à cet infini, elle est soustraite à l'ordre créé.

dit ce qu'il est. Qu'est-il donc ? Il est une Parole du Père. Dans cette même Parole le Père se dit soi-même et toute la nature divine et tout ce que Dieu est, tel aussi qu'il la connaît [= la Parole], et il la connaît telle qu'elle est. Et parce qu'il est parfait dans sa connaissance et dans sa puissance[12], de là il est également parfait dans son dire. En disant la Parole, il se dit et [dit] toutes choses dans une autre Personne, et lui donne la même nature qu'il a lui-même, et dit dans la même Parole tous les esprits doués d'intellect, égaux à cette même Parole selon l'image, en tant qu'elle demeure à l'intérieur, [mais] selon qu'elle luit au dehors, en tant que tout un chacun est près de lui-même, non égaux en toute manière à cette même Parole, plutôt : ils ont reçu la capacité de recevoir égalité par grâce de cette même Parole[13] ; et cette même Parole, telle qu'elle est en elle-même, le Père l'a dite toute, la Parole et tout ce qui est dans cette Parole.

Le Père ayant dit cela, qu'est-ce donc que Jésus dit dans l'âme ? Comme je l'ai dit : Le Père dit la Parole et dit dans la Parole et non autrement, et Jésus dit dans l'âme. Le mode de son dire, c'est qu'il se révèle soi-même et tout ce que le Père a dit dans lui, selon le mode où l'esprit est réceptif. Il révèle la seigneurie paternelle dans l'esprit dans une puissance égale sans mesure. Quand l'esprit reçoit cette puissance dans le Fils et par le Fils, il devient puissant dans toute sorte de progrès, en sorte qu'il devient égal et puissant dans toutes vertus et dans toute limpidité parfaite, de telle manière que félicité ni souffrance ni rien de ce que Dieu a créé dans le temps ne peut troubler cet homme, qu'il ne demeure puissamment en cela comme dans une force divine en regard de laquelle toutes choses sont petites et sans pouvoir.

En second lieu, Jésus se révèle dans l'âme avec une sagesse sans mesure, qui est lui-même, dans cette sagesse le Père se connaît soi-même avec toute sa seigneurie paternelle et cette même Parole qui est aussi la sagesse même et tout ce qui est dedans comme étant le même un. Lorsque cette sagesse se trouve unie à l'âme, alors tout doute et toute erreur et toutes ténèbres lui sont pleinement ôtés et [elle] est posée dans une lumière claire limpide qui est Dieu même, ainsi que dit le prophète : « Seigneur, dans ta lumière on connaîtra la lumière[14]. » Alors c'est Dieu avec Dieu qui se trouve connu dans l'âme ; alors elle connaît avec cette sagesse soi-même et toute chose, et cette même sagesse elle la connaît avec lui-même, et c'est avec la même sagesse qu'elle connaît la seigneurie paternelle dans sa puissance génératrice féconde, et l'étantité essentielle[15] selon la simple unicité sans aucune différence.

Jésus se révèle aussi avec une douceur et richesse incommensurables qui sourd de la force de l'Esprit Saint et sourd avec surabondance et flue avec pleine richesse et douceur en flux surabondant dans tous les cœurs réceptifs. Lorsque Jésus se révèle avec cette richesse et avec cette douceur et s'unit à l'âme, avec cette richesse et avec cette douceur l'âme flue alors de retour dans soi-même et hors de soi-même et au-dessus de soi-même et au-dessus de toutes choses, par grâce, avec puissance, sans intermédiaire, dans son premier commencement*. Alors l'homme extérieur est obéissant à son homme intérieur jusqu'à sa mort, et est alors en paix constante dans le service de Dieu en tout temps**. Pour qu'aussi Jésus doive nécessairement venir en nous et jeter dehors et enlever tous obstacles et nous fasse un comme il est un, un Dieu avec le Père et avec l'Esprit Saint, pour que donc nous devenions et demeurions éternellement un avec lui, qu'à cela Dieu nous aide. Amen.

---

* Selon l'enseignement habituel de Maître Eckhart, c'est Dieu qui *flue* et il revient à l'homme de faire sa *percée en retour*. Ici, c'est le fluer de l'âme « dans son premier commencement » qui exprime la percée en retour. L'agir de l'homme s'avère strictement conforme à celui de Dieu même.

** L'« homme extérieur » et l'« homme intérieur » désignent l'homme tout entier selon qu'il se livre à la dispersion ou se trouve rassemblé en lui-même. Au début du traité *De l'homme noble*, Eckhart dresse un portrait circonstancié de ces deux figures (*in* Maître Eckhart, *Les Traités et le Poème*, *op. cit.*, p. 163-165).

Sermon 2

Intravit Jesus in quoddam castellum
et mulier quaedam, Martha nomine,
excepit illum in domum suam. Lucae II.

J'ai dit un petit mot, d'abord en latin, qui se trouve écrit dans l'évangile et qui, traduit[1], dit ceci : « Notre Seigneur Jésus Christ monta à un petit château fort et fut reçu par une vierge qui était une femme[2]. »

Eh bien, prêtez maintenant attention avec zèle à ce mot : il faut de nécessité qu'ait été une vierge l'être humain par qui Jésus fut reçu. Vierge veut dire rien moins qu'un être humain qui est dépris de toutes images étrangères, aussi dépris qu'il l'était alors qu'il n'était pas. Voyez, on pourrait maintenant demander comment l'être humain qui est né et en est arrivé à une vie intellectuelle, comment peut-il être aussi dépris de toutes images que lorsqu'il n'était pas, alors qu'il sait beaucoup, toutes choses qui sont des images ; comment peut-il alors être dépris ? Prêtez attention maintenant à la distinction que je veux vous exposer. Serais-je à ce point doué d'intellect qu'en moi se trouveraient sous mode intellectuel toutes les images que tous les hommes ont jamais accueillies et qui se trouvent en Dieu même, serais-je sans attachement propre[3] au point que d'aucune je ne me sois saisi avec attachement propre dans le faire ou dans l'omettre, par anticipation ni par atermoiement, plus : au point que dans ce maintenant présent je me tienne libre et dépris en vue de la très chère volonté de Dieu et pour l'accomplir sans relâche, en vérité je serais alors vierge sans entraves d'aucune image, aussi vraiment que j'étais alors que je n'étais pas *.

Je dis en outre : Que l'être humain soit vierge, voilà qui ne lui ôte rien de rien de toutes les œuvres qu'il a jamais faites ; il se tient là virginal et libre sans aucune entrave en regard de la vérité suprême, comme Jésus est dépris et libre, et en lui-même virginal. De ce que disent les maîtres, que seules les choses égales sont capables d'union, il suit qu'il faut que soit intact, vierge, l'être humain qui doit accueillir Jésus virginal.

Prêtez attention maintenant et considérez avec zèle ! Si l'être humain était vierge pour toujours, aucun fruit ne proviendrait de lui. Doit-il devenir fécond, il lui faut de nécessité être une femme. Femme est le mot le plus noble que l'on peut attribuer à l'âme et est bien plus noble que vierge. Que l'être humain reçoive Dieu en lui, c'est bien, et dans

---

* Le retour de l'âme « dans son premier commencement » (voir Sermon 1) ratifie l'état qui fut le sien avant sa création, identique à Dieu dans l'éternité de son être (voir Sermon 52, *in* Maître Eckhart, *Du détachement et autres textes*, *op. cit.*, p. 76-77).

cette réceptivité il est intact. Mais que Dieu devienne fécond en lui, c'est mieux ; car la fécondité du don est la seule gratitude pour le don, et l'esprit est une femme dans la gratitude qui engendre en retour là où pour Dieu il engendre Jésus en retour dans le cœur paternel *.

Bien des dons de prix sont reçus dans la virginité sans être engendrés en retour dans la fécondité de la femme avec louange de gratitude en Dieu. Ces dons se gâtent et vont tous au néant, en sorte que l'être humain n'en devient jamais plus heureux ni meilleur. Alors sa virginité ne lui sert de rien, parce qu'à la virginité il n'adjoint pas d'être une femme en toute fécondité. C'est là que gît le dommage. C'est pourquoi j'ai dit : « Jésus monta à un petit château fort et fut reçu par une vierge qui était une femme. » Voilà qui doit être de nécessité, ainsi que je vous l'ai exposé.

Epoux sont ceux qui donnent à peine plus d'un fruit l'an. Mais autres les époux que je vise en l'occur-

---

* L'anthropologie eckhartienne souligne parfois une certaine infériorité supposée de la femme face à l'homme qui aurait partie liée quant à lui avec la puissance supérieure de l'intellect (voir *De l'homme noble*, *in* Maître Eckhart, *Les Traités et le Poème*, p. 168). Ici en revanche la fécondité qui est le propre de la femme l'identifie à la puissance générative qui est le propre du Père. De même que doit être contestée une intériorité qui serait sans œuvres extérieures (voir *Discours du discernement*, n° 23, *in* Maître Eckhart, *Les Traités et le Poème*, *op. cit.*, p. 103), de même la virginité appelle de soi la fécondité de la femme.

rence : tous ceux qui avec attachement propre[4] sont liés aux prières, aux jeûnes, aux veilles et à toutes sortes d'exercices extérieurs et mortifications. Un attachement propre quel qu'il soit à quelque œuvre que ce soit, qui enlève la liberté d'attendre Dieu dans ce maintenant présent et de le suivre lui seul dans la lumière avec laquelle il t'inciterait à faire et à lâcher prise, libre et neuf à tout moment, comme si tu n'avais ni ne voulais ni ne pouvais rien d'autre : un attachement propre ou un projet d'œuvre, quels qu'ils soient, qui t'enlèvent cette liberté neuve en tout temps, voilà ce que j'appelle maintenant une année ; car [alors] ton âme ne donne aucun fruit à moins que d'avoir accompli l'œuvre que tu as entreprise avec attachement propre, et tu n'as confiance ni en Dieu ni en toi-même à moins que d'avoir accompli ton œuvre que tu as conçue avec attachement propre ; faute de quoi tu ne jouis d'aucune paix. C'est pourquoi aussi tu ne donnes aucun fruit à moins que d'avoir fait ton œuvre. C'est cela que je pose comme une année, et le fruit est cependant minime car il a procédé d'attachement propre à l'œuvre et non de liberté. Ceux-là, je les appelle époux, car ils sont liés à l'attachement propre. Ceux-là donnent peu de fruit, et ce fruit même est cependant minime, ainsi que je l'ai dit*.

Une vierge qui est une femme, celle-là est libre et non liée sans attachement propre, elle est en tout

---

* L'attachement propre *(eigenschaft)* est l'exact antitype du détachement *(abegescheidenheit)*, seul garant de cette « liberté neuve en tout temps » qui signe la fécondité de l'œuvre.

temps également proche de Dieu et d'elle-même. Elle donne beaucoup de fruits, et ils sont grands, ni plus ni moins que Dieu lui-même. Ce fruit et cette naissance, c'est cela que cette vierge qui est une femme fait naître, et elle donne du fruit tous les jours cent fois ou mille fois et même au-delà de tout nombre, enfantant et devenant féconde à partir du fond le plus noble ; pour mieux le dire : Oui, à partir du même fond à partir duquel le Père enfante sa Parole éternelle, à partir de là elle devient féconde co-engendrante. Car Jésus, la lumière et le reflet du cœur paternel — ainsi que dit saint Paul[5], qu'il est une gloire et un reflet du cœur paternel, et il illumine avec puissance le cœur paternel —, ce Jésus est uni à elle et elle à lui, et elle brille et rayonne avec lui comme un unique Un et comme une lumière limpide et claire dans le cœur paternel.

J'ai dit aussi en outre qu'il est une puissance * dans l'âme que ne touchent temps ni chair ; elle flue hors de l'esprit et demeure dans l'esprit et est en toute manière spirituelle. Dans cette puissance Dieu toujours verdoie et fleurit dans toute la félicité et dans toute la gloire qu'il est en lui-même. Là est telle félicité du cœur et si inconcevablement grande félicité que personne ne peut le dire de façon plénière. Car le Père éternel engendre son Fils éternel dans cette puissance sans relâche, de sorte que cette puissance

* Il s'agit de l'intellect, la puissance la plus élevée de l'âme, en laquelle Dieu engendre son Fils et qui le co-engendre avec lui.

co-engendre le Fils du Père et soi-même comme le même Fils dans l'unique puissance du Père. Un homme aurait-il tout un royaume et tous les biens de la terre et les abandonnerait-il simplement en vue de Dieu et deviendrait-il l'un des hommes les plus pauvres qui aient jamais vécu sur terre, et Dieu lui donnerait-il alors autant à souffrir qu'il le donna jamais à un homme, et souffrirait-il tout cela jusqu'à sa mort, et Dieu lui donnerait-il alors une seule fois de contempler d'un regard la façon dont il est dans cette puissance : sa félicité serait si grande que toute cette peine et pauvreté serait encore trop minime. Oui, même si après cela Dieu ne lui donnait jamais le royaume du ciel, il aurait pourtant reçu un salaire par trop grand par rapport à tout ce qu'il aurait jamais enduré ; car Dieu est dans cette puissance comme dans l'instant éternel. L'esprit serait-il en tout temps uni à Dieu dans cette puissance que l'homme ne pourrait vieillir ; car l'instant où Dieu créa le premier homme et l'instant où le dernier homme doit disparaître et l'instant où je parle sont égaux en Dieu et ne sont rien qu'un instant. Voyez maintenant, cet homme habite dans une seule lumière avec Dieu ; c'est pourquoi ne sont en lui ni peine ni succession, mais une égale éternité. Cet homme est délivré en vérité de tout étonnement, et toutes choses se trouvent en lui de façon essentielle. C'est pourquoi il ne reçoit rien de nouveau des choses à venir ni d'aucun hasard, car il habite dans un instant en tout temps nouveau sans relâche. Telle est la souveraineté divine dans cette puissance.

Il est encore une puissance qui est également incorporelle * ; elle flue hors de l'esprit et demeure dans l'esprit et est en toute manière spirituelle. Dans cette puissance Dieu sans relâche arde et brûle avec toute sa richesse, avec toute sa douceur et avec toutes ses délices. En vérité, dans cette puissance est si grande félicité et délices si grandes, sans mesure, que personne ne peut en parler ni le révéler pleinement. Mais je dis : Y aurait-il un seul homme qui là un instant contemplerait intellectuellement les délices et la félicité qui s'y trouvent : tout ce qu'il pourrait pâtir et que Dieu aurait voulu qu'il pâtisse, cela lui serait tout entier peu de chose, et même rien de rien ; je dis plus encore : Cela lui serait en toute manière une félicité et une satisfaction.

Veux-tu savoir vraiment si ta souffrance est tienne ou bien de Dieu, tu dois le déceler d'après ceci : souffres-tu à cause de ta volonté propre, en quelque manière que ce soit, souffrir te fait mal et t'est lourd à porter. Mais souffres-tu à cause de Dieu et de Dieu seul, souffrir ne te fait pas mal et ne t'est pas lourd, car c'est Dieu qui porte le fardeau. En bonne vérité ! Y aurait-il un homme qui voudrait souffrir de par Dieu et purement pour Dieu seul, et si s'abattait sur lui tout le souffrir que tous les hommes aient jamais pâti et que le monde entier a en partage, cela ne lui ferait pas mal ni ne lui serait lourd, car c'est Dieu qui porterait le fardeau. Si l'on me mettait un quintal sur

---

* Souvent présentée comme seconde, la volonté est ici évoquée exactement dans les mêmes termes que l'intellect.

la nuque et qu'ensuite ce soit un autre qui le soutienne sur ma nuque, j'en chargerais cent aussi volontiers que un, car cela ne me serait lourd ni ne me ferait mal. Dit brièvement : ce que l'homme pâtit de par Dieu et pour Dieu seul, cela Dieu le lui rend léger et doux, ainsi que je l'ai dit au commencement par quoi nous commençâmes notre sermon : « Jésus monta à un petit château fort et fut reçu par une vierge qui était une femme. » Pourquoi ? Il fallait de nécessité qu'elle soit une vierge et aussi une femme. Maintenant je vous ai dit que Jésus fut reçu ; mais je ne vous ai pas dit ce qu'est le petit château fort, ce pour quoi je veux maintenant en parler *.

J'ai dit parfois qu'il est une puissance dans l'esprit qui seule est libre[6]. Parfois j'ai dit que c'est un rempart de l'esprit ; parfois j'ai dit que c'est une lumière de l'esprit ; parfois j'ai dit que c'est une petite étincelle. Mais je dis maintenant : Ce n'est ni ceci ni cela ; pourtant c'est un quelque chose qui est plus élevé au-dessus de ceci et de cela que le ciel au-dessus de la terre. C'est pourquoi je le nomme maintenant de plus noble manière que je ne l'ai jamais nommé, et il se rit de la noblesse et de la manière et est au-dessus de cela. Il est libre de tous noms et démuni de toutes formes, dépris et libre tout comme Dieu est dépris et libre en lui-même. Il est aussi pleinement un et simple que Dieu est un et simple, de

---

* Le petit château fort désigne de façon imagée le lieu intérieur, au-delà de la volonté et de l'intellect même, par quoi l'homme est un avec la déité.

sorte que d'aucune manière l'on ne peut y jeter le regard. La même puissance dont j'ai parlé, là où Dieu fleurit et verdoie avec toute sa déité et l'esprit en Dieu, dans cette même puissance le Père engendre son Fils unique aussi vraiment que dans lui-même, car il vit vraiment dans cette puissance, et l'esprit engendre avec le Père ce même Fils unique et soi-même [comme] le même Fils, et est le même Fils dans cette lumière et est la vérité. Si vous pouviez voir avec mon cœur, vous comprendriez bien ce que je dis, car c'est vrai et la vérité le dit elle-même.

Voyez, prêtez maintenant attention ! Si un et simple par delà tout mode est ce petit château fort dans l'âme dont je parle et que je vise que cette noble puissance dont j'ai parlé n'est pas digne de jamais jeter une seule fois un regard dans ce petit château fort, ni non plus cette autre puissance[7] dont j'ai parlé où Dieu arde et brûle avec toute sa richesse et avec toutes ses délices, elle ne se risquera pas à y jeter jamais un regard ; si vraiment un et simple est ce petit château fort, et si élevé par delà tout mode et toutes puissances est cet unique Un qu'en lui jamais puissance ni mode ne peut jeter un regard, pas même Dieu. En bonne vérité et aussi vrai que Dieu vit ! Dieu lui-même jamais n'y jette un instant le regard et n'y a jamais encore jeté le regard dans la mesure où il se possède selon le mode et la propriété de ses personnes. Voilà qui est facile à comprendre, car cet unique Un est sans mode et sans propriété. Et c'est pourquoi : Dieu doit-il jamais y jeter un regard, cela lui coûte nécessairement tous ses noms divins et sa propriété personnelle ; cela, il lui faut le laisser totalement à l'extérieur s'il doit jamais y jeter un regard. Mais c'est en tant qu'il est simplement Un, sans quelque mode ni propriété : là il n'est dans ce sens Père ni Fils ni Esprit Saint et est pourtant un quelque chose qui n'est ni ceci ni cela *.

Voyez, c'est pour autant qu'il est un et simple qu'il pénètre dans le un que là je nomme un petit château fort dans l'âme, et autrement il n'y pénétrerait en aucune manière ; mais ce n'est qu'ainsi qu'il y pénètre et y demeure. C'est par cette partie que l'âme est égale à Dieu, et pas autrement. Ce que je vous ai dit, c'est vrai ; de quoi je vous donne la vérité pour témoin et mon âme en gage.

Pour que nous soyons un tel petit château fort dans lequel Jésus monte et se trouve reçu et demeure éternellement en nous de la manière que j'ai dite, qu'à cela Dieu nous aide. Amen.

---

* Dieu ne peut engendrer son Fils dans l'âme que parce que l'âme, au-delà de ses puissances, est une avec la déité, elle-même au-delà des Personnes.

Sermon 3

Nunc scio vere,
quia misit Dominus angelum suum

Quand Pierre, par la puissance du Dieu très-haut, se trouva libéré des liens de sa prison, il dit : « Maintenant je sais vraiment que Dieu m'a envoyé son ange et m'a sauvé de la puissance d'Hérode et des mains des ennemis [1]. »

Maintenant nous inversons cette parole et disons : Parce que Dieu m'a envoyé son ange, je connais vraiment. Pierre veut dire connaissance *. Quant à moi, je l'ai dit souvent : Connaissance et intellect unissent l'âme à Dieu [2]. Intellect fait tomber dans l'être limpide, connaissance court en avant, elle court en avant et fait sa percée pour que là se trouve engendré le Fils unique de Dieu. Notre Seigneur dit en Matthieu que personne ne connaît le Père si ce n'est le Fils [3]. Les maîtres disent [que] connaissance tient dans ressemblance [4]. Certains maîtres disent

---

* Les clefs, signe distinctif de l'apôtre Pierre, symbolisent le pouvoir d'ouvrir ce qui était fermé. Ainsi de la connaissance, comme pouvoir d'accéder à l'économie du vrai.

[que] l'âme est faite de toutes choses, car elle a une possibilité d'entendre toutes choses[5]. Cela paraît fou et c'est pourtant vrai. Les maîtres disent : Ce que je dois connaître, il faut que ce me soit pleinement présent et égal à ma connaissance. Les saints disent que dans le Père est puissance et égalité dans le Fils et union dans le Saint Esprit. C'est parce que le Père est pleinement présent au Fils et le Fils pleinement égal à lui que personne ne connaît le Père si ce n'est le Fils.

Or Pierre dit : « Maintenant je connais vraiment. » D'où connaît-on vraiment ? De ce que c'est une lumière divine qui ne trompe personne. D'autre part, de ce que l'on connaît là nûment et limpidement et sans voile aucun. C'est pourquoi Paul dit : « Dieu habite dans une lumière à laquelle il n'est point accès[6]. » Les maîtres disent [que] la sagesse que nous apprenons ici-bas doit nous demeurer là-bas[7]. Alors que Paul dit [qu'] elle doit passer[8]. Un maître dit : Connaissance limpide, bien que dans ce corps, recèle si grande joie en elle-même que la joie de toutes les choses créées est exactement comme un néant en regard de la joie que comporte connaissance limpide[9]. Cependant, si noble qu'elle soit, elle est pourtant une contingence ; et aussi infime est une petite parole en regard du monde entier, aussi infime est toute la sagesse que nous pouvons apprendre ici-bas en regard de la vérité limpide nue. C'est pourquoi Paul dit [qu'] elle doit passer. Que si pourtant elle demeure, elle en vient justement à être une [sagesse] folle, et comme étant néant en regard de la vérité nue que l'on connaît là-bas. La troisième raison pour laquelle on connaît là vraiment, la voici : les choses qu'ici-bas l'on voit sujettes à mutation, on les connaît là-bas immuables et on les prend là telles qu'elles sont pleinement indivisées et proches les unes des autres ; car ce qui ici-bas est loin, là-bas est proche, car toutes choses sont là-bas présentes. Ce qui doit arriver au premier et au dernier jour est là-bas présent.

« Maintenant je sais vraiment que Dieu m'a envoyé son ange. » Lorsque Dieu envoie son ange à l'âme, elle devient alors vraiment connaissante. Ce n'est pas en vain que Dieu a confié à saint Pierre la clef[10], car Pierre veut dire connaissance ; car connaissance a la clef et ouvre et pénètre et fait sa percée et trouve Dieu nûment, et dit alors à sa compagne, la volonté, ce qu'elle a possédé, bien que pourtant elle ait eu auparavant la volonté * ; car ce que je veux, je le recherche. Connaissance marche devant. Elle est une princesse et recherche seigneurie au plus élevé et au plus limpide, et le transmet à l'âme et l'âme à la nature et la nature aux sens corporels. L'âme est si noble en ce qu'elle a de plus élevé et de plus limpide que les maîtres ne peuvent lui trouver de nom. Ils disent d'elle « âme[11] » parce que c'est elle qui donne être au corps. Or les maîtres disent qu'au plus près du premier surgissement[12] de

---

* C'est la volonté qui d'abord met l'intellect en mouvement ; elle reçoit communication en retour des biens en possession desquels celui-ci est entré.

la déité, où le Fils surgit du Père, alors l'ange est façonné selon Dieu au plus près. C'est bien vrai : l'âme est façonnée selon Dieu en sa partie supérieure ; mais l'ange est une image plus proche de Dieu. Tout ce qui est de l'ange, cela est façonné selon Dieu. C'est pourquoi l'ange se trouve envoyé à l'âme afin qu'il la ramène à cette même image selon laquelle il est façonné ; car connaissance provient d'égalité[13]. Comme donc l'âme a une capacité de connaître toutes choses, elle ne goûte aucun repos qu'elle ne parvienne dans la première image où toutes choses sont un et c'est là qu'elle goûte le repos, c'est-à-dire en Dieu. En Dieu nulle créature n'est plus noble que l'autre.

Les maîtres disent[14] : Être et connaissance sont tout un, car ce qui n'est pas, on ne le connaît pas non plus ; ce qui a le plus d'être, on le connaît aussi le plus. Comme donc Dieu a un être suréminent, pour cette raison il surpasse toute connaissance, selon que j'ai dit avant-hier dans mon dernier sermon que l'âme se trouve façonnée intérieurement[15] dans la limpidité première, dans l'impression de l'essentialité[16] limpide, où elle goûte Dieu avant qu'il ne revête vérité ou cognoscibilité, là où toute nomination est déposée : là elle connaît le plus limpidement, là elle se saisit de l'être à mesure égale. C'est pourquoi Paul dit : « Dieu habite dans une lumière à laquelle il n'est point accès[17]. » Il a inhabitation dans sa propre essentialité limpide, là où il n'est rien qui s'ajoute. Ce qui a contingence, il faut que ce soit écarté. Il est un limpide se-tenir-dans-soi-même, là où il n'y a ni ceci ni cela; car ce qui est en Dieu, cela est Dieu*. Un maître païen dit : Les puissances qui planent au-dessous de Dieu ont un inhabiter en Dieu, et bien qu'elles aient un limpide se-tenir-dans-soi-même, elles ont cependant un inhabiter dans celui qui n'a ni commencement ni fin; car en Dieu rien d'étranger ne peut tomber. De quoi vous avez témoignage par le ciel : il ne peut recevoir aucune impression étrangère selon un mode étranger.

Ainsi advient-il : ce qui vient à Dieu, cela se trouve transformé; si piètre que ce soit, le portons-nous à Dieu, il échappe à soi-même. De quoi vous avez une comparaison : si j'ai la sagesse, je ne la suis pas moi-même. Je peux acquérir la sagesse, je peux aussi la perdre. Mais ce qui est en Dieu est Dieu; cela ne peut lui échapper. Cela se trouve inséré dans la nature divine, car nature divine est si puissante que ce qui s'y trouve mis s'y trouve pleinement inséré ou demeure pleinement au dehors. Or notez la merveille ! Puisque Dieu transforme dans soi chose si piètre, qu'imaginez-vous

---

* Cette proposition simplifiée sous cette forme « tout ce qui est est Dieu » a été retenue contre Eckhart dans le deuxième acte d'accusation lors du procès de Cologne. Loin d'exprimer un panthéisme immédiat, la présente affirmation contient que toute créature reçoit l'être de Dieu sans adjonction ni mélange d'aucune sorte. Eckhart écrit semblablement dans le *Livre de la consolation divine*: « Tout ce qui est en lui est Dieu lui-même » (*Livre de la consolation divine, in* Maître Eckhart, *Les Traités et le Poème, op. cit.*, p. 155).

donc qu'il fera à l'âme qu'il a honorée de sa propre image * ?

Pour qu'à cela nous parvenions, qu'à cela Dieu nous aide. Amen.

---

* Toute la *promesse* faite à l'homme est ici contenue dans le rappel de ce type d'identité par l'*image* de Dieu en laquelle il est constitué foncièrement. Tel est l'essentiel de la doctrine eckhartienne.

Sermon 4

Omne datum optimum et omne donum perfectum desursum est. Jacobi I°

Saint Jacques dit dans l'épître : « Le don le meilleur et [la] perfection descendent d'en haut du Père des lumières[1]. »

Or notez-le ! Vous devez savoir ceci : les hommes qui se laissent en Dieu[2] et cherchent seulement sa volonté en tout zèle, quoi que Dieu donne à l'homme, cela est le meilleur ; quant à toi, sois aussi certain de cela que tu l'es de ce que Dieu vit, qu'il faut de nécessité que cela soit le meilleur, et qu'il ne peut y avoir aucun autre mode qui serait meilleur. Que s'il se trouve pourtant que quelque autre chose paraisse meilleure, elle ne te serait pourtant pas aussi bonne, car Dieu veut ce mode et non un autre mode, et ce mode il faut de nécessité qu'il te soit le meilleur mode[3]. Que ce soit maladie ou pauvreté ou faim ou soif ou quoi que ce soit que Dieu t'inflige ou ne t'inflige pas, ou quoi que Dieu te donne ou ne te donne pas, tout cela est pour toi le meilleur ; que ce soit ferveur ou intériorité, que tu n'aies aucune des deux, et quoi que tu aies ou n'aies pas : mets-toi exactement dans cette disposition que tu vises l'honneur de Dieu en toutes choses, et quoi qu'il te fasse alors, c'est là le meilleur.

Or tu pourrais peut-être dire : Comment est-ce que je sais si c'est la volonté de Dieu ou non ? Sachez-le : si ce n'était volonté de Dieu, ce ne serait pas non plus. Tu n'as ni maladie ni rien de rien que Dieu ne le veuille. Et lorsque tu sais que c'est volonté de Dieu, tu devrais avoir en cela tant de plaisir et de satisfaction que tu n'estimerais aucune peine comme peine ; même si cela en venait au plus extrême de la peine, éprouverais-tu la moindre peine ou souffrance, alors ce n'est pas du tout dans l'ordre ; car tu dois le recevoir de Dieu comme ce qu'il y a de meilleur, car il faut de nécessité que ce te soit ce qu'il y a de meilleur. Car l'être de Dieu tient en ce qu'il veut le meilleur. C'est pourquoi je dois le vouloir aussi et aucune chose ne doit m'agréer davantage. Y aurait-il un homme auquel en tout zèle je voudrais plaire, saurais-je alors pour de vrai que je plairais davantage à cet homme dans un vêtement gris qu'en un autre, si bon qu'il soit pourtant, aucun doute que ce vêtement me serait plus plaisant et plus agréable qu'aucun autre, si bon qu'il soit pourtant. Serait-ce que je veuille plaire à quelqu'un, si je savais alors qu'il prendrait plaisir que ce soit à des paroles ou à des œuvres, c'est cela que je ferais et pas autre chose. Eh bien, éprouvez-vous vous-mêmes ce qu'il en va de votre amour ! Si vous aimiez Dieu, aucune chose ne pourrait vous être plus plaisante que ce qui lui plairait le mieux et que sa volonté se trouve accomplie le plus complètement en nous. Si lourds paraissent la peine ou le préjudice, si tu n'as pas en cela aussi grand plaisir, alors ce n'est pas dans l'ordre.

J'ai coutume souvent de dire un petit mot, et il est vrai aussi : Nous crions tous les jours et clamons dans le Pater Noster : « Seigneur, que ta volonté advienne[4] ! » Lorsque ensuite sa volonté advient, nous voulons nous mettre en colère, et sa volonté ne nous satisfait pas. Alors que quoi qu'il fasse cela devrait nous plaire le mieux. Ceux donc qui le reçoivent comme le meilleur demeurent en toutes choses dans une paix totale. Or il vous semble parfois et vous le dites : « Ah, serait-ce arrivé autrement que ce serait mieux », ou « Ne serait-ce pas arrivé ainsi que ce serait peut-être arrivé mieux ». Aussi longtemps qu'il te semble de la sorte, jamais tu n'acquerras la paix. Tu dois le recevoir comme le meilleur. C'est là le premier sens de ce mot.

Il est encore un autre sens, notez-le avec zèle ! Il dit : « Tout don. » Ce qui est le meilleur et le plus haut, ce sont les dons au sens propre et au sens le plus propre de tous. Dieu ne donne rien aussi volontiers que de grands dons. J'ai dit une fois en ce lieu que Dieu pardonne même plus volontiers de grands péchés que des petits. Et plus ils sont grands, plus volontiers il les pardonne et plus vite. Et il en est tout à fait ainsi en ce qui concerne grâce et don et vertu : plus ils sont grands, plus volontiers il les donne ; car sa nature tient en ce qu'il donne de grandes choses. Et c'est pourquoi meilleures sont les choses plus il y en a. Les créatures les plus nobles, ce sont les anges, et ils sont pleinement doués d'intellect et n'ont pas de corporéité en eux, et ils sont les plus nombreux de tous et il en est plus que le nombre de toutes choses corporelles[5]. Ce sont les grandes choses qui s'appellent à proprement parler dons, et qui lui sont les plus propres et les plus intimes.

J'ai dit une fois : Ce qui à proprement parler est à même de se trouver exprimé en mots, il faut que cela provienne de l'intérieur et se meuve de par la forme intérieure, et ne pénètre pas de l'extérieur, plutôt : c'est de l'intérieur qu'il doit procéder. Cela vit à proprement parler dans le plus intime de l'âme. C'est là que toutes choses te sont présentes et intérieurement vivantes et en recherche et sont au mieux et sont au plus élevé. Pourquoi n'en trouves-tu rien ? Parce que tu n'es pas là chez toi. Plus noble est la chose, plus elle est commune[6]. Le sens, je l'ai en commun avec les animaux, et la vie m'est commune avec les arbres. L'être m'est encore plus intérieur, je l'ai en commun avec toutes les créatures. Le ciel est plus vaste que tout ce qui est au-dessous de lui ; c'est pourquoi aussi il est plus noble. Plus nobles sont les choses, plus vastes et plus communes elles sont. L'amour est noble, parce qu'il est commun.

Paraît difficile ce que Notre Seigneur a commandé, que l'on doive aimer son frère chrétien[7] comme soi-même. Ce que disent communément des gens grossiers, c'est que ce devrait être ainsi : on devrait les aimer eu égard au bien dont on s'aime soi-même *. Non, ce n'est pas ainsi. On doit les aimer autant que soi-même, et cela n'est pas difficile. Veuillez bien le noter, amour est plus digne de récompense qu'un commandement. Le commandement semble difficile, et la récompense est désirable. Qui aime Dieu comme il doit l'aimer et aussi comme il faut qu'il l'aime, qu'il le veuille ou ne le veuille pas, et comme l'aiment toutes les créatures, il lui faut aimer son prochain comme soi-même et se réjouir de ses joies comme de ses propres joies et désirer son honneur autant que son honneur propre, et l'étranger comme l'un des siens. Et c'est ainsi que l'homme est en tout temps en joie, en honneur et en prospérité, ainsi est-il exactement comme dans le royaume des cieux, et c'est ainsi qu'il a davantage de joie que s'il se réjouissait uniquement de son bien. Et sachez-le dans la vérité : ton propre honneur t'apporte-t-il plus de satisfaction que celui d'un autre, alors c'est injuste pour lui [8].

Sache que si tu cherches quelque chose de ce qui est tien, tu ne trouveras jamais Dieu, car tu ne cherches pas Dieu de façon limpide. Tu cherches quelque chose en même temps que Dieu, et fais justement comme si tu faisais de Dieu une chandelle avec laquelle on cherche quelque chose ; et lorsque l'on trouve les choses que l'on cherche, alors on jette de côté les chandelles. Ainsi fais-tu : quoi que tu cherches en même temps que Dieu, c'est néant,

---

* Il s'agit là d'un amour subordonné à celui que l'on nourrit envers soi-même.

quoi que ce soit par ailleurs, que ce soit profit ou récompense ou intériorité ou quoi que ce soit ; tu cherches néant, c'est pourquoi aussi tu trouves néant. Que tu trouves néant, cela n'a pas d'autre cause que le fait que tu recherches néant. Toutes créatures sont un limpide néant. Je ne dis pas qu'elles sont petites ou sont quelque chose : elles sont un limpide néant. Ce qui n'a pas d'être, cela est néant. Toutes les créatures n'ont pas d'être, car leur être tient à la présence de Dieu. Dieu se détournerait-il un instant de toutes les créatures, elles deviendraient néant. J'ai dit parfois, et c'est bien vrai : Qui prendrait le monde entier en même temps que Dieu n'aurait pas davantage que s'il n'avait que Dieu. Toutes les créatures n'ont pas davantage sans Dieu que n'aurait une mouche sans Dieu, de façon exactement égale, ni moins ni plus *.

Eh bien notez maintenant un mot vrai ! Un homme donnerait-il mille marks d'or, pour qu'avec cela l'on fasse églises et cloîtres, ce serait une grande chose. Néanmoins, il aurait donné beaucoup plus celui qui pourrait tenir mille marks pour rien ; il aurait de loin fait plus que l'autre. Lorsque Dieu créa toutes les créatures, elles étaient si pitoyables et si étroites qu'il ne pouvait se mouvoir en elles. Pourtant il fit l'âme si égale à lui et si semblable de mesure, afin qu'il pût se donner à l'âme ; car quoi qu'il lui donnerait

* Parce que l'être des créatures est celui même de Dieu, en regard de Dieu elles sont néant comme est néant ce qui prétendrait s'ajouter à Dieu.

d'autre, elle l'estimerait néant. Il faut que Dieu se donne lui-même à moi en propre, tel qu'il est à soi-même, ou bien rien ne m'est imparti ni n'a de saveur pour moi. Celui donc qui doit le recevoir pleinement, il lui faut pleinement s'être donné soi-même et être sorti de soi-même ; celui-là reçoit de Dieu dans l'égalité tout ce qu'il a, autant en propre qu'il le possède lui-même et Notre Dame et tous ceux qui sont dans le royaume des cieux : cela leur appartient de façon aussi égale et autant en propre. Ceux donc qui dans l'égalité sont sortis et se sont livrés eux-mêmes, ceux-là doivent aussi recevoir dans l'égalité, et non pas moins[9].

La troisième parole est « du Père des lumières ». Par le mot « Père », on entend filiation, et le mot « Père » dénote un engendrer limpide et est une vie de toutes choses. Le Père engendre son Fils dans l'entendement éternel, et donc le Père engendre son Fils dans l'âme comme dans sa nature propre et [l'] engendre dans l'âme en propre, et son être dépend de ce qu'il engendre son Fils dans l'âme, que ce lui soit doux ou amer. On me demanda une fois, que fait le Père dans le ciel ? Je dis alors : Il engendre son Fils, et cette œuvre lui est si agréable et lui plaît tellement que jamais il ne fait autre chose que d'engendrer son Fils, et tous deux font fleurir le Saint Esprit. Là où le Père engendre son Fils en moi, là je suis le même Fils et non un autre ; nous sommes certes un autre en humanité, mais là je suis le même Fils et non un autre. « Là où nous sommes fils, là nous sommes de véritables héritiers[10]. » Qui connaît la vérité sait bien que le mot « Père » porte en soi un engendrer limpide et le fait d'avoir des fils. C'est pourquoi nous sommes ici dans ce Fils et sommes ce même Fils.

Or notez cette parole : « Ils viennent d'en haut. » Or je viens de vous le dire : Qui veut recevoir d'en haut, il lui faut de nécessité être en bas, en véritable humilité. Et sachez-le dans la vérité : qui n'est pas totalement en bas, il ne lui adviendra rien de rien et il ne reçoit rien non plus, si petit que cela puisse être jamais. Si tu portes le regard en quoi que ce soit sur toi ou sur aucune chose ou sur quiconque, tu n'es pas en bas et ne reçois rien non plus ; plutôt : si tu es totalement en bas, tu reçois pleinement et parfaitement. Nature de Dieu est de donner, et son être tient en ce qu'il nous donne, si nous sommes en bas. Si nous ne le sommes pas et ne recevons rien, nous lui faisons violence et le tuons. Si nous ne pouvons le faire à son encontre à lui, nous le faisons à l'encontre de nous, et aussi loin que cela est en nous *. Pour que tu lui donnes tout en propre, fais en sorte que tu te places en véritable humilité au-dessous de Dieu et que tu élèves Dieu dans ton cœur et dans ta connaissance. « Dieu Notre Seigneur envoya son Fils dans le monde [11]. » J'ai dit une fois ici même : Dieu envoya son Fils à l'âme dans la plénitude du temps, lorsqu'elle a dépassé tout temps [12]. Lorsque l'âme est déprise du temps et de l'espace, alors le Père envoie son Fils dans l'âme. Or telle est la parole : « Le don

* Le mal que l'homme ne saurait faire à Dieu est un mal qu'il se fait à lui-même.

le meilleur et [la] perfection descendent d'en haut du Père des lumières. » Pour que nous soyons prêts à recevoir le don le meilleur, qu'à cela nous aide Dieu le Père des lumières. Amen.

Sermon 5 a

In hoc apparuit charitas dei in nobis,
quoniam filium suum
unigenitum misit deus in mundum
ut vivamus per eum.

Saint Jean dit : « En cela amour de Dieu nous est révélé qu'il a envoyé son Fils dans le monde, afin que nous vivions par lui [1] » et avec lui. Et donc notre nature humaine est immensément exhaussée du fait que le Très-Haut est venu et a pris sur lui l'humanité.

Un maître dit : Lorsque je pense au fait que notre nature est élevée au-dessus des créatures et siège au ciel au-dessus des anges et se trouve adorée par eux, il me faut me réjouir pleinement dans mon cœur, car Jésus Christ mon aimable Seigneur m'a donné en propre tout ce qu'il a en lui [2]. Il dit aussi que le Père, à propos de tout ce qu'il a jamais donné à son Fils Jésus Christ dans la nature humaine, m'a considéré plutôt que lui et m'a davantage aimé que lui et m'a donné plutôt qu'à lui : comment donc ? Il lui a donné à cause de moi, parce que ce m'était nécessaire. C'est pourquoi, ce qu'il lui a donné, en cela c'est moi qu'il visait, et il me l'a donné aussi bien qu'à lui ; je n'excepte rien, ni union ni sainteté de la déité ni quoi que ce soit. Tout ce que jamais il lui donna dans la nature humaine, cela ne m'est pas plus étranger ni plus lointain qu'à lui. Car Dieu ne peut donner peu de chose ; ou bien il lui faut donner pleinement, ou bien ne rien donner du tout. Son don est pleinement simple et parfait, sans partage et non dans le temps, totalement dans l'éternité, et soyez-en aussi sûrs que du fait que je vis : si donc nous devons recevoir de lui, il nous faut être dans l'éternité, élevés au-dessus du temps. Dans l'éternité, toutes choses sont présentes. Ce qui est au-dessus de moi, cela m'est aussi proche et aussi présent que ce qui est près de moi ; et c'est là que nous devons recevoir ce que nous devons avoir de par Dieu. Dieu ne connaît rien qui soit en dehors de lui, mais son œil est seulement tourné vers lui-même. Ce qu'il voit, il le voit totalement dans lui. C'est pourquoi Dieu ne nous voit pas lorsque nous sommes dans le péché. C'est pourquoi autant nous sommes en lui, autant Dieu nous connaît, ce qui veut dire : autant nous sommes sans péché. Et toutes les œuvres que Notre Seigneur a jamais opérées, il me les a si bien données en propre qu'elles ne me sont pas moins méritoires que les œuvres que j'opère. Puisqu'à nous tous est propre de façon égale toute sa noblesse, et [qu'elle] est proche de façon égale de moi comme de lui, pourquoi ne la recevons-nous pas de façon égale ? Ah, entendez-le ! Qui veut venir à cette largesse, en sorte qu'il reçoive de façon égale ce bien et la nature humaine commune et également proche de tous les hommes, pour autant que dans la nature humaine il n'est plus alors rien d'étranger ni de lointain ni de proche, alors il faut aussi de nécessité que tu sois de façon égale dans la communauté humaine, n'étant pas plus proche de toi-même que d'un autre. Tu dois aimer tous les hommes à égalité avec toi, les estimer et les tenir à égalité ; ce qui arrive à un autre, que ce soit mal ou bien, cela doit être pour toi comme si cela t'arrivait *.

Voici maintenant le second sens : « Il l'envoya dans le monde ». Or nous devons entendre [par là] le monde immense que contemplent les anges. Comment devons-nous être ? Nous devons, avec tout notre amour et avec tout notre désir, être là, comme le dit S. Augustin[3] : Ce que l'homme aime, il le devient dans l'amour. Devons-nous dire alors : Lorsque l'homme aime Dieu, il devient Dieu ? Voilà qui sonne comme de l'incroyance. L'amour qu'un homme donne, là ils ne sont pas deux, plutôt un et union[4], et dans l'amour je suis plus Dieu que je ne suis en moi-même. Le prophète dit : « J'ai dit, vous êtes des dieux et enfants du Très-Haut[5]. » Cela sonne de façon merveilleuse que l'homme puisse ainsi devenir Dieu dans l'amour ; pourtant cela est vrai dans la vérité éternelle. Notre Seigneur Jésus Christ l'atteste[6].

---

* Qu'il s'agisse du jugement de la faute ou du rapport au prochain, rien chez Eckhart ne se règle à partir du sentiment ou de catégories d'ordre moral, mais par la connaissance de cette réalité ontologique selon laquelle l'être de l'homme et de toute créature ne saurait faire nombre avec celui de Dieu. Dieu ne peut regarder qu'en lui-même, parce qu'il n'est rien qui soit en dehors de lui.

« Il l'envoya dans le monde ». *Mundus*, en une certaine acception, veut dire « pur »[7]. Notez-le ! Dieu n'a d'autre lieu propre qu'un cœur pur et une âme pure ; là Dieu engendre son Fils comme il l'engendre dans l'éternité, ni plus ni moins. Qu'est-ce qu'un cœur pur ? Est pur ce qui est séparé et détaché de toutes créatures, car toutes les créatures souillent, parce qu'elles sont néant ; car le néant est un défaut et souille l'âme. Toutes les créatures sont un pur néant[8] ; ni anges ni créatures ne sont quelque chose. Elles ont tout en tout[9] et souillent, car elles sont faites de néant. Elles sont et étaient néant. Ce qui à toutes créatures est contraire et cause déplaisir, c'est le néant*. Si je mettais un charbon incandescent dans ma main, cela me ferait mal. Voilà qui est seulement à cause du néant, et serions-nous dépris du néant, nous ne serions pas impurs[10].

Maintenant : « Nous vivons en lui » avec lui. Il n'est rien que l'on désire autant que la vie. Qu'est-ce que ma vie ? Ce qui, de l'intérieur, se trouve mû par lui-même. Cela ne vit pas qui se trouve mû de l'extérieur. Si donc nous vivons avec lui, il nous faut aussi coopérer de l'intérieur en lui, de sorte que nous n'opérions pas de l'extérieur ; mais nous devons nous

---

* Que les créatures soient néant et qu'en même temps le néant leur soit contraire peut s'entendre ainsi : elles sont néant dans la mesure où elles feraient nombre avec Dieu, s'*ajoutant* ainsi à *ce qui est;* voilà pourquoi un tel néant leur est contraire, dans la mesure précisément où, conformément à l'enseignement habituel de Maître Eckhart repris de la grande Scolastique, elles n'ont d'être que Dieu.

trouver mus à partir de ce qui nous fait vivre, c'est-à-dire : par lui. Nous pouvons et il nous faut opérer à partir de ce qui nous est propre, de l'intérieur. Devons-nous alors vivre en lui ou par lui, il doit être ce qui est notre propre, et nous devons opérer à partir de ce qui nous est propre ; tout comme Dieu opère toutes choses à partir de ce qui lui est propre et par soi-même, ainsi devons-nous opérer à partir du propre qu'il est en nous. Il est tout à fait notre propre et toutes choses sont notre propre en lui. Tout ce que tous les anges et tous les saints ont ainsi que Notre Dame, ce m'[est] propre en lui et ne m'est pas plus étranger ni plus lointain que ce que j'ai moi-même. Toutes choses me sont également propres en lui ; et si nous devons en venir à ce propre du propre, en sorte que toutes choses soient notre propre, il nous faut le prendre de façon égale en toutes choses, pas plus en l'une qu'en l'autre, car il est de façon égale en toutes choses *.

On trouve des gens qui goûtent bien Dieu selon un mode et non selon un autre, et veulent avoir Dieu uniquement selon un type de ferveur et non selon un autre. Je laisse passer, mais pour lui[11] *[= Dieu ?]*

---

* L'investigation métaphysique ici menée sur la base de l'égalité ontologique entre le propre de Dieu et le propre de l'homme conduit Maître Eckhart à une intelligence, ontologique elle aussi, du vivre et de l 'opérer humains. Le « tu dois » ne ressortit donc pas à une injonction morale, mais traduit la reconnaissance d'une réalité originaire qui est celle même de « l'homme intérieur » (voir à ce propos *De l'homme noble, in* Maître Eckhart, *Les Traités et le Poème, op. cit.*, p. 165).

c'est totalement injuste. Qui veut prendre Dieu de façon juste doit le prendre de façon égale en toutes choses, dans l'âpreté comme dans le bien-être, dans les pleurs comme dans les joies, en tout il doit pour toi être égal. Si, n'ayant ni ferveur ni componction sans l'avoir mérité par des péchés mortels, alors que tu aurais volontiers ferveur et componction, tu t'imagines que tu n'as pas Dieu pour cette raison que tu n'as pas ferveur et componction, [et que] cela t'est souffrance, c'est cela même qui maintenant est [pour toi] ferveur et componction. C'est pourquoi vous ne devez vous attacher à aucun mode, car Dieu n'est dans aucun mode, ni ceci ni cela. C'est pourquoi ceux qui là prennent Dieu de cette façon lui font injustice. Ils prennent le mode et non pas Dieu. C'est pourquoi retenez cette parole, que vous ayiez Dieu en vue et le recherchiez de façon limpide. Quels que soient les modes qui vous échoient, contentez-vous-en totalement. Car votre visée doit être limpidement Dieu, et rien d'autre. Alors, quoi qui vous agrée ou ne vous agrée pas, cela est juste envers lui, et sachez qu'autrement cela est totalement injuste pour lui. Ils poussent Dieu sous un banc ceux qui tant de modes veulent avoir. Que ce soient pleurs ou soupirs, ou tant de choses de ce type, tout cela n'est pas Dieu. Si cela vous échoit, prenez-le et soyez satisfaits ; si cela n'advient pas, soyez pourtant satisfaits, et prenez ce que Dieu veut vous donner en cet instant, et demeurez en tout temps en humble anéantissement et abjection, et il doit vous sembler en tout temps que vous êtes indignes de quelque bien que ce soit que Dieu pourrait vous faire s'il le voulait. Ainsi se trouve exposée la parole que saint Jean écrit : « En cela s'est trouvé révélé pour nous l'amour de Dieu » ; si nous étions ainsi, ce bien serait révélé en nous. Qu'il nous soit caché, il n'en est d'autre cause que nous. Nous sommes cause de tous nos obstacles. Garde-toi de toi-même, ainsi auras-tu fait bonne garde. Et y a-t-il des choses que nous ne voulons pas prendre, il nous a pourtant destinés à cela ; si nous ne les prenons pas, il nous faudra le regretter, et cela nous sera grandement reproché. Si nous ne parvenons pas là où ce bien se trouve pris, cela ne tient pas à lui, mais à nous [12].

Sermon 5 b

In hoc apparuit caritas dei in nobis

« En ceci nous a été montré et nous est apparu l'amour de Dieu pour nous, que Dieu a envoyé son Fils unique dans le monde, afin que nous vivions avec le Fils et dans le Fils et par le Fils [1] » ; car tous ceux qui ne vivent pas par le Fils, ceux-là ne sont vraiment pas comme il faut.

S'il se trouvait maintenant un riche monarque qui ait une fille belle, s'il la donnait au fils d'un homme pauvre, tous ceux qui appartiendraient à cette famille s'en trouveraient élevés et honorés. Or un maître dit [2] : Dieu est devenu homme, par là est élevé et honoré tout le genre humain. Nous pouvons bien nous réjouir de ce que le Christ, notre frère, se soit élevé de par sa propre puissance au-dessus de tous les chœurs des anges et siège à la droite du Père. Ce maître a bien parlé ; mais au vrai, je n'en ferais pas grand cas. Que me servirait d'avoir un frère qui serait un homme riche alors que je serais un homme pauvre ? Que me servirait d'avoir un frère qui serait un homme sage alors que je serais un insensé ?

Je dis quelque chose d'autre et dis quelque chose qui va plus au cœur des choses : Dieu n'est pas devenu seulement homme, plutôt : il a pris sur soi la nature humaine *.

Les maîtres disent communément que tous les hommes sont également nobles dans leur nature[3]. Mais je dis au vrai : Tout le bien que tous les saints ont possédé, et Marie Mère de Dieu, et Christ selon son humanité, cela est mon propre dans cette nature. Or vous pourriez me demander : puisque j'ai dans cette nature tout ce que Christ peut offrir selon son humanité, d'où vient donc que nous élevons et honorons le Christ comme Notre Seigneur et notre Dieu ? C'est parce qu'il a été un messager pour nous de par Dieu et nous a apporté notre béatitude. La béatitude qu'il nous a apportée, elle était nôtre. Là où le Père engendre son Fils dans le fond le plus intérieur, là cette nature est comprise. Cette nature est une et simple. Ici quelque chose peut bien procéder et une chose s'adjoindre, ce n'est pas cet Un[4].

Je dis quelque chose d'autre et dis quelque chose de plus difficile : Celui qui doit se tenir dans la nudité de cette nature sans intermédiaire, il lui faut être sorti de tout ce qui tient à la personne, donc qu'à l'homme qui est de l'autre côté de la mer, qu'il n'a jamais vu

* Que tout homme ait en partage l'excellence reconnue au Christ procède de l'universalité par lui assumée en première instance ; c'est en effet sur ce plan que Dieu et l'homme ont ontologiquement partie liée.

de ses yeux, qu'il lui veuille autant de bien qu'à l'homme qui est près de lui et est son ami intime. Tout le temps que tu veux plus de bien à ta personne qu'à l'homme que tu n'as jamais vu, tu n'es vraiment pas comme il faut, et tu n'as jamais un instant porté le regard dans ce fond simple. Mais tu as sans doute vu la vérité dans une image décalquée, dans une ressemblance : mais ce n'était pas le mieux.

Par ailleurs, tu dois être pur de cœur, car seul est pur le cœur qui a anéanti tout ce qui est créé[5]. En troisième lieu, tu dois être nu de néant[6]. Il est une question, qu'est-ce qui brûle en enfer ? Les maîtres disent communément : C'est la volonté propre qui le fait. Mais je dis pour de vrai que c'est le néant qui brûle en enfer. Prends maintenant une comparaison ! Que l'on prenne un charbon ardent et qu'on le pose sur ma main. Si je disais que c'est le charbon qui brûle ma main, je lui ferais grand tort. Mais dois-je dire à proprement parler ce qui me brûle : c'est le néant qui le fait, car le charbon a en lui quelque chose que ma main n'a pas[7]. Voyez, c'est ce néant même qui me brûle. Mais ma main aurait-elle en elle tout ce que le charbon est et peut faire, elle aurait la nature du feu entièrement. Qui prendrait alors tout le feu qui jamais ait brûlé et le secouerait sur ma main, cela ne pourrait me faire souffrir. De la même manière je dis donc : Lorsque Dieu et tous ceux qui se tiennent devant sa face ont intérieurement quelque chose selon la juste béatitude que n'ont pas ceux qui sont séparés de Dieu, ce néant à lui seul fait plus souffrir les âmes qui sont en enfer que volonté propre ou quelque feu. Je dis pour de vrai : Autant le néant t'affecte, autant es-tu imparfait. C'est pourquoi si vous voulez être parfaits, vous devez être nus de néant *.

C'est pourquoi le petit mot que je vous ai proposé dit : « Dieu a envoyé son Fils unique dans le monde » ; cela, vous ne devez pas l'entendre comme le monde extérieur, lorsqu'il mangeait et buvait avec nous : vous devez l'entendre comme le monde intérieur. Aussi vrai que le Père, dans sa nature simple, engendre son Fils naturellement, aussi vraiment il l'engendre au plus intime de l'esprit, et c'est là le monde intérieur. Ici le fond de Dieu est mon fond, et mon fond, fond de Dieu. Ici je vis à partir de ce qui m'est propre, comme Dieu vit à partir de ce qui lui est propre. Qui a jamais un instant porté le regard dans ce fond, pour cet homme mille marks d'or rouge frappé sont comme un faux heller. C'est à partir de ce fond le plus intérieur que tu dois opérer toute ton œuvre, sans pourquoi. Je dis pour de vrai : Tout le temps que tu opères ton œuvre pour le royaume des cieux ou pour Dieu ou pour ta béatitude éternelle, [et donc] de l'extérieur, tu n'es pas vraiment comme il faut. On peut bien te souffrir ainsi, pourtant ce n'est pas le mieux. Car pour de vrai, celui qui s'imagine obtenir davantage de Dieu dans l'intériorité, dans la ferveur, dans la douceur et dans une grâce particu-

---

* Le néant qui constitue la créature comme séparée de Dieu, et dont il lui faut devenir « nue », ressortit à la privation de ce que possèdent Dieu et ceux qui se tiennent en lui.

lière que près du feu ou dans l'étable, tu ne fais alors rien d'autre que si tu prenais Dieu et lui enroulais un manteau autour de la tête et le poussais sous un banc. Car qui cherche Dieu selon un mode, il se saisit du mode et laisse Dieu qui est caché dans le mode. Mais qui cherche Dieu sans mode, il le prend tel qu'il est en lui-même ; et cet homme vit avec le Fils, et il est la vie même. Qui interrogerait la vie pendant mille ans : Pourquoi vis-tu ?, devrait-elle répondre elle ne dirait rien d'autre que : Je vis parce que je vis. Cela provient de ce que vie vit à partir de son fond propre et sourd de son fond propre ; la raison pourquoi elle vit sans pourquoi, c'est qu'elle vit pour elle-même. Qui maintenant interrogerait un homme véritable qui là opère à partir de son propre fond : Pourquoi opères-tu ton œuvre ?, devrait-il répondre de façon juste il ne dirait rien d'autre que : J'opère pour la raison que j'opère *.

Là où finit la créature, là Dieu commence à être. Or Dieu ne désire rien de plus de toi que le fait que tu sortes de toi-même selon ton mode de créature, et que tu laisses Dieu être Dieu en toi **. La plus

* Par le « sans pourquoi », Maître Eckhart ne vise pas quelque gratuité d'ordre moral ou quelque désintéressement méritoire, mais tire la conséquence métaphysique du fait que toute chose qui opère *à partir de son propre fond* n'a nul besoin de référence ou de justification *extérieure* à soi.

** La « sortie » de soi de la créature *en tant que créature* est identiquement « entrée » de Dieu en elle. C'est par là qu'elle opère sa « percée en retour » vers ce Dieu qui de tout temps est en elle en l'ayant posée identique à lui.

minime image de créature qui jamais se forme en toi est aussi grande que Dieu est grand. Pourquoi ? Parce qu'elle entrave en toi le tout de Dieu. C'est justement là où pénètre l'image qu'il faut que Dieu recule et toute sa déité. Mais là où l'image sort, là Dieu entre. Dieu désire tellement que tu sortes de toi-même dans ton mode de créature, comme si toute sa béatitude tenait à cela. Ah, mon cher, en quoi te porte tort que tu permettes à Dieu que Dieu soit Dieu en toi ? Si tu sors pleinement de toi-même pour Dieu, alors Dieu sort pleinement de soi-même pour toi. Lorsque sortent ces deux, ce qui demeure est un Un simple. C'est dans cet Un que le Père engendre son Fils dans la source la plus intérieure. Là fleurit l'Esprit Saint, et là bondit en Dieu une volonté qui appartient à l'âme. Tout le temps que la volonté se tient intacte de toutes créatures et de tout le créé, cette volonté est libre. Christ dit : « Personne ne vient au ciel que celui qui du ciel est venu *. » Toutes choses sont créées de néant ; c'est pourquoi leur juste origine est le néant, et pour autant que cette noble volonté s'incline vers les créatures, elle s'écoule avec les créatures vers leur néant.

Maintenant il est une question, si cette noble volonté s'écoule de telle sorte qu'elle ne puisse jamais faire retour ? Les maîtres disent communément qu'elle ne fait jamais retour pour autant qu'elle s'est écoulée avec le temps. Mais je dis : Lorsque cette volonté se détourne un instant d'elle-même et

---

* Jn 3,13.

de tout le créé vers son origine première, alors la volonté se tient dans sa juste libre manière et est libre, et dans cet instant tout le temps perdu se trouve réintégré *.

Les gens me disent souvent : Priez pour moi. Je pense alors : Pourquoi sortez-vous ? Pourquoi ne demeurez-vous pas en vous-mêmes et ne puisez-vous pas en votre propre bien ? Vous portez pourtant toute vérité essentiellement en vous.

Pour que donc nous puissions demeurer pour de vrai à l'intérieur, pour que nous puissions posséder toute vérité sans intermédiaire et sans différence en véritable béatitude, qu'à cela Dieu nous aide. Amen.

---

* Pour Maître Eckhart, l'instant d'éternité l'emporte sur ce qui se serait *perdu* dans le temps. Au moment où la « volonté noble » se tourne à nouveau vers son origine, le temps perdu lui-même bénéficie de ce retournement.

Sermon 6

Justi vivent in aeternum

« Les justes vivront éternellement, et leur récompense est près de Dieu[1]. » Maintenant notez bien ce sens ; même s'il résonne de façon rudimentaire et commune, il est cependant très digne d'attention et très bon.

« Les justes vivront ». Qui sont les justes ? Un écrit dit : « Celui-là est juste qui donne à chacun ce qui est sien[2]. » Ceux qui donnent à Dieu ce qui est sien, et aux saints et aux anges ce qui est leur, et au prochain ce qui est sien.

L'honneur appartient à Dieu. Qui sont ceux qui honorent Dieu ? Ceux qui sont pleinement sortis d'eux-mêmes et ne recherchent absolument rien de ce qui est leur en chose aucune, qu'elle soit grande ou petite, qui ne considèrent rien au-dessous de soi ni au-dessus de soi ni à côté de soi ni en soi, qui ne visent ni bien ni honneur ni agrément ni plaisir ni utilité ni intériorité ni sainteté ni récompense ni royaume céleste, et sont sortis de tout cela, de tout ce qui est leur, c'est de ces gens que Dieu reçoit honneur, et ceux-là honorent Dieu au sens propre et lui donnent ce qui est sien.

On doit donner joie aux anges et aux saints. Ah, merveille au-delà de toute merveille ! Un homme, dans cette vie, peut-il donner joie à ceux qui sont dans la vie éternelle ? Oui, pour de vrai ! Chaque saint a si grand plaisir et joie si inexprimable de chaque œuvre bonne, d'une volonté bonne ou d'un désir ils ont si grande joie qu'aucune bouche ne peut l'exprimer, et qu'aucun cœur ne peut imaginer quelle grande joie ils ont de là ! Pourquoi en est-il ainsi ? Parce qu'ils aiment Dieu de façon tellement démesurée et l'aiment d'un amour si vrai que son honneur leur est plus cher que leur béatitude. Pas seulement les saints ni les anges, plus : Dieu lui-même a si grand plaisir de là, exactement comme si c'était sa béatitude, et son être tient à cela et sa satisfaction et son plaisir. Ah, notez-le maintenant ! Si nous ne voulons servir Dieu pour aucune autre raison que la grande joie qu'ont en cela ceux qui sont dans la vie éternelle, et Dieu lui-même, nous devrions le faire volontiers et avec tout [notre] zèle.

Il faut aussi donner aide à ceux qui sont dans le purgatoire, et encouragement et [bon exemple] à ceux qui vivent encore.

Cet homme est juste selon un mode, et dans un autre sens ceux-là sont justes qui toutes choses reçoivent de façon égale de Dieu, quelles qu'elles soient, qu'elles soient grandes ou petites, agréables ou pénibles, et toutes choses également, ni moins ni plus, l'une comme l'autre. Si tu estimes une chose plus qu'une autre, ce n'est pas comme il faut. Tu dois sortir pleinement de ta volonté propre.

Je pensais récemment à propos d'une chose : Si Dieu ne voulait pas comme moi, moi pourtant je voudrais comme lui. Bien des gens veulent avoir leur volonté propre en toutes choses ; c'est mal, en cela tombe un défaut. Les autres sont un peu meilleurs, eux qui veulent bien ce que Dieu veut, ils ne veulent rien contre sa volonté ; seraient-ils malades, ils voudraient bien que ce soit volonté de Dieu qu'ils se portent bien. Ces gens voudraient donc bien que Dieu veuille selon leur volonté, plutôt que de vouloir selon sa volonté. Il faut passer là-dessus, mais ce n'est pas comme il faut. Les justes n'ont absolument aucune volonté ; ce que Dieu veut, cela leur est totalement égal, si grand soit le préjudice.

Pour les hommes justes, la justice est à ce point sérieuse que, s'il se trouvait que Dieu ne soit pas juste, ils ne prêteraient pas plus d'attention à Dieu qu'à une fève [3], et se tiennent si fermement dans la justice et sont si totalement sortis d'eux-mêmes qu'ils ne prêtent pas attention à la peine de l'enfer ni à la joie du ciel ni d'aucune chose. Oui, toute la peine qu'ont ceux qui sont en enfer, hommes ou démons, ou toute la peine qui fut jamais endurée sur terre ou doit jamais se trouver endurée, si elle était jointe à la justice, ils n'y prêteraient pas du tout attention ; si fermement ils se tiennent en Dieu et en la justice *. Pour l'homme juste, rien n'est plus pénible ni difficile que ce qui est contraire à la justice, que de n'être pas égal en toutes choses. Comment donc ? Une chose peut-elle les réjouir et une autre les troubler, ils ne sont pas comme il faut, plutôt : s'ils sont heureux en un temps, ils sont heureux en tous temps ; s'ils sont plus heureux en un temps et en un autre moins, ils ne sont pas comme il faut. Qui aime la justice, il s'y tient si fermement que ce qu'il aime c'est son être ; aucune chose ne peut l'en détourner, et il ne prête attention à aucune autre chose. Saint Augustin dit : « Là où l'âme aime, là elle est plus proprement que là où elle anime [4]. » Cette parole résonne de façon rudimentaire et commune, et pourtant bien peu l'entendent telle qu'elle est, et elle est pourtant vraie. Qui entend l'enseignement à propos de justice et à propos du juste, il entend tout ce que je dis.

« Les justes vivront ». Il n'est aucune chose si aimable ni si désirable parmi toutes les choses que la vie. Ainsi n'est-il aucune vie si mauvaise ni si difficile qu'un homme cependant ne veuille vivre. Un

---

* La disjonction rhétorique évoquée dans les lignes précédentes visait donc à mettre en lumière, en poussant le raisonnement jusqu'à l'absurde, l'identité absolue que Maître Eckhart établit entre la justice et Dieu. Au début du *Livre de la consolation divine*, première partie du *Benedictus Deus*, l'identification entre « la justice » et « l'homme juste » mettra un sceau sur ce quasi-syllogisme qui, par la justice et sa transcendance, identifie l'homme et Dieu (Maître Eckhart, *Les Traités et le Poème*, *op. cit.*, p. 116).

écrit dit : Plus une chose est proche de la mort, plus elle est pénible. Cependant, si mauvaise soit la vie, elle veut vivre. Pourquoi manges-tu ? Pourquoi dors-tu ? Pour que tu vives. Pourquoi désires-tu bien ou honneur ? Tu le sais rudement bien. Plus : Pourquoi vis-tu ? Pour vivre, et tu ne sais pourtant pas pourquoi tu vis. Si désirable est en elle-même la vie qu'on la désire pour elle-même. Ceux qui en enfer sont dans la peine éternelle ne voudraient pas perdre leur vie, ni démons ni âmes, car leur vie est si noble que sans aucun intermédiaire elle flue de Dieu dans l'âme. C'est parce qu'elle flue ainsi de Dieu sans intermédiaire qu'ils veulent vivre. Qu'est-ce que [la] vie ? L'être de Dieu est ma vie. Si ma vie est l'être de Dieu, il faut alors que l'être de Dieu soit mon être, et l'étantité [5] de Dieu mon étantité, ni moins ni plus.

Ils vivent éternellement « près de Dieu », de façon vraiment égale près de Dieu, ni en dessous ni au-dessus. Ils opèrent toutes leurs œuvres près de Dieu, et Dieu près d'eux. Saint Jean dit : « La Parole était près de Dieu [6]. » Elle était pleinement égale et était auprès, ni en desous ni au-dessus, mais égale. Lorsque Dieu fit l'homme, il fit la femme à partir du côté de l'homme pour qu'elle lui soit égale. Il ne la fit pas à partir de la tête ni à partir des pieds, en sorte qu'elle ne lui soit ni femme ni homme [7], mais en sorte qu'elle lui soit égale. Ainsi l'âme juste doit-elle être égale près de Dieu et auprès de Dieu, vraiment égale, ni en dessous ni au-dessus.

Qui sont ceux qui sont ainsi égaux ? Ceux qui à rien ne sont égaux, ceux-là seuls sont égaux à Dieu. L'être de Dieu n'est égal à rien, en lui n'est ni image ni forme. Les âmes qui sont ainsi égales, à elles le Père donne de façon égale et ne leur retient rien de rien. Quoi que le Père puisse accomplir, il le donne à cette âme de façon égale, oui, si elle se tient pas plus égale à elle-même qu'à un autre, et elle doit ne pas être plus proche de soi que d'un autre. Son honneur propre, son utilité et quoi qu'elle ait, elle ne doit pas davantage le désirer ni y prêter attention qu'au [bien propre] d'un étranger. Ce qui est à quiconque, cela ne doit lui être ni étranger ni lointain, que ce soit mauvais ou bon. Tout l'amour de ce monde est bâti sur l'amour-propre. Si tu l'avais laissé, tu aurais laissé le monde entier.

Le Père engendre son Fils dans l'éternité, à lui-même égal. « La Parole était auprès de Dieu, et Dieu était la Parole[8] » : elle était la même chose dans la même nature. Je dis plus encore : Il l'a engendré dans mon âme. Non seulement elle [= l'âme] est près de lui et lui près d'elle [comme] égale, mais il est dans elle, et le Père engendre son Fils dans l'âme selon le même mode selon lequel il l'engendre dans l'éternité, et pas autrement. Il lui faut le faire, que cela lui soit agréable ou pénible *. Le Père engendre son Fils sans relâche, et je dis plus : Il m'engendre [comme] son Fils et le même Fils. Je dis plus : Il m'engendre non seulement [comme] son Fils, plutôt : il m'engendre

---

* Ainsi Maître Eckhart souligne-t-il l'identité en Dieu entre l'agir et l'être.

[comme] soi, et soi [comme] moi, et moi [comme] son être et sa nature. Dans la source la plus intime, je sourds dans le Saint Esprit, là est une vie et un être et une œuvre. Tout ce que Dieu opère, cela est Un; c'est pourquoi il m'engendre [comme] son Fils, sans aucune différence. Mon père selon la chair n'est pas mon père à proprement parler, mais [seulement] en une petite part de sa nature, et je suis séparé de lui; il peut être mort, et moi vivre. C'est pourquoi le Père céleste est pour de vrai mon père, car je suis son Fils, et j'ai de lui tout ce que j'ai, et je suis le même Fils et non un autre. Car le Père opère une [seule] œuvre, c'est pourquoi il m'opère [comme] son Fils unique, sans aucune différence.

« Nous serons pleinement transformés et changés en Dieu[9]. » Note une comparaison. De la même manière que dans le sacrement le pain se trouve changé dans le corps de Notre Seigneur, si abondant soit le pain il devient pourtant un [seul] corps. De la même manière, tous les pains seraient-ils changés en mon doigt, il n'y aurait pourtant rien de plus qu'un [seul] doigt. Plus : mon doigt serait-il changé en pain, celui-ci serait de même nombre que celui-là[10]. Ce qui se trouve changé dans l'autre, cela devient un avec lui. C'est ainsi que je me trouve changé dans lui, en ce qu'il m'opère [comme] son être, [comme] un non-égal*;

* *daz er würket mich sîn wesen ein unglîch* : l'unité est au-delà même du rapport d'égalité; la relation n'est plus à juger selon l'ordre de l'égalité — comme telle elle est « inégale » — mais selon l'unité (qui est ici au-delà même de l'égalité).

par le Dieu vivant, c'est vrai, qu'il n'y a aucune différence.

Le Père engendre son Fils sans relâche. Lorsque le Fils est engendré, il ne prend rien du Père, car il a tout ; mais lorsqu'il se trouve engendré, il prend du Père. Dans cette perspective, nous ne devons non plus rien désirer de Dieu comme d'un étranger. Notre Seigneur dit à ses disciples : « Je ne vous ai pas appelés serviteurs mais amis [11]. » Ce qui désire quelque chose de l'autre, c'est [le] serviteur, et ce qui récompense, c'est [le] maître. Je pensais récemment si de Dieu je voulais prendre ou désirer quelque chose. J'y songerai très fort, car si de Dieu j'étais celui qui prend, je serais en dessous de Dieu, comme un serviteur, et lui comme un maître dans le fait de donner. Ce n'est pas ainsi que nous devons être dans la vie éternelle.

J'ai dit un jour ici même, et c'est vrai aussi : Ce que l'homme tire ou prend du dehors de lui[-même], ce n'est pas comme il faut. On ne doit pas prendre ni considérer Dieu [comme] en dehors de soi, mais comme mon propre et [le considérer comme] ce qui est en soi [12] ; on ne doit pas non plus servir ni opérer pour aucun pourquoi, ni pour Dieu ni pour son honneur [propre] ni pour rien de rien de ce qui est en dehors de soi, mais seulement pour ce qui est son être propre et sa vie propre dans soi. Bien des gens simples s'imaginent qu'ils doivent voir Dieu comme s'il se tenait là-bas et eux ici. Il n'en est pas ainsi. Dieu et moi nous sommes un. Par le connaître je prends Dieu en moi, par l'aimer j'entre en Dieu. Certains disent que la béatitude ne réside pas dans la connaissance, mais seulement dans la volonté. Ils ont tort ; car si cela résidait seulement dans la volonté, ce ne serait pas [un] un. L'opérer et le devenir sont un. Lorsque le charpentier n'opère pas, la maison ne se fait pas non plus. Là où se trouve la hache, là se trouve aussi le devenir. Dieu et moi nous sommes un dans cette opération ; il opère et je deviens. Le feu transforme en soi ce qu'on lui apporte, et cela devient sa nature. Ce n'est pas le bois qui change le feu dans soi, plutôt : c'est le feu qui change le bois dans soi. C'est ainsi que nous serons changés en Dieu, de sorte que nous le connaîtrons tel qu'il est [13]. Saint Paul dit : C'est ainsi que nous devons connaître, moi lui exactement comme lui moi, ni moins ni plus, de façon nûment égale [14]. « Les justes vivront éternellement, et leur récompense est près de Dieu », donc égale.

Pour que nous aimions la justice pour elle-même et Dieu sans pourquoi, qu'à cela Dieu nous aide. Amen.

Sermon 7

Populi ejus qui in te est, misereberis.

Le prophète dit : « Seigneur, du peuple qui est en toi, aie pitié[1]. » Notre Seigneur répondit : « Tout ce qui est vacillant, je le guérirai et l'aimerai de bon gré. »

Je prends une parole, que « le pharisien désirait que Notre Seigneur mange avec lui », et « Notre Seigneur dit à la femme : *Vade in pace,* va en paix »[2]. Il est bon d'aller de la paix à la paix, c'est louable ; mais c'est préjudiciable. On doit courir vers la paix, on ne doit pas commencer dans la paix. Dieu veut dire que l'on doit être transporté dans la paix et être poussé dans la paix et finir dans la paix. Notre Seigneur dit : « En moi seul vous avez la paix[3]. » Exactement aussi loin en Dieu, aussi loin dans la paix. Ce qui est à soi est-il en Dieu, cela a la paix ; ce qui est à soi est-il hors de Dieu, cela n'a pas la paix. Saint Jean dit : « Tout ce qui est né de Dieu, cela vainc le monde. » Ce qui est né de Dieu, cela cherche la paix et court vers la paix[4]. C'est pourquoi il dit : « *Vade in pace,* cours vers la paix. » L'homme qui est en train de courir et est en train de courir sans cesse et cela vers la paix, celui-là est un homme céleste. Le ciel poursuit sans cesse sa course, et dans cette course il cherche la paix.

Or notez : «Le pharisien désirait que Notre Seigneur mange avec lui.» L'aliment que je mange, il se trouve alors uni à mon corps comme mon corps à mon âme. Mon corps et mon âme sont unis en un être, non pas comme en une œuvre, comme mon âme s'unit à mon œil en une œuvre, c'est-à-dire en sorte qu'il voie. Ainsi l'aliment que je consomme a-t-il un [seul] être avec ma nature, non pas unis en une œuvre, et signifie la grande union que nous devons avoir avec Dieu en un être, non en une œuvre. C'est pourquoi le pharisien pria Notre Seigneur qu'il mange avec lui.

Pharisien veut dire la même chose que quelqu'un qui est séparé*, et ne connaît pas de limite. Ce qui appartient à l'âme, cela doit être pleinement délié. Plus les puissances sont nobles, plus elles délient. Certaines puissances sont tellement au-dessus du corps et tellement à part qu'elles dépouillent et séparent pleinement. Un maître dit une belle parole : Ce qui une fois touche une chose corporelle, cela ne pénètre jamais à l'intérieur [de ces puissances]. En second lieu [«pharisien» veut dire] que l'on est délié

---

* *abegescheiden.* Ce terme, traduit communément par «détaché» au sens spirituel, désigne ici une mise à part sociale ou institutionnelle.

et retiré [de l'extérieur] et attiré à l'intérieur. De là on tire qu'un homme non instruit peut, par amour et par désir, acquérir un savoir[5] et l'enseigner. En troisième lieu [« pharisien »] veut dire que l'on n'a aucune limite et que l'on n'est enfermé nulle part et que nulle part l'on n'est attaché et tellement transporté dans la paix que l'on ne sache rien de l'absence de paix, de telle sorte que l'homme se trouve transporté en Dieu par les puissances qui sont absolument déliées. C'est pourquoi le prophète dit : « Seigneur, du peuple qui est en toi, aie pitié. »

Un maître dit : L'œuvre la plus haute que Dieu opéra jamais en toutes les créatures, c'est la miséricorde. Le plus secret et le plus caché, même ce que jamais il opéra dans les anges, cela se trouve transposé dans la miséricorde, l'œuvre de miséricorde, telle qu'elle est en elle-même et telle qu'elle est en Dieu. Quoi que Dieu opère, la première irruption[6] de Dieu est miséricorde, non à la manière dont il pardonne à l'homme son péché et où un homme a miséricorde de l'autre; plutôt veut-il dire : L'œuvre la plus haute que Dieu opère est la miséricorde. Un maître dit : L'œuvre de miséricorde est si apparentée à Dieu [que], même si vérité, richesse et bonté sont des noms de Dieu, une chose le nomme davantage que l'autre. L'œuvre la plus haute de Dieu est miséricorde, et veut dire que Dieu établit l'âme dans le plus élevé et le plus limpide qu'elle puisse recevoir, dans la vastitude, dans la mer, dans une mer sans fond[7]. C'est pourquoi le prophète dit : « Seigneur, du peuple qui est en toi, aie pitié. »

Quel peuple est en Dieu ? Saint Jean dit : « Dieu est l'amour, et qui demeure dans l'amour, celui-là demeure en Dieu et Dieu en lui[8]. » Bien que saint Jean dise que l'amour unit, l'amour ne transporte jamais en Dieu ; tout au plus fait-il adhérer. Amour n'unit pas, d'aucune manière ; ce qui est uni, il l'assemble et le noue. Amour unit en une œuvre, non en un être. Les meilleurs maîtres disent que l'intellect dépouille pleinement et prend Dieu nu, tel qu'il est être limpide en lui-même. Connaissance fait sa percée par vérité et bonté, et tombe sur l'être limpide, et prend Dieu nûment, tel qu'il est sans nom. Je dis : Ni connaissance ni amour n'unissent. Amour prend Dieu lui-même en tant qu'il est bon, et si le nom de bonté faisait défaut à Dieu, amour n'irait jamais plus loin. Amour prend Dieu sous un pelage, sous un vêtement. Cela, l'intellect ne le fait pas ; intellect prend Dieu tel qu'il est connu en lui [= dans l'intellect] ; là il ne peut jamais le saisir[9] dans la mer de son insondabilité. Je dis : Au-dessus de ces deux, connaissance et amour, il y a miséricorde ; là Dieu opère miséricorde, dans le plus élevé et le plus limpide que Dieu puisse opérer.

Un maître dit une belle parole, qu'il est dans l'âme quelque chose de tout à fait secret et caché et de fort élevé où font irruption les puissances, intellect et volonté. Saint Augustin dit : Tout comme est inexprimable le lieu où le Fils fait irruption à partir du Père dans la première irruption, ainsi est-il quelque chose de tout à fait secret, élevé au-dessus de la première irruption où font irruption intellect et volonté. Un maître dit, celui qui le mieux a parlé de l'âme, que tout le savoir[10] humain ne pénètre jamais là où l'âme est dans son fond[11]. Ce qu'est l'âme, cela relève d'un savoir[12] surnaturel. Là où les puissances sortent de l'âme dans l'œuvre, nous n'en savons rien ; nous savons bien un peu de cela, mais c'est modique. Ce qu'est l'âme dans son fond, personne ne le sait. Ce que l'on en peut savoir, il faut que ce soit surnaturel, il faut que cela soit par grâce : là Dieu opère miséricorde. Amen.

Sermon 8

In occisione gladii mortui sunt.

On lit à propos des martyrs qu' « ils sont morts sous le glaive[1] ». Notre Seigneur dit à ses disciples : « Bienheureux êtes-vous lorsque vous souffrez quelque chose pour mon nom[2]. »

Maintenant il dit : « Ils sont morts. » En premier lieu, qu'ils sont morts veut dire que tout ce que l'on pâtit dans ce monde et dans ce corps, cela a une fin. Saint Augustin dit : Toute peine et labeurs[3], cela a une fin, mais la récompense que Dieu donne pour cela est éternelle. En second lieu, que nous devons considérer que toute cette vie est mortelle, que nous ne devons pas craindre toute peine et tous les labeurs qui nous reviennent, car cela a une fin. En troisième lieu, que nous nous tenions comme si nous étions morts, que ne nous touche ni joie ni souffrance. Un maître dit : Rien ne peut toucher le ciel, et il veut dire que l'homme est un homme céleste pour qui toutes choses ne sont pas de telle importance qu'elles puissent le toucher. Un maître dit : Puisque toutes créatures sont si misérables, d'où vient donc qu'elles détournent l'homme si facilement de Dieu ; l'âme n'est-elle pas pourtant, dans ce qu'elle a de plus misérable, meilleure que le ciel et toutes créatures ? Il dit : Cela vient de ce qu'il prête peu d'attention à Dieu. L'homme prêterait-il attention à Dieu comme il devrait qu'il serait presque impossible que jamais il tombe. Et c'est là un bon enseignement, que l'homme se tienne en ce monde comme s'il était mort. Saint Grégoire dit que de Dieu personne ne peut posséder beaucoup à moins que d'être fondamentalement mort à ce monde.

Le quatrième enseignement est le meilleur. Il dit qu'ils sont morts. La mort leur donne un être. Un maître dit : La nature ne détruit rien qu'elle ne donne quelque chose de meilleur. Lorsque l'air devient feu, cela est meilleur ; mais lorsque l'air devient eau, c'est là un dommage et [cela] se fourvoie. Puisque la nature fait cela, plus encore Dieu le fait-il : il ne détruit jamais qu'il ne donne quelque chose de meilleur. Les martyrs sont morts et ont perdu une vie et ont reçu un être. Un maître dit que le plus noble est être et vie et connaissance. Connaissance est plus élevée que vie ou être, car de ce qu'elle connaît elle a vie et être. Mais d'autre part vie est plus noble qu'être ou connaissance, au sens où l'arbre vit ; alors que la pierre a un être. Maintenant prenons à nouveau l'être nu et limpide, tel qu'il est en lui-même ; alors être est plus élevé que connaissance ou vie, car de ce qu'il a être il a connaissance et vie[4]. Ils ont perdu une vie et ont trouvé un être. Un maître dit que rien n'est plus égal à Dieu que être ; dans la mesure où quelque chose a être, dans cette mesure il est égal à Dieu. Un maître dit : Être est si limpide et si élevé que tout ce que Dieu est est un être. Dieu ne connaît rien que seulement être, il ne sait rien que être, être est son anneau [5]. Dieu n'aime rien que son être, il ne pense rien que son être. Je dis : Toutes les créatures sont un [seul] être. Un maître dit que certaines créatures sont si proches de Dieu et ont imprimée dans elles tant de lumière divine qu'aux autres créatures elles donnent l'être. Ce n'est pas vrai, car être est si élevé et si limpide et si apparenté à Dieu que personne ne peut donner être que Dieu seul dans lui-même. Le propre de Dieu [6] est être. Un maître dit : Une créature peut bien donner vie à l'autre. C'est pourquoi c'est seulement dans l'être que réside tout ce qui est quelque chose. Etre est un nom premier. Tout ce qui est caduque est un déchet de l'être. Toute notre vie devrait être un être. Autant notre vie est un être, autant elle est en Dieu. Autant notre vie est enclose dans l'être, autant elle est apparentée à Dieu. Il n'est vie si faible que, à celui qui la prend en tant qu'elle est être, elle ne soit plus noble que tout ce qui jamais acquit vie. J'en suis certain, une âme connaîtrait-elle la moindre chose qui ait être qu'elle ne s'en détournerait jamais un instant. Le plus misérable que l'on connaît en Dieu, celui qui ne connaîtrait ne fût-ce qu'une fleur, en tant qu'elle a un être en Dieu, cela serait plus noble que le monde entier. Le plus misérable qui est en Dieu, en tant qu'il est un être, cela est meilleur que de connaître un ange.

L'ange, s'il se tournait vers les créatures pour les connaître, il ferait nuit. Saint Augustin dit : Lorsque les anges connaissent les créatures sans Dieu, c'est une lumière vespérale; mais lorsqu'ils connaissent les créatures en Dieu, c'est une lumière matutinale. Qu'ils connaissent Dieu tel que seul il est en lui-même être, c'est le midi lumineux [7]. Je dis : C'est cela que l'homme devrait comprendre et connaître, que l'être est si noble. Il n'est aucune créature si misérable qu'elle ne désire l'être. Les chenilles, lorsqu'elles tombent des arbres, rampent le long du mur pour conserver leur être. Si noble est l'être. Nous exaltons en Dieu le mourir, pour qu'il nous mette dans un être qui est meilleur qu'une vie : un être où notre vie vive à l'intérieur, où notre vie devienne un être. L'homme doit se livrer volontiers à la mort et mourir pour que lui advienne un être meilleur.

Je dis parfois qu'un bois est plus noble que l'or; c'est tout à fait étonnant. Une pierre est plus noble, en tant qu'elle a un être, que Dieu et sa déité sans être, si on pouvait lui retirer l'être. Il faut que ce soit une vie tout à fait puissante dans quoi les choses mortes deviennent vivantes, dans quoi la mort même devient une vie. Pour Dieu rien ne meurt : toutes choses vivent en lui. « Ils sont morts », dit l'Ecriture à propos des martyrs, et ils sont transportés dans une vie éternelle, dans la vie où la vie est un être. Il faut être mort fondamentalement pour que ne nous touche ni plaisir ni douleur. Ce que l'on doit connaître, il faut le connaître dans sa cause. Jamais on ne peut bien connaître une chose en elle-même si on ne la connaît pas dans sa cause. Jamais il ne peut y avoir connaissance si on ne connaît [une chose] dans sa cause manifeste. La vie ne peut donc jamais se trouver accomplie si elle ne se trouve amenée à sa cause manifeste, là où la vie est un être qui accueille l'âme lorsqu'elle meurt jusque dans son fond, pour que nous vivions dans la vie où la vie est un être. Ce qui nous empêche ici-bas d'y être de façon permanente, un maître le prouve et dit : Cela provient de ce que nous touchons le temps. Ce qui touche le temps est mortel. Un maître dit : La course du ciel est éternelle[8] ; c'est bien vrai que de là vient le temps, [mais] cela se fait dans une retombée. Dans sa course il [= le ciel] est éternel ; il ne sait rien du temps, et signifie que l'âme est transportée dans un être limpide *. En second lieu, [cela provient] de ce que cet état de chose[9] porte en lui une opposition. Qu'est-ce que l'opposition ? Plaisir et douleur, blanc et noir, voilà qui possède opposition, et celle-ci ne demeure pas dans l'être.

Un maître dit : L'âme est donnée au corps pour qu'elle se trouve purifiée[10]. L'âme, lorsqu'elle est séparée du corps, n'a ni intellect ni volonté : elle est un, elle ne pourrait disposer de cette puissance par quoi elle pourrait se tourner vers Dieu ; elle l'a certes en son fond, comme dans ses racines et non pas dans l'œuvre[11]. L'âme se trouve purifiée dans le corps,

---

* L'*homme* touche le temps ; mais l'*âme*, par nature, est accordée au ciel qui est hors du temps : là elle ressortit à l'éternité de l'être.

pour qu'elle rassemble ce qui est dispersé et porté vers l'extérieur. Ce que les cinq sens portent vers l'extérieur, que cela revienne à nouveau dans l'âme, elle possède alors une puissance où tout cela devient un. En second lieu, elle se trouve purifiée dans l'exercice des vertus, c'est-à-dire lorsque l'âme s'élève vers une vie qui est unifiée. En cela réside la limpidité de l'âme qu'elle est purifiée d'une vie qui est partagée, et entre dans une vie qui est unifiée. Tout ce qui est partagé dans les choses inférieures, cela se trouve unifié lorsque l'âme s'élève vers une vie où il n'est pas d'opposition. Lorsque l'âme parvient à la lumière de l'intellect, alors elle ne sait rien de l'opposition. Ce qui déchoit de cette lumière, cela tombe dans la mortalité et meurt. En troisième lieu, la limpidité de l'âme est qu'elle n'est inclinée à rien. Ce qui est incliné à quelque chose d'autre, cela meurt et ne peut subsister.

Nous prions Dieu, notre aimable Seigneur, qu'il nous aide à partir d'une vie qui est partagée vers une vie qui est unifiée. Qu'à cela Dieu nous aide. Amen.

Sermon 9

Quasi stella matutina in medio nebulae
et quasi luna plena in diebus suis lucet
et quasi sol refulgens,
sic iste refulsit in templo Dei.

« Comme une étoile du matin au milieu de la nuée et comme une pleine lune en ses jours et comme un soleil rayonnant, ainsi celui-ci a-t-il brillé dans le temple de Dieu [1]. »

Je prends maintenant ce dernier mot : « Temple de Dieu ». Qu'est-ce que « Dieu » et qu'est-ce que « temple de Dieu » ?

Vingt-quatre maîtres se sont rassemblés et voulurent débattre de ce que serait Dieu [2]. Ils vinrent en temps voulu, et chacun d'eux apporta une parole, dont je retiens deux ou trois. L'un dit : Dieu est quelque chose en regard de quoi toutes choses changeantes et temporelles ne sont pas, et tout ce qui a être est petit devant lui. Un autre dit : Dieu est quelque chose qui de nécessité est au-dessus de l'être, qui en lui-même n'a besoin de personne et dont toutes choses ont besoin. Le troisième dit : « Dieu est un intellect qui vit dans la connaissance de soi seul [3]. »

Je laisse la première et la dernière et parle de la seconde, selon laquelle Dieu est quelque chose dont il faut de nécessité qu'il soit au-dessus de l'être. Ce qui a être, temps ou lieu, cela ne touche pas Dieu, il est au-delà. Dieu est dans toutes les créatures dans la mesure où elles ont l'être, et pourtant il est au-delà. Cela même qu'il est dans toutes les créatures, il l'est pourtant au-delà; ce qui est un en beaucoup de choses, il faut de nécessité qu'il soit au-delà de ces choses. Certains maîtres voulurent que l'âme soit seulement dans le cœur. Il n'en est pas ainsi, et là de grands maîtres ont erré. L'âme est tout entière et indivisée pleinement dans le pied et pleinement dans l'œil et dans chaque membre. Si je prends un morceau de temps, ce n'est alors ni le jour d'aujourd'hui ni le jour d'hier. Mais si je prends [le] maintenant, il comprend en lui tout temps. Le maintenant dans lequel Dieu fit le monde est aussi proche de ce temps que le maintenant dans lequel je parle à présent, et le dernier jour est aussi proche de ce maintenant que le jour qui fut hier [4].

Un maître dit : Dieu est quelque chose qui opère dans l'éternité [comme] en lui-même indivisé, [quelque chose] qui n'a besoin de l'aide de personne ni d'instrument, et qui demeure en lui-même, qui n'a besoin de rien et dont toutes choses ont besoin, et où toutes choses tendent comme vers leur fin dernière. Cette fin n'a aucun mode, elle échappe au mode et se déploie dans l'ampleur. Saint Bernard dit : Aimer Dieu est mode sans mode [5]. Un médecin qui veut guérir un malade ne possède pas le mode de la santé d'après lequel il veut guérir le malade ; il a certes [un] mode au moyen duquel il veut le guérir, mais la mesure selon laquelle il veut le guérir, cela est sans mode ; aussi bien portant qu'il lui est possible *. La mesure selon laquelle nous devons aimer Dieu, cela n'a pas de mode ; autant d'amour que nous le pouvons jamais, cela est sans mode.

Chaque chose opère dans [l'] être, aucune chose ne peut opérer au-dessus de son être. Le feu ne peut opérer que dans le bois. Dieu opère au-dessus de l'être dans la vastitude, là où il peut se mouvoir, il opère dans [le] non-être ; avant même que l'être ne fût, là Dieu opérait ; il opérait [l'] être là où il n'y avait pas d'être. Des maîtres frustes disent que Dieu est un être limpide ; il est aussi élevé au-dessus de l'être que l'ange le plus haut est au-dessus d'une mouche. Je parlerais de façon aussi inadéquate, si j'appelais Dieu un être, que si je disais que le soleil est blafard ou noir. Dieu n'est ni ceci ni cela. Et un maître dit : Celui qui s'imaginerait qu'il a connu Dieu, et connaîtrait-il [alors] quelque chose, il ne connaîtrait pas Dieu. Mais que j'aie dit que Dieu n'est pas un être et est au-dessus de l'être, par là je ne lui ai pas dénié [l'] être, plutôt : je l'ai élevé en lui **. Si je prends du cuivre mêlé à l'or, il est là et est là sous un mode plus

---

* Le médecin a la capacité acquise de soigner, mais le niveau de santé qu'il vise ne tombe pas sous un mode quelconque.

** Ce raisonnement a pour fin de faire comprendre que l'être de Dieu *n*'est *pas* l'être d'un quelque chose ; cette négation exprime qu'il est par-delà l'être et source de l'être.

élevé qu'il n'est en lui-même. Saint Augustin dit : Dieu est mode sans modalité, bon sans bonté, puissant sans puissance[6].

De petits maîtres enseignent à l'Ecole que tous les êtres sont divisés en dix modes[7], et ces mêmes [maîtres] les tiennent pleinement à l'écart de Dieu. De ces modes, Dieu ne touche aucun, et il ne manque non plus d'aucun d'entre eux. Le premier, qui possède le plus d'être, où toutes choses prennent [leur] être, c'est la substance, et le dernier, qui de tous comporte le moins d'être, s'appelle relation, il est égal en Dieu au plus grand de tous, celui qui de l'être a le plus ; ils ont une image égale en Dieu. En Dieu les images de toutes les choses sont égales ; mais elles sont images de choses inégales *. Le plus grand ange et l'âme et la mouche ont une image égale en Dieu. Dieu n'est ni être ni bonté. Bonté adhère à être et n'est pas plus vaste qu'être ; car si être n'était pas, bonté ne serait pas, et être est encore plus limpide que bonté. Dieu n'est pas bon ni meilleur ni le meilleur de tous. Qui dirait là que Dieu est bon, il lui ferait tort, comme s'il disait que le soleil est noir.

Or Dieu dit pourtant : Nul n'est bon que Dieu seul[8]. Qu'est-ce qui est bon ? Est bon ce qui se communique. Celui-là nous l'appelons un homme bon

---

* Eckhart ne nie pas la diversité des êtres dans l'expérience historique ; mais, parce que tout ce qui est en Dieu est Dieu, les images de tous les êtres ont en lui égale dignité (cf. Sermon 3, ci-dessus, p. 79 note sous astérisque).

qui se communique et est utile. C'est pourquoi un maître païen dit : Un ermite n'est ni bon ni mauvais en ce sens, parce qu'il ne se communique pas et n'est pas utile. Dieu est ce qui se communique le plus. Aucune chose ne se communique à partir de ce qui est sien, car toutes les créatures ne sont pas par elles-mêmes. Quoi qu'elles communiquent, elles l'ont d'un autre. Elles ne se donnent pas non plus elles-mêmes. Le soleil donne son éclat et demeure pourtant en son lieu, le feu donne son ardeur et demeure pourtant feu ; mais Dieu communique ce qui est sien, car il est par lui-même ce qu'il est, et dans tous les dons qu'il donne, il se donne toujours lui-même en premier lieu. Il se donne Dieu, tel qu'il est en tous ses dons, selon la mesure qui est en celui qui voudrait le recevoir. Saint Jacques dit : « Tous dons bons fluent d'en haut du Père des lumières[9]. »

Lorsque nous prenons Dieu dans l'être, nous le prenons dans son parvis, car l'être est son parvis dans lequel il demeure. Où est-il donc dans son temple, où il brille saintement ? L'intellect est le temple de Dieu *. Nulle part Dieu ne demeure de façon plus propre que dans son temple, dans l'intellect, selon qu'un autre maître dit que Dieu est un intellect qui là vit dans la connaissance de soi seul, demeurant seul

---

* Parvis *(vorbürge)*, l'espace qui est situé devant le temple. Prendre Dieu « dans l'être », ce n'est donc pas encore le prendre dans sa dernière vérité ; Dieu *comme Dieu* réside véritablement dans l'intellect — cet intellect qu'il est à lui-même et auquel l'homme est apparenté par la plus haute puissance de son âme.

en lui-même, là où rien jamais ne le toucha, car là il est seul dans son silence. Dieu, dans la connaissance de soi-même, connaît soi-même dans soi-même.

Maintenant prenons-le dans l'âme qui a une gouttelette d'intellect, une petite étincelle, une brindille. Elle a des puissances qui opèrent dans le corps. Il est une puissance par quoi l'homme digère, qui opère davantage de nuit que de jour, par quoi l'homme profite et grandit. L'âme a aussi une puissance dans l'œil, par quoi l'œil est si subtil et si délié qu'il ne saisit pas les choses dans leur grossièreté, telles qu'elles sont en elles-mêmes ; il leur faut auparavant se trouver passées au crible et affinées dans l'air et dans la lumière ; cela vient de ce qu'il [= l'œil] a l'âme à même[10] lui. Une autre puissance est dans l'âme, au moyen de laquelle elle pense. Cette puissance forme dans soi les choses qui ne sont pas présentes, en sorte que je connaisse ces choses aussi bien que si je les voyais avec les yeux, et mieux encore — je pense bien une rose pendant l'hiver — et par cette puissance l'âme opère dans [le] non-être* et suit Dieu qui opère dans [le] non-être.

Un maître païen dit : L'âme qui aime Dieu, elle le prend sous le pelage de la bonté — encore n'ont été exprimées jusqu'ici que des paroles de maîtres païens qui n'ont connu que dans une lumière naturelle ; je n'en suis pas encore venu aux paroles des saints

---

* L'être dont la pensée se trouve déliée dans son exercice qualifie ce qui relève d'une présence sensible.

maîtres qui connurent là dans une lumière bien plus élevée — il dit : L'âme qui aime Dieu, elle le prend sous le pelage de la bonté. L'intellect dépouille Dieu de ce pelage de la bonté et le prend nu, alors qu'il est dévêtu de bonté et d'être et de tous noms.

J'ai dit à l'Ecole[11] qu'intellect est plus noble que volonté, et ils ressortissent pourtant tous deux à cette lumière. Alors un maître d'une autre école dit que volonté est plus noble qu'intellect, car volonté prend les choses telles qu'elles sont en elles-mêmes et intellect prend les choses telles qu'elles sont en lui. C'est vrai. Un œil est plus noble en lui-même qu'un œil qui est peint sur un mur. Mais je dis qu'intellect est plus noble que volonté. Volonté prend Dieu sous le vêtement de la bonté. Intellect prend Dieu nu, tel qu'il est dévêtu de bonté et d'être. Bonté est un vêtement sous lequel Dieu est caché, et volonté prend Dieu sous le vêtement de la bonté. Bonté ne serait-elle pas en Dieu, ma volonté ne voudrait pas de lui. Qui voudrait vêtir un roi au jour où on le ferait roi et le vêtirait de vêtements gris, il ne l'aurait pas bien vêtu. Je ne suis pas bienheureux de ce que Dieu est bon. Je ne veux pour jamais désirer que Dieu me rende bienheureux par sa bonté, car cela il ne voudrait le faire. Je suis seulement bienheureux de ce que Dieu est doué d'intellect et que je connais cela. Un maître dit : L'intellect de Dieu est ce à quoi est suspendu pleinement l'être de l'ange. On demande où se trouve le plus proprement l'être de l'image : dans le miroir ou dans ce dont elle procède ? Elle est plus proprement dans ce dont elle procède. L'image est en moi, de moi, pour moi. Tout le temps que le miroir se trouve exactement[12] devant mon visage, mon image se trouve dedans ; le miroir tomberait-il que l'image disparaîtrait. L'être de l'ange tient au fait que lui est présent l'intellect divin dans lequel il se connaît.

« Comme une étoile du matin au milieu de la nuée. » Je vise le petit mot *quasi,* qui signifie « comme », ce que les enfants à l'école appellent un adverbe. C'est cela que je vise dans tous mes sermons. Le plus propre que l'on puisse dire de Dieu, c'est parole et vérité. Dieu se nomma soi-même une Parole. Saint Jean dit : « Au commencement était le Verbe[13] », et veut dire qu'auprès du Verbe l'on doit être un adverbe. Tout comme l'étoile libre d'après laquelle est nommé le vendredi[14], Vénus : elle a de multiples noms. Quand elle précède le soleil et se lève avant le soleil, elle s'appelle une étoile du matin ; quand elle suit le soleil en sorte que le soleil décline avant, elle s'appelle étoile du soir. Tantôt elle a sa course au-dessus du soleil, tantôt au-dessous du soleil. Plus que toutes les étoiles elle est toujours également proche du soleil ; elle ne s'en éloigne ni ne s'en approche jamais et signifie qu'un homme qui veut parvenir là doit en tout temps être près de Dieu et lui être présent, de sorte que rien ne puisse l'éloigner de Dieu, ni bonheur ni malheur ni aucune créature.

Le texte dit aussi : « Comme une pleine lune en ses jours ». La lune a maîtrise sur toute la nature humide. Jamais la lune n'est si proche du soleil que lorsqu'elle est pleine et lorsqu'elle prend immédiatement sa lumière du soleil ; et de ce qu'elle est plus proche de la terre qu'aucune étoile, elle a deux désavantages : qu'elle soit pâle et tachée et qu'elle perde sa lumière. Jamais elle n'est aussi puissante que lorsqu'elle est au plus loin de la terre, car c'est alors qu'elle repousse la mer au plus loin ; plus elle décroît, moins elle peut la repousser. Plus l'âme est élevée au-dessus des choses terrestres, plus elle est puissante. Qui ne connaîtrait que les créatures, il n'aurait jamais besoin de penser à aucun sermon, car toute créature est pleine de Dieu et est un livre. L'homme qui veut parvenir à ce dont on vient de parler — à quoi tend ce discours tout entier — il doit être comme une étoile du matin ; toujours présent à Dieu et toujours auprès et exactement proche et élevé au-dessus de toutes choses terrestres et près du Verbe être un adverbe.

Il est une parole qui fut produite, c'est l'ange et l'homme et toutes créatures. Il est une autre parole, pensée et produite, grâce à quoi peut advenir que je forme en moi des images. Il est encore une autre parole, qui là est non produite et non pensée, qui jamais ne vient au dehors, plutôt est-elle éternellement en celui qui la dit ; elle est toujours dans un acte de recevoir, dans le Père qui la dit, et demeurant à l'intérieur[15]. Intellect, sans cesse, opère vers l'intérieur. Plus subtile et plus spirituelle est la chose, plus puissamment elle opère vers l'intérieur, et plus l'intellect est puissant et subtil, plus ce qu'il connaît se trouve davantage uni à lui et se trouve davantage un avec lui. Il n'en est pas ainsi des choses corporelles ;

plus elles sont puissantes, plus elles opèrent vers l'extérieur. Béatitude de Dieu tient à l'opération de l'intellect vers l'intérieur, là où le Verbe demeure à l'intérieur. Là l'âme doit être un adverbe, et avec Dieu opérer une [seule] œuvre, afin de prendre sa béatitude dans la connaissance qui se déploie à l'intérieur, là même où Dieu est bienheureux.

Pour qu'en tout temps il nous faille être un adverbe près de ce Verbe, qu'à cela nous aident le Père et ce même Verbe et le Saint Esprit. Amen.

Sermon 10

In diebus suis placuit deo et inventus est justus

Cette parole, que j'ai dite en latin, est écrite dans l'épître, et on peut la dire à propos d'un saint confesseur, et ce mot sonne ainsi en français [1] : « Il a été trouvé intérieurement juste en ses jours, il a plu à Dieu en ses jours [2]. » La justice, il l'a trouvée à l'intérieur. Mon corps est plus en mon âme que mon âme ne l'est en mon corps. Mon corps et mon âme sont plus en Dieu qu'ils ne sont en eux-mêmes ; et la justice est ceci : la cause de toutes choses dans la vérité. Comme dit saint Augustin : Dieu est plus proche de l'âme qu'elle ne l'est d'elle-même [3]. La proximité de Dieu et de l'âme ne connaît pas de différence dans la vérité. La connaissance même par quoi Dieu se connaît lui-même intérieurement est la connaissance de tout esprit détaché, et aucune autre. L'âme prend son être de Dieu sans intermédiaire ; c'est pourquoi Dieu est plus proche de l'âme qu'elle ne l'est d'elle-même ; c'est pourquoi Dieu est dans le fond de l'âme avec toute sa déité *.

---

* L'affirmation constante de Maître Eckhart selon laquelle Dieu et l'homme sont « égaux » trouve ici son explication déve-

Or un maître demande si la lumière divine flue dans les puissances de l'âme aussi limpidement qu'elle est dans l'être, puisque l'âme a son être de Dieu sans intermédiaire et [que] les puissances fluent sans intermédiaire de l'être de l'âme ? Lumière divine est trop noble pour en venir à faire communauté * avec les puissances ; car tout ce qui là touche et se trouve touché, de cela Dieu est loin et à cela étranger. Et c'est pourquoi lorsque les puissances se trouvent touchées et touchent, elles perdent leur virginité. Lumière divine ne peut briller en elles ; mais en s'exerçant et en se dépouillant, elles peuvent devenir réceptives. A ce propos un autre maître dit qu'aux puissances se trouve donnée une lumière qui est égale à la [lumière] intérieure. Elle s'égale à l'intérieure, mais elle n'est pas la lumière intérieure. Par cette lumière leur advient une impression, de sorte qu'elles se trouvent réceptives à la lumière intérieure. Un autre maître dit que toutes les puissances de

---

loppée dans la réciprocité de présence qui fait que l'âme et le corps ne sont eux-mêmes en vérité qu'en Dieu, tandis que Dieu « avec toute sa déité », est dans le « fond » de l'âme.

* *gemeinschaft tuon.* Parce qu'elle se comporte à leur égard comme un principe, la lumière divine ne se mêle pas aux puissances de l'âme comme un élément parmi d'autres, de même niveau qu'elles. C'est ainsi que l'intellect lui-même, en tant qu'il est en recherche (cf. Sermon 71, *in* Maître Eckhart, *Du détachement et autres textes, op. cit.*, p. 91), n'est pas cet autre intellect qui « se tient dans son être simple limpide », « saisi dans la lumière » *(ibid.)*.

l'âme qui là opèrent dans le corps meurent avec le corps, sauf connaissance et volonté : cela seulement demeure dans l'âme. Si meurent les puissances qui là opèrent dans le corps, elles demeurent pourtant dans la racine *.

Saint Philippe dit : « Seigneur, montre-nous le Père, cela nous suffit[4]. » Or personne ne parvient au Père si ce n'est pas le Fils[5]. Qui voit le Père voit le Fils[6], et le Saint Esprit est leur amour à tous deux. L'âme est si simple en elle-même qu'elle ne peut percevoir en elle que la présence d'une [seule] image. Lorsqu'elle perçoit l'image de la pierre, elle ne perçoit pas l'image de l'ange, et lorsqu'elle perçoit l'image de l'ange elle n'en perçoit aucune autre ; et l'image même qu'elle perçoit, il lui faut l'aimer dans la présence. Percevrait-elle mille anges que cela serait autant que deux anges, et elle n'en percevrait pourtant pas plus qu'un [seul]. Or l'homme doit s'unifier en lui-même. Maintenant saint Paul dit : « Etes-vous libérés de vos péchés que vous êtes devenus serviteurs de Dieu[7]. » Le Fils unique nous a libérés de nos péchés. Or Notre Seigneur dit de façon plus précise que saint Paul : « Je ne vous ai pas appelés serviteurs, je vous ai appelés

---

* Si les puissances inférieures doivent passer par la mort, elles demeurent cependant dans leur racine. Quant aux puissances supérieures, le détachement les aura rendues « réceptives » à cette lumière divine à laquelle elles sont désormais accordées.

mes amis. » « Le serviteur ne sait pas la volonté de son maître », mais l'ami sait tout ce que sait son ami. « Tout ce que j'ai entendu de mon Père, cela je vous l'ai annoncé[8] », et tout ce que sait mon Père je le sais, et tout ce que je sais vous le savez ; car moi et mon Père avons un seul esprit. L'homme qui maintenant sait tout ce que Dieu sait, celui-là est un homme qui-sait-Dieu[9]. Cet homme saisit Dieu dans sa propriété même et dans son unité même et dans sa présence même et dans sa vérité même * ; pour cet homme tout est rectifié[10]. Mais pour l'homme qui n'est pas accoutumé aux choses intérieures, il ne sait pas ce qu'est Dieu. Comme un homme qui a du vin dans sa cave et n'en aurait bu ni goûté ne sait pas qu'il est bon. Il en est de même des gens qui vivent dans l'ignorance : ils ne savent pas ce qu'est Dieu et ils croient et s'imaginent vivre. Ce savoir n'est pas de Dieu. Il faut qu'un homme ait un savoir limpide clair de la vérité divine. L'homme qui a une visée droite dans toutes ses œuvres, pour lui le principe de sa visée est Dieu, et l'œuvre de cette visée est lui-même [= Dieu] et est de nature divine limpide et s'achève dans la nature divine en lui-même **.

---

* Il s'agit de la propriété, de l'unité, de la présence et de la vérité de Dieu.

** Dieu est dans l'homme de façon *foncière* ; le savoir que celui-ci en acquiert par une « visée droite dans toutes ses œuvres » est conforme à ce niveau d'être qui est sien de tout temps.

Or un maître dit qu'il n'est homme si fou qu'il ne désire la sagesse. Pourquoi donc ne devenons-nous pas sages ? Cela dépend de bien des choses. Le plus important est qu'il faut que l'homme traverse et outrepasse toutes choses et la cause de toutes choses, et cela commence à chagriner l'homme. C'est pourquoi l'homme demeure dans sa petitesse. De ce que je suis un homme riche, je ne suis pas sage pour autant ; mais de ce que l'être de la sagesse et sa nature sont une seule forme avec moi et que je suis moi-même cette sagesse, je suis ainsi un homme sage.

J'ai dit un jour dans un monastère : L'image propre de l'âme est là où ne se trouve formé ni d'extérieur ni d'intérieur que ce qu'est Dieu lui-même. L'âme a deux yeux, un intérieur et un extérieur [11]. L'œil intérieur de l'âme est celui qui voit dans l'être et prend son être de Dieu sans aucun intermédiaire : c'est son œuvre propre. L'œil extérieur de l'âme est celui qui est tourné vers toutes les créatures et qui les perçoit sous le mode de l'image et sous le mode d'une puissance. L'homme qui maintenant se trouve tourné vers soi-même, en sorte qu'il connaît Dieu dans son goût propre et dans son propre fondement, cet homme est affranchi de toutes choses créées et est enfermé en lui-même sous un vrai verrou de vérité. Ainsi ai-je dit une fois que Notre Seigneur vint à ses disciples, le jour de Pâques, les portes fermées ; ainsi de cet homme qui là est affranchi de toute étrangèreté [12] et de tout le créé, dans cet homme Dieu ne vient pas : il y est essentiellement *.

« Il a été en faveur près de Dieu en ses jours. »

Il y a plus d'un jour lorsqu'on dit « en ses jours » : jour de l'âme et jour de Dieu. Les jours qui se sont écoulés depuis six ou sept jours et les jours qui ont été il y a six mille ans sont aussi proches du jour d'aujourd'hui que le jour qui fut hier. Pourquoi ? Là est le temps dans un maintenant présent. De ce que le ciel déploie sa course, la première révolution du ciel produit un jour. Là advient en un maintenant le jour de l'âme, et dans sa lumière naturelle où toutes choses sont, là est un jour total ; là jour et nuit sont un. Là est le jour de Dieu, là l'âme se tient dans le jour de l'éternité dans un maintenant essentiel, et là le Père engendre le Fils unique dans un maintenant présent, et l'âme se trouve engendrée à nouveau en Dieu. Aussi souvent advient cette naissance, aussi souvent elle engendre le Fils unique. C'est pourquoi il est beaucoup plus de fils qu'engendrent les vierges qu'il n'en est qu'engendrent les femmes, car elles [= les vierges] engendrent par delà le temps dans l'éternité. Quel que soit le nombre des fils qu'engendre l'âme dans l'éternité, ils ne sont pas plus

---

* La liberté à l'égard des créatures qui caractérise l'homme juste ne s'obtient pas au terme d'un parcours d'ascèse qui rendrait disponible à la survenue de Dieu ; elle exprime un accord de toutes les puissances corporelles et spirituelles à ce qui fait le fond de l'homme : son « égalité » avec Dieu.

qu'un seul Fils, car cela advient par delà le temps dans le jour de l'éternité [13].

Or l'homme est tout à fait comme il faut qui vit dans les vertus, car j'ai dit il y a huit jours que les vertus sont dans le cœur de Dieu. Qui vit dans la vertu et opère dans la vertu, il est tout à fait comme il faut. Qui ne recherche pas ce qui est sien en aucune chose, ni en Dieu ni en créatures, celui-là demeure en Dieu et Dieu demeure en lui. Pour cet homme c'est joie que de laisser et de mépriser toutes choses, et c'est joie que d'accomplir toutes choses jusqu'à leur plus haut point. Saint Jean dit : « Dieu est charité », « Dieu est l'amour », et l'amour est Dieu, « et qui demeure dans l'amour demeure en Dieu et Dieu demeure en lui » [14]. Celui qui là demeure en Dieu, il a bon gîte et est un héritier de Dieu, et celui en qui Dieu habite, il a de dignes compagnons près de lui. Or un maître dit qu'à l'âme se trouve donné de par Dieu un don par quoi l'âme se trouve mue aux choses intérieures. Un maître dit que l'âme se trouve touchée sans intermédiaire par le Saint Esprit, car dans l'amour où Dieu s'aime soi-même, dans cet amour il m'aime, et l'âme aime Dieu dans le même amour où il s'aime soi-même, et cet amour dans lequel Dieu aime l'âme ne serait-il pas que l'Esprit Saint ne serait pas. C'est une ardeur et un épanouissement du Saint Esprit où l'âme aime Dieu *.

---

* Cet échange dans l'amour, qui conditionne l'*être* même de l'Esprit, signe donc une nouvelle fois l'égalité d'ordre *ontologique* de Dieu et de l'homme.

Or un évangéliste écrit : « C'est là mon Fils bien aimé, en qui je me complais [15]. » Or un autre évangéliste écrit : « C'est là mon Fils bien aimé, en qui toutes choses me plaisent [16]. » Or le troisième évangéliste écrit : « C'est là mon Fils bien aimé, en qui je me complais moi-même [17]. » Tout ce qui plaît à Dieu, cela lui plaît dans son Fils unique ; tout ce que Dieu aime, il l'aime dans son Fils unique. Or l'homme doit vivre de telle sorte qu'il soit un avec le Fils unique et qu'il soit le Fils unique. Entre le Fils unique et l'âme, il n'est pas de différence. Entre le serviteur et le maître, jamais amour ne sera égal. Aussi longtemps je suis serviteur, je suis très loin du Fils unique et inégal à lui. Si je voulais voir Dieu avec mes yeux, les yeux au moyen desquels je vois la couleur, je ne serais pas du tout comme il faut, car c'est temporel ; car tout ce qui est temporel, cela est loin de Dieu et étranger [à lui]. Lorsque l'on prend le temps, et le prend-on au plus réduit, [un] maintenant, cela est temps et subsiste en soi-même. Aussi longtemps l'homme a-t-il temps et espace et nombre et multiplicité et quantité, il n'est pas du tout comme il faut, et Dieu lui est lointain et étranger. C'est pourquoi Notre Seigneur dit : Qui veut devenir mon disciple, il lui faut se laisser soi-même [18] ; personne ne peut entendre ma parole ni mon enseignement qu'il ne se soit laissé soi-même. Toutes créatures, en elles-mêmes, ne sont rien. C'est pourquoi j'ai dit : Laissez le rien * et saisissez-vous d'un être accompli, là où la

* C'est-à-dire : laissez la créature selon qu'*en elle-même* elle n'est « rien », autrement dit dans la mesure où, selon l'ensei-

volonté est droite. Qui a laissé toute sa volonté, celui-là goûte ma doctrine et entend ma parole. Or un maître dit que toutes les créatures prennent leur être de Dieu sans intermédiaire ; c'est pourquoi il en est ainsi des créatures que, par droite nature, elles aiment Dieu plus qu'elles-mêmes. L'esprit connaîtrait-il son nu détachement, il ne pourrait avoir inclination à chose aucune, il lui faudrait s'en tenir à son nu détachement. C'est pourquoi il dit : « Il lui a plu en ses jours ».

Le jour de l'âme et le jour de Dieu ont une différence. Lorsque l'âme est dans son jour naturel, elle connaît alors toutes choses par delà temps et espace ; aucune chose ne lui est ni lointaine ni proche. C'est pourquoi j'ai dit que toutes les choses sont également nobles dans ce jour. J'ai dit une fois que Dieu crée le monde maintenant, et toutes choses sont également nobles dans ce jour. Dirions-nous que Dieu créerait le monde hier ou demain, nous tomberions dans une sottise. Dieu crée le monde et toutes choses dans un maintenant présent ; et le temps qui s'est écoulé il y a mille ans, il est maintenant aussi présent à Dieu et aussi proche que le temps qui est maintenant. L'âme qui là se tient dans un maintenant présent, là le Père engendre son Fils unique, et dans cette même naissance l'âme se trouve engendrée à nouveau en Dieu. C'est là une [seule] naissance, aussi souvent elle se

---

gnement constant de Maître Eckhart, elle prétendrait faire nombre avec Dieu. De même faut-il laisser *sa* volonté propre pour la volonté droite.

trouve engendrée à nouveau en Dieu, aussi souvent le Père engendre son Fils unique dans elle.

J'ai parlé d'une puissance dans l'âme ; en son premier jaillissement, elle ne prend pas Dieu en tant qu'il est bon, elle ne prend pas Dieu en tant qu'il est la vérité : elle fore et cherche Dieu plus avant et le prend dans son unité et dans sa solitude ; elle prend Dieu dans son désert[19] et dans son fond propre*. C'est pourquoi elle ne laisse rien lui suffire, elle cherche plus avant ce que c'est que Dieu soit dans sa déité et dans la propriété de sa nature propre. Or on dit qu'il n'est pas union plus grande que le fait que les trois Personnes soient un [seul] Dieu. Après quoi l'on dit qu'aucune union n'est plus grande que [celle] de Dieu et de l'âme. Lorsqu'à l'âme un baiser est donné par la déité, alors elle se tient en totale perfection et dans la béatitude ; alors elle se trouve entourée par l'unité. Dans le premier attouchement, quand Dieu a touché l'âme et [la] touche [en tant qu'] incréée et incréable, là l'âme est aussi noble, après l'attouchement de Dieu, que l'est Dieu même**.

* Cette puissance qui illumine le « jour de l'âme » n'est autre que l'intellect tel qu'il « se tient dans son être simple limpide », lui qui saisit Dieu tel qu'il est en lui-même, par delà bonté et vérité même (cf. Sermon 71, *in* Maître Eckhart, *Du détachement et autres textes, op. cit.*, p. 91).

** Lors du procès de Cologne, Maître Eckhart a précisé n'avoir jamais affirmé que le tout de l'homme soit « incréé et incréable » (voir à ce propos le Sermon 12, ci-dessous, p. 157). Identique à Dieu en son fond, l'homme est différent de lui en tant que créature. Maître Eckhart affirme en effet : « Lorsque je

Dieu la touche selon lui-même. J'ai prêché une fois en latin, et c'était au jour de la Trinité, je dis alors : La différence provient de l'unité, la différence dans la Trinité. L'unité est la différence, et la différence est l'unité. Plus la différence est grande, plus grande est l'unité, car c'est différence sans différence*. Y aurait-il là mille personnes, il n'y aurait pourtant rien d'autre qu'unité. Quand Dieu regarde la créature, il lui donne son être ; quand la créature regarde Dieu, elle prend là son être. L'âme a un être intellectuellement capable de connaissance ; il s'ensuit que là où est Dieu, là est l'âme, et là où l'âme est, là Dieu est.

Or il [= le texte] dit : « Il est trouvé intérieurement ». Est intérieur ce qui habite dans le fond de l'âme, dans le plus intérieur de l'âme, dans l'intellect, et ne sort pas et ne porte le regard sur aucune chose. Là toutes les puissances de l'âme sont également nobles ; c'est là qu'il est trouvé intérieurement juste. Cela est juste qui est égal dans amour et dans souffrance et dans amertume et dans douceur, et à qui absolument aucune chose n'est contraire au fait qu'il

---

me tenais dans ma cause première [...] je me voulais moi-même et ne voulais aucune autre chose [...] Mais lorsque, de par ma libre volonté, je sortis et reçus mon être créé, alors j'eus un Dieu » (Sermon 52, *in* Maître Eckhart, *Du détachement et autres textes, op. cit.*, p. 76-77). Ainsi ce qui dans l'homme est incréé et incréable précède-t-il son être de créature et le constitue-t-il lui-même dans son propre fond.

* Le paradigme de l'uni-Trinité permet à Maître Eckhart cette expression d'un principe logique qui articule le un en lui-même comme multiple.

se trouve un dans la justice. L'homme juste est un avec Dieu. Egalité se trouve aimée. Amour aime toujours [ce qui lui est] égal ; c'est pourquoi Dieu aime l'homme juste qui lui est égal *.

Pour que nous nous trouvions intérieurement dans le jour et dans le temps de l'intellect et dans le jour de la sagesse et dans le jour de la justice et dans le jour de la béatitude, qu'à cela nous aident le Père et le Fils et le Saint Esprit. Amen.

---

* L'unité du multiple en Dieu, sur laquelle Eckhart prêcha en la fête de la Trinité, s'exprime de semblable manière dans l'ordonnance intérieure de l'homme : en lui toutes les puissances sont égales *dans l'intellect* — lequel est dit aussi bien sagesse, justice et béatitude. Il s'agit bien de cet intellect que Maître Eckhart place à égalité avec le fond de l'homme, en sorte que c'est en lui que se dit l'être-un de Dieu et de l'homme, à même la déité. Ainsi Dieu doit-il se dépouiller de la pluralité de ses Personnes s'il veut seulement « jeter un regard » dans le « petit château intérieur » qui justement est le fond de l'homme (cf. Sermon 2, ci-dessus, p. 73-74).

Sermon 11

Impletum est tempus Elisabeth

« Le temps d'Elisabeth fut accompli, et elle enfanta un fils. Jean est son nom. Alors les gens dirent : Qu'adviendra-t-il d'étonnant de cet enfant, car la main de Dieu est avec lui[1] ? » Un écrit dit : Le plus grand don est que nous soyons enfant de Dieu et qu'il engendre en nous son Fils[2]. Ne doit rien engendrer dans soi l'âme qui veut être enfant de Dieu et en qui le Fils de Dieu doit se trouver engendré, dans elle rien d'autre ne doit s'engendrer. La plus haute visée de Dieu est d'engendrer. Jamais rien ne le satisfait que d'engendrer son Fils en nous. L'âme non plus ne se satisfait d'aucune façon que le Fils de Dieu ne se trouve engendré dans elle. Et là bondit la grâce. La grâce se trouve là infusée. La grâce n'opère pas ; son œuvre, c'est son devenir. Elle flue hors de l'être de Dieu et flue dans l'être de l'âme, et non dans les puissances *.

---

* La grâce, ici, ressortit donc à l'être et non à l'opérer — « être de Dieu » et « être de l'âme » au plus fort de leur unité essentielle. Elle ne concerne pas les puissances dans leurs finalités spécifiques.

Lorsque le temps fut accompli, alors la grâce se trouva engendrée[3]. Quand y a-t-il accomplissement du temps ? Lorsqu'il n'y a plus de temps. Qui dans le temps a établi son cœur dans l'éternité, et pour qui toutes choses temporelles sont mortes, c'est là l'accomplissement du temps. J'ai dit une fois : Il ne se réjouit pas en tout temps celui qui se réjouit dans le temps. Saint Paul dit : « Réjouissez-vous en Dieu en tout temps[4]. » Il se réjouit en tout temps celui qui se réjouit par-delà le temps et hors du temps *. Un écrit dit : Trois choses font obstacle à l'homme, en sorte qu'il ne peut connaître Dieu d'aucune manière. La première est le temps, la seconde la corporéité, la troisième la multiplicité[5]. Aussi longtemps ces trois choses sont en moi, Dieu n'est pas en moi ni n'opère en moi de façon propre. Saint Augustin dit : Cela vient de la convoitise de l'âme qu'elle veuille saisir et posséder beaucoup, et qu'elle se saisit du temps et de la corporéité et de la multiplicité, et perd par là cela même qu'elle a[6]. Car aussi longtemps est en toi tant et plus, Dieu ne peut jamais habiter ni opérer en toi. Il faut que ces choses soient toujours au-dehors, si Dieu doit être au-dedans, à moins que tu ne les possèdes sous un mode plus élevé et meilleur, en sorte que la multiplicité soit devenue une chose en toi. Alors, plus il est de multiplicité en toi,

---

* Ainsi agit celui qui « dans le temps » vit l'au-delà du temps qu'est l'éternité.

plus il est d'unité, car l'une est transformée dans l'autre *.

J'ai dit une fois : Unité unit toute multiplicité, mais multiplicité n'unit pas unité. Lorsque nous nous trouvons élevés au-dessus de toutes choses et [que] tout ce qui est en nous est porté vers le haut, alors rien ne nous oppresse. Ce qui est au-dessous de moi, cela ne m'oppresse pas. Si je visais Dieu limpidement, en sorte qu'au-dessus de moi il n'y ait rien que Dieu, rien de rien ne serait lourd pour moi, et je ne serais pas aussi promptement troublé. Saint Augustin dit : Seigneur, lorsque je m'incline vers toi, alors m'est ôtée toute pesanteur, souffrance et travail. Dès lors que nous avons dépassé temps et choses temporelles, nous sommes libres et joyeux en tout temps, et c'est alors qu'il y a accomplissement du temps, et alors le Fils de Dieu se trouve engendré en toi. J'ai dit une fois : Lorsque le temps fut accompli, Dieu envoya son Fils[7]. Quelque chose d'autre que le Fils se trouve-t-il engendré en toi, alors tu n'as pas le Saint Esprit et la grâce n'opère pas en toi. L'origine du Saint Esprit est le Fils. Le Fils ne serait-il pas que le Saint Esprit ne serait pas non plus. Le Saint Esprit ne peut avoir nulle part son fluer ni son épanouissement que par le Fils. Lorsque le Père engendre son Fils, il lui donne tout ce qu'il a d'être et de nature. Dans ce don sourd le Saint Esprit. Ainsi est-ce l'intention[8] de

---

* Lorsque la multiplicité est ainsi saisie comme unité, elle ne saurait être un obstacle à l'union. Il n'y a pas d'extinction du multiple, mais celui-ci est relu dans l'unité qui le fonde.

Dieu que de se donner pleinement à nous. De même manière que, lorsque le feu veut attirer le bois dans soi et soi en retour dans le bois, il trouve le bois inégal à lui. A cela il faut du temps. En premier lieu, il le rend chaud et brûlant, et alors il fume et craque, car il lui est inégal ; et plus le bois devient brûlant plus il devient silencieux et tranquille, et plus il est égal au feu plus paisible il est, jusqu'à ce qu'il devienne pleinement feu. Le feu doit-il assumer dans soi le bois, il faut que toute inégalité soit dehors [9].

Dans la vérité que Dieu est, vises-tu quelque chose d'autre que Dieu seul, ou cherches-tu quelque chose d'autre que Dieu, alors l'œuvre que tu opères n'est pas tienne, et elle n'est pas en vérité celle de Dieu. Ce que ta fin vise dans l'œuvre, c'est là l'œuvre. Ce qui opère en moi, c'est mon Père, et je lui suis soumis. Il est impossible que dans la nature il y ait deux pères ; il faut toujours qu'il y ait un [seul] père dans la nature. Lorsque les autres choses sont venues au jour et accomplies, alors advient cette naissance. Ce qui emplit, cela touche toutes les extrémités et nulle part cela ne fait défaut ; cela a largeur et longueur, hauteur et profondeur. Cela aurait-il hauteur, et pas largeur ni longueur ni profondeur, que cela ne serait pas accomplissement [10]. Saint Paul dit : « Priez pour que vous puissiez comprendre avec tous les saints quelle est la largeur, la hauteur, la longueur et la profondeur [11]. »

Ces trois éléments visent trois types de connaissance. L'une est sensible. L'œil voit fort loin les choses qui sont en dehors de lui. L'autre est intellectuelle, et est bien plus élevée. La troisième signifie une noble puissance de l'âme qui est si élevée et si noble qu'elle prend Dieu dans son être propre nu *. Cette puissance n'a rien de commun avec rien ; elle fait de rien quelque chose et tout. Elle ne sait [rien] d'hier ni d'avant-hier, de demain ni d'après-demain, car elle est dans l'éternité, ni hier ni demain, là où est un maintenant présent ; ce qui était il y a mille ans et ce qui doit venir dans mille ans, cela est ici présent, et [aussi bien] ce qui est au-delà de la mer. Cette puissance prend Dieu dans son vestiaire. Un écrit dit : En lui, par lui et pour lui[12]. « En lui », c'est-à-dire dans le Père, « par lui », c'est-à-dire dans le Fils, « pour lui », c'est-à-dire dans le Saint Esprit. Saint Augustin dit une parole qui par rapport à celle-ci sonne de façon tout inégale et lui est pourtant tout égale : rien n'est vérité qu'il n'ait enclos en soi toute vérité[13]. Cette puissance prend toutes choses dans la vérité. Pour cette puissance aucune chose n'est cachée. Un écrit dit : Pour les hommes la tête doit être nue, et pour les femmes couverte[14]. les femmes, ce sont les puissances inférieures, elles doivent être couvertes. L'homme est cette puissance qui doit être nue et découverte[15].

* Il s'agit là de l'intellect « qui se tient dans son être simple limpide », au-delà de « l'intellect qui est en recherche » (cf. Sermon 71, *in* Maître Eckhart, *Du détachement et autres textes, op. cit.*, p. 91). Lorsqu'il désigne le lieu de l'union, Eckhart parle aussi bien de cet intellect supérieur que d'une instance qui est au-delà de l'intellect et de toute puissance.

« Qu'adviendra-t-il d'étonnant de cet enfant ? » J'ai dit récemment devant certaines personnes, qui peut-être sont aussi présentes ici, un petit mot, et j'ai donc affirmé : Rien n'est si caché qui ne doive se trouver découvert[16]. Tout ce qui est néant doit être déposé et tellement caché qu'il ne doit même jamais se trouver pensé. Du néant nous ne devons rien savoir, et avec le néant nous ne devons rien avoir en commun. Toutes les créatures sont un pur néant. Ce qui n'est ni ici ni là, et là où est un oubli de toutes créatures, là est plénitude de tout être *. J'ai dit alors : Rien en nous ne doit être caché que nous ne devions le découvrir pleinement à Dieu et le lui donner pleinement. Où que nous puissions nous trouver, que ce soit dans fortune ou dans infortune, dans amour ou dans souffrance, à quoi que nous nous trouvions inclinés, de cela nous devons sortir. En vérité, si nous lui découvrons tout, alors il nous découvre en retour tout ce qu'il a, et ne nous cache en vérité absolument rien de ce qu'il peut offrir, sagesse ni vérité ni intimité ni déité ni rien de rien. Cela est en vérité aussi vrai que Dieu vit, à condition que nous lui découvrions [ce qui est à nous]. Si nous ne lui découvrons pas [ce qui est à nous], rien d'étonnant à ce qu'alors il ne nous découvre [ce qui est à lui] ; car il faut que cela soit exactement égal, nous envers lui comme lui envers nous.

---

* Les créatures sont un pur néant en tant que, en regard de Dieu qui est tout, elles ne sont pas à même d'ajouter quoi que ce soit. C'est pourquoi leur oubli est plénitude d'être, et doit les oublier qui ne s'attache qu'à Dieu.

Il est à déplorer que certaines gens s'estiment très élevés et très unis à Dieu qui ne se sont pas pleinement laissés et sont encore attachés à de petites choses dans l'amour et dans la souffrance. Ils en sont bien plus éloignés qu'ils ne l'imaginent. Ils visent beaucoup et veulent tout autant. J'ai dit une fois : Qui ne cherche rien, de ce qu'il ne trouve rien à qui peut-il s'en plaindre ? Il a trouvé ce qu'il cherchait. Qui cherche ou vise quelque chose, il cherche et vise [le] néant, et qui demande quelque chose, à lui advient [le] néant. Mais qui ne cherche rien ni ne vise rien que Dieu limpidement, à lui Dieu découvre et lui donne tout ce qu'il a de caché dans son cœur divin, en sorte que cela lui advienne en propre, comme cela est en propre à Dieu, ni moins ni plus, à condition qu'il le vise lui seul, sans intermédiaire. Que le malade ne goûte les mets ni le vin, quoi d'étonnant à cela ? Car il n'absorbe pas le vin ni les mets selon leur goût propre. La langue a une couverture et un vêtement au travers desquels elle éprouve, et cela est amer conformément à la nature de la maladie[17]. Cela n'atteint pas au point où cela devrait être goûté ; cela paraît amer au malade, et il a raison, car il faut que cela soit amer du fait du vêtement et du fait de l'intermédiaire. Si l'intermédiaire n'est pas ôté, cela n'est pas goûté selon ce qui est son propre. Aussi longtemps qu'intermédiaire n'est pas ôté en nous, Dieu n'est jamais goûté de nous selon ce qui lui est propre, et notre vie nous est souvent lourde et amère.

J'ai dit une fois : Les vierges suivent l'agneau partout où il va, sans intermédiaire[18]. Ici se trouvent quelques vierges, et quelques-unes ici ne sont pas vierges qui pourtant croient l'être. Celles qui sont les vraies vierges, partout où va l'agneau elles le suivent dans la souffrance comme dans l'amour. Certaines suivent l'agneau lorsqu'il va dans la douceur et dans le confort ; mais lorsqu'il va dans la douleur et dans l'inconfort et dans les travaux, elles s'en retournent et ne le suivent point. Pour vrai, elles ne sont pas vierges, quand bien même elles le paraissent. Certains disent : Hélas, Seigneur, je veux bien venir là dans les honneurs et dans la richesse et dans le confort. Pour vrai, si l'agneau a ainsi vécu et s'il [nous] a ainsi précédés, je tiens pour bon que vous [le] suiviez ainsi, car les vierges s'aventurent derrière l'agneau par passes étroites et au large et partout où il s'aventure.

Lorsque les temps furent accomplis, alors naquit la grâce. Pour que toutes choses en nous se trouvent accomplies, en sorte que la grâce divine en nous vienne à naître, qu'à cela Dieu nous aide. Amen.

Sermon 12

Qui audit me

La parole que j'ai dite en latin, c'est la vérité éternelle du Père qui la dit, et [elle] dit : « Celui qui m'écoute, celui-là n'a pas honte » — s'il a honte de quelque chose, il a honte de ce qu'il a honte — « Celui qui opère en moi, celui-là ne pèche pas. Celui qui me révèle et répand ma lumière, celui-là aura la vie éternelle [1]. » De ces trois petits mots que j'ai dits, chacun suffirait pour un sermon.

En premier lieu je veux dire que la sagesse éternelle dit : « Celui qui m'écoute, celui-là n'a pas honte. » Celui qui doit entendre la sagesse éternelle du Père, celui-là doit être à l'intérieur et doit être chez lui et doit être un, c'est ainsi qu'il peut entendre la sagesse éternelle du Père.

Il est trois choses qui nous empêchent d'entendre la parole éternelle. La première est corporéité, la seconde multiplicité, la troisième est temporalité [2]. L'homme aurait-il outrepassé ces trois choses qu'il habiterait dans l'éternité et habiterait dans l'esprit et habiterait dans unité et dans le désert, et là il entendrait la parole éternelle. Or Notre Seigneur dit : « Personne n'entend ma parole ni mon enseignement qu'il ne se soit laissé soi-même[3]. » Car qui doit entendre la parole de Dieu, il lui faut être totalement laissé. Cela même qui là entend, c'est cela même qui là se trouve entendu dans la Parole éternelle. Tout ce qu'enseigne le Père éternel, c'est son être et sa nature et toute sa déité, ce qu'il nous révèle pleinement dans son Fils unique, et [il] nous enseigne que nous sommes ce même Fils. L'homme qui là serait sorti de telle sorte qu'il serait le Fils unique, à celui-là serait en propre ce qui là est en propre au Fils unique. Ce que Dieu opère et ce qu'il enseigne, tout cela il l'opère et enseigne dans son Fils unique. Dieu opère toute son œuvre pour que nous soyons le Fils unique. Lorsque Dieu voit que nous sommes le Fils unique, alors Dieu a si grande hâte envers nous et se presse tant et fait justement comme si son être divin voulait se briser et s'anéantir en lui-même, en sorte qu'il nous révèle tout l'abîme de sa déité et la plénitude de son être et de sa nature ; alors Dieu se presse pour que cela soit notre propre comme cela est son propre. Ici Dieu a plaisir et délices en plénitude. Cet homme se tient dans la connaissance de Dieu et dans l'amour de Dieu, et ne devient rien d'autre que ce que Dieu est lui-même.

Si tu t'aimes toi-même, alors tu aimes tous les hommes comme toi-même. Aussi longtemps que tu aimes un seul homme moins que toi-même, tu n'es jamais parvenu à t'aimer toi-même en vérité, à moins que tu n'aimes tous les hommes comme toi-même, dans un homme tous les hommes, et cet homme est Dieu et homme ; alors cet homme est comme il faut qui s'aime soi-même et tous les hommes comme soi-même, et il en va pour lui tout à fait comme il faut. Or certaines gens disent : J'aime mon ami, par qui me vient le bien, davantage qu'un autre homme. Celui-là n'est pas comme il faut, c'est imparfait. Pourtant il faut le souffrir, tout ainsi qu'il est certaines gens qui traversent la mer par vent médiocre et néanmoins parviennent au-delà. Ainsi en est-il de ces gens qui aiment un homme davantage que l'autre ; c'est naturel. L'aimerais-je autant que moi-même, quoi qu'il lui arrive alors d'agrément ou de souffrance, que ce soit mort ou vie, il me serait aussi agréable que cela m'advienne à moi comme à lui, et cela serait droite amitié *.

C'est pourquoi saint Paul dit : « Je voudrais être séparé éternellement de Dieu pour mon ami et pour Dieu[4]. » Se séparer un instant de Dieu, c'est être éternellement séparé de Dieu, se séparer de Dieu est peine infernale. Que vise maintenant saint Paul avec cette parole qu'il dit, il voudrait être séparé de Dieu ? Or les maîtres se demandent si saint Paul était sur le chemin de la perfection ou s'il était en perfection

---

* En s'exprimant ainsi, Eckhart ne balaie pas les préférences légitimes, mais les inscrit à l'intérieur d'une visée universelle privilégiant ce que l'on pourrait appeler un « amour ontologique ». Pour l'homme qui s'est « laissé » en vérité, tout homme exige une égale attention.

totale. Je dis qu'il se tenait en perfection totale, autrement il n'aurait pu avoir dit cela. Je veux expliciter cette parole qu'a dite saint Paul, qu'il voudrait être séparé de Dieu.

Le plus élevé et l'ultime que l'homme puisse laisser, c'est qu'il laisse Dieu pour Dieu. Or saint Paul laissa Dieu pour Dieu ; il laissa ce qu'il pouvait prendre de Dieu, et laissa tout ce que Dieu pouvait lui donner, et tout ce que de Dieu il pouvait recevoir. Lorsqu'il laissa cela, il laissa Dieu pour Dieu, et alors Dieu lui resta tel que Dieu est celui qui est à soi-même, non pas à la manière d'une réception de soi-même ni à la manière d'un gain de soi-même, plutôt : dans une étantité * que Dieu est en lui-même. Il ne donna jamais rien à Dieu, ni ne reçut jamais rien de Dieu ; c'est un [seul] Un et une [seule] union limpide. C'est ici que l'homme est un homme vrai, et dans cet homme ne tombe aucune souffrance, aussi peu qu'il peut en tomber dans l'être divin ; selon que j'ai dit souvent qu'il est quelque chose dans l'âme qui est si apparenté à Dieu que c'est Un et non uni. C'est Un, cela n'a rien de commun avec rien, et rien de rien de tout ce qui est créé ne lui est commun. Tout ce qui est créé, cela n'est rien. Quant à cela, c'est éloigné de tout le créé et étranger à lui. L'homme serait-il tout entier ainsi qu'il serait pleinement incréé et incréable[5] ; si tout ce qui est corporel et fragile était ainsi entendu dans l'unité, ce ne

---

* *isticheit* : la qualité de « celui qui est à soi-même » — celui qui se possède lui-même *(istic ist sîn selbes)*.

serait rien d'autre que ce qui est l'unité elle-même. Si je me trouvais un instant dans cet être, je prêterais aussi peu d'attention à moi-même qu'à un vermisseau de fumier.

Dieu donne à toutes choses également, et telles qu'elles fluent de Dieu, ainsi sont-elles égales ; oui, anges et hommes et toutes créatures fluent de Dieu égales dans leur première effusion. Qui maintenant prendrait ces choses dans leur première effusion, celui-là prendrait toutes choses égales. Sont-elles donc égales dans le temps, en Dieu et dans l'éternité elles sont bien plus égales. Qui prend une mouche en Dieu, celle-ci est plus noble en Dieu que ne l'est l'ange le plus élevé en lui-même. Or toutes choses sont égales en Dieu et sont Dieu même. Ici Dieu a tant de plaisir dans cette égalité que toute sa nature et son être il les épanche pleinement dans cette égalité en lui-même. Cela lui est plaisir ; de même manière que celui qui fait courir un cheval dans une verte lande qui serait totalement plane et égale, il serait de la nature du cheval de s'épancher pleinement de toute sa force en bondissant dans la lande, ce lui serait plaisir et serait sa nature. Pareillement est-ce plaisir et satisfaction pour Dieu lorsqu'il trouve égalité. Ce lui est plaisir que sa nature et son être se répandent pleinement dans l'égalité, car il est lui-même l'égalité.

Il est maintenant une question à propos des anges, à savoir si les anges qui habitent ici-bas avec nous et nous servent et nous protègent, s'ils ont en quelque façon une égalité moindre dans leur joie que ceux qui sont dans l'éternité, ou s'ils se trouvent en quelque façon entravés par les œuvres, du fait qu'ils nous protègent et nous servent. Je dis : Pas du tout[6]. Leur joie n'est pas pour autant moindre ni leur égalité; car l'œuvre de l'ange est la volonté de Dieu, et la volonté de Dieu est l'œuvre de l'ange; c'est pourquoi il n'est pas entravé en sa joie ni en son égalité ni en ses œuvres. Dieu commanderait-il à l'ange de monter sur un arbre et lui commanderait-il d'ôter de là des chenilles, l'ange serait prêt à ôter les chenilles, et ce serait sa béatitude et serait la volonté de Dieu.

L'homme qui maintenant se tient ainsi dans la volonté de Dieu, celui-là ne veut rien d'autre que ce que Dieu est et ce qu'est volonté de Dieu. Serait-il malade, il ne voudrait pas être en bonne santé. Toute peine lui est une joie, toute multiplicité lui est une nudité et une unité, s'il se tient droitement dans la volonté de Dieu. Si même la peine infernale en dépendait, ce lui serait une joie et une béatitude. Il est dépris et sorti de soi-même, et tout ce qu'il doit recevoir, il lui faut en être dépris. Mon œil doit-il voir la couleur, il lui faut être dépris de toute couleur. Si je vois couleur bleue ou blanche, l'acte de voir de mon œil, ce qui voit la couleur, cela même qui voit, cela est la même chose que ce qui se trouve vu avec l'œil. L'œil qui intérieurement voit Dieu est le même œil avec lequel Dieu me voit intérieurement; mon œil et l'œil de Dieu est un [seul] œil et une vision et un connaître et un aimer[7].

L'homme qui se tient ainsi dans l'amour de Dieu, celui-là doit être mort à lui-même et à toutes choses créées, de sorte qu'il prête à soi-même aussi peu d'attention qu'à celui qui est distant de mille lieues. Cet homme demeure dans l'égalité et demeure dans l'unité et demeure tout à fait égal ; en lui ne tombe aucune inégalité. Cet homme, il lui faut s'être laissé soi-même et le monde entier. Y aurait-il un homme à qui appartiendrait ce monde entier, et le laisserait-il aussi nûment pour Dieu qu'il le reçut, à celui-là Notre Seigneur voudrait donner à nouveau ce monde entier et aussi la vie éternelle. Et y aurait-il un autre homme qui n'aurait rien qu'une volonté bonne, et penserait-il : Seigneur, ce monde serait-il mien, et aurais-je encore un monde et encore un autre, ce qui ferait trois, de sorte qu'il en viendrait à désirer ceci : Seigneur, je veux les laisser et moi-même aussi nûment que je les ai reçus de toi, à cet homme Dieu donnerait autant que si tout cela il l'avait dispensé de sa main. Un autre homme qui n'aurait à laisser ni à donner rien de corporel ni de spirituel, cet homme-là aurait laissé au plus haut point. Qui se laisserait pleinement [ne fût-ce qu'] un instant, à celui-là il serait donné pleinement. Et y aurait-il un homme laissé [pendant] vingt ans, s'il se reprenait soi-même [ne fût-ce qu'] un instant, il n'aurait encore jamais été laissé. L'homme qui a laissé et qui est laissé, et qui jamais plus ne regarde [ne fût-ce qu'] un instant ce qu'il a laissé, et s'il demeure constamment immobile en lui-même et immuable, c'est cet homme seul qui est laissé.

Pour que nous demeurions donc constamment et immuablement comme le Père éternel, qu'à cela Dieu nous aide et la sagesse éternelle. Amen.

Sermon 13

Vidi supra montem Syon agnum stantem etc.

Saint Jean vit un agneau se tenir sur la montagne de Sion, et par-devant il avait inscrit sur son front son nom et le nom de son Père, et avait debout près de lui cent quarante-quatre mille. Il dit que c'étaient tous des vierges, et ils chantaient un chant nouveau que personne ne pouvait chanter si ce n'est eux, et ils suivaient l'agneau partout où il allait [1].

Les maîtres païens disent que Dieu a ordonné les créatures de telle sorte que toujours l'une est au-dessus de l'autre et que les plus élevées touchent les moins élevées et les moins élevées les plus élevées. Ce que ces maîtres ont dit avec des mots scellés, cela un autre le dit de façon manifeste, et il dit que la chaîne d'or est la nature nue limpide qui est élevée en Dieu, et qui ne goûte rien de ce qui lui est extérieur, et qui saisit Dieu. Chacune touche l'autre, et la plus élevée a le pied posé sur la tête de l'inférieure [2]. Toutes les créatures touchent Dieu non pas selon leur nature créée [3], et ce qui est créé il lui faut être brisé si le bien doit en sortir. Il faut que la coque soit fendue en deux si le noyau doit sortir. Tout cela vise un dépassement, car l'ange, en dehors de cette nue nature, ne sait pas plus que ce bois ; oui, l'ange, sans cette nature, n'a pas davantage que n'a une mouche sans Dieu.

Il dit : « Sur la montagne ». Comment cela doit-il advenir que l'on parvienne à cette limpidité ? Ils étaient vierges et étaient en haut sur la montagne et étaient fiancés à l'agneau et refusés à toutes créatures [4], et suivaient l'agneau partout où il allait. Certaines gens suivent l'agneau aussi longtemps que tout va bien pour eux ; mais dès lors que cela ne va pas selon leur volonté, ils rebroussent chemin. Cela n'est pas entendu dans ce sens, car il dit : « Ils suivaient l'agneau partout où il allait. » Si tu es vierge et que tu es fiancé à l'agneau et refusé à toutes créatures, alors tu suis l'agneau partout où il va ; tu ne te trouves pas alors désarçonné, lorsque viennent souffrances de la part de tes amis ou de la part de toi-même par quelque tentation.

Il dit : Ils étaient en haut. Ce qui est en haut, cela ne souffre pas de ce qui est sous lui, mais seulement lorsque quelque chose est au-dessus de lui qui soit plus élevé qu'il n'est. Un maître incroyant dit : Aussi longtemps l'homme est près de Dieu, il est impossible qu'il souffre [5]. L'homme qui est en haut et refusé à toutes créatures et fiancé à Dieu, celui-là ne souffre pas ; et devrait-il souffrir, le cœur de Dieu s'en trouverait atteint.

Ils étaient sur la montagne de Sion. Sion veut dire contempler ; Jérusalem veut dire paix. Comme je l'ai dit récemment au Mariengarten[6] : Ces deux choses contraignent Dieu ; et les as-tu en toi, il lui faut alors se trouver engendré en toi. Je veux vous raconter une histoire en partie : Notre Seigneur allait une fois au milieu d'une grande foule. Alors une femme vint et dit : Si je pouvais toucher les bords de son vêtement, je serais guérie. Alors Notre Seigneur dit : J'ai été touché. De par Dieu ! dit saint Pierre, comment dis-tu, Seigneur, que tu as été touché ? Une grande multitude t'entoure et te presse[7].

Un maître dit que nous vivons de la mort[8]. Si je dois manger une poule ou un bœuf, il faut qu'avant cela il soit mort. On doit prendre sur soi les souffrances, et on doit suivre l'agneau dans la souffrance et dans la joie. Les Apôtres prenaient sur eux également souffrance et joie ; c'est pourquoi leur était doux tout ce qu'ils souffraient ; ils aimaient autant la mort que la vie[9].

Un maître païen pose les créatures [comme] égales à Dieu. L'Ecriture dit que nous devons devenir égaux à Dieu[10]. Egal, c'est mauvais et trompeur. Si je m'égale à un homme et si je trouve un homme qui est égal à moi, cet homme se comporte comme s'il était moi, et il ne l'est pas et trompe. Mainte chose s'égale à l'or ; elle ment et n'est pas or. De même, toutes choses s'égalent à Dieu et elles mentent, et toutes elles ne le sont pas. L'Ecriture dit que nous devons être égaux à Dieu. Or un maître païen, qui parvint à cela par perception naturelle, dit : Dieu peut aussi peu souffrir ce qui est égal qu'il peut souffrir de n'être pas Dieu. Ressemblance est quelque chose qui n'est pas en Dieu ; il y a être-un dans la déité et dans l'éternité ; plutôt, égalité ce n'est pas un. Serais-je un, je ne serais pas égal. Il n'est rien d'étranger dans l'unité ; il y a pour moi être-un dans l'éternité, non être-égal *.

Il dit : Ils avaient leur nom et le nom de leur Père inscrits sur leurs fronts. Quel est notre nom et quel est le nom de notre Père ? Notre nom est que nous devons être engendrés, et le nom du Père est engendrer, car la déité rayonne hors de la limpidité première, qui est une plénitude de toute limpidité, ainsi que je l'ai dit au Mariengarten. Philippe dit : « Seigneur, montre-nous le Père, et cela nous suffit[11]. » Il vise en premier que nous devons être Père ; en second lieu, nous devons être grâce, car le nom du Père est engendrer ; il engendre en moi son égal **. Si je vois un mets qui est égal à moi, alors provient de là un amour ; ou si je vois un homme qui est égal à moi, alors provient de là un amour. Il en est de même : le Père céleste engendre en moi son égal, et de cette

---

* Eckhart distingue donc trois niveaux de densité croissante dont seul le dernier répond à l'être de Dieu : ressemblance *(glîchnisse)*, égalité *(glîcheit)*, un ou être-un *(ein* et *einsîn)*.

** Pour reconnaître que le propre du Père est d'engendrer, l'homme doit se trouver lui-même engendré dans une égalité « de grâce ».

égalité provient un amour, c'est l'Esprit Saint. Celui qui est le père, celui-là engendre l'enfant de façon naturelle; celui qui présente l'enfant au baptême, celui-là n'est pas son père. Boèce dit : Dieu est un bien qui se tient immobile et qui meut toutes choses [12]. Que Dieu soit immobile, cela met toutes choses en mouvement. Il y a quelque chose de si heureux qui meut et pousse et met toutes choses en mouvement, en sorte qu'elles retournent de là où elles ont flué, et cela demeure immobile en lui-même. Et plus une chose quelconque est noble, plus elle se meut de façon constante. Le fond les pousse toutes. Sagesse et bonté et vérité ajoutent quelque chose; Un n'ajoute rien que le fond de l'être.

Il dit maintenant : « Dans leur bouche aucun mensonge n'a été trouvé [13]. » Aussi longtemps que je possède la créature et que la créature me possède, c'est mensonge, et cela n'a pas été trouvé dans leur bouche [14]. C'est un signe d'un homme bon qu'il loue gens de bien. Que si un homme bon me loue, alors je suis vraiment loué; mais si me loue un méchant, alors je suis vraiment outragé. Que si un homme méchant m'offense, alors je suis vraiment loué. « Ce dont le cœur est plein, de cela parle la bouche [15]. » C'est toujours le signe d'un homme bon qu'il parle volontiers de Dieu, car ce avec quoi les gens ont commerce ils en parlent volontiers. Ceux qui ont commerce avec des outils, ceux-là parlent volontiers des outils. Ceux qui ont commerce avec les sermons, ceux-là parlent volontiers des sermons. Un homme bon ne parle volontiers que de Dieu.

Il est une puissance dans l'âme dont j'ai souvent parlé — et l'âme serait-elle toute ainsi, elle serait incréée et incréable. Or il n'en est pas ainsi [16]. Selon l'autre partie, elle a un regard vers le temps et une dépendance à son égard, et là elle touche le créé et est créée — intellect : cette puissance n'est pas loin ni à l'extérieur. Ce qui est au-delà de la mer ou à mille lieux, cela lui est aussi proprement connu et présent que ce lieu où je me tiens. Cette puissance est vierge, et suit l'agneau partout où il va. Cette puissance prend Dieu nu pleinement dans son être essentiel [17] ; elle est un dans l'unité, non pas égale dans l'égalité [18].

Pour que cela nous advienne, qu'à cela Dieu nous aide. Amen.

Sermon 13 a

Saint Jean dans une vision vit sur le mont Sion un agneau debout, et près de lui quarante-quatre[1] qui n'étaient pas terrestres et n'avaient pas le nom de femmes. Ils étaient tous vierges et se tenaient au plus près de l'agneau, et là où l'agneau s'engageait, là ils s'engageaient derrière lui, et chantaient tous avec l'agneau un chant étrange, et avaient leur nom et le nom de leur Père inscrit devant sur leur tête[2].

Or Jean dit qu'il vit un agneau debout sur la montagne. Je dis : Jean était lui-même la montagne sur laquelle il vit l'agneau, et qui veut voir le divin agneau, il lui faut lui-même être la montagne, et parvenir à ce qu'il a de plus élevé et à ce qu'il a de plus limpide. La seconde chose qu'il dit est qu'il vit l'agneau debout sur la montagne. Ce qui se tient sur quelque chose d'autre, cela touche, avec sa face inférieure[3], la face supérieure[4] de ce qui est au-dessous. Dieu touche toutes choses et demeure intouché. Dieu est au-dessus de toutes choses un se-tenir[5] dans soi-même et son se-tenir contient toutes les créatures.

Toutes les créatures ont une face supérieure et une face inférieure ; cela Dieu ne l'a pas. Dieu est au-dessus de toutes choses et nulle part ne se trouve touché par rien. Toutes les créatures cherchent en dehors d'elles-mêmes, chacune en l'autre ce qu'elle n'a pas ; cela Dieu ne le fait pas. Dieu ne cherche pas en dehors de lui-même. Ce que toutes les créatures ont, cela Dieu l'a pleinement en lui. Il est le sol, le cercle * de toutes les créatures. Il est certes vrai que l'une est avant l'autre, et pour le moins que l'une se trouve engendrée par l'autre. Néanmoins, elle ne lui donne pas son être ; elle conserve quelque chose de ce qui est sien. Dieu est un se-tenir simple, un résider dans soi-même[6]. Chaque créature, selon la noblesse de sa nature, plus elle réside dans soi-même plus elle s'offre à l'extérieur **. Une simple pierre comme un tuffeau n'atteste rien de plus que le fait qu'elle est une pierre. Mais une pierre précieuse, qui a grande puissance, en ce qu'elle a se-tenir, un résider dans soi-même, en cela même dresse en même temps la tête et regarde vers le dehors. Les maîtres disent qu'aucune créature n'a [un] résider aussi grand dans soi-même que corps et âme, et qu'aucune non plus n'a sortir aussi grand que l'âme selon sa partie supérieure.

Or il dit : Je vis l'agneau debout. De quoi nous pouvons tirer quatre bons enseignements. L'un :

---

* *reif* : au sens où Dieu est à comprendre comme le commencement et la fin de toutes choses.

** Plus un être est accompli, plus son assise intérieure coïncide avec la capacité qu'il a de sortir de soi en vérité.

l'agneau donne nourriture et vêtement, et le fait très volontiers, et cela doit charmer notre entendement que nous ayons tant reçu de Dieu et qu'il le fasse de façon si aimable ; cela doit nous contraindre à ne rien chercher en toutes nos œuvres que sa louange et son honneur. Le second : l'agneau se tenait debout. Il est très doux qu'un ami se tienne près de son ami. Dieu se tient près de nous et il se tient à demeure près de nous constant et immobile[7].

Or il dit : Près de lui [ils] se tenaient en grand nombre ; chacun d'eux avait inscrit par-devant sur sa tête son nom et le nom de son Père. C'est pour le moins le nom de Dieu qui doit être inscrit sur nous. Nous devons porter l'image de Dieu en nous, et sa lumière doit luire en nous si nous voulons être Jean[8].

Sermon 14

Surge illuminare iherusalem etc.

Cette parole que j'ai dite en latin, elle est écrite dans l'épître que l'on a lue à la messe. Le prophète Isaïe dit : «Lève-toi, Jérusalem, et élève-toi et sois illuminée[1].» Il y a là trois sens à entendre. Demandez à Dieu la grâce.

Lève-toi, Jérusalem, et élève-toi et sois illuminée. Les maîtres et les saints disent communément que l'âme a trois puissances, en quoi elle est égale à la Trinité. La première puissance est mémoire, par quoi est visée une science cachée, secrète; elle connote le Père. La seconde puissance se nomme intelligence[2], c'est un acte de rendre présent, un connaître, une sagesse. La troisième puissance, elle s'appelle volonté, un flux du Saint Esprit. A quoi nous ne voulons pas en rester, car ce n'est pas matière nouvelle[3].

«Lève-toi, Jérusalem, et sois illuminée.» D'autres maîtres disent, qui divisent aussi l'âme en trois : ils nomment la puissance supérieure une puissance irascible; ils l'assimilent au Père. Celui-ci mène toujours une guerre et un courroux contre le mal. La colère aveugle l'âme, et l'amour submerge les sens[4] [...] La première puissance a son siège dans le foie, la seconde dans le cœur, la troisième dans le cerveau[5]. Dieu mène une guerre contre la nature [...][6]. La première [puissance] n'a jamais de repos avant que d'avoir atteint ce qui est le plus élevé ; s'il se trouvait quelque chose de plus élevé que Dieu, elle ne voudrait pas de Dieu. La seconde ne se satisfait que du tout meilleur ; y aurait-il quelque chose de meilleur que Dieu, elle ne voudrait pas de Dieu. La troisième ne se satisfait que d'un bien ; y aurait-il un bien [plus grand] que Dieu, elle ne voudrait pas de Dieu. Elle ne repose en rien que dans un bien permanent, en lequel tous biens sont inclus, en sorte qu'en lui ils sont un [seul] être. Dieu lui-même ne repose pas là où [il] est un commencement de tout être. Il repose là où [il] est une fin et un commencement de tout être.

Jérusalem veut dire une hauteur, comme je l'ai dit au Mariengarten : Ce qui est en haut, on lui dit : Descends. Ce qui est en bas, on lui dit : Monte. Si tu es en bas et si j'étais au-dessus de toi, il me faudrait m'abaisser vers toi. Ainsi fait Dieu ; si tu t'humilies, alors Dieu s'abaisse d'en haut et vient vers toi. La terre est ce qu'il y a de plus éloigné du ciel, et [elle] s'est recroquevillée dans un recoin et a honte et voudrait bien échapper au beau ciel, d'un recoin vers l'autre. Quel sera donc son point d'arrêt ? Echappe-t-elle vers le bas, elle parvient au ciel ; échappe-t-elle vers le haut, elle ne peut pourtant lui échapper. Il la pourchasse dans un recoin, et imprime sa force en elle et la rend féconde. Pourquoi ? Ce qui est le plus élevé flue dans ce qui est le plus bas. Une étoile est au-dessus du soleil ; c'est l'étoile la plus élevée ; elle est plus noble que le soleil ; elle flue dans le soleil et illumine le soleil, et toute la lumière qu'a le soleil, il l'a de cette étoile. Que veut dire que le soleil ne brille pas aussi bien de nuit que de jour ? Cela veut dire que le soleil, en sa toute solitude, n'est pas assez puissant à partir de lui-même, qu'il est quelque déficience dans le soleil, ce que pouvez voir en ce qu'il est sombre en une de ses extrémités et, pendant la nuit, la lune et les étoiles prennent de lui leur lumière et la portent ailleurs ; alors il brille ailleurs, dans un autre pays. Cette étoile flue non pas seulement dans le soleil, mais elle flue à travers le soleil et à travers toutes les étoiles, et flue dans la terre et la rend féconde[7]. Il en est tout ainsi de l'homme vraiment humble, qui a rejeté au-dessous de soi toutes créatures et se soumet à Dieu ; Dieu de par sa bonté ne manque pas de s'épancher pleinement en cet homme ; il se trouve contraint de le faire de toute nécessité. Veux-tu être en haut et être élevé, il te faut être alors en bas, loin du flux du sang et de la chair, car une racine de tous péchés et de toutes souillures est la superbe cachée, dissimulée, d'où ne proviennent que souffrance et douleur. C'est ainsi que l'humilité est une racine de tout bien, et là-dessus ce qui suit.

J'ai dit à Paris, à l'Ecole, que toutes choses doivent se trouver accomplies en l'homme juste humble. Le soleil correspond à Dieu. Le plus élevé dans son insondable déité répond à ce qu'il y a de plus bas dans la profondeur de l'humilité. L'homme vraiment humble ne doit pas prier Dieu, il peut commander à Dieu, car la hauteur de la déité ne jette le regard sur rien d'autre que la profondeur de l'humilité, ainsi que je l'ai dit au [monastère] des Saints-Macchabées[8]. L'homme humble et Dieu sont Un ; l'homme humble est aussi puissant sur Dieu qu'il l'est sur lui-même, et tout ce qui appartient à tous les anges, cela appartient en propre à l'homme humble ; ce que Dieu opère, cela l'homme humble l'opère, et ce qu'est Dieu il l'est : une [seule] vie et un [seul] être ; et c'est pourquoi notre aimable Seigneur dit : « Apprenez de moi que je suis doux et de cœur humble[9]. »

L'homme qui serait vraiment humble, ou bien il faudrait que Dieu perde toute sa déité et il faudrait qu'il en sorte pleinement, ou bien il lui faudrait s'épancher et il lui faudrait pleinement fluer dans l'homme. Je pensais cette nuit que l'élévation de Dieu tient à ma bassesse ; là où je m'abaisse, là Dieu se trouve élevé. Jérusalem doit se trouver illuminée, disent l'Ecriture et le prophète[10]. Plus, je pensais cette nuit que Dieu doit se trouver dépouillé de son élévation[11], non pas absolument mais intérieurement, et cela signifie Dieu dépouillé de son élévation, ce qui me plut tant que je l'ai écrit dans mon livre*. Cela

---

* Il est difficile de préciser à quel écrit Eckhart fait ici référence. L'*abaissement* de Dieu n'est pas, sans plus, renonciation au plus élevé — ce qu'il est et demeure — mais connote son mouvement d'intériorisation en lui-même et dans l'homme ; ici et là en effet le plus profond et le plus élevé coïncident.

dit donc : Un Dieu dépouillé de son élévation, non pas absolument mais intérieurement ; pour que nous devions nous trouver élevés. Ce qui était en haut était à l'intérieur. Tu dois te trouver intériorisé, et à partir de toi-même dans toi-même, pour qu'il soit en toi. Non que nous prenions quelque chose de ce qui est au-dessus de nous ; nous devons prendre en nous, et devons prendre à partir de nous dans nous-mêmes.

Saint Jean dit : « Ceux qui le reçurent, à ceux-là il donna pouvoir de devenir fils de Dieu. Ceux qui sont fils de Dieu, ceux-là ne sont pas [nés] de la chair et du sang ; ils sont nés de Dieu [12] », non pas hors [de lui] mais en [lui] [13]. Notre aimable Dame dit : « Comment cela peut-il être que je devienne Mère de Dieu ? Alors l'ange dit : Le Saint Esprit doit venir en toi d'en haut [14]. » David dit : « Aujourd'hui je t'ai engendré [15]. » Qu'est-ce qu'aujourd'hui ? Eternité. Je me suis éternellement engendré [comme] toi et toi [comme] moi. Néanmoins, il ne suffit pas à l'homme noble humble d'être le fils unique engendré, que le Père a éternellement engendré [16], il veut encore être Père et entrer dans la même égalité de la paternité éternelle, et engendrer celui dont je suis éternellement engendré, ainsi que je l'ai dit au Mariengarten ; c'est là que Dieu en vient à ce qui lui est propre *. Approprie-toi à Dieu, ainsi Dieu est-il ton propre, comme il est le propre de soi-même. Ce qui se trouve

* Pour Eckhart, la naissance de Dieu en l'homme implique donc que l'homme puisse *faire* à l'égard de Dieu cela même que Dieu fait en l'homme.

engendré en moi, cela demeure ; Dieu ne se sépare jamais de l'homme où que l'homme se tourne. L'homme peut se détourner de Dieu ; aussi loin de Dieu que l'homme aille, Dieu se tient [là] et l'attend et le prévient avant qu'il ne le sache. Veux-tu que Dieu soit ton propre, tu dois alors être son propre, comme [le sont] ma langue ou ma main, en sorte que je puis faire de lui ce que je veux. Aussi peu puis-je agir sans lui, aussi peu peut-il opérer quelque chose sans moi. Veux-tu donc que Dieu soit ainsi ton propre, fais-toi son propre, et ne garde rien que lui dans ta visée ; alors il est un commencement et une fin de tout ton opérer, de même que sa déité tient en ce qu'il est Dieu. L'homme qui ainsi en toutes ses œuvres ne vise et n'aime rien que Dieu, à celui-là Dieu donne sa déité. Tout ce que l'homme opère, [Dieu l'opère], car mon humilité donne à Dieu sa déité. « La lumière luit dans les ténèbres, et la lumière, les ténèbres ne l'ont pas saisie[17] » ; cela veut dire que Dieu n'est pas seulement un commencement de toutes nos œuvres et de notre être, il est aussi une fin et un repos de tout être.

Pour que de Jésus Christ nous prenions la leçon de l'humilité, qu'à cela nous aide tout ensemble Dieu Père, Fils et Saint Esprit. Amen. Deo gratias.

Sermon 15

*Homo quidam nobilis abijt
in regionem longinquam
accipere regnum et reuerti.*

Cette parole est écrite dans l'évangile, et dit en français : « Il y avait un homme noble qui sortit de lui-même vers une terre étrangère et s'en revint plus riche chez lui[1]. » Or on lit dans un évangile que le Christ a dit : « Personne ne peut être mon disciple qu'il ne me suive[2] » et se soit laissé soi-même et n'ait rien gardé pour lui ; et celui-là a toutes choses, car ne rien avoir c'est avoir toutes choses. Mais avec désir et avec cœur se soumettre à Dieu et mettre pleinement sa volonté dans la volonté de Dieu, et n'avoir aucun regard sur le créé[3] : qui serait ainsi sorti de soi-même, celui-là se trouvera proprement donné à nouveau à lui-même.

Bonté dans soi, bonté, cela n'apaise pas l'âme ; [...][4] Et Dieu me donnerait-il quelque chose en dehors de sa volonté, je n'y prêterais pas attention ; car la moindre chose que Dieu me donne dans sa volonté, cela me rend bienheureux.

Toutes les créatures ont flué hors de la volonté de Dieu. Saurais-je désirer seulement le bien de Dieu, cette volonté est si noble que le Saint Esprit fluerait de là sans intermédiaire. Tout bien flue du superflu de la bonté de Dieu. Oui, et la volonté de Dieu a goût pour moi seulement dans l'unité, là où le repos de Dieu est orienté au bien de toutes les créatures ; où celle-ci repose, et tout ce qui jamais acquit être et vie, comme dans leur fin dernière, là tu dois aimer le Saint Esprit, tel qu'il est là dans l'unité ; non en lui-même, mais là où avec la bonté de Dieu il a goût seulement dans l'unité, là où toute bonté flue du superflu de la bonté de Dieu. Cet homme s'en revient plus riche chez lui que lorsqu'il était sorti. Qui serait ainsi sorti de soi-même, celui-là devrait se trouver plus proprement donné à nouveau à lui-même. Et toute chose qu'il aura laissée dans la multiplicité, cela lui sera [donné] pleinement à nouveau dans la simplicité, car il se trouve soi-même et toute chose dans le maintenant présent de l'unité. Et celui qui serait ainsi sorti, il reviendrait chez lui bien plus noble qu'il n'était sorti. Cet homme vit maintenant dans une liberté déprise et dans une limpide nudité, car il n'a à se soumettre à aucune chose ni à prendre peu ni beaucoup ; car tout ce qui est le propre de Dieu, cela lui est propre.

Le soleil correspond à Dieu [:] la partie la plus élevée de sa profondeur sans fond répond à ce qui est le plus bas dans la profondeur de l'humilité[5]. Oui, l'homme humble n'a pas besoin de le prier pour cela, mais il peut certes lui commander. Car la hauteur de la déité ne peut rien prendre en considération que dans la profondeur de l'humilité ; car l'homme humble et Dieu sont un et non pas deux. Cet homme humble est aussi puissant sur Dieu qu'il [= Dieu] est puissant sur soi-même ; et tout le bien qui est en tous les anges et en tous les saints, tout cela est son propre, comme c'est le propre de Dieu. Dieu et cet homme humble sont pleinement un et non pas deux ; car ce que Dieu opère il l'opère aussi, et ce que Dieu veut il le veut aussi, et ce que Dieu est il l'est aussi : une [seule] vie et un [seul] être. Oui, de par Dieu : cet homme serait-il en enfer, il faudrait que Dieu aille à lui en enfer, et il faudrait que l'enfer lui soit un royaume céleste. Il lui faut faire cela de nécessité, il serait contraint à ce qu'il lui faille le faire ; car alors cet homme est être divin, et être divin est cet homme. Car ici advient, de par l'unité de Dieu et de l'homme humble, le baiser. Car la vertu qui là s'appelle humilité est une racine dans le fond de la déïté où elle est plantée, de sorte qu'elle ait uniquement son être dans le Un éternel et nulle part ailleurs. J'ai dit à Paris, à l'Ecole, que toutes choses devraient se trouver accomplies dans l'homme vraiment humble. Et c'est pourquoi je dis qu'à l'homme vraiment humble rien ne peut être préjudiciable ni ne peut l'induire en erreur. Car il n'est aucune chose qui ne fuie ce qui pourrait la réduire à néant. Cela, toutes les choses créées le fuient, car elles ne sont rien de rien en elles-mêmes. Et c'est pourquoi l'homme humble fuit tout ce qui peut l'induire en erreur à propos de Dieu. C'est pourquoi je fuis le charbon [ardent], car il voudrait me réduire à néant, car il voudrait me dérober mon être.

Et [il] dit : « Un homme sortit. » Aristote entreprit un livre et voulut [y] parler de toutes choses[6]. Or notez ce qu'Aristote dit de cet homme. *Homo*, cela signifie un homme à qui a été conférée une forme, et [elle] lui donne être et vie en commun avec toutes créatures, avec celles qui sont douées de raison et avec celles qui ne sont pas douées de raison[7], [il est privé de raison] avec toutes les créatures corporelles et doué de raison avec les anges. Et il dit : De même que toutes les créatures avec images et formes sont intellectuellement comprises par les anges, et les anges connaissent intellectuellement chaque chose dans sa différence — en quoi l'ange a si grand plaisir que ce serait une merveille pour ceux qui ne l'ont pas éprouvé et qui ne l'auraient pas goûté : de même l'homme entend intellectuellement image et forme de toute créature dans sa différence. Ce qu'Aristote mit à l'actif de l'homme, c'est que l'homme est un homme en ce qu'il entend toute image et forme ; c'est pour cela qu'un homme est un homme. Et c'était l'explication suprême par quoi Aristote pouvait expliquer un homme.

Or moi aussi je veux montrer ce qu'est un homme. *Homo* signifie un homme à qui substance a été conférée, et [elle] lui donne être et vie et un être doué d'intellect. Un homme doué d'intellect est celui qui s'entend soi-même de façon intellectuelle, et en lui-même détaché de toutes matières et formes. Plus il est détaché de toutes choses et retourné dans soi-même, plus il connaît clairement et intellectuellement toutes choses en lui-même sans se tourner vers l'extérieur : plus il est un homme.

Or je dis : Comment peut-il se faire que détachement de l'entendement, sans forme ni image en lui-même, entende toutes choses sans se tourner vers l'extérieur ni transformation de soi-même ? Je dis, cela vient de sa simplicité ; car plus limpidement [et] simplement l'homme est [détaché] de lui-même et dans lui-même, plus simplement entend-il toute multiplicité en lui-même et demeure-t-il invariable dans lui-même. Boèce dit : Dieu est un bien immuable, en repos en lui-même, intouché et immobile et mouvant toutes choses [8]. Un entendement simple est si limpide en lui-même qu'il comprend l'être divin limpide nu sans intermédiaire. Et dans l'influx il reçoit la nature divine à l'égal des anges, de quoi les anges éprouvent grande joie. Pour que l'on puisse voir un ange, pour cela l'on voudrait être mille ans en enfer. Cet entendement est si limpide et si clair en lui-même que ce que l'on verrait dans cette lumière deviendrait un ange !

Or notez avec zèle ce qu'Aristote dit des esprits détachés dans son livre qui s'appelle *Métaphysique* [9]. Le plus grand parmi les maîtres qui jamais parlèrent des sciences naturelles évoque ces esprits détachés et dit que d'aucune chose ils ne sont forme, et qu'ils prennent leur être fluant de Dieu sans intermédiaire ; et ainsi refluent-ils à l'intérieur aussi et reçoivent-ils l'effusion de Dieu sans intermédiaire au-dessus des anges et contemplent-ils l'être nu de Dieu sans distinction. Cet être nu limpide, Aristote le nomme un

« quelque chose[10] ». C'est le plus élevé qu'Aristote dit jamais des sciences naturelles, et sur cela aucun maître ne peut parler de façon plus élevée qu'il ne l'ait dit dans l'Esprit Saint. Or je dis qu'à cet homme noble ne suffit pas l'être que les anges saisissent[11] sans forme et dont ils dépendent sans intermédiaire ; il ne trouve satisfaction en rien qu'en l'unique Un.

J'ai aussi souvent parlé du commencement premier et de la fin dernière. Le Père est un commencement de la déité, car il se saisit soi-même dans soi-même[12]. De lui vient la Parole éternelle qui demeure à l'intérieur, et le Saint Esprit flue des deux et demeure à l'intérieur, et [le Père] ne l'engendre pas, car il est une fin de la déité, qui demeure à l'intérieur, et de toutes les créatures, là où est un limpide repos et une quiétude de tout ce qui jamais acquit l'être. Le commencement est en vue de la fin, car dans la fin dernière repose tout ce qui jamais acquit être doué d'intellect. [La fin dernière] de l'être est la ténèbre ou l'inconnaissance de la déité cachée, d'où brille cette lumière, et cette ténèbre ne l'a pas saisie[13]. C'est pourquoi Moïse dit : « Celui qui est là m'a envoyé[14] », lui qui est sans nom, qui est une négation de tous noms et qui jamais n'acquit de nom. Et c'est pourquoi le prophète dit : « En vérité, tu es le Dieu caché[15] » dans le fond de l'âme, là où le fond de Dieu et le fond de l'âme sont un [seul] fond *. Plus on te

* Maître Eckhart exprime ici l'unité dernière entre l'homme et Dieu telle qu'elle se trouve posée au niveau du fond ou de l'essence.

cherche, moins on te trouve. Tu dois le chercher de sorte que tu ne le trouves nulle part. Si tu ne le cherches pas, alors tu le trouves. Pour que nous le cherchions de telle sorte que nous demeurions près de lui éternellement, qu'à cela Dieu nous aide. Amen.

Sermon 16 a[1]

Un maître dit : Si tout intermédiaire était ôté entre moi et le mur, je serais auprès du mur, pour autant je ne serais pas dans le mur. Il n'en est pas ainsi des choses spirituelles, car en ce qui les concerne l'une est toujours dans l'autre ; ce qui reçoit, c'est ce qui se trouve reçu, car il ne reçoit rien que lui-même. Cela est subtil. Qui l'entend, on lui a suffisamment prêché. Toutefois un peu [encore] à propos de l'image de l'âme.

Il est beaucoup de maîtres qui veulent que cette image soit engendrée par la volonté et par la connaissance, et il n'en est pas ainsi ; plutôt, je dis que cette image est une expression de soi-même sans volonté et sans connaissance. Je vous exposerai une comparaison. Que l'on tienne un miroir devant moi : que je le veuille ou ne le veuille point, sans volonté et sans connaissance de moi-même, je me reflète dans le miroir. Cette image ne provient pas du miroir, elle ne provient pas non plus d'elle-même, plutôt cette image provient tout à fait de ce dont elle tient son être et sa nature. Lorsque le miroir est ôté de devant moi, je ne me reflète pas plus longtemps dans le miroir, car je suis cette image même.

Encore une autre comparaison : lorsqu'une branche saillit d'un arbre, elle porte aussi bien le nom que l'être de cet arbre. Ce qui sort est la même chose que ce qui demeure à l'intérieur, et ce qui demeure à l'intérieur est la même chose que ce qui sort. Ainsi la branche est-elle une expression de soi-même.

Je dis de même de l'image de l'âme. Ce qui sort au dehors, c'est ce qui demeure à l'intérieur, et ce qui demeure à l'intérieur est ce qui sort au dehors. Cette image est le Fils du Père, et cette image je le suis moi-même, et cette image est la [Sagesse]. De quoi Dieu soit loué maintenant et à jamais. Amen. Qui ne l'entend pas, qu'il ne s'en soucie pas.

Sermon 16 b

Quasi vas auri solidum ornatum omni lapide pretioso

J'ai dit un petit mot en latin, qu'on lit aujourd'hui dans l'épître, [et] que l'on peut dire à propos de saint Augustin et à propos de toute âme bonne, sainte, comment ils sont comparés à un vase d'or qui a consistance et permanence et possède en lui noblesse de toute pierre précieuse [1]. Cela tient à la noblesse des saints que l'on ne puisse les donner à connaître à l'aide d'une [seule] comparaison ; c'est pourquoi on les compare aux arbres et au soleil et à la lune. Et c'est ainsi que saint Augustin est ici comparé à un vase d'or qui a consistance et permanence et possède en lui noblesse de toute pierre précieuse. Et cela on peut le dire en vérité de toute âme bonne, sainte, qui a laissé toutes choses et les prend là où elles sont éternelles. Qui laisse les choses en tant qu'elles sont contingentes, celui-là les possède là où elles sont un être limpide et sont éternelles.

Tout vase possède deux choses en lui : il reçoit et contient. Vase spirituel et vase corporel comportent une différence. Le vin est dans le vase ; le vase n'est pas dans le vin, et le vin n'est pas dans le vase comme dans la douve ; car s'il était dans le vase comme dans la douve, on ne pourrait pas le boire. Il en va autrement du vase spirituel. Tout ce qui se trouve reçu en lui, cela est dans le vase et le vase [est] en lui et est le vase même. Tout ce que reçoit le vase spirituel est de sa nature [2]. La nature de Dieu est qu'il se donne à toute âme bonne, et la nature de l'âme est qu'elle reçoit Dieu ; et cela on le peut dire du plus noble dont l'âme peut faire montre. En cela l'âme porte l'image divine et est égale à Dieu. Image ne peut être sans égalité, mais égalité peut bien être sans image. Deux œufs sont également blancs, et l'un n'est pourtant pas image de l'autre ; car ce qui doit être image de l'autre, il faut que ce soit venu de sa nature, et il lui faut être engendré de lui et il lui faut être égal à lui.

Toute image a deux propriétés. La première, c'est qu'elle prend son être, sans intermédiaire, de ce dont elle est l'image, indépendamment de la volonté [3], car elle a une provenance [4] naturelle et procède de la nature comme la branche de l'arbre. Lorsque le visage se trouve placé devant le miroir, il faut que ce visage s'y trouve reproduit [5], qu'il le veuille ou ne le veuille pas. Mais la nature ne se reproduit pas dans l'image du miroir, plutôt : la bouche et le nez et les yeux et tous les contours du visage, cela se reproduit dans le miroir. Mais cela, Dieu l'a gardé pour lui seul, que ce en quoi il se reproduit, là il reproduit sa nature et tout ce dont il peut faire montre, pleinement et indépendamment de la volonté ; car l'image propose un but à la volonté, et la volonté suit l'image, et l'image a son premier jaillissement hors de la nature, et attire dans soi tout ce dont la nature et l'être peuvent faire montre ; et la nature s'épanche pleinement dans l'image et demeure pourtant dans elle-même. Car les maîtres ne placent pas l'image dans le Saint Esprit, plutôt : ils la placent dans la Personne intermédiaire, car c'est le Fils qui a le premier jaillissement hors de la nature ; c'est pourquoi il s'appelle proprement une image du Père, ce que ne fait pas le Saint Esprit : celui-ci est seulement un fleurir à partir du Père et à partir du Fils et a pourtant une [seule] nature avec les deux. Et pourtant la volonté n'est pas un intermédiaire entre l'image et la nature ; oui, ni connaître ni savoir ni sagesse ne peuvent être ici un intermédiaire, car l'image divine jaillit de la fécondité de la nature sans intermédiaire. Que s'il est ici un intermédiaire de la sagesse, c'est l'image elle-même. C'est pourquoi le Fils, dans la déité, s'appelle la Sagesse du Père.

Vous devez savoir que l'image divine simple, qui dans l'âme est imprimée dans le plus intime de la nature, se prend sans intermédiaire ; et le plus intime et le plus noble qui est dans la nature, cela se reproduit le plus proprement dans l'image de l'âme, et il n'est pas ici d'intermédiaire, ni volonté ni sagesse, ainsi que je l'ai dit auparavant : la sagesse est-elle ici un intermédiaire, c'est l'image elle-même. Ici Dieu est sans intermédiaire dans l'image, et l'image est sans intermédiaire en Dieu. Pourtant Dieu est bien plus noblement dans l'image que l'image n'est en Dieu. Ici l'image ne prend pas Dieu en tant qu'il est créateur, mais elle le prend en tant qu'il est un être doué d'intellect, et le plus noble de la nature se reproduit le plus proprement dans l'image. C'est une image naturelle de Dieu que Dieu a imprimée naturellement dans toutes les âmes. Maintenant je ne puis donner plus à l'image ; que si je lui donnais quelque chose en plus, il faudrait qu'elle soit Dieu même, mais il n'en est pas ainsi, car de la sorte Dieu ne serait pas Dieu.

La seconde propriété de l'image, vous devez la reconnaître[6] en l'égalité de l'image. Et ici notez particulièrement deux points. Le premier est : l'image n'est pas par soi-même, et [deuxièmement] elle n'est pas pour elle-même. De la même manière que l'image qui se trouve reçue dans l'œil n'est pas par l'œil et n'a pas d'être dans l'œil, mais elle a seulement dépendance et attache en ce dont elle est l'image. C'est pourquoi elle n'est pas par elle-même ni n'est pour elle-même, mais elle est proprement par ce dont elle est l'image et est pleinement à lui, et c'est de lui qu'elle prend son être et [qu'elle] est le même être *.

* A la doctrine, habituelle chez Eckhart, selon laquelle Dieu et l'homme ont un seul *être* et un seul *fond*, la théorie de l'image ici développée apporte une nuance. Car même lorsque le terme, dégagé de sa signification banale de simple reflet, est employé dans une acception ontologique, il faut dire que l'image, tout en étant égale à ce dont elle provient, n'est pas *par elle-même*. Ainsi du Fils par rapport au Père, ainsi de l'homme par rapport à Dieu. Eckhart ne peut dire « plus » à propos de l'image, sauf à laisser entendre que Dieu, étant tout entier image, ne serait pas Dieu.

Maintenant, prêtez-moi grande attention ! Ce qu'est proprement une image, vous devez le noter à quatre points, ou peut-être en sera-t-il davantage. L'image n'est pas par elle-même ni n'est pour elle-même ; elle est seulement par ce dont elle est l'image, et est pour lui pleinement tout ce qu'elle est. Ce qui est étranger à ce dont elle est image, elle ne lui appartient pas et n'est pas par lui. L'image prend seulement son être, sans intermédiaire, en ce dont elle est image, et possède un [seul] être avec lui et est le même être. Cela n'est pas dit des choses dont on doit discourir à l'Ecole ; mais on peut bien les dire en chaire, en guise d'enseignement.

Vous demandez souvent comment vous devez vivre. Vous devez ici le noter avec zèle. De la même manière qu'il fut dit ici de l'image, vois, ainsi dois-tu vivre. Tu dois être à lui et tu dois être pour lui, et tu ne dois pas être à toi et tu ne dois pas être pour toi et tu ne dois être à personne. Lorsque je vins hier en ce monastère, j'ai vu de la sauge et d'autres plantes sur une tombe ; et je pensai alors : Ici repose le cher ami d'un homme, et c'est pourquoi ce morceau de terre lui est d'autant plus cher. Celui qui a un ami vraiment cher, celui-là aime tout ce qui lui appartient, et ce qui est contraire à son ami il ne l'aime pas. De quoi prenez une comparaison avec le chien, qui est un animal non doué d'intellect. Il est si fidèle à son maître que tout ce qui est contraire à son maître il le hait, et celui qui est ami de son maître il l'aime, et il ne prête attention ni à richesse ni à pauvreté. Oui, et y aurait-il un pauvre aveugle qui serait acquis à son maître, il l'aimerait davantage qu'un roi ou un empereur qui serait contraire à son maître. Je dis pour de vrai : S'il était possible que le chien soit à demi infidèle à son maître, il se haïrait soi-même à demi.

Mais certaines gens se plaignent maintenant de ne pas avoir intériorité ni ferveur ni douceur ni consolation particulière de Dieu. Ces gens, pour de vrai, ne sont pas encore du tout comme il faut ; on peut certes les tolérer, mais ce n'est pas le meilleur. Je dis pour de vrai : Aussi longtemps qu'une chose se forme [7] en toi qui n'est pas la Parole éternelle ou qui s'écarte de la Parole éternelle, si bon cela puisse être, cela n'est pas comme il faut. C'est pourquoi est seul un homme comme il faut celui qui a anéanti toutes choses créées et [qui], en droite ligne [et] sans aucun écart, se tient tourné vers la Parole éternelle et formé en elle et reformé dans la justice. L'homme puise là où puise le Fils, et [il] est le Fils lui-même. Un écrit dit : « Personne ne connaît le Père si ce n'est le Fils [8] », et il suit de là que, si vous voulez connaître Dieu, vous ne devez pas seulement être égaux au Fils, mais devez être le Fils lui-même.

Mais certaines gens veulent voir Dieu de leurs yeux comme ils voient une vache, et veulent aussi aimer Dieu comme ils aiment une vache. Tu l'aimes pour le lait et pour le fromage et pour ton propre avantage. Ainsi font tous les gens qui aiment Dieu pour richesse extérieure ou pour consolation intérieure ; et ceux-là n'aiment pas Dieu comme il faut, mais ils aiment leur propre avantage. Oui, je dis pour de vrai : Tout ce que tu te proposes dans ta visée [et] qui n'est pas Dieu en lui-même, si bon cela puisse être, c'est pour toi un obstacle à la vérité la plus haute.

Et comme je l'ai dit ci-dessus, de même que saint Augustin est comparé à un vase d'or, qui en bas est fermé et ouvert en haut, vois, ainsi dois-tu être : veux-tu tenir près de saint Augustin et dans la sainteté de tous les saints, ton cœur doit être fermé à tout le créé et doit prendre Dieu tel qu'il est en lui-même. C'est pourquoi les hommes sont comparés aux puissances supérieures, car en tout temps ils ont la tête découverte, et les femmes aux puissances inférieures, car pour elles la tête est couverte en tout temps. Les puissances supérieures sont par delà temps et par delà espace, et s'originent sans intermédiaire dans l'être de l'âme ; et de là elles sont comparées aux hommes, car en tout temps elles se tiennent nues. De là leur œuvre est éternelle. Un maître dit que toutes les puissances inférieures de l'âme, dans la mesure où elles ont touché temps ou espace, dans cette mesure elles ont perdu leur pureté virginale et ne peuvent jamais se trouver si totalement dévêtues ni se trouver si totalement passées au crible qu'elles puissent jamais parvenir jusqu'aux puissances supérieures ; il leur sera pourtant donné l'empreinte intérieure d'une image égale[9].

Tu dois être constant et ferme, c'est-à-dire : tu dois te tenir égal dans amour et souffrance, dans fortune et infortune, et dois avoir en toi la noblesse de toutes les pierres précieuses, c'est-à-dire que toutes les vertus soient enfermées en toi et fluent essentiellement de toi. Tu dois traverser et surpasser toutes les vertus, et dois prendre la vertu dans le fond, là où elle est un avec la nature divine. Et pour autant que tu es plus uni à la nature divine que ne l'est l'ange, dans cette mesure il lui faut recevoir par toi. Pour que nous devenions Un, qu'à cela Dieu nous aide. Amen.

Sermon 17

Qui odit animam suam in hoc mundo etc.

J'ai dit un mot en latin, que Notre Seigneur dit dans son évangile : « Celui qui hait son âme dans ce monde, celui-là la garde pour la vie éternelle[1]. »

Or notez en ces paroles ce que vise Notre Seigneur, lorsqu'il dit que l'on doit haïr l'âme. Celui qui aime son âme dans cette vie mortelle et telle qu'elle est en ce monde, celui-là la perd dans la vie éternelle ; mais celui qui la hait, en tant qu'elle est mortelle et est en ce monde, celui-là la garde pour la vie éternelle.

Deux raisons au fait qu'il dit « âme ». Un maître dit : Le mot âme ne vise pas le fond, et la nature de l'âme il ne la touche pas[2]. C'est pourquoi un maître dit : Celui qui écrit sur les choses mouvantes, celui-là ne touche pas la nature ni le fond de l'âme. Celui qui veut nommer l'âme selon sa simplicité et limpidité et nudité, telle qu'elle est en elle-même, celui-là ne peut lui trouver aucun nom. Ils disent d'elle « âme » : c'est-à-dire [comme] celui qui appelle quelqu'un charpentier, il ne l'appelle pas un homme ni

Henri ni non plus à proprement parler selon son être, plutôt : on l'appelle selon son œuvre. Ici Notre Seigneur veut dire : Celui qui aime l'âme dans la limpidité, en tant que l'âme est de nature simple, celui-là la hait et est son ennemi [telle qu'elle est] dans ce vêtement, il la hait et a tristesse et est chagriné de ce qu'elle se tient si loin de la lumière limpide qu'elle est en elle-même.

Nos maîtres disent : L'âme se nomme un feu, de par la puissance et de par la chaleur et de par l'éclat qui est en elle. Les seconds disent qu'elle est une petite étincelle de nature divine. Les troisièmes disent qu'elle est une lumière. Les quatrièmes disent qu'elle est un esprit. Les cinquièmes disent qu'elle est un nombre. Nous ne trouvons rien qui soit aussi nu et aussi limpide que le nombre. De là ils voulurent nommer l'âme par quelque chose qui serait nu et limpide. Dans les anges il y a nombre — on parle d'un ange, de deux anges —, dans la lumière il y a aussi nombre. C'est pourquoi on la nomme par ce qui est le plus nu et par ce qui est le plus limpide, et pourtant cela ne touche pas le fond de l'âme. Dieu, qui est sans nom — il n'a pas de nom —, est indicible, et l'âme dans son fond est également indicible, comme il est indicible.

Il est encore une autre chose pourquoi il dit qu'elle hait*. Le mot qui nomme l'âme vise l'âme telle qu'elle est dans la prison du corps, et par là il vise que, quoi que l'âme qui est en elle-même puisse pen-

* Au sens où il sera dit : « L'âme doit se haïr soi-même ».

ser, là encore elle est dans sa prison. Que si elle a encore confiance dans ces choses inférieures et que quelque chose la tire dans soi par les sens, là elle se trouve sur le champ à l'étroit ; car les mots ne peuvent donner de nom à aucune nature qui est au-dessus d'eux.

Il est trois raisons pourquoi l'âme doit se haïr soi-même. La première raison : dans la mesure où elle est mienne, je dois la haïr ; car dans la mesure où elle est mienne, dans cette mesure elle n'est pas à Dieu. La seconde : parce que mon âme n'est pas pleinement établie et plantée et reformée en Dieu. Augustin dit : Celui qui veut que Dieu soit son propre, celui-là doit auparavant devenir le propre de Dieu, et cela il faut de nécessité que ce soit[3]. La troisième raison est : l'âme a-t-elle le goût d'elle-même en tant qu'elle est âme, et a-t-elle le goût de Dieu en même temps que de l'âme, ce n'est pas comme il faut. Pour elle Dieu doit avoir goût en lui-même, car il est pleinement au-dessus d'elle. C'est pour cela que Christ a dit : « Celui qui aime son âme, celui-là la perd[4]. »

Ce qui de l'âme est dans ce monde ou lorgne vers ce monde, et ce qui d'elle est atteint[5] en quelque chose et lorgne vers l'extérieur, elle doit le haïr. Un maître dit que l'âme, dans ce qu'elle a de plus élevé et de plus limpide, est au-dessus du monde. Rien n'attire l'âme vers ce monde qu'amour seulement. Parfois elle a un amour naturel qu'elle porte au corps. Parfois elle a un amour de volonté, qu'elle porte à la créature. Un maître dit : Aussi peu l'œil a à faire avec le chant et l'oreille avec la couleur, aussi peu l'âme dans sa nature a-t-elle à faire avec tout ce qui est dans ce monde. C'est pourquoi nos maîtres [ès sciences] naturelles disent que le corps est davantage dans l'âme que l'âme n'est dans le corps. Tout comme le vase contient davantage le vin que le vin le vase, ainsi l'âme contient-elle davantage en elle le corps que le corps l'âme. Ce que l'âme aime dans ce monde, de cela elle est nue dans sa nature. Un maître dit : Il est de la nature et de la perfection naturelle de l'âme qu'elle devienne dans elle un monde doué d'intellect, là où Dieu a formé dans elle les images de toutes choses[6]. Qui dit alors qu'il est parvenu à sa nature, celui-là doit trouver toutes choses formées en lui dans la limpidité, comme elles sont en Dieu, non comme elles sont dans leur nature, plutôt : comme elles sont en Dieu. Ni esprit ni ange ne touchent le fond de l'âme pas plus que la nature de l'âme. C'est en cela qu'elle parvient dans ce qui est premier, dans le commencement, où Dieu jaillit* avec bonté dans toutes les créatures. Là elle prend toutes choses en Dieu, non dans la limpidité, telles qu'elles sont dans leur limpidité naturelle, plutôt : dans la limpide simplicité, telles qu'elles sont en Dieu. Dieu a fait tout ce monde comme en charbon. L'image qui est en or est plus ferme que celle qui est en charbon. C'est ainsi que toutes choses dans l'âme sont plus limpides et plus nobles qu'elles ne le sont dans ce monde. La matière

---

* *ûzbrichet.* Le jaillissement, *ûzbruch,* est à comprendre comme le point de départ du mouvement qu'achève la percée en retour (*durchbrechen*).

dont Dieu a fait toutes choses est plus médiocre que ne l'est le charbon en regard de l'or. Qui veut faire un pot, celui-là prend un peu de terre ; c'est là sa matière, avec laquelle il opère. Après il lui donne une forme, qui est en lui, qui est en lui plus noblement que la matière. Ici j'estime que toutes choses sont immensément plus nobles dans le monde doué d'intellect qu'est l'âme qu'elles ne le sont dans ce monde ; exactement comme l'image qui est taillée et gravée dans l'or, ainsi les images de toutes choses sont-elles simples dans l'âme. Un maître dit : L'âme a en elle une capacité que les images de toutes choses se trouvent imprimées en elle[7]. Un autre dit : Jamais l'âme n'est parvenue à sa nature qu'elle ne trouve toutes choses formées en elle dans ce monde doué d'intellect, qui est incompréhensible ; aucune pensée n'y parvient. Grégoire dit : Ce que nous énonçons des choses divines, il nous faut le balbutier, car il faut qu'on le dise avec des mots[8].

Encore un petit mot à propos de l'âme, et puis rien d'autre : « Vous, filles de Jérusalem, ne prêtez pas attention à ce que je suis brune ! Le soleil m'a hâlée, et les enfants de ma mère ont lutté contre moi[9]. » Ici, elle vise les enfants du monde ; à eux l'âme dit : Ce qui du soleil, c'est-à-dire le plaisir du monde, ce qui de cela m'éblouit et me touche, c'est cela qui me rend sombre et brune. Brun n'est pas une couleur franche ; il a un peu de lumière et aussi d'obscurité. Quoi que l'âme pense ou opère avec ses puissances, si lumineux que ce soit en elle, c'est pourtant mélangé. C'est pourquoi elle dit : « Les enfants de ma mère ont lutté contre moi. » Les enfants, ce sont toutes les puissances inférieures de l'âme; elles luttent toutes contre elle et l'assaillent. Le Père céleste est notre père, et la chrétienté est notre mère. Si belle et si ornée qu'elle soit et si utile en ses œuvres, tout cela est encore imparfait. C'est pourquoi il dit : « Ô la plus belle des femmes, sors et va-t'en[10] ! » Ce monde est comme une femme, car il est faible. Pourquoi donc dit-il : « La plus belle parmi les femmes » ? Les anges sont plus beaux et sont loin au-dessus de l'âme. C'est pourquoi il dit : « La plus belle » — dans sa lumière naturelle — « sors et va-t'en » : sors de ce monde et va-t'en de tout ce à quoi ton âme est encore inclinée. Et ce qui d'elle est atteint en quelque chose, cela elle doit le haïr.

Priez notre aimable Seigneur que nous haïssions notre âme sous son vêtement, en tant qu'elle est notre âme, afin que nous la gardions pour la vie éternelle. Qu'à cela Dieu nous aide. Amen.

Sermon 18

Adolescens, tibi dico : surge

Notre Seigneur alla dans une ville qui se nommait Naïm, et avec lui beaucoup de gens, et aussi les disciples. Lorsqu'ils arrivèrent sous la porte, on emportait un jeune homme mort, un fils unique d'une veuve. Notre Seigneur s'approcha, et toucha la civière sur laquelle gisait le mort et dit : « Jeune homme, je te le dis, lève-toi [1] ! » Le jeune homme se dressa et commença aussitôt à venir à la parole par la vertu de l'égalité selon laquelle il avait été relevé par la Parole éternelle.

Or je dis : « Il alla dans la ville. » La ville, c'est l'âme qui est bien ordonnée et affermie et protégée des défauts, et a exclu toute multiplicité et est unifiée et bien fortifiée dans le salut de Jésus, et entourée de murs et enveloppée de la lumière divine. C'est pourquoi le prophète dit : « Dieu est un mur autour de Sion [2]. » La Sagesse éternelle dit : « Je me reposerai de façon égale dans la [ville] consacrée et dans la ville sanctifiée [3]. » Rien ne repose ni n'unit autant que l'égal ; de là tout ce qui est égal est intérieur et proche et auprès de. Cette âme est consacrée dans laquelle Dieu seul est et dans laquelle aucune créature ne trouve repos. C'est pourquoi il dit : « Dans la [ville] consacrée et dans la ville sanctifiée je me reposerai de façon égale. » Toute sainteté vient du Saint Esprit. La nature ne fait pas de bonds ; elle commence toujours à opérer à partir de l'inférieur et opère ainsi vers le haut, jusqu'au plus élevé. Les maîtres disent que de l'air jamais feu n'advient s'il n'est pas devenu tout d'abord subtil et brûlant. Le Saint Esprit prend l'âme et la purifie dans la lumière et dans la grâce, et l'entraîne vers le haut, jusqu'au plus élevé. C'est pourquoi il dit : « Dans la ville sanctifiée je me reposerai de façon égale. » Autant l'âme repose en Dieu, autant Dieu repose en elle. Repose-t-elle en lui en partie, alors il repose en elle en partie ; repose-t-elle pleinement en lui, alors il repose pleinement en elle. C'est pourquoi la Sagesse éternelle dit : « Je me reposerai de façon égale. »

Les maîtres disent que la [couleur] jaune et la couleur verte, dans l'arc-en-ciel, se joignent l'une à l'autre de façon si égale qu'aucun œil n'a vision si aiguë qu'il puisse le percevoir ; c'est de façon aussi égale qu'opère la nature et qu'elle s'égale au premier jaillissement, qui est si égal en les anges que Moïse ne se risqua pas à en écrire par égard au sentiment des faibles gens, pour qu'ils ne les adorent pas : si égaux sont-ils au premier jaillissement. Un grand maître[4] dit même que l'ange le plus élevé parmi les esprits est si proche du premier jaillissement et possède en lui tant de ressemblance divine et de puissance divine qu'il a créé tout ce monde et en sus tous les anges qui sont au-dessous de lui. Ici se trouve une bonne doctrine, que Dieu est si élevé et si limpide et si simple qu'il opère dans sa créature la plus élevée de sorte qu'elle opère dans sa puissance, comme un sénéchal opère dans la puissance du roi et gouverne son pays. Il dit : « Dans la [ville] sanctifiée et dans la ville consacrée je me reposerai de façon égale. »

J'ai parlé récemment de la porte d'où Dieu se diffuse, c'est bonté. Mais l'être est ce qui se tient en soi-même et ne se diffuse pas, plutôt : il s'in-fuse[5]. Mais unité est ce qui se tient Un dans soi-même et Un par rapport à toutes choses, et ne se communique pas à l'extérieur. Mais bonté, c'est là où Dieu se diffuse et se communique à toutes créatures. Etre est le Père, unité est le Fils avec le Père, bonté est le Saint Esprit. Or le Saint Esprit prend l'âme, la ville sanctifiée, dans le plus limpide et dans le plus élevé, et l'entraîne vers le haut dans son origine, c'est-à-dire le Fils, le Fils l'entraîne plus avant dans son origine, c'est-à-dire dans le Père, dans le fond, dans le principe[6], là où le Fils a son être, là où la Sagesse éternelle repose de façon égale « dans la [ville] consacrée et dans la ville sanctifiée », dans le plus intérieur *.

Or il dit : « Notre Seigneur alla à la ville de Naïm. » « Naïm » veut dire fils de colombe et signifie simpli-

---

* L'âme, symbolisée ici par la ville sainte, fait sa « percée en retour » en s'élevant dans l'Esprit jusqu'au Fils qui la mène au Père, comme à l'expression dernière de l'unité.

cité. L'âme ne doit jamais trouver son repos dans sa puissance opératoire[7], à moins qu'elle ne devienne tout un avec Dieu. Cela veut dire aussi un flux d'eau, et signifie que l'homme doit être inébranlable quant aux péchés et quant aux défauts. « Les disciples », c'est-à-dire lumière divine, cela doit fluer en un flux dans l'âme. « La grande foule », ce sont les vertus, dont j'ai récemment parlé. Il faut que l'âme, avec désir brûlant, monte et surpasse de beaucoup la dignité des anges dans les grandes vertus. Ainsi parvient-on sous « la porte », c'est-à-dire dans l'amour et dans l'unité, « la porte », par où on emportait le mort, le jeune homme, fils d'une veuve. Notre Seigneur s'approcha et toucha ce sur quoi gisait le mort. Comment il s'approcha et comment il toucha, cela je le laisse de côté, plutôt : [je parle de] ce qu'il dit « Lève-toi, jeune homme ! »

Il était fils d'une veuve. L'homme était mort, c'est pourquoi le fils aussi était mort. Le fils unique de l'âme, c'est la volonté, et ce sont toutes les puissances de l'âme ; elles sont toutes Un dans le plus intérieur de l'intellect. Intellect, c'est l'homme dans l'âme. Or, parce que l'homme est mort, le fils est mort aussi. A ce fils mort, Notre Seigneur dit : « Je te le dis, jeune homme, lève-toi ! » La Parole éternelle et la Parole vivante, dans laquelle toutes choses vivent et qui soutient toutes choses, elle dit la vie dans le mort, « et il se dressa et commença à parler ». Lorsque la Parole parle dans l'âme, et que l'âme répond dans la Parole vivante, alors le Fils devient vivant dans l'âme.

Les maîtres disent, Qu'est-ce qui est meilleur : puissance des plantes ou puissance des paroles ou puissance des pierres ? Il faut s'interroger sur ce que l'on choisit. Les plantes ont grande puissance. J'ai entendu dire qu'un serpent et une belette se battirent entre eux. La belette s'enfuit et alla chercher une plante et l'enveloppa dans une autre chose et lança la plante sur le serpent, et celui-ci éclata par le milieu et tomba mort. Qu'est-ce qui donna cette sagesse à la belette ? Qu'elle savait la puissance en cette plante. En cela se trouve vraiment une grande sagesse. Les paroles aussi ont grande puissance ; on pourrait faire des miracles avec des paroles. Toutes les paroles tirent puissance de la première Parole. Les pierres aussi ont grande puissance de par l'égalité que les étoiles et la puissance du ciel y opèrent. Parce que l'égal opère à ce point dans l'égal, pour cette raison l'âme doit s'élever dans sa lumière naturelle, dans le plus élevé et le plus limpide, et entrer ainsi dans la lumière angélique, et avec la lumière angélique parvenir à la lumière divine, et se tenir ainsi entre les trois lumières au croisement des chemins, dans la hauteur, là où les lumières se rencontrent. Là la Parole éternelle lui dit la vie ; là l'âme devient vivante et répond dans la Parole.

Pour que nous en venions à répondre ainsi dans la Parole éternelle, qu'à cela Dieu nous aide. Amen.

Sermon 19

Sta in porta domus domini et loquere verbum

Notre Seigneur dit : « A la porte de la maison de Dieu, tiens-toi et proclame la parole et profère la parole[1] ! » Le Père céleste dit une Parole et la dit éternellement, et dans cette Parole il consume toute sa puissance et dit sa nature divine pleinement dans cette Parole, et toutes créatures. La Parole gît cachée dans l'âme, de sorte qu'on ne la sait ni ne l'entend, à moins qu'on ne lui ménage une écoute dans le fond, autrement elle n'est pas entendue ; plutôt, toutes les voix et tous les bruits il faut qu'ils disparaissent et il faut que soit là un calme limpide, un silence. De ce sens je ne parle pas davantage.

Maintenant « tiens-toi à la porte ». Celui qui s'y tient, ses membres sont ordonnés. Il veut dire que la partie supérieure de l'âme doit se tenir debout constamment. Tout ce qui est ordonné, il faut que ce soit ordonné sous ce qui est au-dessus de lui. Aucune créature ne plaît à Dieu à moins que la lumière naturelle de l'âme, d'où elle prend son être, ne l'illumine et que la lumière de l'ange n'illumine la lumière de l'âme et ne la prépare et dispose à ce que la lumière divine puisse y opérer ; car Dieu n'opère pas dans les choses corporelles, il opère dans l'éternité. C'est pourquoi il faut que l'âme soit rassemblée et tirée vers le haut, et il lui faut être un esprit *. Là Dieu opère, là plaisent à Dieu toutes les œuvres. Jamais aucune œuvre ne plaît à Dieu qu'elle ne se trouve opérée là.

Maintenant « tiens-toi à la porte dans la maison de Dieu ». La maison de Dieu est l'unité de son être ! Ce qui est un, cela se garde le plus volontiers seul. C'est pourquoi l'unité se tient auprès de Dieu et tient Dieu dans sa totalité [2] et ne lui ajoute rien. Là il réside dans l'extrême de lui-même, dans son *esse*, tout en lui, nulle part hors de lui. Mais, quand il se diffuse, il se diffuse à l'extérieur. Son acte de se diffuser, c'est sa bonté, comme j'ai dit maintenant à propos de connaissance et d'amour. La connaissance délie, car la connaissance est meilleure que l'amour. Mais deux sont meilleurs qu'un, car la connaissance porte l'amour en elle. L'amour s'éprend follement de la bonté et s'y attache, et dans l'amour je suis ainsi attaché à la porte, et l'amour serait aveugle s'il n'y avait connaissance. Une pierre aussi a de l'amour, et son amour recherche le fond. Si je suis attaché à la bonté,

---

* Que l'âme doive « être un esprit » ne signifie pas un quelconque rejet du corps mais connote l'unité foncière qui caractérise l'« homme intérieur », ainsi que le présente Eckhart dans son traité *De l'homme noble* (cf. *Maître Eckhart, Les Traités et le Poème, op. cit.,* p. 163-166).

dans le premier acte de diffuser, et si je le [= Dieu] prends là où il est bon, alors je prends la porte, je ne prends pas Dieu. C'est pourquoi la connaissance est meilleure, car elle dirige l'amour. Mais amour veut désir, appropriation[3]. Quant à la connaissance, elle n'ajoute pas une seule pensée, plutôt : elle délie et se sépare et court de l'avant et touche Dieu nu et le saisit uniquement dans son être.

« Seigneur, il convient à ta maison qu'elle soit sainte », là où on te loue, et qu'elle soit une maison de prière « dans la longueur des jours »[4]. Je ne vise pas les jours d'ici-bas : lorsque je dis longueur sans longueur, c'est une longueur ; une largeur sans largeur, c'est une largeur. Lorsque je dis tout le temps, je vise alors [un] au-dessus du temps, plutôt : tout à fait au-dessus d'ici-bas, comme j'ai dit maintenant, là où il n'est ni ici ni maintenant.

Une femme posa une question à Notre Seigneur, où devait-on prier. Alors Notre Seigneur dit : « Le temps viendra et c'est à présent où les vrais adorateurs prieront en esprit et en vérité. Parce que Dieu est esprit[5], on doit le prier en esprit et en vérité[6]. » Ce que la vérité est elle-même, nous ne le sommes pas, plutôt : nous sommes certes vrais, [mais il y a] en cela quelque chose de non vrai. Ainsi n'en est-il pas en Dieu. Plutôt : dans le premier jaillissement, là où la vérité jaillit et s'élance, à la porte de la maison de Dieu, l'âme doit se tenir et doit proclamer et proférer la parole. Tout ce qui est dans l'âme doit parler et louer, et cette voix personne ne doit l'entendre.

Dans le silence et dans le repos — comme j'ai dit maintenant des anges, qui résident près de Dieu dans le chœur de la sagesse et de l'embrasement * — là Dieu dit dans l'âme et se dit pleinement dans l'âme. Là le Père engendre son Fils, et a si grand plaisir dans la Parole et éprouve en sus si grand amour qu'il ne cesse jamais de dire en tout temps la Parole, c'est-à-dire au-dessus du temps. Cela vient bien à nos propos que de dire : « A ta maison convient sainteté » et louange, et qu'il n'y ait rien d'autre là que ce qui te loue.

Nos maîtres disent : Qu'est-ce qui loue Dieu ? Le fait l'égalité. Ainsi tout ce qui est égal à Dieu de ce qui est dans l'âme, cela loue Dieu ; lorsque quelque chose est inégal à Dieu, cela ne le loue pas ; comme une image loue son maître qui en lui a imprimé tout l'art qu'il a dans son cœur et qu'il l'a même faite égale à lui. L'égalité de l'image loue son maître sans parole. Ce que l'on peut louer avec des paroles ou prier avec la bouche, cela est une petite chose. Car Notre Seigneur dit une fois : « Vous priez, mais vous ne savez pas ce que vous priez. Viendront de vrais orants, ils adoreront mon Père en esprit et en vérité[7]. » Qu'est-ce que la prière ? Denys[8] dit : Une élévation intellectuelle vers Dieu, voilà qui est prière. Un païen dit : Là où est esprit et unité et éternité, c'est là que Dieu veut opérer. Là où chair est contre esprit, là où dispersion[9] est contre unité, là où temps est

---

* Les chœurs de la sagesse et de l'embrasement correspondent aux chérubins et aux séraphins.

contre éternité, là Dieu n'opère pas ; il ne peut rien en faire. Plus : tout plaisir et satisfaction et joie et bien-être que l'on peut avoir ici-bas, il faut que tout cela disparaisse. Qui veut louer Dieu, il lui faut être sain et être rassemblé et être un esprit et nulle part être au dehors, plutôt : [il lui faut être] emporté vers le haut tout égal dans l'éternelle éternité et par delà toutes choses. Je ne vise pas [seulement] toutes les créatures qui sont créées, plutôt : tout ce qui serait en son pouvoir, s'il le voulait, l'âme doit le dépasser [10]. Aussi longtemps quelque chose est au-dessus de l'âme et aussi longtemps quelque chose est devant Dieu qui n'est pas Dieu, elle ne vient pas dans le fond « dans la longueur des jours ».

Or saint Augustin [11] dit : Lorsque la lumière de l'âme, dans laquelle les créatures prennent leur être, illumine celles-ci, il appelle cela un matin. Quand la lumière de l'ange illumine la lumière de l'âme et l'inclut en soi, il appelle cela un milieu de matinée. David dit : « Le sentier de l'homme droit croît et grandit jusqu'au plein midi [12]. » Le sentier est beau et désirable et plaisant et familier. Plus : lorsque la lumière divine illumine la lumière de l'ange et [que] la lumière de l'âme et la lumière de l'ange s'incluent dans la lumière divine, il appelle cela le midi. Alors le jour est en son plus haut et en son plus long et en son plus parfait, lorsque le soleil se tient en son plus haut et verse son éclat dans les étoiles et [que] les étoiles versent leur éclat dans la lune, de sorte que cela se trouve ordonné sous le soleil. Ainsi la lumière divine a-t-elle inclus en soi la lumière de l'ange et la lumière de l'âme, de sorte que tout cela se tient ordonné et dressé vers le haut, et loue ainsi Dieu pleinement. Alors il n'est plus rien qui ne loue Dieu, et tout se tient égal à Dieu [—] plus c'est égal plus c'est plein de Dieu [—] et loue pleinement Dieu. Notre Seigneur dit : « J'habiterai avec vous dans votre maison[13]. » Nous prions notre aimable Seigneur Dieu pour qu'il habite avec nous ici-bas, afin que nous en venions à habiter avec lui éternellement ; qu'à cela Dieu nous aide. Amen.

Sermon 20 a

Homo quidam fecit cenam magnam

Saint Luc nous écrit dans son évangile : « Un homme avait préparé un repas ou un festin du soir[1]. » Qui l'a préparé ? Un homme. Que veut dire le fait qu'il le nomme un repas du soir ? Un maître dit que cela veut dire un grand amour, car Dieu n'y convie personne, à moins qu'il ne soit familier de Dieu. En second lieu, il veut dire combien limpides doivent être ceux qui bénéficient de ce repas du soir. Or soir jamais ne se trouve que n'ait été auparavant un jour entier. N'y aurait-il pas de soleil qu'il n'y aurait jamais de jour. Dès que le soleil se lève, c'est la lumière du matin ; après quoi il luit de plus en plus jusqu'à ce que vienne le midi. Ainsi de la même manière la lumière divine se lève-t-elle dans l'âme pour de plus en plus illuminer les puissances de l'âme, jusqu'à ce que vienne un midi. En aucune manière il n'y aura jamais de jour spirituel dans l'âme qu'elle n'ait reçu une lumière divine. En troisième lieu il veut dire : Qui doit prendre dignement ce repas du soir, celui-là doit venir le soir. Lorsque la lumière de ce monde décline, c'est le soir. Or David dit : « Il monte dans le soir, et son nom est le Seigneur[2]. » Ainsi Jacob, quand ce fut le soir, se coucha et s'endormit[3]. Cela veut dire repos de l'âme. En quatrième lieu, cela veut dire aussi, comme dit saint Grégoire[4], qu'après le repas du soir il ne vient pas d'autre nourriture. A qui Dieu donne cette nourriture, elle est si douce et si succulente que celui-là ne peut jamais plus apprécier aucune autre nourriture. Saint Augustin dit : Dieu est de telle venue que celui qui le comprend, celui-là ne peut plus jamais trouver de repos en rien[5]. Saint Augustin dit : Seigneur, si tu te dérobes à nous, donne-nous un autre toi, ou bien nous n'aurons jamais de repos ; nous ne voulons rien d'autre que toi[6]. Or un saint dit d'une âme aimant Dieu qu'elle contraint Dieu à tout ce qu'elle veut, et qu'elle l'ensorcelle pleinement, en sorte qu'il ne peut lui refuser tout ce qu'il est. Il se déroba sous un mode et se donna sous un autre mode : il se déroba Dieu et homme, et se donna Dieu et homme comme un autre soi dans un réceptacle caché. Quelque chose de très saint, on ne le laisse pas volontiers toucher ni voir nu. C'est pourquoi il s'est revêtu du vêtement de la figure du pain[7], tout ainsi que la nourriture corporelle se trouve transformée par mon âme, en sorte qu'il n'est recoin dans ma nature qui en cela ne se trouve uni. Car il est une puissance dans la nature qui sépare le plus grossier et le jette dehors, et elle porte le plus noble vers le haut, de sorte qu'il n'est nulle part ne fût-ce qu'une pointe d'aiguille qui n'y soit unie. Ce que j'ai mangé il y a quinze jours, c'est aussi un avec mon âme que ce que j'ai reçu dans le corps de ma mère. Il en est ainsi de celui qui reçoit limpidement cette nourriture : il devient aussi vraiment un avec elle que chair et sang sont un avec mon âme.

Il y eut un homme, cet homme n'avait pas de nom, car cet homme est Dieu. Or un maître dit à propos de la première cause qu'elle est au-dessus de la parole. Le défaut tient au langage. Cela vient de l'excès de limpidité de son être. On ne peut discourir des choses que de trois façons : en premier lieu par ce qui est au-dessus des choses, en second lieu par ce qui est égal aux choses, en troisième lieu par l'œuvre des choses. Je donnerai une comparaison. Lorsque la puissance du soleil tire le suc le plus noble de la racine jusqu'aux branches et réalise une fleur, la puissance du soleil est néanmoins au-dessus de cela. C'est ainsi que je dis que la lumière divine opère dans l'âme. Ce en quoi l'âme exprime Dieu, cela ne porte pourtant pas en lui la vérité proprement dite de son être : personne à propos de Dieu ne peut dire à proprement parler ce qu'il est. Parfois l'on dit : Une chose est égale à une chose. Or parce que toutes les créatures incluent en elles si peu que rien de Dieu, elles ne peuvent non plus rien révéler de lui. Un peintre qui a fait une image parfaite, il fait preuve là de son art. Néanmoins on ne peut l'éprouver totalement par là. Toutes les créatures ne peuvent pas exprimer Dieu, car elles ne sont pas capables de recevoir ce qu'il est. Ce Dieu et homme a préparé le repas du soir, l'homme inexprimable pour lequel il n'est pas de mot. Saint Augustin dit : Ce que l'on dit de Dieu, ce n'est pas vrai, et ce que l'on ne dit pas de lui, cela est vrai. Lorsqu'on dit ce que Dieu est, cela il ne l'est pas ; ce que de lui l'on ne dit pas, il l'est plus proprement que ce que l'on dit qu'il est. Qui a préparé ce festin ? Un homme : l'homme qui là est Dieu. Or le roi David dit : « Ô Seigneur, que grand et que multiple est ton festin, et le goût de la douceur que tu as préparé à ceux qui t'aiment, non à ceux qui te craignent[8]. » Saint Augustin méditait sur cette nourriture, alors il était pris de frayeur et il en perdait le goût. Alors il entendit près de lui une voix d'en haut : « Je suis une nourriture de gens adultes, croîs et deviens grand, et consomme-moi. Mais tu ne dois pas t'imaginer que je me transformerai en toi : c'est toi qui dois te trouver transformé en moi[9]. » Lorsque Dieu opère dans l'âme, dans le brasier de la fournaise se trouve alors purifié et jeté dehors ce qui là est inégal en l'âme. En limpide vérité ! L'âme entre davantage en Dieu qu'aucune nourriture en nous, plutôt : cela transforme l'âme en Dieu. Et une puissance est dans l'âme qui sépare le plus grossier et se trouve unie à Dieu : c'est la petite étincelle de l'âme. Encore plus une avec Dieu devient mon âme que la nourriture avec mon corps.

Qui a préparé ce festin ? Un homme. Sais-tu quel est son nom ? L'homme qui est innommé. Cet homme envoya son serviteur. Or saint Grégoire dit : Ce serviteur, ce sont des prêcheurs[10]. Selon un autre sens, ce serviteur est les anges. En troisième lieu, à ce qu'il me semble, ce serviteur est la petite étincelle de l'âme, qui est créée par Dieu et est une lumière imprimée d'en haut et est une image de nature divine, qui combat toujours contre tout ce qui n'est pas divin, et [ce] n'est pas une puissance de l'âme, ainsi que le voulaient certains maîtres, et [elle] est toujours inclinée au bien; même en enfer, elle est là inclinée au bien. Les maîtres disent : Cette lumière est de telle nature qu'elle mène toujours combat, et [elle] se nomme syndérèse et signifie un acte d'unir et un détourner. Elle a deux œuvres. L'une est un refus acharné de tout ce qui n'est pas limpide. L'autre œuvre est qu'elle attire vers le bien — et celui-ci est imprimé sans intermédiaire dans l'âme — même chez ceux qui sont en enfer. C'est pourquoi c'est un grand repas du soir.

Or il dit au serviteur : « Sors et ordonne à ceux qui sont invités de venir : toutes choses sont prêtes maintenant[11]. » Tout ce qu'il est, l'âme le prend. Ce que l'âme désire, cela est prêt maintenant. Ce que Dieu donne, cela est toujours en devenir; son devenir est maintenant nouveau et frais et pleinement dans un maintenant éternel. Un grand maître[12] dit : Quelque chose que je vois se trouve purifié et spiritualisé dans mes yeux, et la lumière qui parvient à mon œil ne parviendrait jamais dans l'âme s'il n'y avait pas cette puissance qui est au-dessus [d'elle]. Saint Augustin dit que la petite étincelle est plus [ancrée] dans la vérité que tout ce que l'homme peut apprendre. Une lumière brûle. Or on dit que l'une se trouve allumée par l'autre. Cela doit-il advenir, il faut de nécessité que soit au-dessus ce qui brûle. Comme celui qui prendrait une bougie qui serait éteinte et encore rougeoyante et dilatée, et qui l'élèverait vers une autre, alors la lumière glisserait de là vers le bas et allumerait l'autre. On dit qu'un feu allume l'autre. Cela, j'y contredis. Un feu s'allume bien soi-même. Pour que l'autre puisse allumer, il faut qu'il soit au-dessus de lui, comme le ciel ne s'allume pas et est froid ; néanmoins il allume le feu, et cela advient de par l'attouchement de l'ange. C'est ainsi que l'âme se prépare par l'exercice. Par là elle se trouve embrasée d'en haut. Cela provient de la lumière de l'ange.

Or il dit au serviteur : « Sors et ordonne à ceux qui sont invités de venir : toutes choses sont prêtes maintenant [13]. » Alors l'un dit : « J'ai acquis un hameau, je ne peux pas venir [14]. » Ce sont ces gens qui sont encore quelque peu englués dans le souci ; ils ne pourront jamais goûter ce repas du soir. Le second dit : « J'ai acquis cinq paires de bœufs [15]. » Ces cinq paires me semblent se rapporter proprement aux cinq sens, car chaque sens est dédoublé, et [même] la langue en elle-même est double. C'est pourquoi, comme je l'ai dit avant-hier : Lorsque Dieu dit à la femme : « Amène-moi ton mari », elle dit alors : « Je n'en ai pas. » Alors il dit : « Tu dis vrai maintenant : mais tu en as eu cinq, et celui que tu as maintenant, celui-là n'est pas ton mari [16]. » Cela veut dire : Ceux qui vivent selon les cinq sens, pour de vrai, ils ne goûteront jamais cette nourriture. Le troisième dit : « J'ai pris femme, je ne peux pas venir [17]. » L'âme est pleinement homme lorsqu'elle est tournée vers Dieu. Lorsque l'âme se laisse aller vers le bas, alors elle s'appelle femme ; mais lorsqu'on connaît Dieu en lui-même et que l'on cherche Dieu à l'intérieur, alors elle est l'homme. Or ce qui était interdit dans l'ancienne

Alliance, c'est qu'un homme porte des vêtements féminins et une femme des vêtements d'homme. Car est-elle homme, alors elle pénètre simplement en Dieu sans intermédiaire.

Mais lorsqu'elle lorgne de quelque façon vers l'extérieur, elle est femme. Alors le Seigneur dit : «Pour vrai ! Ils ne goûteront jamais de ma nourriture», et [il] dit au serviteur : «Va dans les venelles étroites et vastes et le long des clôtures et dans les rues larges.»[18] D'autant plus étroites, d'autant plus vastes. «Le long des clôtures». Certaines puissances sont clôturées[19] en un lieu. La puissance par laquelle je vois, ce n'est pas par elle que j'entends, et celle par laquelle j'entends, ce n'est pas par elle que je vois. Il en est ainsi également des autres. Néanmoins l'âme est totalement dans chacun des membres ; mais il est certaine puissance qui n'est attachée nulle part.

Or qu'est donc le serviteur ? Ce sont les anges et les prêcheurs. Mais, à ce qu'il me semble, le serviteur est la petite étincelle. Or il dit au serviteur : «Va vers les clôtures et fais entrer quatre sortes de gens : aveugles et paralytiques, malades et souffrants. Pour vrai ! Jamais nul autre ne goûtera de ma nourriture[20].» Pour que nous rejetions ces trois choses * et devenions ainsi homme, qu'à cela Dieu nous aide. Amen.

---

* Il s'agit des trois obstacles symbolisés par les prétextes invoqués par ceux qui se dérobent au «festin du soir».

Sermon 20 b

Homo quidam fecit cenam magnam etc.

« Un homme fit un repas du soir, un grand festin[1]. » Celui qui fait un festin le matin, celui-là invite toutes sortes de gens ; mais pour le festin du soir, on invite des gens importants et des gens aimés et des amis très intimes. On célèbre aujourd'hui dans la chrétienté le jour de la Cène[2] que le Seigneur prépara à ses disciples, à ses amis intimes, lorsqu'il leur donna son saint corps en nourriture. C'est le premier point. Il est un autre sens à la Cène. Avant que l'on en vienne au soir, il faut qu'il y ait eu un matin et un midi. La lumière divine se lève dans l'âme et fait un matin, et l'âme s'élève dans la lumière, gagne en ampleur et en hauteur jusqu'au midi ; après cela vient le soir. Maintenant nous parlons du soir en un autre sens. Lorsque la lumière décline, alors vient le soir ; lorsque tout ce monde décline de l'âme, alors c'est le soir, alors l'âme parvient au repos. Or saint Grégoire dit de la Cène : Quand on mange le matin, après cela vient un autre repas ; mais après le repas du soir ne vient aucun autre repas[3]. Lorsque l'âme, à la Cène, goûte la nourriture et [que] la petite étincelle de l'âme saisit la lumière divine, elle n'a besoin d'aucune nourriture en sus et ne recherche rien à l'extérieur et se tient toute dans la lumière divine. Or saint Augustin dit : Seigneur, si tu te dérobes à nous, donne-nous alors un autre toi, nous ne trouvons satisfaction en rien d'autre qu'en toi, car nous ne voulons rien que toi. Notre Seigneur se déroba à ses disciples comme Dieu et homme et se donna à eux à nouveau comme Dieu et homme, mais selon une autre manière et dans une autre forme. Tout comme là où il y a une chose grandement sacrée, on ne la laisse pas toucher ni regarder nue ; on l'enserre dans un cristal ou dans quelque chose d'autre. C'est ainsi que fit Notre Seigneur lorsqu'il se donna comme un autre soi. Dieu se donne, en tout ce qu'il est, dans la Cène, en nourriture à ses chers amis. Saint Augustin était pris de frayeur devant cette nourriture ; alors une voix lui parla en esprit : « Je suis une nourriture de gens adultes ; grandis et développe-toi et consomme-moi. Tu ne me transformes pas en toi, plutôt : tu te trouves transformé en moi[4]. » La nourriture et le breuvage que j'ai pris il y a quinze jours, de cela une puissance de mon âme prit le plus limpide et le plus subtil et porta cela dans mon corps et unit cela avec tout ce qui est en moi, en sorte qu'il n'est rien de si petit, où l'on puisse ficher une aiguille, qui ne se soit uni avec lui ; et c'est aussi proprement un avec moi que ce qui se trouva reçu dans le corps de ma mère, là où ma vie me fut infusée en premier. Aussi proprement la puissance du Saint Esprit prend-elle le plus limpide et le plus subtil et le plus élevé, la petite étincelle de l'âme, et le porte tout entier vers le haut dans la fournaise, dans l'amour, comme je le dis maintenant de l'arbre : La puissance du soleil prend dans la racine de l'arbre le plus limpide et le plus subtil et le tire tout entier vers le haut jusqu'au rameau, là il est une fleur. Ainsi de toute manière la petite étincelle dans l'âme se trouve emportée vers le haut dans la lumière et dans le Saint Esprit et ainsi emportée vers le haut dans la première origine, et se trouve ainsi tout à fait une avec Dieu et tend ainsi tout à fait à l'Un et est plus proprement une avec Dieu que la nourriture ne l'est avec mon corps, oui, bien davantage, d'autant plus qu'elle est plus pure et plus noble. C'est pourquoi il dit : « Un grand festin du soir ». Or David dit : « Seigneur, combien grande et combien multiple est la douceur et la nourriture que tu as cachée pour tous ceux qui te craignent[5] » ; et celui qui reçoit cette nourriture avec crainte, celui-là ne la goûte jamais comme il convient[6], il faut qu'on la reçoive avec amour. C'est pourquoi une âme aimant Dieu a pouvoir sur Dieu de sorte qu'il lui faut se donner pleinement à elle.

Or saint Luc dit : « Un homme fit un grand festin du soir. » Cet homme n'avait pas de nom, cet homme n'avait pas d'égal [à lui], cet homme est Dieu. Dieu n'a pas de nom. Un maître païen dit qu'aucune langue n'est à même de produire à propos de Dieu une parole propre en raison de la hauteur et de la limpidité de son être. Lorsque nous parlons de l'arbre, nous en parlons au moyen de choses qui sont au-dessus de l'arbre, tel le soleil qui là opère dans l'arbre. C'est pourquoi de Dieu on ne peut à proprement parler rien dire, car il n'est rien au-dessus de Dieu, et Dieu n'a pas de cause. En second lieu, nous parlons des choses par référence à l'égalité. C'est pourquoi on ne peut à proprement parler discourir de Dieu en rien, car rien ne lui est égal. En troisième lieu, on discourt des choses à propos de leurs œuvres : lorsque l'on parle de l'art[7] du maître, l'on parle de l'image qu'il a faite ; l'image révèle l'art du maître. Toutes les créatures sont par trop misérables pour le révéler ; elles sont toutes un néant en regard de Dieu. C'est pourquoi aucune créature n'est à même de produire une seule parole à propos de Dieu en ses œuvres. C'est pourquoi Denys dit : Tous ceux qui veulent exprimer Dieu, ceux-là ont tort, car ils ne disent rien de lui[8]. Ceux qui ne veulent pas parler de lui, ceux-là ont raison, car aucune parole ne peut exprimer Dieu, plutôt : il se dit assurément lui-même en lui-même. C'est pourquoi David dit : « Nous verrons cette lumière dans ta lumière[9]. » Luc dit : « Un homme ». Il est un et il est un homme, et il n'est égal à personne, et il plane au-dessus de tout.

Le Seigneur envoya ses serviteurs. Saint Grégoire dit [que] ces serviteurs sont l'ordre des prêcheurs[10]. Je parle d'un autre serviteur, c'est l'ange. En outre nous parlons d'un serviteur, dont j'ai souvent parlé, c'est l'intellect à la périphérie de l'âme, là où elle touche à la nature angélique et est une image de Dieu. Dans cette lumière, l'âme a une communauté avec les anges, et même avec les anges qui sont déchus en enfer et ont pourtant gardé la noblesse de leur nature. Là cette petite étincelle se tient nue, sans souffrance d'aucune sorte, dressée vers l'être de Dieu. Elle s'égale aussi aux bons anges, qui là opèrent en Dieu et reçoivent en Dieu[11] et portent toutes leurs œuvres en retour vers Dieu et reçoivent Dieu de Dieu en Dieu. A ces bons anges s'égale la petite étincelle de l'intellect, qui là est créée par Dieu sans différence, une lumière qui plane et une image de nature divine et créée par Dieu. Cette lumière, l'âme la porte en elle. Les maîtres disent [qu'] il est une puissance dans l'âme qui se nomme syndérèse, [mais] il n'en est pas ainsi. Cela exprime ce qui en tout temps dépend de Dieu, et cela ne veut jamais rien de mal. En enfer [même] cela est incliné au bien ; cela lutte toujours dans l'âme contre tout ce qui n'est pas limpide ni divin, et invite sans relâche au festin.

C'est pourquoi il dit : « Il envoya ses serviteurs pour qu'ils viennent, tout étant prêt[12]. » Personne n'a à demander ce qu'il reçoit avec le corps de Notre Seigneur. La petite étincelle qui là se tient prête à recevoir le corps de Notre Seigneur se tient sans cesse dans l'être de Dieu. Dieu se donne à l'âme toujours nouvellement dans un devenir. Il ne dit pas : « C'est devenu », ou « Cela deviendra », plutôt : Cela est toujours nouveau et frais comme dans un devenir sans relâche.

C'est pourquoi il dit : « Tout est prêt maintenant. »

Or un maître[13] dit que se trouve au-dessus de l'œil une puissance de l'âme qui est plus ample que le monde entier et plus ample que le ciel. Cette puissance prend tout ce qui par les yeux se trouve apporté à l'intérieur et le porte tout entier vers le haut dans l'âme. Ce que contredit un autre maître qui dit : Non, frère, il n'en est point ainsi. Tout ce qui par les sens se trouve apporté à l'intérieur dans cette puissance, cela ne parvient pas dans l'âme ; plutôt : cela purifie et dispose et gagne l'âme pour qu'elle puisse recevoir nûment la lumière de l'ange et la lumière divine. C'est pourquoi il dit : « Tout est prêt maintenant. »

Et ils ne viennent pas, ceux qui sont invités. Le premier dit : « J'ai acquis un hameau, je ne peux pas venir[14]. » Par hameau est compris tout ce qui est terrestre. Tout le temps que l'âme a quelque chose en elle qui est terrestre, elle ne vient pas au festin. Le second dit : « J'ai acquis cinq paires de bœufs ; je ne peux pas venir, je dois aller les voir[15]. » Les cinq paires de bœufs, ce sont les cinq sens. Chaque sens est double[16], cela fait cinq paires. Tout le temps que l'âme suit les cinq sens, elle ne vient jamais au festin. Le troisième dit : « J'ai pris femme, je ne peux pas venir[17]. » Je l'ai dit souvent : L'homme dans l'âme, c'est l'intellect. Lorsque l'âme est droitement tournée vers le haut en direction de Dieu de par l'intellect, alors l'âme est homme, et est un et non pas deux ; plutôt : lorsque l'âme se tourne vers le bas, alors elle est une femme. Avec une pensée et un regard vers le bas, elle porte des vêtements féminins ; ceux-là non plus ne viennent pas au festin.

Or Notre Seigneur dit une parole lourde : « Je vous le dis pour vrai : aucun de ceux-là ne goûtera jamais de mon festin[18]. » Alors le Seigneur dit : « Allez dans les [rues] étroites et dans les rues larges[19]. » Plus l'âme s'est rassemblée, plus elle est étroite, et plus elle est étroite, plus ample elle est. « Allez maintenant le long des clôtures et dans les rues larges[20]. » Les puissances de l'âme sont pour partie clôturées[21] dans les yeux et dans les autres sens. Les autres puissances sont libres, elles sont non liées et non entravées par le corps. Celle-ci * invite tout le monde, et invite les pauvres et les aveugles et les paralytiques et les malades. Ceux-ci viennent au festin, et personne d'autre. C'est pourquoi saint Luc dit : « Un homme a fait un grand festin du soir. » Cet homme est Dieu et n'a pas de nom. Pour que nous venions à ce festin, qu'à cela Dieu nous aide ! Amen.

* Eckhart passe au singulier, qui lui permet de rendre plus sensible l'évocation de l'ensemble des puissances « non entravées par le corps », auxquelles il revient de faire les invitations au festin.

Sermon 21

Unus deus et pater omnium etc.

J'ai dit une parole en latin, que saint Paul dit dans l'épître : « Un Dieu et Père de tous, qui est béni par-dessus tous et par tous et en nous tous[1]. » Une autre parole que dit Notre Seigneur, je la prends de l'évangile : « Ami, monte plus haut, va plus haut[2]. »

Dans la première, que dit saint Paul : « Un Dieu et Père de tous », il passe sous silence un petit mot, qui porte en lui un changement. Lorsqu'il dit « un Dieu », il veut dire que Dieu est Un en lui-même et séparé de tout. Dieu n'appartient à personne, et personne ne lui appartient ; Dieu est Un. Boèce[3] dit : Dieu est Un et ne change pas. Tout ce que jamais Dieu créa, il le créa dans le changement. Toutes choses, telles qu'elles se trouvent créées, portent sur leur dos le fait qu'elles changent.

Cela veut dire que nous devons être un en nous-mêmes et séparés de tout, et devons, de façon constamment immobile, être un avec Dieu. En dehors de Dieu il n'est rien que seulement le rien. C'est pourquoi il est impossible qu'en Dieu puisse tomber en quelque façon changement ou mutation. Ce qui, en dehors de lui, recherche un autre lieu, cela change. Dieu a toutes choses en lui dans une plénitude ; c'est pourquoi il ne recherche rien en dehors de lui-même, [mais] seulement dans cette plénitude, tel que cela est en Dieu. Tel que Dieu le porte en lui, cela aucune créature ne peut le comprendre.

Un second enseignement, lorsqu'il dit : « Père de tous, tu es béni. » Cette parole porte à présent un changement en elle. Lorsqu'il dit « Père », nous sommes avec ici et maintenant. Est-il notre Père, nous sommes alors ses enfants, alors nous vont [droit] au cœur son honneur et le mépris qu'on lui inflige. Lorsque l'enfant découvre combien il est cher à son père, alors il sait en quoi il lui est redevable de vivre de façon si limpide et si innocente. C'est pourquoi nous devons nous aussi vivre en limpidité, car Dieu dit lui-même : « Bienheureux sont ceux qui ont le cœur pur, car ils contempleront Dieu[4]. » Qu'est-ce que pureté du cœur ? Ce qui est pureté du cœur, c'est ce qui est séparé et détaché de toutes choses corporelles, et rassemblé et enclos dans lui-même, et ensuite, à partir de cette limpidité, se jetant en Dieu et devenant là uni [à lui]. David dit : Les œuvres sont limpides et innocentes qui viennent au jour[5] et se trouvent accomplies dans la lumière de l'âme, et celles-ci plus innocentes encore qui demeurent à l'intérieur et dans l'esprit et ne sortent pas à l'extérieur. « Un Dieu et Père de tous. »

L'autre parole : « Ami, monte plus haut, va plus haut. » De ces deux, j'en fais une. Lorsqu'il dit « Ami, monte plus haut, va plus haut », c'est un dialogue entre l'âme et Dieu, et il lui fut répondu : « Un Dieu et Père de tous ». Un maître dit : Amitié se trouve dans volonté. Pour autant qu'amitié se trouve dans volonté, elle n'unit pas. Je l'ai dit également souvent : Amour n'unit pas. Il unit certes en une œuvre, non pas en un être. C'est pourquoi il [= l'amour] dit seulement : « Un Dieu », « monte plus haut, va plus haut ». Dans le fond de l'âme rien ne peut [être] que limpide déité. Même l'ange le plus élevé, si proche qu'il soit de Dieu et si apparenté [à lui] et si riche[6] soit ce que de Dieu il a en lui — ses œuvres sont constamment en Dieu, il est uni à Dieu en un être, non en une œuvre, il a un demeurer-intérieur en Dieu et un constant séjourner auprès [de lui] — si noble soit l'ange, c'est pour sûr merveille, il ne peut pourtant entrer dans l'âme. Un maître dit : Toutes les créatures qui possèdent distinction sont indignes de ce que Dieu lui-même opère dans elles. L'âme dans elle-même, étant donné qu'elle est au-dessus du corps, est si limpide et si délicate qu'elle n'aime rien que déité nue limpide. Cependant Dieu ne peut pas [entrer] en elle, à moins que lui soit retiré tout ce qui lui est ajouté. C'est pourquoi il lui fut répondu : « Un Dieu » *.

---

* La déité nue limpide n'a accès au fond de l'âme qu'en dépouillant ce qui s'ajoute à elle : sagesse, bonté et vérité (cf. ci-dessus Sermon 13, p. 166), non moins que la détermination des Personnes divines (cf. ci-dessus, Sermon 2, p. 73-74).

Saint Paul dit : « Un Dieu ». Un est quelque chose de plus limpide que bonté et vérité. Bonté et vérité n'ajoutent rien, elles ajoutent dans une pensée ; lorsque l'on pense, alors on ajoute. Un n'ajoute rien, étant donné qu'il est dans lui-même avant qu'il ne flue dans Fils et Saint Esprit. C'est pourquoi il dit : « Ami, monte plus haut ». Un maître [7] dit : Un est un nier du nier [8]. Si je dis Dieu est bon, cela ajoute quelque chose. Un est un nier du nier et un dénier du dénier *. Que signifie Un ? Un signifie ce à quoi rien n'est ajouté. L'âme prend la déité telle qu'elle est purifiée en elle[-même], là où rien n'est ajouté, là où rien n'est pensé. Un est un nier du nier. Toutes les créatures ont un nier en elles-mêmes ; l'une nie qu'elle soit l'autre en quoi que ce soit. Un ange nie qu'il soit un autre en quoi que ce soit. Mais Dieu a un nier du nier ; il est Un et nie tout autre, car rien n'est en dehors de Dieu. Toutes les créatures sont en Dieu et sont sa déité propre, et [cela] vise une plénitude comme je l'ai dit plus haut. Il est un Père de toute déité. Je dis une déité pour la raison qu'il n'est rien encore qui flue au-dehors et qui en aucune façon se trouve touché ni pensé. Dans la mesure où je nie quelque chose de Dieu — si de Dieu je nie la bonté, je ne peux [par là] rien nier de Dieu — dans la mesure où je nie [quelque chose] de Dieu, alors je saisis quelque chose de lui qu'il n'est pas ; c'est cela

---

* En Dieu est dénié ce déni à l'universel qu'est la détermination oppositive et excluante.

même qu'il faut écarter. Dieu est Un, il est un nier du nier *.

Un maître dit que la nature angélique n'a aucune force ni aucune œuvre, elle ne sait rien d'autre que Dieu seul[9]. Ce qui est autre, elle n'en sait rien. C'est pourquoi il dit : « Un Dieu, Père de tous » ; « ami, va plus haut ». Certaines puissances de l'âme prennent de l'extérieur, comme l'œil : si subtil ce qu'il attire dans soi en écartant le plus grossier, néanmoins il prend quelque chose de l'extérieur qui a un regard sur ici et maintenant. Mais entendement et intellect dépouillent pleinement et prennent ce qui n'est ni ici ni maintenant ; c'est dans cette ampleur qu'il [= l'intellect] touche la nature angélique. Cependant il prend [quelque chose] à partir des sens ; ce que les sens introduisent de l'extérieur, de cela prend l'intellect. Cela la volonté ne le fait pas ; en cette part, la volonté est plus noble qu'intellect **.

---

* Selon le texte de Maître Eckhart, la pensée ajoute au Un dans la mesure où elle procède à des déterminations. Or cette logique du langage n'a pas cours en Dieu qui nie dans son principe l'ordre même de la détermination. Ce redoublement du négatif dans la déité est donc son abolition radicale : ce qui revient à dire que Dieu est tout et qu'il n'y a rien en dehors de lui, ou encore que toutes choses en lui sont Un et échappent par conséquent à l'ordre du simplement *nier*. Cette intelligence des choses dans sa toute positivité dépasse foncièrement toute théologie négative.

** La volonté est dite ici supérieure à l'intellect, dans la mesure où il s'agit ici de cette part de l'intellect qui est liée à l'entendement, autrement dit de ce que Maître Eckhart appelle ailleurs l'« intellect en recherche » (cf. Sermon 71 *in* Maître Eckhart, *Du détachement et autres textes, op. cit.*, p. 91).

Volonté ne prend nulle part que dans le limpide entendement là où il n'est ni ici ni maintenant. Dieu veut dire : Si élevée, si pure soit la volonté, il lui faut monter davantage. C'est là une réponse lorsque Dieu dit : « Ami, monte plus haut, ainsi t'adviendra-t-il honneur. »

Volonté veut béatitude. On m'a demandé quelle sorte de différence il y avait entre grâce et béatitude. Grâce, tandis que nous sommes maintenant dans ce corps, et béatitude, que nous aurons par après dans la vie éternelle, se tiennent ensemble comme la fleur et le fruit. Lorsque l'âme est toute pleine de grâce et qu'il ne lui reste rien que la grâce n'opère et n'accomplisse, tout ce qui est dans l'âme n'en vient pourtant pas aux œuvres tel qu'il [= ce tout] est dans l'âme, de telle manière que la grâce accomplisse ce que l'âme doit opérer. Je l'ai dit souvent aussi : Grâce n'opère aucune œuvre, car toute parure elle la verse pleinement dans l'âme ; c'est une plénitude dans le royaume de l'âme. Je dis : La grâce n'unit pas l'âme avec Dieu, elle est un accomplir ; c'est là son œuvre que de ramener l'âme à Dieu *. Là advient pour elle le fruit à partir de la fleur. Volonté, en tant qu'elle veut béatitude, et en tant qu'elle veut être avec Dieu, et lorsqu'elle est ainsi emportée vers le haut, dans cette limpidité Dieu se glisse là dans la volonté, et pour autant que l'intellect prend Dieu limpidement tel qu'il est vérité, dans cette mesure Dieu se glisse

---

* L'œuvre propre de la grâce est de ramener l'âme à Dieu : telle est la parure qu'elle verse en elle.

certes dans l'intellect. Mais lorsqu'il tombe dans la volonté, il faut que celle-ci monte plus haut. C'est pourquoi il dit : « Un Dieu », « ami, monte plus haut ».

« Un Dieu » : en tant que Dieu est Un, alors est accomplie la déité de Dieu. Je dis : Dieu ne pourrait jamais engendrer son Fils unique s'il n'était Un. En tant que Dieu est Un, il prend là tout ce qu'il opère en les créatures et en la déité. Je dis plus : L'unité, Dieu seul l'a. Propriété de Dieu est l'unité ; c'est là que Dieu prend le fait qu'il est Dieu, autrement il ne serait pas Dieu. Tout ce qui est nombre, cela dépend du Un, et le Un ne dépend de rien. Richesse de Dieu et sagesse et vérité sont pleinement Un en Dieu ; ce n'est pas Un, c'est Unité. Tout ce que Dieu a, il l'a dans le Un ; c'est Un en lui. Les maîtres disent que le ciel opère sa révolution de telle sorte qu'il amène toutes choses en Un ; c'est pourquoi il évolue si vite. Dieu a toute plénitude comme Un, et la nature de Dieu en dépend, et c'est la béatitude de l'âme que Dieu soit Un ; c'est sa parure et son honneur. Il dit : « Ami, monte plus haut, ainsi t'adviendra-t-il honneur. » C'est honneur et parure de l'âme que Dieu soit Un. Dieu fait comme s'il n'était Un que pour plaire à l'âme, et comme s'il se parait pour que l'âme s'éprenne uniquement de lui. C'est pourquoi l'homme veut tantôt une chose, tantôt une autre ; tantôt il s'exerce en sagesse, et tantôt en art. Parce qu'elle n'a pas le Un, l'âme ne trouve jamais le repos que tout ne devienne Un en Dieu. Dieu est Un ; c'est là béatitude de l'âme et sa parure et son repos. Un maître dit : Dieu, dans toutes ses œuvres, vise toutes choses. L'âme est toutes choses. Ce qui en toutes choses au-dessous de l'âme est le plus noble, le plus limpide, le plus élevé, cela Dieu le verse pleinement en elle. Dieu est tout et est Un.

Pour que nous devenions ainsi unis à Dieu, qu'à cela nous aide « un Dieu, Père de tous ». Amen.

Sermon 22

Ave, gratia plena.

Cette parole que j'ai dite en latin, elle est écrite dans le saint évangile et signifie en français : « Sois saluée, pleine de grâce, le Seigneur est avec toi ! »[1] Le Saint Esprit descendra d'en haut, de son trône le plus élevé, et viendra en toi à partir de la lumière du Père éternel[2].

Ici trois choses sont à entendre. En premier lieu : l'infériorité[3] de la nature angélique ; en second lieu : qu'il se reconnut indigne d'appeler la Mère de Dieu par son nom ; en troisième lieu : qu'il ne la [= la parole] dit pas à elle seulement, mais plutôt à une grande multitude : à toute âme bonne qui désire Dieu.

Je dis : Et Marie n'aurait-elle pas conçu Dieu d'abord spirituellement qu'il ne serait jamais né d'elle de façon corporelle. Une femme dit à Notre Seigneur : « Bienheureux le corps qui t'a porté. » Alors Notre Seigneur dit : N'est pas seulement bienheureux le corps qui m'a porté ; « bienheureux sont ceux qui écoutent la Parole de Dieu et la gardent[4] ».

Il est plus précieux à Dieu qu'il soit né spirituellement de toute vierge ou de toute âme bonne que d'être né corporellement de Marie.

En cela est à entendre que nous sommes un Fils unique que le Père a éternellement engendré. Lorsque le Père engendra toutes les créatures, alors il m'engendra, et je fluai au dehors avec toutes les créatures et demeurai pourtant intérieurement dans le Père. De la même manière que la parole que je dis maintenant bondit en moi, en second lieu je me repose sur cette image, en troisième lieu je l'exprime à l'extérieur et vous la recevez tous ; cependant elle demeure à proprement parler en moi. C'est ainsi que je suis demeuré dans le Père *. Dans le Père sont les images de toutes les créatures. Ce bois-ci a une image intellectuelle en Dieu. Elle n'est pas seulement intellectuelle, plutôt : elle est un intellect limpide.

Le bien le plus grand que Dieu ait jamais fait à l'homme, ce fut qu'il devint homme. Ici je raconterai une histoire qui convient bien à cela. Il y avait un homme riche et une femme riche. Un accident arriva à la femme qui fit qu'elle perdit un œil ; elle en fut fort affligée. Alors l'homme vint à elle et dit : « Dame, pourquoi êtes-vous si affligée ? Vous ne devez pas vous affliger de ce que vous avez perdu un

---

* Ainsi Eckhart, dans son *Poème,* exprime-t-il différence et unité entre le Père et la Parole : « Ô cœur du Père / d'où en liesse / la Parole toujours flua ! / Cependant le sein / a gardé la Parole, c'est vrai » (cf. *Les Traités et le Poème, op. cit.*, p. 195).

œil.» Alors elle dit : «Seigneur, je ne m'afflige pas de ce que j'ai perdu un œil; je m'afflige de ce qu'il me semble que vous m'en aimerez moins.» Alors il dit : «Dame, je vous aime.» Peu de temps après, il s'arracha lui-même un œil et vint trouver la femme et dit : «Dame, pour que vous croyiez que je vous aime, je me suis fait égal à vous; moi aussi je n'ai qu'un œil.» Ainsi de l'homme, il put à peine croire que Dieu l'a en si grand amour jusqu'au jour où Dieu s'arracha lui-même un œil et revêtit la nature humaine. C'est ce que veut dire «est devenu chair [5] ». Notre Dame dit : «Comment cela adviendra-t-il? «Alors l'ange dit : «Le Saint Esprit descendra en toi d'en haut», du trône le plus élevé, du Père de la lumière éternelle [6].

In principio [7]. «Un enfant nous est né, un fils nous a été donné [8] », un enfant selon l'infériorité [9] de la nature humaine, un Fils selon la déité éternelle. Les maîtres disent : Toutes les créatures œuvrent dans la volonté d'enfanter et dans la volonté de s'égaler au Père. Un autre maître dit : Toute cause opérante opère en vue de sa fin en sorte qu'elle trouve répit et repos dans sa fin. Un maître dit : Toutes les créatures opèrent selon leur limpidité première et selon leur perfection la plus haute. Feu en tant que feu n'embrase pas : il est si limpide et si subtil qu'il n'embrase pas; plutôt : la nature du feu enflamme et déverse dans le bois sec sa nature et sa clarté selon sa perfection la plus haute. C'est ainsi que Dieu a fait. Il a créé l'âme selon la perfection la plus haute et a déversé en elle toute sa clarté dans la limpidité première, et est cependant demeuré sans mélange.

J'ai dit récemment en un lieu : Lorsque Dieu créa toutes les créatures, Dieu n'aurait-il pas auparavant engendré quelque chose qui fût incréé, qui en lui eût porté les images de toutes les créatures — c'est l'étincelle, comme j'ai dit naguère au [monastère] des Saints-Macchabées [10], à supposer que vous n'ayez pas été là en vain [11] —, cette petite étincelle est si apparentée à Dieu qu'elle est un unique Un non séparé, et porte en soi l'image de toutes les créatures, images sans images et images par-delà les images.

Une question fut [débattue] hier à l'Ecole entre de grands clercs. « Je m'émerveille », dis-je, « que l'Ecriture soit dotée de telle plénitude que personne ne puisse aller au fond de la moindre de ses paroles », et si vous me demandez, du fait que je suis un Fils unique que le Père céleste a éternellement engendré, si j'ai été Fils éternellement en Dieu, je dis alors : Oui et non ; oui, un Fils selon que le Père m'a éternellement engendré, et non Fils selon l'état-de-non-engendrement *.

---

* *nâch der ungebornheit* : conformément à ce qui n'est pas engendré. Selon ce qui en lui est *incréé* et *incréable*, l'homme est non seulement éternellement engendré mais, comme le Fils, il est partie prenante du repos éternel de la déité, avant tout engendrement. Voir un propos semblable dans le Sermon 52 (*in* Maître Eckhart, *Du détachement et autres textes, op. cit.*, p. 76-77).

In principio. Ici nous est donné à entendre que nous sommes un Fils unique que le Père a éternellement engendré hors de la ténèbre cachée de l'être-caché [12] éternel demeurant intérieurement dans le premier commencement de la limpidité première, qui là est une plénitude de toute limpidité. Ici je me suis éternellement reposé et ai dormi dans la connaissance cachée du Père éternel, demeurant intérieurement inexprimé. Hors de cette limpidité il m'a engendré éternellement [comme] son Fils unique dans la même image de sa paternité éternelle, afin que je sois Père et engendre celui par qui j'ai été engendré. De la même manière que si quelqu'un se tenait devant une haute montagne et criait : « Es-tu là ? », l'écho et la résonance lui répliqueraient : « Es-tu là ? » S'il disait : « Sors ! », l'écho dirait aussi : « Sors ! ». Oui, qui dans cette lumière verrait un morceau de bois, celui-ci deviendrait un ange et deviendrait doué d'intellect, et non seulement doué d'intellect, il deviendrait un limpide intellect dans la limpidité première qui là est une plénitude de toute limpidité. Ainsi fait Dieu : il engendre son Fils unique dans la partie la plus élevée de l'âme. En même temps qu'il engendre son Fils unique en moi, je l'engendre en retour dans le Père. Il n'en fut pas autrement lorsque Dieu engendra l'ange alors que lui[-même] naquit de la Vierge.

J'ai pensé — il y a de cela plusieurs années — au cas où je me trouverais interrogé sur ce qui fait que chaque brin d'herbe est si inégal aux autres, et il advint [de fait] que je fus interrogé sur ce qui fait qu'ils sont aussi inégaux. Je dis alors : Que tous les brins d'herbe soient si égaux, c'est encore plus étonnant. Un maître dit : Que tous les brins d'herbe soient si inégaux, cela provient de la surabondance de la bonté de Dieu qu'il déverse avec surabondance dans toutes les créatures, afin que sa seigneurie s'en trouve d'autant plus révélée. Je dis alors : Il est plus étonnant que tous les brins d'herbe soient aussi égaux, et dis : De même que tous les anges sont un ange dans la limpidité première, tout à fait Un, ainsi tous les brins d'herbe dans la limpidité première sont-ils Un, et toutes choses là sont Un.

J'ai pensé parfois, tandis que je venais ici, que l'homme dans le temps peut en venir à pouvoir contraindre Dieu. Si j'étais ici en haut et disais à quelqu'un : « Monte ! », cela serait difficile. Si je disais plutôt : « Assieds-toi ! », cela serait facile. Ainsi fait Dieu. Lorsque l'homme s'humilie, Dieu ne peut pas se retenir, de par sa bonté propre, il lui faut s'abaisser et s'épancher dans l'homme humble, et à celui qui est le plus petit il se donne le plus et se donne à lui pleinement. Ce que Dieu donne, c'est son être, et son être fait sa bonté, et sa bonté fait son amour. Toute souffrance et toute joie proviennent d'amour. J'ai pensé en chemin, lorsque je devais venir ici, que je ne voulais pas venir ici, car je serais inondé [de larmes] par amour. Quand avez-vous été inondés [de larmes] par amour, laissons cela. Joie et souffrance proviennent d'amour. L'homme ne doit pas craindre Dieu, car celui qui le craint celui-là le fuit. Cette crainte est une crainte dommageable. [Mais] c'est une crainte comme il faut [qu'éprouve] celui qui craint de perdre Dieu. L'homme ne doit pas le craindre, il doit l'aimer, car Dieu aime l'homme avec toute sa perfection la plus haute. Les maîtres disent que toutes choses opèrent selon qu'elles veulent engendrer et veulent s'égaler au Père, et disent : La terre fuit le ciel ; si elle fuit vers le bas, elle parvient au ciel vers le bas ; fuit-elle vers le haut, elle parvient à ce qui du ciel est le plus bas. La terre ne peut fuir si bas que le ciel ne se déverse en elle et n'imprime sa puissance en elle et ne la rende fertile, que ce lui soit agréable ou non. Ainsi fait l'homme qui s'imagine fuir Dieu et ne peut pourtant pas le fuir ; tous les recoins lui sont une révélation. Il s'imagine fuir Dieu et s'engouffre [pourtant] dans son sein. Dieu engendre son Fils unique en toi, que ce te soit agrément ou souffrance, que tu dormes ou que tu veilles, il fait ce qui est sien. Je disais récemment, qu'est-ce [donc] qui serait responsable de ce que l'homme ne le goûte pas, et dis [que] serait responsable le fait que sa langue serait chargée d'autre impureté, c'est-à-dire des créatures. De même façon que chez un homme à qui toute nourriture est amère et n'a pas de goût pour lui. Qu'est-ce qui est responsable de ce que la nourriture n'a pas de goût pour nous ? Responsable le fait que nous n'avons pas de sel. Le sel est l'amour divin. Aurions-nous l'amour divin, nous goûterions Dieu et toutes les œuvres que Dieu a jamais opérées, et nous recevrions toutes choses de Dieu, et opérerions toutes les mêmes œuvres qu'il opère. Dans cette égalité nous sommes tous un Fils unique.

Lorsque Dieu créa l'âme, il la créa selon sa plus haute perfection, pour qu'elle soit une fiancée du Fils unique. Etant donné que celui-ci le savait bien, il voulut sortir hors de sa chambre secrète du trésor de la paternité éternelle, dans laquelle il a sommeillé éternellement, demeurant à l'intérieur inexprimé. *In principio.* Dans le premier commencement de la limpidité première, le Fils a ouvert la tente de sa gloire éternelle, et pour cette raison est venu de là, du Très-Haut, parce qu'il voulait élever son amie à qui le Père l'avait fiancé éternellement, en sorte qu'il l'a reconduise au Très-Haut dont elle est venue, et il est écrit en un autre lieu : « Vois ! ton roi vient à toi [13]. » C'est pourquoi il sortit et s'en vint bondissant comme un chevreau et souffrit sa peine par amour ; et il ne sortit pas qu'il ne veuille rentrer à nouveau dans sa chambre avec sa fiancée. Cette chambre est la ténèbre silencieuse de la paternité cachée. Quand il sortit du Très-Haut, il voulut rentrer à nouveau avec sa fiancée dans le tout-limpide, et voulut lui révéler l'intimité cachée de sa déité cachée, là où il repose avec lui-même et avec toutes les créatures.

In principio, cela signifie en français un point de départ de tout être, comme je l'ai dit à l'Ecole ; je dis encore plus : C'est une fin de tout être, car le premier commencement est en vue de la fin ultime. Oui, Dieu lui-même ne repose pas là où il est le premier commencement ; il repose là où il est une fin et un repos de tout être, non pas de telle sorte que cet être se trouve anéanti, plutôt : il [= cet être] se trouve accompli là dans sa fin ultime selon sa perfection la plus haute. Qu'est-ce que la fin ultime ? C'est la ténèbre cachée de la déité éternelle, et c'est inconnu et ne fut jamais connu et ne sera jamais connu. Dieu demeure là en lui-même inconnu, et la lumière du Père éternel a lui là éternellement à l'intérieur, et la ténèbre ne saisit pas la lumière [14]. Pour que nous parvenions à cette vérité, qu'à cela nous aide la vérité dont j'ai parlé. Amen.

Sermon 23

« Jésus ordonna à ses disciples de monter dans une barque et leur ordonna de traverser la fureur[1]. »

Pourquoi appelle-t-on la mer une fureur ? Parce qu'elle se met en fureur et est agitée. Il « ordonna à ses disciples de monter ». Qui veut entendre cette parole et veut être disciple du Christ, il lui faut monter et élever son intellect par delà toutes les choses corporelles, et il lui faut traverser « la fureur » de l'inconstance des choses éphémères. Aussi longtemps qu'est là quelque versatilité, que ce soit malice ou colère ou tristesse, cela couvre l'intellect, en sorte qu'il ne peut pas entendre la parole. Un maître dit : Qui doit entendre choses naturelles et aussi choses matérielles, il lui faut dénuder son entendement de toutes les autres choses[2]. Je l'ai dit souvent aussi : Lorsque le soleil déverse son éclat sur les choses corporelles, ce qu'alors il peut saisir il le rend subtil et l'entraîne vers le haut avec lui ; si l'éclat du soleil le pouvait, il l'entraînerait dans le fond d'où il a flué. Mais lorsqu'il l'entraîne vers le haut dans l'air et

[que] cela est alors dilaté en soi-même et chaud de par le soleil et [que cela] monte ensuite vers le froid, il éprouve un contrecoup de par ce froid et se trouve projeté vers le bas en pluie ou en neige. Il en est ainsi du Saint Esprit : il élève l'âme vers le haut et l'enlève et l'attire vers le haut avec lui, et si elle était prête il l'entraînerait vers le fond d'où il a flué. Il en est ainsi lorsque le Saint Esprit est dans l'âme : c'est ainsi qu'elle monte, car il l'entraîne alors avec lui. Mais lorsque le Saint Esprit se retire de l'âme, elle tombe vers le bas, car ce qui est de la terre cela tombe vers le bas ; mais ce qui est de feu, cela tournoie vers le haut. C'est pourquoi il faut que l'homme ait foulé aux pieds toutes les choses qui sont terrestres et tout ce qui peut couvrir l'entendement, pour que là rien ne demeure que seulement ce qui est égal à l'entendement. Opère-t-elle [= l'âme] encore dans l'entendement, alors elle lui est égale. L'âme qui a ainsi transcendé toutes choses, celle-là le Saint Esprit l'élève et l'enlève avec lui dans le fond d'où il a flué. Oui, il l'emporte dans son image éternelle d'où elle a flué, dans l'image selon laquelle le Père a formé toutes choses, dans l'image où toutes choses sont Un, dans la largeur et dans la profondeur où toutes choses retrouvent leur fin. Celui qui veut parvenir là, il lui faut avoir foulé aux pieds toutes les choses qui sont inégales à cela, et [celui qui] veut écouter la Parole et veut être disciple de Jésus, [qui est] le salut.

Or notez-le ! Saint Paul dit : Lorsque nous contemplons à visage dénudé l'éclat et la clarté de Dieu, alors nous nous trouvons formés en retour et formés intérieurement dans l'image qui est comme une image de Dieu et de la déité[3]. Lorsque la déité se donna pleinement à l'intellect de Notre Dame, parce qu'il était nu et limpide, alors il conçut Dieu en soi ; et de la surabondance de la déité cela jaillit et s'écoula dans le corps de Notre Dame, et un corps fut formé par le Saint Esprit dans le corps de Notre Dame. Et n'aurait-elle pas porté la déité dans l'intellect, elle ne l'aurait jamais conçu corporellement. Un maître[4] dit : C'est une grâce particulière et un grand don qu'avec l'aile de la connaissance l'on s'envole vers le haut et élève l'intellect vers Dieu et que l'on se trouve transporté de clarté en clarté, et avec la clarté dans la clarté[5]. L'intellect de l'âme, c'est là le plus élevé de l'âme. Lorsqu'il est fixé en Dieu, alors il se trouve emporté par le Saint Esprit dans l'image et uni à elle. Et avec l'image et avec le Saint Esprit il se trouve conduit et introduit dans le fond. Là où le Fils est formé à l'intérieur, là aussi l'âme doit se trouver formée à l'intérieur. Celle donc qui est ainsi introduite et qui est enfermée et enclose en Dieu, à celle-là toutes créatures sont soumises, comme à saint Pierre : aussi longtemps sa pensée fut simplement enfermée et enclose en Dieu, alors la mer se referma sous ses pieds en sorte qu'il marcha sur l'eau ; aussitôt qu'il se détourna de cette pensée, il sombra.

C'est certes un grand don que l'âme se trouve ainsi introduite par le Saint Esprit, car de même que le Fils est appelé une Parole, ainsi le Saint Esprit est appelé un Don[6] : ainsi l'Ecriture le nomme-t-elle. J'ai dit souvent aussi : Amour prend Dieu en tant qu'il est bon ; s'il n'était pas bon, il ne l'aimerait pas et ne le prendrait pas pour Dieu. Sans bonté il n'aime rien. Mais l'intellect de l'âme prend Dieu en tant qu'il est un être limpide, un être suréminent. Mais être et bonté et vérité sont d'ampleur égale car, dans la mesure où l'être est, alors il est bon et est vrai. Or ils [= les maîtres] prennent bonté et la placent au-dessus d'être : cela couvre l'être et lui fait un pelage car cela est ajouté. Derechef ils le prennent tel qu'il est vérité. Être est-il vérité ? Oui, car vérité est liée à l'être, puisqu'il dit à Moïse : « Celui qui est, celui-là m'a envoyé[7]. » Saint Augustin[8] dit : La vérité est le Fils dans le Père, car vérité est liée à l'être. — Être est-il vérité ? Qui interrogerait à ce propos nombre de maîtres, ils diraient : « Oui ! ». Qui m'aurait interrogé moi-même, j'aurais dit : « Oui ! ». Mais maintenant je dis : « Non ! », car vérité est aussi ajoutée. Maintenant, ils le prennent selon qu'il est Un, car Un est plus proprement Un que ce qui est uni. Ce qui est Un, tout autre est ôté [de lui] ; pourtant cela même qui est ôté, cela même est ajouté dès lors qu'il y a changement[9].

Et s'il n'est ni bonté ni être ni vérité ni Un, qu'est-il alors ? Il n'est rien de rien, il n'est ni ceci ni cela. Penses-tu encore quelque chose qu'il serait, cela il ne l'est pas. Où l'âme doit-elle alors prendre vérité ? Ne trouve-t-elle pas vérité là où elle se trouve formée à l'intérieur dans une unité, dans la limpidité première, dans l'impression de l'essentialité limpide — ne trouve-t-elle pas là vérité ? Non, elle ne trouve à saisir aucune vérité, plutôt : de là vient vérité, de là est issue vérité.

Saint Paul fut ravi au troisième ciel [10]. Que sont maintenant les trois ciels, notez-le ! Le premier est un détacher de toute corporéité, le second un se rendre étranger à tout ce qui est image, le troisième un connaître [11] nu et sans intermédiaire en Dieu. Or il est une question, si l'on avait touché saint Paul dans le temps où il était ravi, l'aurait-il ressenti [?] Je dis : « Oui ! » Lorsqu'il était enclos dans l'enceinte de la déité, l'aurait-on touché avec une pointe d'aiguille qu'il l'eût perçu, car saint Augustin [12] dit dans le livre *De l'âme et de l'esprit* : L'âme est créée comme sur une crête entre temps et éternité. Avec les sens inférieurs, elle s'exerce dans le temps avec les choses temporelles ; selon la puissance supérieure, elle saisit et éprouve intemporellement des choses éternelles. C'est pourquoi je dis : Si l'on avait touché saint Paul avec une pointe d'aiguille dans le temps de son ravissement qu'il l'eût perçu, car son âme demeura dans son corps comme la forme dans sa matière. Et comme le soleil éclaire l'air et l'air la terre, ainsi son esprit reçut lumière limpide de Dieu, et l'âme de l'esprit et le corps de l'âme. Ainsi est manifeste la façon dont Paul se trouva ravi et pourtant demeura [là]. Il fut ravi selon ce qui est de l'esprit, il demeura selon ce qui est de l'âme.

La seconde question, saint Paul a-t-il eu cette connaissance en dehors du temps ou dans le temps [?] Je dis : Il connut en dehors du temps, car il ne connut pas par les anges, qui sont créés dans le temps, mais il connut par Dieu, qui était avant le temps, que jamais temps ne saisit.

La troisième question, était-il en Dieu ou Dieu en lui [?] Je dis : Dieu connaissait en lui, et lui comme [n'étant] pas en Dieu. Prenez une comparaison : le soleil luit à travers le verre et tire l'eau de la rose ; cela vient de la finesse de la matière du verre et de la puissance génératrice du soleil ; c'est ainsi que le soleil engendre dans le verre et non le verre dans le soleil. Il en fut ainsi de saint Paul : lorsque le clair soleil de la déité illumina son âme, alors se trouva tiré de la rose lumineuse de son esprit le flot de l'amoureuse contemplation divine dont parle le prophète : « L'impétuosité du flot réjouit ma cité[13] », c'est-à-dire mon âme ; et cela lui advint certes de par la clarté de son âme ; c'est par là que l'amour pénétra de par la puissance d'engendrement de la déité.

La communauté avec le corps égare, de sorte que l'âme ne peut entendre aussi limpidement que l'ange ; mais dans la mesure où l'on connaît sans les choses matérielles, dans cette mesure l'on est angélique. L'âme connaît du dehors, Dieu entend en lui-même par lui-même, car il est une origine de toutes choses, et que Dieu nous aide éternellement à parvenir à cette origine. Amen.

Sermon 24

Saint Paul dit : « Prenez en vous », intériorisez en vous « Christ » [1].

En tant que l'homme se déprend, alors il prend [en lui] Christ, Dieu, béatitude et sainteté. Et si un jeune garçon disait des choses étranges, on le croirait, et Paul promet de grandes choses, et vous le croyez à peine. Il te promet, si tu te déprends de toi, Dieu et béatitude et sainteté. C'est étonnant : et s'il se trouve que l'homme doive se déprendre de soi, en tant qu'il se déprend de soi il prend [en lui] Christ et sainteté et béatitude et est très grand. Le prophète s'étonne de deux choses. La première : ce que Dieu fait avec les étoiles, avec la lune et avec le soleil. Le second étonnement est à propos de l'âme, que Dieu ait fait et fasse de si grandes choses avec elle et pour elle, car il fait pour elle tout ce qui lui est possible ; il fait nombreuses et grandes choses pour elle et est pleinement pris par elle [2], et cela à cause de la grandeur dans laquelle elle est faite. A quel point elle est faite grande, notez-le ! Je trace une lettre selon le modèle que la lettre a en moi, dans mon âme, et non pas selon mon âme. Il en est ainsi de Dieu. Dieu a fait toutes choses communément selon l'image qu'il a de toutes choses en lui, et non pas selon lui. Certaines, il les a faites particulièrement selon quelque chose qui se tient en dehors de lui, comme bonté, sagesse et ce que l'on dit de Dieu. Mais l'âme, il ne l'a pas faite uniquement selon l'image qui est en lui, ni selon ce qui se tient en dehors de lui, ainsi que l'on parle à son propos ; plutôt : il l'a faite selon lui-même, oui, selon tout ce qu'il est, selon [sa] nature, selon [son] être et selon son œuvre fluant à l'extérieur demeurant intérieurement, et selon le fond où il demeure en lui-même, où il engendre son Fils unique, d'où s'épanouit le Saint Esprit : selon cette œuvre fluant à l'extérieur demeurant intérieurement, Dieu a créé l'âme.

Il est comme naturel à propos de toutes choses, qu'en tout temps les plus élevées fluent dans les inférieures, aussi longtemps que les inférieures sont tournées vers les supérieures ; car les plus élevées ne reçoivent jamais des inférieures, plutôt : ce sont les inférieures qui reçoivent des supérieures. Or puisque Dieu est au-dessus de l'âme, alors Dieu en tout temps flue dans l'âme et ne peut jamais manquer à l'âme. L'âme peut certes lui manquer, mais aussi longtemps que l'homme se maintient ainsi sous Dieu, aussi longtemps il reçoit immédiatement l'influx divin nûment de Dieu, et n'est sous aucune autre chose : ni sous crainte ni sous amour ni sous souffrance ni sous aucune chose que Dieu n'est pas. Maintenant jette-toi pleinement totalement sous Dieu, alors tu reçois l'influx divin pleinement et nûment. Comment l'âme reçoit-elle de Dieu ? L'âme reçoit de Dieu non pas comme quelque chose d'étranger, ainsi que l'air reçoit lumière du soleil : celui-ci reçoit selon une étrangèreté. Mais l'âme reçoit Dieu non pas selon une étrangèreté ni comme [étant] au-dessous de Dieu, car ce qui est sous quelque chose d'autre, cela a étrangèreté et éloignement. Les maîtres disent que l'âme reçoit comme une lumière de la lumière, car là il n'est pas d'étranger ni de lointain.

Une chose est dans l'âme où Dieu est nu, et les maîtres[3] disent que cela est sans nom, et que cela n'a pas de nom propre. C'est et cela n'a pourtant pas d'être propre, car ce n'est ni ceci ni cela, ni ici ni là ; car c'est ce que c'est, en un autre * et cela en ceci ** ; car ce que c'est, ce l'est en cela, et cela en ceci ; car cela flue en ceci et ceci en cela, et là, estime-t-il ***, conformez-vous à Dieu, en béatitude ! car c'est en cela que l'âme prend toute sa vie et [tout son] être, et de là qu'elle aspire sa vie et [son] être ; car ceci est pleinement en Dieu, et ce qui est autre **** [est] à l'extérieur, et c'est pourquoi l'âme est en tout temps en Dieu selon ceci, à moins qu'elle ne porte ceci à l'extérieur ou s'éteigne en elle[-même].

---

* Il s'agit de Dieu.

** C'est-à-dire dans l'âme.

*** Saint Paul, dont le propos sert de fil directeur à ce sermon.

**** Ce qui de l'âme est autre que le « ceci » et ne relève donc pas de l'inhabitation en Dieu.

Un maître[4] dit que ceci est si présent à Dieu que ceci ne peut jamais se détourner de Dieu et que Dieu en tout temps lui est présent à l'intérieur. Je dis que Dieu a été éternellement sans relâche en ceci, et le fait que l'homme soit un avec Dieu en ceci ne dépend pas d'une grâce, car la grâce est une créature, et là aucune créature n'a rien à faire ; car dans le fond de l'être divin, où les trois Personnes sont un [seul] être, là elle est Un selon le fond. C'est pourquoi, si tu le veux, toutes les choses sont tiennes et Dieu [est tien]. Ce qui veut dire : éloigne-toi de toi-même et de toutes choses et de tout ce que tu es en toi-même, et prends-toi selon ce que tu es en Dieu.

Les maîtres[5] disent que la nature humaine n'a rien à faire avec le temps, et qu'elle est pleinement intangible, et bien plus intérieure à l'homme et proche de lui qu'il ne l'est de lui-même. Et c'est pourquoi Dieu assuma la nature humaine et l'unit à sa personne. Là la nature humaine devint Dieu, car il assuma la nature humaine nue et non un homme*. C'est pourquoi, veux-tu être ce même Christ et être Dieu, éloigne-toi de tout ce que la Parole éternelle n'assuma pas. La Parole éternelle n'assuma pas un homme ; c'est pourquoi éloigne-toi de ce qui est de l'homme en toi et de ce que tu es, et assume-toi selon la nature humaine nue, ainsi es-tu la même chose en la Parole éternelle que ce qu'est la nature humaine en elle [= en la

---

* C'est donc en s'unissant la *nature humaine* comme telle que Dieu, dans le Christ, rejoint un homme et tous les hommes. Tel est déjà l'enseignement de Thomas d'Aquin.

Parole]. Car ta nature humaine et la sienne n'ont pas de différence : elle est une, car ce qu'elle est en Christ elle l'est en toi. C'est pourquoi j'ai dit à Paris qu'en l'homme juste est accompli ce qu'ont jamais dit [du Christ] la sainte Ecriture et le prophète ; car si tu es comme il faut, tout ce qui a été dit dans l'Ancienne et dans la Nouvelle Alliance, tout cela se trouvera accompli en toi.

Comment dois-tu être comme il faut ? C'est à entendre de deux manières, selon la parole du prophète qui dit là : « Dans la plénitude du temps, le Fils fut envoyé[6]. » « Plénitude du temps » est selon deux modes. Une chose est pleine lorsqu'elle est à son terme, comme est plein le jour en son soir. De même, lorsque tout temps se détache de toi, alors le temps est plein. Le second [mode] est : lorsque le temps parvient à son terme, c'est-à-dire à l'éternité ; car là tout temps a un terme, car là il n'y a ni avant ni après. Là est présent et nouveau tout ce qui est, et là tu possèdes dans une contemplation présente ce qui jamais advint et jamais doit advenir. Là il n'y a ni avant ni après, tout est là présent ; et dans cette contemplation présente j'ai possédé toutes choses. C'est cela « plénitude du temps », et ainsi je suis comme il faut, et ainsi je suis véritablement le Fils unique et Christ.

Pour que nous venions à cette « plénitude du temps », qu'à cela Dieu nous aide. Amen.

Sermon 25

Moyses orabat dominum deum suum etc.

J'ai dit un petit mot en latin, qui se trouve écrit dans l'épître que l'on lit aujourd'hui au propre du temps, et ce mot dit en français : « Moïse demanda à Dieu son Seigneur : "Seigneur, pourquoi ton courroux se tourne-t-il contre ton peuple [1] ?" Alors Dieu lui répondit et dit : "Moïse, laisse-moi me courroucer, accorde-moi, permets-moi, autorise-moi, concède-moi que je me courrouce et me venge de mon peuple !" Et Dieu fit une promesse à Moïse et dit : "Je veux t'élever et veux te rendre grand et veux étendre ta race et veux te faire seigneur d'un grand peuple [2]." Moïse dit : "Seigneur, efface-moi du livre des vivants ou épargne ce peuple." [3] »

Que veut-il dire lorsqu'il dit : « Moïse pria Dieu, son Seigneur » ? En vérité, Dieu doit-il être ton Seigneur, il te faut être son serviteur ; et opères-tu ensuite ton œuvre pour ton propre profit ou pour ton plaisir ou pour ta propre béatitude, en vérité tu n'es pas son serviteur ; car tu ne recherches pas uniquement l'honneur de Dieu, tu recherches ton profit propre. Pourquoi dit-il : « Dieu, son Seigneur » ? Dieu veut-il que tu sois malade, et voudrais-tu être en bonne santé — Dieu veut-il que ton ami meure, et voudrais-tu qu'il vive contre la volonté de Dieu : en vérité, Dieu ainsi ne serait pas ton Dieu. Aimes-tu Dieu [et] es-tu ensuite malade — en nom Dieu ! Ton ami meurt-il — en nom Dieu ! Perds-tu un œil — en nom Dieu ! Et cet homme serait comme il faut. Mais es-tu malade et pries-tu Dieu pour la santé, la santé t'est alors plus chère que Dieu, alors il n'est pas ton Dieu : il est Dieu du royaume céleste et du royaume terrestre, mais il n'est pas ton Dieu.

Or prêtez attention à ce que Dieu dit : « Moïse, laisse-moi me courroucer ! » Or vous pourriez dire : Pourquoi Dieu se courrouce-t-il ? — Pour rien d'autre qu'en raison de la perte de notre propre béatitude, et il ne recherche pas ce qui est sien ; ainsi Dieu souffre-t-il de ce que nous agissons contre notre béatitude. A Dieu rien ne pouvait advenir de plus douloureux que le martyr et la mort de Notre Seigneur Jésus Christ, son Fils unique, qu'il souffrit pour notre béatitude. Or prêtez attention à ce que Dieu dit : « Moïse, laisse-moi me courroucer ! » Or voyez ce que peut un homme bon auprès de Dieu. C'est une vérité certaine et une vérité nécessaire : qui donne sa volonté totalement à Dieu, celui-là capte Dieu et lie Dieu, de sorte que Dieu ne peut rien que ce que l'homme veut. Celui qui donne totalement sa volonté à Dieu, il s'empare de Dieu et attache Dieu, en sorte que Dieu ne peut que ce que l'homme veut. Celui qui à Dieu donne totalement sa volonté, à celui-là Dieu donne sa volonté en retour de façon si totale et si propre que la volonté de Dieu devient le propre de l'homme, et [Dieu] a juré sur lui-même qu'il ne peut rien que ce que l'homme veut ; car Dieu ne devient le propre de personne qui ne soit d'abord devenu le propre de Dieu[4]. Saint Augustin dit : « Seigneur, tu ne deviens le propre de personne qui ne soit devenu auparavant ton propre[5]. » Nous assourdissons Dieu nuit et jour et disons : « Seigneur, que ta volonté advienne[6] ! » Et lorsque advient la volonté de Dieu, nous sommes courroucés, et cela n'est pas comme il faut. Lorsque notre volonté devient volonté de Dieu, c'est bien ; mais lorsque la volonté de Dieu devient notre volonté, cela est de loin meilleur. Lorsque ta volonté devient volonté de Dieu, si alors tu es malade, tu ne voudrais pas être en bonne santé contre la volonté de Dieu, mais tu voudrais que volonté de Dieu soit que tu sois en bonne santé. Et lorsque cela va mal pour toi, tu voudrais que ce soit volonté de Dieu que cela aille bien pour toi. Mais lorsque la volonté de Dieu devient ta volonté, si tu es malade — en nom Dieu ! Ton ami meurt-il — en nom Dieu ! C'est une vérité certaine et une vérité nécessaire : et s'il se trouvait que toute peine de l'enfer et toute peine du purgatoire et toute peine du monde y était suspendue, il voudrait le souffrir éternellement dans la peine de l'enfer avec la volonté de Dieu, et voudrait l'avoir pour sa béatitude éternelle, et voudrait dans la volonté de Dieu laisser[-là] la béatitude de Notre Dame et toute sa perfection et [celle] de tous les saints, et voudrait être toujours en peine éternelle et amertume, et ne voudrait pas s'en détourner un seul instant ; oui, il ne voudrait pas nourrir une seule pensée qu'il en soit autrement. Lorsque la volonté se trouve unie de telle sorte que cela devient un unique Un, alors le Père des cieux engendre son Fils unique dans soi dans moi. Pourquoi dans soi dans moi ? Parce que je suis un avec lui, il ne peut pas m'exclure, et dans cette œuvre le Saint Esprit reçoit son être et son opérer de moi comme de Dieu. Pourquoi ? Parce que je suis en Dieu. Ne le reçoit-il pas de moi, il ne le reçoit pas non plus de Dieu ; il ne peut m'exclure, d'aucune manière il ne le peut. Si totalement la volonté de Moïse était devenue la volonté de Dieu, que l'honneur de Dieu dans le peuple lui était plus cher que sa propre béatitude.

« Dieu fit une promesse à Moïse », et celui-ci n'y prêta pas attention ; oui, et lui aurait-il promis toute sa déité, celui-ci ne lui aurait pas permis [de se courroucer]. « Et Moïse pria Dieu et dit : Seigneur, efface-moi du livre de vie[7] ! » Les maîtres[8] interrogent : Moïse aimait-il le peuple plus que soi-même, et [ils] disent : Non ! car, dans le fait que Moïse recherchait l'honneur de Dieu dans le peuple, il savait bien qu'il était plus proche de Dieu que s'il avait délaissé l'honneur de Dieu dans le peuple et avait recherché sa propre béatitude. Ainsi faut-il que soit un homme bon qu'en toutes ses œuvres il ne recherche pas ce qui est sien, seulement l'honneur de Dieu. Tout le temps qu'en tes œuvres tu es tourné de quelque façon plus vers toi-même ou plus vers un homme que vers un autre, alors la volonté de Dieu n'est pas encore devenue vraiment ta volonté.

Notre Seigneur dit dans l'évangile : « Ma doctrine n'est pas ma doctrine, mais plutôt de celui qui m'a envoyé[9]. » C'est ainsi qu'un homme bon doit se tenir : « Mon œuvre n'est pas mon œuvre, ma vie n'est pas ma vie. » Et est-ce [le cas] que je me tienne ainsi : toute la perfection et toute la béatitude que possède saint Pierre, et le fait que saint Paul tendit sa tête, et toute la béatitude que de là ils possédèrent, je la goûte aussi bien qu'eux, et je veux en jouir éternellement comme si j'avais moi-même opéré cela. Plus : toutes les œuvres que tous les saints et tous les anges ont jamais opérées, et même [celles que] Marie, la Mère de Dieu, opéra jamais, je veux en recevoir un bonheur éternel comme si j'avais opéré cela moi-même.

Je dis : Humanité et homme sont inégaux. Humanité en elle-même est si noble [que] ce qui est le plus haut en l'humanité a égalité avec les anges et parenté avec la déité. La plus grande union que Christ a possédée avec le Père, il m'est possible de la gagner, à condition que je puisse me défaire de ce qui relève de ceci ou de cela et puisse me saisir [comme] humanité. Tout ce que jamais Dieu a donné à son Fils unique, il me l'a donné aussi parfaitement qu'à lui, et non pas moins, et m'a donné plus encore : il a donné plus à mon humanité en Christ qu'à lui, car il ne [le] lui a pas donné ; il me l'a donné, et non pas à lui, car il ne le lui a pas donné, il l'avait éternellement dans le Père. Et si je te bats, je bats en premier lieu un Burkhard ou un Henri, et bats ensuite l'homme. Et cela, Dieu ne le fit pas ; il prit en premier lieu l'humanité. Qui est un homme ? Un homme qui a son nom propre selon Jésus Christ. Et de là Notre Seigneur dit dans l'évangile : « Celui qui de ceux-là en touche un, il m'atteint à l'œil [10]. »

Or je redis : « Moïse pria Dieu, son Seigneur. » Bien des gens prient Dieu pour tout ce qu'il peut accomplir, mais ils ne veulent pas lui donner tout ce qu'ils peuvent accomplir ; ils veulent partager avec Dieu, et veulent lui donner le plus misérable et [seulement] un peu. Mais la première chose que Dieu donne jamais, est de se donner soi-même. Et lorsque tu as Dieu, tu as toutes choses avec Dieu. J'ai dit parfois : Qui a Dieu et toutes choses avec Dieu, celui-là n'a pas plus que celui qui a Dieu seulement. Je dis aussi : Mille anges dans l'éternité ne sont pas plus en nombre que deux ou un, car dans l'éternité il n'est pas de nombre, c'est au-dessus de tout nombre.

« Moïse pria Dieu, son Seigneur. » Moïse signifie celui qui a été tiré de l'eau. Maintenant je parlerai à nouveau de la volonté. Qui pour Dieu donnerait cent marks d'or, ce serait une grande œuvre et paraîtrait une grande œuvre ; je dis pourtant : Si j'ai volonté, au cas où j'aurais cent marks à donner, et si cette volonté [de les donner] est vraiment totale, en vérité je m'en suis alors acquitté envers Dieu, et il lui faut me les revaloir comme si je m'étais acquitté de cent marks envers lui. Et je dis plus : Aurais-je volonté, au cas où je posséderais un monde entier, de vouloir le donner, je me suis acquitté envers Dieu d'un monde entier, et il lui faut me le revaloir comme si je m'étais acquitté envers lui d'un monde entier. Je dis : Le pape serait-il abattu de ma main sans que cela se soit produit de par ma volonté, je monterais à l'autel et n'en voudrais pas moins pour autant dire la messe. Je dis : Humanité est aussi parfaite dans l'homme le plus pauvre et le plus méprisé que dans le pape ou dans l'empereur, car humanité en elle-même m'est plus chère que l'homme que je porte en moi.

Pour qu'ainsi nous nous trouvions unis à Dieu, qu'à cela nous aide la vérité dont j'ai parlé. Amen.

Sermon 26

Mulier, venit hora et nunc est,
quando veri adoratores adorabunt patrem
in spiritu et veritate.

Cela est écrit dans l'évangile de saint Jean. D'un long discours je prends un petit mot. Notre Seigneur dit : « Femme, le temps viendra et est déjà là où les vrais adorateurs adorent le Père en esprit et en vérité, et ce sont de tels gens que cherche le Père[1]. »

Or notez le premier petit mot qu'il dit : « Le temps viendra et est déjà là. » Qui veut adorer le Père, il lui faut se transporter dans l'éternité avec son désir et sa confiance. Il est une partie de l'âme, la plus élevée, qui se tient au-dessus du temps et ne sait rien du temps et du corps. Tout ce qui advint il y a mille ans, le jour qui a été il y a mille ans, n'est pas dans l'éternité plus éloigné que cette heure où je me tiens maintenant, ou le jour qui doit venir dans mille ans ou si loin que tu puisses compter, il n'est pas dans l'éternité plus éloigné que cette heure où je me tiens maintenant.

Or il dit que « les vrais adorateurs adorent le Père en esprit et en vérité ». Qu'est-ce que la vérité ?

Vérité est si noble que s'il se trouvait que Dieu puisse se détourner de la vérité, je voudrais m'attacher à la vérité et voudrais laisser Dieu, car Dieu est la vérité, et tout ce qui est dans le temps ou tout ce que Dieu jamais créa, cela n'est pas la vérité.

Or il dit : « Ils adorent le Père. » Ah, combien sont-ils ceux qui adorent une chaussure ou une vache ou une autre créature et s'en préoccupent, et ce sont de grands fous. Sitôt donc que tu adores Dieu en raison de la créature, tu pries pour ton propre préjudice, car sitôt qu'est la créature, elle porte intérieurement amertume et préjudice et mal et inconfort. Et c'est pourquoi advient toute justice aux gens qui ont de là inconfort et amertume. Pourquoi ? C'est pour cela qu'ils ont prié !

J'ai dit parfois : Qui cherche Dieu et cherche quelque chose avec Dieu, celui-là ne trouve pas Dieu ; mais qui cherche uniquement Dieu, en vérité, il trouve Dieu, et ne trouve Dieu jamais seulement, car tout ce que Dieu peut offrir, il le trouve avec Dieu. Si tu cherches Dieu, et si tu cherches Dieu pour ton propre avantage ou pour ta propre béatitude, en vérité tu ne cherches pas Dieu. C'est pourquoi il dit que les vrais adorateurs adorent le Père, et il le dit à juste titre. Un homme de bien, celui qui lui dirait : « Pourquoi cherches-tu Dieu ? » — « Parce qu'il est Dieu » ; « Pourquoi cherches-tu la vérité ? » — « Parce que c'est la vérité » ; « Pourquoi cherches-tu la justice ? » — « Parce que c'est la justice » : ces gens sont tout à fait comme il faut. Toutes les choses qui sont dans le temps ont un pourquoi. Si l'on demandait à un homme : « Pourquoi manges-tu ? » — « Pour avoir de la force » ; « Pourquoi dors-tu ? » — « Pour la même chose » ; et ainsi sont toutes les choses qui sont dans le temps. Mais un homme de bien qui lui demanderait : « Pourquoi aimes-tu Dieu ? » — « Je ne sais pas, pour Dieu » ; « Pourquoi aimes-tu la vérité ? » — « Pour la vérité » ; « Pourquoi aimes-tu la justice ? » — « Pour la justice » ; « Pourquoi aimes-tu la bonté ? » — « Pour la bonté » ; « Pourquoi vis-tu ? » — « Pour vrai, je ne sais ! J'aime vivre ».

Un maître dit : Qui se trouve une fois touché par la vérité, par la justice et par la bonté, s'il se trouvait que toute la peine de l'enfer en dépendît, cet homme ne pourrait jamais se détourner de cela ne fût-ce qu'un instant. Il dit en outre : Si un homme se trouve touché par ces trois, par la vérité, par la justice et par la bonté, aussi impossible est-il à Dieu qu'il puisse se détourner de sa déité, aussi impossible est-il à cet homme qu'il puisse se détourner de ces trois.

Un maître dit que le bien a trois rameaux. Le premier rameau est besoin, le deuxième rameau est plaisir, le troisième rameau est honnêteté[2]. C'est pourquoi il dit : « Ils adorent le Père. » Pourquoi dit-il « le Père » ? Lorsque tu cherches le Père, c'est Dieu seul : tout ce qu'il peut offrir, tu le trouves avec Dieu. C'est une vérité certaine et une vérité nécessaire et c'est une vérité écrite, et si elle n'était pas écrite elle serait pourtant vraie : et si Dieu avait encore plus, il ne pourrait pas te le cacher, et il lui faudrait te le révéler, et il te le donnerait ; et j'ai dit parfois : Il te le donne, et te le donne sous mode de naissance.

Les maîtres disent que l'âme a deux visages, et le visage supérieur contemple Dieu en tout temps, et le visage inférieur regarde vers le bas et informe les sens ; et le visage supérieur, c'est ce qui de l'âme est le plus élevé, cela se tient dans l'éternité et n'a rien à faire avec le temps, et ne sait rien du temps ni du corps ; et j'ai dit parfois qu'en cela se trouve cachée comme une origine de tout bien et une lumière qui luit, qui luit en tout temps, et comme un brasier ardent qui arde en tout temps, et le brasier n'est rien d'autre que le Saint Esprit.

Les maîtres disent que de la part supérieure de l'âme fluent deux puissances. La première se nomme volonté, la seconde intellect, et la perfection de ces puissances tient à la puissance supérieure qui s'appelle intellect, qui jamais ne peut entrer en repos. Elle ne veut pas Dieu en tant qu'il est le Saint Esprit et en tant qu'il est le Fils, et fuit le Fils. Elle ne veut pas non plus Dieu en tant qu'il est Dieu. Pourquoi ? Là il possède un nom, et s'il y avait mille dieux elle fait d'autant plus sa percée, elle le veut là où il n'a pas de nom : elle veut quelque chose de plus noble, quelque chose de meilleur que Dieu en tant qu'il a nom. Que veut-elle donc ? Elle ne sait pas : elle le veut en tant qu'il est Père. C'est pourquoi saint Philippe dit : « Seigneur, montre-nous le Père, cela nous suffit[3]. » Elle le veut en tant qu'il est une moelle d'où sourd originairement[4] bonté ; elle le veut en tant qu'il est un noyau d'où flue bonté ; elle le veut en tant qu'il est une racine, une veine dans laquelle sourd originairement bonté, et là il est uniquement Père.

Or Notre Seigneur dit : « Personne ne connaît le Père si ce n'est le Fils, ni personne le Fils si ce n'est le Père[5]. » En vérité, devons-nous connaître le Père, il nous faut alors être Fils. J'ai parfois dit trois petits mots, prenez-les comme trois fortes noix de muscade et buvez ensuite : en premier lieu, voulons-nous être fils, il nous faut avoir un père, car personne ne peut dire qu'il est fils qu'il n'ait un père, ni personne n'est père qu'il n'ait un fils. Le père est-il mort, il dit alors : « Il était mon père ». Le fils est-il mort, il dit alors : « Il était mon fils », car la vie du fils est suspendue au père, et la vie du père est suspendue au fils ; et c'est pourquoi personne ne peut dire : « Je suis fils », qu'il n'ait alors un père, et l'homme est en vérité fils qui opère toute son œuvre par amour. — En second lieu, ce qui par-dessus tout fait de l'homme un fils, c'est égalité. Est-il malade, qu'il soit aussi volontiers malade que bien portant, bien portant que malade. Perd-il son ami — en nom Dieu ! Un œil lui est-il arraché — en nom Dieu ! — La troisième chose qu'un fils doit avoir, c'est qu'il ne puisse jamais incliner sa tête si ce n'est sur son père. Ah, combien noble est la puissance qui se tient au-dessus du temps et qui se tient sans lieu ! Car dans le fait qu'elle se tient au-dessus du temps, elle a enclos en elle tout temps et est tout temps, et si peu que l'on posséderait de ce qui est au-dessus du temps, cet homme serait très vite devenu riche, car ce qui est au-delà de la mer, ce n'est pas plus éloigné de cette puissance que ce qui maintenant est présent.

Et de là il dit : « Ce sont de tels gens que recherche le Père. » Voyez, c'est ainsi que Dieu nous cajole, c'est ainsi que Dieu nous supplie, et Dieu ne peut attendre que l'âme se soit détournée[6] et dépouillée de la créature, et c'est une vérité certaine et une vérité nécessaire que Dieu ait si grande nécessité de nous chercher, comme si justement toute sa déité en dépendait, ainsi qu'elle le fait aussi. Et Dieu peut aussi peu se passer de nous que nous de lui, car serait-ce que nous puissions nous détourner de Dieu, Dieu pourtant ne pourrait jamais se détourner de nous. Je dis que je ne veux pas prier Dieu qu'il me donne ; je ne veux pas non plus le louer de ce qu'il m'a donné, mais je veux le prier pour qu'il me rende digne de recevoir, et veux le louer de ce qu'il est de sa nature et de son être qu'il lui faille donner. Qui voudrait en spolier Dieu, il le spolierait de son être propre et de sa vie propre.

Pour que donc, dans la vérité, nous devenions Fils, qu'à cela nous aide la vérité dont j'ai parlé. Amen.

Sermon 27

Hoc est praeceptum meum ut diligatis invicem, sicut dilexi vos.

J'ai dit trois petits mots en latin, qui se trouvent écrits dans l'évangile : le premier petit mot, que Notre Seigneur dit : « C'est là mon commandement que vous vous aimiez les uns les autres comme je vous ai aimés[1] » ; en deuxième lieu il dit : « Je vous ai dit mes amis, car tout ce que jamais j'ai entendu de mon Père, je vous l'ai révélé[2] » ; en troisième lieu il dit : « Je vous ai choisis pour que vous alliez et portiez du fruit et que ce fruit demeure auprès de vous[3]. »

Or notez le premier petit mot qu'il dit : « C'est là mon commandement. » A ce propos je veux dire un petit mot afin qu'il « demeure auprès de vous ». « C'est là mon commandement que vous aimiez. » Que veut-il dire lorsqu'il dit : « Que vous aimiez » ? Il veut dire un petit mot, notez-le : amour est si limpide, si nu, si détaché en lui-même que les meilleurs maîtres[4] disent que l'amour avec lequel nous aimons est le Saint Esprit. Il s'en trouva qui voulurent le contredire. C'est toujours vrai : tout le mouvement par lequel nous nous trouvons mus vers amour, là rien d'autre ne nous meut que le Saint Esprit. Amour en ce qu'il y a de plus limpide, en ce qu'il y a de plus détaché en lui-même, n'est rien d'autre que Dieu. Les maîtres[5] disent que la fin de l'amour, pour laquelle amour opère toute son œuvre, est bonté, et la bonté est Dieu. Aussi peu mon œil peut-il parler et ma langue connaître la couleur, aussi peu l'amour peut-il s'incliner à autre chose qu'à bonté et à Dieu.

Or notez-le ! Que veut-il dire ici qu'il lui tient tant à cœur que nous aimions ? Il veut dire que l'amour avec lequel nous aimons doit être si limpide, si nu, si détaché qu'il ne doit être incliné ni vers moi, ni vers mon ami, ni [vers quoi que ce soit] à côté de soi *. Les maîtres disent que l'on ne peut nommer aucune œuvre bonne œuvre bonne, ni aucune vertu vertu, qu'elle n'advienne dans l'amour. Vertu est si noble, si détachée, si limpide, si nue en elle-même qu'elle ne peut rien connaître de mieux que soi et Dieu.

Or il dit : « C'est là mon commandement. » Qui me commande ce qui m'est doux, ce qui m'est utile et ce en quoi est ma béatitude, cela m'est très doux. Lorsque j'ai soif, alors la boisson me commande ; lorsque j'ai faim, alors la nourriture me commande.

---

* L'amour avec lequel l'homme est censé aimer n'est autre que Dieu. Selon cette acception proprement ontologique, il ne saurait donc être détourné de lui-même vers quelque réalité déterminée, et c'est ainsi seulement que toute chose est aimée en vérité.

Et c'est ainsi que fait Dieu : oui, de façon si douce que tout ce monde ne peut rien offrir d'égal. Et qui a goûté une fois à la douceur, pour vrai, aussi peu Dieu peut-il se détourner de sa déité, aussi peu l'homme peut-il, avec son amour, se détourner de bonté et de Dieu ; oui, et il lui est plus facile de renoncer à soi-même et à toute sa béatitude et de demeurer avec son amour auprès de bonté et auprès de Dieu.

Or il dit : « Que vous vous aimiez les uns les autres. » Ah, ce serait une vie noble, ce serait une vie bienheureuse ! Ne serait-ce pas une vie noble que tout un chacun soit tourné vers la paix de son prochain comme vers sa propre paix, et que son amour soit si nu et si limpide et si détaché en lui-même qu'il ne vise rien que bonté et Dieu ? Qui demanderait à un homme bon : « Pourquoi aimes-tu bonté ? » — « A cause de la bonté » ; « Pourquoi aimes-tu Dieu ? » — « A cause de Dieu ». Et ton amour est-il si limpide, si détaché, si nu en lui-même que tu n'aimes rien d'autre que bonté et Dieu, alors c'est là une vérité certaine que toutes les vertus que tous les hommes ont jamais pratiquées sont tiennes aussi parfaitement que si tu les avais toi-même pratiquées, et plus limpidement et mieux ; car, que le pape soit pape, cela lui procure souvent de grands travaux ; la vertu, tu l'as de façon plus limpide et plus détachée et avec le repos, et elle est plus tienne que sienne, s'il se trouve que ton amour est si limpide, si nu en lui-même que tu ne vises ni n'aimes rien d'autre que bonté et Dieu.

Or il dit : « Comme je vous ai aimés. » Comment Dieu nous a-t-il aimés ? Il nous aima alors que nous n'étions pas et alors que nous étions ses ennemis. Telle nécessité a Dieu de notre amitié qu'il ne peut attendre que nous le priions ; il vient au-devant de nous et nous prie que nous soyions ses amis, car il désire de nous que nous voulions qu'il nous pardonne. De là Notre Seigneur dit fort bien : « C'est là ma volonté que vous priiez [pour] ceux qui vous font du mal[6]. » C'est ainsi que doit nous tenir à cœur de prier [pour] ceux qui nous font du mal. Pourquoi ? — Pour que nous fassions la volonté de Dieu, pour que nous ne devions pas attendre que l'on nous prie ; nous devrions dire : « Ami, pardonne-moi de t'avoir attristé ! » Et c'est ainsi que devrait nous tenir à cœur ce qui regarde la vertu : d'autant plus grande serait jamais la peine, d'autant plus grandement devrait nous tenir à cœur ce qui regarde la vertu. C'est ainsi que doit être ton amour, car amour ne veut être nulle part que là où sont égalité et Un. Un maître qui a un valet, là il n'est pas de paix, car là il n'est pas d'égalité. Une femme et un homme sont inégaux l'un à l'autre ; mais dans l'amour ils sont tout à fait égaux. De là l'Ecriture dit fort bien que Dieu a pris la femme de la côte et du côté de l'homme, non de la tête ni des pieds, car là où il y a deux, là est déficience. Pourquoi ? L'un n'est pas l'autre, car ce « ne pas », qui là fait différence, n'est rien d'autre qu'amertume, car là il n'est pas de paix. Si j'ai une pomme dans la main, elle procure du plaisir à mes yeux, mais la bouche se trouve spoliée de sa douceur. Mais que je la mange, alors je spolie mes yeux du plaisir que j'ai là. C'est ainsi que deux ne peuvent être ensemble, car il faut que l'un perde son être.

C'est pourquoi il dit : « Aimez-vous les uns les autres ! », c'est-à-dire : les uns dans les autres. De quoi l'Ecriture parle fort bien. Saint Jean dit : « Dieu est l'amour, et qui est dans l'amour, celui-là est en Dieu, et Dieu est en lui[7]. » Oui, il dit fort bien : Dieu serait-il en moi et ne serais-je point en Dieu, ou serais-je en Dieu et Dieu ne serait-il pas en moi, alors tout serait [séparé] en deux. Mais puisque Dieu est en moi et que je suis en Dieu, alors je ne suis pas plus bas ni Dieu plus haut. Or vous pourriez dire : « Seigneur, tu dis que je dois aimer et je ne peux pas aimer. » C'est pourquoi Notre Seigneur parle fort bien lorsqu'il dit à saint Pierre : « Pierre, m'aimes-tu ? » — « Seigneur, tu sais bien que je t'aime[8]. » Me l'as-tu donné, Seigneur, alors je t'aime ; ne me l'as-tu pas donné, alors je ne t'aime pas.

Or notez le second petit mot qu'il dit : « Je vous ai appelés mes amis, car je vous ai révélé tout ce que j'ai entendu de mon Père. » Or notez qu'il dit : « Je vous ai appelés mes amis. » Dans la même origine où le Fils trouve origine, là le Père prononce sa Parole éternelle, et du même cœur là aussi le Saint Esprit trouve origine et flue. Et le Saint Esprit n'aurait-il pas flué du Fils, on n'aurait pas connu de différence entre le Fils et le Saint Esprit. Lorsque j'ai prêché récemment en la fête de la Trinité, j'ai dit un petit mot, en latin, que le Père donne à son Fils unique tout ce qu'il peut offrir, toute sa déité, toute sa béatitude, et ne retient rien pour lui-même. Alors il y eut une question : lui donna-t-il aussi sa nature propre[9] ? Et je dis : Oui ! car la nature propre du Père selon laquelle il engendre n'est rien d'autre que Dieu ; car j'ai dit qu'il n'a rien retenu pour lui-même. Oui, je dis : La racine de la déité, il la dit pleinement dans son Fils. C'est pourquoi saint Philippe dit : « Seigneur, montre-nous le Père, cela nous suffit[10]. » Un arbre qui porte du fruit présente son fruit. Qui me donne ce fruit ne me donne pas l'arbre. Mais qui me donne l'arbre et la racine et le fruit, celui-là m'a donné davantage. Or il dit : « Je vous ai appelés mes amis. » Oui, dans cette même naissance où le Père engendre son Fils unique et lui donne sa racine et toute sa déité et toute sa béatitude et ne retient rien pour lui-même, dans cette même naissance il nous appelle ses amis *. Si néanmoins tu n'entends ni ne comprends rien à ce dire, il est pourtant une puissance dans l'âme — dont j'ai parlé alors que je prêchais récemment ici — elle est si détachée et si limpide en elle-même et est apparentée à la nature divine, et dans cette puissance l'on comprend. C'est pourquoi il dit aussi de façon fort bien : « De là je vous ai révélé tout ce que j'ai entendu de mon Père[11]. »

Or il dit : « Ce que j'ai entendu ». Le parler du Père est son engendrer, l'acte d'entendre du Fils est son se

* Que l'homme soit reconnu comme ami n'est pas de moindre portée ontologique que la relation selon laquelle Dieu en sa naissance éternelle se donne au Fils sans rien retenir pour lui-même.

trouver engendré. Or il dit : « Tout ce que j'ai entendu de mon Père ». Oui, tout ce qu'il a éternellement entendu de son Père, cela il nous l'a révélé et ne nous a rien dissimulé de ce qui est sien. Je dis : Et s'il avait entendu des milliers de fois davantage, il nous l'aurait révélé et ne nous aurait rien dissimulé de ce qui est sien. Ainsi ne devons-nous rien dissimuler à Dieu ; nous devons lui révéler tout ce que nous pouvons offrir. Car si tu gardais quelque chose pour toi-même, dans cette mesure tu perdrais ta béatitude éternelle, car Dieu ne nous a rien dissimulé de ce qui est sien. Cela semble à de certaines gens un discours difficile. A cause de cela personne ne doit désespérer. Plus tu te donnes à Dieu, plus Dieu se donne en retour à toi ; plus tu renonces à toi-même, plus grande est ta béatitude éternelle. Je pensais récemment, tandis que je priais le « Notre Père », que Dieu nous enseigna lui-même : lorsque nous disons : « Que nous vienne ton règne, que ta volonté soit faite[12] ! », là nous prions Dieu toujours qu'il nous enlève à nous-mêmes.

Du troisième petit mot je ne veux dire rien du tout maintenant, de ce qu'il dit : « Je vous ai choisis, posés, institués, établis pour que vous alliez et portiez du fruit et que ce fruit demeure auprès de vous[13] ! » Et ce fruit, personne ne le connaît que Dieu seul.

Et pour que nous parvenions à ce fruit, qu'à cela nous aide la vérité éternelle dont j'ai parlé. Amen.

Sermon 28

Ego elegi vos de mundo

Ces paroles que j'ai dites en latin, on les lit aujourd'hui dans le saint évangile de la fête d'un saint qui s'appelait Barnabé, et l'Ecriture dit communément que c'est un Apôtre, et Notre Seigneur dit : « Je vous ai élus, je vous ai choisis du monde entier, je vous ai mis à part du monde entier et de toutes choses créées, pour que vous alliez et portiez beaucoup de fruit et que ce fruit vous demeure[1] », car il est tout à fait agréable que quelque chose porte du fruit et que ce fruit lui demeure, et à celui-là le fruit demeure qui demeure et qui habite dans l'amour. A la fin de cet évangile, Notre Seigneur dit : « Aimez-vous les uns les autres comme je vous ai éternellement aimés[2] » ; « et comme mon Père m'a aimé éternellement, ainsi vous ai-je aimés ; gardez mon commandement, ainsi demeurez-vous dans mon amour[3]. »

Tous les commandements de Dieu viennent d'amour et de la bonté de sa nature ; car s'ils ne venaient pas d'amour, ils ne pourraient être alors commandements de Dieu ; car le commandement de Dieu est la bonté de sa nature, et sa nature est sa bonté dans son commandement. Qui maintenant habite dans la bonté de sa nature, celui-là habite dans l'amour de Dieu, et l'amour n'a pas de pourquoi. Aurais-je un ami et l'aimerais-je pour la raison que me viendrait de lui du bien et toute ma volonté *, je n'aimerais pas mon ami, mais moi-même. Je dois aimer mon ami pour sa bonté propre et pour sa vertu propre et pour tout ce qu'il est en lui-même : c'est alors que j'aime mon ami comme il faut, lorsque je l'aime ainsi qu'il est dit ci-dessus. Ainsi en est-il de l'homme qui se tient dans l'amour de Dieu, qui ne recherche pas ce qui est sien en Dieu ni en lui-même ni en aucune chose, et qui aime Dieu seulement pour sa bonté propre et pour la bonté de sa nature et pour tout ce qu'il est en lui-même, et c'est là amour juste. Amour de la vertu est une fleur et un ornement et une mère de toute vertu et de toute perfection et de toute béatitude, car il est Dieu, car Dieu est fruit de la vertu, Dieu féconde toutes les vertus et est un fruit de la vertu, et le fruit demeure à l'homme. L'homme qui opérerait en vue d'un fruit et que ce fruit lui demeure, ce lui serait fort agréable ; et s'il y avait un homme qui possédât une vigne ou un champ et les confiât à son serviteur pour qu'il les travaille et pour que le fruit lui demeure, et s'il lui donnait aussi tout ce qui est requis pour cela, ce lui serait fort agréable que le fruit lui demeure sans dépense de sa part. Ainsi est-il fort agréable à l'homme qui habite dans le fruit de la vertu, car celui-là n'a aucune contrariété ni aucun trouble, car il a laissé soi-même et toutes choses.

---

* C'est-à-dire : tout ce que je veux.

Or Notre Seigneur dit : « Qui laisse quelque chose pour ma volonté et pour mon nom, à celui-là je veux procurer cent fois plus en retour et donner en sus la vie éternelle[4]. » Mais le laisses-tu pour le centuple et pour la vie éternelle, alors tu n'as rien laissé ; oui, si tu [le] laisses pour une récompense cent mille fois [plus grande], tu n'as rien laissé : il te faut te laisser toi-même et te laisser tout à fait, alors tu as laissé de façon juste. Un homme vint à moi une fois — il n'y a pas longtemps de cela — et dit qu'il avait laissé de grandes choses en terres, en biens, dans la volonté de conserver son âme. Alors je pensai : Ah, combien peu et quelles petites choses tu as laissées ! C'est un aveuglement et une folie tout le temps que tu prêtes attention à ce que tu as laissé. T'es-tu laissé toi-même, alors tu as laissé. L'homme qui s'est laissé soi-même, celui-là est si limpide que le monde ne peut pas la souffrir.

Ainsi ai-je dit une fois ici — il n'y a pas longtemps de cela : Qui aime la justice, la justice le fait sien[5], et [il] se trouve saisi par la justice, et il est la justice. J'ai écrit une fois dans mon livre[6] : L'homme juste n'a besoin ni de Dieu ni des créatures, car il est libre ; et plus il est proche de la justice, plus il est la liberté elle-même et plus il est la liberté *. Tout ce qui est

---

* Cette liberté liée à la justice comporte les mêmes caractéristiques que le détachement : comme lui, elle signifie l'accomplissement de l'être qui n'a plus besoin de référence *extérieure* à lui, étant lui-même parvenu au tout qui est Dieu.

créé, ce n'est pas libre. Aussi longtemps chose quelconque est au-dessus de moi qui n'est pas Dieu lui-même, cela m'opprime, si petit que ce soit ou quoi que ce soit, et serait-ce même intellect et amour, pour autant qu'ils sont créés et ne sont pas Dieu lui-même, cela m'opprime, car c'est non libre. L'homme injuste sert la vérité, que ce lui soit joie ou souffrance, et [il] sert le monde entier et toutes les créatures et est un serviteur du péché *.

Je pensais une fois — il n'y a pas longtemps de cela : Que je sois un homme, voilà aussi ce qu'un autre homme a en commun avec moi ; que je voie et entende et mange et boive, voilà ce que fait aussi un autre animal ; mais le fait que je suis, cela n'est à aucun homme qu'à moi seul, ni à homme ni à ange ni à Dieu, que dans la mesure où je suis un avec lui ; c'est une limpidité et une unité. Tout ce que Dieu opère, il l'opère dans le Un égal à lui-même. Dieu donne à toutes choses également, et elles sont pourtant tout à fait inégales en leurs œuvres, et elles visent pourtant toutes dans leurs œuvres ce qui leur est égal. La nature opéra dans mon père l'œuvre de la nature. La visée de la nature était que je serais père, comme il fut père. Il opère toute son œuvre en vue d'un égal à ce qui est son propre et en vue de son image propre, afin qu'il soit lui-même cette œuvre : cela vise en tout l'« homme ». Lorsque la nature se trouve tournée ou empêchée, en sorte qu'elle n'exerce pas un pouvoir

---

* A partir du moment où l'homme « sert » quelque chose, fût-ce la vérité, il n'est pas libre, car alors il *n*'est *pas* la vérité.

total dans son œuvre, alors survient une femme, et là où la nature déchoit de son œuvre, là Dieu s'attache à opérer et à créer ; car s'il n'y avait pas de femme, il n'y aurait pas d'homme non plus. Lorsque l'enfant se trouve conçu dans le corps de la mère, il acquiert image et forme et figure[7] ; voilà ce qu'opère la nature. Ainsi demeure-t-il encore quarante jours et quarante nuits, et au quarantième jour Dieu alors crée l'âme en beaucoup moins qu'en un instant, pour que l'âme devienne une forme et une vie pour le corps. Ainsi l'œuvre de la nature s'efface-t-elle avec tout ce que la nature peut opérer en fait de forme et en fait d'image et en fait de figure. L'œuvre de la nature s'efface pleinement, et autant l'œuvre de la nature s'efface pleinement, autant elle est remise toute à l'âme douée d'intellect. C'est maintenant une œuvre de la nature et une création de Dieu.

Tout ce qui est créé — comme je l'ai dit souvent — en cela il n'est pas de vérité. Il est quelque chose qui est au-dessus de l'être créé de l'âme, que ne touche rien de créé, qui est néant ; même l'ange ne le possède pas, lui qui a un être limpide qui est limpide et ample ; ce qui est sien ne touche pas cela. C'est une parenté de type divin, c'est Un en lui-même, cela n'a rien de commun avec rien. C'est ici qu'achoppent maints grands clercs. C'est une étrangeté[8] et c'est un désert et c'est davantage innommé que cela n'a de nom, et c'est davantage inconnu que cela n'est connu. Si tu pouvais t'anéantir toi-même un instant, je dis même plus brièvement qu'un instant, alors tu aurais en propre ce que c'est en soi-même. Aussi longtemps que tu prêtes attention à quelque chose, à toi-même ou à aucune chose, tu sais aussi peu ce que Dieu est que ma bouche sait ce qu'est la couleur, et que mon œil sait ce qu'est le goût : aussi peu sais-tu et t'est connu ce que Dieu est *.

Or Platon parle, le grand clerc, il se met en devoir de parler de grandes choses. Il parle d'une limpidité qui n'est pas dans le monde ; elle n'est pas dans le monde ni hors du monde, ce n'est ni dans le temps ni dans l'éternité, cela n'a extérieur ni intérieur. C'est de là que Dieu, le Père éternel, exprime la plénitude et l'abîme de toute sa déité. Cela il l'engendre ici dans son Fils unique, et pour que nous soyions le même Fils, et son engendrer est son demeurer à l'intérieur, et son demeurer à l'intérieur est son engendrer à l'extérieur. Tout cela demeure le Un qui sourd en lui-même. *Ego,* le mot « je », n'est propre à personne qu'à Dieu seul dans son unité. *Vos,* le mot qui veut dire la même chose que « vous », [signifie] que vous êtes Un dans l'unité, c'est-à-dire : les mots *ego* et *vos,* « je » et « vous », voilà qui vise l'unité.

Pour que nous soyons cette même unité et que nous demeurions cette unité, qu'à cela Dieu nous aide. Amen.

---

* Lorsque Maître Eckhart évoque en plusieurs passages de son œuvre la part *incréée* et *incréable* de l'âme, il vise précisément ce « quelque chose qui est au-dessus de l'être créé de l'âme », pas seulement égal à Dieu mais Un avec lui et qui la constitue radicalement.

Sermon 29

Convescens praecepit eis,
ab Ierosolymis ne discederent etc.

Ces mots que j'ai dits en latin, on les lit en la fête [d'aujourd'hui] à la messe, Notre Seigneur les dit à ses disciples lorsqu'il voulut monter au ciel : « Demeurez à Jérusalem ensemble et ne vous séparez pas, et attendez la promesse que le Père vous a faite : que vous seriez baptisés dans l'Esprit Saint après ces jours peu nombreux ou [plutôt] rares. »

Personne ne peut recevoir le Saint Esprit qu'il n'habite au-dessus du temps dans l'éternité. Dans les choses temporelles le Saint Esprit ne peut se trouver reçu ni donné. Lorsque l'homme se détourne des choses temporelles et se tourne vers soi-même, il perçoit alors une lumière céleste qui est venue du ciel. Elle est sous le ciel et est pourtant du ciel. Dans cette lumière, l'homme trouve satisfaction, et c'est pourtant corporel ; on dit qu'elle est matière. Un morceau de fer, dont la nature est de tomber, se soulève contre sa nature et s'accroche à l'aimant en raison de la noblesse de l'influx que la pierre magnétique[1] a reçu du ciel. Où que se tourne la pierre, vers là se tourne aussi le morceau de fer. Ainsi fait l'esprit : il ne se contente pas seulement de cette lumière, il s'élance toujours à travers le firmament et s'élance à travers le ciel, jusqu'à ce qu'il parvienne à l'esprit qui meut le ciel, et de cette révolution du ciel tout ce qui est dans le monde verdoie et se couvre de feuilles. Cependant l'esprit ne s'en satisfait pas, il s'élance plus avant vers le sommet et vers l'origine, là où l'esprit prend son origine. Cet esprit * comprend selon [le] nombre sans nombre, et [le nombre] sans nombre il n'en est pas dans le temps de la caducité. Personne [en revanche] n'a une autre racine dans l'éternité, là personne n'est sans nombre **. Il faut que cet esprit franchisse tout nombre et fasse sa percée à travers toute multiplicité, et Dieu alors fait en lui sa percée ; et tout ainsi qu'il fait sa percée en moi, je fais ma percée en lui en retour. Dieu conduit cet esprit au désert et dans l'unité de lui-même, là où il est un Un limpide et sourd en lui-même. Cet esprit n'a pas de pourquoi, et devrait-il avoir un pourquoi quelconque, il lui faudrait avoir l'unité comme pourquoi. Cet esprit se tient en unité et en liberté.

Or les maîtres *** disent que la volonté est à ce point libre que personne ne peut la contraindre que

---

* Il s'agit bien de l'esprit de l'homme.

** Sans doute lacunaire, le texte devrait porter : personne n'est sans ce nombre qui est sans nombre. Au-delà de cette « éternité », il y a Dieu « dans l'unité de lui-même », au-delà même de tout nombre sans-nombre.

*** Cf. Thomas d'Aquin, *Sum. theol.* Ia q. 105 a. 4 ; Ia IIae q. 10 a. 4 *ad* 1.

Dieu seul. Dieu ne contraint pas la volonté, il l'établit en la liberté en sorte qu'elle ne veuille rien d'autre que ce qu'est Dieu lui-même et ce qu'est la liberté elle-même. Et l'esprit ne peut vouloir rien d'autre que ce que Dieu veut, et ce n'est pas là sa non-liberté, c'est sa liberté propre.

Or certains hommes disent : « Si je possède Dieu et l'amour de Dieu, alors je peux bien faire ce que je veux *. » Ces mots ils ne les entendent pas de façon juste. Aussi longtemps que tu peux chose quelconque qui est contre Dieu et contre son commandement, alors tu n'as pas l'amour de Dieu ; tu peux bien tromper le monde, comme si tu l'avais. L'homme qui se tient dans la volonté de Dieu et dans l'amour de Dieu, lui sont agréables à faire toutes choses qui sont chères à Dieu et à laisser toutes choses qui sont contre Dieu ; et il lui est aussi impossible de laisser chose aucune que Dieu veut avoir opérée que de faire aucune chose qui est contre Dieu ; exactement comme à celui dont les jambes seraient liées, à cet homme il serait impossible de marcher, comme il serait impossible à l'homme qui est dans la volonté de Dieu de se livrer à aucun vice. Quelqu'un disait : Dieu aurait-il ordonné de se livrer au vice et d'éviter la vertu, je ne voudrais pourtant pas me livrer au vice. Car personne n'aime la vertu que celui qui est lui-même la

---

* Il s'agit des « Frères et Sœurs du Libre Esprit » qui, se réclamant de saint Augustin, exploitèrent à des fins immédiates le fameux « Aime et fais ce que tu veux ».

vertu. L'homme qui a laissé soi-même et toutes choses, qui ne recherche pas ce qui est sien en chose aucune et opère toute son œuvre sans pourquoi et par amour, cet homme est mort au monde entier et vit en Dieu et Dieu en lui.

Or certaines gens disent : « Vous nous tenez de beaux discours, et nous n'en percevons rien. » Je déplore la même chose. Cet être est si noble et si commun que, pour l'acheter, tu n'as pas besoin d'un haller ni d'un demi-pfennig. Aie seulement une intention juste et une volonté libre, alors tu l'as. L'homme qui a ainsi laissé toutes choses en ce qu'elles ont de plus bas et là où elles sont mortelles, celui-là les retrouve en Dieu où elles sont vérité. Tout ce qui ici-bas est mort, cela est vivant là-bas, et tout ce qui ici-bas est grossier, cela est là-bas esprit en Dieu. De la même manière que lorsque l'on verse de l'eau pure dans un récipient pur qui serait pleinement limpide et pur, et qu'on la laisserait en repos, et qu'alors un homme pencherait dessus son visage, il le verrait au fond tel qu'il serait en lui-même. Cela vient de ce que l'eau est limpide et pure et calme. Ainsi en est-il de tous les hommes qui se tiennent en liberté et en unité en eux-mêmes ; et s'ils accueillent Dieu dans la paix et dans le repos, ils doivent alors l'accueillir aussi dans l'agitation et dans l'inquiétude, il [= cet homme] est alors pleinement comme il faut ; plus : s'ils l'accueillent moins dans l'agitation et dans l'inquiétude que dans le repos et dans la paix, alors [cet homme] n'est pas comme il faut. Saint Augustin dit[2] : Celui que le jour indispose et auquel le temps est long, qu'il se tourne vers Dieu là où il n'est aucune longueur [de temps], là où toutes choses sont intérieurement en repos. Qui aime la justice, celui-là se trouve saisi par la justice, et il devient la justice.

Or Notre Seigneur dit : « Je ne vous ai pas appelés serviteurs, je vous ai appelés amis, car le serviteur ne sait pas ce que son maître veut[3]. » Mon ami lui aussi pourrait savoir quelque chose que je ne saurais pas, s'il ne voulait pas me le révéler. Mais Notre Seigneur dit : « Tout ce que j'ai entendu de mon Père, je vous l'ai révélé[4]. » Je m'étonne maintenant de certains clercs, qui sont certes instruits et veulent être de grands clercs, de ce qu'ils se laissent si vite satisfaire et se laissent tromper, et interprètent la parole que dit Notre Seigneur : « Tout ce que j'ai entendu de mon Père, je vous l'ai fait connaître » — de ce qu'ils veulent entendre ainsi et disent donc qu'il nous a révélé sur le chemin autant qu'il nous était nécessaire pour notre béatitude éternelle. Je ne tiens pas que cela soit à comprendre ainsi, car cela n'est d'aucune vérité. Pourquoi Dieu est-il devenu homme ? Pour la raison que je me trouve engendré comme ce même Dieu. La raison pour laquelle Dieu est mort, c'est que je meurs au monde entier et à toutes choses créées. On doit donc comprendre le mot que dit Notre Seigneur : « Tout ce que j'ai entendu de mon Père, je vous l'ai révélé. » Qu'est-ce que le Fils entend de son Père ? Le Père ne peut rien qu'engendrer, le Fils ne peut rien que se trouver engendré. Tout ce que le Père a et ce qu'il est, l'abyssalité de l'être divin et de la nature divine, cela il l'engendre pleinement dans son Fils unique. C'est cela que le Fils entend de son Père, cela qu'il nous a révélé, que nous sommes le même Fils. Tout ce qu'a le Fils, il l'a de son Père, être et nature, afin que nous soyions le même Fils unique. Personne n'a le Saint Esprit qu'il ne soit le Fils unique. Le Père et le Fils spirent le Saint Esprit, là où le Saint Esprit se trouve spiré, car cela est essentiel et spirituel. Tu peux certes recevoir le don du Saint Esprit ou la ressemblance du Saint Esprit, mais cela ne demeure pas pour toi, c'est instable. De la même manière qu'un homme devient rouge de honte et [à nouveau] blême, c'est là pour lui un hasard et cela lui passe. Mais l'homme qui par nature est rouge et beau le demeure toujours. Ainsi en est-il de l'homme qui est le Fils unique : pour lui le Saint Esprit demeure de façon essentielle. C'est pourquoi il est écrit dans le *Livre de la Sagesse*: « Je t'ai engendré aujourd'hui[5] » dans le reflet de ma lumière éternelle, dans la plénitude et « dans la clarté de tous les saints ». Il engendre dans le maintenant et l'aujourd'hui. Là est le berceau dans la déité, là ils se trouvent « baptisés dans le Saint Esprit » — c'est là « la promesse que le Père leur a faite » — « après ces jours qui sont peu nombreux ou [plutôt] rares » — c'est-à-dire « plénitude de la déité », là où il n'est ni jour ni nuit ; là m'est aussi proche ce qui est au-delà de mille lieux que l'endroit où je me tiens maintenant ; là est plénitude et abondance de toute déité, là est une unité. Aussi longtemps que l'âme perçoit une différence quelconque, elle n'est pas comme il faut ; aussi longtemps que quelque chose sort ou pénètre, il n'y a pas là une unité. Marie-Madeleine cherchait Notre Seigneur dans le tombeau et cherchait un mort et trouva deux anges vivants ; elle n'en fut pas consolée. Alors les anges dirent : « Qu'est-ce qui te trouble ? Que cherches-tu ? Un mort, et tu trouves deux vivants[6]. » Alors elle dit : « C'est bien là ma désolation que d'en trouver deux, alors que je n'en cherche qu'un. »

Aussi longtemps que dans l'âme peut jeter un regard une différence quelconque d'aucunes choses créées, ce lui est une désolation. Je dis comme j'ai dit souvent : Là où l'âme a son être créé naturel, là il n'est pas de vérité. Je dis que quelque chose est au-dessus de la nature créée de l'âme. Et certains clercs n'entendent rien de ce qu'il y a quelque chose qui est tellement apparenté à Dieu et tellement Un. Cela n'a rien de commun avec rien. Tout ce qui est créé ou créable, c'est néant, alors que pour ceci est lointain et étranger tout créé et toute créabilité. C'est un Un en lui-même qui en dehors de lui-même n'accueille rien[7].

Notre Seigneur monta au ciel par delà toute lumière et par delà tout entendement et par delà toute compréhension. L'homme qui est ainsi porté par delà toute lumière, celui-là habite dans l'éternité. C'est pourquoi saint Paul dit : « Dieu habite dans une lumière à laquelle il n'est point d'accès[8] » et en elle-même est un Un limpide. C'est pourquoi il faut que l'homme soit tué et soit tout à fait mort et ne soit pas en lui-même et être dépouillé de toute égalité[9] et à personne égal, ainsi est-il égal proprement à Dieu. Car c'est propriété de Dieu et sa nature que d'être inégal et de n'être égal à personne.

Pour que nous soyons ainsi Un dans l'unité que Dieu est lui-même, qu'à cela Dieu nous aide. Amen.

Sermon 30

Praedica verbum, vigila, in omnibus labora

On lit un petit mot aujourd'hui et demain à propos de Messire saint Dominique, et c'est saint Paul qui l'écrit dans l'épître, et cela sonne ainsi en français : « Prêche la Parole, prêche-la au dehors, propose-la, porte-la au dehors et enfante la Parole[1] ! »

C'est une chose étonnante qu'une chose flue au dehors et pourtant demeure à l'intérieur. Que la Parole flue au dehors et pourtant demeure à l'intérieur, cela est tout à fait étonnant ; que toutes créatures fluent au dehors et cependant demeurent à l'intérieur, cela est tout à fait étonnant ; ce que Dieu a donné et ce que Dieu a promis de donner, cela est tout à fait étonnant et est incompréhensible et incroyable. Et c'est dans l'ordre ; car si c'était compréhensible et si c'était croyable, ce ne serait pas dans l'ordre. Dieu est en toutes choses. Plus il est dans les choses, plus il est en dehors des choses : plus à l'intérieur, plus à l'extérieur, et plus à l'extérieur, plus à l'intérieur. Je l'ai déjà dit souvent, Dieu crée tout ce monde maintenant en plénitude. Tout ce que Dieu créa jamais il y a six mille ans et davantage, lorsque Dieu fit le monde, il le crée maintenant en plénitude. Dieu est en toutes choses, mais parce que Dieu est divin et parce que Dieu est doué d'intellect, Dieu n'est jamais aussi proprement que dans l'âme et dans l'ange, si tu veux, dans le plus intime de l'âme et dans le plus élevé de l'âme. Et lorsque je dis « le plus intime », je vise alors le plus élevé, et lorsque je dis « le plus élevé », je vise alors le plus intime de l'âme. Dans le plus intime et dans le plus élevé de l'âme, là je les vise tous deux en un. Là où jamais temps ne pénétra, là où jamais image ne brilla, dans le plus intime et dans le plus élevé de l'âme Dieu crée tout ce monde. Tout ce que Dieu créa il y a six mille ans, lorsqu'il fit le monde, et tout ce que Dieu doit encore créer dans mille ans, si le monde dure aussi longtemps, cela il le crée dans le plus intime et dans le plus élevé de l'âme. Tout ce qui est passé, et tout ce qui présent, et tout ce qui est à venir, cela Dieu le crée dans le plus intime de l'âme. Tout ce que Dieu opère dans tous les saints, cela Dieu l'opère dans le plus intime de l'âme. Le Père engendre son Fils dans le plus intime de l'âme et t'engendre avec son Fils unique, pas moins. Dois-je être Fils, il me faut alors être Fils dans le même être dans lequel il est Fils, et en nul autre. Dois-je être un homme, alors je ne peux pas être un homme dans un être d'animal, il me faut être un homme dans l'être d'un homme. Mais dois-je être cet homme, il me faut être cet homme dans cet être. Or saint Jean dit : « Vous êtes enfants de Dieu[2]. »

« Prêche la Parole, prêche-la au dehors, propose-la, porte-la au-dehors, enfante la Parole ! » « Prêche-la au dehors ! » Ce que l'on vous dit du dehors, c'est une chose grossière ; cela [= la Parole] est dit à l'intérieur. « Prêche-la au dehors ! », c'est-à-dire : Trouve que cela est en toi. Le prophète dit : « Dieu dit une chose, et j'en entendis deux [3]. » C'est vrai : Dieu ne dit jamais qu'une chose. Son dire n'est rien qu'une chose. En un dire un il dit son Fils et en même temps le Saint Esprit et toutes créatures, et il n'est rien qu'un [seul] dire en Dieu. Mais le prophète dit : « J'en entendis deux », c'est-à-dire : J'ai perçu Dieu et [les] créatures. Là où Dieu dit cela, là c'est Dieu ; mais ici c'est créature. Les gens s'imaginent que c'est là-bas seulement que Dieu est devenu homme. Il n'en est pas ainsi, car Dieu est devenu homme ici aussi bien que là-bas, et la raison pour laquelle il est devenu homme, c'est pour qu'il t'engendre [comme] son Fils unique et non pas moins.

J'étais assis hier en un lieu où je dis un petit mot qui se trouve dans le Pater Noster et déclare : « Que ta volonté soit [4] ! » Plutôt : ce serait mieux : « Que volonté soit tienne » ; que ma volonté soit sa volonté, que je sois lui : c'est cela que vise le Pater Noster. Ce mot a deux sens. Le premier est : sois en sommeil de toutes choses ! c'est-à-dire que tu ne saches rien ni de temps ni de créatures ni d'images — les maîtres disent : Un homme qui dormirait pour de bon, dormirait-il cent ans, il ne saurait [rien] d'aucune créature, il ne saurait [rien] de temps ni d'images — et alors tu peux percevoir ce que Dieu opère en toi.

C'est pourquoi l'âme dit dans le *Livre de l'amour* : « Je dors et mon cœur veille[5]. » C'est pourquoi : si toutes créatures dorment en toi, alors tu peux percevoir ce que Dieu opère en toi.

Le mot : « Travaille en toutes choses ! » possède en lui trois sens. Il veut dire : procure ton avantage en toutes choses ! c'est-à-dire : prends Dieu en toutes choses ! car Dieu est en toutes choses. Saint Augustin dit : « Dieu a créé toutes choses non pas qu'il les ait fait advenir et ait poursuivi son chemin, plutôt : il est demeuré en elles[6]. » Les gens s'imaginent qu'ils ont davantage lorsqu'ils ont les choses en même temps que Dieu que s'ils avaient Dieu sans les choses. Mais c'est un tort, car toutes choses avec Dieu ce n'est pas davantage que Dieu seul ; si celui qui avait le Fils et le Père en même temps que lui s'imaginait qu'il a davantage que s'il avait le Fils sans le Père, ce serait un tort. Car le Père en même temps que le Fils n'est pas davantage que le Fils seul, ni le Fils en même temps que le Père n'est davantage que le Père seul. C'est pourquoi prends Dieu ainsi en toutes choses, et c'est là un signe de ce qu'il t'a engendré [comme] son Fils unique et non pas moins.

Le second sens est : procure ton avantage en toutes choses ! c'est-à-dire : « Aime Dieu par-dessus toutes choses et ton prochain comme toi-même[7] ! », et c'est là un commandement de Dieu. Mais je dis que ce n'est pas seulement un commandement, plutôt : c'est aussi ce que Dieu a donné et ce que Dieu a promis de donner. Et si tu aimes cent marks davantage en toi qu'en un autre, c'est un tort. Si tu aimes un homme plus que les autres, c'est un tort ; et aimes-tu ton père et ta mère et toi-même plus qu'un autre homme, c'est un tort ; et si tu aimes plus la béatitude en toi qu'en un autre, c'est un tort. « A Dieu ne plaise ! Que dites-vous ? Ne dois-je pas aimer la béatitude en moi plus qu'en un autre ? » Il se trouve bien des gens instruits qui ne comprennent pas cela, et estiment que c'est bien difficile ; mais ce n'est pas difficile, c'est tout à fait facile. Je te montrerai que ce n'est pas difficile. Voyez, la nature poursuit [deux visées] dans la mesure où un membre quelconque opère en l'homme. La première visée qu'il [= le membre] vise dans ses œuvres, c'est qu'il serve pleinement le corps et en outre chaque membre de façon particulière comme lui-même et pas moins qu'en lui-même, et qu'il ne se vise pas soi-même davantage dans ses œuvres qu'un autre membre. Bien plus encore doit-il en être ainsi de la grâce. Dieu doit être une règle et un fondement de ton amour. La visée première de ton amour doit être nûment vers Dieu et en outre vers ton prochain comme toi-même et pas moins que toi-même. Et si tu aimes la béatitude davantage en toi qu'en un autre, c'est un tort ; car si tu aimes la béatitude davantage en toi qu'en un autre, alors tu t'aimes toi-même ; là où tu t'aimes, là Dieu n'est pas nûment ton amour et c'est alors un tort. Car si tu aimes la béatitude dans saint Pierre et dans saint Paul autant qu'en toi-même, tu possèdes la même béatitude qu'ils ont eux aussi. Et si tu aimes la béatitude dans les anges autant qu'en toi, et si tu aimes la béatitude en Notre Dame autant qu'en toi, tu jouis proprement de la même béatitude qu'elle-même : elle est tienne aussi proprement qu'à elle. C'est pourquoi l'on dit dans le *Livre de la Sagesse* : « Il l'a fait égal à ses saints[8]. »

Le troisième sens : procure ton avantage en toutes choses ! c'est-à-dire : aime Dieu également en toutes choses ! c'est-à-dire : aime Dieu aussi volontiers en pauvreté qu'en richesse, et aime-le autant en maladie qu'en santé ; aime-le autant dans la tentation que sans tentation, et aime-le autant dans souffrir que sans souffrir ! Oui, plus grand le souffrir, plus léger le souffrir, comme de deux seaux : plus lourd l'un, plus léger l'autre, et plus l'homme abandonne, plus facile il lui est d'abandonner. Un homme qui aime Dieu, ce lui serait aussi facile de donner tout ce monde qu'un œuf. Plus il abandonne, plus facile il lui est d'abandonner, comme les Apôtres : plus dures étaient leurs souffrances, plus facilement ils les souffraient [9].

« Travaille en toutes choses ! », c'est-à-dire : là où tu te trouves engagé en de multiples choses et ailleurs qu'en un être nu, limpide, simple, fais en sorte que ce soit pour toi un travail, c'est-à-dire : « Travaille en toutes choses », « Accomplis ton service[10] ! » Cela signifie : Relève la tête ! Voilà qui a deux sens. Le premier est : dépose tout ce qui est tien et approprie-toi à Dieu, ainsi Dieu devient-il ton propre comme il est le propre de soi-même, et il est Dieu pour toi comme il est Dieu pour lui-même, et pas moins. Ce qui est mien, je ne le tiens de personne. Que si je le tiens d'un autre, alors il n'est pas mien, alors il est à celui dont je le possède. Le second sens est : relève la tête ! c'est-à-dire : dirige toute ton œuvre vers Dieu ! Il est beaucoup de gens qui ne comprennent pas cela, et cela ne me paraît pas étonnant ; car l'homme qui doit comprendre cela, il lui faut être très détaché et élevé au-dessus de toutes choses.

Pour que nous venions à cette perfection, qu'à cela Dieu nous aide. Amen.

Sermon 31

Ecce ego mitto angelum meum etc.

« Voyez, j'envoie mon ange devant ta face, afin qu'il prépare ta voie. Aussitôt il sera offert dans son temple. Qui sait le jour de sa venue ? Il est comme un feu déflagrant [1]. »

Or il dit : « Aussitôt il sera offert dans son temple, celui que nous attendons. » L'âme doit s'offrir avec tout ce qu'elle est et ce qu'elle a, défauts et vertus : c'est cela qu'elle doit porter tout ensemble vers le haut et offrir avec le Fils devant le Père céleste. Tout ce que le Père peut produire en amour, c'est dans cette mesure même que le Fils est aimable. Le Père n'aime aucune chose que son Fils et tout ce qu'il trouve dans son Fils. C'est pourquoi l'âme doit se porter vers le haut de toute sa force et s'offrir au Père dans le Fils, et ainsi se trouve-t-elle avec le Fils aimée du Père.

Or il dit : « Voyez, j'envoie mon ange. » Lorsque l'on dit : « Voyez », on entend là trois choses : quelque chose qui est grand ou quelque chose qui est étonnant ou quelque chose qui est extraordinaire. « Voyez, j'envoie mon ange afin qu'il prépare » et purifie l'âme, en sorte qu'elle puisse accueillir la lumière divine. Lumière divine s'attache en tout temps à la lumière de l'ange, et la lumière de l'ange serait malaisée à l'âme et elle ne la goûterait pas si la lumière de Dieu ne s'y trouvait enveloppée. Dieu s'enveloppe et se couvre de la lumière angélique et il est tout en attente de l'instant où il pourra s'en dégager afin de pouvoir se donner à l'âme. Je l'ai également dit souvent : qui me demanderait ce que Dieu faisait dans le ciel, je dirais : il engendre son Fils et l'engendre de façon pleinement nouvelle et dans la fraîcheur et a si grand plaisir en cette œuvre qu'il ne fait rien d'autre que d'opérer cette œuvre. C'est pourquoi il dit : « Voyez, je. » Qui dit « je », il lui faut faire l'œuvre de la meilleure façon. Personne que le Père ne peut à proprement parler dire la Parole. Cette œuvre lui est si propre que personne ne peut l'opérer que le Père. Dans cette œuvre Dieu opère toute son œuvre, et le Saint Esprit y est impliqué et toutes les créatures. Car Dieu opère cette œuvre dans l'âme, [cette œuvre] qui est sa naissance ; sa naissance c'est là son œuvre, et la naissance est le Fils. Cette œuvre, Dieu l'opère au plus intime de l'âme et de façon si cachée que n'en savent rien anges ni saints, et l'âme elle-même ne peut rien faire à cela que de le pâtir ; cela relève de Dieu seul *. C'est pourquoi le Père dit proprement : « J'envoie

---

* Ce concept de *naissance*, qui désigne l'engendrement du Fils par le Père, inclut dans cet acte unique et le Saint Esprit et toutes les créatures. La création ne ressortit donc pas à un acte second.

mon ange. » Or je dis : nous n'en voulons pas, cela ne nous suffit pas. Origène dit : « Marie-Madeleine cherchait Notre Seigneur ; elle cherchait un homme mort et trouva deux anges vivants », et cela ne lui suffisait pas. Elle avait raison, car elle cherchait Dieu.

Qu'est-ce qu'un ange ? Denys parle de la seigneurie sacrée des anges, en laquelle est ordonnance divine et œuvre divine et sagesse divine et ressemblance divine ou vérité divine autant qu'il est possible. Qu'est-ce que ordonnance divine ? De la puissance [2] divine jaillit la sagesse, et d'elles deux jaillit l'amour, c'est-à-dire le brasier ; car sagesse et vérité et puissance et l'amour, le brasier, sont dans l'orbite de l'être, c'est un être suréminent [3], limpide, sans nature. C'est là sa nature qu'il soit sans nature. Qui veut penser bonté ou sagesse ou puissance [4], celui-là recouvre l'être et l'obscurcit par cette pensée. Une seule adjonction de pensée recouvre l'être *. Telle est donc l'ordonnance divine. Là où Dieu trouve dans l'âme égalité avec cette ordonnance, là le Père engendre son Fils. Il faut que l'âme, avec toute sa puissance [5], fasse une percée vers sa lumière. De la puissance et de la lumière jaillit [6] un brasier, un amour. Ainsi faut-il que l'âme,

* Il s'agit là d'une « pensée » qui privilégierait l'énoncé des termes, en faisant d'eux des *étants* ou des *entités* disjointes (relevant d'une économie de nature) ; alors que l'essentiel est ici le *mouvement*, le *jaillissement* : c'est cette même « ordonnance divine », essentiellement dynamique, que Dieu recherche dans l'âme.

avec toute sa puissance, fasse une percée vers l'ordonnance divine *.

Parlons maintenant de l'ordonnance de l'âme. Un maître païen[7] dit : « La lumière naturelle suréminente de l'âme est si limpide et si claire et si élevée qu'elle touche la nature angélique ; c'est si fidèle et [d'autre part] si infidèle et si hostile aux puissances inférieures que cela ne se déverse jamais en elles et n'illumine jamais l'âme que les puissances inférieures ne soient ordonnées sous les puissances supérieures et les puissances supérieures sous la vérité suprême. Tout comme est ordonnée une armée, l'écuyer est subordonné au chevalier et le chevalier au comte et le comte au duc[8]. Tous veulent posséder la paix ; c'est pourquoi chacun aide l'autre. Ainsi chaque puissance doit-elle être subordonnée à l'autre et aider à combattre, en sorte qu'une paix limpide soit dans l'âme et un repos. » Nos maîtres disent : « Le repos total est liberté par rapport à tout mouvement. » C'est dans ce [repos] que l'âme doit s'élever par-delà soi-même vers l'ordonnance divine. Là le Père donne son Fils unique à l'âme dans un repos limpide. C'est donc là le premier point : en ce qui concerne l'ordonnance divine.

Pour les autres points, on en reste là. A propos du dernier, quelques mots. Comme je l'ai dit des anges qui ont en eux si grande ressemblance avec Dieu et

---

* Puissance, sagesse ou lumière, amour — cette « ordonnance divine » se déploie dans l'âme lorsqu'elle est *lumière*, en cela identique au Fils. En allant vers *sa propre lumière*, l'âme rejoint donc le lieu où elle *est* comme Fils.

une illumination intérieure : dans cette illumination intérieure ils se hissent par-delà eux-mêmes vers la ressemblance divine, tous se tiennent face à Dieu dans la lumière divine, à ce point égaux qu'ils opèrent œuvre divine. Les anges qui sont ainsi illuminés intérieurement et sont ainsi égaux à Dieu attirent et aspirent Dieu en eux-mêmes. Je l'ai également dit souvent : serais-je vide et aurais-je un amour enflammé et une égalité, j'attirerais Dieu pleinement en moi. Une lumière se déverse au-dehors et illumine le lieu où elle se déverse. Lorsque parfois l'on dit : c'est un homme lumineux, cela est peu de chose. Mais lorsque elle [= la lumière] jaillit au-dehors, c'est de loin meilleur et [elle] fait sa percée dans l'âme et la rend égale à Dieu et de la couleur de Dieu[9] autant qu'il est possible, et l'illumine intérieurement. Dans cette illumination intérieure elle se hisse par-delà soi dans la lumière divine. Lorsque alors elle vient ainsi chez elle et est ainsi unie à lui, elle est une coopératrice. Aucune créature n'opère que le Père, lui seul opère. L'âme ne doit jamais cesser qu'elle ne devienne aussi puissante que Dieu en œuvres. Ainsi opère-t-elle toutes ses œuvres avec le Père ; elle opère avec lui avec simplicité et sagesse et amour *.

Pour qu'il nous faille opérer ainsi avec Dieu, qu'à cela Dieu aide. Amen.

---

* Ainsi l'ordonnance de Dieu est-elle la véritable ordonnance de l'âme elle-même ; elle se donne à connaître dans la pleine identité de leur opérer.

Sermon 32

Consideravit semitas domus suae et panem otiosa non comedit

« Une femme de bien a illuminé les marches de sa maison et n'a pas mangé son pain dans l'oisiveté[1]. » Cette maison vise l'âme en sa totalité, et les marches de la maison désignent les puissances de l'âme. Un vieux maître[2] dit que l'âme est faite entre un et deux. Le un est l'éternité qui en tout temps se maintient unique et d'une seule couleur[3]. Le deux, c'est le temps, qui se transforme et se démultiplie. Il veut dire que l'âme, par les puissances supérieures, touche l'éternité, c'est-à-dire Dieu, et par les puissances inférieures elle touche le temps, et par là elle devient muable et incline vers les choses corporelles, et par là elle se trouve déchue de sa noblesse. L'âme pourrait-elle connaître Dieu totalement à l'instar des anges, elle ne serait jamais allée dans le corps. Pourrait-elle connaître Dieu sans le monde, le monde n'aurait jamais été créé pour elle. La raison pour laquelle le monde a été créé pour elle, c'est pour que l'œil de l'âme se trouve exercé et fortifié, en sorte qu'elle puisse pâtir la lumière divine. Tout comme l'éclat du soleil ne se porte pas sur la terre qu'il ne se trouve enrobé par l'air et déployé sur d'autres choses, autrement l'œil de l'homme ne pourrait le soutenir. De même la lumière divine est-elle à ce point surpuissante et claire que l'œil de l'âme ne saurait la pâtir qu'il ne se trouve conforté et porté en haut par matière et par comparaisons et qu'il ne se trouve ainsi conduit et accoutumé à la lumière divine.

Par les puissances supérieures, l'âme touche Dieu ; par là elle se trouve formée selon Dieu. Dieu est formé selon lui-même et son image par lui-même et par personne d'autre. Son image tient en ce qu'il se connaît de part en part et est tout entier une lumière. Lorsque l'âme le touche par droite connaissance, alors elle lui est égale en cette image. Imprime-t-on un sceau en une cire verte ou en une rouge ou sur un tissu, tout cela est une image. Le sceau se trouve-t-il pressé totalement de par la cire, en sorte que de la cire rien ne reste qui ne soit pleinement pressé dans le sceau, alors elle [= la cire] est une avec le sceau sans différence *. Ainsi l'âme se trouve-t-elle totalement unie à Dieu en cette image et cette ressemblance lorsqu'elle le touche en droite connaissance. Saint Augustin[4] dit que l'âme est si noble et est créée si haut par-delà toute créature qu'aucune chose éphémère qui doit disparaître au dernier jour ne peut parler dans l'âme ni opérer sans intermédiaire[5] et sans messager. Ce sont les yeux et oreilles et les cinq

---

* L'âme est la cire, et le sceau est Dieu. Inversant la signification de l'image, Eckhart affirme que la première est *pressée* dans le sceau jusqu'à être totalement absorbée en lui, identifiée à lui.

sens : ce sont les marches par quoi l'âme sort dans le monde, et par ces marches le monde entre en retour dans l'âme. Un maître[6] dit que « les puissances de l'âme doivent avec fruit abondant se hâter en retour vers l'âme » ; lorsqu'elles sortent, elles apportent toujours quelque chose en retour. C'est pourquoi l'homme doit veiller avec zèle sur ses yeux pour qu'ils n'introduisent pas quelque chose qui soit dommageable à l'âme. J'en suis certain : quoi que voie l'homme de bien, il en devient meilleur. Voit-il chose mauvaise, il remercie Dieu de ce qu'il l'en a préservé, et prie pour celui en qui elle est afin que Dieu le convertisse. Voit-il chose bonne, il désire qu'elle se trouve accomplie en lui.

Ce voir doit être double : que l'on se défasse de ce qui est dommageable, et que nous pourvoyions à ce qui nous fait défaut. Je l'ai dit également souvent : ceux qui beaucoup jeûnent et beaucoup veillent et font de grandes œuvres et ne corrigent pas leurs défauts et leurs mœurs, ce en quoi tient la vraie croissance, ceux-là se trompent eux-mêmes et sont la risée du diable. Un homme avait un hérisson par lequel il devint riche. Il demeurait près de la mer. Lorsque le hérisson éprouvait où tournait le vent, il hérissait sa peau et tournait le dos de ce côté. Alors l'homme allait vers la mer et leur [= aux gens] disait : « Que voulez-vous me donner si je vous avise où se tourne le vent ? », et il vendait le vent, et par là devint riche. Ainsi l'homme deviendrait-il véritablement riche en vertus s'il éprouvait ce en quoi il est le plus faible afin qu'il y pourvoie et qu'il oriente son zèle à le surmonter.

Cela, sainte Elisabeth l'a fait avec zèle. Avec sagesse « elle avait porté son regard sur les marches de sa maison ». C'est pourquoi « elle ne craignait pas l'hiver, car sa maisonnée avait double vêtement ». Car ce qui pouvait lui porter dommage, elle avait de quoi s'en préserver. Si quelque chose lui faisait défaut, elle tournait là-contre son zèle pour le parfaire. C'est pourquoi « elle n'a pas mangé son pain dans l'oisiveté ». Elle avait aussi tourné ses puissances supérieures vers notre Dieu. Des plus hautes puissances de l'âme, il en est trois : la première est connaissance, la seconde *irascibilis,* c'est-à-dire une puissance ascendante ; la troisième est la volonté *. Lorsque l'âme se porte vers la connaissance de la droite vérité, vers la puissance simple par quoi l'on connaît Dieu, alors l'âme s'appelle une lumière. Et Dieu est aussi une lumière ; et lorsque la lumière divine se répand dans l'âme, alors l'âme se trouve unie à Dieu comme une lumière avec la lumière ; ainsi s'appelle-t-elle une lumière de la foi, et c'est là une vertu divine. Et là où l'âme ne peut venir par ses sens ni ses puissances, là la porte la foi.

La seconde est la puissance ascendante dont l'œuvre est proprement de tendre vers le haut. De même qu'à l'œil ce qui est propre est qu'il voie forme et couleur, et qu'à l'oreille ce qui est propre est

---

* Eckhart parle communément de deux puissances supérieures, l'intellect et la volonté. Il introduit ici une troisième puissance, *l'irascibilis*, qui, plutôt que de faire nombre avec celles-là, exprime le dynamisme qui les porte. Voir à ce propos *Maître Eckhart ou l'empreinte du désert, op. cit.*, p. 171-172.

qu'elle entende sons agréables et voix, ainsi pour l'âme est-ce une œuvre propre qu'en cette puissance elle soit sans relâche ascendante ; et si elle regarde de côté, elle tombe alors dans l'orgueil, c'est là péché. Elle ne saurait souffrir que quelque chose soit au-dessus d'elle. Je m'imagine qu'elle ne peut même souffrir que Dieu soit au-dessus d'elle ; s'il n'est pas en elle et si elle ne le possède aussi bien qu'elle-même, elle ne peut jamais trouver de repos. Par cette puissance, Dieu se trouve saisi en l'âme autant qu'il est possible à la créature, et sous ce rapport on parle d'une espérance, ce qui est aussi une vertu divine. En celle-ci, l'âme a si grande confiance en Dieu qu'elle pense que Dieu dans tout son être ne possède rien qu'il ne lui serait pas possible de recevoir. Messire Salomon dit que « des eaux dérobées sont plus douces » que d'autres eaux. Saint Augustin dit[7] : Les poires que je dérobais m'étaient plus douces que celles que m'achetait ma mère, pour la raison qu'elles m'étaient interdites et inaccessibles. Ainsi est bien plus douce à l'âme la grâce qu'elle obtient par sagesse et zèle particuliers, plus que celle qui est commune à toutes gens.

La troisième puissance, c'est la volonté intérieure, qui tel un visage est tournée en tout temps vers Dieu, vers la volonté divine, et de Dieu puise dans soi l'amour*. Alors Dieu se trouve tiré par l'âme et l'âme se trouve tirée par Dieu, et cela s'appelle un amour divin et c'est aussi une vertu divine. Béatitude divine réside en trois choses : en la connaissance

---

* Elle puise l'amour en Dieu pour s'en emplir elle-même.

selon laquelle il se connaît soi-même ultimement, la seconde, [en la] liberté selon laquelle il demeure non saisi et non contraint par toute créature sienne, et [la troisième], en parfaite suffisance selon laquelle il se suffit à soi-même et à toute créature. En cela réside aussi la perfection de l'âme : en connaissance et en compréhension de ce qu'elle a compris Dieu, et en union de parfait amour. Voulons-nous savoir ce qu'est le péché ? Le fait de se détourner de la béatitude et de la vertu, c'est de là que vient tout péché. Sur ces marches, toute âme bienheureuse doit aussi porter son regard. C'est pourquoi « elle ne craint pas l'hiver, car sa maisonnée est aussi vêtue de vêtements doubles », selon que l'Ecriture dit à son propos. Elle était vêtue de force pour résister à toute imperfection, et était ornée de vérité. Cette femme était dans la richesse et dans les honneurs extérieurement en regard du monde, et intérieurement elle adorait la vraie pauvreté. Et lorsque la consolation extérieure lui fit défaut, elle fuit alors vers celui vers qui fuient toutes les créatures, et méprisa le monde et soi-même. Par là elle se dépassa soi-même et méprisa qu'on la méprise, en sorte qu'elle ne s'en soucia pas et ne délaissa pas pour autant sa perfection. Elle eut grand désir d'en venir à laver et soigner malades et souillés avec un cœur pur.

Pour que nous illuminions ainsi les marches de notre maison et ne mangions pas notre pain dans l'oisiveté, qu'à cela Dieu nous aide. Amen.

Sermon 33

Sancti per fidem vicerunt regna

Saint Paul dit : « Les saints ont vaincu les royaumes par la foi [1]. »

Ce sont quatre royaumes que les saints ont vaincus et que nous aussi devons vaincre. Le premier royaume est le monde ; royaume du monde, on doit le vaincre par pauvreté d'esprit. Le second royaume est celui de notre chair ; nous devons le vaincre par faim et par soif. Le troisième royaume est celui du diable ; nous devons le vaincre par lamentations et par peine. Le quatrième royaume est celui de Notre Seigneur Jésus Christ ; nous devons le vaincre par la force de l'amour.

L'homme posséderait-il le monde entier, il doit pourtant penser qu'il est pauvre et doit en tout temps tendre la main devant la porte de Notre Seigneur Dieu et demander l'aumône de la grâce de Notre Seigneur, car c'est la grâce qui les fait enfants de Dieu. C'est pourquoi David dit : « Seigneur, tout mon désir est devant toi et tend vers toi [2]. » Saint Paul dit : « Toutes choses me sont comme un bourbier afin que je gagne Notre Seigneur Jésus Christ [3]. » Il est impossible qu'aucune âme soit sans péché si la grâce de Dieu ne tombe en elle. L'œuvre de la grâce est de rendre l'âme prompte et disposée à toutes œuvres divines, car la grâce flue de la source divine et est une ressemblance divine et a goût de Dieu et rend l'âme égale à Dieu. Lorsque cette même grâce et ce goût se déversent dans la volonté, cela s'appelle alors un amour ; et lorsque cette grâce et ce goût se déversent dans la puissance discursive[4], cela s'appelle alors une lumière de la foi ; et lorsque cette même grâce et goût se déversent dans l'irascible[5], c'est-à-dire la puissance ascendante, cela s'appelle alors une espérance. C'est pourquoi elles s'appellent vertus divines en ce qu'elles opèrent œuvre divine dans l'âme, comme on peut l'éprouver par la puissance du soleil qui est tel qu'il opère œuvre vivante sur la terre, car il rend toutes choses vivantes et les maintient en leur être. La lumière disparaîtrait-elle, alors disparaîtraient toutes choses, comme si elles n'étaient pas. Ainsi en est-il dans l'âme : là où sont la grâce et l'amour, se trouvent pour l'homme des lumières pour faire toute œuvre divine, et c'est un signe certain que pour l'homme auquel œuvres divines sont difficiles à faire, il n'est en lui aucune grâce. C'est pourquoi un maître dit : Je ne juge pas les gens qui portent de bons vêtements ou font bonne chère s'il se trouve qu'ils ont l'amour[6]. Je ne me tiens pas non plus pour plus grand si j'ai une vie dure à moins que je n'éprouve que j'ai davantage d'amour. C'est une grande folie que plus d'un homme jeûne et prie beaucoup et fasse de grandes œuvres et soit tout le temps solitaire s'il n'améliore pas ses mœurs et est agité et coléreux. Il devrait éprouver ce en quoi il est le plus faible, c'est vers cela qu'il devrait tourner son zèle pour trouver comment le vaincre. S'il est bien ordonné en ses mœurs, quoi qu'il fasse alors, cela plaît à Dieu.

Et c'est ainsi que l'on vainc les royaumes.

Sermon 34

Gaudete in domino, iterum gaudete etc.

Saint Paul dit : « Réjouissez-vous dans le Seigneur en tout temps et ne soyez plus dans le souci ; le Seigneur est tout près ; que vos pensées soient connues de Dieu en actions de grâces ou en supplications [1]. »

Or il dit : « Réjouissez-vous ! » Jérôme dit : Personne ne peut de par Dieu jouir de connaissance, sagesse et joie qu'il ne soit un homme de bien [2]. Celui-là n'est pas un homme de bien qui n'a pas transformé ses mœurs anciennes ; celui-là ne peut de par Dieu jouir de connaissance, sagesse et joie. — Or il dit : « Réjouissez-vous dans le Seigneur ! » Il ne dit pas : Dans Notre Seigneur, plutôt : « Dans le Seigneur. » J'ai dit souvent que seigneurie de Dieu ne réside pas seulement en ce qu'il est Seigneur de toutes les créatures, plutôt : sa Seigneurie réside en ce qu'il pourrait créer des milliers de mondes et qu'il planerait au-dessus de tout dans son être limpide : c'est en cela qu'est sa seigneurie.

Or il dit : « Réjouissez-vous dans le Seigneur ! » Là nous notons deux petits mots. Le premier est que l'on demeure intérieurement en tout « dans le Seigneur » et [que l'on] ne recherche rien en dehors de lui dans la connaissance et dans le plaisir, [mais] qu'on se réjouisse seulement dans le Seigneur. L'autre petit mot : « Réjouissez-vous dans le Seigneur ! », dans son plus intime et dans son principe, là où toutes choses reçoivent de [lui] et lui de personne. — Or il dit : « Réjouissez-vous dans le Seigneur en tout temps ! » Les maîtres disent que deux heures ne peuvent être simultanées, pas plus que deux jours. Saint Augustin dit : Celui-là se réjouit en tout temps qui se réjouit hors du temps, et il dit : « Réjouissez-vous en tout temps ! », c'est-à-dire par-delà le temps, et « ne soyez plus dans le souci ; le Seigneur est tout près et est proche ! ». Il faut de nécessité que laisse tout souci l'âme qui doit se réjouir dans le Seigneur, mais à tout le moins en cette heure où elle se conforme à Dieu. C'est pourquoi il dit : « Ne soyez pas dans le souci ; le Seigneur est tout proche de vous ! », c'est-à-dire : dans notre plus intime, dès lors qu'il nous trouve chez nous et que l'âme n'est pas allée au-dehors se commettre avec les cinq sens. Il faut que l'âme soit chez elle dans son plus intime et dans le plus élevé et dans son plus limpide et demeure intérieurement en tout et ne sorte pas au-dehors ; alors « Dieu est tout près et Dieu est proche ».

Le second sens est : « Le Seigneur est près. » Il est près de lui-même et ne s'en va pas loin dehors. Or David dit : « Seigneur, réjouis mon âme car je l'ai élevée vers toi[3] ! » Il faut que l'âme s'élève de toute sa force par-delà soi-même et il faut qu'elle se trouve tirée par-delà temps et par-delà espace dans la longueur et dans la largeur, là où Dieu est près de lui-même et proche et ne s'en va pas loin dehors et ne touche rien d'étranger *. Jérôme dit : Pas plus qu'il n'est possible qu'une pierre ait sagesse angélique, pas plus est-il possible que Dieu se donne jamais dans le temps ou dans les choses du temps[4]. C'est pourquoi il dit : « Le Seigneur est tout près. » David dit : « Dieu est près de tous ceux qui le louent et le disent et le nomment, et cela dans la vérité[5]. » Comment on le loue et le dit et le nomme, je le laisse de côté ; plutôt : [je m'exprime sur ce] qu'il dit : « Dans la vérité. » Qu'est-ce-que vérité ? Le Fils seul est la vérité, et non le Père ni le Saint Esprit, étant entendu qu'ils sont une vérité dans leur être. C'est là vérité lorsque je révèle ce que j'ai dans mon cœur et que je l'exprime par ma bouche tel que je l'ai dans mon cœur, sans faux-semblant[6] et sans dissimulation. La révélation, c'est là la vérité. Ainsi le Fils seul est-il la vérité. Tout ce que le Père possède et peut produire, il le dit pleinement dans son Fils. La révélation et l'opération, c'est là la vérité. Pour cette raison il dit : « Dans la vérité **. »

Or saint Paul dit : « Réjouissez-vous dans le Seigneur ! », et après cela il dit : « Que vos pensées soient

---

* Appel de tonalité unilatérale à ce qui constitue l'une des constantes de la pensée de Eckhart, comme le dit pour sa part le traité *De l'homme noble* : qu'il faille sortir de soi — ou au-dessus de soi — pour revenir à soi en vérité. Il ne s'agit donc pas ici d'une dépréciation de principe des réalités concrètes, mais de la voie qui permet de les reconnaître en vérité.

** La vérité, qui est le propre de Dieu dans sa tri-unité, est ici présentée comme la caractéristique du Fils, dans la mesure où c'est en lui qu'elle se trouve *révélée*.

connues auprès du Seigneur ! », c'est-à-dire : Dans cette Vérité auprès du Père. Foi adhère à la lumière de l'intellect, espérance adhère à la puissance ascendante qui en tout temps monte vers le plus haut et vers le plus limpide : vers la vérité. J'ai dit parfois — écoutez de moi cette parole ! : cette puissance est si libre et est tellement ascendante qu'elle ne veut souffrir aucune contrainte. Le brasier de l'amour adhère à la volonté.

Or il dit : « Vos pensées » et toutes les puissances « sont connues auprès du Seigneur en actions de grâces et en supplications ! ». L'homme n'aurait-il rien de plus à faire avec Dieu que d'être en actions de grâces, ce serait assez.

Pour que nous nous réjouissions éternellement dans le Seigneur et auprès du Seigneur dans la vérité et que nos pensées lui soient connues et que nous soyons en actions de grâces pour tout bien et soyons bienheureux en lui, qu'à cela Dieu nous aide. Amen.

Sermon 35

Si consurrexistis cum Christo, quae sursum sunt etc.

Saint Paul dit : « Etes-vous ressuscités avec Christ, cherchez alors les choses qui sont d'en haut, là où Christ est assis à la droite de son Père, et goûtez les choses qui sont d'en haut, et ne vous laissez pas aller à goûter les choses qui sont sur la terre [1]. » Après quoi il dit une autre parole : « Vous êtes morts, et votre vie est cachée avec Christ en Dieu [2] » dans le ciel. La troisième chose, c'est que les femmes cherchaient Notre Seigneur au tombeau. Là elles trouvèrent un ange, « son visage était comme un éclair et ses vêtements blancs comme la neige, et il dit aux femmes : "Qui cherchez-vous ? Si vous cherchez Jésus qui a été crucifié — il n'est pas ici [3]" ». Car Dieu n'est nulle part. De la moindre chose de Dieu toutes les créatures sont pleines, et sa grandeur n'est nulle part. Elles ne lui répondirent pas, car elles furent chagrinées par l'ange, du fait qu'elles ne trouvèrent pas Dieu. Dieu n'est pas ici ni là, dans temps ni dans espace.

Or saint Paul dit : « Etes-vous ressuscités avec Christ, cherchez alors les choses qui sont d'en haut. » Par cette première parole il vise deux sens. Certaines gens ressuscitent à demi, ils s'exercent en une vertu et non en une autre. Il est certaines gens qui de nature ne sont pas nobles, ils sont avides de richesse. D'autres sont plus nobles de nature et ne prêtent pas attention aux biens, mais ils veulent posséder l'honneur. Un maître dit que de nécessité toutes les vertus tiennent ensemble[4]. Même s'il se trouve qu'un homme pourtant soit davantage incliné à s'exercer à une vertu plutôt qu'à une autre, pourtant, de nécessité, elles tiennent toutes en un. Certaines gens ressuscitent pleinement, mais ils ne ressuscitent pas avec Christ. C'est pourquoi ce que l'on a à soi, cela doit ressusciter pleinement. D'autre part, on trouve certaines gens qui ressuscitent pleinement avec Christ ; mais il lui faut être plein de sagesse, celui qui doit éprouver une vraie résurrection avec Christ. Les maîtres disent que ressuscite vraiment celui qui ne meurt pas à nouveau. Nulle part il n'est vertu si grande que l'on ne trouve des gens qui ne l'aient exercée par puissance naturelle, car puissance naturelle opère souvent signes et miracles ; car toutes œuvres extérieures que l'on a jamais trouvées chez les saints, on les a aussi trouvées chez les païens. C'est pourquoi il dit : Vous devez ressusciter avec Christ, car il est en haut, là où aucune nature ne peut atteindre. Ce qui est nôtre, cela doit ressusciter pleinement *.

---

* Trois niveaux enchaînés, qui scandent les étapes d'un procès spirituel. Ce dynamisme d'accomplissement montre que la résurrection ne tient pas dans quelque performance qui serait au pouvoir de l'individu ; car il ne s'agit pas en cela de « perfection naturelle », mais d'une réalité d'esprit qui répond aux deux notes de totalité et d'irréversibilité : c'est *tout* l'homme qui ressuscite, et il ressuscite pour ne plus *mourir*.

Il est trois signes [pour savoir] si nous ressuscitons pleinement. Le premier, si nous recherchons « les choses qui sont d'en haut ». Le second, si nous goûtons « les choses qui sont d'en haut ». Le troisième, si nous ne goûtons pas les choses qui sont sur la terre[5]. Or saint Paul dit : « Recherchez les choses qui sont d'en haut. » Maintenant, où et de quelle manière ? Le roi David dit : « Recherchez la face de Dieu[6]. » Ce qui doit avoir commerce avec beaucoup de choses, il faut de nécessité que ce soit en haut. Ce qui produit le feu, il faut de nécessité qu'il soit au-dessus de lui, comme le sont le ciel et le soleil. Nos meilleurs maîtres[7] veulent que le ciel soit un lieu de toutes choses, et il n'a cependant pas de lieu, aucun lieu naturel, et donne à toutes choses lieu. Mon âme est indivisée et est pourtant pleinement dans chacun des membres. Là où mon œil voit, là mon oreille n'entend pas ; là où mon oreille entend, là mon œil ne voit pas. Ce que je vois ou entends corporellement, cela advient spirituellement en moi. Mon œil reçoit la couleur dans la lumière ; mais elle ne parvient pas à l'âme, car elle est une scorie. Tout ce que reçoivent les sens extérieurs pour que cela se trouve porté spirituellement à l'intérieur, cela vient d'en haut, de l'ange : c'est lui qui l'imprime dans la partie supérieure de l'âme. Or nos maîtres disent[8] : Ce qui est d'en haut, cela ordonne et pose ce qui est au-dessous. A ce propos saint Jacques dit : « Tout bien et tout don parfait descendent d'en haut[9]. » Celui qui est pleinement ressuscité avec Christ, le signe en est qu'il recherche Dieu par-delà le temps. Celui-là recherche

Dieu par-delà le temps qui le cherche hors du temps [10].

Or il dit : « Recherchez les choses qui sont d'en haut. » Où cherche-t-on ? « Là où Christ est assis à la droite de son Père. » Où Christ est-il assis ? Il n'est assis nulle part. Celui qui le cherche quelque part, celui-là ne le trouve pas. Ce qu'il a de plus petit est partout, ce qu'il a de plus élevé n'est nulle part. Un maître dit : Celui qui connaît quelque chose, celui-là ne connaît pas Dieu. « Christ » veut dire « oint », celui qui est oint de par le Saint Esprit. Les maîtres disent : être assis signifie [le] repos et vise [un] là où il n'est pas de temps. Ce qui se modifie et change, cela n'a pas de repos ; en second lieu : le repos n'ajoute rien. Notre Seigneur dit : « Je suis Dieu et ne change pas. »

Christ est assis à la droite de son Père. Le bien le meilleur que Dieu puisse accorder, c'est sa droite. Christ dit : « Je suis une porte [11]. » Le premier jaillissement et la première diffusion au-dehors par quoi Dieu se diffuse au-dehors, là il se diffuse en son Fils, et là il [= le Fils] se diffuse en retour dans le Père. J'ai dit un jour que la porte était l'Esprit Saint : là il se diffuse à l'extérieur en bonté dans toutes les créatures. Là où un homme est selon la nature, il commence son œuvre « par la droite ». Un maître [12] dit que le ciel reçoit nûment de Dieu. Un autre maître dit qu'il n'en va pas ainsi : car Dieu est un esprit et une lumière limpide ; c'est pourquoi ce qui doit recevoir nûment de Dieu, il faut de nécessité que ce soit un esprit et une lumière limpide. Un maître dit : Il est impossible, dans le premier jaillissement là où Dieu jaillit, que quelque chose qui est corporel le reçoive, ou bien il faut qu'il soit une lumière ou un esprit limpide. Le ciel est au-dessus du temps et est une chose du temps. Un maître[13] dit que le ciel dans sa nature est si noble qu'il ne peut s'incliner jusqu'à être une chose du temps. Dans sa nature il ne peut causer le temps ; dans sa course, il est cause du temps — et il est hors du temps — c'est-à-dire dans la scorie du ciel *. Ma couleur n'est pas ma nature, plutôt : c'est une scorie de ma nature, et notre âme est loin au-dessus et « est cachée en Dieu ». Je ne dis donc pas seulement : au-dessus du temps, plutôt : « cachée en Dieu ». Cela vise-t-il le ciel ? Tout ce qui est corporel, c'est une scorie et un hasard et une déchéance. Le roi David dit : « Mille ans sont aux yeux de Dieu comme un jour qui est passé[14] » ; car tout ce qui est à venir et est passé, cela est totalement là dans un maintenant.

Pour que nous venions à ce maintenant, qu'à cela Dieu nous aide. Amen.

---

* Lorsque, par sa révolution, il est cause du temps, le ciel n'agit pas réellement selon sa nature — laquelle est hors du temps ; il déchoit alors en quelque sorte de cette nature en donnant par le temps libre cours à la contingence.

Sermon 36 a

Stetit Iesus in medio discipulorum et dixit : pax etc.

Saint Jean écrit pour nous dans son évangile : « Au premier jour de la semaine, alors que c'était le soir, Notre Seigneur vint les portes fermées, au milieu de ses disciples et dit : "Paix à vous !", et derechef : "Paix à vous !" Et pour la troisième fois : "Recevez le Saint Esprit[1] !" »

Or il n'y a jamais de soir qu'il n'y ait eu auparavant un matin et un midi. Or on dit que le midi est plus chaud que le soir. Pourtant, dans la mesure où le soir inclut dans soi le midi et y ajoute sa chaleur, il est plus chaud, car avant le soir il y a un jour plein, limpide. Mais tard dans l'année, mettons après le solstice, lorsque le soleil en vient à se rapprocher de la terre, alors le soir devient chaud. Le midi ne peut jamais advenir que le matin ne se soit en allé, et le soir ne peut jamais advenir que le midi ne se soit en allé. Cela signifie : lorsque la lumière divine fait irruption dans l'âme toujours plus et plus, advient pour nous un jour plein, limpide, alors le matin ne le cède pas au midi ni le midi au soir : cela s'inclut pleinement en un. C'est pourquoi le soir alors est chaud.

C'est alors qu'il y a jour plein, limpide, dans l'âme, lorsque tout ce qu'est l'âme se trouve empli de la lumière divine. Mais c'est alors qu'il y a soir dans l'âme, comme je l'ai dit auparavant[2], lorsque la lumière de ce monde décline et [que] l'homme est recueilli et repose. Alors Dieu dit : « Paix ! », et derechef : « Paix ! », et : « Recevez le Saint Esprit ! »

« Jacob, le patriarche, vint en un lieu, alors que c'était le soir, et il prit des pierres qui se trouvaient en ce lieu, [les plaça] sous sa tête et se reposa. Dans son sommeil, il vit une échelle se dresser vers le ciel et les anges monter et descendre, et Dieu s'était incliné en haut sur l'échelle[3]. » Le lieu où Jacob s'endormit n'avait pas de nom. Cela signifie : la déité seule est un lieu de l'âme, et n'a pas de nom. Or nos maîtres disent[4] : Ce qui est lieu d'autre chose, il faut que cela soit au-dessus de lui, comme le ciel est un lieu de toutes choses et le feu est lieu de l'air, et l'air est lieu de l'eau et de la terre, et l'eau n'est pas complètement lieu de la terre et la terre n'est pas un lieu. L'ange est lieu du ciel, et chaque ange qui a reçu de Dieu une petite goutte de plus que l'autre, celui-là est lieu et place des autres, et l'ange le plus élevé est lieu et place et mesure de tous les autres, et il est sans mesure. Mais, bien qu'il soit sans mesure, Dieu pourtant est sa mesure.

« Jacob se reposa en ce lieu » qui est sans nom. Du fait qu'on ne le nomme pas, de ce fait il est nommé *. Lorsque l'âme parvient dans ce lieu qui est sans nom,

---

* Il est nommé comme l'innommé, comme ce qui n'a pas de nom.

là elle prend son repos ; là où toutes choses ont été Dieu en Dieu, là elle repose. Le lieu de l'âme, qui est Dieu, est sans nom. Je dis que Dieu est inexprimé. Or saint Augustin[5] dit que Dieu n'est pas inexprimé ; car, s'il était inexprimé, cela même serait une affirmation, car il est plutôt un se taire qu'un dire. A l'un de nos plus anciens maîtres, qui trouva jamais la vérité longtemps et longtemps avant la naissance de Dieu, avant que foi au Christ advienne jamais telle qu'elle est maintenant[6], il sembla ce qui suit : tout ce qu'il pourrait dire des choses, cela porterait en soi quelque chose d'étranger et de non vrai ; c'est pourquoi il voulut se taire. Il ne voulait pas dire : « Donnez-moi du pain ou donnez-moi à boire ! » C'est pourquoi il ne voulait pas parler des choses, car il ne pouvait pas en parler aussi limpidement qu'elles ont surgi de la première cause. C'est pourquoi il préférait se taire, et ce qui lui était nécessaire il le donnait à entendre à l'aide de signes des doigts. A nous, puisque lui ne pouvait discourir des choses, il convient davantage encore d'avoir nécessité plénière de nous taire à propos de celui qui est une origine de toutes choses.

Or nous disons que Dieu est un esprit. Il n'en est pas ainsi. Dieu serait-il proprement un esprit, alors il serait exprimé. Saint Grégoire dit[7] : De Dieu nous ne pouvons, au sens propre, rien dire. Ce que de lui nous disons, il nous faut le balbutier. Le lieu qui n'a pas de nom, en lui verdoient et fleurissent toutes créatures en juste ordonnance, et la place de toute créature est prise pleinement du fondement de ce lieu de juste ordonnance, et la place de l'âme découle de ce fondement.

« Jacob voulait reposer. » Notez ! « Il voulait reposer. » Celui qui repose en Dieu, son repos est sans vouloir sien. Or nous disons : Volonté est sans exercice [préalable et incitatif]. La volonté est libre, elle ne fait pas d'emprunt à la matière. Sur ce point, elle est plus libre que connaissance, et là achoppent certains fous et ils veulent qu'elle soit au-dessus de la connaissance. Il n'en est pas ainsi. Connaissance est libre aussi, mais connaissance emprunte à la matière et aux choses corporelles en un lieu de l'âme, comme je l'ai dit la veille de Pâques[8], selon que certaines puissances de l'âme sont liées aux cinq sens, tels que voir et entendre, qui portent vers l'intérieur ce que l'on doit apprendre. Or un maître dit : Nulle part Dieu ne veut que ce soit par yeux ou par oreilles que se trouve jamais porté à l'intérieur ce qui peut emplir la partie la plus noble de l'âme, mais seulement par le lieu sans nom qui est un lieu de toutes choses. C'est certes une bonne préparation, cela profite certes sous le mode où cela est mêlé à de la couleur, à des sons et à des choses corporelles. Ce n'est qu'un exercice des sens, et l'âme par là se trouve éveillée, et l'image du savoir est imprimée de façon naturelle en elle. Platon[9] dit, et avec lui saint Augustin[10] : L'âme a en elle tout savoir, et tout ce que l'on peut apprendre de l'extérieur, cela n'est rien qu'un éveil du savoir. « Jacob reposait le soir. » Or nous avons prié naguère pour un « maintenant ». Maintenant nous prions pour une petite chose, juste pour un soir.

Pour qu'il nous soit donné, qu'à cela Dieu nous aide. Amen.

Sermon 36 b

« C'était le soir de ce jour où Notre Seigneur vint vers ses disciples et se tint au milieu et dit : "Paix soit avec vous [1] !" »

Or il dit : « C'était le soir de ce jour. » Lorsque la chaleur de midi transperce l'air et le rend chaud, alors tombe en plus la chaleur du soir et il fait encore plus chaud : c'est le soir alors qu'il fait le plus chaud en raison de la chaleur qui vient en plus. De même l'année a aussi son soir, c'est-à-dire le mois d'août, c'est alors qu'il fait le plus chaud dans l'année. De même, il y a un soir dans l'âme qui aime Dieu. C'est repos limpide pour qui est pénétré et échauffé en amour divin. C'est pourquoi il dit : « C'était le soir de ce jour. » Dans ce jour, matin et midi et soir tous ensemble demeurent un et rien n'en disparaît ; mais pour ce jour du temps, alors disparaissent matin et midi, et s'ensuit le soir. Il n'en est pas ainsi dans le jour de l'âme : cela demeure un. La lumière naturelle de l'âme, c'est le matin. Lorsque l'âme fait sa percée vers le plus haut et vers le plus limpide dans la lumière et accède ainsi à la lumière de l'ange, dans cette lumière c'est mi-matin ; et alors l'âme, avec la lumière de l'ange, pénètre vers le haut dans la lumière divine, c'est le midi ; et l'âme demeure dans la lumière de Dieu, et, dans un silence de limpide repos, c'est le soir ; c'est alors qu'il fait le plus chaud dans l'amour divin. Or il dit : « C'était le soir de ce jour. » C'est là le jour dans l'âme.

« Jacob, le patriarche, vint en un lieu et voulut se reposer le soir, alors que le soleil s'était couché[2]. » Il dit : « En un lieu », il ne le nomme pas. Ce lieu est Dieu. Dieu n'a pas de nom propre et est un lieu et est place de toutes choses et est lieu naturel de toutes créatures. Le ciel n'a pas de lieu en ce qu'il a de plus élevé et en ce qu'il a de plus limpide, plutôt : dans son inclination, son opération, il est lieu et place de toutes choses corporelles qui sont au-dessous de lui. Et le feu est lieu de l'air, et l'air est lieu de l'eau et de la terre. Est lieu ce qui m'a enveloppé, ce en quoi je me tiens. C'est ainsi que l'air a enveloppé la terre et l'eau. Plus la chose est subtile, plus elle est puissante ; de là elle peut opérer sur les choses qui sont plus grossières et qui sont au-dessous d'elle. La terre ne peut à proprement parler être lieu, car elle est trop grossière et est aussi le plus bas des éléments. L'eau est lieu pour une part ; car elle est plus subtile, ce pour quoi elle est plus puissante. Plus l'élément est puissant et subtil, plus il est place et lieu de l'autre. Ainsi le ciel est-il lieu de toutes choses corporelles, et il n'a aucun lieu qui soit corporel ; plutôt : l'ange le plus bas est son lieu et son ordonnance et sa place, et ainsi d'échelon en échelon ; chaque ange qui est plus noble est lieu et place et mesure de l'autre, et l'ange le plus élevé est lieu et place et mesure de tous les autres anges qui sont au-dessous de lui, et il n'a lui-même ni lieu ni mesure. Mais c'est Dieu qui a sa mesure et son lieu, et lui [= l'ange] est limpide esprit. Dieu n'est pas esprit, selon le mot de saint Grégoire[3], lequel dit que tous nos mots que nous énonçons de Dieu sont un balbutier de Dieu. C'est pourquoi il dit : « Il vint en un lieu. » Ce lieu est Dieu, qui à toutes choses donne place et ordonnance. J'ai dit davantage : ce qui de Dieu est le plus minime, de cela toutes les créatures sont pleines, et [elles] vivent et croissent et verdoient en cela, et ce qui de lui est le plus élevé n'est nulle part. Aussi longtemps l'âme est quelque part, elle n'est pas dans ce qui en Dieu est le plus élevé, qui n'est nulle part.

Or il dit : « Il voulut se reposer dans ce lieu. » Toute richesse et pauvreté et béatitude se trouvent dans la volonté. La volonté est si libre et si noble qu'elle ne reçoit rien d'aucune chose corporelle, mais c'est par sa propre liberté qu'elle opère son œuvre. L'intellect reçoit certes des choses corporelles : sous cet aspect, volonté est plus noble ; toutefois, c'est [seulement] dans une partie de l'intellect, dans un regard vers le bas et dans une inclination, que cet entendement reçoit des images des choses corporelles. Mais dans ce qui [en lui] est le plus élevé, l'intellect opère sans adjonction de choses corporelles. Un grand maître dit : Tout ce qui se trouve porté vers l'intérieur par les sens, cela ne parvient pas à l'âme ni dans la puissance supérieure de l'âme. Saint Augustin dit, et Platon aussi, un maître païen, dit que l'âme a en elle naturellement tout savoir[4] ; c'est pourquoi elle n'a pas besoin de tirer dans soi le savoir à partir de l'extérieur, mais c'est à partir de l'exercice du savoir extérieur que devient manifeste le savoir qui est caché naturellement dans l'âme ; comme un médecin, qui certes purifie mon œil et ôte l'obstacle qui m'empêche de voir, ne donne cependant pas la vue à l'œil. La puissance de l'âme qui opère naturellement dans l'œil, c'est elle seulement qui engendre la vue dans l'œil, lorsque est ôté l'obstacle. C'est ainsi que ne donne pas lumière à l'âme tout ce qui se trouve porté à l'intérieur par les sens en fait d'images et en fait de formes, plutôt : cela seulement prépare et purifie l'âme pour qu'elle puisse recevoir nûment, dans ce qui en elle est le plus élevé, la lumière de l'ange et avec elle la lumière de Dieu.

Or il dit : « Jacob voulut se reposer en ce lieu. » Ce lieu est Dieu et l'être divin, qui à toutes choses donne lieu et vie et être et ordonnance[5]. Dans ce lieu l'âme doit se reposer dans le plus élevé et le plus intérieur du lieu. Et dans ce même fond où il [=Dieu] a son propre repos, c'est là que nous aussi devons prendre notre repos et le posséder avec lui.

Ce lieu est sans nom, et personne ne peut énoncer une parole propre à son propos. Toute parole que nous pourrions énoncer à son propos, c'est une négation portant sur ce que Dieu n'est pas plutôt qu'une affirmation de ce qu'il est. C'est ce qu'un grand maître[6] vit, et il lui parut que tout ce qu'il pourrait énoncer à propos de Dieu par des paroles, cela il ne pourrait l'énoncer à proprement parler sans que se trouve toujours en cela quelque chose de faux. C'est pourquoi il se tut et il ne voulut jamais énoncer aucune parole, et se trouva grandement moqué par d'autres maîtres. C'est pourquoi il est bien meilleur de se taire à propos de Dieu que de parler.

Or il dit aussi : « C'était le soir de ce jour où Notre Seigneur se tint au milieu de ses disciples et dit : "Paix soit avec vous !" »

Pour que nous parvenions à la paix éternelle et dans le lieu sans nom qui est l'être divin, qu'à cela nous aide le Saint Esprit. Amen.

Sermon 37

Vir meus servus tuus mortuus est

« Une femme dit au prophète : “Seigneur, mon mari, ton serviteur, est mort. Or viennent ceux à l’égard de qui nous sommes en dette, et ils prennent mes deux fils et les réduisent en service à cause de leurs dettes, et je n’ai rien qu’un peu d’huile.” Le prophète dit : “Emprunte donc des vases vides et verses-en un peu dans chacun d’eux ; cela croîtra et prospérera, et vends-le et éteins ta dette et délivre tes deux fils. Ce qu’il y a en plus, que cela te nourrisse, toi et tes deux fils [1] !” »

La petite étincelle de l’intellect, c’est le chef dans l’âme, c’est-à-dire le « mari » de l’âme, et [elle] est quelque chose comme une petite étincelle de nature divine, une lumière divine, un rayon et une image imprimée de nature divine. Nous lisons à propos d’une femme qu’elle réclama un don de la part de Dieu [2]. Le premier don que Dieu donne, c’est le Saint Esprit ; en lui Dieu donne tous ses dons : c’est « l’eau vive. A qui je la donne, il n’a plus jamais soif ». Cette eau est grâce et lumière et jaillit dans l’âme, et jaillit à l’intérieur et s’élève et « jaillit dans l’éternité ».

« Alors la femme dit : “Seigneur, donne-moi de cette eau !” Alors Notre Seigneur dit : “Amène-moi ton mari !” Alors elle dit : “Seigneur, je n’en ai pas.” Alors Notre Seigneur dit : “Tu dis vrai : tu n’en as pas ; mais tu en as eu cinq, et celui que tu as maintenant, ce n’est pas le tien.” » Saint Augustin[3] dit : Pourquoi Notre Seigneur dit-il : « “Tu dis vrai” ? Il veut dire ceci : Les cinq maris, ce sont les cinq sens ; ils t’ont possédée dans ta jeunesse selon tout leur vouloir et selon leur plaisir. Maintenant tu en as un dans ta vieillesse qui n’est pas tien : c’est l’intellect, que tu ne suis pas. » Lorsque le « mari » est mort, alors cela va mal. Que l’âme se sépare du corps, cela fait très mal ; mais que Dieu se sépare de l’âme, cela fait mal sans mesure. De même que l’âme donne la vie au corps, de même Dieu donne vie à l’âme. De même que l’âme se répand dans tous les membres, de même Dieu flue dans toutes les puissances de l’âme et les imprègne de telle sorte qu’elles répandent cela d’autant plus avec bonté et avec amour sur tout ce qui est autour d’elles, afin que tout vienne à le connaître. Ainsi flue-t-il en tout temps, c’est-à-dire par-delà le temps, dans l’éternité et dans la vie en laquelle toutes choses vivent. C’est pourquoi Notre Seigneur dit à la femme : « Je donne l’eau vive ; celui qui en boit, celui-là n’a plus jamais soif et vit de la vie éternelle. »

Or la femme dit : « Seigneur, mon mari, ton serviteur, est mort. » « Serviteur » veut dire quelqu’un qui reçoit et garde pour son maître. Garderait-il pour lui-même, il serait alors un voleur. Intellect est plus proprement « serviteur » que volonté ou amour. Volonté et amour se portent vers Dieu en tant qu'il est bon, et ne serait-il pas bon qu'alors ils ne prêteraient pas attention à lui. Intellect s'élève jusque dans l'être avant que de penser bonté ou puissance ou sagesse ou quoi que ce soit qui est attribut. Ce qui est ajouté à Dieu, il ne s'en préoccupe pas ; il le prend [tel qu'il est] en lui [-même] ; il s'abîme dans l'être et prend Dieu en tant qu'il est être limpide. Et ne serait-il pas sage ni bon ni juste, qu'il le prendrait pourtant en tant qu'il est être limpide. Ici intellect s'égale à la seigneurie suprême des anges que possèdent en eux les trois Chœurs : Trônes, qui prennent Dieu en soi et gardent Dieu en eux, et Dieu repose en eux ; Chérubins, qui confessent Dieu et persévèrent en cela ; Séraphins, c'est-à-dire le brasier[4]. C'est à ceux-là que s'égale intellect et [il] garde Dieu en lui. C'est avec ces anges qu'intellect prend Dieu dans son vestiaire, nu, tel qu'il est Un sans distinction *.

Or la femme dit : « Seigneur, mon mari, ton serviteur, est mort. Ils viennent ceux envers qui nous avons des dettes, et prennent mes deux fils. » Que sont ces « deux fils » de l'âme ? Saint Augustin[5] parle — et avec lui un autre maître païen[6] — de deux visages de l'âme. L'un est tourné vers ce monde et vers le corps ; en lui elle opère vertu et savoir et vie sainte. L'autre visage est tourné directement vers Dieu ; en lui lumière divine est sans relâche et y opère, sauf qu'elle [= l'âme] ne le sait pas pour la rai-

* Ce « sans distinction » enjoint de s'attacher à l'être de Dieu tel qu'en lui-même, sans s'attarder aux attributs (bonté, sagesse, etc.) qui sont « ajoutés » à cet être.

son qu'elle n'est pas là chez elle. La petite étincelle de l'intellect étant prise nûment en Dieu, alors l'« homme * » vit. Alors advient la naissance, alors le fils est né. Cette naissance n'advient pas une fois l'an ni une fois le mois ni une fois le jour, plutôt : en tout temps, c'est-à-dire par-delà le temps, dans la vastitude qui n'est ni ici ni maintenant, ni nature ni pensée. C'est pourquoi nous disons « fils » et non pas « fille ».

Parlons maintenant des « deux fils » dans un autre sens, c'est-à-dire : entendement[7] et volonté. Entendement émane en premier d'intellect, et volonté procède par après des deux. Là-dessus, rien de plus !

Parlons maintenant dans un autre sens des « deux fils » de l'intellect. L'un est la possibilité, l'autre est l'effectivité[8]. Or un maître païen[9] dit : « L'âme, dans cette puissance, a possibilité de devenir toutes choses spirituellement. » Dans la puissance opérante elle s'égale au Père et fait de toutes choses un être nouveau. Dieu voulut que soit imprimée en elle la nature de toutes les créatures ; pourtant elle n'était pas avant le monde. Dieu a fait spirituellement tout ce monde dans chacun des anges avant que ce monde ne soit fait en lui-même. L'ange a deux connaissances. L'une est une lumière matutinale, l'autre est une lumière vespérale. La lumière matutinale, c'est

---

* Homme = *man*. Ce terme était traduit plus haut, dans la bouche de la femme, par « mari » (cf. ci-dessus, p. 328). Le propos, ici, est d'ordre plus fondamental : dans le composé humain, tel qu'engendré par Dieu, c'est l'« homme », expression du « visage supérieur », qui est dit le « fils ».

qu'il voit toutes choses en Dieu. La lumière vespérale, c'est qu'il voit toutes choses dans sa lumière naturelle. Sortirait-il vers les choses qu'il ferait nuit. Mais il reste à l'intérieur, c'est pourquoi cela s'appelle une lumière vespérale. Nous disons que les anges se réjouissent lorsque l'homme fait une œuvre bonne. Nos maîtres [10] s'interrogent [pour savoir] si les anges s'attristent lorsque l'homme commet le péché. Nous disons : Non ! Car ils scrutent la justice de Dieu, et perçoivent toutes choses en lui telles qu'elles sont en Dieu. C'est pourquoi ils ne peuvent pas s'attrister. Or intellect, dans la puissance « possible », s'égale à la lumière naturelle des anges, ce qui est la lumière vespérale. Par la puissance opérante, il élève toutes choses vers Dieu et est toutes choses dans la lumière matutinale.

Or la femme dit : « Ils viennent, ceux envers qui nous avons des dettes, et prennent mes deux fils à leur service. » Or le prophète dit : « Emprunte des vases vides auprès de tes voisins ! » Ces « voisins » sont toutes les créatures et les cinq sens et toutes les puissances de l'âme — l'âme a de nombreuses puissances en elle qui opèrent de façon très secrète — et également les anges. De tous ces « voisins », tu dois « emprunter des vases vides ».

Pour que nous « empruntions beaucoup de vases vides », et pour que tous se trouvent emplis de sagesse divine, en sorte que nous puissions « éteindre notre dette » et vivre éternellement de ce qui « est en plus », que Dieu nous vienne en aide. Amen.

Sermon 38

In illo tempore missus
est angelus Gabriel a deo :
ave, gratia plena, dominus tecum

Saint Luc écrit ces mots : « En ce temps-là, l'ange Gabriel fut envoyé par Dieu[1]. » En quel temps ? « Au sixième mois » où Jean Baptiste était dans le sein de sa mère.

A qui m'interrogerait : Pourquoi prions-nous, pourquoi jeûnons-nous, pourquoi faisons-nous toutes nos œuvres, pourquoi sommes-nous baptisés, pourquoi Dieu est-il devenu homme, ce qui fut le plus sublime ? — je dirais : Pour que Dieu naisse dans l'âme et que l'âme naisse en Dieu. La raison pour laquelle toutes l'Ecriture est écrite, la raison pour laquelle Dieu a créé le monde et toute nature angélique, c'est pour que Dieu naisse dans l'âme et que l'âme naisse en Dieu. Nature de toute céréale tend vers le blé et nature de tout trésor tend vers l'or, et tout engendrement tend vers l'homme[2]. C'est pourquoi un maître[3] dit : On ne trouve aucun animal qui n'ait quelque chose d'égal à l'homme.

« En ce temps-là. » Lorsque la parole se trouve reçue tout d'abord dans mon intellect, elle est si limpide et si subtile qu'elle est une vraie parole avant qu'elle ne se trouve formée dans ma pensée. En troisième lieu, elle se trouve énoncée au-dehors par la bouche, et ce n'est ainsi rien d'autre qu'une révélation de la parole intérieure. Ainsi la Parole éternelle se trouve-t-elle énoncée intérieurement dans la cœur de l'âme, au plus intime, au plus limpide, dans le chef de l'âme, dont j'ai parlé récemment, dans l'intellect : là advient la naissance. Celui qui n'en aurait qu'un plein pressentiment et une espérance, celui-là voudrait bien savoir comment advient cette naissance et ce qui la sert.

Saint Paul dit : « Dans la plénitude du temps, Dieu envoya son Fils[4]. » Saint Augustin[5] dit ce qu'est « plénitude du temps » : « Là où jamais plus il n'y a temps, là est "plénitude du temps". » Alors le jour est plein, lorsqu'il n'y a plus rien du jour. C'est une vérité nécessaire : il faut que tout temps soit passé lorsque cette naissance s'annonce, car il n'est rien qui fasse obstacle à cette naissance autant que temps et créature. C'est une vérité certaine que le temps ne peut, par nature, toucher Dieu ni l'âme. L'âme pourrait-elle se trouver touchée par le temps qu'elle ne serait pas âme, et Dieu pourrait-il se trouver touché par le temps qu'il ne serait pas Dieu. Mais s'il se trouvait que le temps puisse toucher l'âme, alors Dieu jamais ne pourrait naître en elle, et elle ne pourrait jamais naître en Dieu. Si Dieu doit naître dans l'âme, il faut que tout temps soit passé, ou il lui faut échapper au temps par volonté ou par désir *.

---

* Un tel échappement au temps ne se comprend qu'à partir d'une conception qui le tiendrait pour une dérive ou une simple adjonction à ce qui est.

Un autre sens de « plénitude du temps » : qui aurait l'art et la puissance de pouvoir attirer dans un maintenant présent le temps et tout ce qui advint jamais dans le temps de six mille ans et ce qui encore doit advenir jusqu'à la fin, ce serait là « plénitude du temps ». C'est là le maintenant de l'éternité lorsque l'âme connaît en Dieu toutes choses nouvelles et fraîches et présentes et dans la joie que j'ai maintenant présente. J'ai lu récemment dans un livre — qui donc pourrait le comprendre à fond ! — que Dieu fait maintenant le monde comme au premier jour lorsqu'il créa le monde. C'est en cela que Dieu est riche, et c'est là richesse de Dieu. L'âme en laquelle Dieu doit naître, à elle il faut qu'échappe le temps, et il lui faut échapper au temps, et elle doit se porter vers le haut et doit demeurer là à fixer son regard sur cette richesse de Dieu : là est vastitude sans vastitude et largeur sans largeur ; là l'âme connaît toutes choses et les connaît parfaitement.

Les maîtres qui décrivent quelle est la vastitude du ciel, ce serait incroyable à dire : la moindre puissance qui est dans mon âme est plus vaste que le vaste ciel ; je ne dis rien de l'intellect : il est vaste sans vastitude. Dans le chef de l'âme, dans l'intellect, en lui je suis aussi proche du lieu [qui se trouve] mille lieues par-delà la mer que du lieu où je me tiens maintenant. C'est dans cette vastitude et dans cette richesse de Dieu que l'âme connaît, là rien ne lui échappe, et là elle n'est plus en attente de rien.

« L'ange fut envoyé. » Les maîtres[6] disent que la multitude des anges est nombre au-dessus du nombre. Leur multitude est si grande qu'aucun nombre ne peut les comprendre ; leur nombre ne peut même pas se trouver pensé. Qui pourrait appréhender distinction sans nombre et sans multitude, pour lui cent serait comme un. Y aurait-il même cent personnes dans la déité, qui pourrait appréhender distinction sans nombre et sans multitude, celui-là ne penserait pourtant rien qu'un [seul] Dieu. Des incroyants et certains chrétiens non instruits s'étonnent, et même certains clercs en savent là-dessus aussi peu qu'une pierre : ils prennent trois comme trois vaches ou trois pierres. Mais qui peut appréhender distinction en Dieu sans nombre et sans multitude, celui-là connaît que trois personnes sont un Dieu.

L'ange également est si élevé : les meilleurs maîtres disent que chaque ange possède une entière nature. Tout comme s'il y avait un homme qui possédât tout ce que tous les hommes possédèrent jamais et possèdent maintenant et doivent pour jamais posséder en pouvoir et en sagesse et en toutes choses, ce serait une merveille, et il ne serait ainsi pourtant rien qu'un homme ; car cet homme posséderait tout ce que tous les hommes possèdent, et serait cependant loin des anges. C'est ainsi que chaque ange a une entière nature et est séparé de l'autre comme un animal de l'autre, lequel est d'autre nature[7]. De cette multitude des anges Dieu est riche, et qui connaît cela, celui-là connaît le royaume de Dieu. Elle témoigne du royaume de Dieu, comme un seigneur reçoit témoignage de la multitude de ses chevaliers. C'est pourquoi il se nomme « un Dieu Seigneur des armées ». Toute cette multitude des anges, si élevés qu'ils soient, ils coopèrent et contribuent à ce que Dieu naisse dans l'âme, c'est-à-dire : ils ont plaisir et joie et consolation dans la naissance ; ce n'est pas eux qui l'opèrent. Il n'est là aucune œuvre des créatures, car c'est Dieu seul qui opère la naissance, plutôt : les anges n'ont là qu'une œuvre de serviteur. Tout ce qui coopère à cela est une œuvre de serviteur.

L'ange se nommait « Gabriel ». Il agissait aussi selon qu'il s'appelait. Il ne s'appelait pas plus Gabriel que Conrad. Personne ne peut savoir le nom de l'ange. Là où l'ange est nommé, là ne vinrent jamais maîtres ni sens ; peut-être est-il sans nom. L'âme non plus n'a pas de nom ; aussi peu peut-on trouver un nom propre pour Dieu, aussi peu peut-on trouver un nom propre pour l'âme, même si de gros livres sont écrits à ce propos. Mais dès lors qu'elle lorgne vers les œuvres, c'est de là qu'on lui donne son nom. Un charpentier, ce n'est pas là son nom, plutôt : son nom, il le prend de l'œuvre dont il est maître. Le nom de « Gabriel », il le prit de l'œuvre dont il fut un messager, car « Gabriel » veut dire « puissance[8] ». Dans cette naissance Dieu opère puissamment ou opère la puissance. Que signifie toute cette puissance de la nature ? — qu'elle veut se produire[9] soi-même. Que signifie toute cette nature qui là opère la naissance ? — qu'elle veut se produire soi-même. La nature de mon père voulait produire, dans sa nature, un père. Comme il ne pouvait en être ainsi, elle voulut produire un [individu] qui en toute chose lui serait égal. Comme la puissance lui en fit défaut, elle produisit un [individu] aussi égal qu'elle le pouvait : c'était un fils. Mais là où la puissance lui fait défaut encore davantage ou bien là où advient une autre infortune, elle produit un homme encore plus inégal. Mais en Dieu est pleine puissance ; c'est pourquoi il produit son égal dans son engendrement. Tout ce que Dieu est en puissance et en vérité et en sagesse, cela il l'engendre pleinement dans l'âme.

Saint Augustin[10] dit : « Ce que l'âme aime, à cela elle devient égale. Aime-t-elle chose terrestre, elle devient alors terrestre. Aime-t-elle Dieu », ainsi pourrait-on poser la question, « devient-elle alors Dieu ? ». Dirais-je cela, cela paraîtrait incroyable à ceux qui possèdent un sens par trop faible et ne le perçoivent pas. Plutôt : saint Augustin dit : « Ce n'est pas moi qui dis cela, plutôt : je vous réfère à l'Ecriture, qui dit là : "J'ai dit que vous êtes des dieux." » Qui posséderait quelque chose de la richesse dont j'ai parlé précédemment, un regard, ou même une espérance ou une assurance, il entendrait bien cela ! Il n'y eut jamais naissance si apparentée ni si égale ni si une que lorsque l'âme devient Dieu dans cette naissance. En est-il ainsi que cela se trouve empêché en quelque chose, en sorte qu'elle ne devient pas égale en toute chose, cela n'est pas la faute de Dieu ; dans la mesure où tombent ses insuffisances, dans cette mesure il la fait égale à lui. Qu'un charpentier ne puisse réaliser une belle maison avec du bois vermoulu, ce n'est point sa faute ; l'insuffisance tient au bois. Il en est ainsi pour l'opération divine dans l'âme. L'ange le moins élevé devrait-il reproduire son image ou naître dans l'âme, ce monde tout entier ne serait rien en regard ; car dans une seule petite étincelle de l'ange verdoie, se pare de feuilles et luit tout ce qui est dans le monde. Plus : cette naissance, c'est Dieu lui-même qui l'opère; l'ange ne peut opérer là aucune œuvre qu'une œuvre de serviteur.

« Ave », cela veut dire « âne wê », sans souffrance. Celui qui est là sans créature, celui-là est « âne wê », sans souffrance et sans enfer, et celui qui est et possède le moins de la créature, celui-là possède le moins de souffrance. J'ai dit parfois une parole : Celui qui du monde possède le moins, celui-là possède de lui le plus. Personne n'a autant en propre ce monde que celui qui a laissé le monde entier. Savez-vous ce par quoi Dieu est Dieu ? Ce par quoi Dieu est Dieu c'est qu'il est sans créatures. Il ne s'est pas nommé dans le temps. Dans le temps, il y a créature et péché et mort. Ceux-ci ont une parenté en un sens, et quand l'âme a échappé au temps, pour cette raison il n'est là ni souffrance ni peine; même l'infortune lui devient une joie. Tout ce qui pourrait se trouver pensé en guise de plaisir et de joie, de consolation et délices d'amour, ne tient pas en regard de la consolation qui est en cette naissance, ce n'est pas une joie.

« Pleine de grâce. » La moindre œuvre de la grâce est plus élevée que tous les anges dans leur nature. Saint Augustin[11] dit qu'une œuvre de grâce que Dieu opère, comme lorsqu'il convertit un pécheur et fait de lui un homme de bien, cela est plus grand que si Dieu créait un nouveau monde. Il est aussi facile à Dieu de retourner ciel et terre qu'à moi de retourner une pomme dans ma main. Lorsque la grâce est dans l'âme, cela est si limpide et est si égal et si apparenté à Dieu, et grâce est sans opération tout comme dans la naissance dont j'ai parlé précédemment il n'est aucune opération. Grâce n'opère pas d'œuvre. Saint

« Jean n'a jamais produit de signe[12] ». L'œuvre que l'ange a en Dieu est si haute qu'aucun maître ni entendement ne pourrait jamais parvenir à saisir cette œuvre. Mais de cette œuvre tombe un copeau — comme un copeau tombe d'une poutre que l'on taille — un éclair, c'est là où l'ange, de sa partie inférieure, touche le ciel : c'est de là que verdoie et fleurit et vit tout ce qui est dans ce monde.

Je parle parfois de deux sources. Même si cela sonne d'étrange façon, il nous faut parler selon notre sens[13]. Une source hors de laquelle jaillit la grâce, c'est là où le Père engendre au-dehors son Fils unique ; en ce même lieu jaillit la grâce, et c'est de cette même source que procède la grâce. Il est une autre source où les créatures fluent hors de Dieu : elle est aussi loin de la source dont jaillit la grâce que le ciel l'est de la terre. La grâce n'opère pas. Là où le feu est dans sa nature, là il n'endommage ni ne brûle. L'ardeur du feu brûle ici-bas. Là où l'ardeur pourtant est dans la nature du feu, là elle ne brûle pas et ne porte pas dommage. Là où l'ardeur pourtant est dans le feu, là elle est aussi éloignée de la droite nature du feu que le ciel l'est de la terre. La grâce n'opère aucune œuvre, elle est trop déliée pour cela ; l'œuvre est aussi éloignée d'elle que le ciel l'est de la terre. Un être-intérieur et un être-attaché et un être-un avec Dieu, c'est là la grâce, et là il y a « Dieu avec toi », car c'est là ce qui suit aussitôt :

« Dieu avec toi » — là advient la naissance. Il ne doit paraître impossible à quiconque de parvenir jusque-là. Que m'importe que ce soit difficile, puisque c'est lui qui l'opère ? Tous ses commandements me sont faciles à observer. Qu'il me commande tout ce qu'il veut, je ne m'en préoccupe absolument pas, tout cela m'est chose de peu s'il me donne sa grâce à cette fin. Certains disent qu'ils ne l'ont pas ; je dis alors : « Je le regrette. Mais le désires-tu ? — Non ! — Je le regrette plus encore. » Si l'on ne peut l'avoir, que l'on ait au moins un désir de cela. Que si l'on ne peut avoir le désir, que l'on ait au moins un désir du désir. David dit : « J'ai eu désir, Seigneur, d'un désir de ta justice [14]. »

Pour que nous désirions de Dieu qu'il veuille naître en nous, qu'à cela Dieu nous aide. Amen.

Sermon 39

Iustus in perpetuum vivet
et apud dominum est merces eius etc.

On lit un petit mot aujourd'hui dans l'épître, et c'est le sage qui le dit : « Le juste vit dans l'éternité[1]. »

J'ai dit parfois ce qu'est un homme juste ; mais maintenant je dis autre chose, dans un autre sens : c'est là un homme juste celui qui est formé intérieurement et transformé en la justice *. Le juste vit en Dieu et Dieu en lui, car Dieu naît dans le juste et le juste en Dieu ; car c'est de chacune des vertus du juste que Dieu naît et il se trouve réjoui par chacune des vertus du juste, et pas seulement par chacune des vertus, plus : par chacune des œuvres du juste, si petite soit-elle, qui se trouve opérée par le juste dans la justice, de cela Dieu se trouve réjoui, et même empli de joie ; car rien ne demeure en son fond qui ne se trouve

---

* *in die gerehticheit ingebildet und übergebildet* : formé et transformé pour devenir justice. La « transformation » s'opère par le fait de « revêtir » la justice, selon que ce terme le signifie ailleurs dans le couple *entbildet / übergebildet* (cf. *Les Traités et le Poème, op. cit.*, p. 149 et 166).

frémir de joie. Et cela est à croire pour les gens frustes et à savoir pour ceux qui sont éclairés.

Le juste ne cherche rien dans ses œuvres ; car ceux qui cherchent quelque chose dans leurs œuvres, ceux-là sont des serfs et des mercenaires, ou [des gens] qui opèrent en vue de quelque pourquoi. C'est pourquoi, veux-tu te trouver formé intérieurement et transformé en la justice, alors n'aie en vue dans tes œuvres et n'imagine aucun pourquoi en toi, ni dans le temps ni dans l'éternité, ni récompense ni béatitude, ni ceci ni cela ; car ces œuvres sont toutes en vérité mortes. Oui, et formes-tu Dieu en toi, quelles que soient les œuvres que tu opères pour cela, elles sont toutes mortes et tu gâches l'œuvre bonne ; et non seulement tu gâches l'œuvre bonne, plus : tu commets aussi un péché, car tu fais exactement comme un jardinier qui devrait planter un jardin et ensuite déracinerait les arbres et voudrait avoir ensuite récompense. Ainsi gâches-tu l'œuvre bonne. Et c'est pourquoi, veux-tu vivre et veux-tu que ton œuvre vive, il te faut alors être mort à toutes choses et être réduit à néant. Le propre de la créature est que de quelque chose elle fasse quelque chose ; mais le propre de Dieu est que de rien il fasse quelque chose ; et c'est pourquoi, Dieu doit-il faire quelque chose en toi ou avec toi, il te faut alors auparavant te trouver réduit à néant. Et c'est pourquoi, pénètre dans ton fond propre, et là opère, et les œuvres que tu opères là sont toutes vivantes. Et c'est pourquoi il dit : « Le juste vit », car c'est parce qu'il est juste qu'il opère, et ses œuvres vivent.

Or il dit : « Sa récompense est auprès du Seigneur. » Sur ce point quelques mots. Qu'il dise

« auprès », cela veut dire que la récompense du juste est là où Dieu lui-même est ; car béatitude du juste et béatitude de Dieu sont une béatitude, car là est bienheureux le juste là où Dieu est bienheureux. Saint Jean dit : « Le Verbe était auprès de Dieu[2]. » Il dit « auprès », et c'est pourquoi le juste est égal à Dieu, car Dieu est la justice. Et c'est pourquoi : qui est dans la justice, celui-là est en Dieu et est Dieu *.

Parlons maintenant davantage du mot « juste ». Il ne dit pas « l'homme juste », ni « l'ange juste », il dit seulement : « Le juste[3] ». Le Père engendre son Fils [en tant que] le juste, et le juste [en tant que] son Fils ; car toute la vertu du juste et chaque œuvre qui se trouve opérée par la vertu du juste n'est pas autre chose que le fait que le Fils se trouve engendré par le Père. Et c'est pourquoi le Père jamais ne se repose, il traque et en tout temps pourvoit à ce que son Fils se trouve engendré en moi, comme le dit un passage de l'Ecriture : « Ni pour Sion je ne me tairai, ni pour Jérusalem je ne me reposerai jusqu'à ce que le juste se trouve manifesté et brille comme un éclair[4]. » Sion veut dire hauteur de vie, et Jérusalem veut dire hauteur de paix. Oui, ni pour hauteur de vie ni pour hauteur de paix Dieu jamais ne se repose, il traque et en tout temps pourvoie à ce que se trouve manifesté le juste. Dans le juste aucune chose ne doit opérer que Dieu seul. Car, si chose aucune te pousse extérieure-

* Une telle identité entre le juste et la justice — identifiée à Dieu — a été développée par Maître Eckhart au début du traité intitulé *Le Livre de la consolation divine* (cf. *Les Traités et le Poème, op. cit.*, p. 116 sq.).

ment à opérer, pour de vrai les œuvres sont toutes mortes ; et si Dieu te pousse extérieurement à opérer, pour de vrai les œuvres sont toutes mortes. Et tes œuvres doivent-elles vivre, il faut alors que Dieu te pousse intérieurement au plus intime de l'âme, si elles doivent vivre ; car c'est là qu'est ta vie, et c'est là seulement que tu vis. Et je dis : Une vertu te semble-t-elle plus grande que l'autre et y prêtes-tu davantage attention qu'à l'autre, alors tu ne le l'aimes pas telle qu'elle est dans la justice, et Dieu n'opère pas encore en toi. Car, aussi longtemps l'homme prête attention davantage à une vertu ou l'aime davantage, alors il ne les aime ni ne les prend encore telles qu'elles sont dans la justice, et il n'est pas juste. Car le juste prend et opère toutes les vertus dans la justice, telles qu'elles sont la justice elle-même.

L'Ecriture dit : « Avant le monde créé, je suis[5]. » Il dit : « avant », « je suis », c'est-à-dire : Là ou l'homme est élevé par-delà le temps dans l'éternité, là l'homme opère une œuvre avec Dieu. Certains demandent comment l'homme peut opérer l'œuvre que Dieu a opérée il y a des milliers d'années et aura opérée dans des milliers d'années, et ils ne le comprennent pas. Dans l'éternité, il n'est ni avant ni après. Et c'est pourquoi ce qui advient il y a des milliers d'années et dans des milliers d'années et maintenant, cela n'est rien qu'une chose dans l'éternité. Et c'est pourquoi, ce que Dieu a fait et créé il y a des milliers d'années et dans des milliers d'années et ce qu'il fait maintenant, cela n'est rien qu'une œuvre. C'est pourquoi : l'homme qui est élevé par-delà le temps dans l'éternité, celui-là opère avec Dieu ce que

Dieu a opéré il y a des milliers d'années et dans des milliers d'années. Et cela est à savoir pour les gens sages et à croire pour ceux qui sont frustes[6].

Saint Paul dit : « Nous sommes éternellement élus dans le Fils[7]. » C'est pourquoi nous ne devons jamais nous reposer jusqu'à ce que nous devenions ce qu'en lui nous avons été éternellement, car le Père pourvoit et traque que nous nous trouvions engendrés dans le Fils et devenions la même chose que ce que le Fils est. Le Père engendre son Fils, et dans cet engendrement le Père prend si grand repos et plaisir qu'il consume en cela toute sa nature. Car tout ce qui est en Dieu, cela le meut à engendrer ; oui, de par son fond et de par son essentialité et de par son être[8] le Père se trouve mû à engendrer.

Parfois une lumière s'allume dans l'âme, et l'homme s'imagine que c'est le Fils, et ce n'est cependant qu'une lumière. Car lorsque le Fils se manifeste dans l'âme, alors se manifeste aussi l'amour du Saint Esprit. C'est pourquoi je dis : Il est de l'être du Père d'engendrer son Fils, et il est de l'être du Fils que je me trouve engendré en lui et selon lui ; il est de l'être du Saint Esprit que je me trouve consumé en lui et me trouve en lui pleinement fondu, et que je devienne pleinement amour. Celui donc qui est dans l'amour et est pleinement amour, celui-là s'imagine que Dieu n'aime personne que lui seul, et il ne sait personne qui par ailleurs aimerait et personne qui par ailleurs se trouverait aimé que lui seul.

Certains maîtres[9] veulent que l'esprit prenne sa béatitude dans l'amour ; quelques-uns veulent qu'il la prenne dans la contemplation de Dieu. Quant à moi, je dis : Il ne la prend ni dans amour ni dans connaissance ni dans contemplation. Or l'on pourrait dire : l'esprit n'a-t-il pas contemplation de Dieu dans la vie éternelle ? Oui et non. Dans la mesure où il est né [10], dans cette mesure il n'a aucun regard sur Dieu et aucune contemplation de Dieu. Mais dans la mesure où il est en voie de naître *, dans cette mesure il a contemplation de Dieu. C'est pourquoi la béatitude de l'esprit tient en ce qu'il est né et non pas en ce qu'il est en voie de naître, car il vit là où le Père vit, c'est-à-dire : dans la simplicité et dans la nudité de l'être. C'est pourquoi je me détourne de toutes choses et te prends nûment dans l'être ; car ce qui est être extérieur, cela est accident [11], et tous les accidents sont des pourquoi.

Pour que nous « vivions dans l'éternité », qu'à cela Dieu nous aide. Amen.

---

* *geboren wirt.* C'est dans la nudité de l'être originel que s'opère l'union, et pas encore pleinement dans le mouvement de son advenir ; car « à Dieu il n'est nul accès » (cf. Sermon 71, *in* Maître Eckhart, *Du détachement et autres textes, op. cit.*, p. 90 sq.).

Sermon 40

[« Demeurez en moi ! »]

Notre Seigneur Jésus Christ dit dans l'évangile : « Demeurez en moi[1] ! », et un autre mot dit dans l'épître : « Bienheureux l'homme qui demeure dans la sagesse[2]. » Et ces deux mots s'accordent : le mot du Christ « Demeurez en moi ! » et le mot de l'épître « Bienheureux l'homme qui demeure dans la sagesse ».

Or notez ce que doit avoir l'homme qui doit demeurer en lui, c'est-à-dire en Dieu. Il doit avoir trois choses. La première, qu'il ait renoncé à soi-même et à toutes choses, et qu'il ne soit attaché à choses aucunes que vers l'intérieur[3] saisissent les sens[4] ni ne demeure en créatures aucunes qui soient dans le temps ni dans l'éternité. — La seconde, qu'il n'aime ni ce bien-ci ni ce bien-là, mais qu'il aime ce bien dont flue tout bien ; car aucune chose n'est plaisante et désirable que pour autant que Dieu est en elle. C'est pourquoi l'on ne doit aimer ce bien que pour autant que l'on aime Dieu en lui, et donc on ne doit aimer Dieu ni pour son royaume céleste ni pour aucune chose, mais on doit l'aimer pour la bonté qu'il est en lui-même. Car celui qui l'aime pour quelque chose d'autre, celui-là ne demeure pas en lui, mais il demeure en ce pour quoi il l'aime. C'est pourquoi : voulez-vous demeurer en lui, alors aimez-le pour rien d'autre que pour lui-même. — La troisième est qu'il ne doit pas saisir Dieu selon qu'il est bon ou juste, mais il doit le prendre dans sa substance limpide, nue, là où il se saisit nûment soi-même. Car bonté et justice sont un vêtement de Dieu, car il l'enveloppe. C'est pourquoi, enlevez de Dieu tout ce qui l'enveloppe, et saisissez-le nu dans son vestiaire, là où il est à découvert et nu en lui-même. Ainsi demeurez-vous en lui.

Celui qui ainsi demeure en lui possède cinq choses. La première, qu'entre lui et Dieu il n'est pas de différence, mais ils sont un. Les anges sont en nombre sans nombre, car ils ne constituent pas un « nombre-particulier[5] », car ils sont sans nombre ; cela provient de leur grande simplicité. Les trois Personnes en Dieu sont trois sans nombre, mais elles forment une multiplicité. Mais entre l'homme et Dieu, non seulement il n'est pas de différence, mais là il n'est pas non plus de multiplicité ; là n'est rien que un. — La seconde est qu'il saisit sa béatitude dans la limpidité là où Dieu lui-même la saisit et se maintient. — La troisième est qu'il a un seul savoir avec le savoir de Dieu et a un seul opérer avec l'opérer de Dieu et un seul connaître avec le connaître de Dieu. — La quatrième est que Dieu naît en tout temps engendré en l'homme. Comment Dieu naît-il en tout temps en l'homme ? Notez-le ! Lorsque l'homme dénude et découvre l'image divine que Dieu a créée en lui par nature, alors l'image de Dieu en lui devient manifeste. Car c'est par la naissance que se fait connaître la manifestation de Dieu; car, que le Fils soit appelé né du Père, cela vient de ce que le Père lui révèle paternellement son mystère. Et c'est pourquoi, plus et plus clairement l'homme dénude l'image de Dieu en lui, plus clairement Dieu naît en lui. Et c'est ainsi qu'est à saisir en tout temps la naissance de Dieu, selon que le Père découvre l'image en nudité et brille en elle. — La cinquième est que l'homme naît en tout temps en Dieu. Comment l'homme naît-il en tout temps en Dieu? Notez-le! Par la dénudation de l'image dans l'homme, l'homme vient à s'égaler à Dieu, car par l'image l'homme est égal à l'image de Dieu que Dieu est nûment selon son essentialité. Et lorsque l'homme se dénude toujours davantage, alors il est toujours plus égal à Dieu, et lorsqu'il devient toujours plus égal à Dieu, alors il se trouve toujours davantage uni à lui. Et c'est ainsi que la naissance de l'homme est à saisir en tout temps en Dieu selon que l'homme brille avec son image dans l'image de Dieu, [cette image] que Dieu est nûment selon son essentialité, avec laquelle l'homme est un. Et c'est ainsi que l'unité de l'homme et de Dieu est à saisir selon l'égalité de l'image; car l'homme est égal à Dieu selon l'image. Et c'est pourquoi : quand on dit que l'homme est un avec Dieu et, selon cette unité, est Dieu, on le saisit selon la partie de l'image en laquelle il est égal à Dieu, et non selon qu'il est créé. Car lorsqu'on le saisit comme Dieu, on ne le saisit pas selon son être de créature[6]; car lorsqu'on le saisit comme Dieu, on ne nie pas son être de créature, comme si la négation était à saisir de telle sorte que l'être de créature serait réduit à néant, mais il [= l'être de créature] est à saisir du point de vue de l'affirmation de Dieu en ce qu'on le [= l'être de créature] récuse en Dieu. Car Christ, qui est Dieu et homme, quand on le saisit selon son humanité, dans cet acte de saisir on le nie selon sa déité, non pas qu'on lui dénie la déité, mais on la lui dénie selon cet acte de saisir. Et c'est ainsi qu'est à entendre le mot d'Augustin[7], qu'il énonce : « Ce que l'homme aime, c'est cela que l'homme est. Aime-t-il une pierre, il est une pierre, aime-t-il un homme, il est un homme, aime-t-il Dieu — je n'ose maintenant parler plus avant ; car dirais-je qu'il serait Dieu alors, vous pourriez me lapider. Mais je vous renvoie à l'Ecriture. » Et c'est pourquoi, quand l'homme se conforme nûment à Dieu par amour, alors il se trouve dépouillé de l'image et formé intérieurement selon l'image et revêtu de l'image dans l'uni-formité divine *, dans laquelle il est Un avec Dieu. C'est tout cela que l'homme possède dans le demeurer-intérieurement[8]. Or notez le fruit que l'homme produit là. C'est : lorsqu'il est Un avec Dieu, alors il produit avec Dieu toutes les créatures, et il procure béatitude à toutes les créatures selon qu'il est Un avec lui.

---

* *entbildet und îngebildet und überbildet in der götlîchen einförmicheit* : dépouillement, intériorisation et transformation sont les moments d'un même acte d'identification de Dieu et de l'homme selon l'*image* unique qu'ils ont et qu'ils sont en commun — cette image qui est le Fils ; ce qui implique d'un même mouvement que l'être-créature, comme tel, n'est pas imputable à Dieu, et que l'homme, pris selon son être-créature, n'est pas Dieu (alors que, pris selon l'image, il *est* Dieu).

Maintenant, le second mot de l'épître dit de la sorte : « Bienheureux est l'homme qui demeure dans la sagesse. » Qu'il ait dit « dans la sagesse » : sagesse est un nom maternel, car [le] nom maternel connote le fait d'avoir-en-propre un souffrir[9], car en Dieu se trouvent opérer et souffrir ; car le Père opère et le Fils souffre ; et cela est-le-propre de l'être-né[10]. Car, de ce que le Fils est la sagesse née éternellement dans laquelle toutes choses se tiennent dans leur différence, pour cette raison il dit : « Bienheureux est l'homme qui demeure dans la sagesse. »

Or il dit : « Bienheureux est l'homme. » J'ai souvent dit que deux puissances sont dans l'âme : l'une est l'homme et l'autre est la femme. Or il dit : « Bienheureux est l'homme. » La puissance qui est dans l'âme et que l'on appelle homme, c'est la puissance supérieure de l'âme dans laquelle Dieu brille nûment ; car dans cette puissance ne parvient rien d'autre que Dieu, et cette puissance est en tout temps en Dieu. Et donc : l'homme devrait-il saisir toutes choses dans cette puissance, il ne les saisirait pas alors selon qu'elles sont des choses, mais il les saisit selon qu'elles sont en Dieu. Et c'est pourquoi l'homme devrait demeurer en tout temps dans cette puissance, car toutes choses sont égales dans cette puissance. Et l'homme demeurerait ainsi égal en toutes choses et les saisirait selon qu'elles sont toutes égales en Dieu, et les autres choses l'homme les aurait là ; l'homme ôterait de toutes choses le plus grossier et les saisirait selon qu'elles sont agréables et désirables. C'est de cette manière qu'il les possède là, car Dieu, en raison de sa nature propre, ne peut qu'il ne lui faille donner tout ce qu'il créa jamais, et soi-même. Et c'est pourquoi est bienheureux l'homme qui en tout temps demeure dans cette puissance, car il demeure en tout temps en Dieu.

Pour qu'en tout temps nous demeurions en Dieu, qu'à cela nous aide notre doux Seigneur Jésus Christ. Amen.

Sermon 41

Qui sequitur iustitiam diligetur a domino.
Beati qui esuriunt, et sitiunt iustitiam :
quoniam ipsi saturabuntur.

J'ai pris un petit mot de l'épître qu'on lit aujourd'hui à propos de deux saints, et un autre mot de l'évangile. Le roi Salomon dit aujourd'hui dans l'épître : « Ceux qui suivent la justice, ceux-là Dieu les aime [1]. » C'est un autre petit mot que dit messire saint Matthieu : « Bienheureux sont les pauvres et ceux qui ont faim et soif de la justice » et « la suivent [2] ».

Notez cette parole : « Dieu aime », et ce m'est certes une grande récompense, et excessivement grande, que nous devions désirer, comme je l'ai dit souvent, que Dieu m'aime. Qu'est-ce que Dieu aime ? Dieu n'aime rien que soi-même et pour autant qu'il se trouve égal en moi et moi en lui. Dans le Livre de la Sagesse il est écrit : « Dieu n'aime personne que celui qui demeure dans la sagesse [3]. » Une autre parole se trouve aussi dans l'Ecriture, qui est encore meilleure : « Dieu aime ceux qui suivent la justice [4] », « dans la sagesse ». Les maîtres s'accordent tous sur le fait que la Sagesse de Dieu est son Fils unique. Cette parole dit : « Ceux qui suivent la justice», «dans la sagesse», et c'est pourquoi : ceux qui le suivent, ceux-là il les aime, car il n'aime rien en nous que pour autant qu'il nous trouve en lui *. Eloignés l'un de l'autre sont amour de Dieu et notre aimer. Nous n'aimons que pour autant que nous trouvons Dieu en ce que nous aimons. Et même si je l'avais juré, je ne saurais rien aimer que bonté. Tandis que Dieu aime pour autant qu'il est bon — non en ce qu'il trouverait dans l'homme quelque [autre] chose qu'il aimerait hors sa propre bonté — et pour autant que nous sommes en lui et dans son amour. C'est là [un] don ; ce que nous donne son amour, c'est que nous sommes dans lui et «demeurons dans la sagesse».

Saint Paul dit : «Nous sommes transportés dans l'amour[5].» Notez cette parole : «Dieu aime.» Une merveille ! Qu'est-ce qu'amour de Dieu ? Sa nature et son être : c'est là son amour. Celui qui priverait Dieu de nous aimer, celui-là le priverait de son être et de sa déité, car son être est suspendu au fait qu'il m'aime. Et c'est de cette manière que procède le Saint Esprit. Par Dieu ! Quelle merveille cela ! Dieu m'aime-t-il avec toute sa nature — car elle dépend de cela — alors Dieu m'aime exactement comme si son devenir et son être en dépendaient. Dieu n'a rien qu'un amour : c'est avec le même amour par lequel Dieu aime son Fils unique qu'il m'aime.

Un autre sens maintenant. Notez bien précisément : il est en plein accord avec l'Ecriture pour qui

---

* Entendons : pour autant que nous le suivons comme étant la justice et la sagesse.

l'ouvre et veut la desceller. Il dit : « Ceux qui suivent la justice », « dans la sagesse ». A l'homme juste, la justice est de telle nécessité qu'il ne peut rien aimer d'autre que justice. Si Dieu n'était pas juste — comme je l'ai dit souvent — il ne prêterait pas attention à Dieu. Sagesse et justice sont Un en Dieu, et celui qui aime la sagesse, celui-là aime aussi la justice ; et si le diable était juste, il [= l'homme] l'aimerait pour autant qu'il serait juste, et pas d'un cheveu en sus. L'homme juste n'aime rien en Dieu, ni ceci ni cela ; et Dieu lui donnerait-il toute sa sagesse et tout ce qu'il peut faire en dehors de lui, il n'y prêterait pas attention et ne le goûterait pas, car il ne veut rien ni ne recherche rien ; car il n'a aucun pourquoi pour lequel il fasse quelque chose, tout comme Dieu opère sans pourquoi et n'a pas de pourquoi. Selon la manière que Dieu opère, c'est ainsi également qu'opère le juste, sans pourquoi ; et tout comme la vie vit pour soi-même et ne recherche pas ce pour quoi elle vit, ainsi également le juste n'a-t-il rien pour quoi il fasse quelque chose.

Notez maintenant ce petit mot qu'il dit : « Ils ont faim et soif de la justice[6]. » Notre Seigneur dit : « Ceux qui me mangent, ceux-là doivent avoir encore plus faim ; ceux qui me boivent, ceux-là doivent être encore plus assoiffés. » Comment doit-on entendre cela ? Car il n'en va pas ainsi dans les choses corporelles ; plus on en mange, plus on est rassasié. Mais dans les choses spirituelles il n'est pas de rassasiement ; car plus l'on en a, plus on y aspire. C'est pourquoi cette parole dit : « Ils doivent devenir encore plus assoiffés ceux qui me boivent, et affamés ceux qui me mangent. » Ceux-là ont tellement faim de la volonté de Dieu et en ont si bien le goût que tout ce dont Dieu les charge leur est si agréable et leur plaît tellement qu'ils ne pourraient vouloir ni désirer rien d'autre. Aussi longtemps l'homme a faim, aussi longtemps le mets a du goût pour lui ; et d'autant plus grande est sa faim, d'autant plus trouve-t-il satisfaction à ce qu'il mange. Ainsi en est-il pour ceux qui ont faim de la volonté de Dieu : pour eux sa volonté a tant de goût que tout ce que Dieu veut et dont il les charge, cela leur plaît grandement, et Dieu même voudrait-il leur épargner cela, ils ne voudraient pas en être épargnés ; c'est ainsi que volonté de Dieu leur agrée en tout premier. Voudrais-je me rendre aimable à un homme et voudrais-je lui plaire à lui seul, tout ce qui serait plaisant à cet homme et par quoi je lui plairais, c'est cela que je préférerais à chose quelconque. Et s'il se trouvait que je lui plusse davantage dans un méchant vêtement que dans un velours, il n'est pas de doute que je porterais le méchant vêtement plus volontiers qu'aucun autre vêtement. Ainsi en est-il de celui à qui plaît volonté de Dieu : tout ce que Dieu lui donne, que ce soit maladie ou pauvreté ou quoi que ce soit, c'est cela qu'il préfère à quelque chose d'autre. Parce que Dieu le veut, pour cette raison il en a davantage le goût que pour quelque chose d'autre.

Or vous aimeriez dire : « Qu'est-ce que j'en sais si c'est volonté de Dieu ? » Je dis : Et si ce n'était volonté de Dieu un seul instant, cela ne serait pas ; il faut toujours que sa volonté soit. Aurais-tu goût maintenant de la volonté de Dieu, tu serais alors exactement comme au royaume des cieux, quoi qu'il t'advienne ou ne t'advienne point ; tandis qu'à ceux qui désirent autre chose que la volonté de Dieu, il advient fort justement qu'ils sont toujours dans les gémissements et dans l'adversité ; on leur fait souventes fois violence et injustice, et ils ont toujours souffrance. Et cela ne manque non plus d'être juste, car ils font exactement comme s'ils vendaient Dieu, ainsi que le vendit Judas. Ils aiment Dieu pour chose autre, que Dieu n'est pas. Et si leur échoit en partage ce qu'ils aiment, ils ne prêtent plus attention à Dieu. Que ce soit ferveur ou joie ou quoi que ce soit qui t'advienne de bien : n'est pas Dieu tout ce qui là est créé. L'Ecriture dit : « Le monde a été fait par lui, et ce qui là fut créé, cela ne le reconnut pas[7]. » Qui s'imaginerait que mille mondes pris de concert avec Dieu seraient quelque chose de plus que Dieu seul, celui-là ne connaîtrait pas Dieu et ne saurait pas d'un cheveu ce qu'est Dieu, et serait un lourdaud. C'est pourquoi l'homme ne doit prêter attention à rien de rien en sus de Dieu. Qui cherche encore quelque chose à côté de Dieu, comme je l'ai dit souvent, celui-là ne sait pas ce qu'il cherche.

C'est de cette manière que le Fils naît en nous : en ce que nous sommes sans pourquoi et naîtrons intérieurement en retour dans le Fils. Origène[8] dit une très noble parole, et la dirais-je moi-même que cela vous paraîtrait incroyable : « Non seulement nous naissons intérieurement dans le Fils ; nous naissons du Fils et naissons à nouveau en lui, et naissons nouvellement et naissons sans intermédiaire dans le Fils. Je dis — et c'est vrai : Dans toute pensée bonne ou intention bonne ou œuvre bonne, nous naissons en tout temps nouvellement en Dieu. » C'est pourquoi, comme je l'ai dit récemment : Le Père n'a qu'un Fils unique, et moins nous avons intention ou attention à quelque chose d'autre qu'à Dieu, et moins nous lorgnons vers l'extérieur, plus [alors] nous nous trouvons revêtus de l'image dans le Fils, et plus le Fils naît en nous, et nous naissons dans le Fils et devenons un Fils. Notre Seigneur Jésus Christ est Un Fils unique du Père, et lui seul est homme et Dieu. Ainsi n'y a-t-il qu'Un Fils dans Un être, et c'est là l'être divin. C'est ainsi que nous devenons Un dans lui si nous ne visons rien que lui. Dieu veut toujours être seul ; c'est là une vérité nécessaire, et il ne peut en être autrement pour nous que de toujours l'avoir seul en vue *.

Dieu a certes déversé satisfaction et plaisir dans les créatures ; mais la racine de toute satisfaction et l'être de tout plaisir, Dieu seul l'a conservé en lui-même. Une comparaison : le feu répand bien sa racine dans l'eau de par la chaleur, car lorsque l'on ôte le feu, alors la chaleur demeure bien un certain temps dans l'eau et également dans le bois ; après la présence du feu, la chaleur demeure là d'autant plus longtemps que le feu a été vigoureux. Quant au soleil, il illumine bien l'air et le traverse de sa lumière ; mais il n'y répand pas sa racine ; car lorsque le soleil n'est plus présent, alors nous n'avons plus de lumière.

---

* *und ez enmac niht anders gesîn, dan daz man iemer got aleine meinen muoz* : avoir Dieu « en vue », le « viser », relève d'une nécessité métaphysique pour l'homme.

Ainsi fait Dieu avec les créatures : il répand son reflet de satisfaction dans les créatures ; mais la racine de toute satisfaction, lui seul l'a gardée dans lui-même, pour la raison qu'il veut nous avoir seuls pour lui et pour personne d'autre. Dieu s'orne et s'offre ainsi à l'âme et, avec toute sa déité, a mis son zèle à se rendre agréable à l'âme ; car Dieu veut plaire seul à l'âme, et il ne veut avoir aucun égal. Dieu ne souffre pas de contrainte ; il ne veut pas non plus que l'on vise ou désire quelque chose d'autre en dehors de lui.

Or certaines gens s'imaginent qu'ils sont tout à fait saints et tout à fait parfaits, et se livrent à de grandes choses et à de grandes paroles et visent et désirent tellement, et veulent aussi tant avoir et ont tellement de complaisance en soi et en ceci et en cela, et ils croient vouloir posséder ferveur alors qu'ils ne peuvent supporter un mot. Soyez certains pour de vrai qu'ils sont loin de Dieu et en dehors de cette union. Le prophète dit : « J'ai déversé mon âme en moi[9] », et saint Augustin dit une parole meilleure ; il dit : J'ai déversé mon âme au-dessus de moi. Il faut de nécessité qu'il lui faille venir au-dessus de soi si elle doit devenir Une dans le Fils ; et d'autant plus elle sort d'elle-même, d'autant plus devient-elle Une avec le Fils. Saint Paul dit : « Nous serons transformés dans l'image même qu'il est[10]. »

Un écrit[11] dit : La vertu n'est jamais une vertu qu'elle ne vienne de Dieu ou par Dieu ou en Dieu ; de ces trois choses il faut toujours qu'une soit. Que si pourtant il en était autrement, alors ce ne serait certes pas une vertu ; car ce que l'on vise sans Dieu, cela est trop petit. La vertu est Dieu, ou sans intermédiaire en Dieu. Mais ce qui est le meilleur, je ne veux pas vous en entretenir maintenant. Or vous pourriez dire : « Dites, maître, qu'est-ce que cela ? Comment pourrions-nous être sans intermédiaire en Dieu, en sorte que nous ne visions ni ne recherchions rien d'autre que Dieu, et comment devrions-nous être pauvres à ce point et à ce point laisser toutes choses ? C'est là, certes, un discours difficile que nous ne devions désirer de récompense ! » — Soyez certains que Dieu ne laisse pas de nous donner tout ; et l'eût-il juré, il ne pourrait cependant renoncer à nécessairement nous donner. Il lui est bien plus nécessaire de nous donner qu'à nous de recevoir ; mais nous ne devons pas viser cela ; car moins nous le visons ou désirons, plus Dieu le donne. Par là Dieu ne vise rien d'autre que le fait que nous devenions d'autant plus riches et que nous puissions recevoir d'autant plus.

J'ai coutume parfois de dire un petit mot, lorsque je dois prier, je dis alors : « Seigneur, c'est si peu de chose ce que nous te demandons ! Qui me le demanderait, je le ferais pour lui, et c'est pour toi cent fois plus facile que pour moi, et tu le ferais aussi plus volontiers. Et se trouverait-il que nous te demandions quelque chose de plus grand, il te serait bien facile de le donner ; et plus cela est grand, plus volontiers tu le donnes. » Car Dieu est disposé à donner de grandes choses si nous pouvions laisser toutes choses dans la justice.

Pour que donc nous « suivions la vérité », « dans la sagesse », et que nous « ayons faim et soif » d'elle, pour que nous « soyons rassasiés », qu'à cela Dieu nous aide. Amen.

Sermon 42

Adolescens, tibi dico : surge

On lit dans l'évangile que messire saint Luc écrit à propos d'un «jeune homme qui était mort. Alors Notre Seigneur passa auprès et s'approcha et fut saisi de compassion et le toucha et dit : "Jeune homme, je te l'ordonne, lève-toi[1] !"».

Or sachez : Dans tous les gens de bien Dieu est pleinement, et il est un quelque chose dans l'âme où Dieu vit, et il est un quelque chose dans l'âme où l'âme vit en Dieu. Et lorsque l'âme se tourne au-dehors vers des choses extérieures, alors elle meurt, et Dieu meurt aussi dans l'âme ; et pour autant il ne meurt pas en lui-même en rien de rien et il vit en lui-même. Lorsque l'âme se sépare du corps, alors le corps est mort, et l'âme vit en elle-même ; ainsi Dieu est-il mort pour l'âme, et il vit en lui-même. Or sachez : il est une puissance dans l'âme qui est plus vaste que le ciel, lequel est incroyablement vaste, et si vaste que l'on ne peut l'exprimer aisément — et cette même puissance est encore bien plus vaste.

Eh bien, notez-le maintenant avec zèle ! Le Père céleste dit maintenant dans cette noble puissance à son Fils unique : « Jeune homme, lève-toi ! » Il y a si grande union de Dieu avec l'âme que c'est incroyable, et Dieu est si haut en lui-même que jusque-là ne peut atteindre aucun entendement ni désir. Le désir va plus loin que tout ce que l'on peut comprendre avec l'entendement. Il est plus vaste que tous les cieux, oui, que tous les anges, et cependant [prenez] une petite étincelle de l'ange, en elle vit tout ce qui est au royaume de terre. Le désir est vaste, vaste sans mesure. Tout ce que peut comprendre l'entendement et que peut désirer le désir, cela n'est pas Dieu. Là où l'entendement et le désir finissent, là c'est la ténèbre, là brille Dieu *.

Or Notre Seigneur dit : « Jeune homme, je te le dis, lève-toi ! » Eh bien, dois-je maintenant percevoir en moi le dire de Dieu, il me faut alors être comme totalement étranger à tout ce qui est mien, exactement comme m'est étranger ce qui est au-delà de la mer, [et plus] particulièrement [ce qui est] dans le temps. L'âme est aussi jeune que lorsqu'elle fut créée en elle-même, et l'âge qui lui échoit, c'est à cause du corps, là où elle se commet avec les sens. Un maître[2] dit : « Un vieil homme aurait-il les yeux d'un jeune homme qu'il verrait aussi bien qu'un jeune. » Je me tenais hier en un lieu, là je dis une parole qui sonne de façon tout à fait incroyable — là je dis que Jérusalem est aussi proche de mon âme que le lieu où je me tiens maintenant. Oui, en bonne vérité : ce qui est

---

* Dans tout ce passage, il s'agit bien de l'entendement *(verstandnisse)*, et non pas de l'intellect *(vernunft, vernünfticheit)*.

mille miles au-delà de Jérusalem, cela est aussi proche à mon âme que mon propre corps, et de cela je suis aussi certain que du fait que je suis un homme, et c'est facile à entendre pour des clercs instruits. Sachez : mon âme est aussi jeune que lorsqu'elle fut créée, oui, et encore bien plus jeune ! Et sachez : je ne serais pas étonné qu'elle soit demain plus jeune qu'aujourd'hui !

L'âme a deux puissances qui en rien de rien n'ont affaire avec le corps, et c'est intellect et volonté : elles opèrent au-dessus du temps. Ah, que soient ouverts les yeux de l'âme, en sorte que l'entendement contemple en clarté la vérité ! Sachez : à l'homme il serait aussi facile de laisser toutes choses que [s'il s'agissait d'] un pois ou d'une lentille ou de rien ; oui, par mon âme, toutes choses seraient pour cet homme comme un néant ! Or il est certaines gens qui laissent les choses par amour, et ils tiennent pour très grandes les choses qu'ils ont laissées. Mais cet homme qui reconnaît dans la vérité que, même s'il s'est laissé soi-même et toutes choses, cela cependant n'est rien de rien — eh bien cet homme, qui vit ainsi, à lui appartiennent toutes choses dans la vérité.

Une puissance est dans l'âme pour laquelle toutes choses sont également douces ; oui, le pire et le meilleur, c'est tout égal en cette puissance ; elle saisit toutes choses par-delà « ici » et « maintenant ». « Maintenant » — cela est temps, et « ici » — cela est lieu, le lieu où je me tiens maintenant. Et serais-je alors sorti de moi-même et devenu pleinement dépris, eh bien, le Père engendrerait alors son Fils unique dans mon esprit aussi limpidement que cet esprit l'engendrerait en retour. Oui, en bonne vérité : mon âme serait-elle aussi disposée que l'âme de Notre Seigneur Jésus Christ, le Père opérerait alors en moi aussi limpidement que dans son Fils unique, et non pas moins ; car il m'aime du même amour par lequel il s'aime soi-même. Saint Jean dit : « Au commencement était la Parole, et la Parole était auprès de Dieu, et Dieu était la Parole [3]. » Eh bien, celui maintenant qui doit entendre cette Parole dans le Père — là elle est tout silence — cet homme, il lui faut être tout en silence et être séparé de toutes les images, oui, et de toutes les formes. Eh bien, l'homme devrait s'en tenir si fidèlement à Dieu que toutes choses ne pourraient en rien de rien le réjouir ni le troubler. Il doit saisir toutes choses en Dieu telles qu'elles sont là.

Or il dit : « Jeune homme, je te le dis, lève-toi ! » Il veut opérer l'œuvre lui-même. Qui me commanderait maintenant de porter une pierre, il pourrait aussi bien me commander d'en porter mille plutôt qu'une s'il se proposait de les porter lui-même. Ou quelqu'un me commanderait-il de porter un quintal, il pourrait aussi bien me commander d'en porter mille plutôt qu'un celui qui voudrait le faire lui-même. Eh bien, Dieu veut opérer cette œuvre lui-même, si l'homme le suit vraiment et ne s'y oppose point. Ah, l'âme demeurerait-elle à l'intérieur, elle aurait alors toutes choses présentes. Il est une puissance dans l'âme, et pas seulement une puissance, plutôt : être, et non seulement être, plutôt : quelque chose qui délie de l'être — c'est si limpide et si haut et si noble en lui-même que là ne peut pénétrer aucune créature, que Dieu seul qui là demeure. Oui, en bonne vérité : et Dieu lui-même ne peut y pénétrer en tant qu'il est selon un mode, [ni] en tant qu'il est mode ni en tant qu'il est bon ni en tant qu'il est riche. Oui, Dieu ne peut pénétrer là avec aucun mode; Dieu ne peut pénétrer là qu'avec sa nature divine nue[4].

Eh bien notez maintenant qu'il dit : « Jeune homme, je te le dis. » Et qu'est-ce là, le « dire » de Dieu ? C'est l'œuvre de Dieu, et cette œuvre est si noble et si haute que Dieu seul l'opère. Or sachez : toute notre perfection et toute notre béatitude tient en ce que l'homme traverse et surpasse tout être-créé[5] et toute temporalité et tout être, et gagne le fond qui est sans fond.

Nous prions notre cher Seigneur Dieu que nous devenions Un et demeurions à l'intérieur, et que Dieu nous aide [à parvenir] à ce même fond. Amen.

Sermon 43

Adolescens, tibi dico : surge

On lit dans l'évangile « d'une veuve qui avait un fils unique, lequel était mort. Alors Notre Seigneur vint à elle et dit : "Je te le dis, jeune homme, lève-toi !", et le jeune homme se dressa sur son séant[1] ».

Par cette « veuve », nous entendons l'âme. Parce que l'« homme » était mort, pour cette raison le « fils » aussi était mort. Par le « fils », nous entendons l'intellect, ce que l'« homme » est dans l'âme. Parce qu'elle ne vivait pas dans l'intellect, pour cette raison, l'« homme » était mort, et c'est pour cette raison qu'elle était « veuve ». « Notre Seigneur dit à la femme près du puits : "Va-t'en chez toi, amène-moi ton mari[2] !" » Il voulait dire : parce qu'elle ne vivait pas dans l'intellect, ce qui est l'« homme », pour cette raison ne lui revenait pas « l'eau vive » qui est le Saint Esprit ; il se trouve donné gracieusement là seulement où l'on vit dans l'intellect. Intellect est la partie supérieure de l'âme, là où elle a un co-être et une inclusion-d'être avec les anges dans la nature angélique. La nature angélique, aucun temps ne la touche ; intellect fait de même, qui est l'« homme » dans l'âme :

aucun temps ne le touche. Quand on ne vit pas en lui, alors meurt le « fils ». C'est pourquoi elle était « veuve ». Pourquoi une « veuve » ? — Il n'est aucune créature qui n'ait en elle quelque chose de bon et aussi quelque chose de déficient par quoi l'on délaisse Dieu. La « veuve » était en déficience parce que le pouvoir d'enfanter[3] était mort ; c'est pourquoi se corrompit aussi le fruit.

« Veuve » veut dire, selon une autre signification : celui qui « est laissé » et a laissé[4]. C'est ainsi qu'il nous faut laisser toutes créatures et nous en séparer. Le prophète dit : « La femme qui est stérile, ses enfants sont plus nombreux que celle qui est féconde[5]. » Ainsi est l'âme qui engendre spirituellement : son enfantement est bien plus multiple ; à chaque instant elle enfante. L'âme qui possède Dieu est en tout temps féconde[6]. Il faut de nécessité que Dieu opère toute son œuvre. Dieu en tout temps est en acte d'opérer dans un maintenant d'éternité, et son opérer est : engendrer son fils ; c'est lui qu'il engendre en tout temps. Dans cette naissance toutes choses sont venues au-dehors, et il a si grand plaisir en cette naissance qu'il consume en elle toute sa puissance. Plus on connaît ce tout, plus parfaite est la connaissance ; mais cela ne laisse que cela ne soit rien. Car Dieu s'engendre à partir de lui-même dans soi-même et s'engendre à nouveau dans soi. Plus parfaite est la naissance, plus elle enfante. Je dis : Dieu est pleinement Un, il ne connaît rien que soi seul. Dieu s'engendre pleinement dans son Fils ; Dieu dit toutes choses dans son Fils. C'est pourquoi il dit : « Jeune homme, je dis, lève-toi ! »

Dieu met en œuvre toute sa puissance dans sa naissance, et relève de cela le fait que l'âme fasse retour à Dieu. Et cela est, d'une certaine manière, angoissant que l'âme si souvent déchoie de ce en quoi Dieu met en œuvre intérieurement toute sa puissance ; et relève de cela le fait que l'âme revienne à la vie. Dieu crée toutes les créatures dans un dire ; mais pour que l'âme vienne à la vie, pour cela Dieu exprime toute sa puissance dans sa naissance [=dans la naissance de l'âme]. D'une autre manière, il est consolant que l'âme se trouve reconduite là. Dans la naissance elle devient vivante, et Dieu engendre son Fils dans l'âme pour qu'elle devienne vivante. Dieu se dit soi-même dans son Fils. Dans le dire où il se dit dans son Fils, dans ce dire il dit dans l'âme *. Toutes les créatures ont [en propre] d'engendrer. Une créature quelconque qui n'aurait pas pouvoir d'enfanter[7] ne serait pas non plus. C'est pourquoi un maître dit : c'est là un signe de ce que toutes les créatures sont issues de naissance divine.

Pourquoi dit-il : « Jeune homme » ? L'âme n'a rien où Dieu puisse lui parler que l'intellect. Certaines puissances sont de si peu de prix qu'il ne peut parler en elles. Il parle certes, mais elles ne l'entendent pas. Volonté ne perçoit pas en tant qu'elle est volonté, d'aucune manière. « Homme » ne vise aucune puissance autre qu'intellect. Volonté est ordonnée seulement à quelque chose d'extérieur.

---

* Dieu *se dit* lui-même « dans son Fils » (*in sinem sune* — ablatif) ; et il *dit* « dans l'âme » (*in die sêle* — accusatif), dans la mesure où il se porte *vers* elle et la fait vivante par ce dire.

« Jeune homme ». Toutes les puissances qui appartiennent à l'âme ne vieillissent pas. Les puissances qui appartiennent au corps dépérissent et décroissent. Plus l'homme connaît, mieux il connaît. C'est pourquoi : « Jeune homme ». Les maîtres disent : ce qui est jeune, c'est ce qui est proche de son commencement[8]. Intellect, en lui l'on est pleinement jeune : plus on opère dans cette puissance, plus on est proche de sa naissance. Ce qui est jeune, c'est ce qui est proche de sa naissance. Le premier jaillissement de l'âme est intellect, ensuite volonté, ensuite toutes les autres puissances.

Or il dit : « Jeune homme, lève-toi ! » Que veut dire : « Lève-toi ! » ? — « Lève-toi » de l'œuvre, et « que se lève » l'âme en elle-même ! Une œuvre unique que Dieu opère dans la lumière simple de l'âme, cela est plus beau que le monde entier et est plus agréable à Dieu que tout ce qu'il opéra jamais en toutes les créatures. Des gens insensés prennent le mauvais pour bon et le bon pour mauvais. Mais qui entend cela comme il faut, c'est alors une œuvre unique que Dieu opère dans l'âme, meilleure et plus noble et plus haute que le monde entier.

Au-dessus de cette lumière est la grâce ; celle-ci ne vient jamais dans intellect ni dans volonté. Grâce doit-elle venir dans intellect, il faut alors qu'intellect et volonté en viennent au-dessus de soi-même. Cela ne peut être, car la volonté est si noble en elle-même qu'elle ne peut se trouver emplie que par l'amour divin. Amour divin opère des œuvres fort grandes. Il est encore une partie au-dessus de cela, c'est intellect : celui-ci est si noble en lui-même qu'il ne peut se trouver accompli que par vérité divine. C'est pourquoi un maître[9] dit : Il est je ne sais quoi de très secret qui est au-dessus de cela, c'est le chef de l'âme. C'est là qu'advient l'union proprement dite entre Dieu et l'âme. Grâce n'opéra jamais aucune œuvre bonne, c'est-à-dire : elle n'opéra jamais aucune œuvre ; elle flue certes à l'extérieur dans l'exercice d'une vertu. Grâce n'unit jamais en aucune œuvre. Grâce est un demeurer à l'intérieur et un demeurer-avec de l'âme en Dieu. Tout ce qui eut nom d'œuvre ou s'appela œuvre, extérieurement et intérieurement, c'est de trop peu de prix pour cela. Toutes les créatures cherchent quelque chose d'égal à Dieu ; plus elles sont de peu de prix, plus elles cherchent de façon extravertie, comme air et eau : ils s'écoulent. Mais le ciel, qui est plus noble, cherche de façon plus proche quelque chose d'égal à Dieu ; le ciel mène inlassablement sa course, et dans sa course il produit toutes les créatures : en cela il s'égale à Dieu, plus : il n'a pas cela pour visée : quelque chose au-dessus de cela. En outre : dans sa course, il cherche un repos. Jamais le ciel ne s'abaisse à aucune œuvre par quoi il serve aucune créature qui est en dessous de lui. Par là il s'égale à Dieu de façon plus proche. Là où Dieu s'engendre dans son Fils unique, cela est inaccessible à toutes les créatures. Néanmoins, le ciel s'élance vers l'œuvre que Dieu opère en lui-même. Si [déjà] le ciel et d'autres créatures qui sont de moindre prix font cela : l'âme est plus noble que le ciel.

Un maître dit : L'âme s'engendre soi-même dans soi même et s'engendre à partir de soi et s'engendre de retour dans soi. Elle peut des merveilles dans sa lumière naturelle ; elle est si puissante, elle sépare ce qui est un. Feu et chaleur sont un ; cela tombe-t-il dans l'intellect, il le sépare. Sagesse et bonté en Dieu sont un. Sagesse tombe-t-elle dans intellect, il ne pense plus à l'autre. L'âme à partir de soi engendre Dieu à partir de Dieu en Dieu ; elle l'engendre exactement à partir d'elle ; elle le fait pour qu'elle engendre Dieu à partir d'elle là où elle est de la couleur de Dieu : là elle est une image de Dieu. Je l'ai également dit souvent : une image, en tant qu'elle est une image de ce dont elle est une image, cela nul ne peut le séparer. Lorsque l'âme vit là où elle est image de Dieu, alors elle a pouvoir d'engendrer [10] ; c'est en cela que tient la véritable union ; cela, toutes les créatures ne peuvent le séparer. Malgré Dieu même, malgré les anges, malgré les âmes et toutes créatures, elles ne peuvent séparer ce en quoi l'âme est une image de Dieu ! C'est là une véritable union, là se trouve véritable béatitude. Certains maîtres cherchent béatitude dans intellect. Je dis : béatitude ne se trouve ni en intellect ni en volonté, plutôt : au-dessus, là se trouve béatitude, là béatitude se trouve en tant que béatitude, non comme intellect, et Dieu se trouve en tant que Dieu, et l'âme se trouve en tant qu'elle est image de Dieu. Béatitude est là où l'âme saisit Dieu en tant qu'il est Dieu. Là, l'âme est âme, et grâce grâce, et béatitude béatitude, et Dieu Dieu.

Nous prions Notre Seigneur qu'il nous donne de devenir ainsi unis à lui. A cela Dieu nous aide. Amen.

Sermon 44

Postquam completi erant dies,
puer Iesus portabatur in templum.
Et ecce, homo erat in Ierusalem.

Saint Luc écrit dans l'évangile : « Lorsque les jours furent accomplis, alors Christ fut porté au temple. Et voici qu'un homme, du nom de Siméon, était à Jérusalem, il était juste et craignant Dieu ; il attendait la consolation du peuple d'Israël, et le Saint Esprit était en lui [1]. »

« Et voici que » : ce petit mot « et » signifie en latin une union et un rattachement et une inclusion. Ce qui est pleinement relié et inclus, cela veut dire union. Par là je vise le fait que l'homme est relié à Dieu et inclus et uni à lui. Nos maîtres disent : Union veut avoir ressemblance. Union ne peut être qu'elle n'ait ressemblance. Ce qui est relié et inclus, cela fait l'union. Ne fait pas ressemblance ce qui est [simplement] proche de moi, lorsque je me tiens près de lui ou me trouverais dans un même lieu. A ce propos Augustin [2] dit : Seigneur, lorsque je me trouvais loin de toi, cela ne provenait pas de l'éloignement du lieu, plutôt : cela venait de l'inégalité dans laquelle je me trouvais. Un maître [3] dit : Celui dont être et œuvre sont pleinement dans l'éternité et celui dont être et œuvre sont pleinement dans le temps, ceux-là ne concordent jamais ; ils ne se rencontrent jamais. Nos maîtres disent : Les choses dont être et œuvre sont dans l'éternité et les choses dont être et œuvre sont dans le temps, entre elles il faut de nécessité qu'il y ait un intermédiaire. Là où il sont une inclusion et [une] liaison totales, il faut de nécessité que cela soit égal. Là où Dieu et l'âme doivent se trouver unis, il faut que cela vienne d'égalité. Là où il n'y a pas inégalité, il faut de nécessité que cela soit un ; ce n'est pas seulement dans une inclusion que cela se trouve uni, plutôt : cela devient un ; pas seulement égalité, plus : [l'] égal. C'est pourquoi nous disons que le Fils n'est pas [simplement] égal au Père, plutôt : il est l'égalité, il est Un avec le Père *.

Nos meilleurs maîtres [4] disent : une image qui est dans une pierre ou sur un mur, s'il n'y avait rien dessous qui la porte, cette image, dans la mesure où elle est une image, serait tout entière une avec ce dont elle est image. Lorsque l'âme entre dans l'image **, là il n'est rien d'étranger, [rien] que l'image *** avec laquelle elle est une [seule] image, c'est là un bon enseignement ****. Lorsque l'on est posé dans

---

* Contrairement à l'habitude qu'a Maître Eckhart de distinguer *glîcheit* et *glîchnisse* (égalité et ressemblance), ces termes se trouvent employés ici de façon équivalente. La gradation, du moins vers le plus, est donc à entendre de la sorte : ressemblance et inclusion, égalité simple, l'égal ou l'égalité comme telle, le Un ou l'unité.

** Il s'agit de l'image qui est dans l'âme.

*** Il s'agit de l'image de Dieu dans l'âme.

**** Il s'agit du bon enseignement que reçoit l'âme lorsqu'elle entre en elle-même pour s'unir à l'image qu'est Dieu.

l'image où l'on est égal à Dieu, là on saisit Dieu, là on trouve Dieu. Là où quelque chose est divisé vers l'extérieur, là on ne trouve pas Dieu. Lorsque l'âme parvient dans l'image et se trouve dans l'image seule, dans cette image elle trouve Dieu ; et en cela qu'elle se trouve et [trouve] Dieu, c'est là comme une œuvre qui est hors du temps : là elle trouve Dieu. Dans la mesure où elle est à l'intérieur, dans cette mesure elle est une avec Dieu ; il veut dire : dans la mesure où l'on est enclos à l'intérieur, là l'âme est image de Dieu. Dans la mesure où il est à l'intérieur, dans cette mesure il est divin ; autant à l'intérieur, autant en Dieu, non pas enclos, non pas uni, plus : c'est Un.

Un maître[5] dit : toute égalité vise une naissance. Il dit plus : la nature ne trouve jamais quelque chose d'égal à soi que naissance nécessairement ne s'ensuive. Nos maîtres disent : le feu, si puissant qu'il soit, ne brûlerait jamais s'il n'espérait une naissance. Si sec serait le bois que l'on y jetterait, s'il ne pouvait recevoir sa ressemblance, il ne brûlerait jamais. Ce que désire le feu, c'est qu'il naisse dans le bois et qu'il devienne tout entier un seul feu et qu'il se maintienne et demeure. S'éteindrait-il et disparaîtrait-il, alors il ne serait plus feu ; c'est pourquoi il désire se trouver maintenu. La nature de l'âme ne porterait jamais l'égalité n'était qu'elle désirât que Dieu naisse en elle ; jamais elle ne parviendrait à sa nature, jamais elle n'aurait désir d'y parvenir à moins qu'elle n'attende cette naissance, et c'est cela que Dieu opère ; et jamais Dieu ne l'opérerait à moins que de vouloir que l'âme naisse en lui. Dieu opère et l'âme désire. Dieu a l'œuvre, et l'âme le désirer et la capacité que

Dieu naisse en elle et elle en Dieu. Ce que Dieu opère, c'est que l'âme devienne égale à lui. Il faut de nécessité qu'il en soit ainsi qu'elle attende que Dieu naisse en elle et qu'elle se trouve maintenue en Dieu, et désire une union en sorte qu'elle se trouve maintenue en Dieu. Nature divine se déverse dans la lumière de l'âme, et elle s'y trouve maintenue. Par là Dieu vise à ce qu'il naisse en elle et se trouve uni à elle et se trouve maintenu en elle. Comment cela peut-il être ? Ni disons-nous pas pourtant que Dieu se maintient lui-même ? Lorsqu'il y attire l'âme, alors elle trouve que Dieu se maintient lui-même, et c'est là qu'elle demeure, ailleurs elle ne demeurerait jamais. Augustin[6] : « Selon la manière exacte dont tu aimes, ainsi es-tu : aimes-tu la terre, alors tu deviens terrestre ; aimes-tu Dieu, alors tu deviens divin. Si donc j'aime Dieu, est-ce qu'alors je deviens Dieu ? Cela, ce n'est pas moi qui le dis, je vous réfère à la sainte Ecriture. Dieu a dit par le prophète : "Vous êtes des dieux et êtes enfants du Très-Haut." » Et à ce propos je dis : Dans l'égalité Dieu donne la naissance. L'âme n'en aurait-elle pas conscience qu'elle ne désirerait jamais parvenir là. Elle veut se trouver maintenue dans lui ; sa vie se tient en lui. Dieu a un maintien, un demeurer dans son être ; et, à ce propos, il n'est d'autre moyen que de dépouiller et de détacher tout ce qui est de l'âme : sa vie, puissances et nature, il faut que tout disparaisse, et qu'elle se tienne dans la lumière limpide, là où elle est une [seule] image avec Dieu : c'est là qu'elle trouve Dieu. C'est le propre de Dieu que rien d'étranger ne tombe en lui, rien de rapporté, rien d'ajouté. C'est pourquoi l'âme ne doit avoir aucune impression étrangère, rien de rapporté, rien d'ajouté. Voilà pour le premier point.

« Et voici que » : « Voici ». « Voici » : ce petit mot possède inclus en lui tout ce qui appartient à ce mot ; on ne peut lui donner plus. Parole, c'est Dieu, Dieu est une Parole, Fils de Dieu est une Parole. Il[7] veut dire que toute notre vie, tout notre désir est pleinement inclus en Dieu et suspendu et incliné vers Dieu. C'est pourquoi Paul dit : « Je suis ce que je suis de par la grâce de Dieu[8] », et il dit davantage : « Je vis, non pas moi, plutôt : c'est Dieu qui vit en moi pleinement[9]. » Quoi de plus ?

« Homo erat. » Il dit : « Entendez, un homme. » Le mot « homo » nous le prenons à propos de femmes et à propos d'hommes, mais les Welches ne veulent pas le laisser aux femmes en raison de leur faiblesse *. « Homo » signifie « ce qui est parfait » et « à qui rien ne fait défaut ». « Homo », « l'homme », veut dire « celui qui est de la terre », et veut dire « humilité ». La terre est l'élément le plus bas et se trouve au centre et est pleinement enserré par le ciel et reçoit totalement l'influx du ciel. Tout ce que le ciel opère et déverse se trouve reçu au centre dans le fond de la terre. « Homo », dans une autre acception, veut dire « humidité » et vise « celui qui est inondé de grâce »

---

* Les langues germaniques, qui distinguent l'homme de la femme en disant — par exemple en allemand — *Man* et *Frau*, ont en outre un autre terme, *Mensch*, qui désigne à la fois l'homme et la femme, indistinctement ; il n'en va pas ainsi dans les langues welches (*i. e.* romanes) : le terme qui en elles désigne l'être humain comme tel est aussi celui qui désigne l'individu mâle (*v. g. homme, uomo*).

et vise le fait que l'homme humble reçoit sur-le-champ l'influx de la grâce. Dans cet influx de la grâce s'élève tout aussitôt la lumière de l'intellect ; là Dieu brille dans une lumière qui ne peut être recouverte. Qui serait puissamment saisi dans cette lumière, celui-là serait bien plus noble en regard d'un autre homme, comme [l'est] un homme vivant en regard d'un qui est peint sur le mur. Cette lumière est si puissante qu'elle n'est pas seulement dépouillée de temps et d'espace, plus : ce sur quoi elle se déverse, elle le dépouille de temps et espace et de toute image corporelle et de tout ce qui est étranger. Je l'ai dit souvent : n'y aurait-il temps ni espace ni autre chose, tout alors serait un seul être. Qui ainsi serait Un et se jetterait dans le fond de l'humilité, celui-là se trouverait là inondé de grâce.

En troisième lieu : cette lumière libère de temps et d'espace. « Il y eut un homme. » Qui lui donna cette lumière ? — La limpidité. Le mot « erat » appartient à Dieu de la façon la plus propre. En langue latine, il n'est aucun mot qui soit aussi propre à Dieu que « erat ». C'est pourquoi Jean y recourt dans son évangile et dit si souvent « erat », « c'était », et vise un être nu. Toutes choses ajoutent, il * n'ajoute rien sinon dans une pensée ; non pas avec une pensée qui ajoute, plutôt : dans une pensée qui soustrait. Bonté et vérité ajoutent, au moins dans une pensée ; plus : l'être nu à quoi rien n'est ajouté, c'est cela que vise « erat ». En second lieu : « erat » vise une naissance, un devenir parfait. Je suis venu maintenant, j'étais en train

* Il s'agit du mot « erat ».

de venir aujourd'hui, et si l'on ne tenait compte du temps où je vins et suis venu, alors le en-train-de-venir et le suis-venu seraient inclus dans un et seraient un. Lorsque le en-train-de-venir et le est-venu sont rassemblés en un, en cela nous naissons et sommes créés en retour et reproduits en image dans la première image. Je l'ai également dit souvent : Tout le temps que quelque chose d'une chose est en son être *, cela ne se trouve pas créé en retour ; cela peut bien être retouché ou rénové comme un sceau qui est vieux ; on le restaure et le rénove. Un maître païen dit : Ce qui est, aucun temps ne peut le vieillir ; là est une vie bienheureuse dans un toujours plus, là n'est pas de ride, là où rien n'est recouvert, là où est un être limpide. Salomon dit : « Il n'est rien sous le soleil qui soit nouveau [10]. » Cela se trouve rarement entendu selon son sens. Tout ce qui est sous le soleil, cela vieillit et décline ; mais là il n'est rien que du nouveau. Temps donne deux choses : âge et déclin. Ce sur quoi le soleil brille, c'est dans le temps. Toutes les créatures sont maintenant et sont de par Dieu ; mais là, elles sont en Dieu, là elles sont aussi inégales à ce qu'elles sont ici-bas que le soleil en regard de la lune, et beaucoup plus. C'est pourquoi il dit « erat in eo », « le Saint Esprit était en lui », là où est l'être et là où est un devenir.

« Il y eut un homme. » Où était-il ? « A Jérusalem ». « Jérusalem » veut dire « une vision de paix » ; en bref, cela veut dire que l'homme est dans la paix et

---

* Entendons : aussi longtemps une chose demeure en son être, sans s'être détachée de ce qui lui est propre.

bien établi. Cela veut dire davantage peut-être. Paul dit : « Je vous souhaite la paix qui surpasse toute pensée. Qu'elle garde votre cœur et votre intellect[11]. »

Prions Notre Seigneur que nous soyons ainsi « un homme » et que nous nous trouvions ainsi établis dans cette paix qu'il est lui-même. Que Dieu nous y aide. Amen.

Sermon 45

Beatus es, Simon Bar Iona, quia caro et sanguis etc.

Notre Seigneur dit : « Simon Pierre, bienheureux es-tu ; ce qui t'a révélé cela, ce ne sont chair ni sang, mais mon Père qui est au ciel[1] ! »

Saint Pierre a quatre noms : il s'appelle « Pierre » et s'appelle « Bar Iona » et s'appelle « Simon » et s'appelle « Cephas ».

Or Notre Seigneur dit : « Bienheureux es-tu ! » Tous les gens désirent la béatitude. Or un maître[2] dit : Tous les gens désirent être loués. Or saint Augustin[3] dit : Un homme de bien ne désire pas de louange, il désire plutôt être digne de louange. Or nos maîtres disent : La vertu est si limpide et si vraiment dépouillée et détachée de toutes les choses corporelles, dans son fond et dans sa propriété, que rien de rien ne peut tomber en elle que cela ne souille la vertu et ne devienne vice. Une seule pensée ou quelque chose recherchée pour son intérêt propre, ce n'est pas là une vraie vertu, plutôt : cela devient un vice. Telle est la vertu de par sa nature[4].

Or un maître païen[5] dit : Celui qui exerce la vertu pour quelque chose d'autre que pour la vertu, cela ne fut jamais une vertu. Cherche-t-il louange ou quelque chose d'autre, alors il brade la vertu. On ne doit pas, en raison de sa nature, donner une vertu pour tout ce qui est au royaume de terre. C'est pourquoi un homme de bien ne désire pas de louange ; il désire surtout être digne de louange. Un homme ne doit pas souffrir que l'on s'irrite contre lui ; il doit souffrir de ce qu'il mérite colère.

Or Notre Seigneur dit : « Bienheureux es-tu ! » Béatitude tient à quatre choses : que l'on ait tout ce qui a l'être et qu'il est agréable de désirer et qui apporte de la saveur, et que l'on ait cela pleinement indivis avec une totalité d'âme, et que cela soit saisi en Dieu au plus limpide et au plus élevé, nu, non recouvert, dans le premier jaillissement et dans le fond de l'être, et que tout soit saisi là où Dieu lui-même le saisit : c'est là béatitude.

Or il dit « Pierre », ce qui équivaut à « qui contemple Dieu ». Or les maîtres demandent si le noyau de la vie éternelle réside davantage en l'intelligence[6] ou en la volonté. Volonté a deux opérations : désir et amour. Intelligence, son œuvre est simple ; c'est pourquoi elle est meilleure ; son œuvre est de connaître et elle [= l'intelligence] ne se repose jamais qu'elle ne touche nûment ce qu'elle connaît. Et c'est ainsi qu'elle précède la volonté et lui annonce ce qu'elle [= la volonté] aime. Aussi longtemps on désire des choses, on ne les possède pas, lorsqu'on les possède, alors on les aime ; alors disparaît le désir.

Comment doit être l'homme qui doit contempler Dieu ? Il doit être mort. Notre Seigneur dit : « Personne ne peut me voir et vivre[7]. » Or saint Grégoire[8] dit : Il est mort celui qui est mort au monde. Or éprouvez vous-mêmes comment est un mort et combien peu il est touché par tout ce qui est dans le monde. Meurt-on à ce monde, on ne meurt pas à Dieu[9]. Saint Augustin se livrait à des prières de toutes sortes. Il disait : Seigneur, donne-moi de te connaître et de me connaître[10]. « Seigneur, aie pitié de moi et montre-moi ta face et donne-moi de mourir et donne-moi de ne pas mourir afin que je te contemple éternellement. » C'est la première chose : que l'on soit mort si l'on veut contempler Dieu. C'est là le premier nom : « Petrus ».

Un maître dit : N'y aurait-il pas d'intermédiaire que l'on verrait une fourmi dans le ciel. Or un autre maître dit : N'y aurait-il pas d'intermédiaire que l'on ne verrait rien. Tous deux sont dans la vérité[11]. La couleur qui est sur le mur doit-elle se trouver portée à mon œil, il faut qu'elle se trouve passée au crible et faite subtile dans l'air et dans la lumière et ainsi se trouve spirituellement portée à mon œil. Ainsi faut-il que se trouve passée au crible dans la lumière et dans la grâce l'âme qui doit contempler Dieu. C'est pourquoi le maître a raison qui dit : N'y aurait-il pas d'intermédiaire que l'on ne verrait rien. L'autre maître a également raison qui dit : N'y aurait-il pas d'intermédiaire que l'on verrait la fourmi dans le ciel. N'y aurait-il pas d'intermédiaire en l'âme qu'elle verrait Dieu nûment.

Le second nom, « Bar Iôna », veut dire « un fils de la grâce », dans laquelle l'âme se trouve illuminée et portée vers le haut et disposée à la contemplation divine.

Le troisième nom est « Simon » ; cela signifie « ce qui est obéissant » et « ce qui est soumis ». Celui qui veut entendre Dieu doit être séparé, loin des gens. C'est pourquoi David dit : « Je me tairai et entendrai ce que Dieu dit en moi. Il annonce la paix dans son peuple et [l'appelle] sur ses saints et pour tous ceux qui là sont revenus à leur cœur[12]. » Bienheureux l'homme qui entend avec zèle ce que Dieu dit en lui, et il doit se soumettre sans détour au rayon de la lumière divine. L'âme qui est tournée de toute sa puissance sous la lumière de Dieu se trouve embrasée et enflammée en amour divin. Lumière divine brille sans détour sur lui. S'il se trouvait que le soleil brille sans détour sur notre tête, il s'en trouverait peu pour vivre. C'est ainsi que la puissance supérieure de l'âme qui est la tête devrait être également élevée sous le rayon de la lumière divine, en sorte que puisse y briller la lumière divine dont j'ai souvent parlé : elle est si limpide et si éminente et si haute que toutes les lumières sont ténèbres et un néant en regard de cette lumière. Toutes les créatures, en tant qu'elles sont, sont comme un néant ; lorsqu'elles se trouvent éclairées par cette lumière où elles prennent leur être, elles sont quelque chose.

C'est pourquoi la connaissance naturelle ne peut jamais être si noble qu'elle touche ou saisisse Dieu sans intermédiaire, à moins que l'âme n'ait en elle ces six choses dont j'ai parlé : la première, que l'on soit mort à tout ce qui est inégal. La seconde, que l'on soit bien illuminé dans la lumière et dans la grâce. La troisième, que l'on soit sans intermédiaire. La quatrième, que l'on obéisse à la parole de Dieu au plus intime. La cinquième, que l'on soit soumis à la lumière divine. La sixième est ce que dit un maître païen[13] : C'est là béatitude que l'on vive selon la puissance supérieure de l'âme ; celle-ci doit porter toute chose vers le haut et recevoir en Dieu sa béatitude. Là où le Fils lui-même reçoit, dans le premier jaillissement, là nous devons aussi recevoir dans le plus élevé de Dieu ; ainsi nous faut-il, nous aussi, tenir de façon égale ce qui en nous est le plus élevé en regard de cela.

« Cephas », cela veut dire « tête ». L'intellect est la tête de l'âme. Ceux qui tiennent le discours le plus grossier disent que c'est l'amour qui précède ; mais ceux qui tiennent le discours le plus précis disent proprement — et c'est aussi la vérité — que le noyau de la vie éternelle se trouve davantage en connaissance qu'en amour. Et sachez pourquoi. Nos meilleurs maîtres disent — il n'en est pas beaucoup — que la connaissance et l'intellect s'élèvent sans détour vers Dieu. Mais l'amour se tourne vers ce qu'il aime ; là il saisit ce qui est bon. Mais connaissance saisit ce par quoi c'est bon. Le miel est en lui-même plus doux qu'aucune chose que l'on peut faire à partir de lui. L'amour saisit Dieu en tant qu'il est bon. Mais connaissance fait sa percée vers le haut et saisit Dieu en tant qu'il est être. C'est pourquoi Dieu dit : « Simon Pierre, bienheureux es-tu ! » Dieu donne à l'homme juste un être divin et le même nom que celui qui est propre à son être. C'est pourquoi il dit par après : « Mon Père qui est au ciel. »

Parmi tous les noms il n'en est aucun de plus propre que « celui qui est ». Car celui qui veut désigner une chose, s'il dit : « Elle est », cela paraîtrait être une folie ; s'il disait : « C'est un bois ou une pierre », on saurait alors ce qu'il vise. C'est pourquoi nous disons : Tout étant détaché et soustrait et dépouillé en sorte que rien de rien ne demeure qu'un unique « est » : c'est là la nature propre de son nom. C'est pourquoi Dieu dit à Moïse : « Dis : "Celui qui est, c'est lui qui m'a envoyé[14] !" » C'est pourquoi Notre Seigneur nomme les siens de son propre nom. Notre Seigneur dit à ses disciples : « Ceux qui me suivent, ceux-là doivent s'asseoir à ma table dans le royaume de mon Père et manger mes mets et boire mon breuvage, celui que mon Père a préparé ; c'est ainsi que je vous l'ai préparé aussi[15]. » Bienheureux l'homme qui en est venu à pouvoir recevoir avec le Fils là même où le Fils reçoit. C'est là exactement que nous devons aussi recevoir notre béatitude, et sa béatitude sans lieu là où il a son être, dans ce même fond, là tous ses amis doivent recevoir intérieurement et puiser leur béatitude. C'est là la « table dans le royaume de Dieu ».

Pour que nous parvenions à cette table, qu'à cela Dieu nous aide. Amen.

Sermon 46

Haec est vita aeterna

Ces mots se trouvent écrits dans le saint évangile, et Notre Seigneur Jésus Christ dit : « C'est la vie éternelle que l'on te connaisse toi seul vrai Dieu et ton Fils que tu as envoyé, Jésus Christ[1]. »

Or notez ! Personne ne peut connaître le Père si ce n'est son Fils unique, car il dit lui-même que « personne ne connaît le Père si ce n'est son Fils, et personne le Fils si ce n'est son Père[2] ». Et c'est pourquoi : l'homme doit-il connaître Dieu, en quoi consiste sa béatitude éternelle, alors il lui faut être avec le Christ un Fils unique du Père ; et c'est pourquoi : voulez-vous être bienheureux, il vous faut alors être un Fils, non beaucoup de fils, plutôt : un Fils. Vous devez certes être distincts selon la naissance corporelle, mais dans la naissance éternelle vous devez être un, car en Dieu il n'est rien qu'une [seule] origine naturelle ; et c'est pourquoi : devez-vous être un Fils avec Christ, il vous faut alors être un seul flux avec la Parole éternelle.

Comment l'homme doit-il en venir à être un Fils unique du Père ? Notez-le ! La Parole éternelle ne prit pas sur soi cet homme-ci ni cet homme-là, mais elle prit sur soi une nature humaine libre, indivise, qui là était nue sans image * ; car la forme simple de l'humanité est sans image. Et c'est pourquoi, [lorsque] dans le fait d'avoir été assumée, la nature humaine se trouva prise par la Parole éternelle comme simple sans image, alors l'image du Père, qui est le Fils éternel, devint image de la nature humaine. Car aussi vrai est-il que Dieu est devenu homme, aussi vrai est-il que l'homme est devenu Dieu. Et c'est ainsi que la nature humaine est revêtue de l'image en cela qu'elle est devenue l'image divine, qui est image du Père. Et donc, devez-vous être un Fils, il vous faut alors vous séparer et vous éloigner de tout ce qui est fait en vous différence. Car l'homme est une contingence de la nature, et pour cette raison séparez-vous de tout ce qui est contingence en vous, et prenez-vous selon la nature humaine libre, indivise. Et parce que cette même nature selon laquelle vous vous prenez est devenue Fils du Père éternel de par l'assomption de la Parole éternelle, alors vous deviendrez Fils du Père éternel avec Christ par le fait que vous vous prendrez selon la nature même qui est devenue Dieu. C'est pourquoi gardez-vous de vous assumer en quelque chose selon que vous êtes cet homme-ci ou cet homme-là, mais assumez-vous selon la nature humaine libre, indivise. C'est pourquoi : voulez-vous être un Fils, séparez-vous alors de tout ne-pas, car ne-pas crée la différence. Comment ? Notez-le ! Parce que tu n'es pas cet homme, ce ne-pas crée une diffé-

* Sans figure particulière.

rence entre toi et cet homme. Et donc : voulez-vous être sans différence, séparez-vous alors du ne-pas. Car une puissance est dans l'âme qui est séparée du ne-pas, car elle n'a rien de commun avec chose aucune ; car il n'est rien en cette puissance que Dieu seul : il illumine nûment cette puissance.

Voyez, l'homme qui ainsi est un Fils prend mouvement et opération et tout ce qu'il prend — tout cela il le prend dans son être-propre *. Car que le Fils du Père soit Fils selon l'éternité, cela il l'est de par le Père. Mais ce qu'il a, cela il l'a en lui, car il est un avec le Père selon être et selon nature. C'est pourquoi il a être et essence[3] totalement en lui, et il dit donc : « Père, comme moi et toi sommes un, ainsi je veux qu'ils soient un[4]. » Et tout ainsi que le Fils est un avec le Père selon être et selon nature, ainsi es-tu un avec lui selon être et selon nature, et tu as tout cela en toi comme le Père l'a en lui ; tu n'as pas cela de Dieu par prêt, car Dieu est ton être-propre. Et donc : tout ce que tu reçois, tu le reçois dans ton être-propre ; et les œuvres que tu ne reçois pas dans ton être-propre, ces œuvres sont toutes mortes devant Dieu. Ce sont les œuvres vers lesquelles tu es mû en dehors de toi par des choses étrangères, car elles ne procèdent pas de la vie : c'est pourquoi elles sont mortes ; car la chose qui vit, c'est celle qui prend mouvement de son être-propre. Et donc : les œuvres de l'homme doivent-elles vivre, il leur faut se trouver prises de

---

* *in sînem eigene*. « Être-propre », au sens où l'homme a véritablement « en propre » d'être le Fils.

son être-propre, non pas de choses étrangères ni en dehors de lui, mais en lui.

Or notez-le ! Aimez-vous la justice selon que la justice est pour toi ou en toi, alors vous n'aimez pas la justice selon qu'elle est la justice ; et vous ne la prenez pas alors ni ne l'aimez selon qu'elle est simple, mais vous la prenez divisée. Lorsqu'alors Dieu est la justice, vous ne le prenez pas ni ne l'aimez selon qu'il est simple. Et c'est pourquoi prenez la justice selon qu'elle est justice, car ainsi vous la prendrez selon qu'elle est Dieu. Et donc : là où opère la justice, là opérez, car vous opérez alors en tout temps justice. Oui, et l'enfer se tiendrait-il sur le chemin de la justice, vous opéreriez la justice, et elle ne vous serait aucunement peine, elle vous serait une joie, car vous seriez vous-même la justice ; et c'est pourquoi il vous faut ainsi opérer justice. Car, dans la mesure où une chose se porte vers le haut dans l'universel, dans cette mesure elle est une avec la simplicité de l'universel et est toujours plus simple.

A cette simplicité de la vérité que Dieu nous aide ! Amen.

Sermon 47

Spiritus domini replevit orbem terrarum etc.

« L'esprit du Seigneur a empli l'orbe de la terre[1]. » Un maître[2] dit : Toutes les créatures portent en elles un témoin de la nature divine à partir de laquelle elles s'épanchent afin de pouvoir opérer selon la nature divine d'où elles ont flué. C'est selon deux modes que les créatures s'épanchent. Le premier mode d'épanchement se produit en la racine, comme des racines s'épanche l'arbre. Le second mode d'épanchement tient en un mode unifiant. Voyez, c'est ainsi que l'épanchement de la nature divine est selon deux modes. L'un des épanchements est celui du Fils à partir du Père ; il se produit selon le mode d'une naissance. Le second épanchement se produit selon un mode unifiant, [vers] le Saint Esprit ; cet épanchement est à partir du Père et du Fils : c'est là le Saint Esprit, car ils s'aiment tous deux en lui. Voyez, c'est cela qu'attestent toutes créatures, qu'elles ont flué au-dehors et ont flué de la nature divine, et de cela elles portent un témoin en leurs œuvres. A ce propos, un maître grec dit que Dieu tient toutes les créatures comme par la bride pour qu'elles opèrent selon sa ressemblance[3]. C'est pourquoi la nature opère en tout temps au plus élevé de ce qu'elle peut opérer. La nature ne voudrait pas seulement opérer le Fils, et le pourrait-elle, elle voudrait opérer le Père. Et c'est pourquoi, la nature opérerait-elle hors du temps, elle n'aurait pas alors de déficience accidentelle. C'est à ce propos qu'un maître grec[4] dit : Parce que la nature opère dans le temps et dans l'espace, pour cette raison père et fils sont distincts. Un maître[5] dit : Un charpentier qui construit une maison l'a formée en lui auparavant; et le bois serait-il suffisamment soumis à sa volonté, aussi vite le voudrait-il aussi vite cela serait; et n'était la matière, il n'y aurait là pas plus de différence qu'entre l'engendrer et ce qui est engendré dans l'instant. Voyez, il n'en est pas ainsi en Dieu, car il n'est en lui aucun temps ni espace; c'est pourquoi ils [= le Père et le Fils] sont Un en Dieu, et il n'est aucune différence [entre eux] qu'entre épanchement et être-épanché.

«L'esprit du Seigneur». Pourquoi s'appelle-t-il «Seigneur»? — Pour la raison qu'il nous emplit. Pourquoi s'appelle-t-il «Esprit»? — Pour la raison qu'il nous unit à lui. La seigneurie, on l'éprouve en trois choses. L'une est qu'il [= le Seigneur] est riche. Riche est ce qui a tout, sans déficience quelconque. Je suis un homme et, si je suis riche, alors pour autant je ne suis pas un autre homme. Serais-je tous les hommes, alors pour autant je ne serais pas un ange, mais serais-je ange et homme, alors pour autant je ne serais pas tous les anges. C'est pourquoi il n'est à proprement parler de riche que Dieu seul, qui de façon simple a toute chose incluse en lui. C'est pourquoi il peut pleinement donner : c'est là le second point de la richesse. Un maître dit que Dieu se livre soi-même à toutes les créatures, pour que chacune prenne ce qu'elle veut. Je dis que Dieu s'offre à moi comme à l'ange le plus élevé, et serais-je aussi disposé que lui, je recevrais comme lui. J'ai dit également souvent que Dieu s'est comporté éternellement exactement comme s'il avait cherché avec zèle comment il serait agréable à l'âme. Le troisième point de la richesse est que l'on donne sans attendre de retour ; car celui qui donne quelque chose pour quelque chose, celui-là n'est pas pleinement riche. C'est pourquoi la richesse de Dieu s'atteste en ce qu'il donne tous ses dons à perte. A ce propos, le prophète dit : « J'ai dit à mon Seigneur : Tu es mon Dieu, car tu n'as pas besoin de mon bien[6]. » Celui-là seul est un « Seigneur » et est « Esprit ». Je dis qu'il est « Esprit » : c'est en cela que réside notre béatitude, qu'il nous unit à lui. Le plus noble que Dieu opère dans toutes les créatures, c'est l'être. Mon père me donne certes ma nature, mais il ne me donne pas mon être ; c'est cela que Dieu opère limpidement. C'est pourquoi toutes les choses qui sont ont plaisir intellectuel en leur être. Voyez, partant, comme aussi je vous l'ai dit souvent sans être bien entendu, que Judas dans l'enfer ne voudrait pas être un autre dans le royaume des cieux. Pourquoi ? Que s'il devait devenir un autre, il lui faudrait alors être néantisé dans ce qu'il est en son être. Cela ne peut être, car l'être ne se renie pas soi-même. L'être de l'âme est réceptif de l'influx de la lumière divine, mais pas aussi limpidement ni aussi clairement que Dieu peut le donner, plutôt : dans un enveloppement. On voit la lumière du soleil, certes, lorsqu'elle se répand sur un arbre ou une autre chose; plutôt : en elle-même on ne peut la saisir. Voyez, ainsi en est-il des dons divins : il leur faut se trouver mesurés d'après celui qui doit les recevoir, et non d'après celui qui les donne.

Un maître[7] dit : Dieu est une mesure de toutes choses, et d'autant plus un homme a en lui de Dieu, d'autant plus sage, noble et meilleur est-il que l'autre. Avoir davantage de Dieu n'est rien d'autre qu'être davantage égal à Dieu; plus nous avons en nous de ressemblance à Dieu, plus spirituels nous sommes. Un maître[8] dit : Là où finissent les esprits les plus bas, là commencent les choses corporelles les plus hautes. Voilà qui tout entier est dit à ce propos : parce que Dieu est un esprit, pour cette raison est plus noble la moindre chose qui est esprit que la plus haute qui est corporelle. Il suit de là que l'âme est plus noble que toutes choses corporelles, quelque nobles qu'elles soient. L'âme est créée comme en un lieu entre temps et éternité, qu'elle se trouve toucher l'un et l'autre. Avec les puissances supérieures elle touche l'éternité, mais avec les puissances inférieures elle touche le temps. Voyez, c'est ainsi qu'elle opère dans le temps non pas selon le temps, plutôt : selon l'éternité. C'est cela qu'elle a en commun avec les anges. Un maître[9] dit : L'esprit est un traîneau qui porte la vie dans tous les membres de par la grande union que l'âme a au corps. Quoique l'esprit soit doué d'intellect et qu'il opère pleinement l'œuvre qui se trouve opérée dans le corps, l'on ne doit pourtant pas dire : mon âme connaît ou fait ceci ou cela, plutôt : on doit dire : je fais ou je connais ceci ou cela de par la grande union qu'ils ont l'un avec l'autre ; car ce sont tous deux qui l'un avec l'autre sont un homme. Si une pierre recevait le feu dans soi, elle opérerait selon la puissance du feu ; plus : pour l'air qui reçoit la lumière du soleil dans soi, là ne brille aucune lumière que celle de l'air. Cela procède de la perméabilité qu'il possède à la lumière ; pourtant il est davantage d'air dans une lieue que dans une demie. Voyez, j'ose certes le dire et c'est vrai : de par la grande union que l'âme a au corps, l'âme est aussi parfaitement dans le moindre des membres que dans le corps total. Sur ce point Augustin [10] dit : Si l'union que possèdent l'un à l'autre le corps et l'âme est si grande, bien plus grande est l'union qui unit esprit à esprit. Voyez, il est « Seigneur » et « Esprit » pour cette raison qu'il nous rend bienheureux en son union.

Il est une question à laquelle il est difficile de répondre, [à savoir] comment l'âme, sans en mourir, peut souffrir que Dieu l'étreigne dans soi. Je dis : Tout ce que Dieu lui donne, il le lui donne dans lui par deux choses : l'une : lui donnerait-il quelque chose d'extérieur, cela elle le dédaignerait. La seconde : parce qu'il le lui donne dans lui-même, pour cette raison elle peut le recevoir et le souffrir dans ce qui est sien [= dans ce qui est à Dieu] et non dans ce qui est à elle ; car ce qui est sien, cela est à elle. Parce qu'il l'a tirée hors de ce qui est à elle, il faut que ce qui est sien soit à elle, et ce qui est à elle, cela à proprement parler est sien. C'est ainsi qu'elle peut souffrir l'union à Dieu. C'est là « l'Esprit du Seigneur », lui qui « a empli l'orbe de la terre ».

Pourquoi maintenant l'âme s'appelle-t-elle un « orbe de la terre », et quelle doit être l'âme qui doit se trouver élue, cela n'est pas dit ; plutôt : notez à ce propos quelque chose comme : de même qu'il est « Seigneur » et « Esprit », ainsi devons-nous être une « terre » spirituelle et « un orbe » qui doit se trouver « empli » par l'« Esprit du seigneur ».

Nous prions Notre doux Seigneur que nous nous trouvions emplis de cet « Esprit » qui est « Seigneur » et « Esprit ». Amen.

Sermon 48

Un maître[1] dit : Toutes choses égales s'aiment réciproquement et s'unissent les unes avec les autres, et toutes choses inégales se fuient et se haïssent réciproquement. Or un maître[2] dit qu'il n'est rien de si inégal l'un à l'autre que ciel et terre. Ce que la terre a trouvé dans sa nature, c'est qu'elle est loin du ciel et inégale [à lui]. C'est pourquoi elle l'a fui vers le lieu le plus bas, et la raison pourquoi la terre est immobile, c'est pour ne pas s'approcher du ciel. Le ciel a pris acte dans sa nature de ce que la terre l'a fui et a occupé le lieu le plus bas ; c'est pourquoi il se déverse pleinement de façon féconde sur la terre, et, selon les maîtres, le ciel large, vaste, ne contient rien qui soit aussi large qu'une pointe d'aiguille qu'il ne le donne totalement de façon féconde à la terre. C'est pourquoi la terre se nomme la créature la plus féconde parmi toutes choses temporelles.

De la même manière, je dis donc de l'homme qui s'est anéanti soi-même en lui-même et en Dieu et en toutes créatures : cet homme a occupé la place la plus basse, et dans cet homme il faut que Dieu se répande totalement, ou bien il n'est pas Dieu. Je dis en bonne vérité et en la vérité éternelle et en vérité perdurable, qu'il faut que Dieu, en tout homme qui s'est laissé au fond, se répande totalement selon toute sa capacité, si totalement et pleinement que dans toute sa vie et dans tout son être et dans toute sa nature et dans toute sa déité il ne conserve rien qu'il ne lui faille le répandre pleinement de manière féconde dans l'homme qui s'est laissé à Dieu et qui a occupé le lieu le plus bas.

Alors que je venais ici, je pensais à la façon dont je pourrais vous prêcher si intelligiblement que vous m'entendiez bien. Je pensai alors à une comparaison, et si vous pouviez la bien entendre, vous entendriez alors le sens de ma pensée et le fond de ce qui me tient toujours à cœur dans ma prédication, et cette comparaison avait trait à mon œil et au bois : mon œil est-il ouvert, c'est un œil ; est-il fermé, c'est le même œil, et par la vision que j'en ai rien n'est soustrait ni ajouté au bois. Or prêtez-moi attention avec grande précision ! Que s'il advient que mon œil, qui est un et simple en lui-même et se trouve ouvert et porte son regard sur le bois, chacun demeure ce qu'il est, et cependant, dans la réalité de la vision, ils deviennent un au point que l'on peut dire en vérité : œil-bois, et le bois est mon œil. Que si le bois était sans matière et s'il était pleinement spirituel comme l'est le regard de mon œil, l'on pourrait dire en vérité que dans l'opérativité [3] de la vision le bois et mon œil constitueraient un seul être. Cela est-il vrai de choses corporelles, combien plus est-ce vrai de choses spirituelles. Vous devez savoir que mon œil a bien plus d'unité avec l'œil d'un mouton qui est au-delà de la mer et que je n'ai jamais vu que mon œil n'a d'unité avec mes oreilles, avec lesquelles pourtant il est un dans l'être. Et cela vient de ce que l'œil du mouton a la même opérativité qu'a aussi mon œil ; et c'est pourquoi je leur attribue davantage d'unité dans l'œuvre que je ne fais pour mes yeux et mes oreilles, car ceux-ci sont séparés quant aux œuvres.

J'ai parlé quelquefois d'une lumière qui est dans l'âme, qui est incréée et incréable *. Cette lumière, j'ai coutume d'en toucher toujours dans mes sermons, et cette même lumière saisit Dieu sans intermédiaire et sans couverture et nu, tel qu'il est en lui-même ; c'est là [le] saisir dans l'opérativité de la naissance-intérieure[4]. Je puis alors dire vraiment que cette lumière possède davantage d'unité avec Dieu qu'elle n'a d'unité avec puissance aucune avec laquelle pourtant elle est une dans l'être. Car vous devez savoir que cette lumière n'est pas plus noble dans l'être de mon âme que la puissance la plus basse ou la plus grossière de toutes, comme ouïe ou vision ou une autre puissance qui peut se rapporter à faim ou soif, froid ou chaleur ; et de cela est comptable le fait que l'être est simple. Dès lors que l'on prend les puissances dans l'être, elles sont toutes une et également nobles ; mais lorsque l'on prend les puissances dans leur opérer, alors l'une est bien plus noble et bien plus élevée que l'autre.

C'est pourquoi je dis : lorsque l'homme se détourne de lui-même et de toutes choses créées —

---

* Sur ce thème d'interprétation difficile, cf. *Maître Eckhart ou l'empreinte du désert, op. cit.*, p. 182 sq.

autant tu le fais, autant tu te trouves uni et bienheureux dans l'étincelle dans l'âme, laquelle jamais ne toucha temps ni lieu. Cette étincelle répudie toutes les créatures et ne veut rien que Dieu nu tel qu'il est en lui-même. Elle ne se contente ni du Père ni du Fils ni du Saint Esprit ni des trois Personnes, pour autant que chacune subsiste dans sa propriété. Je dis vraiment que cette lumière ne se contente pas de l'unicité du mode d'être fécond de la nature divine. Je veux dire encore davantage qui sonne de façon plus étonnante encore : je dis en bonne vérité et dans la vérité éternelle et en vérité perdurable que cette même lumière ne se contente pas de l'être divin simple impassible, qui ne donne ni ne prend, plutôt : elle veut savoir d'où provient cet être ; elle veut [parvenir] dans le fond simple, dans le désert silencieux, là où jamais différence ne pénétra, ni Père ni Fils ni Saint Esprit ; au plus intime, là où personne n'est chez soi, c'est là que trouve contentement cette lumière, et là elle est plus intérieure qu'elle n'est en elle-même ; car ce fond est un silence simple qui en lui-même est immobile, et c'est par cette immobilité que toutes choses se trouvent mues et que se trouvent conçues toutes les vies que sont en eux-mêmes les vivants doués d'intellect.

Pour que nous vivions ainsi selon l'intellect, qu'à cela nous aide la perdurable vérité dont j'ai parlé. Amen.

Sermon 49

Beatus venter, qui te portavit, et ubera, quae suxisti

On lit aujourd'hui dans l'évangile, qu'« une femme, une veuve, dit à Notre Seigneur : "Bienheureux est le corps qui te porta, et bienheureuses sont les mamelles que tu a sucées." Alors Notre Seigneur dit : "Tu dis vrai. Bienheureux est le corps qui me porta, et bienheureuses sont les mamelles que j'ai sucées. Mais plus heureux encore est l'homme qui écoute ma parole et la garde[1]." »

Or notez avec zèle cette parole que Christ dit : « Plus heureux est l'homme qui écoute ma parole et la garde que ne l'est le corps qui me porta et les mamelles que j'ai sucées. » L'aurais-je dit et cela eût été ma parole propre [—] le fait que l'homme qui écoute la parole de Dieu et la garde est plus heureux que ne l'est Marie à propos de la naissance selon laquelle elle est corporellement mère du Christ — je dis donc : aurais-je dit cela, les gens pourraient s'en étonner. Or Christ lui-même l'a dit. C'est pourquoi il faut qu'on le croie comme la vérité, car Christ est la vérité.

Or notez ce qu'entend celui qui écoute la parole de

Dieu. Il entend Christ né du Père en pleine égalité du Père avec assomption de notre humanité unie à sa personne, vrai Dieu et vrai homme, un Christ : c'est là la parole qu'il entend pleinement lorsqu'il écoute la parole de Dieu et la garde en toute perfection.

Saint Grégoire[2] nous décrit quatre choses que doit avoir en lui l'homme qui « écoute la parole de Dieu » et doit « la garder ». La première, qu'il doit s'être mortifié en tous mouvements charnels et doit avoir tué en lui toutes choses éphémères et aussi être mort lui-même en tout ce qui est éphémère. La seconde est qu'il soit totalement et pleinement élevé en Dieu par connaissance et par amour et par intériorité totale, vraie. La troisième chose est qu'il ne fasse à personne ce qu'il lui serait pénible qu'on lui fasse. La quatrième chose est qu'il soit généreux dans les choses corporelles et dans les biens spirituels, en sorte qu'il donne tout cela généreusement. Bien des hommes paraissent donner et ne donnent pourtant pas en vérité. Ce sont les gens qui dispensent leurs dons à ceux où il y a davantage de ce bien qu'ils donnent qu'ils n'en ont eux-mêmes, là où peut-être l'on n'en a point désir, ou là où on leur rend service en quelque chose pour leur don, ou pour qu'on leur donne quelque chose en retour, ou parce qu'ils veulent être honorés. Le don de ces gens peut s'appeler plus proprement un revendiquer plutôt qu'un donner, car ils ne donnent pas en vérité. Notre Seigneur Jésus Christ était dépris et pauvre dans tous ses dons dont il nous a gratifiés généreusement : dans tous ses dons il ne rechercha rien de rien de ce qui est sien, plutôt : il désirait seulement louange et honneur du Père et notre béatitude, et souffrit et se livra soi-même à la mort par droit amour. L'homme qui maintenant veut donner pour l'amour de Dieu, il doit donc donner un bien corporel limpidement pour Dieu, de telle sorte qu'il ne vise service ni don en retour ni honneur éphémère, et ne recherche rien de rien de ce qui est sien que seulement louange et honneur de Dieu, et pour Dieu aide son prochain qui est en manque de quelque chose en ce qui lui est nécessaire. Et c'est ainsi également qu'il doit donner un bien spirituel, lorsqu'il reconnaît qu'un chrétien son prochain l'accueille volontiers, afin d'amender en cela sa vie pour Dieu, et il ne doit désirer ni remerciement ni récompense de la part de cet homme, ni aucun avantage, et il ne doit non plus désirer de récompense de la part de Dieu pour ce service, plutôt : seulement que Dieu se trouve loué. C'est ainsi qu'il doit se tenir dépris dans le don, comme Christ se tint dépris et pauvre dans tous ses dons dont il nous a gratifiés. Qui donne ainsi, cela est donné vraiment. Celui qui a en lui ces quatre choses peut en vérité avoir confiance d'avoir entendu et aussi conservé la parole de Dieu.

Toute la sainte chrétienté rend à Notre Dame grand honneur et dignité de ce qu'elle est corporellement la Mère du Christ, et cela est équitable. La sainte chrétienté la prie de lui donner la grâce, et elle peut l'obtenir, et cela est équitable. Et si la sainte chrétienté lui rend un honneur aussi grand qu'il est équitable, c'est encore bien plus de louange et d'honneur que la sainte chrétienté doit rendre à l'homme qui a entendu la parole de Dieu et l'a conservée, car il est encore davantage bienheureux que Notre Dame ne l'est de ce qu'elle est corporellement Mère du Christ, comme Christ lui-même l'a dit. Un tel honneur et incomparablement plus reçoit l'homme qui écoute la parole de Dieu et la conserve. Ce prologue, je vous l'ai tenu pour que vous trouviez le loisir de vous rassembler. Pardonnez-moi de vous avoir retenus de la sorte. J'ai l'intention maintenant de prêcher.

Nous prenons de l'évangile trois choses ; c'est d'elles que je veux vous prêcher. La première est : « Celui qui écoute la parole de Dieu et la conserve, celui-là est bienheureux. » La seconde est : « Si le grain de blé ne tombe en terre et n'y meurt, il demeure seul. Que s'il tombe en terre et y meurt, il porte du fruit au centuple [3]. » La troisième : le fait que Christ dit : « Nul parmi les fils qui ont surgi d'un corps de femme n'est plus grand que Jean Baptiste [4]. » Je laisse maintenant les deux derniers et parle du premier passage.

Et Christ dit : « Celui qui écoute la parole de Dieu et la conserve, celui-là est bienheureux. » Or notez avec zèle ce sens ! Le Père lui-même n'entend rien que cette Parole * elle-même, il ne connaît rien que cette même Parole, il ne dit rien que cette même Parole, il n'engendre rien que cette même Parole. C'est dans cette même Parole que le Père écoute et que le Père connaît et que le Père engendre soi-même, et aussi cette même Parole et toutes choses et sa déité jusqu'en son fond, soi-même selon cette

---

* Il est significatif que la parole de Dieu, telle qu'elle se trouve dans l'évangile, se trouve identifiée avec le Christ-Verbe. La parole de Dieu, c'est en effet Dieu lui-même.

nature, et cette Parole avec la même nature dans une autre Personne. Eh bien, notez maintenant le mode de ce dire ! Le Père dit selon l'intellect en fécondité sa nature propre pleinement dans sa Parole éternelle. Ce n'est pas par volonté qu'il dit la Parole comme un acte de la volonté, comme lorsque quelque chose se trouve énoncé ou fait par la puissance de la volonté, [et que] dans cette même puissance l'on peut certes aussi laisser [tomber] si l'on veut. Il n'en est pas ainsi pour le Père et pour sa Parole éternelle ; plutôt : qu'il le veuille ou ne le veuille pas, il lui faut dire et engendrer cette Parole sans relâche ; car il en va du Père comme d'une racine dans toute la nature du Père en conformité avec sa nature, selon que le Père lui-même est. Voyez, c'est pourquoi le Père dit cette Parole en conformité avec sa volonté et non par volonté, et en conformité avec sa nature et non par nature. C'est dans cette Parole que le Père dit mon esprit et ton esprit et l'esprit de chaque homme dans l'égalité à cette même Parole. C'est dans ce même dire que toi et moi sommes un Fils de Dieu selon la nature comme cette même Parole. Car, comme je l'ai dit naguère : Le Père ne connaît rien que cette même Parole, et soi-même et toute nature divine et toutes choses dans cette même Parole, et tout ce qu'il connaît là est égal à cette Parole et est cette même Parole selon sa nature dans la vérité. Lorsque le Père te donne et [te] révèle cette connaissance, il te donne alors sa vie et son être et sa déité pleinement pour de vrai dans la vérité. Le père dans cette vie [présente], le père selon la chair, communique à son enfant sa nature et ne lui donne pas sa vie à lui ni son être à lui, car l'enfant a une autre vie et un autre être que n'a le père. Cela on le prouve en ceci : le père peut mourir et l'enfant peut vivre ; ou l'enfant peut mourir et le père vivre. Auraient-ils tous deux une vie et un être qu'il faudrait de nécessité que tous deux meurent ou vivent ensemble, car leur vie et être à tous deux seraient un. Et il n'en est point ainsi. Et c'est pourquoi chacun d'eux est étranger à l'autre, et ils sont séparés l'un de l'autre quant à la vie et quant à l'être. Si je prends du feu d'un lieu et le pose en un autre, il est séparé bien qu'il soit tout entier feu : celui-ci peut brûler et celui-là peut s'éteindre, ou celui-ci peut s'éteindre et celui-là peut brûler ; et c'est pourquoi il n'est ni un ni éternel. Mais, comme je l'ai dit auparavant : le Père des cieux te donne sa Parole éternelle, et dans cette même Parole il te donne sa vie à lui et son être à lui et sa déité pleinement ; car le Père et la Parole sont deux Personnes, et une vie et un être inséparés. Lorsque le Père te prend dans cette même lumière, en conformité avec l'intellect, pour contempler cette lumière dans cette lumière selon la même propriété d'après laquelle il se connaît, soi et toutes choses, dans cette Parole selon la puissance paternelle, cette même Parole selon le dire et selon la vérité, ainsi que je l'ai dit, alors il te donne puissance d'engendrer avec lui-même toi-même et toutes choses, et sa force à lui possède égalité avec cette même Parole. Ainsi engendres-tu sans relâche avec le Père, dans la force du Père, toi-même et toutes choses dans un maintenant présent. C'est dans cette lumière, comme je l'ai dit, que le Père ne connaît aucune différence entre toi et lui, ni aucun avantage, ni plus ni moins qu'entre lui et sa Parole à lui. Car le Père et toi-même et toutes choses et la Parole même sont un dans la lumière.

Je prends maintenant l'autre passage *, selon que dit Notre Seigneur : « Si le grain de blé ne tombe dans la terre et s'il n'y meurt, alors il demeure seul et ne porte pas de fruit. Que s'il tombe dans la terre et y meurt, alors il porte du fruit au centuple. » « Au centuple », autant dire, au sens spirituel, fruit à l'infini. Mais qu'est-ce donc que ce grain de blé qui là tombe dans la terre et qu'est-ce que la terre dans laquelle il doit tomber ? Comme j'entends le montrer cette fois, ce grain de blé est l'esprit que l'on appelle ou dénomme une âme humaine, et la terre en laquelle il doit tomber, c'est l'humanité hautement louable de Jésus Christ ; car c'est là le champ le plus noble qui fut jamais créé de terre ou préparé pour quelque fécondité. Ce champ, le Père lui-même l'a préparé, et cette même Parole et le Saint Esprit. Eh bien, quel était le fruit de ce champ précieux de l'humanité de Jésus Christ ? C'était sa noble âme, dès l'instant où il advint que par vouloir de Dieu et par puissance du Saint Esprit fut faite la noble humanité et le noble corps, pour le salut des hommes, dans le corps de Notre Dame, et [où] fut créée la noble âme, [où] le corps et l'âme furent unis en un point du temps avec la Parole éternelle. Aussi vite et aussi vraiment advint l'union : aussitôt que corps et âme s'avisèrent de ce

* *den andern sin* : le second des textes évoqués au début de ce sermon.

qu'il * est, dans ce même instant il s'avisa qu'étaient unies nature humaine et nature divine, vrai Dieu et vrai homme, un Christ qui est Dieu.

Or notez le mode de sa fécondité ! Sa noble âme, je l'appelle cette fois un grain de blé, qui se corrompt dans la terre de sa noble humanité en souffrance et en action, en tristesse et en mort, selon qu'il dit lui-même ce mot, alors qu'il devait souffrir : « Mon âme est triste à en mourir[5]. » Il ne visait pas là sa noble âme sous le mode où elle contemple selon l'intellect le bien suprême avec lequel il est uni en sa Personne et est lui-même selon l'union et selon la Personne : c'est dans sa souffrance suprême qu'il contemplait cela dans sa puissance supérieure sans relâche, également proche et au-delà de tout comme il le fait maintenant ; là ne pouvaient l'assaillir aucune tristesse, ni douleur ni mort. Cela est selon la vérité ; car lorsque le corps mourut de douleur sur la croix, alors son noble esprit vivait dans cette présence. Mais selon la part où le noble esprit était uni selon la discursivité[6] aux sens et à la vie du corps sacré, dans cette mesure Notre Seigneur appelait son esprit créé une âme dans la mesure où elle donnait vie au corps et était unie aux sens et à la discursivité. Selon ce mode, son âme, dans cette mesure, était « triste jusqu'à la mort » avec le corps, car il fallait que le corps meure.

Aussi je dis maintenant, à propos de cette corruption, que le grain de blé, sa noble âme, se corrompit dans son corps sous deux modes. L'un de ces modes,

---

* Il s'agit du Christ.

selon que je l'ai dit auparavant, est que la noble âme jouissait d'une contemplation intellectuelle avec la Parole éternelle de nature toute divine. Dès le premier instant où il fut créé et uni, elle se corrompit dans la terre, dans le corps, de telle manière que selon ce mode elle n'avait plus rien à faire avec lui si ce n'est qu'elle était unie à lui et vivait. Mais sa vie était avec le corps au-dessus du corps sans intermédiaire en Dieu sans aucun obstacle. Elle se corrompit dans la terre, dans le corps, de telle manière qu'elle n'avait plus rien à faire avec lui que de lui être unie.

Le second mode de sa corruption dans la terre, dans le corps, ce fut, comme je l'ai dit précédemment, lorsqu'elle donna vie au corps et fut unie aux sens : alors elle fut avec le corps pleine de labeur et de douleur et d'inconfort et de tristesse « jusqu'à la mort », en sorte qu'elle avec le corps ni le corps avec elle — pour parler sur ce mode — ne gagna jamais repos ni confort ni satisfaction indéfectible, aussi longtemps que le corps fut mortel. Et tel est le second mode : que le grain de blé, la noble âme, se corrompit selon ce mode quant au confort et au repos.

Or notez le fruit au centuple et infini de ce grain de blé ! Le premier fruit est qu'il a donné louange et gloire au Père et à toute la nature divine du fait que, avec ses puissances supérieures, il ne se détourna jamais * en rien de rien d'un instant ni d'un point pour tout ce que la discursivité avait à mettre en œuvre, ni pour tout ce que le corps avait à souffrir : en dépit de quoi il demeura en tout temps dans la

* Sous-entendu : de la contemplation du bien suprême.

contemplation de la déité avec, en retour, la louange d'un Fils unique pour la seigneurie paternelle, sans relâche. C'est là l'un des modes de sa fécondité, du grain de blé, à partir de la terre de sa noble humanité. L'autre mode est celui-ci : toute la souffrance féconde de sa sainte humanité qu'il a soufferte en cette vie quant à la faim, quant à la soif, quant au froid, quant à la chaleur, quant au vent, quant à la pluie, quant à la grêle, quant à la neige, quant aux douleurs de toutes sortes et de surcroît la mort la plus amère, cela il l'offrit pleinement au Père céleste en honneur ; cela est en même temps une louange et une fécondité pour toutes les créatures qui veulent le suivre en vivant de sa grâce et de toute sa puissance *. Voyez, c'est là la seconde fécondité de sa sainte humanité et du grain de blé de sa noble âme, qui par là est devenue féconde pour sa louange à lui et pour la béatitude de la nature humaine.

Vous avez entendu maintenant comment la noble âme de Notre Seigneur Jésus Christ est devenue féconde dans sa sainte humanité. Or vous devez remarquer en outre comment l'homme, lui aussi, doit venir jusque-là. Cet homme qui veut jeter son âme, le grain de blé, dans le champ de l'humanité de Jésus Christ, en sorte qu'elle s'y corrompe et devienne féconde, il faut que le mode de sa corruption soit lui aussi double. Il faut que l'un de ces modes soit corporel, il faut que le second soit spirituel. Le corporel, on doit l'entendre ainsi : quoi qu'il souffre par faim, par soif, par froid, par chaleur et du fait qu'on le

* Entendons : toute la puissance de sa grâce.

méprise et qu'il souffre grandement de façon imméritée, quel que soit le mode selon lequel Dieu le lui inflige, il doit le recevoir volontiers et joyeusement, exactement comme si Dieu ne l'avait créé pour rien que pour souffrance et pour inconfort et pour labeur, et il ne doit rien rechercher ni désirer en cela qui soit sien au ciel ni sur terre, et toute sa souffrance doit lui paraître petite, exactement comme une goutte d'eau en regard de la mer démontée. Aussi petite dois-tu tenir toute ta souffrance en regard de la grande souffrance de Jésus Christ. C'est ainsi que devient fécond le grain de blé, ton âme, dans le noble champ de l'humanité de Jésus Christ, et qu'il se corrompt là de telle manière qu'il se renonce totalement lui-même. C'est là l'un des modes de la fécondité du grain de blé qui là est tombé dans le champ et dans la terre de l'humanité de Jésus Christ.

Notez maintenant le second mode de la fécondité de l'esprit, du grain de blé ! Voici : toute la faim et amertume spirituelle en quoi Dieu le laisse tomber, tout cela il doit le souffrir avec patience ; même lorsqu'il fait tout ce qu'il peut intérieurement et extérieurement, il ne doit rien désirer. Et Dieu voudrait-il le laisser pour rien ou jeter en enfer, il ne doit alors vouloir ni désirer que Dieu le maintienne dans son être ou qu'il le préserve de l'enfer, mais il doit laisser Dieu opérer avec lui tout ce qu'il veut, ou comme si tu n'étais pas : aussi puissant Dieu doit être dans tout ce que tu es que dans sa propre nature increéée. Il est encore une chose que tu dois avoir. Voici : si Dieu t'enlevait ta pauvreté intérieure et te comblait de richesses intérieures et de grâces et t'unissait à lui-même de façon aussi élevée que ton âme puisse l'assumer, que tu te tiennes aussi dépris de la richesse et donnes à Dieu seul l'honneur, tout comme ton âme se tint déprise lorsque Dieu la fit quelque chose à partir du néant. C'est là le second mode de la fécondité que le grain de blé, ton âme, a reçue de la terre de l'humanité de Jésus Christ, qui se tenait déprise dans toute l'élévation de sa félicité, comme lui-même le dit aux Pharisiens : « Si je cherchais mon honneur, alors mon honneur ne serait rien. Je cherche l'honneur de mon Père qui m'a envoyé[7]. »

Le troisième point de ce sermon, c'est ce que dit Notre Seigneur : « Jean Baptiste est grand ; il est le plus grand de ceux qui naquirent jamais parmi les fils de la femme. Mais quelqu'un serait-il moindre que Jean, celui-là serait plus grand que lui dans le royaume des cieux[8]. » Eh bien, notez maintenant combien étonnantes et singulières sont les paroles de Jésus Christ, selon lesquelles il loua grandement Jean d'être le plus grand de ceux qui jamais naquirent du corps de la femme, et il dit néanmoins : « Quelqu'un serait-il moindre que Jean, celui-là serait plus grand que lui dans le royaume des cieux. » Comment devons-nous entendre cela ? Cela, je vais vous le montrer.

Notre Seigneur ne contredit pas sa propre parole. En louant Jean de ce qu'il est le plus grand, il voulait dire qu'il était petit en droite humilité : c'était là sa grandeur. Cela nous le notons en ce que Christ dit lui-même : « Apprenez de moi que je suis doux et humble de cœur[9]. » Tout ce qui en nous est vertus, cela est en Dieu un être limpide et sa propre nature.

C'est pourquoi Christ dit : « Apprenez de moi que je suis doux et humble de cœur. » Si humble que fut Jean, la vertu [en lui] avait pourtant une mesure, et par-delà cette mesure il n'était pas plus humble ni plus grand ni meilleur que ce qu'il était. Or Notre Seigneur dit : « Quelqu'un serait-il moindre que Jean, il serait plus grand que lui dans le royaume des cieux », comme s'il voulait dire : Y aurait-il quelqu'un qui voudrait exceller en humilité ne fût-ce que de l'épaisseur d'un cheveu ou de quoi que ce soit, et s'il était pour ainsi dire plus humble que Jean, celui-là serait plus grand éternellement dans le royaume des cieux.

Or notez-le avec rectitude ! Jean ni personne parmi tous les saints ne nous est proposé comme une fin que nous devions suivre, ou comme un but limité en deçà duquel nous devrions demeurer. Christ, Notre Seigneur, lui seul est notre fin que nous devons imiter, et notre but en deçà duquel nous devons demeurer et avec lequel nous trouver unis à égalité avec tout son honneur, selon que cette union nous revient. Il n'est aucun saint dans le royaume des cieux qui soit si saint ni si parfait que sa vie n'ait pourtant été soumise à une mesure en ce qui concerne les vertus, et c'est selon cette mesure qu'est la grandeur de sa vie éternelle, et toute sa perception est pleinement fonction de cette même mesure. Pour de vrai, dans la vérité : y aurait-il un seul homme qui dépasserait la mesure que possède le plus grand des saints qui a vécu dans des vertus et a reçu en cela sa béatitude — y aurait-il un seul homme qui dépasserait la mesure de la vertu de quoi que ce soit, celui-là serait dans le mode de la vertu encore plus saint et encore plus bienheureux que ce saint fut jamais. Je le dis de par Dieu — c'est aussi vrai que Dieu vit : il n'est aucun saint dans le ciel si parfait que tu ne sois en mesure de dépasser le mode de sa sainteté par [ta] sainteté et par [ta] vie, et que tu ne sois en mesure d'aller plus loin que lui dans le ciel et de demeurer [tel] éternellement. C'est pourquoi je dis : Quelqu'un serait-il plus humble et moindre que Jean, il devrait être éternellement plus grand que lui dans le royaume des cieux. C'est là droite humilité lorsqu'un homme, en tout ce qui en lui est créé selon la nature, quelque chose de rien, ne s'autorise soi-même en rien à faire ou à laisser quoi que ce soit que ne l'y engage une lumière de grâce. Que l'on sache ce qui est à faire et ce qui est à laisser, c'est là droite humilité de la nature. Humilité de l'esprit consiste en ce que de tout le bien que Dieu fit jamais pour lui il s'autorise ou s'approprie aussi peu qu'il le faisait alors qu'il n'était pas.

Pour que nous devenions humbles ainsi, que Dieu nous y aide. Amen.

Sermon 50

Eratis enim aliquando tenebrae

Saint Paul dit : « Autrefois vous étiez ténèbres, mais maintenant une lumière en Dieu[1]. »

Les prophètes qui cheminaient dans la lumière connurent et trouvèrent la vérité secrète sous l'influence du Saint Esprit. Ils se trouvèrent portés quelquefois à se tourner vers le dehors et à discourir des choses qu'ils savaient être pour notre béatitude afin de nous apprendre à connaître Dieu. Il leur advint aussi de se taire, parce qu'ils ne pouvaient parler, et cela comme conséquence de trois choses.

La première : le bien qu'ils connaissaient et voyaient en Dieu était si grand et si caché qu'il ne pouvait se configurer dans leur entendement ; car tout ce qui pouvait se configurer, cela était comme inégal à ce qu'il voyaient en Dieu, et était si faux en regard de la vérité qu'ils se taisaient et ne voulaient pas mentir. — La seconde cause : tout ce qu'ils voyaient en Dieu, cela était si également grand et noble qu'ils ne pouvaient tirer de là ni image ni forme pour discourir. — La troisième cause pour laquelle ils se taisaient, c'est qu'ils voyaient dans la vérité cachée et trouvaient en Dieu le mystère qu'ils ne pouvaient traduire en mots. Pourtant, il arrivait par moments qu'ils se tournaient vers le dehors et parlaient ; et, en raison de cette inégalité à la vérité, ils tombaient dans la matière grossière, et voulaient nous enseigner à connaître Dieu avec les choses les plus basses de la créature.

Or Paul dit : « Autrefois vous étiez ténèbres, mais maintenant une lumière en Dieu. » « Aliquando » : celui qui veut sonder pleinement ce mot, il signifie à peu près « autrefois » et vise le temps qui nous est un obstacle à la lumière, car à Dieu il n'est nulle chose aussi contraire que le temps ; pas seulement le temps, il [= ce mot] signifie aussi un attachement au temps ; il ne vise pas non plus seulement un attachement au temps, il vise aussi un contact avec le temps ; pas seulement un contact avec le temps, plus : également une odeur et un goût du temps — comme lorsqu'une pomme a été posée et que demeure un goût ; comprends ainsi ce qui regarde le contact avec le temps. Nos meilleurs maîtres[2] disent que le ciel corporel et le soleil et aussi les étoiles ont si peu affaire avec le temps qu'ils touchent à peine le temps. Ici je pense qu'à tous égards l'âme est créée loin au-dessus du ciel, et que dans ce qu'elle a de plus élevé et de plus limpide elle n'a rien à faire avec le temps. J'ai souvent parlé de ceci : de l'œuvre de Dieu et de la naissance, lorsque le Père engendre son Fils unique, et de ce flux fleurit le Saint Esprit, en sorte que l'Esprit flue des deux, et dans ce flux jaillit l'âme comme un flux ; et l'image de la déité est imprimée dans l'âme, et dans ce flux et dans le reflux des trois Personnes l'âme se trouve fluer en retour et se trouve formée en retour dans sa première image sans image.

Cela, Paul le vise lorsqu'il dit : « Mais maintenant une lumière en Dieu. » Il ne dit pas : « Vous êtes une lumière », il dit : « Mais maintenant une lumière. » Il vise ce que moi aussi j'ai souvent dit : Celui qui veut connaître les choses, il doit les connaître dans leur cause. C'est cela que disent les maîtres : Les choses tiennent de leur naissance, en ce que là elles peuvent regarder l'être au plus limpide. Car là où le Père engendre son Fils, là est un maintenant présent. Dans la naissance éternelle, là le Père engendre son Fils, là l'âme a flué dans son être et l'image de la déité est imprimée dans l'âme.

Ce fut discuté à l'Ecole et quelques maîtres dirent que Dieu a imprimé l'image dans l'âme comme celui qui peint une image sur le mur et elle disparaît. Cela fut contredit. D'autres maîtres dirent mieux, et dirent que Dieu a imprimé l'image dans l'âme sous une forme permanente, comme une pensée en elle permanente — ainsi : j'ai aujourd'hui une volonté, et ai demain la même pensée, et maintiens l'image pardevers moi par mon influx présent — et ils dirent donc que les œuvres de Dieu sont parfaites. Car le charpentier serait-il parfait en son œuvre qu'il n'aurait pas besoin de matériau ; car aussitôt qu'il la penserait, la maison serait achevée. Ainsi en va-t-il des œuvres de Dieu : aussitôt qu'il les pense, ces œuvres sont achevées dans un maintenant présent. Vint alors le cinquième maître, et il parla mieux que tous et dit : Il n'est là aucun devenir, plutôt : il y a un maintenant, un devenir sans devenir, du nouveau sans renouvellement, et ce devenir est son être. En Dieu il est une subtilité * qui fait qu'il ne peut y avoir aucun renouvellement. Ainsi y a-t-il également dans l'âme une subtilité, elle est si limpide et si délicate qu'en elle ne peut se trouver aucun renouvellement ; car tout ce qui est en Dieu, c'est un maintenant présent sans renouvellement.

J'ai voulu parler de quatre choses : de la subtilité de Dieu et de la subtilité de l'âme et de l'œuvre en Dieu et de l'œuvre de l'âme. J'en reste là maintenant.

---

* *kleinlicheit* : dans son acception ontologique, désigne le rien d'une substance, dans lequel coïncident l'être et le devenir, la permanence et la nouveauté.

Sermon 51

Hec dicit dominus : honora patrem tuum etc.

Cette parole que j'ai dite en latin se trouve écrite dans l'évangile, et c'est Notre Seigneur qui l'a dite et elle veut dire en français[1] : « Tu honoreras père et mère[2]. » Et c'est un autre commandement qu'exprime Dieu Notre Seigneur : « Tu ne désireras rien du bien de ton prochain, ni maison ni domaine ni rien de rien de ce qui est sien[3]. » Le troisième passage est que le peuple alla vers Moïse et dit : « Parle toi-même avec nous, car nous ne pouvons rien entendre de Dieu[4]. » Le quatrième est ce que dit Dieu Notre Seigneur : « Moïse, tu me feras un autel de terre et sur la terre, et tout ce qui y sera sacrifié tu le consumeras tout entier par le feu[5]. » Le cinquième est : « Moïse s'avança vers la nuée » et pénétra dans elle sur la montagne ; « là il trouva Dieu[6] », et dans la ténèbre il trouva la vraie lumière.

Messire saint Grégoire[7] dit : « Là où l'agneau touche le fond, le bœuf ou la vache nagent, et là où la vache nage, l'éléphant la dépasse et l'eau lui passe par-dessus la tête. » C'est là, certes, une signification belle ; pour sûr, on peut en tirer beaucoup. Messire saint Augustin[8] dit que l'Ecriture est une mer profonde ; et un petit agneau désigne un homme humble, simple, qui peut toucher le fond de l'Ecriture. Mais en qui concerne le bœuf qui nage, nous entendons par là des gens grossiers : que chacun prenne de là ce qui lui convient. Mais en ce qui concerne l'éléphant qui dépasse, par là il nous est donné d'entendre les gens doués d'intellect qui sondent l'Ecriture et progressent en elle. Je m'étonne de ce que la sainte Ecriture soit si pleine, et les maîtres disent que l'on n'est pas en mesure d'en donner la signification aussi nûment qu'elle est, et ils disent que s'il s'y trouve chose grossière on doit la décrypter ; mais pour cela on a besoin de comparaisons. Pour le premier [animal] cela venait à la cheville, pour le second cela venait au genou, pour le troisième cela venait jusqu'à sa ceinture, pour le quatrième cela passait par-dessus sa tête, et il sombra complètement.

Maintenant, qu'est-ce que cela signifie ? Saint Augustin[9] dit : L'Ecriture, au début, sourit à de jeunes enfants et attire l'enfant à elle ; et à la fin, cette Ecriture, lorsqu'on veut l'approfondir, se moque des gens sages ; et il n'est personne d'esprit si simple qui n'y trouve ce qui lui convient ; et il n'est non plus personne si sage qui veuille l'approfondir qui ne la trouve plus profonde et n'y trouve davantage. Tout ce que nous pouvons entendre ici-bas, et tout ce que l'on peut nous dire, tout cela a un sens autre, caché. Car tout ce dont ici-bas nous avons entendement, tout cela est aussi inégal à ce qu'il est en soi et à ce qu'il est en Dieu que s'il n'était pas.

Prenons maintenant à nouveau cette parole : « Tu

honoreras père et mère. » Dans un sens ordinaire, elle vise père et mère pour qu'on doive les honorer ; et tous ceux qui ont un pouvoir spirituel, on doit les honorer et on doit leur témoigner davantage encore, et également ceux dont tu reçois tout bien éphémère. En cela on peut patauger, et l'on peut en cela toucher le fond ; mais c'est tout petit ce que nous recevons de quelqu'un. Une femme dit : Et si l'on doit honorer ceux dont on reçoit un bien extérieur, on doit bien plus honorer ceux dont l'on reçoit tout. Tout ce que l'on reçoit ici-bas extérieurement en multiplicité, tout cela est intérieur et un. Or vous entendez bien que cette comparaison se réfère au Père. Je pensais cette nuit à la façon dont toutes les comparaisons qui sont disposées de telle sorte se réfèrent au Père.

En second lieu, c'est ainsi que « tu honoreras ton père », c'est-à-dire ton Père céleste dont tu reçois ton être. Qui honore le Père ? Cela, personne ne le fait que le Fils : c'est lui seul qui l'honore. Et pareillement, personne n'honore le Fils que le Père seul. Tout la joie du Père et sa caresse et son sourire sont seulement dans le Fils. En dehors du Fils, le Père ne sait rien de rien. Il a si grande joie dans le Fils qu'il n'a besoin de rien d'autre que d'engendrer son Fils, car il [= le Fils] est une parfaite ressemblance[10] et une parfaite image du Père.

Nos maîtres disent : Tout ce qui se trouve connu ou qui se trouve naître, cela est une image, et ils disent donc : Et le Père devrait-il engendrer son Fils unique, il faudrait alors qu'il engendre son image telle qu'elle demeure en lui-même en son fond. L'image, telle qu'elle a été éternellement en lui (*forme illius*), c'est là sa forme demeurant en lui-même. C'est un enseignement de la nature, et cela me semble tout à fait convenable, qu'il faille approcher Dieu à l'aide de comparaison[11], avec ceci et avec cela. Cependant, il n'est ni ceci ni cela, et c'est pourquoi le Père ne s'en satisfait pas, il se retire dans l'origine, dans le plus intime, dans le fond et dans le noyau de la paternité, là où il a été éternellement en lui-même dans la paternité et là où il se suffit à soi-même, le Père comme le Père pour soi-même dans l'unique Un. Ici tous brins d'herbe et bois et pierre et toutes choses sont Un. C'est là ce qu'il y a de meilleur et j'en suis devenu fou. C'est pourquoi : tout ce que la nature peut produire, cela la projette là, cela se précipite dans la paternité, afin qu'elle [= la nature] soit Un et soit un Fils et se déprenne de tout le reste et soit comme Un dans la paternité, et si elle ne peut être [Un], qu'elle soit du moins une ressemblance[12] du Un. La nature, qui est de Dieu, ne cherche pas ce qui est extérieur à elle ; oui, la nature qui là est dans soi n'a rien à faire avec la couleur * ; car la nature, qui est de Dieu, ne recherche rien d'autre que ressemblance de Dieu.

Je pensais cette nuit que toute ressemblance est un préalable **. Je ne peux voir une chose qu'elle ne me soit égale, et je ne peux connaître aucune chose qu'elle ne me soit égale. Dieu a toute chose en lui-même de façon cachée, pourtant ni ceci ni cela selon

* Entendons : avec l'apparence des choses.

** *alle gleichnuss ist ein fürwerck* : est ordonnée à une œuvre comme sa condition préalable.

la différence, mais Un selon l'unité. L'œil n'a pas la couleur en lui, l'œil reçoit la couleur et non pas l'oreille. L'oreille reçoit le son et la langue le goût. Tout cela possède ce avec quoi il est un. Ici l'image de l'âme et l'image de Dieu sont un être : là où nous sommes Fils. Et s'il se trouvait que je n'aie ni yeux ni oreilles, j'aurais encore cependant l'être. Qui m'ôterait mon œil ne m'ôterait pas pour autant mon être ni ma vie, car la vie se trouve dans le cœur. Qui me frapperait sur l'œil, je me protégerais avec la main, et c'est elle qui recevrait le coup. Mais qui voudrait me frapper au cœur, j'opposerais à cela tout mon corps en sorte que je protège ce corps ? Qui voudrait me trancher la tête, je me protégerais entièrement de mon bras, en sorte que je conserve ma vie et mon être.

J'ai déjà dit souvent : il faut que la coque soit brisée, s'il faut que ce qui est dedans vienne au-dehors ; car si tu veux avoir le noyau, il te faut briser la coque. Et de même : si tu veux trouver nûment la nature, il faut alors que toutes les ressemblances soient brisées, et plus loin on pénètre là, plus proche on est de l'être. Quand elle [=l'âme] trouve le Un là où tout est un, là elle demeure dans cet unique. Qui « honore » Dieu ? — Celui qui vise l'honneur de Dieu en toutes choses.

Voici bien des années, je n'étais pas ; peu de temps après, mon père et ma mère mangèrent viande et pain et herbe qui croît dans le jardin, et c'est de là que je suis un homme. A cela mon père et ma mère ne purent coopérer, mais c'est Dieu qui sans intermédiaire fit mon corps et créa mon âme selon ce qui est le plus sublime. C'est alors que je pris possession de ma vie (*possedi me*). Ce grain tend au seigle ; il a dans sa nature qu'il peut devenir froment ; c'est pourquoi il ne prend pas de repos avant qu'il ne parvienne à cette nature même. Ce grain de froment a dans sa nature de pouvoir devenir toutes choses ; c'est pourquoi il en paye le prix et se livre à la mort afin de devenir toutes choses. Et ce minerai est du cuivre ; il a dans sa nature de pouvoir devenir argent, et l'argent a dans sa nature de pouvoir devenir or ; c'est pourquoi il ne prend jamais de repos avant qu'il ne parvienne à cette nature même. Oui, ce bois a dans sa nature qu'il peut devenir une pierre ; je dis plus encore : il peut certes devenir toutes choses ; il s'abandonne à un feu et se laisse consumer pour se trouver transformé dans la nature du feu, et il devient un avec le un, et il est éternellement un [seul] être. Oui, bois et pierre et os et toutes les herbes ont tous en commun d'être un dans l'origine ; et si cette nature fait cela, que fait alors la nature qui est si nûment en elle-même qu'elle ne cherche ni ceci ni cela mais se déprend de tout ce qui est autre et court seulement vers la limpidité première.

Je pensais cette nuit que les ciels sont très nombreux. Or il est certains hommes incrédules qui ne croient pas que ce pain sur cet autel puisse se trouver changé qu'il puisse devenir le vrai corps de Notre Seigneur, que Dieu puisse faire cela — ces hommes mauvais, tels qu'ils ne peuvent croire que Dieu puisse faire cela ! Et si Dieu a donné à la nature de pouvoir devenir toutes choses, il est bien davantage possible à Dieu que ce pain sur l'autel puisse devenir son corps ! Et la faible nature fait-elle en sorte qu'à partir d'une petite feuille elle fasse un homme, il est bien davantage possible à Dieu qu'à partir d'un pain il puisse faire son corps. Qui « honore » Dieu ? — Celui qui vise l'honneur de Dieu en toutes choses. Ce sens est encore plus manifeste, bien que le premier à lui seul soit meilleur.

Le quatrième sens : « Ils se tenaient loin et dirent à Moïse : "Moïse, parle toi-même avec nous, nous ne pouvons entendre Dieu". » « Ils se tenaient loin », et c'était là la coque faisant qu'ils ne pouvaient entendre Dieu.

« Moïse pénétra dans la nuée et gravit la montagne », et là il vit la lumière divine. A proprement parler, c'est dans la ténèbre que l'on trouve la lumière ; ainsi, lorsque l'on a souffrance et inconfort, c'est alors que cette lumière nous est la plus proche. Que Dieu fasse le meilleur ou le pire : il lui faut se donner à nous, que ce soit dans les travaux ou dans l'inconfort. Il y avait une sainte femme qui avait de nombreux fils que l'on voulut faire périr. Elle rit alors et dit : « Vous ne devez pas vous attrister et devez être heureux en pensant à votre Père céleste, car de moi vous n'avez rien de rien [13] », exactement comme si elle voulait dire : « Vous possédez votre être de Dieu sans intermédiaire. » Cela vient ici bien à propos. Notre Seigneur dit : « Tes ténèbres » — c'est-à-dire ta souffrance — « doivent se trouver changées en claire lumière [14]. » Mais je ne dois viser ni désirer rien. J'ai dit en un autre lieu : Les ténèbres cachées de la lumière invisible de la déité éternelle sont inconnues et ne seront non plus jamais connues. Et « la lumière du Père éternelle a brillé éternellement dans ces ténèbres, mais ces ténèbres ne saisissent pas la lumière[15] ».

Maintenant, pour que nous parvenions à cette lumière éternelle, qu'à cela Dieu nous aide. Amen.

Sermon 52 [1]

Beati pauperes spiritu,
quoniam ipsorum est regnum caelorum

La béatitude ouvrit sa bouche de sagesse et dit : « Bienheureux sont les pauvres en esprit, car le royaume des cieux est à eux [2]. »

Tous les anges et tous les saints et tout ce qui jamais naquit, il faut que cela se taise lorsque parle la sagesse du Père ; car toute la sagesse des anges et de toutes les créatures, c'est là pure folie face à l'insondable sagesse de Dieu. C'est elle qui dit que les pauvres sont bienheureux.

Or il est deux sortes de pauvreté : une pauvreté extérieure, et celle-ci est bonne et très louable chez l'homme qui pratique cela volontairement par amour de Notre Seigneur Jésus Christ, car lui-même l'a eue en partage sur terre. De cette pauvreté je ne veux pourtant pas parler maintenant plus avant. Plutôt : il est encore une autre pauvreté, une pauvreté intérieure, celle qu'il faut entendre dans la parole de Notre Seigneur quand il dit : « Bienheureux sont les pauvres en esprit. »

Or je vous prie d'être tels, pour que vous entendiez ce discours ; car je vous dis dans la vérité éternelle : si vous ne vous égalez pas à cette vérité dont nous voulons parler maintenant, vous ne pouvez pas m'entendre.

Certaines gens m'ont demandé ce qu'est la pauvreté en elle-même et ce qu'est un homme pauvre. A cela nous allons répondre.

L'évêque Albert[3] dit qu'un homme pauvre est celui qui ne trouve satisfaction en toutes les choses que Dieu créa jamais — et c'est bien dit. Mais nous disons mieux encore et prenons la pauvreté en un sens plus élevé : un homme pauvre est celui qui ne veut rien et ne sait rien et n'a rien. C'est de ces trois points que nous voulons parler maintenant, et je vous prie pour l'amour de Dieu d'entendre cette vérité si vous le pouvez ; et si vous ne l'entendez pas, ne vous en inquiétez pas, car je veux parler de vérité si éprouvée que peu de gens de bien doivent l'entendre.

Nous disons d'abord que celui-là est un homme pauvre qui ne veut rien. Ce sens, certaines gens ne l'entendent pas bien ; ce sont les gens qui sont attachés au moi propre dans les pénitences et exercices extérieurs que ces gens ont en grande estime. Dieu prenne en pitié que ces gens connaissent si peu la vérité divine ! Ces gens sont appelés saints en raison de l'image extérieure qu'ils donnent ; mais intérieurement ils sont des ânes, car ils n'entendent pas ce qui spécifie la vérité divine. Ces hommes disent qu'un homme pauvre est celui qui ne veut rien. Ils l'interprètent ainsi : l'homme doit vivre de telle sorte qu'il n'accomplisse jamais sa volonté en quoi que ce soit, plus : il doit tendre à accomplir la très chère volonté de Dieu. Ces hommes ont une position juste, car leur opinion est bonne ; c'est pourquoi nous voulons les louer. Que Dieu dans sa miséricorde leur donne le royaume des cieux. Mais je dis de par la vérité divine que ces hommes ne sont pas des hommes pauvres ni pareils à des hommes pauvres. Ils sont en haute estime aux yeux des gens qui ne savent rien de mieux. Mais je dis, moi, que ce sont des ânes qui n'entendent rien à la vérité divine. Pour leur bonne opinion, puissent-ils avoir le royaume des cieux ; mais de cette pauvreté dont nous voulons parler maintenant, ils ne savent rien.

Celui qui me demanderait maintenant, qu'est-ce donc qu'un homme pauvre qui ne veut rien, à cela je répondrais et dirais ceci : aussi longtemps l'homme a-t-il ceci que c'est sa volonté de vouloir accomplir la très chère volonté de Dieu, cet homme n'a pas la pauvreté dont nous voulons parler ; car cet homme a une volonté, avec laquelle il veut satisfaire à la volonté de Dieu, et cela n'est pas la droite pauvreté. Car, l'homme doit-il avoir la véritable pauvreté, il doit se tenir aussi dépris de sa volonté créée qu'il le faisait quand il n'était pas. Car je vous le dis de par la vérité éternelle : aussi longtemps que vous avez volonté d'accomplir la volonté de Dieu et avez le désir de l'éternité et de Dieu, aussi longtemps vous n'êtes pas pauvres ; car celui-là est un homme pauvre qui ne veut rien et ne désire rien.

Lorsque je me tenais dans ma cause première, je n'avais pas de Dieu, et j'étais alors cause de moi-même ; alors je ne voulais rien ni ne désirais rien, car j'étais un être dépris et me connaissais moi-même selon la vérité dont je jouissais. Alors je me voulais moi-même et ne voulais aucune autre chose ; ce que je voulais je l'étais, et ce que j'étais je le voulais, et je me tenais ici dépris de Dieu et de toutes choses. Mais lorsque, de par ma libre volonté, je sortis et reçus mon être créé, alors j'eus un Dieu ; car, avant que ne fussent les créatures, Dieu n'était pas « Dieu », plutôt : il était ce qu'il était. Mais lorsque furent les créatures et qu'elles reçurent leur être créé, alors « Dieu » n'était pas Dieu en lui-même, plutôt : il était « Dieu » dans les créatures.

Or nous disons que Dieu, selon qu'il est « Dieu », n'est pas la fin ultime de la créature ; richesse aussi grande a en Dieu la moindre créature. Et s'il se trouvait qu'une mouche ait l'intelligence et puisse intelligemment scruter l'abîme éternel de l'être divin d'où elle est sortie, nous dirions que Dieu, avec tout ce qui fait qu'il est « Dieu », ne pourrait combler ni satisfaire la mouche. Pour cette raison nous prions Dieu d'être dépris de Dieu et de nous saisir de la vérité et d'en jouir éternellement là où les anges les plus élevés et la mouche et l'âme sont égaux, là où je me tenais et voulais ce que j'étais et étais ce que je voulais. Nous disons donc : l'homme doit-il être pauvre en volonté, il lui faut vouloir et désirer aussi peu que lorsqu'il voulait et désirait alors qu'il n'était pas. Et c'est de cette manière qu'est pauvre l'homme qui ne veut rien.

En second lieu, c'est là un homme pauvre celui qui ne sait rien. Nous avons dit parfois que l'homme doit vivre de telle sorte qu'il ne vive ni pour soi-même ni pour la vérité ni pour Dieu. Mais maintenant nous disons davantage, que l'homme qui doit avoir cette pauvreté doit vivre de telle sorte qu'il ne sache pas que d'aucune manière il ne vit ni pour soi-même ni pour la vérité ni pour Dieu ; plus : il doit être si bien dépris de tout savoir qu'il ne sache ni ne connaisse ni n'éprouve que Dieu vit en lui ; plus : il doit être dépris de toute connaissance qui vit en lui. Car, lorsque l'homme se tenait dans la disposition éternelle de Dieu, en lui ne vivait pas un autre ; plus : ce qui là vivait, c'était lui-même. Nous disons donc que l'homme doit se tenir aussi dépris de son savoir propre qu'il le faisait lorsqu'il n'était pas, et qu'il laisse Dieu opérer ce qu'il veut, et que l'homme se tienne dépris.

Tout ce qui jamais vint de Dieu est ordonné à un pur opérer. L'œuvre propre de l'homme, toutefois, est d'aimer et de connaître. Or il est une question, de savoir en quoi consiste en prime instance la béatitude. Certains maîtres ont dit qu'elle consiste dans le connaître, certains disent qu'elle consiste dans l'aimer ; d'autres disent qu'elle consiste dans le connaître et dans l'aimer, et ils disent mieux. Quant à nous, nous disons qu'elle ne consiste ni dans le connaître ni dans l'aimer ; plus : il est quelque chose dans l'âme d'où fluent connaître et aimer ; cela ne connaît ni n'aime par soi-même comme le font les puissances de l'âme. Celui qui connaît cela connaît en quoi consiste la béatitude. Cela n'a ni avant ni après, et cela n'est pas en attente de quoi que ce soit qui s'ajouterait, car cela ne saurait ni gagner ni perdre. C'est pourquoi cela est dépouillé au point de ne pas savoir que Dieu opère en lui ; plus : cela même est le même qui jouit de soi-même à la manière de Dieu. Disons alors que l'homme doit se tenir quitte et dépris, de sorte qu'il ne sache ni ne connaisse que Dieu opère en lui : c'est ainsi que l'homme peut posséder la pauvreté. Les maîtres disent que Dieu est un être, et un être doué d'intellect, et qu'il sait toutes choses. Mais nous disons : Dieu n'est pas un être ni n'est doué d'intellect ni ne connaît ceci ni cela. C'est pourquoi Dieu est dépris de toutes choses, et c'est pourquoi il est toutes choses. Celui maintenant qui doit être pauvre en esprit, il lui faut être pauvre de tout son savoir propre, de sorte qu'il ne sache aucune chose, ni Dieu ni la créature ni soi-même. C'est pourquoi il est nécessaire que l'homme aspire à ne rien pouvoir savoir ni connaître des œuvres de Dieu. C'est de cette manière que l'homme peut être pauvre de son savoir propre.

En troisième lieu, c'est là un homme pauvre celui qui n'a rien. Beaucoup d'hommes ont dit que c'est perfection de ne pas avoir de choses corporelles de cette terre, et cela est bien vrai en un sens : pour qui le fait volontairement. Mais ce n'est pas là le sens que je vise.

J'ai dit plus haut que c'est là un homme pauvre celui qui ne veut pas accomplir la volonté de Dieu, plus : que l'homme vive de telle sorte qu'il soit aussi dépris à la fois de sa volonté propre et de la volonté de Dieu qu'il l'était lorsqu'il n'était pas. De cette pauvreté nous disons qu'elle est la pauvreté la plus élevée. — En second lieu, nous avons dit que c'est là un homme pauvre celui qui ne sait rien de l'œuvre de Dieu en lui. Celui qui se tient aussi dépris de savoir et de connaître que Dieu se tient dépris de toutes choses, c'est la pauvreté la plus pure. — Mais la troisième, c'est la pauvreté dernière, c'est d'elle que nous voulons parler maintenant : c'est que l'homme n'ait rien.

Or prêtez ici attention avec diligence et sérieux ! Je l'ai dit souvent, et de grands maîtres le disent aussi, que l'homme doit être si dépris de toutes choses et de toutes œuvres, à la fois intérieures et extérieures, qu'il puisse être un lieu propre de Dieu où Dieu puisse opérer. Maintenant nous parlons autrement. Si c'est le cas que l'homme se tienne dépris de toutes les créatures et de Dieu et de soi-même, et qu'en lui il en soit encore ainsi que Dieu trouve un lieu pour opérer en lui, nous disons alors : aussi longtemps il en va ainsi dans l'homme, l'homme n'est pas pauvre de pauvreté dernière. Car Dieu ne vise pas dans ses œuvres que l'homme ait en lui un lieu où Dieu puisse opérer ; car c'est là la pauvreté en esprit qu'il se tienne si dépris de Dieu et de toutes ses œuvres que, dans la mesure où Dieu veut opérer dans l'âme, il soit lui-même le lieu dans lequel il veut opérer — et cela il le fait volontiers. Car, si Dieu trouve l'homme pauvre de la sorte, alors Dieu opère son œuvre propre, et l'homme est ainsi celui qui Dieu pâtit en lui, et Dieu est un lieu propre de son œuvre du fait que Dieu est celui qui œuvre en lui-même. Ici, dans cette pauvreté, l'homme retrouve l'être éternel qu'il a été et qu'il est maintenant et qu'il doit demeurer toujours.

Il est une parole de saint Paul qui dit : « Tout ce que je suis, je le suis par la grâce de Dieu[4]. » Or notre discours semble au-dessus de la grâce et au-dessus de l'être et au-dessus de l'entendement et au-dessus de la volonté et au-dessus de tout désir — comment donc la parole de saint Paul peut-elle être vraie ? A quoi l'on répondrait que la parole de saint Paul est vraie : que la grâce de Dieu fût en lui, cela était nécessaire ; car la grâce de Dieu fit en lui que ce qui était contingent s'accomplit en essence. Lorsque prit fin la grâce et qu'elle eut achevé son œuvre, Paul demeura ce qu'il était.

Nous disons donc que l'homme doit être si pauvre qu'il ne soit et qu'il n'ait aucun lieu où Dieu puisse opérer. Là où l'homme garde un lieu, là il garde une différence. C'est pourquoi je prie Dieu qu'il me déprenne de Dieu, car mon être essentiel est au-dessus de Dieu dans la mesure où nous prenons Dieu comme origine des créatures ; car dans le même être de Dieu où Dieu est au-dessus de l'être et de la différence, là j'étais moi-même, là je me voulais moi-même et me connaissais moi-même pour faire cet homme que voici. C'est pourquoi je suis cause de moi-même selon mon être qui est éternel, et non selon mon devenir qui est temporel. Et c'est pourquoi je suis non-né, et selon mon mode non-né je ne puis jamais mourir. Selon mon mode non-né, j'ai été éternellement et suis maintenant et dois demeurer éternellement. Ce que je suis selon la naissance, cela doit mourir et être anéanti, car c'est mortel ; c'est pourquoi il lui faut se corrompre avec le temps. Dans ma naissance, toutes choses naquirent, et je fus cause de moi-même et de toutes choses ; et l'aurais-je voulu, je n'aurais pas été ni n'auraient été les autres choses ;

et n'aurais-je pas été, « Dieu » n'aurait pas été non plus. Que Dieu soit « Dieu », j'en suis une cause ; n'aurais-je pas été, Dieu n'aurait pas été « Dieu ». Savoir cela n'est pas nécessaire.

Un grand maître dit que sa percée est plus noble que son fluer, et c'est vrai. Lorsque je fluai de Dieu, toutes choses dirent : Dieu est. Et cela ne saurait me rendre bienheureux, car en cela je me reconnais créature. Plus : dans la percée où je me tiens dépris de ma volonté propre et de la volonté de Dieu et de toutes ses œuvres et de Dieu même, je suis par-dessus toutes les créatures et ne suis ni Dieu ni créature, plus : je suis ce que j'étais et ce que je dois demeurer maintenant et pour toujours. Là je reçois une impulsion qui doit me porter par-delà tous les anges. Dans cette impulsion je reçois richesse si éprouvée que je ne saurais me contenter de Dieu selon tout ce qui fait qu'il est « Dieu », et selon toutes ses œuvres divines ; car dans cette percée je reçois que moi et Dieu nous sommes Un. Là je suis ce que j'étais, et là je ne décrois ni ne crois, car je suis là une cause immobile qui toutes choses meut[5]. Ici Dieu ne trouve aucun lieu en l'homme, car avec cette pauvreté l'homme conquiert ce qu'il était éternellement et doit demeurer pour toujours. Ici Dieu est Un avec l'esprit, et c'est là la pauvreté dernière que l'on puisse trouver.

Celui qui n'entend pas ce discours, qu'il n'inquiète pas son cœur avec cela. Car aussi longtemps l'homme n'est pas égal à cette vérité, aussi longtemps n'entendra-t-il pas ce discours ; car c'est une vérité sans fard, qui est venue là du cœur de Dieu sans intermédiaire.

Pour que nous puissions vivre de telle sorte qu'éternellement nous l'éprouvions, Dieu nous vienne en aide. Amen.

Sermon 53

Misit dominus manum suam
et tetigit os meum et dixit mihi etc.
Ecce constitui te super gentes et regna

« Le Seigneur a étendu sa main et a touché ma bouche et m'a parlé [1]. »

Lorsque je prêche, j'ai coutume de parler de détachement [2], et de ce que l'homme doit se trouver dépris de soi-même et de toutes choses. En second lieu, que l'on doive se trouver formé intérieurement dans le bien simple qui est Dieu. En troisième lieu, que l'on pense à la grande noblesse que Dieu a déposée dans l'âme, pour que l'homme par là parvienne à Dieu de façon merveilleuse. En quatrième lieu, de la limpidité de la nature divine — quelle clarté se trouve en la nature divine, cela est inexprimable. Dieu est une Parole, une Parole inexprimée.

Augustin [3] dit : « Toute l'Ecriture est vaine. Si l'on dit que Dieu est une Parole, alors il est dit ; si l'on dit que Dieu est non-dit, alors il est indicible. » Mais cependant il est quelque chose ; qui peut dire cette Parole ? Cela, personne ne le fait que celui qui est cette Parole. Dieu est une Parole qui se dit elle-même. Là où Dieu est, là il dit cette Parole ; là où il n'est pas, là il ne dit rien. Dieu est dit et est non-dit. Le

Père est une opération qui se dit, et le Fils est un dit qui opère. Ce qui est en moi, cela sort de moi ; si même je le pense seulement, alors ma parole le révèle, et elle demeure pourtant à l'intérieur. C'est ainsi que le Père dit le Fils de façon non-dite et qu'il demeure pourtant en lui. Je l'ai dit également souvent : De Dieu [la] sortie est son entrée [dans soi]. Plus je suis près de Dieu, plus Dieu se dit en moi. Toutes les créatures [qui sont] douées d'intellect dans leurs œuvres, plus elles sortent d'elles-mêmes, plus elles vont en elles-mêmes. Il n'en va pas ainsi chez les créatures corporelles : plus elles opèrent, plus elles vont hors d'elles-mêmes. Toutes les créatures veulent dire Dieu dans toutes leurs œuvres ; elles le disent toutes de façon aussi proche qu'elles le peuvent, elles ne peuvent pourtant pas le dire. Qu'elles le veuillent ou ne le veuillent pas, que ce leur soit joie ou peine : elles veulent toutes dire Dieu, et il demeure pourtant non-dit.

David dit : « Le Seigneur est son nom[4]. » « Seigneur » signifie la suprématie d'une seigneurie ; « serviteur » est une soumission. Certains noms sont propres à Dieu et délivrés de toutes autres choses, tels « Dieu ». « Dieu », ce nom est le nom de Dieu le plus propre de tous, comme « homme » est le nom de l'homme. Un homme est toujours un homme, qu'il soit fou ou sage. Sénèque[5] dit : « C'est là un homme méprisable celui qui ne dépasse pas l'homme. » — Certains noms ont une connivence avec Dieu, comme « paternité » et « filiation ». Lorsque l'on énonce « père », l'on entend « fils ». Père ne peut être à moins d'avoir un fils, ni fils à moins d'avoir un père ; ils portent pourtant en eux un être éternel par-delà le temps. — En troisième lieu : certains noms indiquent une ordination vers Dieu et une orientation vers le temps. On désigne également Dieu dans l'Ecriture par beaucoup de noms. Je dis : Celui qui connaît quelque chose en Dieu et lui attache un nom quelconque, ce n'est pas Dieu. Dieu est par-delà nom et par-delà nature. Nous lisons à propos d'un homme de bien qu'il invoqua Dieu dans sa prière et voulut lui donner un nom. Alors un frère dit : « Tais-toi, tu déshonores Dieu ! » Nous ne pouvons trouver aucun nom que nous puissions donner à Dieu. Pourtant nous sont permis les noms par lesquels les saints l'ont nommé et que Dieu a consacrés dans leurs cœurs et déversés en eux avec une lumière divine. Et de là nous devons apprendre en premier lieu comment nous devons prier Dieu. Nous devons dire : « Seigneur, dans ce nom même que tu as ainsi consacré dans le cœur de tes saints et que tu as déversé avec ta lumière, nous te prions et te louons. » — En second lieu, nous devons apprendre à ne donner à Dieu aucun nom, comme si nous voulions imaginer que nous ne l'avons pas suffisamment loué et exalté ; car Dieu est « par-delà [les] noms » et indicible.

Le Père dit le Fils à partir de toute sa puissance, et toutes choses en lui. Toutes les créatures sont un dire de Dieu *. Tout comme ma bouche dit et révèle Dieu, ainsi fait l'être de la pierre, et l'on perçoit davantage en l'œuvre que dans les paroles. L'œuvre

---

* *ein sprechen gotes* : il s'agit du fait que les créatures *disent Dieu.*

qu'opère la nature supérieure de par sa puissance suprême, la nature qui est en dessous d'elle ne peut la comprendre. Que si elle opérait la même chose, alors elle ne serait pas en dessous d'elle, plutôt : elle serait cela même. Toutes les créatures voudraient répéter Dieu dans toutes leurs œuvres. C'est pourtant bien peu de chose ce qu'elles peuvent révéler. Même les anges les plus élevés, en tant qu'ils s'élèvent et touchent Dieu, cela est aussi inégal en regard de ce qui est en Dieu que blanc et noir. Est totalement inégal ce que toutes les créatures ont reçu, même si toutes voudraient bien dire le maximum qui leur soit possible. Le prophète dit : « Seigneur, tu dis une chose, et j'en entends deux[6]. » Lorsque Dieu parle dans l'âme, alors elle et lui sont un ; mais aussitôt que cet [un] déchoit [de cette unité] *, il se trouve divisé. Plus nous nous élevons avec notre entendement, plus nous somme un en lui [= en Dieu]. C'est pourquoi Dieu dit le Fils en tout temps dans l'unité et répand en lui toutes les créatures. Toutes possèdent un appel à faire retour au lieu d'où elles ont flué. Toute leur vie et leur être, tout cela est un appel et une urgence vers ce dont elles sont sorties.

Le prophète dit : « Le Seigneur a étendu sa main[7] », et il signifie le Saint Esprit. Or il dit : « Il a touché ma bouche » et dit aussitôt : « Il s'est adressé à moi. » La bouche de l'âme est la partie supérieure de l'âme, c'est ce qu'elle vise en disant : « Il a déposé sa Parole

---

* *abevellet* : il s'agit d'un mouvement de nature ontologique, quand le plus intérieur de l'âme se répand dans les puissances et les sens, vers les créatures.

dans ma bouche » — c'est là le baiser de l'âme : là où la bouche a touché la bouche, là le Père engendre son Fils dans l'âme, et là il « s'adresse » à elle. Or il dit : « Ecoute. Je t'ai choisi aujourd'hui et t'ai placé au-dessus des peuples et au-dessus des royaumes. » Dans un « aujourd'hui » Dieu s'engage à nous élire, là où il n'est rien, là où cependant dans l'éternité il y a un « aujourd'hui ». « Et je t'ai placé au-dessus des peuples » — c'est-à-dire au-dessus du monde entier ; de lui il faut que tu sois dépris — « et au-dessus des royaumes » — c'est-à-dire : ce qui est plus que un, cela est de trop, car il te faut mourir à toutes choses et tu dois te trouver à nouveau formé intérieurement dans la hauteur, là où nous demeurons dans le Saint Esprit.

Que nous y aide Dieu le Saint Esprit. Amen.

Sermon 54 a

« Notre Seigneur éleva les yeux et [les] leva du bas vers le haut et regarda vers le ciel et dit : “Père, le temps est venu, glorifie ton Fils pour que ton Fils te glorifie. A tous ceux que tu m’as donnés donne la vie éternelle. C’est là la vie éternelle qu’ils te connaissent toi seul vrai Dieu[1].” »

L’écrit d’un pape[2] porte : Lorsque Notre Seigneur élevait les yeux, il visait alors quelque chose de grand. Le sage dit, dans le Livre de la Sagesse, que l’âme se trouve portée en Dieu par la sagesse divine[3]. Saint Augustin[4] dit également que toutes les œuvres et la doctrine de Dieu dans son humanité sont une image et une figure de notre sainte vie et grande dignité par-devant Dieu. Il faut que l’âme se trouve purifiée et faite subtile dans la lumière et dans la grâce, et se trouve toute détachée et dépouillée de ce qui est étranger en l’âme, et également d’une partie de ce qu’elle est elle-même. Je l’ai dit souvent : il faut que l’âme se trouve totalement dénudée de tout ce qui s’est ajouté [à ce qu’elle est], et se trouve portée vers le haut, en tant qu’elle est limpide, et flue intérieurement en retour dans le Fils de la façon dont dans lui elle a flué à l'extérieur. Car le Père a créé l'âme dans le Fils. C'est pourquoi il lui faut, dénudée, fluer intérieurement de retour en lui de la façon dont dans lui elle a flué à l'extérieur.

Or il dit : « Il éleva les yeux et [les] leva du bas vers le haut. » Dans cette parole se trouvent deux sens. L'un est un témoignage de limpide humilité. Devons-nous jamais parvenir dans le fond de Dieu et dans son plus intime, il nous faut en premier lieu parvenir dans notre propre fond et dans notre plus intime en limpide humilité. Les maîtres[5] disent que les étoiles déversent toute leur force dans le fond de la terre, dans la nature et dans l'élément de la terre, et produisent là l'or le plus limpide. Dans la mesure où l'âme parvient dans le fond et dans le plus intime de son être, dans cette mesure la force divine se déverse en elle et opère de façon toute cachée et révèle des œuvres tout à fait grandes, et l'âme devient tout à fait grande et élevée dans l'amour de Dieu qui s'égale à l'or limpide. C'est là le premier sens : « Il éleva les yeux. »

Le second est que l'âme doit se porter vers le haut en humilité avec toutes ses misères et ses péchés et doit se placer et se courber sous la porte de la miséricorde de Dieu, là où Dieu se fond en miséricorde, et elle doit aussi porter vers le haut tout ce qui en elle est vertu et œuvres bonnes, et doit par ce moyen se placer sous la porte où Dieu se fond en la manière de sa bonté. C'est ainsi que l'âme doit suivre et s'ordonner d'après l'image selon laquelle il éleva les yeux.

Par après il dit : « Il leva les yeux du bas vers le haut. » Un maître[6] dit : Celui qui serait malin et bien avisé disposerait de l'eau au-dessus du vin, en sorte que la force du vin puisse y opérer ; ainsi la force du vin transformerait l'eau en vin ; et si elle était bien disposée au-dessus du vin, elle deviendrait meilleure que le vin ; cependant pour le moins elle devient aussi bonne que le vin. Ainsi en va-t-il dans l'âme qui est bien disposée dans le fond de l'humilité, et qui ainsi s'élève et se trouve portée vers le haut dans la force divine : elle ne repose jamais qu'elle ne vienne tout droit jusqu'à Dieu et ne le touche dans sa nudité, et elle demeure toute à l'intérieur et ne recherche rien à l'extérieur et ne se tient pas non plus à côté de Dieu ni auprès de Dieu, mais tout directement en Dieu dans la limpidité de l'être ; c'est en cela aussi qu'est l'être de l'âme, car Dieu est un être limpide. Un maître dit : En Dieu, qui est un être limpide, rien de rien ne parvient qui ne soit aussi être limpide. C'est pourquoi l'âme est [un] être qui est venu là directement jusqu'à Dieu et en Dieu.

C'est pourquoi il dit : « Il leva les yeux du bas vers le haut et regarda vers le ciel. » Un maître grec dit que le ciel signifie « abri du soleil ». Le ciel déverse sa force dans le soleil et dans les étoiles, et les étoiles déversent leur force au sein de la terre et produisent or et pierres précieuses, en sorte que la pierre précieuse a force de produire des œuvres étonnantes. Les unes ont la force d'attirer à soi os et chair. Un homme s'en approcherait-il qu'il serait nécessairement happé et ne pourrait se tirer de là à moins de connaître les astuces par quoi il puisse se libérer. D'autres pierres précieuses attirent à soi os et fer. Chaque pierre précieuse et [chaque] herbe est un petit réceptacle de l'étoile, qui a enfermé en lui une force céleste. De même que le ciel déverse sa force dans les étoiles, de même les étoiles la déversent plus avant dans la pierre précieuse et dans les herbes et dans les animaux. L'herbe est plus noble que la pierre précieuse, car elle a une vie sujette à croissance. Elle mépriserait de croître sous le ciel matériel s'il n'y avait là une puissance intellective dont elle reçoit sa vie. De même que l'ange le plus bas déverse sa force dans le ciel et le meut et est cause de sa révolution et de son œuvre, de même le ciel déverse-t-il sa force de façon toute secrète dans chaque herbe et dans les animaux. De là chaque herbe a une propriété du ciel, et elle opère autour de soi à la ronde tout comme le ciel. Les animaux s'élèvent plus haut et ont vie animale et sensorielle et demeurent pourtant dans le temps et dans l'espace. Mais l'âme, en sa lumière naturelle, dépasse au plus haut d'elle-même temps et espace dans la ressemblance de la lumière de l'ange, et opère avec lui par l'intellect[7] dans le ciel. C'est ainsi que l'âme doit s'élever au-dessus de tout dans l'opération intellective. Là où elle trouve quelque chose de la lumière divine ou de la ressemblance divine, là elle doit s'établir et ne point s'en retourner jusqu'à ce qu'elle s'élève encore plus. Et c'est ainsi qu'elle doit s'élever au-dessus de tout dans la lumière divine et venir de la sorte par-delà toutes les demeures jusqu'à la face nue, limpide, de Dieu avec les anges dans le ciel. C'est pourquoi il dit : « Il regarda vers le ciel et dit : “Père, le temps est venu, glorifie ton Fils pour que ton Fils te glorifie." » Comment le Père glorifie-t-il le Fils, et comment le Fils glorifie-t-il le Père, il est mieux de le taire que d'en discourir ; ils devraient être des anges ceux qui devraient en discourir.

Mais quelque chose à propos du petit mot qu'il dit : « Tous ceux que tu m'as donnés. » Pour qui perçoit son sens propre, il signifie : « Tout ce que tu m'as donné » : Je leur donne « la vie éternelle », c'est-à-dire la même chose que ce que le Fils a dans le jaillissement premier, et dans le même fond et dans la même limpidité et dans le goût où il a intérieurement sa propre béatitude et là où il possède intérieurement son propre être : « C'est la vie éternelle que je leur donne » et rien d'autre. Cette signification, je l'ai parfois dite selon son sens commun ; mais ce soir je la laisse là, bien qu'elle se trouve à proprement parler dans le latin, comme je l'ai dit souvent. A toi de la prier toi-même et de la dire hardiment, sur ma vie [!].

Après quoi il dit : « C'est là la vie éternelle qu'ils te connaissent toi seul vrai Dieu. » S'en trouverait-il deux pour connaître Dieu comme « Un », et l'un connaîtrait-il [là] un millier, et l'autre connaîtrait-il Dieu comme plus que « Un », si peu que ce soit au-dessus de Un, il connaîtrait davantage Dieu comme « Un » que celui qui le connaîtrait comme mille. Plus Dieu se trouve connu comme Un, plus il se trouve connu comme tout. Mon âme serait-elle sagace, et serait-elle noble et limpide, ce qu'elle connaîtrait serait Un. Un ange connaîtrait-il [quelque chose] et cela serait-il [de la valeur du nombre] dix, un autre ange qui serait plus noble connaîtrait la même chose, elle ne serait pas plus que Un. C'est pourquoi saint

Augustin[8] dit : Connaîtrais-je toutes choses et non pas Dieu que je n'aurais rien connu. Mais connaîtrais-je Dieu et ne connaîtrais-je aucune autre chose que j'aurais connu toutes choses. Plus l'on connaît Dieu de près et profondément comme Un, plus l'on connaît la racine de laquelle toutes choses ont jailli. Plus l'on connaît comme Un la racine et le noyau et le fond de la déité, plus l'on connaît toutes choses. C'est pourquoi il dit : « Qu'ils te connaissent toi seul vrai Dieu. » Il ne dit pas Dieu « sage » ni Dieu « juste » ni Dieu « puissant », plutôt : seulement comme « un Dieu vrai », et il veut dire que l'âme doit se détacher et se dépouiller de tout ce que l'on ajoute à Dieu par pensée ou par entendement, et le saisir nu tel qu'il est être limpide : c'est ainsi qu'il est « vrai Dieu ». C'est pourquoi Notre Seigneur dit : « C'est là la vie éternelle qu'ils te connaissent toi seul vrai Dieu. »

Pour que nous parvenions à la vérité qui là est être limpide, et que là nous demeurions éternellement, que Dieu nous vienne en aide. Amen.

Sermon 54 b

Haec est vita aeterna, ut cognoscant te,
solum deum verum, et quem misisti,
Iesum Christum

Notre Seigneur dit : « C'est là la vie éternelle qu'ils te connaissent comme un seul vrai Dieu et celui que tu as envoyé, Jésus Christ [1]. » « Notre Seigneur leva les yeux vers le ciel et dit : "Père, l'heure est venue ; glorifie ton Fils, pour que ton Fils te glorifie", et il pria pour ceux qui lui avaient été donnés et dit : "Donne-leur la vie éternelle ; fais-les Un avec toi, comme toi et moi sommes Un." »

« Il leva les yeux d'en bas vers le haut. » Par là il nous enseigne que, lorsque nous voulons prier, nous avons à nous abaisser auparavant dans une vraie humilité de soumission sous toutes les créatures. C'est alors seulement que nous devons nous élever devant le trône de la Sagesse, et autant nous nous sommes abaissés, autant nous sera octroyé ce pour quoi nous prions. Or l'écrit [d'un pape] [2] dit : Lorsque Notre Seigneur élevait les yeux, c'est qu'il voulait opérer une grande œuvre. C'était certes une grande chose qu'il dise : « Fais-les Un avec toi comme moi et toi sommes Un. » Or l'Ecriture dit dans le Livre de la Sagesse, que « Dieu, personne ne l'aime que celui qui habite dans la Sagesse[3] » ; et le Fils est la Sagesse. Dans cette limpidité où le Père a créé l'âme, tout aussi limpides devenons-nous dans la Sagesse qui est le Fils. Car, comme je l'ai dit souvent : Il est une porte par laquelle l'âme fait retour au Père, étant donné que tout ce que Dieu jamais opéra n'est rien d'autre qu'une image et un signe de vie éternelle.

« Il leva les yeux du bas vers le haut », du fond véritable de l'humilité la plus profonde. Comme la force du ciel n'opère nulle part autant que dans le fond de la terre dans l'absence de tout élément, quelque inférieur qu'il se trouve, car il [= le ciel] a la plus grande opportunité d'opérer là, pour la même raison Dieu opère le plus dans un cœur humble, car il a la plus grande opportunité d'opérer là et trouve là la plus grande mesure de son égalité. Par là il nous enseigne comment nous devons pénétrer dans notre fond d'humilité véritable et de nudité véritable, en sorte que nous déposions tout ce que nous ne possédons pas par nature, c'est-à-dire péché et misère, et aussi ce que nous possédons par nature qui se trouve dans tout ce qui nous est propre. Car celui qui veut parvenir dans le fond de Dieu, dans son plus intime, il lui faut auparavant venir dans son propre fond, dans son plus intime, car personne ne peut connaître Dieu qu'il ne lui faille auparavant se connaître soi-même. Il doit pénétrer dans son plus bas et dans le plus intérieur de Dieu, et doit pénétrer dans son élément premier et dans son élément le plus élevé, car là se rencontre tout ce que Dieu peut réaliser. Ce qui dans l'âme est le plus élevé de tout, cela est dans ce qui est le plus bas, car c'est le plus intérieur de tout, comme pour celui qui veut aplatir un objet rond ce qui est le plus élevé devient le plus bas. Le troisième [point] qu'il nous enseigne lorsque « il leva les yeux du bas vers le haut », c'est : celui qui veut prier doit porter dans la bonté de Dieu tout ce qu'il a reçu par grâce, et ce qu'il veut demander pour ses misères ou pour les péchés d'autres gens, il doit le porter dans la miséricorde de Dieu, car cela intercède pour soi-même. Ce que Dieu trouve comme soumis, il le porte vers le haut et l'élève en lui. Le quatrième [point] qu'il vise lorsque « il leva les yeux du bas vers le haut », c'est qu'il vise que nous devons nous élever, avec désir, de tout notre cœur vers le ciel et en lui, et que nous devons placer tout notre désir en Dieu et dans la hauteur la plus élevée, non pas au-dessous de Dieu ni avec Dieu, car toutes choses supérieures ont opportunité la plus grande d'opérer dans ce qui est au-dessous d'elles. C'est pourquoi toutes les créatures qui sont matérielles sont un appât pour le soleil et les étoiles, et ce qui opère dans la pierre c'est leur force et leur égalité. Lorsque le soleil attire à soi l'air humide, alors il donne à la pierre son égalité et sa force, en sorte qu'elle laisse s'en aller de soi invisiblement une vapeur et une force, ce qui attire à soi certains types de fer et certaines chairs et certains os ; celui qui s'en approche, il lui faut demeurer [fixé] là. C'est ainsi que fait la vapeur de Dieu : elle attire l'âme en soi et l'unit à lui et la fait couleur de Dieu. Comme celui qui prendrait un tonnelet d'eau et le placerait par-dessus un grand vase de vin et proche de lui, cela lui donne la force du vin et la nature du vin et la couleur du vin. Est-il rouge, elle devient rouge aussi ; est-il blanc, elle devient également blanche et vin. Cela provient de la vapeur ou de la senteur du vin. Que signifie cela ? Un bon discours ! De même que la vapeur du vin s'engouffre dans le tonnelet d'eau, de cette même manière la force de Dieu s'engouffre-t-elle dans l'âme. Qui veut devenir couleur de Dieu, celui-là doit s'élever avec un désir entier *.

Selon une autre manière « il leva ses yeux d'en bas vers le haut ». Par là il nous enseigne : de même que l'élément le plus élevé ne peut nulle part si bien opérer que dans le fond de la terre — là il produit[4] or et argent et pierres précieuses —	Selon une autre manière « il leva les yeux d'en bas vers le haut ». Tout ce qui est au-dessus d'un élément, comme le ciel et les étoiles, cela opère, dans l'élément le plus grossier, la terre, ce que nous ne pouvons voir, comme or et argent et pierres précieuses ; car il est impossible que le ciel puisse jamais opérer que dans le fond de
et dans tout ce qui est mélangé à la terre, comme feuillage et herbe et arbres : cela porte en lui une égalité avec le ciel	la terre et dans ce qui est mélangé à la terre, comme feuillage et herbe et arbres. De cela prends une comparaison avec le

* Dans le paragraphe qui suit, Joseph Quint fait droit à deux versions différentes et pareillement attestées de ce texte qui comportent de légères variantes.

et avec l'ange qui meut le ciel, et cela se déploie et s'étend et forme un abri, de sorte que le soleil et la force des étoiles puissent opérer grandement en eux, et cela enserre dans soi la nature de l'ange et opère à l'égal de l'ange bien que de façon fort éloignée —,

ciel, en ce qu'il n'est aucune créature qui ne porte en elle ce dont elle est fille. Nos maîtres disent : ce qui est en haut, à cela rien ne suffit de la façon dont arbre et herbe se déploient et mènent leur révolution comme le ciel ; non seulement comme le ciel, plus : comme l'ange qui meut le ciel.

Cela enserre dans soi la nature de l'ange et opère à l'égal de l'ange bien que de façon fort éloignée —,

de même devons-nous former un abri et nous étendre et nous déployer, en sorte que Dieu puisse opérer grandement en nous, et nous devons lui être égaux et opérer de façon égale. L'animal connaît dans ici et dans maintenant. Mais l'ange connaît sans ici ni maintenant, et l'homme, qui est au-dessus des autres créatures, connaît dans une vraie lumière, là où il n'est temps ni espace, sans ici et sans maintenant.

Dans la mesure où l'âme s'avance davantage, dans cette mesure elle pénètre de façon plus prochaine dans la lumière. L'âme, qui est une lumière, enserre beaucoup de Dieu dans soi.

« Il leva les yeux vers le ciel. » « Celum » signifie un « abri du soleil ». Tout ce que l'on peut ajouter à Dieu, cela forme un abri pour Dieu * ; ce qu'on peut lui ajouter, mis à part être pur, cela forme un abri pour Dieu. Or il dit : « Père, l'heure est venue : glorifie ton Fils pour que ton Fils te glorifie, et je te prie en outre de donner une vie éternelle à tous ceux que tu m'as donnés[5]. » Or posez la question à qui vous voulez, tous disent qu'il visait : « Père, donne la vie éternelle à tous ceux que tu m'as donnés. » Mais à proprement parler, le mot signifie ce qui suit : « Père, tout ce que tu m'as donné, le fait que je suis le Fils, sorti de toi, de toi le Père, c'est cela que je te prie de leur donner et qu'ils en jouissent : la vie éternelle, c'est là leur récompense éternelle. » Voyez, cela sonne ainsi : Tout ce que le Père a donné à son Fils, tout ce qu'il est, qu'il le leur donne.

Une « vie éternelle », ce qu'elle est, remarquez-le, notez-le vous-mêmes : « La vie éternelle est qu'ils te connaissent toi seul vrai Dieu. » Que vise-t-il lorsqu'il dit « toi seul » ? C'est : que pour l'âme rien n'ait de goût que Dieu seul. Une autre chose est qu'il dit : « Te connaître toi seul, c'est là vie éternelle. » Il veut dire : Dieu seul est, et rien de rien n'est auprès de lui. Celui qui avec Dieu connaît quelque chose, celui-là ne connaît pas Dieu seul. Mais celui qui connaît Dieu

---

* Quelque chose qui le dissimule.

seul, il connaît davantage en Dieu. Nos maîtres disent : L'un connaît Un en Dieu, et un autre connaît mille en Dieu.

Ceux qui connaissent Un connaissent davantage que ceux qui connaissent mille, car ils connaissent plutôt en Dieu, et ceux qui connaissent mille connaissent plutôt auprès de Dieu. Bienheureux davantage sont ceux qui connaissent mille que ceux qui connaissent Un, en ce que là ils connaissent davantage de Dieu que dans le Un. Davantage bienheureux encore sont ceux qui connaissent Un que ceux qui connaissent mille, toujours plus Un et pourtant pas Dieu en lui [=dans cet Un]. C'est pourquoi : lorsque je connais quelque chose en Dieu, quoi que je connaisse cela devient Un avec moi. Celui qui connaît en Dieu plus que Un, celui-là connaît

Et celui-là est davantage bienheureux qui connaît mille en Dieu que celui qui connaît Un en Dieu. Mais béatitude ne réside pas en ce qu'il connaît mille en Dieu. Elle réside en ce qu'il a moins connu avec lui et en dehors de lui ; et de là il connaît davantage en lui et non pas moins, car toutes choses sont Un en Dieu, et en Dieu il n'est rien que ce qui ressortit à son être.

moins auprès de Dieu. En cela réside notre « vie éternelle », que nous connaissions le Un ; dans la mesure où nous connaissons moins, c'est que nous te connaissons plus comme « un seul vrai Dieu ».

C'est dans cette connaissance simple que réside notre vie éternelle.

Pourquoi dit-il cela : « Toi, un seul vrai Dieu », en sorte qu'il ne dit pas : « Toi, Dieu sage » ou « bon » ou « puissant » ? C'est que vérité se rapporte à l'être.

Or il dit : « Toi, le seul vrai Dieu. » Qu'il ne dise pas Dieu « riche » ou Dieu « puissant » ou Dieu « sage », il veut dire : vérité se rapporte au plus élevé et est un être nu.

Tout ce que l'on peut mettre en mots, cela forme un abri * pour Dieu et s'ajoute à lui. Mais vérité enserre en une seule connaissance et dépouille.

Pour que nous déposions toutes choses dans cette connaissance et devenions Un, qu'à cela nous aide la Trinité dans une seule nature divine. Amen.

---

* Entendons : tout cela le dissimule.

Sermon 55

Maria Magdalena venit ad monumentum etc.

« Marie Madeleine alla au tombeau », elle cherchait Notre Seigneur Jésus Christ, et « s'approcha auprès et regarda dedans. Elle vit deux anges » auprès du tombeau, et « ils dirent : "Femme, qui cherches-tu ? — Jésus de Nazareth. — Il est ressuscité : il n'est pas ici." » Et elle se tut et ne leur répondit pas, « et regarda derrière elle et devant et par-dessus son épaule et vit Jésus, et il dit : "Femme, qui cherches-tu ? — O Seigneur, si vous l'avez enlevé, montre-moi où tu l'as déposé ; je veux l'emporter de là." Et il dit : "Maria !" Et parce qu'elle avait souvent entendu de lui cette tendre parole, elle le reconnut et tomba à ses pieds et voulu l'embrasser. Et il recula et dit : "Ne me touche pas ! Je ne suis pas encore allé vers mon Père [1]." »

Pourquoi dit-il : « Je ne suis pas encore allé vers mon Père » ? Il ne s'est pourtant jamais écarté du Père ! Il voulait dire : « Je ne suis pas encore véritablement ressuscité en toi. » — Pourquoi dit-elle : « Montre-moi où tu l'as emporté ; je veux le prendre de là » ? L'aurait-il emporté dans la maison du juge, voudrait-elle le prendre aussi de là ? « Oui, dit un maître[2], elle l'aurait pris dans le château du juge. »

Or on pourrait demander pourquoi elle s'approcha si près alors qu'elle était une femme et que les hommes qui étaient là — l'un qui aimait Dieu, l'autre qui était aimé de Dieu * — étaient saisis de crainte. Et le maître dit : « Telle en était la raison : elle n'avait rien à perdre, car elle s'était donnée à lui ; et parce qu'elle était sienne, pour cette raison elle n'avait pas de crainte. » Comme si j'avais donné mon manteau à quelqu'un [:] celui qui voudrait le lui prendre, je ne serais pas tenu de l'en empêcher, car il serait sien, comme je l'ai dit souvent. Pour trois raisons elle n'avait pas de crainte. L'une : parce qu'elle était sienne. La seconde : parce qu'elle était si loin de la porte des sens et à l'intérieur. La troisième : parce que son cœur était avec lui. Là où il était, lui, là était son cœur à elle. C'est pourquoi elle n'avait pas de crainte. — L'autre raison, dit le maître, pour laquelle elle se tenait proche c'était parce qu'elle désirait qu'ils viennent et la mettent à mort, pour la raison que, vivante, elle ne pouvait trouver Dieu nulle part, et que son âme au moins trouverait Dieu quelque part. — La troisième raison pour laquelle elle se tenait si proche était ce qui suit : s'ils étaient venus et l'avaient mise à mort — car elle savait bien que personne ne pouvait parvenir au ciel à moins que lui-même ne l'y conduise, et il fallait bien que son âme ait quelque réconfort —, elle désirait alors que son âme demeurât dans le tombeau et son corps auprès

---

* C'est-à-dire respectivement Pierre et Jean.

du tombeau : son âme à l'intérieur et son corps auprès ; car elle avait espoir que Dieu aurait fait là une percée dans l'humanité, et que quelque chose de Dieu serait demeuré dans le tombeau. Comme si j'avais eu une pomme en ma main assez longtemps ; lorsque je l'ôterais de là, quelque chose d'elle y demeurerait, une sorte de senteur. C'est ainsi qu'elle avait espoir que quelque chose de Dieu serait demeuré dans la tombe. — La quatrième raison pour laquelle elle se tenait si près à côté du tombeau, c'était ce qui suit : parce qu'elle avait perdu Dieu par deux fois, vivant sur la croix et mort au tombeau, elle avait alors crainte que si elle s'éloignait du tombeau elle ne perde aussi ce tombeau. Car si elle avait perdu le tombeau, elle n'aurait plus rien du tout.

Or on pourrait demander pourquoi elle se tenait debout et ne s'asseyait pas. Elle aurait pourtant été aussi proche de lui assise que debout. Certains estiment que, s'ils étaient loin dans un champ plat, étendu, où il n'y aurait rien, ils verraient aussi loin assis que debout. Mais, quoi qu'il leur en semble, il n'en est pas ainsi. La raison pour laquelle Marie se tenait debout, c'était pour qu'elle puisse voir autour de soi d'autant plus loin s'il n'y avait pas quelque part un buisson où Dieu serait caché, afin qu'elle puisse l'y chercher. — La seconde : elle était intérieurement tellement dirigée vers Dieu avec toutes ses puissances ; c'est pourquoi elle se tenait debout dans l'extériorité. — La troisième : elle était tellement transie de souffrance. Or il en est certains qui, lorsque meurt leur cher supérieur, se trouvent tellement transis de souffrance qu'ils ne peuvent se tenir eux-mêmes debout et qu'il leur faut s'asseoir. C'est pourquoi, parce que la souffrance était selon Dieu et fondée sur une réalité solide, elle n'eut pas besoin de cela. — La quatrième raison pour laquelle elle se tenait debout : que si elle voyait Dieu quelque part, elle le saisirait d'autant plus rapidement. J'ai dit parfois : Lorsqu'un homme se tient debout, il serait plus réceptif pour Dieu. Mais je dis maintenant une autre chose : qu'en étant assis l'on reçoit davantage que debout, en droite humilité, selon que j'ai dit avant-hier que le ciel ne peut opérer nulle part que dans le fond de la terre. C'est ainsi que Dieu ne peut opérer que dans le fond de l'humilité ; car plus profond dans l'humilité, plus réceptif de Dieu. Nos maîtres disent : Qui prendrait un gobelet et le placerait dans la terre, il pourrait recevoir davantage que s'il se tenait sur la terre ; si peu que ce soit, en sorte que l'on puisse à peine le percevoir, ce serait pourtant quelque chose. Plus l'homme se trouve abîmé dans le fond d'une vraie humilité, plus il se trouve abîmé dans le fond de l'être divin.

Un maître[3] dit : Seigneur, qu'as-tu en vue lorsque tu pus te dérober si longtemps à cette femme ; en quoi a-t-elle manqué ou qu'a-t-elle fait ? Depuis cette fois où tu pardonnas ses péchés[4], elle n'a rien fait que de t'aimer. Aurait-elle fait quelque chose, pardonne-le-lui par ta bonté. Si elle aimait ton corps, elle savait bien pourtant que la déité y était présente. Seigneur, j'en appelle à ta vérité divine, que tu as dit que tu ne lui serais jamais soustrait. Tu as raison, car tu n'es jamais sorti de son cœur, et ⌊tu as⌋ dit : ⌊que⌋ « celui qui t'aime tu l'aimerais en retour, et celui qui est tôt levé tu voudrais te manifester à lui[5] ». Or saint Grégoire dit : Dieu aurait-il été mortel et eût-il dû se soustraire aussi longtemps à elle, son cœur se serait brisé à l'extrême.

Or il est une question, pourquoi elle n'aperçut pas Notre Seigneur alors qu'il était si près d'elle ? Peut-être se trouvait-il que ses yeux étaient brouillés de larmes, en sorte qu'elle ne pouvait le voir aussitôt. Seconde raison : l'amour l'avait aveuglée, et elle ne croyait pas qu'il pourrait être aussi près. Troisième raison : elle regardait toujours plus loin qu'il n'était d'elle ; c'est pourquoi elle ne le voyait pas. Elle cherchait un corps mort et trouva des anges vivants. Un « ange » signifie un « messager », et un « messager » signifie « celui qui est envoyé[6] ». Ainsi trouvons-nous, certes, que le Fils est envoyé et que le Saint Esprit aussi est envoyé ; mais ils sont égaux. Mais c'est une propriété de Dieu, dit un maître, qu'il n'est rien d'égal à lui. Car elle recherchait ce qui était égal et trouva l'inégalité : « Un à la tête, l'autre aux pieds. » Mais le maître parle ainsi : C'est propriété de Dieu qu'il soit Un *. Parce que là elle cherchait un et trouva deux, pour cette raison elle ne pouvait se trouver consolée, comme je l'ai dit souvent. Notre Seigneur dit : « C'est là vie éternelle qu'ils te connaissent comme un seul vrai Dieu[7]. »

Pour que nous puissions de la sorte le chercher et aussi le trouver, que Dieu nous aide. Amen.

---

* En Dieu il n'est point de nombre ni de pluralité : ainsi s'expriment Maïmonide (*Dux neutrorum* I c. 51) et Boèce.

Sermon 56

« *Maria stuont ze dem grabe und weinete*[1] »

C'était miracle, tant elle était troublée, qu'elle puisse pleurer. « Amour la faisait se tenir debout, souffrance la faisait pleurer[2]. » « Alors elle s'avança et regarda dans le tombeau. » Elle cherchait un homme mort « et trouva deux anges vivants ». Origène dit : Elle se tenait debout. Pourquoi se tenait-elle debout alors que les Apôtres s'étaient enfuis ? — Elle n'avait rien à perdre ; tout ce qu'elle avait, elle l'avait perdu en lui. Lorsqu'il mourut, elle mourut avec lui. Lorsqu'on l'ensevelit, on ensevelit son âme avec lui. C'est pourquoi elle n'avait rien à perdre.

« Alors elle s'avança » ; alors il la rencontra. « Elle s'imaginait qu'il était un jardinier, et dit : "Où l'avez-vous déposé ?" » Elle était tellement passée en lui que de ses paroles * elle n'en avait gardé qu'une : « Où l'avez-vous déposé ? » C'est cela qu'elle lui dit. Après quoi il se manifesta à elle peu à peu. Se serait-

---

* *sîner worte* : bien que l'adjectif possessif renvoie à un terme masculin, il ne peut s'agir ici que des paroles que Marie aurait pu prononcer concernant le Christ.

il révélé à elle d'un coup, alors que tel était son désir, elle serait morte de joie. L'âme saurait-elle quand Dieu entre en elle, elle mourrait de joie ; saurait-elle aussi quand il la quitte, elle mourrait de souffrance. Elle ne sait pas quand il vient et quand il va. Elle pressent certes quand il est près d'elle. Un maître[3] dit : Sa venue et son départ sont cachés. Sa présence n'est pas cachée, car il est une lumière, et la nature de la lumière est manifestation.

Marie cherchait Dieu seul ; c'est pourquoi elle le trouva, et elle ne désirait rien que Dieu. L'âme qui doit chercher Dieu, toutes les créatures doivent lui être une souffrance. Ce lui fut une peine de voir les anges. C'est ainsi qu'à l'âme qui doit chercher Dieu toutes choses doivent être comme un néant[4]. L'âme doit-elle trouver Dieu, elle doit avoir six choses en elle. La première : que ce qui auparavant lui était doux, cela lui devienne amer. La seconde : que l'âme lui devienne si étroite qu'elle ne puisse demeurer en elle-même. La troisième : qu'elle ne désire rien que Dieu. La quatrième : que personne ne puisse la consoler que Dieu. La cinquième : qu'elle n'ait pas de retour aux choses éphémères. La sixième : qu'elle n'ait aucun repos intérieur avant qu'il ne lui revienne.

Prions, etc.

Sermon 57

Vidi civitatem sanctam Ierusalem novam descendentem de caelo a domino etc.

Saint Jean vit « une ville[1] ».

Une « ville », deux choses la caractérisent : l'une qu'elle est fortifiée, en sorte que personne ne puisse lui nuire ; en second lieu, l'entente des gens. « Cette ville n'avait pas de maison de prière ; Dieu lui-même était le temple. On n'y a besoin d'aucune lumière du soleil ni de la lune ; la clarté de Notre Seigneur l'illumine. »

Cette « ville » signifie toute âme spirituelle, comme le dit saint Paul : « L'âme est un temple de Dieu[2] », et elle est si forte, comme le dit saint Augustin[3], que personne ne peut lui nuire, à moins qu'elle ne se nuise elle-même par malignité.

En premier lieu, on doit noter la paix qui doit être dans l'âme. C'est pourquoi elle est nommée « Jérusalem ». Saint Denys[4] dit : « La paix divine pénètre et ordonne et accomplit toutes choses ; et la paix ne le ferait-elle pas que toutes choses se dilueraient et n'auraient aucun ordre. » — En second lieu, la paix fait que les créatures s'épanchent et fluent dans l'amour et non pas afin de nuire. — En troisième lieu, elle fait que les créatures soient serviables les unes envers les autres, de sorte qu'elles ont un soutien l'une dans l'autre. Ce que l'une ne peut avoir en elle-même, elle le reçoit de l'autre. C'est pourquoi une créature procède de l'autre. — En quatrième lieu, elle fait que les créatures s'inclinent en retour vers leur première origine, c'est-à-dire : vers Dieu.

En second : ce qu'il dit, c'est que la « ville » est « sainte ». Saint Denys[5] dit « que sainteté est tout entière limpidité, liberté et perfection ». Limpidité est que l'homme soit séparé des péchés ; cela fait l'âme libre. La ressemblance est la plus grande volupté et joie qui est au royaume des cieux ; et Dieu viendrait-il dans l'âme alors qu'elle lui serait inégale, elle en serait éprouvée, car saint Jean dit : « Celui qui commet le péché, celui-là est un esclave du péché[6]. » Des anges et des saints nous pouvons dire qu'ils sont parfaits, des saints pourtant, pas totalement, car ils portent encore de l'amour à leurs corps qui reposent encore dans la cendre[7] ; mais c'est en Dieu seul qu'est perfection totale. Je m'étonne que saint Jean ait jamais pu dire, à moins qu'il ne l'ait contemplé en esprit, qu'il y a trois Personnes : comment le Père s'épanche avec toute sa perfection dans la naissance, c'est-à-dire dans le Fils, et s'épanche dans le Saint Esprit avec une bonté, c'est-à-dire dans un amour.

En second lieu, « sainteté » veut dire « ce qui est soustrait à la terre ». Dieu est quelque chose et un être limpide, et le péché est néant et éloigne de Dieu. Dieu créa les anges et l'âme selon quelque chose, c'est-à-dire selon Dieu. L'âme est créée en quelque sorte sous l'ombre de l'ange, et ils ont pourtant une commune nature[8]; et toutes choses matérielles sont créées selon le néant et loin de Dieu. C'est pourquoi, du fait que l'âme s'épanche dans le corps, elle se trouve obscurcie, et il lui faut se trouver à nouveau portée vers le haut, avec le corps, vers Dieu. Lorsque l'âme est sans les choses de la terre, c'est alors qu'elle est sainte. Zachée, tout le temps qu'il était sur la terre, ne pouvait voir Notre Seigneur*. Saint Augustin[9] dit : «L'homme veut-il devenir limpide, qu'il laisse les choses de la terre.» Je l'ai dit souvent aussi, l'âme ne peut devenir limpide qu'elle ne se trouve ramenée à sa limpidité première, telle que Dieu l'a créée, tout comme à partir de cuivre on ne peut faire de l'or, en le soumettant au feu deux ou trois fois, qu'on ne le ramène à sa nature première; car toutes les choses que l'on fond par la chaleur ou qui durcissent par le froid sont totalement de la nature de l'eau. C'est pourquoi il leur faut être totalement ramenées à l'eau et spoliées totalement de la nature dans laquelle elles sont maintenant, et alors le ciel et l'art contribuent à ce que cela se trouve changé en or[10]. On compare volontiers fer à argent, cuivre à or : plus on les tient pour égaux sans les spolier [de leur nature], plus cela est faux. Ainsi en est-il de l'âme. Il est facile d'en appeler aux vertus ou d'en parler; mais dans la vérité, à les posséder elles sont très rares.

En troisième lieu, il dit que cette «ville» est

---

* Lc 19,2. — Ce qui est en cause n'est donc pas le mépris des choses terrestres prises en elles-mêmes, mais une question de *perspective* par rapport à elles. Une nouvelle fois, le *détachement* est la clef d'une attitude de vérité.

« nouvelle ». « Nouveau » veut dire ce qui est inexercé ou ce qui est proche de son commencement. Dieu est notre commencement. Lorsque nous sommes unis à lui, alors nous devenons « nouveaux ». Certaines gens s'imaginent stupidement que Dieu aurait fait ou conservé éternellement en lui les choses que nous voyons maintenant, et qu'il les lance dans le temps. Les œuvres divines, nous devons les entendre [comme étant] sans labeur*, selon que je vais vous dire : Je me tiens ici, et si je m'étais tenu ici voici trente ans et si mon visage avait été à découvert et que personne ne l'avait vu, je me serais pourtant tenu ici. Et si un miroir se trouvait disposé et qu'on le tienne devant moi, mon visage s'y projetterait et s'y formerait sans que j'y travaille ; et cela se serait-il produit hier, ce serait nouveau, mais aujourd'hui ce serait encore plus nouveau, et de même après trente ans ou éternellement, ce serait éternellement [nouveau] ; et s'il y avait mille miroirs, cela serait sans que j'y travaille. C'est ainsi que Dieu a éternellement toutes choses en lui, non pas comme l'âme et [une] autre créature, mais comme Dieu : en lui rien n'est nouveau ni image, mais, comme je l'ai dit du miroir, cela en nous est à la fois nouveau et éternel. Lorsque le corps est disposé, alors Dieu y déverse l'âme et la forme d'après le corps, et elle a une ressemblance avec lui et, de par cette ressemblance, un amour. C'est pourquoi il n'est personne qui ne s'aime soi-même ; ils se trompent eux-mêmes ceux qui s'imaginent qu'ils

---

* Entendons : échappant à toute temporalité.

ne s'aiment pas. Il leur faudrait se haïr, et ils ne pourraient perdurer. Il nous faut certes aimer les choses qui nous conduisent vers Dieu ; il n'y a amour qu'avec l'amour de Dieu. Si j'ai l'envie d'aller par-delà la mer et si je ne désire un bateau que parce que je désire me trouver par-delà la mer [11], lorsque je suis parvenu par-delà la mer, je n'ai plus besoin du bateau. Platon dit : Ce qu'est Dieu, je ne le sais pas — et il veut dire : Aussi longtemps l'âme se trouve-t-elle prise dans le corps, elle ne peut connaître Dieu —, mais ce qu'il n'est pas, cela je le sais bien, tout ainsi que l'on peut [le] noter à propos du soleil, dont personne ne peut souffrir l'éclat s'il ne se trouve enveloppé dans l'air et ne brille de la sorte sur la terre. Saint Denys [12] dit : « S'il se trouve que la lumière divine brille en moi, il lui faut être enveloppée, tout comme mon âme est enveloppée. » Il dit aussi : La lumière divine apparaît en cinq sortes de gens. Les premiers ne la reçoivent pas. Ils sont, comme le bétail, incapables d'accueillir, comme on peut le noter par un exemple : si je m'approchais d'une eau et qu'elle fût agitée et trouble, je ne pourrais y voir mon visage en raison de ces inégalités [de surface]. — Aux seconds n'apparaît que peu de lumière, comme un éclair d'une épée que l'on forge. — Les troisièmes en reçoivent davantage, comme un grand éclair qui est lumière et cependant ténèbres ; ce sont tous ceux qui tombent de la lumière divine dans le péché. — Les quatrièmes en reçoivent encore davantage ; mais quelquefois il [= Dieu] se retire pour nulle autre raison que pour les aiguillonner et élargir leur désir. C'est certain : qui d'entre nous voudrait emplir son cœur, il élargirait son cœur, en sorte qu'il puisse recevoir beaucoup. Augustin[13] : « Celui qui veut beaucoup recevoir, qu'il élargisse son désir. » — Les cinquièmes reçoivent une grande lumière, comme s'il était jour, et pourtant cela se fait comme à travers une fente. C'est ce dont parle l'âme dans le Livre de l'amour : « Mon aimé m'a regardée à travers une fente ; son visage était plaisant[14]. » De cela parle aussi saint Augustin[15] : « Seigneur, tu donnes parfois si grande douceur que, si elle s'accomplissait sans que ce soit le royaume des cieux, je ne sais pas alors ce qu'est le royaume des cieux. » Un maître dit : Qui veut connaître Dieu, s'il n'est pas orné d'œuvres divines, il se trouve rejeté vers des choses mauvaises. Mais n'y a-t-il pas moyen de connaître Dieu parfaitement ? — Oui, c'est ce dont parle l'âme dans le Livre de l'amour : « Mon aimé m'a regardée par une fenêtre » — c'est-à-dire : sans obstacle —, « et je l'aperçus ; il se tenait auprès de la muraille » — c'est-à-dire : auprès du corps qui est périssable — et dit : « Ouvre-moi, mon amie ! » — c'est-à-dire : parce qu'elle est totalement mienne en amour, parce que « il est à moi et je suis à lui seul » ; « ma colombe » — c'est-à-dire : simple en son désir —, « ma belle » — c'est-à-dire : en ses œuvres —, « lève-toi vite et viens à moi ! La froidure est passée », dont toutes choses meurent ; de même que toutes choses vivent dans la chaleur. « La pluie a cédé » — c'est-à-dire la volupté des choses éphémères[16]. « Les fleurs ont surgi dans notre pays » — les fleurs sont le fruit[17] de la vie éternelle. « Eloignetoi, vent du nord[18] », toi qui dessèches ! — c'est ainsi que Dieu ordonne à la tentation de ne plus entraver l'âme. « Viens, vent du sud, et souffle par mon jardin, que fluent mes essences ! » — c'est ainsi que Dieu ordonne à toute perfection de venir dans l'âme.

Sermon 58

Qui mihi ministrat, me sequatur, et ubi ego sum, illic et minister meus erit.

Notre Seigneur dit ces paroles : « Qui me sert doit me suivre, et là où je suis, là doit être avec moi mon serviteur[1]. »

En ces paroles on peut noter trois choses. L'une est que l'on doit suivre Notre Seigneur et le servir, puisqu'il dit : « Qui me sert doit me suivre. » C'est pourquoi ces paroles conviennent à saint Second[2] dont le nom signifie « celui qui suit Dieu[3] », car il a laissé pour Dieu biens et vie et toutes choses. C'est ainsi que tous ceux qui veulent suivre Dieu doivent laisser ce qui peut les tenir loin de Dieu. Chrysostome dit : C'est là un discours difficile pour ceux qui se sont inclinés vers ce monde et vers les choses matérielles : elles leur sont douces à posséder et difficiles et amères à laisser. On peut noter à ce propos à quel point il est difficile à certaines gens qui ne connaissent pas les choses spirituelles de laisser les choses matérielles. Comme je l'ai également dit souvent : Pourquoi les choses douces n'ont-elles pas goût pour l'oreille comme pour la bouche ? — Pour la raison qu'elle n'y est pas adaptée. C'est pourquoi un homme charnel ne connaît pas choses spirituelles, parce qu'il n'y est pas préparé. C'est ainsi par contre qu'il est facile pour un homme avisé qui connaît choses spirituelles de laisser toutes choses matérielles. Saint Denys[4] dit que Dieu offre son royaume des cieux à petit prix ; et il n'est aucune chose qui soit d'aussi peu de valeur que le royaume des cieux tant il est à petit prix, alors qu'il n'est rien d'aussi noble et d'aussi heureux à posséder, tant il est de grand prix. On le dit de peu de valeur parce que pour tout un chacun il ne vaut pas plus cher que ce qu'il peut engager. C'est pourquoi l'homme doit donner tout ce qu'il a pour le royaume des cieux : sa volonté propre. Aussi longtemps garde-t-il quelque chose de sa volonté propre, il n'a pas gagné le royaume des cieux. Qui se laisse soi-même et sa volonté propre, à lui il est facile de laisser toutes choses matérielles. Comme aussi je l'ai dit souvent, [en évoquant] la manière dont un maître enseignait à son disciple comment en venir à connaître choses spirituelles. Le disciple dit alors : « Maître, selon ton enseignement j'ai été élevé de sorte que je connaisse que toutes choses matérielles sont comme un petit esquif qui se balance sur la mer, et comme un oiseau qui vole dans l'air. » Car toutes choses spirituelles sont élevées au-dessus des matérielles ; plus elles sont élevées, plus elles s'étendent et embrassent les choses matérielles. C'est pourquoi les choses matérielles sont petites en regard des spirituelles ; et plus les choses spirituelles sont élevées, plus elles sont grandes ; et plus puissantes elles sont en œuvres, plus limpides elles sont en l'être. Je l'ai dit également souvent, et cela est certain et un discours vrai : Si un homme était affamé à en mourir et qu'on lui offrît les meilleurs mets, il mourrait de faim plutôt que de jamais y goûter ou l'entamer s'il n'y avait là conformité avec Dieu. Et si cet homme avait froid à en mourir, quels que soient les vêtements qu'on lui offre, il ne voudrait jamais y toucher ni s'en vêtir s'il n'y avait là conformité avec Dieu. Voilà pour le premier point : comment on doit laisser toutes choses et suivre Dieu.

Second point : de quelle manière nous devons servir Notre Seigneur. Saint Augustin[5] dit : « Celui-là est un vrai serviteur qui en toutes ses œuvres ne cherche que l'honneur de Dieu seul. » Messire David dit aussi : « Dieu est mon Seigneur, je dois le servir[6] », car il m'a servi, et en tout son service il n'avait pas besoin de moi si ce n'est pour mon seul avantage ; c'est ainsi que je dois le servir en retour et rechercher son seul honneur. Cela, d'autres seigneurs ne le font pas ; ils recherchent leur propre avantage en leur service, car ils ne nous servent que pour la raison qu'ils jouissent de nous. C'est pourquoi nous ne leur sommes pas redevables d'un grand service ; c'est selon la grandeur du service [reçu] et sa noblesse que doit être la réciprocité *.

Le troisième point est que nous éprouvions cette récompense dont parle Notre Seigneur : « Là où je suis, là mon serviteur sera avec moi[7]. » Où est la demeure de Notre Seigneur Jésus Christ ? C'est : en l'union avec son Père. C'est là une récompense des plus grandes que tous ceux qui le servent doivent

---

* *lôn* : le service en retour.

demeurer dans l'union avec lui. C'est pourquoi, lorsque Notre Seigneur eut parlé de son Père, saint Philippe dit : « Seigneur, montre-nous ton Père et cela nous suffit[8] », comme s'il disait qu'il lui suffisait de le voir. Mais nous aurons bien plus grande satisfaction à demeurer [près de lui]. Saint Pierre lui aussi parla, lorsque Notre Seigneur fut transfiguré sur la montagne et leur fit voir quelque chose d'approchant de la clarté[9] qui est dans le ciel : il pria alors Notre Seigneur de demeurer là éternellement[10]. Grand désir sans mesure devrions-nous avoir d'être unis à Dieu Notre Seigneur. Cette union avec Dieu Notre Seigneur, on doit la voir avec cette différence : comme Dieu est trine dans les Personnes, ainsi est-il Un dans la nature. C'est ainsi que l'on doit entendre aussi l'union de Notre Seigneur Jésus Christ avec son Père et avec l'âme. De même que blanc et noir sont différents — aucun d'eux ne peut souffrir l'autre, le blanc n'est pas noir —, ainsi en est-il pour quelque chose et rien. Rien est ce qui ne peut rien recevoir de rien; quelque chose est ce qui prend quelque chose de quelque chose. Ainsi en est-il pleinement en Dieu : ce qui est quelque chose, cela est en Dieu pleinement; de quoi rien ne manque. Lorsque l'âme se trouve unie à Dieu, elle a en lui tout ce qui est quelque chose, en toute perfection. L'âme oublie là elle-même et toutes choses, telle qu'elle est en elle-même, et se connaît divine en Dieu autant que Dieu est en elle; et autant elle s'aime divine en lui et lui est unie sans différence, de sorte qu'elle ne goûte rien que lui et se réjouit de lui. Qu'est-ce que l'homme veut désirer ou savoir en sus, lorsqu'il est ainsi bienheureusement uni à Dieu ? C'est pour cette union que Notre Seigneur a créé l'homme. Quand Messire Adam rompit le commandement, il se trouva chassé hors du paradis [11]. Alors Notre Seigneur disposa deux sortes de gardes devant le paradis : un ange et une épée de feu à double tranchant. Cela signifie deux choses par lesquelles l'homme doit faire retour vers le ciel dont il fut déchu. La première : par la nature angélique. Saint Denys [12] dit « que nature angélique est la manifestation de la lumière divine ». C'est avec les anges, par les anges et avec la lumière que l'âme doit faire retour à Dieu jusqu'à ce qu'elle en vienne à la première origine. — La seconde : par l'épée enflammée, ce qui veut dire que l'âme doit revenir par des œuvres bonnes et divines faites dans un amour enflammé pour Dieu et les autres chrétiens.

Pour que cela nous advienne, que Dieu nous aide. Amen.

Sermon 59

Daniel le sage dit : « Nous te suivons de tout cœur et te craignons et recherchons ta face[1]. »

Ce discours répond bien à ce que j'ai dit hier : « Je l'ai appelé et invité et l'ai attiré, et en moi est venu l'esprit de sagesse, et je l'ai estimé plus que tous royaumes et plus que puissance et plus que seigneurie et plus qu'or et argent et plus que pierres précieuses, et toutes choses je les ai estimées en regard de l'esprit de sagesse comme un grain de sable et comme de la boue et comme un néant[2]. » C'est là un signe manifeste de ce que l'homme possède « l'esprit de sagesse » qu'il estime toutes choses comme un limpide néant. Qui peut estimer comme quelque chose quoi que ce soit, en lui n'est pas « l'esprit de sagesse ». Qu'il ait dit : « comme un grain de sable », c'était trop peu ; qu'il ait dit : « comme de la boue », c'était encore trop peu ; qu'il ait dit : « comme un néant », c'était bien dit, car toutes choses sont un limpide néant en regard de « l'esprit de sagesse ». Je l'ai appelé et l'ai attiré et l'ai invité, et en moi est venu

« l'esprit de sagesse ». Qui l'appelle au plus intime, en lui vient « l'esprit de sagesse ».

Il est une puissance dans l'âme qui est plus vaste que tout ce monde. Il lui faut être très vaste, puisque Dieu demeure à l'intérieur. Certains gens n'« invitent » pas « l'esprit de la sagesse » ; ils « invitent » santé et richesse et volupté ; mais en eux ne vient pas « l'esprit de sagesse ». Ce pourquoi ils prient, ce leur est plus cher que Dieu — comme celui qui donne un pfennig pour un pain, il préfère le pain au pfennig ; ils font de Dieu leur serviteur. « Fais-moi cela et rends-moi la santé », dirait un homme riche ; « demande ce que tu veux, je te le donne ! », et s'il demandait alors un heller, ce serait une absurdité ; et s'il lui demandait cent marks, il les lui donnerait volontiers. C'est pourquoi c'est une grande folie que quelqu'un prie Dieu pour quelque chose d'autre que pour lui-même ; cela est indigne de lui, car il ne donne rien plus volontiers que soi-même. Un maître dit : Toutes choses ont un pourquoi, mais Dieu n'a pas de pourquoi ; et l'homme qui prie Dieu pour quelque chose d'autre que pour lui-même, celui-là fait de Dieu un pourquoi.

Or il dit : « Avec l'esprit de sagesse m'est venu en même temps tout bien[3]. » Le don de la sagesse est le plus noble don parmi les sept dons. Dieu ne donne aucun de ses dons qu'il ne se donne soi-même en premier lieu et sous le mode de l'égalité et sous le mode de l'enfantement. Tout ce qui est bon et peut apporter joie et consolation, je l'ai tout entier dans « l'esprit de sagesse », et toute douceur, en sorte que rien ne demeure à l'extérieur qui soit gros comme la pointe d'une aiguille ; et ce serait pourtant une petite chose si on ne possédait cela totalement et dans l'égalité et exactement comme Dieu en jouit; c'est ainsi que j'en jouis de façon égale, de cette même chose dans sa nature. Car dans «l'esprit de sagesse» il opère toutes choses de façon égale, de sorte que ce qui est le moins devient comme ce qui est le plus, et non pas ce qui est le plus comme ce qui est le moins : comme celui qui greffe un rameau noble sur un tronc grossier, tout le fruit advient selon la noblesse du rameau et non selon la grossièreté du tronc. Ainsi advient-il dans cet esprit : là toutes choses deviennent égales, car là le moins devient comme ce qui le plus et non pas ce qui est le plus comme le moins. Il se donne lui-même sous le mode de l'enfantement, car l'œuvre la plus noble en Dieu est d'enfanter, pour autant qu'une chose en Dieu serait plus noble que l'autre; car Dieu a tout son plaisir dans l'enfanter. Tout ce qui m'est inné, cela personne ne peut me l'ôter à moins que je ne me l'ôte à moi-même. Tout ce qui peut me survenir par hasard, cela je peux le perdre, c'est pourquoi Dieu s'enfante totalement en moi, de sorte que je ne le perde jamais; car tout ce qui m'est inné, cela je ne le perds pas. Dieu a tout son plaisir dans la naissance, et c'est pourquoi il enfante son Fils en nous, en sorte que nous ayons là tout notre plaisir et que nous enfantions avec lui ce même Fils selon la nature; car Dieu a tout son plaisir dans la naissance, et c'est pourquoi il s'enfante en nous de telle manière qu'il ait tout son plaisir dans l'âme et que nous ayons tout notre plaisir en lui. C'est pourquoi Christ dit, comme saint Jean l'écrit dans l'évangile : «Ils me suivent[4].» Suivre Dieu véritablement, cela est bien : que nous suivions sa volonté, comme j'ai dit hier : « Que ta volonté advienne [5]. » Saint Luc écrit dans l'évangile que Notre Seigneur dit : « Qui veut me suivre, qu'il se renonce soi-même et prenne sa croix et me suive [6]. » Celui qui se renoncerait vraiment, celui-là serait vraiment à Dieu et Dieu serait vraiment sien ; de cela je suis aussi certain que du fait que je suis homme. Pour l'homme, toutes choses sont aussi faciles à laisser qu'une lentille ; et plus on laisse, mieux c'est.

Saint Paul désirait être séparé de Dieu pour Dieu et pour ses frères [7]. A ce propos les maîtres sont très embarrassés et connaissent des doutes. Certains disent qu'il visait un moment. Ce n'est absolument pas vrai ; d'aussi mauvaise grâce un instant qu'éternellement et pareillement d'aussi bonne grâce éternellement qu'un instant. Lorsqu'il a en vue la volonté de Dieu, plus long ce serait, plus cher ce lui serait, et plus grande serait l'affliction, plus chère elle lui serait, exactement comme un marchand : s'il tenait pour sûr que ce qu'il achète un mark lui en rapporterait dix, tous les marks qu'il aurait alors il les placerait en cela, et quelques travaux qu'il lui en coûte, en étant vraiment sûr de parvenir chez lui sain et sauf et de gagner là d'autant plus — tout cela lui serait cher. Ainsi était saint Paul : ce qu'il savait être volonté de Dieu — d'autant plus long d'autant plus cher, et d'autant plus d'afflictions d'autant plus grande la joie ; car accomplir la volonté de Dieu, c'est le royaume des cieux, et plus longtemps cette volonté, davantage le royaume des cieux, et plus grande l'affliction dans la volonté de Dieu, d'autant plus de béatitude.

« Renonce-toi toi-même et prends ta croix[8] ! » Les maîtres disent que [relèvent] de [la] peine : jeûner et autres pénitences. Je dis que c'est là déposer la peine, car rien d'autre que la joie ne suit cette façon d'être. C'est pourquoi il dit : « Je leur donne la vie[9]. » Mais beaucoup d'autres choses qui se trouvent en des choses douées d'intellect * sont contingentes ; mais la vie, pour toute créature douée d'intellect, lui est propre comme son être. C'est pourquoi il dit : « Je leur donne la vie », car son être est sa vie ; car Dieu se donne pleinement quand il dit : « Je donne. » Aucune créature ne serait en mesure de la donner ; serait-il possible qu'aucune créature la donnât, Dieu alors chérirait l'âme au point qu'il ne pourrait le souffrir, mais c'est lui-même qui veut la donner. Une créature la donnerait-elle, ce serait indigne de l'âme ; elle n'y prêterait pas plus d'attention qu'à une mouche. Exactement comme si un empereur donnait une pomme à un homme, il la tiendrait pour plus haute que si un autre homme lui donnait un vêtement. C'est ainsi que l'âme ne peut souffrir non plus de la recevoir ** de personne d'autre que de Dieu. C'est pourquoi il dit : « Je donne », pour que l'âme ait joie parfaite dans ce don.

Or il dit : « Moi et le Père sommes Un[10] » : l'âme en Dieu et Dieu en elle[11]. Celui qui mettrait de l'eau

---

* *an vernünftigen dingen*. Il faut entendre : êtres (ou créatures) doué(e)s d'intellect.

** Il s'agit toujours de la vie.

dans un vase, le vase entourerait l'eau, mais l'eau ne serait pas dans le vase, et le vase ne serait pas non plus dans l'eau ; mais l'âme est si totalement une avec Dieu que l'on ne peut entendre l'un sans l'autre. On entend certes la chaleur sans le feu et l'éclat sans le soleil ; mais Dieu ne peut s'entendre sans l'âme et l'âme sans Dieu ; tant ils sont Un.

L'âme n'a pas de différence avec Notre Seigneur Jésus Christ, si ce n'est que l'âme a un être grossier ; car son être [=l'être du Christ] est [lié] à la Personne éternelle. Car autant elle [=l'âme] dépose sa grossièreté — et puisse-t-elle la déposer pleinement —, autant elle serait pleinement la même chose [que lui] ; et tout ce que l'on peut dire de Notre Seigneur Jésus Christ, on pourrait le dire de l'âme.

Un maître dit : Ce qui est le moins en Dieu, toutes les créatures en sont pleines, et sa grandeur n'est nulle part. Je vais vous dire une histoire : un homme interrogea un homme de bien pour savoir ce que signifiait qu'il ait parfois tant de plaisir à la méditation et à la prière et qu'une autre fois il n'y ait pas de plaisir. Alors il lui répondit ce qui suit : le chien qui aperçoit le lièvre et qui le renifle et va sur sa trace court derrière le lièvre ; mais les autres voient celui-ci courir et ils courent aussi, et ils se dégoûtent vite et abandonnent. Il en est ainsi d'un homme qui a vu Dieu et en a le goût : il n'abandonne pas, il poursuit sa course. C'est à ce propos que David dit : « Goûtez et voyez comme Dieu est doux [12] ! » Pour cet homme point de dégoût ; mais les autres se dégoûtent vite. Certaines gens courent devant Dieu, certains à côté de Dieu, certains suivent Dieu. Ceux qui courent devant Dieu, ce sont ceux qui suivent leur volonté propre et ne veulent pas honorer la volonté de Dieu ; c'est tout à fait mal. Les autres, qui vont auprès de Dieu, disent : « Seigneur, je ne veux rien d'autre que ce que tu veux [13]. » Mais sont-ils malades, ils désirent alors que Dieu veuille qu'ils guérissent, et cela est tenable. Les troisièmes suivent Dieu ; là où il veut, là ils le suivent volontiers, et ceux-ci sont parfaits. A ce propos saint Jean dit dans le Livre de la Révélation : « Ils suivent l'agneau partout où il va [14]. » Ces gens suivent Dieu partout où il les mène : dans maladie ou santé, dans bonheur ou malheur. Saint Pierre marcha devant Dieu ; alors Notre Seigneur dit : « Satan, va derrière moi [15] ! » Or Notre Seigneur dit : « Je suis dans le Père et le Père est en moi [16]. » C'est ainsi que Dieu est dans l'âme et que l'âme est en Dieu.

Or il dit : « Nous recherchons ta face [17]. » Vérité et bonté sont un vêtement de Dieu ; Dieu est au-dessus de tout ce que nous pouvons exprimer par des paroles. Connaissance « recherche » Dieu et le prend dans la racine, là où procède le Fils et toute la déité ; mais volonté demeure à l'extérieur et s'attache à la bonté, car bonté est un vêtement de Dieu. Les anges les plus élevés prennent Dieu dans son vestiaire avant qu'il ne se trouve revêtu de bonté ou de quelque chose que ce soit que l'on peut exprimer par des paroles. C'est pourquoi il dit : « Nous recherchons ta face », car la « face » de Dieu est son être.

Pour que comprenions cela et le possédions volontiers, que Dieu nous vienne en aide. Amen.

Sermon 60

In omnibus requiem quaesivi

Ces mots sont écrits dans le Livre de la Sagesse[1]. Nous nous proposons pour cette fois de les expliquer, comme si la Sagesse éternelle s'entretenait avec l'âme et disait : « J'ai recherché le repos en toutes choses », et l'âme rétorque : « Celui qui m'a créée a reposé dans ma tente. » En troisième lieu, la Sagesse éternelle dit : « C'est en la ville sainte qu'est mon repos. »

Si l'on me demandait de me prononcer en dernier ressort sur la visée qui fut celle du Créateur lorsqu'il créa toutes les créatures, je dirais : « repos ». Si l'on me demandait en second lieu ce que la Trinité Sainte recherchait en définitive en toutes ses œuvres, je dirais : « repos ». Si l'on me demandait en troisième lieu ce que l'âme recherche en tous ses mouvements, je dirais : « repos ». Si l'on me demandait en quatrième lieu ce que toutes les créatures recherchent en leurs désirs et mouvements naturels, je dirais : « repos ».

En premier lieu, nous devons noter et examiner comment la face divine de nature divine rend insensé et fou le désir tourné vers elle [= vers la face divine] de l'âme entière, pour l'attirer vers elle. Car Dieu goûte tellement la nature divine, c'est-à-dire le repos, et elle lui est si agréable, qu'il l'a projetée hors de soi pour éveiller le désir naturel de toutes les créatures et l'attirer à lui. Non seulement le Créateur recherche son propre repos en ce qu'il l'a projeté hors de lui et formé en toutes créatures, mais en ce qu'il attire toutes créatures avec lui en retour vers leur origine première, c'est-à-dire [le] repos. Et de surcroît Dieu s'aime soi-même en toutes créatures. Tout ainsi qu'il recherche son propre amour en toutes créatures, ainsi recherche-t-il aussi en elles son propre repos.

En second lieu, la Sainte Trinité recherche repos. Le Père recherche repos en son Fils, en ce qu'il a déversé et formé en lui toutes créatures, et tous deux recherchent repos dans le Saint Esprit en ce qu'il est sorti de tous deux comme un amour sans mesure, éternel.

En troisième lieu, l'âme recherche repos en toutes ses puissances et mouvements, que l'homme le sache ou ne le sache pas. Il n'ouvre ni ne ferme jamais les yeux sans rechercher repos en cela : ou bien il veut rejeter de lui quelque chose qui lui est un obstacle, ou il veut attirer à lui quelque chose sur quoi reposer. C'est à travers ces deux choses que l'homme fait toutes ses œuvres. Je l'ai dit également souvent, l'homme ne pourrait jamais avoir amour ni volupté en aucune créature s'il n'y avait en cela ressemblance de Dieu. Ce que j'aime, c'est ce en quoi je connais au mieux la ressemblance de

Dieu, et il n'est rien de si égal à Dieu en toutes créatures que repos. En troisième lieu, nous devons examiner comment doit être l'âme en laquelle Dieu repose. Elle doit être pure. Qu'est-ce qui rend l'âme pure ? — Qu'elle se tienne à des choses spirituelles, voilà ce qui l'élève ; et plus haut elle se trouve élevée, plus limpide devient-elle dans sa ferveur ; et plus limpide elle devient en sa ferveur, plus elle est puissante dans ses œuvres. Un maître dit à propos des étoiles : plus elles brillent à proximité de la terre, moins elles sont [puissantes] en leurs œuvres ; car elles ne sont pas dans leur trajectoire véritable. Lorsqu'elles parviennent à leur trajectoire véritable, alors elles se trouvent au plus haut ; alors on ne peut les apercevoir sur la terre ; c'est alors que leurs œuvres sont les plus puissantes sur la terre. Saint Anselme[2] dit à l'âme : Retire-toi un peu du non-repos des œuvres extérieures. En second lieu : Fuis et cache-toi de la tourmente des pensées intérieures qui procurent aussi non-repos dans l'âme. En troisième lieu : pour vrai, l'homme ne peut rien demander à Dieu de plus cher que repos. Jeûner et prier et toutes pénitences, Dieu ne les estime et n'en a absolument pas besoin en regard du repos. Dieu n'a besoin de rien d'autre que de ce qu'on lui donne un cœur en repos ; il opère dans l'âme œuvres divines secrètes de telle nature qu'aucune créature ne puisse y contribuer ni le voir ; même l'âme de Notre Seigneur Jésus Christ ne peut jamais y jeter un regard. La Sagesse éternelle est si subtilement fine et si éclatante qu'elle ne peut souffrir qu'il y ait quelconque mélange d'une créature là où Dieu seul opère dans l'âme ; c'est pourquoi la Sagesse divine ne peut souffrir qu'aucune créature jette là un regard. Notre Seigneur dit : « Je veux conduire mon amie dans le désert et veux parler à son cœur[3] », c'est-à-dire dans le désert par rapport à toutes créatures. En quatrième lieu, il[4] dit que l'âme doit se reposer en Dieu. Œuvre divine, Dieu ne peut l'opérer dans l'âme, car tout ce qui vient dans l'âme se trouve saisi avec mesure. Mesure est ce qui inclut quelque chose à l'intérieur de lui et exclut quelque chose hors de lui. Il n'en est pas ainsi pour les œuvres divines : elles sont non circonscrites et sont incluses sans inclusions selon [la] révélation divine. C'est pourquoi David dit : « Dieu siège au-dessus des chérubins[5] » ; il ne dit pas qu'il siège au-dessus des séraphins. Chérubin signifie la sagesse, c'est-à-dire la connaissance ; c'est elle qui porte Dieu dans l'âme et conduit l'âme à Dieu. Mais à Dieu elle ne peut pas l'amener. C'est pourquoi Dieu n'opère pas ses œuvres divines dans la connaissance, car dans l'âme elle est incluse avec mesure ; plutôt : il les opère divinement comme Dieu. C'est alors qu'entre en scène la puissance supérieure — c'est-à-dire l'amour — et elle fait sa percée vers Dieu et conduit l'âme avec la connaissance et avec toutes ses puissances en Dieu et l'unit à Dieu ; et là Dieu opère au-dessus de la puissance de l'âme, non comme dans l'âme, mais divinement comme en Dieu. L'âme se trouve alors plongée en Dieu et baptisée dans la nature divine et reçoit en cela une vie divine et attire en soi l'ordonnance divine, en sorte qu'elle se trouve ordonnée selon

Dieu *. Comme on peut l'éprouver par une comparaison, lorsque les maîtres disent à propos de la nature : Lorsque l'enfant se trouve conçu dans le sein de la mère, il a la structure de ses membres et [une] « couleur » [déterminée] **. Mais lorsque l'âme se trouve infusée dans le corps, alors disparaissent pour lui la figure et la couleur qu'il avait premièrement, et il devient une réalité simple — ce qui procède de la puissance de l'âme — et il reçoit de l'âme une autre configuration et une autre couleur selon la vie de l'âme. Ainsi en est-il avec l'âme : lorsqu'elle se trouve unie totalement à Dieu et plongée dans la nature divine, elle perd toutes ses entraves et sa faiblesse et son inconstance, et se trouve renouvelée du coup en une vie divine, et se trouve ordonnée en toutes ses mœurs et vertus selon mœurs et vertus divines, comme on peut le vérifier en la lumière : lorsque le feu s'enflamme au plus près de la bûche, il est plus noir et plus grossier ; lorsque la flamme s'élève plus haut à partir de la bûche, elle est d'autant plus légère. Plus l'âme est élevée au-dessus de soi, plus elle est limpide et

* Intellect et volonté — ou connaissance et amour — sont les deux puissances supérieures, qui toutes deux, à leur façon, sont le lieu et la condition de l'union à Dieu. La doctrine commune de Maître Eckhart est que la première l'emporte sur l'autre en dignité et en capacité ; il arrive cependant que la relation s'inverse, comme ici, au profit de l'amour. Ce qui alors est signifié, c'est que l'union se réalise en fait au-delà de l'une et de l'autre. — Sur cette « ordonnance de l'âme », cf. *Maître Eckhart ou l'empreinte du désert, op. cit.*, p. 172 sq.

** Entendons : une apparence extérieure.

claire, plus parfaitement Dieu peut opérer en elle, dans sa propre ressemblance, son œuvre divine. Si une montagne s'élevait de la hauteur de deux miles au-dessus de la terre, et que l'on écrivît dessus dans la poussière ou dans le sable des lettres, elles demeureraient entières en sorte que ni vent ni pluie ne pourraient les détruire. Ainsi un homme vraiment spirituel devrait-il être élevé totalement et immuablement en une véritable paix dans des œuvres divines. De cela un homme spirituel peut certes avoir honte, à se trouver si facilement altéré par abattement et par colère et par irritation : cet homme ne fut jamais vraiment spirituel.

En quatrième lieu, toutes créatures recherchent le repos par désir naturel ; qu'elles le sachent ou ne le sachent pas, elles l'attestent en leurs œuvres. A la pierre, aussi longtemps qu'elle ne repose pas sur la terre, ne se trouve jamais ôté le mouvement par quoi elle tend toujours vers la terre. Le feu fait de même : il se dirige vers le haut, et chaque créature recherche son lieu naturel ; et en cela elle atteste sa ressemblance avec le repos divin que Dieu a projeté dans toutes créatures.

Pour que nous recherchions ainsi la ressemblance du repos divin et qu'il nous faille le trouver en Dieu, que Dieu nous vienne en aide. Amen.

Sermon 61

Misericordia Domini plena est terra

Le roi David dit : « Le royaume terrestre est plein de la miséricorde de Notre Seigneur[1]. » Là-dessus saint Augustin[2] dit : La raison pour laquelle le royaume terrestre est plein de miséricorde, c'est qu'il est plein de lamentation et de peine ; mais dans le royaume céleste il n'est pas de miséricorde, car là il n'est nulle peine. C'est pourquoi le roi David dit aussi une autre parole : que « les cieux sont affermis par la force de la Parole de Notre Seigneur, et c'est de par l'esprit de sa bouche qu'est toute leur force[3] ». Saint Augustin[4] dit : La Parole du Père céleste est le Fils unique, et l'esprit de sa bouche est le Saint Esprit. C'est pourquoi ces paroles conviennent justement à cette solennité de la Sainte Trinité, car en ces paroles on peut entendre la Sainte Trinité : la puissance du Père en la parole, là où il dit que « les cieux sont affermis » ; la sagesse du Fils, là où il dit « en la Parole du Père » ; la bonté du Saint Esprit, là où il dit « c'est de par l'esprit de sa bouche qu'est toute leur force ». Cela Paul le connut bien lorsqu'il fut ravi au troisième ciel et vit des choses telles que l'on ne peut exprimer pleinement[5] et s'écria d'une voix forte : « O toi richesse sublime de la sagesse et de la connaissance * de Dieu, combien incompréhensibles sont tes jugements, et combien tout à fait insondables sont tes chemins[6] ! » Ce discours, saint Augustin[7] l'interprète et dit : Que saint Paul fut ravi au troisième ciel, cela ne signifie rien de plus que triple connaissance en l'âme. La première est connaissance des créatures, que l'on peut saisir ** avec les cinq sens, et toutes ces choses qui sont présentes à l'homme. Par là l'on ne connaît pas Dieu pleinement, car elles sont grossières. La seconde connaissance est plus spirituelle, on peut l'avoir sans présence, en sorte que je connaisse par-delà mille miles un ami que j'ai vu auparavant. Mais il me faut le saisir à l'aide de signes extérieurs ***, c'est-à-dire : par les vêtements et par la silhouette et par l'espace et par le temps ; c'est grossier et c'est aussi matériel. Par cette connaissance l'on ne peut connaître Dieu ; on ne peut le saisir ni par l'espace ni par temps ni par couleur. Le troisième ciel est une connaissance limpidement spirituelle, là l'âme se trouve ravie de toutes choses présentes et toutes choses corporelles. Là on entend en l'absence de son et l'on connaît en l'absence de matière ; là il n'est ni blanc ni noir ni rouge. Dans cette connaissance limpide l'âme connaît Dieu totalement tel qu'il est un en sa nature et trine en ses Personnes. C'est de cette connaissance que parle aussi saint Jean : « La

* *kunst.*
** *begrîfen.*
*** *mit glîchnisse* : par une ressemblance.

lumière illumine tous ceux qui viennent dans ce monde[8] » ; là il vise la connaissance en laquelle il se trouvait alors. Cette parole on doit l'entendre simplement en ce qu'il ne connaissait rien que Dieu et toutes choses divinement ; et tous ceux qui en viennent à cette connaissance, ceux-là se trouvent vraiment illuminés et nul autre. C'est pourquoi il dit : « Tous ceux qui viennent dans ce monde. » Eût-il visé ce monde grossier que cette parole ne pourrait être vraie, car ici se trouve maint pécheur aveugle et mauvais ; mais il vise cette connaissance limpide en laquelle il connut la Sainte Trinité, où Dieu « est la Parole au commencement, et la Parole est auprès de Dieu, et Dieu est la Parole[9] ». C'est pourquoi saint Augustin[10] dit : S'il avait dit quelque chose de plus, personne n'aurait pu l'avoir saisi. Tel était le troisième ciel où saint Paul fut ravi. C'est pourquoi il dit que « les cieux sont affermis par la Parole de Notre Seigneur ». Job dit aussi que « les cieux sont affermis, comme s'ils étaient coulés dans l'airain[11] ».

On doit examiner quatre choses concernant le ciel : qu'il est ferme et pur et contient toutes choses en lui et qu'il est fécond. Ces choses doivent être en l'homme qui doit être un ciel où Dieu habite : qu'il soit ferme comme le ciel est ferme. [L'Ecriture dit : *] Quoi qu'il advienne à l'homme bon, cela ne l'altère pas. Volonté de l'ami avec volonté de son ami est une

* Cette mention d'une citation de l'Ecriture, qui n'appelle aucune référence repérable, provient sans doute d'une adjonction faite par un copiste ; c'est pourquoi Quint la met entre crochets.

[seule] volonté. Ainsi en est-il pleinement avec l'homme qui a une [seule] volonté avec Dieu : mal et bien, joie et douleur, ce lui est tout un. C'est pourquoi Notre Seigneur dit : « Lorsque maison est bâtie sur un roc, elle ne s'effondre pas [12]. » [Selon l'Ecriture *,] à deux ou trois miles au-dessus de la terre il n'y a pluie ni grêle ni vent. Il y a là tant de calme que si l'on écrivait des lettres sur le sable elles resteraient totalement intactes. De là l'homme peut noter combien il est parti loin de Dieu, à cause de ses péchés, celui qui facilement change et s'attriste.

En second lieu, nous trouvons pureté et limpidité dans le ciel, ainsi que nous pouvons le noter à propos de l'eau : lorsqu'elle est trouble, quoi que l'on tienne alors au-dessus, cela ne se reflète pas dans l'eau, car elle est mélangée à la terre. Mais lorsqu'elle est limpide et non mélangée, quoi que l'on tienne au-dessus, cela s'y reflète. Ainsi en est-il de l'homme : aussi longtemps qu'il est mêlé aux choses terrestres, il ne peut connaître sa [propre] pureté ni limpidité de Dieu. « Mais notre pureté, en regard de la limpidité de Dieu, est comme une impureté [13] », ainsi que dit le prophète. De là saint Bernard [14] dit : Pourquoi la main ne connaît-elle pas le soleil comme [le fait] l'œil, alors que l'âme est parfaite en tous les membres ? Cela vient de ce que la main n'est pas aussi limpide que l'œil. La main ou le pied pourraient-ils recevoir dans soi le soleil comme [le fait] l'œil, la main ou le pied connaîtraient le soleil aussi bien que [le fait] l'œil. Pourquoi les choses douces

* *Diu schrift wil :* cf. note page précédente.

ne sont-elles pas goûtées par l'oreille aussi bien que par la bouche, et [pourquoi] de doux chants et de douces voix ne sont-ils pas entendus par la bouche comme par l'oreille ? Cela vient de ce qu'elle [= la bouche] n'est pas ordonnée à cela. Pourquoi un homme charnel ne connaît-il pas les choses spirituelles aussi bien que [le fait] un homme spirituel ? Ainsi en est-il pleinement : qui veut connaître et goûter choses spirituelles avec des sens charnels, cela est faux, et [il] se trouve grossièrement trompé. De quoi je ne veux plus parler, car un maître païen[15] dit que l'homme bon, pour la moitié du temps, est un avec le pécheur, c'est-à-dire dans le sommeil : [car] alors l'homme mauvais ne pèche ni ne fait rien de bien. Ainsi fait aussi l'homme bon, sauf qu'il a avantage sur un point : le fait qu'il rêve de bonnes choses dans son sommeil ; c'est là un signe certain d'un homme pur. Mais quelque chose de mauvais lui advient-il, alors il combat avec cela dans son sommeil ; c'est là un signe qu'il l'a vaincu au temps de la veille. Mais a-t-il amour pour cela dans son sommeil, alors c'est qu'au temps de la veille il ne l'a pas encore vaincu.

En troisième lieu, le ciel saisit toutes choses et les garde en lui. Cela l'homme peut l'avoir en l'amour, qu'il contienne toutes choses en lui, c'est-à-dire : amis et ennemis. Amis il les aime en Dieu, ennemis [il les aime] pour Dieu, et tout ce que Dieu a créé il l'aime en vue de Dieu Notre Seigneur, pour autant que cela le pousse vers Dieu.

En quatrième lieu, le ciel est fécond en ce qu'il prête assistance pour toutes œuvres. Le ciel opère davantage que le charpentier qui construit * une maison ou la bâtit. [En cinquième lieu], le ciel est un trône de Notre Seigneur. C'est pourquoi l'Ecriture dit que « le ciel est son trône et la terre son escabeau [16] ». Un maître païen dit : N'y aurait-il temps ni lieu ni matière que tout serait un [seul] être. C'est la matière qui différencie [l']être un qui en l'âme est égal. De quoi parle l'âme dans le Livre de l'amour : « Imprime-moi en toi comme une cire sur un sceau [17]. »

Pour que cela nous advienne, qu'à cela nous aide le Dieu bon. Amen.

---

* *würket.*

Sermon 62

Got hât die armen gemachet durch die rîchen[1]

Dieu a fait les pauvres en vue des* riches et les riches en vue des pauvres. Prêtez à Dieu, il vous le rend ! Certains disent qu'ils croient en Dieu et ne croient pas Dieu**. Il est plus grand que l'on croie en Dieu plutôt que l'on croie Dieu. On croit certes un homme, si on lui prête cinq shillings, qu'il les rendra, et pourtant on ne croit pas en l'homme. Si donc un homme croit en Dieu, pourquoi ne croit-il pas Dieu qu'il lui rendra ce qu'il [= l'homme] lui prête en ses pauvres ? Qui laisse*** toutes choses, celui-

---

* *durch* : en vue de, pour.

** « Croire en Dieu » (*glouben an got*) a la qualité d'un rapport personnel, tandis que « croire Dieu » (*glouben gote*) signifie seulement qu'on lui fait confiance sur un point ou sur un autre. De même, « croire un homme » (*glouben einem menschen*), ce n'est pas croire en lui : c'est faire fond par exemple sur sa capacité à rendre, le temps venu, le montant d'un prêt.

*** Cf. Mt 19,29. Le « laisser » (*laezen*), employé absolument, est l'expression générique de cette vertu au-delà de toute vertu qu'est le « détachement » (*abegescheidenheit*) : cf. le *Discours du discernement* n°s 3 et 4, *in* Maître Eckhart, *Les Trai-*

là reçoit le centuple en retour. Mais qui a en vue le centuple, cela ne lui advient pas, car il ne laisse pas toutes choses : il veut avoir le centuple en retour. Mais Notre Seigneur promet le centuple à ceux qui laissent toutes choses. Quelqu'un laisse-t-il toutes choses, il doit alors recevoir le centuple et la vie éternelle. Mais qu'échoie à l'homme succès dans le laisser [—] et ceux qui laissèrent en vue de cette raison même [—] il n'aurait pas tout laissé, et à lui n'adviendrait rien de rien *. Ceux qui cherchent quelque chose en Dieu, que ce soit savoir, connaissance ou ferveur, ou quoi que ce soit, le trouve-t-il, il ne trouve cependant pas Dieu, quoique cependant il trouve savoir, entendement, intériorité, ce que certes je loue ; mais cela ne lui demeure pas. Mais ne cherche-t-il rien qu'il trouve Dieu et toutes choses en lui, et celles-ci lui demeurent.

Un homme ne doit chercher rien de rien, ni enten-

---

tés et le Poème, Albin Michel 1996, p. 54 et p. 56. L'acte qui rend compte de cette attitude est la *gelâzenheit*, qui n'est pas seulement une disposition générale à l'*abandon*, mais une remise de soi à l'autre par la distance effective à l'égard de ceci et de cela.

* Style oral, qui mêle le singulier et le pluriel et ne craint pas les anacoluthes. Eckhart gratifie d'un « laisser » imparfait aussi bien celui qui l'entreprend en vue d'une réussite personnelle que ceux qu'attire seulement l'espérance du centuple (« ceux qui laissèrent en vue de cette raison même » — celle dont il a parlé auparavant). Le Sermon 1 déjà était dirigé vers le rejet de toute attitude mercantile dans les choses de l'esprit (cf. Maître Eckhart, *L'Etincelle de l'âme, op. cit.*, p. 30 sq. — Cf. aussi Sermon 16 b, *ibid.*, p. 167-168).

dement ni savoir ni intériorité ni ferveur ni repos, que seulement volonté de Dieu. Pour l'âme qui est juste, telle qu'elle se doit d'être en justice, elle ne désire pas que Dieu lui donne toute sa déité, et elle se trouverait aussi peu consolée par là que s'il lui donnait une mouche *. Connaissance de Dieu hors volonté de Dieu n'est rien. Dans la volonté de Dieu toutes choses sont et sont quelque chose et plaisent à Dieu et sont parfaites ; hors volonté de Dieu toutes choses ne sont rien et ne plaisent pas à Dieu et sont imparfaites. Un homme ne devrait jamais demander une chose éphémère ; mais lorsqu'il veut demander quelque chose, il doit seulement demander volonté de Dieu et rien d'autre, ainsi tout lui advient-il. Demande-t-il quelque chose d'autre que rien ne lui advient. En Dieu il n'est rien que Un, et Un est impartageable, et celui qui prend quelque chose de plus que Un, c'est là partie et non Un. « Dieu est Un », et qui cherche et a en vue quelque chose de plus, cela n'est pas Dieu, cela est partie. Que ce soit repos ou connaître ou quoi que ce soit d'autre que volonté de Dieu seulement, cela est pour soi-même et n'est pas. Et lorsqu'il cherche seulement volonté de Dieu, quoi que de là flue ou se trouve manifesté pour lui, cela il doit le recevoir comme don de Dieu et ne jamais considérer là-dessus des pensées de cette sorte, est-

---

* Pour Maître Eckhart, l'âme juste est de telle ampleur qu'aucun désir ne saurait l'enrichir au-delà de ce qu'elle est, car elle est déjà en « possession » du tout. Ainsi *Le Livre de la consolation divine* identifie-t-il Dieu, la justice et l'homme juste (cf. Maître Eckhart, *Les Traités et le Poème, op. cit.*, p. 119).

ce par nature ou par grâce ou bien d'où ou en quelle guise est-ce : de cela il ne doit pas du tout se préoccuper. Il est comme il faut et doit mener une vie chrétienne modeste, et l'on ne doit pas viser un agir extraordinaire. Car c'est Une-chose que l'on doit recevoir de Dieu, et quoi qu'il lui échoie [= quoi qu'il échoie à l'homme], qu'il le prenne comme le mieux pour lui et qu'il soit sans aucune crainte de se trouver entravé, intérieurement ou extérieurement, dans cette restriction *. Quoi qu'il doive faire, qu'il trouve en lui l'amour de Dieu, cela lui suffit.

Lorsqu'il advient à de certaines gens de souffrir ou d'agir, ils disent : « Aurais-je su que c'était volonté de Dieu, je l'aurais volontiers souffert ou fait. » Par Dieu ! C'est là une question étonnante qu'un homme malade pose la question de savoir si c'est volonté de Dieu qu'il soit malade. Il doit être certain de ce que c'est là volonté de Dieu lorsqu'il est malade. Ainsi en va-t-il aussi en d'autres choses. C'est pourquoi un homme doit recevoir limpidement et simplement de Dieu toute chose qui lui échoit **. Il en est certains, lorsque tout va bien pour eux intérieurement ou extérieurement, pour louer Dieu et se fier pleinement à lui, selon que certains disent : « J'ai dix quartiers de blé et autant de vin pour cette année : je me fie plei-

---

* *in dem abescheidenne* : l'homme qui *s'en tient* à la *seule* volonté de Dieu ne saurait, dans cette « restriction », souffrir aucun dommage.

** « Recevoir » ne veut pas dire être passif. Par exemple, reconnaître en la maladie la volonté de Dieu, c'est aussi reconnaître qu'elle appelle son juste traitement.

nement à Dieu ! — Oui, dis-je, tu te fies pleinement au blé et au vin. »

L'âme est faite pour un bien si grand et si élevé qu'elle ne peut pour cette raison se reposer en aucun mode * et se hâte en tout temps pour dépasser tout mode jusqu'au bien éternel qui est Dieu, [bien] pour lequel elle est créée. A quoi il n'y a pas à venir avec impétuosité en sorte que l'homme mette grande obstination à faire ou à laisser, plutôt que douceur dans une humilité confiante et abnégation de soi-même dans cela même et dans tout ce qui lui échoit ; non pas que l'homme se mette dans la tête : c'est cela pardessus tout que tu veux faire, quoi qu'il en coûte ! Cela est faux, car alors il se garde lui-même à l'intérieur. Que s'il lui échoit quelque chose qui le fatigue et le trouble et lui ôte le repos, cela à nouveau est faux, car en cela il se garde lui-même. Si quelque chose le contrariait fort, il devrait alors en cela se laisser conseiller par Dieu et s'incliner devant lui humblement et, dans une douce confiance, recevoir de lui toute chose qui lui échoit : cela serait comme il faut. De cela dépend tout ce que l'on peut conseiller ou apprendre : qu'un homme se laisse lui-même conseiller et n'ait rien en vue que Dieu seul, même si l'on peut exprimer cela en de nombreuses et étonnantes paroles. Pour une conscience ordonnée, c'est une aide que de ne prendre garde aux choses éphémères, et ainsi l'homme est-il près de soi pour don-

---

* *an deheiner wîse* : en aucune « manière d'être ». Cf. *Le Discours du discernement, in* Maître Eckhart, *Les Traités et le Poème, op. cit.*, p. 83 et p. 100 sq.

ner totalement sa volonté à Dieu et ensuite recevoir toute chose également de Dieu : grâce et quelque chose que ce soit, extérieurement ou intérieurement. Qui voit quelque chose en Dieu, celui-là ne voit rien de Dieu. Un homme juste n'a pas besoin de Dieu. Ce que j'ai, je n'en ai pas besoin *. Il n'est au service de rien, il ne prête nulle attention à aucune chose ; il a Dieu, c'est pourquoi il n'est au service de rien. Autant Dieu est au-dessus de l'homme, autant Dieu est davantage disposé à donner que l'homme ne l'est à recevoir. Un homme ne doit pas connaître ** s'il grandit en vie bonne de ce qu'il jeûne beaucoup et fasse beaucoup d'œuvres extérieures ; mais un signe certain de ce qu'il grandit est si les choses éternelles lui sont plus chères, et plus pénibles les choses éphémères. Un homme aurait-il cent marks et les donnerait-il pour Dieu et érigerait-il un monastère, ce serait une grande chose. Je dis pourtant : Ce serait beaucoup plus grand et meilleur qu'un homme en méprise autant en lui-même et le considère comme rien pour Dieu ***. Un homme doit en toutes ses œuvres tourner sa volonté vers Dieu et avoir en vue Dieu seul, et qu'il aille ainsi de l'avant et n'ait pas de crainte qui lui fasse se demander, même si cela est juste, si en quelque chose il n'agit pas injustement. Car si un

---

* Je n'ai pas besoin de l'avoir *en plus* (cf. ci-dessus, note p. 94).

** *merken.*

*** Un acte extérieur, si grand qu'il soit, n'a valeur que s'il procède d'un vrai *détachement* (cf. Sermon 4, *in* Maître Eckhart, *L'Etincelle de l'âme, op. cit.*, p. 62 sq.).

peintre voulait au premier trait considérer tous les traits, rien n'en sortirait. Si quelqu'un devait se rendre dans une ville et considérait comment il ferait le premier pas, il n'en sortirait rien. C'est pourquoi l'on doit s'attacher à ce qui vient en premier et aller ainsi de l'avant ; ainsi parvient-on à ce que l'on doit, et cela est comme il faut *.

---

* Celui qui veut Dieu seul est assuré de la vérité dès le premier pas qu'il engage. Ce rappel de la nécessité d'une progressivité se fonde sur la conviction que le tout est présent à chacun des moments du procès.

Sermon 63

Man liset hütt da haimê in der epistel

On lit aujourd'hui chez nous *, dans l'épître, que saint Jean dit : « Dieu est l'amour, et celui qui est dans l'amour, celui-là est en Dieu, et Dieu est en lui [1]. » Je dis maintenant : « Dieu est l'amour, et celui qui est dans l'amour, celui-là est en Dieu, et il [= Dieu] est en lui. » Lorsque je dis : « Dieu est l'amour », je le fais pour cette raison que l'on demeure près du Un.

Or notez-le ! Lorsque l'on dit : « Dieu est l'amour », alors une question pourrait surgir : quel amour est-il, car d'amour il en est plus d'un, et du coup l'on s'éloignerait du Un. Et c'est pour que l'on demeure près du Un que je dis : « Dieu est amour. » Je le dis pour quatre raisons.

La première raison est : Dieu pourchasse de son amour toutes les créatures, pour qu'elles désirent aimer Dieu. Quelqu'un me demanderait-il qui est

---

* *da haimê*. Il s'agit en effet d'une fête liturgique qui figurait dans le missel dominicain de cette époque, au premier dimanche après la fête de la Sainte Trinité.

Dieu, je lui répondrais maintenant : Dieu est un bien qui pourchasse de son amour toutes les créatures pour qu'elles le pourchassent en retour : ainsi Dieu a-t-il plaisir à être pourchassé par la créature[2].

En second lieu : toutes les créatures pourchassent Dieu de leur amour, car il n'est pas d'homme qui soit misérable au point de commettre le péché par méchanceté ; plus : il le commet par amour du plaisir. Quelqu'un bat un homme à mort ; cela, il ne le fait pas pour faire le mal ; il lui semble qu'aussi longtemps celui-ci serait en vie, jamais il ne parviendrait à la paix en soi-même ; c'est pourquoi il veut rechercher plaisir dans la paix, car paix est aimable. Ainsi toutes les créatures pourchassent-elles Dieu de leur amour. Parce que « Dieu est amour », toutes les créatures désirent l'amour. Une pierre serait-elle douée d'intellect, il lui faudrait pourchasser Dieu de son amour. Qui demanderait à un arbre pourquoi il porte son fruit, serait-il doué d'intellect qu'il lui dirait : Que je me renouvelle dans le fruit, je le fais pour la raison que par ce renouvellement je me rapproche de mon origine ; être proche de son origine, c'est là chose aimable. Dieu est l'origine et est amour. C'est pourquoi rien ne peut satisfaire l'âme que l'amour. « L'amour est Dieu. » Saint Augustin[3] dit : Seigneur, me donnerais-tu tout ce que tu peux octroyer * que cela ne me suffirait pas si tu ne te donnais toi-même à moi. Saint Augustin[4] dit aussi : O homme, aime ce que tu peux gagner par l'amour, et garde ce qui à ton âme peut suffire.

En troisième lieu je dis : « Dieu est amour », car

---

* *geleisten.*

Dieu a répandu son amour dans toutes les créatures et est pourtant Un en lui-même. Etant donné qu'en toutes créatures [et] en chacune d'elles se trouve quelque chose d'aimable, pour cette raison chaque créature aime dans l'autre quelque chose qui lui est égal, [dès lors qu'] elle est vraiment douée d'intellect. C'est pourquoi les femmes quelquefois désirent le rouge, parce qu'elles veulent satisfaire le plaisir qu'elles y trouvent, et lorsqu'elles n'y trouvent pas leur satisfaction, elles désirent parfois le vert, et leur désir ne peut pourtant se trouver satisfait, et cela pour cette raison : elles ne prennent pas le plaisir simplement, elles prennent le tissu avec, lequel porte la couleur qui paraît plaisante. Et donc parce qu'en toute créature paraît quelque chose de plaisant, pour cette raison les hommes aiment tantôt ceci et tantôt cela. Or écarte ceci et cela ; ce qui alors demeure, c'est limpidement Dieu. Qui peint une image sur un mur, le mur porte l'image *. Qui maintenant aime l'image sur le mur, il aime le mur avec ; qui ôterait le mur ôterait aussi l'image. Ôtez maintenant le mur en sorte que reste l'image, alors l'image se porte elle-même ; qui alors aime l'image, celui-là aime une image limpide. Or aimez tout ce qui est aimable et non ce en quoi il paraît aimable, alors tu aimes Dieu limpidement ; cela est vrai hors de doute. Saint Denys[5] dit : Dieu est devenu néant pour l'âme, ce qui veut dire que pour elle il est inconnu. Parce que nous ne connaissons pas Dieu, pour cette raison nous aimons dans les

---

* *so ist die wand ain enthalt des bildes* : le mur est un support de l'image, il la « contient ».

créatures ce qui est bon, et lorsque nous aimons les choses avec leur bonté, cela pour nous occasionne péché *. Des anges il en est sans nombre ; leur nombre, personne ne peut l'imaginer **, et chacun [est] plus élevé que l'autre ; et du moindre des anges tomberait-il un copeau, comme quelqu'un détacherait un copeau d'un bois, et ce [copeau] tomberait-il dans ce temps sur cette terre selon la noblesse qu'il a de par sa nature, il faudrait que toutes choses sur terre fleurissent et deviennent fécondes. Considérez donc alors combien noble est l'ange le plus élevé. Qui maintenant prendrait noblesse de tous les anges qu'ils ont dans leur nature, et noblesse de toutes les créatures telles qu'elles sont de par leur nature, et voulait aller à Dieu avec la noblesse du monde entier, on ne trouverait pas Dieu par là, car tout cela devant Dieu est comme malignité, car tout est malignité, car c'est une limpide malignité *** et moins que malignité, car c'est un limpide rien ; de cette manière on ne trouve pas Dieu, mais seulement dans le Un.

En quatrième lieu je dis : « Dieu est amour », car il lui faut aimer toutes créatures avec son amour, qu'elles le sachent ou ne le sachent pas. C'est pourquoi je veux dire un mot que j'ai dit vendredi der-

---

* Ce pour quoi plaide Eckhart c'est que la bonté de la créature soit aimée pour elle-même et non pas à cause de la créature.

** Le texte original porte à cet endroit une incise que Quint lui-même dit ne pas comprendre : *vund yeglicher ist ain coli* (et chacun est un…).

*** *es ist alles poshait* : cela n'est rien de plus que pure malignité.

nier : Je ne veux jamais demander à Dieu son don ni le remercier jamais pour son don, car serais-je digne de recevoir son don, il lui faudrait me le donner, que ce lui soit agrément ou peine *. C'est pourquoi je ne veux pas lui demander son don, car il lui faut donner ; je veux certes lui demander qu'il me rende digne de recevoir son don, et veux le remercier de ce qu'il est tel qu'il lui faille donner. C'est pourquoi je dis : « Dieu est amour », parce qu'il m'aime de l'amour dont il s'aime soi-même ; et qui lui ôterait cela, il lui ôterait toute sa déité. Qu'il en soit ainsi qu'il m'aime avec son amour, par là je ne peux pourtant être bienheureux ; plus : je serais bienheureux de ce que je l'aime et suis bienheureux dans son amour.

Je dis maintenant : « Qui est dans l'amour, celui-là est en Dieu, et il [= Dieu] est en lui. » Qui me demanderait où est Dieu, je lui répondrais : Il est partout. Qui me demanderait où est l'âme qui est dans l'amour, je dirais : Elle est partout ; car Dieu aime, et l'âme qui est dans l'amour est en Dieu et Dieu est en elle, et parce que Dieu est partout et qu'elle est en Dieu, elle n'est pas pour une part en Dieu et pour une autre part non ; et parce que Dieu est en elle, il faut de nécessité que l'âme soit partout, car il est en elle, lui qui est partout. Dieu est partout dans l'âme, et en lui elle est partout ; ainsi Dieu est-il un tout sans tout **, et elle avec lui un tout sans tout.

---

* Il ne s'agit pas de dévaluer la prière de demande, mais de lui reconnaître un statut ontologique selon lequel il suffit de consentir à ce qui est : Dieu *est* amour.

** Une totalité sans totalisation de ceci ou de cela.

C'est là un sermon *De sanctis**. C'est ici qu'il finit. Maintenant, restez tous assis tranquillement, je veux vous garder plus longtemps, je veux prononcer encore un sermon. Que Dieu nous aide dans nos nécessités !

---

* *ain sermon der heiligen.* Il ne s'agit pas là de la fête de la Toussaint (cf., ci-dessus, note p. 38) ; sans doute quelques saints étaient-ils inscrits au calendrier dominicain de ce jour.

Sermon 64

… die sele die wirt ain mit gotte vnd nit veraint

[L'Ecriture dit :] L'âme est Un avec Dieu, et non unie [à lui]. Prenez pour cela une comparaison. Emplit-on d'eau un tonneau, alors l'eau est unie au tonneau et non Un [avec lui], car là où eau est là n'est pas bois, là où bois est là n'est pas eau. Or prenez le bois et jetez-le dans l'eau, alors le bois n'est pourtant rien de plus qu'uni et non pas Un [avec l'eau], ainsi n'en est-il pas pour l'âme ; elle est Un avec Dieu et non unie [à lui] ; car là où Dieu est là est l'âme, et là où l'âme est là est Dieu.

L'Ecriture dit : « Moïse vit Dieu face à face[1]. » C'est cela que contredisent les maîtres et ils disent : Là où deux visages apparaissent, là on ne voit pas Dieu ; car Dieu est Un et non pas deux ; car qui voit Dieu ne voit rien que Un.

Je prends maintenant une parole que j'ai dite dans mon premier sermon : « Dieu est amour, et qui est dans l'amour celui-là est en Dieu, et il [= Dieu] est en lui. » Celui qui est dans l'amour, à celui-là je dis un petit mot que dit saint Matthieu : « Entre, fidèle serviteur, dans la joie de ton maître[2]. » Maintenant je prends un petit mot qu'a dit Notre Seigneur : « Entre, fidèle serviteur, je veux t'établir sur tous mes biens. » Voilà qui est à entendre de trois manières. En premier : « Je dois t'établir sur tout mon bien », en tant que « tout mon bien » est répandu dans les créatures ; par-delà cette division je dois t'établir dans le Un. En second lieu : Lorsque toutes choses sont rassemblées dans Un, par-delà ce rassemblement je veux t'établir dans l'unité, car tout bien est dans l'unité. En troisième lieu, je dois t'établir dans le mode de l'unité *, là où a disparu le mot « tout rassemblé » ** ; là Dieu est pour l'âme, comme s'il [n'] était Dieu [que] pour être à l'âme ; car en serait-il ainsi que Dieu, en quelque chose de son être ou de son étantité ***, par quoi il est à lui-même — Dieu devancerait-il l'âme en cela ne fût-ce que de l'épaisseur d'un cheveu, il ne pourrait être Dieu ; aussi totalement l'âme est-elle Un avec Dieu. Je prends de l'évangile un petit mot que dit Notre Seigneur : « Je te demande, Père, comme toi et moi sommes Un, qu'ils le soient aussi avec nous[3]. » Je prends un autre petit mot aussi de l'évangile, où Notre Seigneur dit : « Là où je suis, là doit aussi être mon serviteur[4]. » Aussi totalement l'âme est-elle Une étantité qui est Dieu, et pas moins ; et c'est aussi vrai que Dieu est Dieu.

Chers enfants, je vous demande de noter Un sens ! Cela je vous le demande de par Dieu, et je vous

---

* *in die art der eini [keit]*. Il s'agit de ce qui qualifie au plus profond l'unité.

** Là où ce mot n'est plus nécessaire.

*** *istikait.*

demande que vous le fassiez pour moi et que vous gardiez bien ce sens. Tous ceux qui sont ainsi dans l'unité, comme je l'ai dit tout à l'heure, de ce qu'ils sont sans représentations [multiples], ne doivent pas s'imaginer que les représentations leur seraient plus profitables que de ne pas être sortis de l'unité ; car qui ferait ainsi, cela ne serait pas comme il faut, et l'on pourrait dire que ce serait idolâtrie ; car sachez que dans l'unité il n'est ni Conrad ni Henri. Je veux vous dire comment je me soucie des gens : je m'applique à oublier moi-même et tous les hommes, et me coule pour eux dans l'unité.

Pour que nous demeurions dans l'unité, qu'à cela Dieu nous aide. Amen.

Sermon 65

Deus caritas est et qui manet in caritate in deo...

« Dieu est l'amour, et qui demeure dans l'amour demeure en Dieu et Dieu en lui [1]. » Prenons maintenant le premier petit mot : « Dieu est l'amour. » Cela veut dire : lorsqu'il pourchasse tout ce qui peut aimer et peut produire * amour, il le pourchasse de son amour afin qu'il l'aime **. « Dieu est l'amour », en second lieu, en ce que tout ce que Dieu jamais créa et qui peut produire amour, cela le pourchasse de son amour afin qu'il l'aime ***, que cela lui fasse plaisir ou peine. En troisième lieu : « Dieu est l'amour », car par son amour il chasse hors de toute multiplicité tout ce qui est susceptible d'aimer. La manière selon laquelle Dieu est aimable selon la multiplicité ****, c'est cela que l'amour, qu'il est, chasse hors de toute

---

* *geleisten.*

** *in ze minnene* : pour que ce qu'il pourchasse de son amour l'aime en retour.

*** *ez ze minnene* : afin que lui, Dieu, l'aime [= aime *cela*].

**** C'est-à-dire la façon dont il se donne aux créatures. Cette multiplicité, Dieu la ramène dans l'unité qu'il est.

multiplicité dans l'unité de soi-même. « Dieu est l'amour », en quatrième lieu, qui par son amour donne à toutes créatures leur être et leur vie et les soutient de son amour.

Qui me demanderait ce qu'est Dieu, je dirais alors ceci : que Dieu est l'amour et à ce point aimable que toutes les créatures cherchent à aimer son amabilité *, qu'elles le fassent le sachant ou ne le sachant pas, que ce leur soit plaisir ou peine. A ce point Dieu est l'amour, et à ce point il est aimable, que tout ce qui peut aimer, il faut que cela l'aime, que ce lui soit plaisir ou peine. Il n'est aucune créature à ce point minable qu'elle puisse aimer quelque chose qui est mauvais ; car ce que l'on aime, il faut ou bien que cela paraisse bon ou bien soit bon. Maintenant prenez tout le bien que toutes les créatures sont susceptibles de produire **, c'est là une malignité limpide *** au regard de Dieu. Saint Augustin[2] dit : Aime ce que tu peux acquérir par amour, et conserve ce qui peut suffire à ton âme.

« Dieu est l'amour. » Ah, enfants, prêtez-moi attention, je le désire ! A ce point Dieu aime mon âme que sa vie et son être dépendent de ce qu'il lui faut m'aimer, que ce lui soit plaisir ou peine. Celui qui priverait Dieu d'aimer mon âme, il le priverait de sa déité[3], car Dieu est aussi véritablement l'amour qu'il est la vérité ; et tout comme il est la bonté, aussi véritablement Dieu est-il l'amour. C'est là une nue vérité,

* *sîne minnelicheit* : le fait qu'il soit aimable.

** *geleisten.*

*** Une malignité pure et simple.

[aussi vraie] que Dieu vit. Il y eut des maîtres[4] qui dirent que l'amour qui est en nous, que cet amour est l'Esprit Saint, et cela n'est pas vrai. L'aliment corporel que nous absorbons se trouve transformé en nous; mais l'aliment spirituel que nous recevons, c'est lui qui nous transforme en soi; et c'est pourquoi amour divin ne se trouve pas contenu en nous, car cela maintenant serait deux. Mais amour divin nous maintient et nous sommes Un en lui. La couleur qui est sur le mur se trouve maintenue au mur; c'est ainsi que toutes créatures se trouvent maintenues dans leur être par l'amour. Oterait-on la couleur du mur qu'elle perdrait son être : ainsi toutes les créatures perdraient-elles leur être si on les ôtait de l'amour qui est Dieu.

« Dieu est l'amour, et qui demeure dans l'amour demeure en Dieu et Dieu demeure en lui. » Il y a une différence entre choses spirituelles et choses corporelles. Toute chose spirituelle peut demeurer dans l'autre; mais aucune chose corporelle ne peut demeurer dans l'autre. L'eau est certes en un tonneau, et le tonneau l'enserre tout autour; mais là où bois est, là eau n'est pas. C'est ainsi qu'aucune chose corporelle ne peut être dans l'autre; mais toute chose spirituelle peut être dans une autre. Tout ange est dans l'autre avec toute sa joie et avec toute sa félicité et avec toute sa béatitude, aussi parfaitement que dans lui-même; et tout ange est avec toute sa joie et avec toute sa béatitude en moi, et Dieu lui-même avec toute sa béatitude, et cela je ne le connais pourtant pas. Je prends l'ange le plus bas dans sa nue nature : le plus petit copeau ou l'étincelle la plus petite qui tomberait de lui, cela aurait illuminé ce monde entier de félicité et de joies. Or notez combien noble il est en lui-même ! Or il m'est arrivé souvent de dire que des anges il en est beaucoup, sans nombre et sans mesure. Je me tais maintenant sur l'amour et prends la connaissance : si seulement nous le connaissions, il nous serait facile de laisser un monde entier. Tout ce que jamais Dieu créa et pourrait encore créer, Dieu le donnerait-il pleinement à mon âme et Dieu avec, et s'il demeurait là ne fût-ce que l'épaisseur d'un cheveu, cela ne suffirait pas à mon âme ; je ne serais pas bienheureux. Suis-je bienheureux, que toutes choses sont en moi, et Dieu. Là où je suis, là est Dieu ; ainsi suis-je en Dieu, et là où Dieu est, là je suis.

« Qui dans l'amour demeure demeure en Dieu, et Dieu demeure en lui [5]. » Suis-je alors en lui, là alors où Dieu est là je suis, et là où je suis là est Dieu, à moins que la Sainte Ecriture ne mente. Où je suis là est Dieu : c'est là une nue vérité et [elle] est aussi véritablement vraie que le fait que Dieu est. « Fidèle serviteur, je veux t'établir sur tout mon bien [6]. » Cela veut dire : pour autant que Dieu est bon en toutes créatures, c'est selon cette multiplicité que « Je veux t'établir sur tout » mon « bien ». En second lieu, « Je veux t'établir sur tout » mon « bien », cela veut dire : là où toutes créatures reçoivent leur béatitude dans la limpide unité, qui est Dieu même, là il reçoit lui-même sa béatitude, et cela veut dire : pour autant que Dieu est bon, pour autant il veut nous « établir sur tout » son « bien ». En troisième lieu : il veut nous « établir sur tout » son « bien », cela veut dire : au-dessus de tout ce en quoi il a nom *, au-dessus de tout ce que l'on peut exprimer par des mots **, [là] il veut nous établir, et au-dessus de tout ce que l'on peut entendre. Ainsi veut-il nous « établir sur tout » son « bien ».

« Père, je te demande que tu les fasses Un comme moi et toi sommes Un [7]. » Là où deux doivent devenir un, là il faut que l'un perde son être. De même : Dieu et l'âme doivent-ils devenir Un, il faut que l'âme perde son être et sa vie. Autant [quelque chose] demeure là, autant ils seraient certes unis ***. Mais, doivent-ils devenir Un, il faut que l'un perde pleinement son être, il faut que l'autre conserve son être : ainsi sont-ils Un ****. Or l'Esprit Saint dit : Ils doivent devenir Un comme nous sommes Un. « Je te demande de les faire Un en nous [8]. »

« Je te demande. » Lorsque je demande quelque chose, je demande [en fait] rien ; lorsque je ne demande rien, je demande comme il faut. Lorsque je suis réuni ***** là où sont présentes toutes choses qui sont passées et qui sont maintenant et qui sont à venir, là elles sont également proches et également Un ; elles sont toutes en Dieu et sont toutes en moi. Là on ne saurait penser ni à Conrad ni à Henri. Qui demande quelque chose d'autre que Dieu seul, on

---

* *über allez, daz er heizet.*

** *über allez, daz man geworten mac.*

*** *geeiniget* : unis, sans que cette union dise le Un.

**** Il faut que l'âme *se* perde *en tant qu'*elle serait surajoutée à Dieu. Ainsi y a-t-il entre eux un seul être.

***** *vereinet* : véritablement devenu Un.

peut appeler cela une idole ou une injustice. « Ceux qui demandent en esprit et en vérité[9] », ceux-là demandent comme il faut. Lorsque je demande pour quelqu'un, pour Henri ou pour Conrad, alors je demande le moins. Lorsque je ne demande pour personne et ne demande rien, je demande de façon la plus propre, car en Dieu il n'est ni Henri ni Conrad. Lorsque nous demandons à Dieu quelque chose d'autre que Dieu, ce n'est pas comme il faut et c'est une impiété et c'est comme une imperfection, car là ils veulent placer quelque chose auprès de Dieu ; comme je l'ai dit récemment, ils veulent alors réduire Dieu à rien et du rien veulent faire Dieu. « Dieu est l'amour, et qui est dans l'amour est en Dieu et Dieu en lui. »

Pour que tous nous parvenions à l'amour dont j'ai parlé, que nous vienne en aide notre doux Seigneur Jésus Christ. Amen.

Sermon 66

Euge, serve bone et fidelis quia super pauca fuisti fidelis, intra in gaudium domini tui

Nous lisons dans l'évangile que Notre Seigneur dit : « Eh bien, entre, bon [et] fidèle serviteur, dans la joie de ton maître ; parce que tu as été fidèle en peu, pour cela je veux t'établir sur tout mon bien [1]. »

Eh bien, notez maintenant avec zèle la parole de Notre Seigneur qu'il a prononcée et dite : « Bon serviteur et fidèle, entre dans la joie de ton maître ; parce que tu as été fidèle en peu, pour cela je veux t'établir sur tout mon bien. » Or Notre Seigneur, dans un autre évangile, a dit à un jeune homme qui l'interpellait et l'appelait bon : « Alors Notre Seigneur dit : "Pourquoi m'appelles-tu bon ? Personne n'est bon que Dieu seul" [2] », et cela est également vrai dans la vérité. Tout ce qui est créature, dans la mesure où cela se tient en soi-même, n'est pas bon. Rien n'est bon que Dieu seul. Dieu a-t-il donc contredit sa propre parole ? Que non pas, en rien de rien !

Notez maintenant ce discours ! Dans la mesure où l'homme se renonce soi-même pour Dieu et se trouve uni avec Dieu, dans cette mesure il est davantage Dieu que créature. Lorsque l'homme est pleinement dépris pour Dieu et qu'il n'est à personne qu'à Dieu seul et ne vit pour rien que pour Dieu seul, alors il est vraiment la même chose par grâce que ce que Dieu est par nature, et Dieu, de soi-même, ne connaît aucune différence entre lui et cet homme. Or j'ai dit : Par grâce. Car Dieu est et cet homme est, et tout comme Dieu est bon par nature, ainsi cet homme est-il bon par grâce, car la vie de Dieu et son être sont pleinement dans cet homme. C'est pourquoi il a appelé cet homme bon, et c'est là le mot que dit Notre Seigneur : « Bon serviteur. » Car ce serviteur, devant Dieu, n'est bon d'aucune autre bonté que de celle où Dieu est bon. J'ai déjà dit souvent que vie et être de Dieu sont aussi dans une pierre ou dans un morceau de bois et aussi dans d'autres créatures qui à cause de cela ne sont pas pour autant bienheureuses. Dans ce serviteur Dieu est selon un autre mode, par quoi celui-ci est bienheureux et bon, car il [= Dieu] est en lui avec plaisir et vit dans et avec lui en joie et connaissance* comme dans soi-même et avec soi-même ; c'est la raison pour laquelle il [= le serviteur] est bienheureux et bon. C'est pourquoi Notre Seigneur dit : « Entre, bon et fidèle serviteur, dans la joie de ton maître, parce que tu as été fidèle en peu, je veux t'établir sur tout mon bien. » Or j'ai dit certaines choses à propos de sa bonté, ce pourquoi ce serviteur est bon. Maintenant je veux vous entretenir à propos de sa fidélité, car Notre Seigneur dit : « Bon, fidèle serviteur, parce que tu as été fidèle en peu[3]. »

---

* *vernünfticlîche* : une connaissance qui relève de l'intellect.

Eh bien, notez maintenant ce qu'est le peu en quoi ce serviteur a été fidèle. Tout ce que Dieu a créé aux cieux et sur la terre, qui n'est pas lui-même, cela est peu devant lui. En tout cela, ce bon serviteur a été fidèle. Ce qu'il en est, je veux l'exposer. Dieu a placé ce serviteur entre temps et éternité. A aucun d'eux il n'appartenait en propre, mais il était libre dans [son] intellect et dans [sa] volonté et aussi en toutes choses. Par intellect *, il pénétrait toutes choses que Dieu créa ; par volonté **, il laissait toutes choses et aussi soi-même et tout ce que Dieu créa, qui n'est pas Dieu lui-même ; par intellect, il les assumait et donnait à Dieu à leur propos louange et gloire et les remettait *** à Dieu dans sa nature sans fond, et soi-même dans la mesure où il est créé. Là il se laissait soi-même et toutes choses, en sorte qu'avec sa volonté créée jamais il n'avait contact avec soi-même ni avec aucune chose créée. En bonne vérité, qui serait ainsi fidèle, Dieu aurait en lui si grande joie indicible que celui qui le spolierait de cette joie, celui-là le spolierait pleinement de sa vie et de son être et de sa déité.

Mais je dis plus — n'ayez pas peur, car cette joie est proche de vous, et elle est en vous : Il n'est personne d'entre vous si fruste et si pauvre d'entendement et si éloigné [de ces choses] qu'il ne puisse trou-

---

* *vernünfticlîche.*

** *williclîche.* Pour Maître Eckhart, il y a égalité entre l'acte de « pénétrer » toute chose créée par l'intellect et le fait d'en être libre en la « laissant » par un acte de volonté. C'est le même *détachement* qui régit les deux opérations.

*** *antwurte* : il en faisait « réponse » à Dieu.

ver cette joie en lui dans la vérité, telle qu'elle est, avec joie et entendement, avant qu'aujourd'hui vous ne sortiez de cette église, oui, avant qu'aujourd'hui je n'aie fini mon prêche ; il peut le trouver en lui et le vivre et l'avoir aussi vraiment que Dieu est Dieu et que je suis homme ! Soyez-en certains, parce que c'est vrai, et la Vérité le dit elle-même. C'est ce que je veux vous exposer par une parabole qui se trouve consignée dans l'évangile[4].

Notre Seigneur était assis une fois près d'un puits, car il était fatigué. Alors vint une femme qui était une Samaritaine d'entre les païens, et elle apportait une cruche et une corde et voulut puiser de l'eau. Et Notre Seigneur lui dit : « Femme, donne-moi à boire ! » Et elle lui répondit et dit : « Pourquoi me demandes-tu à boire ? Car tu es d'entre les juifs, et je suis une Samaritaine, et notre foi et votre foi n'ont rien de commun. » Lors Notre Seigneur répondit et dit : « Si tu savais qui te demande à boire, et si tu connaissais la grâce de Dieu, sans doute me demanderais-tu à boire, et je te donnerais de l'eau vive. Qui boit là de cette eau a soif encore ; mais qui boit de l'eau que je donne n'a plus jamais soif, et de lui doit jaillir une source de la vie éternelle. » La femme nota ce mot de Notre Seigneur, car elle ne venait pas volontiers au puits. Alors la femme dit : « Seigneur, donne-moi à boire de cette eau pour que je n'aie plus soif. » Alors Notre Seigneur dit : « Va et amène ici ton mari. » Et elle dit : « Seigneur, je n'ai point de mari. » Alors Notre Seigneur dit : « Femme, tu as raison ; tu as pourtant eu cinq maris, et celui que tu as maintenant n'est pas ton mari. » Alors elle laissa choir corde et cruche et dit à Notre Seigneur : « Seigneur, qui es-tu ? Car il est écrit : quand viendra le Messie, celui que l'on nomme Christ, il doit nous enseigner toutes choses et doit nous annoncer la vérité. » Alors Notre Seigneur dit : « Femme, je le suis, moi qui te parle », et cette parole emplit tout son cœur. Alors elle dit : « Seigneur, nos pères prient sous les arbres sur la montagne, et vos pères issus de la judéité prient dans le temple : Seigneur, lesquels d'entre eux prient Dieu de la façon la plus vraie, et quel est le [juste] lieu ? Enseigne-le-moi. » Alors Notre Seigneur dit : « Femme, le temps doit venir et est déjà là où les vrais adorateurs ne prieront pas seulement sur la montagne ni dans le temple, mais c'est dans l'esprit et dans la vérité qu'ainsi ils adoreront le Père ; car Dieu est un esprit, et celui qui doit l'adorer doit l'adorer dans l'esprit et dans la vérité, et c'est de tels adorateurs que cherche le Père. » La femme fut alors pleine de Dieu et débordante et jaillissante de la plénitude de Dieu, et se mit à prêcher et à appeler à haute voix et voulait amener à Dieu et emplir de Dieu tout ce qu'elle voyait de ses yeux, comme elle-même en était pleine. Voyez, cela lui advint lorsqu'elle retrouva son « mari ». Jamais Dieu ne se donne à l'âme de façon manifeste ni de façon si pleine qu'elle n'amène son « mari », c'est-à-dire sa volonté libre. C'est pourquoi Notre Seigneur dit : « Femme, tu dis vrai, tu as eu cinq maris, ils sont morts ; et celui que tu as maintenant, il n'est pas à toi. » Quels étaient les cinq maris ? Ce sont les cinq sens, par lesquels elle avait péché, et c'est pourquoi ils étaient morts. « Et le mari que tu as maintenant, il n'est pas à toi » : c'était sa libre volonté qui n'était pas à elle, car elle était liée par des péchés mortels, et elle était sans pouvoir sur elle ; et c'est pourquoi elle [= la volonté] n'était pas à elle : car ce sur quoi l'homme n'a pas de pouvoir, cela n'est pas à lui ; c'est plutôt à qui a pouvoir sur soi. Mais je dis maintenant : Lorsque l'homme a pouvoir sur sa volonté libre dans la grâce et qu'il peut l'unir totalement à la volonté de Dieu et être comme un Un unique, alors il n'a besoin de rien de plus que de dire comme la femme dit : « Seigneur, enseigne-moi où je dois prier et ce que je dois faire pour que cela te soit le plus agréable dans la vérité. » Et Jésus répond, c'est-à-dire il se révèle vraiment et totalement et tout comme il est, et emplit l'homme de façon si débordante qu'il jaillit et flue au-dehors à partir de la plénitude surabondante de Dieu, comme cette femme en vint à le faire en un court laps de temps près du puits, elle qui auparavant était fort inapte à cela. Et c'est pourquoi je dis donc, comme je l'ai dit ci-dessus, qu'il n'est ici personne de si fruste et de si peu doué d'entendement et de si inapte à cela qu'il ne puisse, avec la grâce de Dieu, unir sa volonté limpidement et totalement avec la volonté de Dieu, et il n'a plus besoin de dire dans son désir : « Seigneur, enseigne-moi ta volonté la plus chère, et fortifie-moi pour que je l'accomplisse ! », et Dieu le fait aussi véritablement qu'il vit, et Dieu la lui donne parfaitement en tout mode en aussi riche plénitude qu'il le donna jamais à cette femme. Voyez, le plus fruste et le moindre de vous tous peut le recevoir de Dieu avant qu'aujourd'hui il ne sorte de cette église, oui, avant qu'aujourd'hui je n'aie fini mon prêche, en bonne vérité aussi vraiment que Dieu vit et que je suis homme. Et c'est pourquoi je dis : « Ne craignez pas, cette joie n'est pas loin de vous si vous voulez la chercher avec sagesse. » Or je dis maintenant, comme Notre Seigneur dit : « Entre, bon serviteur et fidèle, dans la joie de ton maître ; parce que tu as été fidèle en peu, je veux t'établir sur tout mon bien. » Eh bien, notez maintenant la noble parole qu'il dit : « Sur tout mon bien. »

Qu'est-ce donc que le bien du Seigneur ? C'est la bonté, dans la mesure où elle est répandue et répartie en toutes choses et en toutes créatures qui sont bonnes de sa bonté, aux cieux ou sur terre : c'est là le bien du Seigneur, car personne n'est bon ni n'a bien ni bonté que de lui seul. C'est pourquoi c'est là son bien, et aussi tout ce que de Dieu lui-même l'on peut dire ou l'on peut saisir par l'intellect ou que l'on peut de quelque façon que ce soit faire venir au jour ou que l'on peut examiner ou démontrer : tout cela est encore le bien du Seigneur ; et c'est sur tout cela qu'il veut pleinement établir son serviteur, car il [= le serviteur] est bon et a été fidèle en peu. Et par-delà tout ce bien le Seigneur est encore un autre [bien] et est pourtant le même et est pourtant un quelque chose qui n'est ni ceci ni cela et n'est ni ici ni là. Et c'est pourquoi il dit : « Entre, bon serviteur et fidèle, dans la joie de ton maître ; car tu as été fidèle en peu, c'est pourquoi je veux t'établir sur tout mon bien. »

Or je vous ai dit quel est le bien du Seigneur, et c'est pourquoi il dit : « Entre dans la joie de ton maître ; je veux t'établir sur tout mon bien », comme s'il voulait dire : « Sors de tout bien créé et de tout bien divisé * et de tout bien morcelé : sur tout cela je veux t'établir dans le bien incréé et dans le [bien] indivis ** et dans le [bien] non morcelé que je suis moi-même », et dit aussi : « Entre dans la joie de ton maître », justement comme s'il voulait dire : « Sors de toute joie qui est divisée et qui par elle-même n'est pas ce qu'elle est dans la joie indivise qui par elle-même et en elle-même est ce qu'elle est », et cela n'est pas autre chose que la joie du Seigneur.

Encore un petit mot là-dessus : qu'est-ce donc que la joie du Seigneur ? Une question étonnante ! Comment pourrait-on rapporter ou dire ce que personne ne peut entendre ni ne peut connaître ! Plutôt : quelque chose pourtant là-dessus. La joie du Seigneur, c'est le Seigneur lui-même et personne d'autre, et le Seigneur est un intellect vivant, essentiel, qui-est, qui se comprend soi-même et est et vit soi-même en soi-même et est la même chose. Par là je ne [lui] ai ajouté aucun mode, mais je lui ai soustrait tous les modes, selon qu'il est lui-même mode sans mode et vit et est en joie de ce qu'il est. Voyez, c'est cela la joie du Seigneur, et [c']est le Seigneur lui-même, et c'est en elle qu'il enjoignit à son serviteur d'entrer, ainsi qu'il l'a dit lui-même : « Entre, bon serviteur et fidèle, dans la joie de ton maître ; parce que tu as été fidèle en peu, je veux t'établir sur tout mon bien. »

---

* *ûz allem geteiltem guote* : sors de tout bien répandu sur la diversité des êtres.

** *ungeteilt.*

Pour qu'il nous faille, nous aussi, devenir « bons » et « fidèles », pour qu'aussi Notre Seigneur nous enjoigne d'entrer et de demeurer éternellement avec lui et lui avec nous, qu'à cela Dieu nous aide. Amen.

Sermon 67

Gott ist die minne, und der in der minne wonet, der wonet in gote und got in im[1]

Dieu demeure dans l'âme avec tout ce qu'il est et toutes les créatures. C'est pourquoi là où est l'âme là est Dieu, car l'âme est en Dieu. C'est pourquoi l'âme aussi est là où est Dieu, à moins que l'Ecriture ne mente. Là où est mon âme là est Dieu, et là où est Dieu là aussi est mon âme ; et cela est aussi vrai que Dieu est Dieu.

L'ange est si noble dans sa nature : un petit copeau ou une petite étincelle seraient-ils tombés de lui que cela aurait empli tout ce monde avec délices et avec béatitude. Or notez-le, combien noble dans sa nature est un ange, dont il est un si grand nombre qu'ils sont sans nombre : je dis que tout est noble dans un ange. L'homme devrait-il servir jusqu'au dernier jour et jusqu'à la fin du monde pour voir un ange dans sa limpidité, il en serait bien récompensé. En toutes choses spirituelles, l'on trouve que l'une est dans l'autre, indivise. Là où est l'âme dans sa nue nature, détachée et déliée de toutes les créatures, elle aurait alors par nature dans sa nature toute la perfection et toute la joie et félicité que tous les anges par nature ont en nombre et en multitude : je les ai pleinement en toute perfection et avec toute leur joie et toute leur béatitude, comme eux-mêmes ils les ont en eux-mêmes ; et j'ai chacun en moi en particulier, comme j'ai moi-même en moi-même, sans être entravé par un autre *, car aucun esprit n'exclut l'autre. L'ange demeure non enfermé dans l'âme ; c'est pourquoi il se donne pleinement à chaque âme, sans être entravé par une autre et par Dieu même. Pas seulement par nature, plus : c'est par-delà la nature que mon âme se réjouit de toute la joie et de toute la béatitude dont Dieu lui-même se réjouit dans sa nature divine, que ce soit pour Dieu agrément ou peine ; car là n'est rien que Un, et là où est Un là est tout, et là où est tout là est Un. C'est une vérité certaine. Là où l'âme est, là est Dieu, et là où Dieu est, là est l'âme. Et dirais-je que ce ne serait pas que je ne parlerais pas comme il faut.

Eh bien, notez maintenant un petit mot que je tiens pour excellent ** : lorsque je considère combien Un il est avec moi, comme s'il avait oublié toutes les créatures et que rien d'autre n'existât que moi. Priez maintenant pour ceux qui me sont recommandés ! Ceux qui demandent quelque chose [d'autre] que Dieu ou qu'en raison de Dieu, ceux-là ne demandent pas comme il faut ; lorsque je ne demande rien, alors je demande comme il faut, et cette prière est comme il faut et est puissante. Qui demande quoi que ce soit d'autre, celui-

---

* *ungehindert eines andern* : cohérent avec ce que Maître Eckhart rappelle en maint passage, ce raisonnement tire toutes conséquences de la non-matérialité de l'esprit.

** *wirdiclich.*

là adore une idole, et l'on pourrait dire que c'est là une pure hérésie. Je ne demande jamais aussi bien que lorsque je ne demande rien de rien et que je ne demande pour personne, ni pour Henri ni pour Conrad. Mais les vrais adorateurs adorent Dieu dans la vérité et dans l'esprit, c'est-à-dire : dans l'Esprit Saint.

Ce que Dieu est dans sa puissance, cela nous le sommes dans l'image ; ce que le Père est dans la puissance et le Fils dans la sagesse et le Saint Esprit dans la bonté, cela nous le sommes dans l'image *. « Là nous connaissons comme nous sommes connus [2] », et aimons comme nous sommes aimés. Cela n'est pourtant pas sans opération, car elle [= l'âme] se trouve là contenue dans l'image et opère dans cette puissance comme cette puissance ; elle est encore contenue dans les Personnes et se tient selon puissance ** du Père et selon sagesse du Fils et selon la bonté du Saint Esprit. Tout cela est encore œuvre dans les Personnes. Au-dessus de cela, il y a [l'] être qui-n'opère-pas *** ; mais là seulement est être et œuvre. Lorsqu'elle est en Dieu, oui, selon l'inhabitation des Personnes dans l'être, là œuvre et être sont Un, c'est là qu'elle prend les Personnes dans le demeurer-intérieur de l'être **** dont elles ne sortirent jamais, là

* L'image, pour Maître Eckhart, *dit* l'être même dont elle est l'expression adéquate. Cette *égalité* de l'être et de son image justifie le fait que le Christ puisse être dit *image* de Dieu.

** *mügenheit.*

*** *unwürklich* : l'être qui n'appelle pas de confirmation par les œuvres ; car là être et œuvre ne sont qu'un.

**** *in der inneblîbunge des wesens.*

où est une image limpide essentielle. C'est l'intellect essentiel de Dieu, dont la puissance limpide et nue est [l']*intellectus* que les maîtres nomment quelque chose réceptif*. Or prêtez-moi attention ! C'est seulement au-dessus de cela qu'elle prend la limpide absoluité** de l'être libre, qui est sans là, où il ne reçoit ni ne donne ; c'est l'étantité nue qui là est dépouillée de tout être et de toute étantité. Là elle prend Dieu nuement selon le fond où il est par-delà tout être. Y aurait-il là encore être, elle prendrait l'être dans l'être ; là il n'est rien que Un fond. C'est là la plus haute perfection de l'esprit à laquelle on peut parvenir en cette vie selon le mode de l'esprit. Mais ce n'est pas la meilleure perfection que nous devions jamais posséder dans notre corps et dans notre âme, en sorte que l'homme extérieur se trouve pleinement maintenu dans le fait d'avoir subsistance*** de par l'être personnel, tout comme l'humanité et la déité, en la personnalité du Christ, sont Un être personnel, en sorte que, dans cette même subsistance, j'aie part à cet être personnel de manière à être cet être personnel lui-même, en renonçant pleinement à mon autocompréhension****, de sorte que, selon le mode de l'esprit, je suis Un selon le fond, de la manière où le fond lui-même est Un fond

---

* L'intellect passif.

** *absolûcio (sic).*

*** *understandnisse.*

**** *alzemâle lougenlîche mîn selbes verstandnisses* : en renonçant à me com-prendre moi-même, au sens d'une autonomie qui demeurerait isolée.

— que, selon l'être extérieur, je sois le même être personnel, pleinement dépouillé de subsistance propre. Cet être personnel homme-Dieu surpasse et surplombe l'homme extérieur si pleinement qu'il n'y peut jamais atteindre. Se tiendrait-il en lui-même qu'il reçoit certes influx de la grâce de par l'être personnel en multiple douceur, consolation et intériorité, ce qui est bon ; mais ce n'est pas le meilleur. Demeurerait-il ainsi en lui-même sans subsistance propre qu'il recevrait certes consolation par grâce et participation de grâce, ce qui pourtant n'est pas le meilleur pour lui, alors il faudrait que l'homme intérieur, selon le mode de l'esprit, s'incline hors du fond dans lequel il est Un, et il lui faudrait se tenir selon l'être de grâce par lequel il est contenu selon le mode de la grâce. C'est pourquoi jamais l'esprit ne peut se trouver parfait à moins que ne soient accomplis corps et âme. Tout comme l'homme intérieur, selon le mode de l'esprit, tombe en dehors de son être propre lorsque dans le fond il est Un fond, ainsi faudrait-il aussi que l'homme extérieur se trouve dépouillé de sa subsistance propre et reçoive pleinement subsistance de l'être personnel éternel, qui est ce même être personnel. Or il est ici deux êtres. Un être, selon la déité, est l'être substantiel nu, l'autre l'[être] personnel, et il y a pourtant une substance*. Parce que c'est la substance même de la personnalité du Christ qui est substance de l'âme, subsistance de l'humanité éternelle, et qu'il y a Un Christ en subsistance, à la

* *understôz* : ce qui se tient « au-dessous ».

fois essentiel et personnel ; ainsi nous faut-il aussi être ce même Christ, nous le suivant dans les œuvres, de la façon dont, dans l'être, il est Un Christ selon le mode humain ; car, comme je suis le même mode selon l'humanité, ainsi suis-je aussi uni à l'être personnel, en sorte que par grâce, dans l'être personnel, je suis Un et aussi cet être personnel. Parce que donc Dieu, dans le fond du Père, demeure éternellement à l'intérieur et moi en lui, un fond et le même Christ, une subsistance de mon humanité, ainsi est-elle aussi bien mienne que sienne en Une subsistance de l'être éternel, en sorte que les deux êtres, corps et âme, se trouvent accomplis dans le Christ Un, Un Dieu, Un Fils *.

Pour que cela nous advienne, que nous vienne en aide la Sainte Trinité. Amen.

---

* Ce magnifique développement, aussi rigoureux qu'inspiré, souligne comme jamais l'unité du sujet humain, dans sa double dimension spirituelle *et* corporelle — sur le mode même du rapport qui unifie, dans le Christ, la déité *et* l'humanité.

Sermon 68

Scitote quia prope est regnum dei

Notre Seigneur dit : « Sachez que le royaume de Dieu est proche[1]. » Oui, le royaume de Dieu est en nous, et saint Paul dit que « notre salut est plus proche de nous que nous ne le croyons[2] ».

En premier lieu, nous devons savoir comment le royaume de Dieu nous est proche ; en second lieu, quand le royaume de Dieu nous est proche. C'est pourquoi nous devons en savoir le sens. Car si j'étais un roi et que je ne le sache pas, je ne serais pas un roi. Mais aurais-je une pleine conviction de ce que je suis un roi, et tous les gens en seraient-ils convaincus avec moi et aurais-je l'assurance que tous les gens en sont convaincus, alors je serais un roi, et ainsi serait mien tout le royaume du roi, et de cela rien de rien ne me ferait défaut. Ces trois choses, de nécessité, sont requises si je dois être un roi. Et si l'une de ces trois choses me faisait défaut, alors je ne pourrais être un roi. Un maître dit — et aussi nos meilleurs maîtres — que béatitude tient à ce que l'on connaisse et sache, et il y a une pulsion contraignante vers la vérité *. J'ai dans mon âme une puissance qui de Dieu est pleinement capable.

Je suis aussi certain que rien ne m'est aussi « proche » que Dieu que je le suis d'être un homme. Dieu m'est plus proche que je ne le suis à moi-même ; mon être dépend de ce que Dieu m'est proche et présent. Ainsi en est-il aussi d'une pierre ou d'un bout de bois, mais eux n'en savent rien. Le bout de bois aurait-il savoir de Dieu **, et saurait-il à quel point il [= Dieu] lui est proche, comme le sait l'ange le plus élevé, il serait aussi bienheureux que l'est l'ange le plus élevé. Et c'est pourquoi l'homme est davantage bienheureux qu'une pierre ou qu'un bout de bois, parce qu'il connaît Dieu et sait combien il [= Dieu] lui est proche. Et je suis d'autant plus bienheureux que je connais plus, et je suis d'autant moins bienheureux que je connais moins. Je ne suis pas bienheureux de ce que Dieu est en moi et de ce qu'il m'est proche et de ce que je l'ai, plutôt : de ce que je connais combien il m'est proche, et de ce que je suis un sachant-Dieu. Le prophète dit dans le psautier : « Vous ne devez pas être dénués de savoir, comme une mule ou un cheval[3]. » Jacob le patriarche dit une autre parole : « Dieu est en ce lieu, et je ne le savais pas[4]. » L'on doit être des sachant-Dieu, et l'on doit connaître que « le royaume de Dieu est proche ».

Lorsque je réfléchis sur « royaume de Dieu », ce

---

* *einiu nôt ze der wârheit* : un désir essentiel du vrai.

** *Weste daz holz got* : le bout de bois « saurait-il Dieu ».

qui me rend profondément silencieux c'est que cela est tellement grand ; car « royaume de Dieu » est Dieu lui-même avec toute sa richesse. Ce n'est pas petite chose que royaume de Dieu. Qui connaîtrait tous les mondes que Dieu pourrait faire, voilà ce qu'est « royaume de Dieu ». J'ai coutume parfois de dire un mot : En quelque âme que ce soit qu'apparaisse le « royaume de Dieu » [— une âme] qui connaisse que le « royaume de Dieu » est proche d'elle [—], à celle-là personne n'a besoin de prêcher ni d'enseigner ; elle se trouve par là enseignée et se trouve assurée de la vie éternelle ; et celle-là sait et connaît combien « proche » [lui] est le « royaume de Dieu ». Et cette [âme] peut dire, comme le disait Jacob : « Dieu est en ce lieu, et je ne le savais pas » ; plutôt : maintenant je le sais.

Dieu est également « proche » dans toutes les créatures. Le sage dit dans l'Ecclésiastique[5] : Dieu a étendu son filet, ses rets sur toutes les créatures, pour que l'on puisse le trouver en chacune d'elles ; à telle guise que l'on pourrait déployer tout cela devant l'homme, afin que par là il ait Dieu en vue et que par là il connaisse Dieu. C'est ce qu'un maître dit : Qui connaît Dieu comme il faut, il le connaît de façon égale en toutes choses. J'ai dit aussi en son temps : Que l'on serve Dieu dans la crainte, c'est bien ; qu'on le serve dans l'amour, c'est mieux ; plus : que l'on puisse saisir l'amour dans la crainte, c'est là le meilleur. Que l'homme ait une vie tranquille, c'est bien ; plus : qu'un homme ait une vie pénible dans la patience, c'est mieux ; plus : que l'on ait quand même repos dans la vie pénible, c'est le meilleur. Qu'un homme aille par les champs et dise sa prière et connaisse Dieu, ou qu'il soit à l'église et connaisse Dieu : connaît-il Dieu davantage parce qu'il se tient en un lieu paisible, ce qui est commun, cela provient de sa fragilité *, en rien de Dieu ; car Dieu est également en toutes choses et en tous lieux, et est prêt à se donner également pour autant que cela tienne à lui ; et celui-là connaît Dieu comme il faut, qui le connaît de façon égale.

Saint Bernard[6] dit : D'où vient que mon œil, et non pas mes pieds, connaisse le ciel ? Cela provient de ce que mon œil est plus égal au ciel que ne le sont mes pieds. L'âme doit-elle connaître Dieu, il lui faut alors être céleste. Qu'est-ce donc qui amène l'âme à connaître Dieu en elle et à savoir combien « proche » Dieu lui est ? Les maîtres disent que le ciel ne peut recevoir aucune impression étrangère ; aucune nécessité pénible ne peut s'imprimer en lui au point de le faire dévier [de son cours]. Ainsi doit être affermie et confirmée l'âme qui doit connaître Dieu, en sorte que rien ne puisse s'imprimer en elle, ni espérance ni crainte ni joie ni lamentations ni amour ni douleur ni rien qui puisse la faire dévier [d'elle-même].

Le ciel est aussi en tous ses confins également loin de la terre. Ainsi, aussi l'âme doit-elle être également loin de toutes choses terrestres, en sorte qu'elle ne soit pas plus proche de l'une que de l'autre. Parce qu'elle est âme noble, elle doit avoir une distance égale par rapport à toutes choses terrestres, par rapport à espérances, par rapport à joie et lamentations ; quoi qu'il

---

* *gebrechlicheit.*

en soit, cela doit lui être pleinement soustrait. Le ciel aussi est pur et clair sans aucune tache, sauf la lune. Les maîtres l'appellent une accoucheuse du ciel, l'[astre] le plus proche de la terre. Quant au ciel, ne le touchent ni lieu ni temps. Toutes choses corporelles là n'ont pas leur lieu ; et celui qui peut scruter totalement l'Ecriture, celui-là connaît aisément que le ciel n'a pas de lieu. Il n'est pas non plus dans le temps ; son cours est incroyablement rapide. Les maîtres[7] disent que son cours est hors temps ; plus : c'est de son cours que provient le temps. Il n'est rien qui entrave autant l'âme en la connaissance de Dieu que temps et lieu. Temps et lieu sont des fragments, et Dieu est Un. C'est pourquoi, l'âme doit-elle connaître Dieu, il lui faut le connaître au-dessus de temps et au-dessus de lieu ; car Dieu n'est ni ceci ni cela que sont ces choses multiples, car Dieu est Un. L'âme doit-elle connaître Dieu, elle ne doit lever les yeux nulle part dans le temps ; car aussi longtemps l'âme connaît-elle temps ou lieu ou quelque image de cette sorte, jamais elle ne peut connaître Dieu. Lorsque l'œil doit connaître la couleur, il lui faut être séparé de toute couleur. Un maître dit : L'âme doit-elle connaître Dieu, il lui faut n'avoir rien en commun avec rien. Qui connaît Dieu connaît que toutes les créatures ne sont rien. Lorsque l'on compare une créature à une autre, elle est belle ou au moins quelque chose ; mais lorsqu'on la compare à Dieu, elle n'est rien.

J'ai coutume de dire parfois : L'âme doit-elle connaître Dieu, il lui faut s'oublier elle-même et il lui faut se perdre elle-même ; se connaîtrait-elle elle-même, elle ne connaîtrait pas Dieu ; plutôt : elle se retrouve en Dieu. Pour autant qu'elle connaît Dieu, en lui elle se connaît elle-même et toutes choses dont elle s'est séparée. Dans la mesure où elle s'en est séparée, elle se connaît elle-même totalement. Dois-je connaître vraiment bonté, il me faut la connaître là où elle est bonté en elle-même, non là où bonté est partagée *. Dois-je connaître vraiment [l']être, il me faut le connaître là où [l']être est dans lui-même, non pas là où il est partagé, c'est-à-dire : en Dieu. Là elle connaît totalement [l']être. Tout comme, certes, j'ai dit naguère que dans un homme n'est pas l'humanité totale, car un homme n'est pas tous les hommes. Là, l'âme connaît l'humanité totale et toutes choses au plus élevé, car elle les connaît selon l'être. Un homme habiterait-il dans une maison qui serait joliment peinte qu'un autre qui n'y serait jamais entré pourrait bien en parler ; mais celui qui y a été, celui-là le sait. De cela je suis aussi sûr que de ce que je vis et de ce que Dieu vit : l'âme doit-elle connaître Dieu, il lui faut le connaître au-dessus de temps et au-dessus de lieu. Et l'âme qui parvient à cela et qui a ces cinq points ** connaît Dieu et sait combien est « proche le royaume de Dieu », c'est-à-dire : Dieu avec toute sa richesse, et c'est là « royaume de Dieu ».

---

* *geteilet* : c'est-à-dire dans les créatures.

** *stücke.* Il s'agit des différents « points » analysés ci-dessus par quoi l'on connaît que Dieu est proche : 1) quand je suis instruit de Dieu ; 2) quand je le rencontre également dans toutes les créatures ; 3) quand je mène une vie « céleste » ; 4) quand je vis au-dessus de l'espace et du temps ; 5) quand je m'oublie moi-même et connais toutes choses en Dieu.

Les maîtres se posent d'importantes questions à l'Ecole, sur le fait de savoir comment il est possible à l'âme qu'elle puisse connaître Dieu[8]. Cela ne tient pas à la justice ni à la sévérité de Dieu que d'exiger beaucoup de l'homme ; cela tient à sa grande magnanimité de vouloir que l'âme se dilate en sorte qu'elle puisse recevoir beaucoup et que Dieu puisse beaucoup lui donner.

Personne ne doit penser qu'il est difficile d'y parvenir, même si cela sonne de façon difficile et impressionnante. C'est bien vrai qu'au début c'est un peu difficile dans le détachement *. Mais lorsqu'on y parvient, alors jamais vie ne fut plus lumineuse et plus joyeuse et plus aimable ; et Dieu est très empressé à être en tout temps près de l'homme et à l'instruire pour l'amener jusque-là, pour autant que l'homme veuille le suivre. Jamais homme ne désira aucune chose autant que Dieu désire amener l'homme à le connaître. Dieu est toujours prêt, mais nous sommes bien peu disposés ; Dieu est proche de nous, mais nous sommes très loin de lui ; Dieu est à l'intérieur, mais nous sommes à l'extérieur ; Dieu est familier, mais nous sommes étrangers. Le prophète dit : Dieu conduit les justes par des chemins étroits vers une voie large[9], pour qu'ils parviennent à l'amplitude et à la largeur.

Pour que tous nous le suivions afin qu'il nous amène dans soi, là où nous le connaissons vraiment, qu'à cela Dieu nous aide. Amen.

---

* *in dem abescheidenne* : dans l'acte de se détacher.

Sermon 69

Modicum et jam non videbitis me

J'ai dit un mot en latin, que saint Jean écrit dans l'évangile qu'on lit en ce dimanche. Ce mot, Notre Seigneur l'a dit à ses disciples : « Encore un peu *, et bientôt vous ne me verrez pas [1]. »

Si petit que soit ce qui est attaché à l'âme **, nous ne voyons pas Dieu. Saint Augustin [2] demanda ce qu'est la vie éternelle, et il répondit et dit : Me demandes-tu ce qu'est vie éternelle, questionne et écoute la vie éternelle elle-même. Personne ne sait mieux ce qu'est la chaleur que celui qui a la chaleur ; personne ne sait mieux ce qu'est la sagesse que celui qui a la sagesse ; personne ne sait mieux ce qu'est vie éternelle que la vie éternelle elle-même. Or la vie éternelle, Notre Seigneur Jésus Christ dit : « C'est là vie éternelle que l'on te connaisse [comme l'] unique seul vrai Dieu [3]. » Qui connaîtrait Dieu de loin comme dans un intermédiaire ou dans un nuage, celui-là ne se séparerait pas de Dieu un instant pour tout ce

---

* *ein kleine oder ein wênic* : un peu ou un petit peu.

** *daz an der sêle haftet* : ce qui adhère à l'âme.

monde-ci. Que pensez-vous alors, celui qui voit Dieu sans intermédiaire, combien c'est grand ! Or Notre Seigneur dit : « Chose de peu et chose infime, et aussitôt vous ne me voyez pas. » Toutes les créatures que Dieu jamais créa ou pourrait encore créer s'il le voulait, tout cela est chose de peu et chose infime en regard de Dieu. Le ciel est si grand et si ample que vous le dirais-je vous ne le croiriez pas. Qui prendrait une aiguille et en toucherait le ciel avec la pointe, ce que la pointe de l'aiguille saisirait du ciel serait plus grand en regard du ciel et de tout ce monde-ci que le ciel et ce monde-ci en regard de Dieu[4]. C'est pourquoi il est fort bien dit : « Chose de peu ou chose infime, et vous ne me voyez pas. » Aussi longtemps brille en toi quelque chose de la créature, tu ne vois pas Dieu, si petit que ce soit. C'est pourquoi l'âme dit, dans le Livre de l'Amour : « J'ai couru tout alentour et ai cherché celui que mon âme aime, et je ne l'ai pas trouvé[5]. » Elle trouva des anges et bien des choses, mais elle ne trouva pas celui que son âme aimait[6]. Elle dit : « Après que j'eus passé outre d'un peu ou d'un empan, j'ai trouvé celui que mon cœur aime », juste comme si elle disait : Lorsque j'eus enjambé toutes les créatures, ce qui est « un peu ou un empan », « alors je trouvai celui que mon cœur aime ». L'âme qui doit trouver Dieu, il lui faut enjamber et passer outre toutes créatures.

Or sachez que Dieu aime l'âme si fortement que c'est miracle. Qui priverait Dieu de cela, en sorte qu'il n'aimerait pas l'âme, il le priverait de sa vie et de son être, ou il tuerait Dieu, si l'on devait parler ainsi ; car cet amour même avec lequel Dieu aime l'âme, c'est là sa vie, et dans ce même amour fleurit pour nous le Saint Esprit, et ce même amour est le Saint Esprit[7]. Etant donné que Dieu aime l'âme aussi fortement, il faut que l'âme soit une aussi grande chose.

Un maître dit dans le Livre de l'âme : « N'y aurait-il aucun intermédiaire, l'œil verrait une fourmi ou une mouche au ciel » ; et il dit vrai, car il a en vue le feu et l'air et bien des choses qui sont entre le ciel et les yeux. Un autre maître dit : « N'y aurait-il aucun intermédiaire, mon œil ne verrait rien[8]. » Tous deux ont une opinion vraie.

Le premier dit : « N'y aurait-il aucun intermédiaire, l'œil verrait une fourmi dans le ciel » ; et son opinion est vraie. N'y aurait-il aucun intermédiaire entre Dieu et l'âme, immédiatement elle verrait Dieu, car Dieu n'a pas d'intermédiaire ; il ne peut non plus souffrir aucun intermédiaire. L'âme serait-elle pleinement dénudée et dégagée * de tout intermédiaire, Dieu pour elle serait dénudé et dégagé et se donnerait à elle pleinement. Aussi longtemps que l'âme n'est pas dénudée et dégagée de tout intermédiaire, si petit qu'il soit, elle ne voit pas Dieu ; et y aurait-il quelque chose en fait d'intermédiaire entre corps et âme, ne fût-ce que de l'épaisseur d'un cheveu, jamais il n'y aurait là d'union véritable **. Si cela est vrai en choses corporelles, bien plus vrai est-ce en choses spirituelles. Boèce[9] dit : « Veux-tu connaître limpidement la vérité, dépose joie et peine, crainte et

---

* *entdecket* : délivrée de tout ce qui la recouvre.

** *rehtiu einunge* : de juste union, d'union exacte.

confiance ou espérances.» Joie et peine, c'est un intermédiaire, crainte et confiance : tout cela est un intermédiaire. Aussi longtemps tu considères cela et cela en retour te considère, tu ne vois pas Dieu.

L'autre maître dit : «N'y aurait-il aucun intermédiaire, mon œil ne verrait rien.» Que je pose ma main sur mon œil, je ne vois pas la main. Que je l'élève devant moi, aussitôt je la vois. Cela vient de la grossièreté qui est en la main ; et c'est pourquoi il faut que cela soit purifié et affiné dans l'air et dans la lumière, et porté dans mon œil en tant qu'image. Ce que vous notez à propos du miroir : l'élèves-tu devant toi, alors ton image apparaît dans le miroir. L'œil et l'âme sont un miroir tel qu'y apparaît tout ce qui se trouve devant. C'est pourquoi je ne vois pas la main ou la pierre, plutôt : je vois une image de la pierre. Mais cette même image, je ne la vois pas dans une autre image ou dans un intermédiaire, plutôt : je la vois sans intermédiaire et sans image, car l'image est cet intermédiaire et non un autre intermédiaire, et telle en est la raison : parce que image est sans image et courir sans courir ; il [= le courir] produit bien le courir ; et grandeur est sans grandeur, plutôt : elle produit grandeur. C'est ainsi aussi qu'image [est] sans image, parce qu'elle ne se trouve pas vue dans une autre image. La Parole éternelle est l'intermédiaire et l'intermédiaire même qui là est sans intermédiaire et sans image, pour que dans la Parole éternelle l'âme saisisse Dieu et connaisse sans intermédiaire et sans image.

Une puissance est dans l'âme, c'est l'intellect. D'origine, lorsqu'elle [= cette puissance] a conscience de

Dieu et le goûte, elle a en elle cinq propriétés. La première est qu'elle se sépare d'ici et de maintenant. La seconde, qu'elle n'est égale à rien. La troisième, qu'elle est limpide et non mélangée. La quatrième, qu'en elle-même elle opère et cherche. La cinquième, qu'elle est une image.

En premier lieu : elle [= cette puissance] se sépare d'ici et de maintenant. Ici et maintenant signifient lieu et temps. Maintenant, c'est la part la plus minime du temps ; ce n'est ni un fragment du temps ni une partie du temps : c'est bien plutôt un goût du temps et une pointe du temps et un terme * du temps. Pourtant, si petit soit-il, il lui faut disparaître ; tout ce qui touche le temps ou le goût du temps, il faut que tout cela disparaisse. D'autre part : elle se sépare du ici. Ici signifie « lieu ». Le lieu où je me tiens est bien petit. Si petit soit-il, il lui faut pourtant disparaître si l'on doit voir Dieu.

En second lieu : qu'elle [= cette puissance] n'est égale à rien. Un maître dit : Dieu est un être auquel rien n'est égal et ne peut non plus devenir égal. Or saint Jean dit : « Nous serons appelés enfants de Dieu [10]. » Devons-nous donc être enfants de Dieu, il nous faut lui être égaux. Comment donc le maître dit-il : Dieu est un être auquel rien n'est égal ? Cela, entendez-le ainsi ! Dans la mesure où cette puissance n'est égale à rien, elle est égale à Dieu. Exactement comme Dieu n'est égal à rien, cette puissance non plus n'est égale à rien. Sachez-le, toutes les créatures pourchassent et opèrent par nature dans le dessein

---

* *ein ende* : un point final.

d'être égales à Dieu. Le ciel ne déploierait pas son cours s'il ne recherchait Dieu ou quelque chose qui ressemble à Dieu[11]. Dieu ne serait-il pas en toutes choses que la nature n'opérerait ni ne désirerait rien en aucune chose ; car, que cela te soit joie ou peine, que tu le saches ou que tu ne le saches pas : secrètement pourtant, dans le plus intime, la nature recherche ou vise Dieu[12]. Jamais il n'y aurait un homme ayant tellement soif que, si quelqu'un lui donnait à boire, il ne le désirât point, à moins qu'il n'y ait pas là quelque chose de Dieu. La nature ne vise ni manger, ni boire, ni vêtements, ni confort, ni rien de rien en toutes choses si Dieu n'était pas en cela ; elle cherche secrètement et pourchasse et aspire toujours à y trouver Dieu.

En troisième lieu : qu'elle [= cette puissance] est limpide et non mélangée. Nature de Dieu est de ne pouvoir souffrir aucun mélange ni alliage. Ainsi aussi cette puissance n'a-t-elle aucun mélange ni alliage ; car il n'est rien d'étranger en elle, rien d'étranger ne peut tomber en elle. Dirais-je à un bel homme qu'il est pâle ou noir, je lui ferais tort. L'âme doit être pleinement sans mélange. Qui accrocherait quelque chose à ma cape ou placerait quelque chose dessus, celui alors qui tirerait cette cape tirerait tout cela en même temps. Lorsque je m'en vais d'ici, tout ce qui est en moi vient avec moi. Ce en quoi l'esprit est enraciné ou fixé, qui l'enlève enlève en même temps l'esprit. L'homme qui ne serait enraciné nulle part et ne serait fixé à rien, s'il se trouvait que quelqu'un mette ciel et terre en mouvement, demeurerait immobile, car il ne serait fixé en rien et rien ne serait fixé à lui.

En quatrième lieu : qu'elle [= cette puissance] est toujours en recherche intérieurement. Dieu est un être tel que toujours il demeure dans le plus intérieur. C'est pourquoi intellect est toujours intérieurement en recherche. Mais la volonté sort vers ce qu'elle aime. Ainsi : mon ami viendrait-il chez moi, ma volonté, avec son amour, s'épanche sur lui, et cela lui suffit. Or saint Paul dit : « Nous connaîtrons Dieu comme nous sommes connus [13]. » Saint Jean dit : « Nous connaîtrons Dieu tel qu'il est [14]. » Dois-je être colorié, je dois avoir en moi ce qui relève de la couleur. Jamais je ne serais colorié si je n'avais l'essence de la couleur en moi. Jamais je ne puis voir Dieu si ce n'est dans cela même en quoi Dieu se voit intérieurement. C'est pourquoi saint Paul dit : « Dieu demeure dans une lumière à laquelle il n'est pas d'accès [15]. » Que personne ne renonce pour autant ! Certes, on se trouve sur le chemin ou dans l'accès, et c'est bien ; mais c'est loin de la vérité, car ce n'est pas Dieu [16].

En cinquième lieu : c'est une image. Eh bien, notez maintenant avec zèle et gardez-le bien ; en cela vous avez mon sermon pleinement : image et image sont tellement Un et ensemble que l'on ne peut y entendre aucune différence. On entend bien le feu sans la chaleur et la chaleur sans le feu. On entend bien le soleil sans la lumière et la lumière sans le soleil. Mais l'on ne peut entendre qu'il y ait une différence entre image et image. Je dis plus : Dieu, avec sa toute-puissance, ne peut entendre là de différence, car cela est né ensemble et cela meurt ensemble. Lorsque meurt mon père, je ne meurs pas pour autant. Lorsqu'il meurt, on ne peut plus dire : « Il est son fils », on dit plutôt : « Il était son fils. » Si l'on peint le mur en blanc, il est, en ce qu'il est blanc, égal à toute blancheur. Mais si on le peignait en noir, il serait mort à toute blancheur. Voyez, il en est de même ici : l'image formée selon Dieu disparaîtrait-elle, alors disparaîtrait aussi l'image de Dieu. Je veux dire un mot : disons deux ou trois. Maintenant entendez-moi bien ! Intellect regarde à l'intérieur et fait sa percée dans tous les arcanes de la déité et saisit le Fils dans le cœur du Père et dans le fond et le place dans son [propre] fond. Intellect s'empresse vers l'intérieur ; ne lui suffisent ni bonté, ni sagesse, ni vérité, ni Dieu lui-même *. Oui, en bonne vérité, Dieu ne lui suffit pas plus qu'une pierre ou un arbre. Il ne se repose jamais ; il s'engouffre dans le fond **, d'où jaillissent *** bonté et vérité, et le **** prend *in principio*, dans l'origine, d'où sont sorties vérité et bonté, avant que cela n'ait jamais reçu nom, avant qu'il ne jaillisse, dans un fond bien plus élevé que ne le sont bonté et sagesse. Mais à sa sœur, la volonté, Dieu suffit bien en tant qu'il est bon. Quant à l'intellect, il sépare tout cela et entre à l'intérieur et fait sa percée

---

* Entendons : ni l'Esprit (bonté), ni le Verbe (sagesse), ni le Père (vérité), ni même la déité (Dieu lui-même).

** *si brichet in den grunt.*

*** *ûzbrichet.*

**** *ez* : ce pronom neutre désigne l'être ou le fond de la déité.

dans les racines, là où le Fils jaillit au-dehors et où verdoie le Saint Esprit.

Pour que nous comprenions cela et soyons éternellement bienheureux, que nous viennent en aide le Père et le Fils et le Saint Esprit. Amen.

Sermon 70

Modicum et non videbitis me etc.

Notre Seigneur dit à ses disciples : « Encore un peu, un temps infime, et vous ne me verrez pas ; mais un peu de temps, et vous me verrez. » Les disciples dirent : « Nous ne savons pas ce qu'il dit. » C'est cela qu'écrit saint Jean, qui était présent. Comme Notre Seigneur voyait leur cœur, il dit : « Un peu de temps, et vous me verrez, et votre cœur se réjouira ; cette joie ne vous sera jamais enlevée[1]. »

Or Notre Seigneur dit : « Un peu de temps, et vous ne me verrez pas. » Les meilleurs maîtres disent que le noyau de la béatitude réside dans la connaissance[2]. Un grand clerc vint récemment à Paris, il était opposé à cela et cria et s'agita beaucoup. Alors un autre maître parla bien mieux que tous ceux qui à Paris enseignaient le mieux : « Maître, vous criez et vous vous agitez énormément ; s'il n'y avait la parole de Dieu dans le saint évangile, alors vous crieriez et vous vous agiteriez beaucoup [à bon droit]. » Connaissance touche nuement ce qu'elle connaît. Notre Seigneur dit : « C'est là la vie éternelle que l'on te connaisse toi seul comme vrai Dieu[3]. » Accomplissement de la béatitude réside en ces deux : en connaissance et en amour *.

Or il dit : « Un peu de temps, et vous ne me verrez pas. » En cela résident quatre sens qui tous sonnent presque égaux et portent néanmoins grande différence. « Un peu de temps, et vous ne me verrez pas. » Il faut que toutes choses soient petites en vous et comme rien. J'ai dit parfois ce que dit Augustin[4] : « Lorsque saint Paul ne vit rien, alors il vit Dieu. » Or je retourne cette parole, et c'est bien mieux, et dis : « Quand il ne vit rien, alors il vit Dieu. » C'est là le premier sens de cette parole.

Le second sens est : si tout ce monde et tout ce temps ne deviennent pas petits en vous, vous ne verrez pas Dieu. Saint Jean dit dans l'Apocalypse : « L'ange jura par la vie éternelle qu'il n'y aurait plus de temps[5]. » Saint Jean dit ouvertement que « le monde fut créé par lui, et qu'il ne l'a pas connu[6] ». Même un maître païen dit que ce monde et ce temps sont petits. Si vous ne passez pas au-delà de ce monde et de [ce] temps, vous ne verrez pas Dieu. « Un peu de temps, et vous ne me verrez pas. »

Le troisième sens est : aussi longtemps quelque chose colle à l'âme, si petit que cela soit, péché ou apparenté au péché, alors vous ne verrez pas Dieu. Les maîtres disent que le ciel ne reçoit aucune impression étrangère[7]. Il y a beaucoup de cieux ; cha-

* Dans les querelles menées en son temps, Maître Eckhart tient pour la suprématie de la connaissance sur l'amour. Mais, de façon plus fondamentale, il évoque ici l'égalité des deux et leur congruence plénière.

cun a son esprit et son ange, qui lui est ordonné. Devrait-il opérer en un autre ciel auquel il n'est pas ordonné qu'il ne le pourrait pas. Un clerc dit : « Je voudrais que votre âme soit dans mon corps. » Je dis alors : « En vérité, elle y serait [comme] une folle, car elle ne pourrait rien là, et votre âme ne pourrait rien dans mon corps. » Aucune âme ne peut opérer en aucun corps, à moins qu'elle n'y soit ordonnée. L'œil ne souffre rien d'étranger en lui. Un maître dit : « N'y aurait-il aucun intermédiaire, on ne verrait rien[8]. » Dois-je voir la couleur au mur, il faut qu'elle soit rendue subtile dans la lumière et dans l'air et son image * portée dans mon œil. Saint Bernard[9] dit : L'œil est égal au ciel ; il reçoit dans soi le ciel. Cela, l'oreille ne le fait pas ; elle ne s'entend pas, et la langue ne se goûte pas. En second lieu : l'œil est configuré de façon ronde, comme le ciel. En troisième lieu : il se tient élevé, comme le ciel. C'est pourquoi l'œil reçoit l'impression de la lumière car elle a une propriété du ciel. Le ciel ne reçoit aucune impression étrangère. Le corps reçoit bien impression étrangère, et l'âme reçoit bien également impression étrangère aussi longtemps qu'elle opère dans le corps. L'âme doit-elle connaître quelque chose qui est extérieur à elle, comme un ange, si limpide cela soit-il, il lui faut le faire par le moyen d'une petite image sans image. Ainsi faut-il aussi que l'ange, s'il doit connaître un autre ange ou quelque chose qui est au-dessous de Dieu, il lui faut le faire par le moyen d'une petite image sans image, non pas comme ici-bas sont les

* *glîchnisse*. Cf. Albert le Grand, *De anima* II tr. 3 c. 14.

images. Mais il se connaît lui-même sans chose « petite » et sans image et sans comparaison. Ainsi l'âme se connaît-elle aussi elle-même sans chose « petite » ni image et sans comparaison, sans aucun intermédiaire. Dois-je aussi connaître Dieu, il faut que cela advienne sans image et sans aucun intermédiaire. Les meilleurs maîtres disent que l'on connaît Dieu sans intermédiaire. Ainsi l'ange connaît-il Dieu comme il se connaît lui-même, sans image et sans chose « petite ». Dois-je connaître Dieu sans intermédiaire et sans image et sans comparaison, il faut alors que Dieu se trouve très proche de moi et moi très proche de Dieu, à ce point Un qu'avec lui j'opère, et que je n'opère pas seulement avec lui et que lui me seconde, plutôt : j'opère par ce qui est mien. J'opère avec lui de façon aussi propre que mon âme opère avec mon corps. Cela nous est très consolant, et n'aurions-nous rien d'autre que cela devrait nous exciter à aimer Dieu.

Le quatrième sens est pleinement contraire à ces trois. L'on doit être grand et hautement éminent si l'on doit voir Dieu. La lumière du soleil est petite en regard de la lumière de l'intellect, et l'intellect est petit en regard de la lumière de la grâce. Grâce est une lumière qui plane au-dessus et surplombe tout ce que Dieu jamais créa ou pourrait créer. La lumière de la grâce, si grande soit-elle, est pourtant petite en regard de la lumière divine. Notre Seigneur gourmanda ses disciples et dit : « En vous il est encore une lumière petite[10]. » Ils n'étaient pas sans lumière ; mais elle était petite. Il faut s'élever et devenir grand dans la grâce. Aussi longtemps on croît dans la grâce, alors c'est [encore] grâce et c'est petit, ce en quoi on connaît Dieu de loin. Mais lorsque la grâce se trouve accomplie au plus haut point, ce n'est plus grâce ; c'est une lumière divine où l'on voit Dieu. Saint Paul dit : « Dieu demeure et demeure- intérieurement dans une lumière à laquelle il n'est pas d'accès [11]. » Là il n'est point d'accès, là est [seulement] un parvenir-à. Moïse dit : « Jamais homme n'a vu Dieu [12]. » Aussi longtemps que nous sommes hommes et aussi longtemps que quelque chose d'humain vit en nous et que nous sommes dans un accès, nous ne voyons pas Dieu ; il nous faut être portés vers le haut et transportés dans un limpide repos, et ainsi voir Dieu. Saint Jean dit : « Nous devons connaître Dieu exactement comme Dieu se connaît soi-même [13]. » Propriété de Dieu est qu'il se connaît soi-même sans rien de « petit » et sans ceci ni cela. Ainsi l'ange connaît-il Dieu comme il se connaît soi-même. Saint Paul dit : « Nous connaîtrons Dieu comme nous sommes connus [14]. » Or je dis : « Nous le connaîtrons exactement comme il se connaît soi-même » dans le reflet * qui est seule image de Dieu et de la déité, de la déité en tant seulement qu'elle est le Père. C'est exactement dans la mesure où nous sommes égaux à cette image que, dans cette image, toutes les images se sont épanchées et abandonnées, et dans cette image sont reflétées et portées à l'intérieur de façon égale dans l'image du Père, dans la mesure où il connaît cela en nous, dans cette mesure nous le connaissons comme il se connaît soi-même.

---

* *widerbilde.* Dans le Fils, « reflet » de la gloire du Père.

Or il dit : « Un peu de temps, et vous ne me verrez pas ; mais un peu de temps, et vous me verrez. » Notre Seigneur dit : « C'est là la vie éternelle que nous te connaissions toi seul [comme] Un vrai Dieu[15]. »

Pour que nous parvenions à cette connaissance, qu'à cela Dieu nous aide. Amen.

Sermon 71

Surrexit autem Saulus de terra apertisque oculis nihil videbat

Cette parole que j'ai dite en latin, c'est celle qu'écrit saint Luc dans les Actes à propos de saint Paul, et il dit donc : « Paul se releva de terre, et les yeux ouverts il ne vit rien [1]. »

Il me semble que ce petit mot a quatre sens. L'un de ces sens est : quand il se releva de terre, les yeux ouverts il ne vit rien, et ce néant était Dieu ; car, lorsqu'il vit Dieu, il l'appelle un néant. L'autre sens : quand il se releva, il ne vit rien que Dieu. Le troisième : en toutes choses il ne vit rien que Dieu. Le quatrième : quand il vit Dieu, il vit toutes choses comme un néant [2].

Auparavant il a rapporté comment une lumière vint soudainement du ciel et le terrassa à terre. Or prêtez attention au fait qu'il dit qu'une lumière vint du ciel. Nos meilleurs maîtres disent que le ciel a en soi-même de la lumière et que pourtant il ne brille pas [3]. Le soleil a aussi de la lumière en lui-même et brille. Les étoiles ont aussi de la lumière, même si elle vient à elles [4]. Nos maîtres disent : Le feu, en sa simple limpidité naturelle, en son lieu suprême, ne brille pas. Sa nature est si limpide qu'aucun œil d'aucune façon ne saurait le percevoir. Il est si subtil et si étranger à l'œil que, serait-il ici-bas près de l'œil, celui-ci ne saurait le toucher par la vue. Mais en une chose étrangère on le voit aisément, là où il embrase du bois ou du charbon.

Par la lumière du ciel nous faisons l'expérience de la lumière qu'est Dieu, que le sens d'aucun homme ne saurait atteindre. C'est pourquoi saint Paul dit : « Dieu habite dans une lumière à laquelle personne ne saurait parvenir[5]. » Il dit : Dieu est une lumière à laquelle il n'est pas d'accès[6]. A Dieu il n'est nul accès. Celui qui en est encore à s'élever et à croître en grâce et en lumière, celui-là n'est jamais encore parvenu en Dieu. Dieu n'est pas une lumière qui croît : il faut pourtant en croissant parvenir jusque-là. Dans la croissance même, on ne voit rien de Dieu. Dieu doit-il être vu, il faut que cela advienne dans une lumière que Dieu est lui-même. Un maître dit : En Dieu il n'y a pas de moins et plus, ni de ceci et cela. Aussi longtemps nous sommes dans l'accès, nous ne parvenons pas jusque-là.

Or il dit : « Une lumière du ciel l'enveloppa[7]. » Par là il veut dire : tout ce qui était de son âme, cela fut saisi. Un maître dit que dans cette lumière toutes les puissances de l'âme bondissent et que s'élèvent les sens extérieurs par lesquels nous voyons et entendons, et les sens intérieurs que nous nommons pensées : à quel point elles sont amples et à quel point insondables, c'est merveille. Je puis tout aussi aisément penser à ce qui est au-delà des mers qu'ici même auprès de moi. Au-delà des pensées il y a l'intellect, en tant qu'il est encore en recherche. Il va deci de-là et cherche ; il lorgne ici et là, il en prend et il en laisse. Par-delà l'intellect qui là est en recherche, il est un autre intellect qui là ne cherche pas, qui là se tient dans son être simple limpide, qui là est saisi dans cette lumière. Et je dis que dans cette lumière toutes les puissances de l'âme s'élèvent. Les sens s'élancent dans les pensées : combien élevées et combien insondables elles sont, personne ne le sait que Dieu et l'âme *.

Nos maîtres disent, et c'est là une question ardue, que les anges ne savent rien des pensées aussi longtemps qu'elles ne viennent au-dehors et que les pensées ne s'élancent ensuite dans l'intellect en tant qu'il est l'intellect qui est en recherche, et que l'intellect qui là est en recherche s'élance dans l'intellect qui là n'est pas en recherche, qui là est une lumière limpide en lui-même. La lumière saisit en elle toutes les puissances de l'âme. C'est pourquoi il dit : « La lumière du ciel l'enveloppa. »

Un maître dit : Toutes les choses dont procède un flux ne reçoivent rien des choses inférieures. Dieu flue en toutes les créatures, et il demeure pourtant intouché d'elles toutes. Il n'a pas besoin d'elles. Dieu donne à la nature d'opérer, et la première œuvre est le cœur. C'est pourquoi certains maîtres voulurent

---

* Eckhart énonce ici la parfaite « ordonnance de l'âme », le développement de la connaissance depuis les sens jusqu'à l'intellect. L'intellect qui est en recherche et l'intellect qui ne l'est plus traduisent l'articulation qu'en d'autres textes Eckhart institue entre l'entendement et l'intellect comme tel.

que l'âme soit entièrement dans le cœur et flue en puissance de vie dans les autres membres. Il n'en est pas ainsi. L'âme est entièrement dans chacun des membres. C'est bien vrai : sa première œuvre est dans le cœur. Le cœur se trouve au centre ; il veut être protégé de toutes parts, tout comme le ciel n'a pas d'influx étranger et ne reçoit de rien. Il a toutes choses en lui ; il atteint toutes choses et il demeure intouché. Jusqu'au feu, si élevé soit-il en son lieu suprême, il ne touche pourtant pas le ciel.

Dans cet enveloppement de lumière il fut jeté à terre, et ses yeux furent ouverts de sorte que, les yeux ouverts, il vit toutes choses comme néant[8]. Et lorsque toutes les choses il vit comme un néant, alors il vit Dieu. Or prêtez attention ! C'est un petit mot que dit l'âme dans le Livre de l'amour : « Sur ma couchette j'ai cherché toute la nuit celui qu'aime mon âme, et ne le trouvai point[9]. » Elle le cherchait sur sa couchette ; elle veut dire par là : celui qui est attaché ou suspendu à chose qui est au-dessous de Dieu, sa couche est trop étroite. Tout ce que Dieu peut créer est trop étroit. Elle dit : « Je l'ai cherché toute la nuit. » Il n'est point de nuit qui n'ait une lumière : mais elle est recouverte. Le soleil brille dans la nuit, mais il est recouvert. Il brille durant le jour et recouvre toutes autres lumières. Ainsi fait la lumière divine : elle recouvre les autres lumières. Tout ce que nous cherchons dans les créatures, tout cela est nuit. C'est cela que je pense : tout ce que nous cherchons en quelque créature que ce soit, tout cela est ombre et est nuit. Même la lumière de l'ange le plus élevé, si sublime soit-elle, ne touche pourtant l'âme en rien. Tout ce qui n'est pas la prime lumière, tout cela est obscurité et est nuit. C'est pourquoi elle ne trouve pas Dieu. « Alors je me levai et cherchai alentour et parcourus vastes étendues et passes étroites. Là me trouvèrent les veilleurs — c'étaient les anges — et je leur demandai s'ils n'avaient pas vu celui qu'aime mon âme », et ils se turent ; peut-être ne pouvaient-ils pas le nommer. « Lorsque j'allai un peu plus loin, je le trouvai[10] », celui que je cherchais. Le peu et le minime qui l'empêchaient de le trouver, j'en ai déjà parlé : à qui ne sont pas petites et comme un néant toutes les choses éphémères, celui-là ne trouve pas Dieu. C'est pourquoi elle dit : « Lorsque j'allai un peu plus loin, je le trouvai », celui que je cherchais. Lorsque Dieu se forme et s'épanche dans l'âme, si tu le prends alors comme une lumière ou comme un être ou comme un bien, tu ne connais encore rien de lui, ce n'est pas Dieu. Voyez, le « minime » on doit le dépasser et on doit retrancher tous les ajouts et connaître Dieu comme Un. C'est pourquoi elle dit : « Lorsque j'allai un peu plus loin, je le trouvai, celui qu'aime mon âme. »

Nous disons bien souvent : « Celui qu'aime mon âme ». Pourquoi dit-elle : « Celui qu'aime mon âme » ? Or il est certes très au-dessus de l'âme, et elle ne le nomma pas, celui qu'elle aimait. Il est quatre raisons pour quoi elle ne le nomma pas. L'une de ces raisons est que Dieu est sans nom. Eût-elle dû lui donner un nom, il eût fallu le déterminer par la pensée. Dieu est au-dessus de tout nom ; personne ne peut aller si loin qu'il puisse désigner Dieu. L'autre raison pour laquelle elle ne lui donna pas de nom, c'est : lorsque l'âme flue complètement avec amour en Dieu, elle ne sait rien d'autre qu'amour. Elle s'imagine que tout le monde le connaît comme elle. Elle s'étonne de ce que quelqu'un connaisse autre chose que Dieu seul. La troisième raison : elle n'avait pas assez de temps pour le nommer. Elle ne peut se détourner aussi longtemps de l'amour ; elle ne saurait proférer d'autre mot qu'amour. La quatrième raison : peut-être s'imaginait-elle qu'il n'a autre nom qu'amour ; avec l'amour elle énonce tous les noms. C'est pourquoi elle dit : « Je me levai et parcourus vastes étendues et passes étroites. Lorsque j'allai un peu plus loin, je trouvai » celui que je cherchais.

« Paul se releva de terre et, les yeux ouverts, il ne vit rien. » Je ne saurais voir ce qui est Un. Il ne vit rien, c'était Dieu. Dieu est un néant et Dieu est un quelque chose. Ce qui est quelque chose, cela est aussi néant. Ce qu'est Dieu, il l'est pleinement. C'est pourquoi Denys[11] le lumineux dit, lorsqu'il écrit sur Dieu, il dit : Il est par-delà être, par-delà vie, par-delà lumière ; il ne lui attribue ni ceci ni cela, et il veut dire qu'il est on ne sait quoi qui est très loin par-delà. Untel voit-il quelque chose ou quelque chose tombe-t-il dans ta connaissance, ce n'est pas Dieu ; ce ne l'est pas pour la raison qu'il n'est ni ceci ni cela. Celui qui dit que Dieu est ici ou là, celui-là ne le croyez pas. La lumière que Dieu est, elle brille dans les ténèbres. Dieu est une vraie lumière ; celui qui doit la voir, il lui faut être aveugle et il lui faut tenir Dieu à l'écart de tout quelque chose. Un maître dit : Celui qui parle de Dieu par comparaison quelconque, il parle de lui de façon non limpide[12]. Quant à celui qui parle de Dieu par rien, celui-là parle de lui de façon appropriée. Lorsque l'âme parvient dans l'Un et qu'elle entre là dans un limpide rejet d'elle-même, alors elle trouve Dieu comme dans un néant. Il parut à un homme, comme dans un rêve — c'était un rêve éveillé —, qu'il était gros de néant comme une femme avec un enfant, et dans le néant Dieu naquit; il était le fruit du néant. Dieu naquit dans le néant*. C'est pourquoi il dit : « Il se releva de terre et, les yeux ouverts, il ne vit rien. » Il vit Dieu, où toutes les créatures sont néant. Il vit toutes les créatures comme un néant, car il a en lui l'être de toutes les créatures. Il est un être qui tous les êtres a en lui.

Il veut dire une autre chose [encore] lorsqu'il dit : « Il ne vit rien. » Nos maîtres disent : Celui qui connaît quelque chose des choses extérieures, il faut que quelque chose tombe sur lui, au moins une impression. Si je veux prendre une image d'une chose, par exemple d'une pierre, je tire en moi le plus grossier; je le prélève de l'extérieur. Mais quand il est dans le fond de mon âme, il est là au plus élevé et au plus noble; là il n'est rien qu'une image. En tout ce que mon âme connaît de l'extérieur, quelque chose d'étranger tombe en elle; en tout ce que des créatures je connais en Dieu, ne tombe là en moi rien que Dieu seul, car en Dieu il n'est rien que Dieu[13].

---

* Echo probable d'une expérience de Maître Eckhart, qui exprime ainsi la *co-naissance* de Dieu et de l'homme dans ce détachement.

Pour autant que je connais toutes les créatures en Dieu, je ne connais rien. Il vit Dieu, où toutes les créatures ne sont rien.

En troisième lieu, pourquoi il ne vit rien : rien, c'était Dieu. Un maître dit : Toutes les créatures sont en Dieu comme un néant, car il a l'être de toutes les créatures en lui. Il est un être qui a en lui tous les êtres. Un maître dit que rien n'est en dessous de Dieu, si proche soit-il de lui, en quoi ne tombe quelque chose [d'étranger]. Un maître dit qu'un ange se connaît lui-même et connaît Dieu sans intermédiaire. Tout ce qu'il connaît d'autre, là tombe quelque chose d'étranger ; c'est encore une impression, si petite soit-elle. Devons-nous connaître Dieu, il faut que cela se fasse sans intermédiaire ; rien d'étranger ne peut tomber là. Si nous connaissons Dieu dans cette lumière, il faut que ce soit de façon propre et tournée vers l'intérieur, sans aucune incursion de choses créées quelles qu'elles soient. Alors nous connaissons la vie éternelle sans aucun intermédiaire *.

Quand il ne vit rien, il vit Dieu. La lumière que Dieu est flue au-dehors et rend toute lumière obscure. La lumière dans laquelle Paul vit là, dans cette lumière il vit Dieu, rien de plus. C'est pourquoi Job dit : « Il commande au soleil qu'il ne brille pas, et

---

* Devons-nous connaître Dieu tel qu'il est, nous ne le pouvons qu'en lui et par lui, ce que signifie justement le « sans intermédiaire ». Il n'est donc ici aucune dépréciation morale ni ontologique de la créature, mais l'affirmation qu'en Dieu elle n'est rien d'autre que Dieu.

a enfermé sous lui les étoiles comme sous un sceau [14]. » Du fait qu'il fut enserré par la lumière, il ne vit rien d'autre ; car tout ce qui était à l'âme était pris et était préoccupé par la lumière qui est Dieu, de telle sorte qu'il ne pouvait percevoir rien d'autre. Et ce nous est un bon enseignement ; car, si nous sommes pris par Dieu, nous sommes peu pris par l'extérieur.

La quatrième raison pourquoi il ne vit rien : la lumière qu'est Dieu ne contient aucun mélange, aucun mélange ne tombe en elle. C'était un signe de ce qu'il vit la vraie lumière que là il n'y a rien. Par la lumière il ne veut dire rien d'autre que ceci, les yeux ouverts il ne vit rien. En cela qu'il ne vit rien, il vit le néant divin. Saint Augustin [15] dit : Quand il ne vit rien, alors il vit Dieu. [Saint Paul dit :] Celui qui ne voit rien d'autre et est aveugle, celui-là voit Dieu. C'est pourquoi saint Augustin [16] dit : Etant donné que Dieu est une vraie lumière et un soutien de l'âme et est plus proche d'elle que l'âme d'elle-même : quand l'âme s'est détournée de toutes les choses devenues, il faut nécessairement que Dieu luise et brille en elle. L'âme ne saurait avoir amour ni angoisse sans savoir pourquoi. Lorsque l'âme ne sort pas vers les choses extérieures, elle est rentrée chez soi et habite dans sa lumière limpide simple. Là elle n'aime ni n'a angoisse ni peur. La connaissance est une base assurée et un fondement de tout être. Amour ne saurait être attaché à rien d'autre qu'à la connaissance. Lorsque l'âme est aveugle et ne voit rien d'autre, elle voit Dieu, et il faut nécessairement qu'il en soit ainsi. Un maître [17] dit : L'œil dans sa plus grande limpidité, de ce qu'il ne contient aucune couleur il voit toute couleur ; non seulement parce qu'en lui-même il est dénué de toute couleur, plus : parce qu'il est dans le corps, il lui faut être sans couleur si l'on doit connaître la couleur. Ce qui est sans couleur, on voit là toute couleur, serait-ce même en bas, aux pieds. Dieu est un être tel qu'en lui il porte les autres êtres. Dieu doit-il être connu de l'âme, elle doit alors être aveugle. C'est pourquoi il dit : « Il vit » le « néant », de sa lumière sont toutes les autres lumières, de son être sont tous les autres êtres. C'est pourquoi la fiancée dit au Livre de l'amour : « Lorsque j'allai un peu plus loin, je trouvai celui qu'aime mon âme [18]. » Le « peu » au-delà de quoi elle alla, c'étaient toutes les créatures. Qui ne les repousse pas ne trouve pas Dieu. Elle veut dire aussi : si infime, si limpide soit ce par quoi je connais Dieu, il faut que ce soit rejeté. Et même si la lumière qui est vraiment Dieu je la prends dans la mesure où elle touche mon âme, je lui fais tort : je dois la prendre là où elle fait irruption. Je ne pourrais bien voir la lumière là où elle brillerait sur le mur si je ne tournais mon œil du côté où elle fait irruption. Même alors, la prendrais-je là où elle fait irruption, il me faudrait être dépouillé de son irruption même ; je dois la prendre telle qu'elle est suspendue en elle-même. Même alors je dis qu'il lui est fait tort : je dois la prendre ni là où elle touche ni là où elle fait irruption ni là où elle est suspendue en elle-même, car tout cela est encore mode. Il faut prendre Dieu mode sans mode et être sans être, car il ne possède aucun mode. C'est pourquoi saint Bernard [19] dit : Qui veut te connaître, Dieu, il faut que celui-là te mesure sans mesure *.

Prions Notre Seigneur de parvenir à la connaissance qui pleinement est sans mode et sans mesure. A cela Dieu nous aide. Amen.

---

* Dans la logique de ce sermon, tout ce qui n'est pas Dieu ne peut *servir* à le connaître, fût-ce l'idée la plus élaborée que l'homme puisse en avoir et l'intermédiaire le plus noble dont il puisse disposer.

Sermon 72

Videns Iesus turbas, ascendit in montem etc.

On lit dans l'évangile que « Notre Seigneur laissa la foule et monta sur la montagne. Alors il ouvrit la bouche, et enseignait à propos du royaume de Dieu [1] ».

« Et enseignait. » Saint Augustin [2] dit : « Celui qui là enseigne, celui-là a disposé sa chaire dans le ciel. » Qui veut recevoir l'enseignement de Dieu, il lui faut monter et dépasser tout ce qui ressortit à l'étendue * : de cela il lui faut se retirer. Qui veut recevoir l'enseignement de Dieu, il lui faut se rassembler et s'enfermer en soi-même et se détourner de tous soucis et préoccupations et du commerce de choses inférieures. Les puissances de l'âme, dont il est tant et qui se distribuent de façon si ample, il doit pourtant les dépasser quand elles sont dans les pensées, même si la pensée opère miracles lorsqu'elle est en elle-même. C'est cette pensée que l'on doit dépasser si Dieu doit parler dans les puissances qui ne sont pas divisées.

En second lieu : « Il monta sur la montagne », cela

---

* *allez, daz ûzgespreitet ist.*

veut dire que Dieu désigne l'élévation et la douceur de sa nature, dont déchoit par nécessité tout ce qui est créature. Là il ne sait rien que Dieu, et soi en tant qu'il est une image de Dieu.

En troisième lieu : « Il monta sur la montagne », cela indique son élévation — ce qui est élevé, cela est proche de Dieu — et veut dire les puissances qui sont si proches de Dieu. Notre Seigneur prit une fois trois de ses disciples et les mena sur une montagne et apparut devant eux en son corps dans une clarté égale à celle que nous aurons dans la vie éternelle[3]. Notre Seigneur dit : « Souvenez-vous, quand je vous parlais, vous ne voyiez ni images ni comparaisons[4]. » Lorsque l'homme laisse « la foule », Dieu se donne à l'âme sans images ni comparaisons. Toutes choses [en revanche] se trouvent connues en images et en comparaisons.

Saint Augustin[5] enseigne qu'il y a trois genres de connaissance. La première est corporelle, elle reçoit des images comme l'œil : il voit et reçoit des images. La seconde est spirituelle et reçoit pourtant des images de choses corporelles. La troisième est intérieure dans l'esprit, elle connaît sans images ni comparaisons, et cette connaissance est égale à celle des anges.

La plus haute seigneurie des anges se divise en trois[6]. Un maître dit : L'âme ne se connaît pas sans comparaisons ; mais l'ange connaît soi et Dieu sans comparaisons. Il veut dire : Dieu dans l'élévation se donne à l'âme sans images ni comparaisons.

« Il monta sur la montagne et fut transfiguré devant eux[7]. » L'âme doit être transfigurée et imprimée dans l'image et être frappée en retour * dans l'image qu'est le Fils de Dieu. L'âme est configurée selon Dieu; mais les maîtres disent que le Fils est une image de Dieu, et que l'âme est configurée selon cette image **. Mais je dis plus : Le Fils est une image de Dieu au-dessus de l'image; il est une image de sa déité cachée. Là où le Fils est une image de Dieu et là où le Fils est configuré intérieurement, c'est d'après cela que l'âme est configurée. Là même où le Fils reçoit, là aussi reçoit l'âme. Cependant, là où le Fils flue du Père, là n'est pas suspendue l'âme : elle est au-dessus de l'image. Feu et chaleur sont un et sont pourtant éloignés l'un de l'autre. Goût et couleur, en une pomme, sont un, et sont pourtant éloignés l'un de l'autre. La bouche reçoit le goût, à quoi l'œil ne peut rien faire; l'œil reçoit la couleur, la bouche n'en sait rien. L'œil veut avoir la lumière; cependant le goût est aussi bien dans la nuit. L'âme ne sait rien d'autre que Un, elle est au-dessus de l'image ***.

Le prophète dit : « Dieu veut mener ses brebis en un vert pâturage [8]. » La brebis est simple : c'est ainsi que sont simples les gens qui sont enveloppés dans

---

* *widerslagen.*

** *die sêle ist gebildet nâch dem bilde* : l'âme est configurée selon la figure — ou imagée selon l'image — qu'est le Christ.

*** Que l'âme soit « au-dessus » du point où « le Fils flue du Père » s'entend de l'affirmation selon laquelle son être l'apparente de façon radicale à la déité de Dieu; là elle rejoint le Fils *en tant qu'il est éternellement Un avec le Père.*

le Un*. Un maître[9] dit que l'on ne peut jamais connaître le cours du ciel aussi bien qu'en des animaux simples, qui reçoivent l'influx du ciel de façon simple, et les enfants qui n'ont pas de sens propre**. Mais les gens qui là sont sages et ont beaucoup de savoir*** se trouvent en tout portés vers l'extérieur en des choses multiples. Notre Seigneur fit promesse de ce qu'« il voulait paître ses brebis sur la montagne en un vert pâturage[10] ». Toutes les créatures « verdoient » en Dieu. Toutes les créatures procèdent tout d'abord de Dieu****, ensuite à travers***** les anges. Ce qui d'aucune créature n'a la nature a impression de toute créature en lui-même. L'ange a dans sa nature impression de toutes les créatures. Ce qui nature de l'ange peut recevoir, cela il l'a pleinement en lui. Ce que Dieu peut créer, l'ange le porte en lui, pour la raison qu'ils ne sont pas privés de la perfection qu'ont les autres créatures******. D'où l'ange tient-il cela ? De ce qu'il est proche de Dieu.

---

* « Simples » : *einfaltig* — « enveloppés dans le Un » : *in ein gevalten.* On pourrait risquer : « C'est ainsi que sont d'un seul pli ceux qui sont pliés dans le Un. »

** *diu enhânt niht eigens sinnes* : qui n'ont pas de recourbement dans la possession d'eux-mêmes.

*** *und vil sinne hânt* : ceux qui possèdent idées et sentiments en grand nombre.

**** *vallent ze dem êrsten ûz gote* : tombent tout d'abord hors de Dieu.

***** *durch.*

****** Eckhart mêle ainsi le singulier — l'ange — et le pluriel — les anges.

Saint Augustin[11] dit : Ce que Dieu crée, cela flue à travers les anges*. Dans l'« élévation », « vertes » sont toutes choses. Dans l'« élévation de la montagne », là toutes choses sont « vertes » et neuves ; lorsqu'elles tombent dans la temporalité, elles pâlissent et deviennent blafardes. C'est dans la nouvelle « verdure » de toutes les créatures que Notre Seigneur veut « nourrir » ses « brebis ». Toutes les créatures qui là sont dans la « verdure » et dans l'« élévation », comme elles sont dans les anges, deviennent plus agréables ** à l'âme que tout ce qui est en ce monde. Aussi inégal est le soleil au regard de la nuit, aussi inégale est la moindre créature, lorsqu'elle est là ***, au regard du monde entier.

C'est pourquoi : qui veut recevoir enseignement de Dieu, il lui faut venir sur cette « montagne » ; là Dieu veut l'accomplir dans le jour de l'éternité, là où est une lumière totale. Ce qu'en Dieu je connais, c'est là une lumière ; ce qui touche créature, cela est nuit. Une lumière est vraie là où elle ne touche pas créature. Ce que l'on connaît, il faut que ce soit lumière. Saint Jean dit : « Dieu est une vraie lumière, qui luit dans les ténèbres[12]. » Que sont les « ténèbres » ? En premier lieu : que l'homme ne tienne ni ne soit suspendu à rien, et soit aveugle et ne sache rien des créatures. J'ai dit souvent aussi : Qui veut voir Dieu, il

---

* *daz hât ein durchfluz durch die engel.*

** *lustlîcher* : davantage source de plaisir.

*** La créature qui se tient dans l'« élévation » et la « verdure » est d'ampleur incommensurablement plus vaste que le monde entier.

lui faut être aveugle. En second lieu : « Dieu est une lumière qui brille dans les ténèbres. » Il est une lumière qui rend aveugle. Cela vise une lumière telle qu'elle ne peut être comprise * ; elle est infinie, c'est-à-dire qu'elle n'a pas de fin ; elle ne connaît pas de fin. Cela signifie qu'elle aveugle l'âme en sorte qu'elle [= l'âme] ne sait rien et ne connaît rien. Les troisièmes « ténèbres » sont les meilleures, et signifient qu'il n'est pas de lumière. Un maître dit : Le ciel n'a pas de lumière, il est trop élevé pour cela ; il n'éclaire pas, il n'est ni froid ni chaud en lui-même. Ainsi l'âme perd-elle toute lumière dans les ténèbres ; elle dépasse tout ce qui peut avoir nom chaleur ou couleur.

Un maître dit : La chose suprême par quoi Dieu entend ** donner sa promesse est la lumière. Un maître dit : Goût de tout ce qui est désirable, il faut que cela se trouve porté dans l'âme avec la lumière. Un maître dit : Il n'y eut jamais rien de si limpide qui puisse entrer dans le fond de l'âme que Dieu seul. Il veut dire : Dieu « brille dans une ténèbre » où l'âme dépasse toute lumière ; elle reçoit certes dans ces puissances lumière et douceur et grâce ; mais dans le fond de l'âme rien ne peut entrer que Dieu nuement. Que de Dieu s'épanchent Fils et Saint Esprit, l'âme le reçoit certes en Dieu ; mais ce qui par ailleurs flue de lui en lumière et douceur, cela elle ne le reçoit que dans ses puissances.

---

* Au sens où l'on n'en peut faire le tour ni en atteindre les confins.

** *wil* : par quoi il *veut*.

Les plus grands maîtres [13] disent que puissances de l'âme et l'âme même * sont tout un. Feu et éclat sont un, mais lorsqu'il [= le feu] tombe dans l'intellect, il tombe en une nature autre [que l'éclat]. Là où intellect jaillit hors de l'âme, il tombe comme dans une nature autre. En troisième lieu : il est une lumière au-dessus de la lumière ; là l'âme dépasse toute lumière « sur la montagne de l'élévation », là où il n'est pas de lumière. Là où Dieu jaillit au-dehors dans son Fils, là l'âme n'est pas suspendue. Là où Dieu flue au-dehors, en quelque lieu que l'on prenne Dieu, là l'âme n'est pas suspendue : elle [= la lumière au-dessus de toute lumière] est totalement au-dessus ; elle [= l'âme] dépasse toute lumière et connaissance. C'est pourquoi il dit : « Je veux les délivrer et [les] rassembler et [les] mener en leur terre, et là je veux les conduire dans un vert pâturage. » « Sur la montagne, il ouvrit sa propre bouche. » Un maître ** dit : Notre Seigneur, certes, ouvre la bouche ici-bas ; il nous enseigne par l'Ecriture et par les créatures. Mais saint Paul dit : « Maintenant Dieu nous a parlé dans son Fils unique [14] » ; c'est en lui que je dois, des plus petites aux plus grandes, connaître pleinement toutes choses en Dieu.

Pour que nous dépassions tout ce que Dieu n'est pas, qu'à cela Dieu nous aide. Amen.

---

* *sie* : puissances de l'âme et elle.

** *Ein lêraere* : un homme qui enseigne.

Sermon 73

Dilectus deo et hominibus,
cujus memoria in benedictione est.
Similem illum fecit in gloria sanctorum

Ce mot est écrit dans le Livre de la Sagesse, et le sage dit : « Celui qui est aimé de Dieu et des hommes, on en fait mémoire avec louange. Dieu l'a fait égal à ses saints dans la clarté[1]. »

Ce mot, on peut le dire à proprement parler de ce saint dont on célèbre aujourd'hui la fête, car son nom est Benoît, un « béni », et lui convient aussi tout à fait ce mot qu'à son propos on lit en ce même endroit : « *cujus memoria in benedictione est* », c'est-à-dire : « dont la mémoire est dans la bénédiction de la louange », et c'est pourquoi, comme on le lit aussi à son propos, une clarté lui a été révélée en laquelle il vit par-devant lui le monde entier comme rassemblé pleinement en un globe*. Et ce mot dit donc : « Dieu l'a fait égal à ses saints dans la clarté. »

Notez maintenant à propos de la « clarté ». Saint Grégoire dit que, à l'âme qui est dans cette « clarté »,

---

* Allusion à une vision dont Benoît fut gratifié, et que Grégoire le Grand rapporte dans sa *Vie de saint Benoît*, au second livre de ses *Dialogues* (Patrologie latine 77, 215).

petites et exiguës sont toutes choses. La lumière naturelle de l'intellect que Dieu a versée dans l'âme est si noble et si puissante qu'à elle [= à cette lumière] exigu et petit est tout ce que Dieu jamais créa en fait de choses corporelles. Cette lumière est aussi plus noble que toutes choses corporelles que Dieu jamais créa, car ce qu'il y a de moindre et de plus grossier qui là est en les choses corporelles, qui jamais se trouva illuminé ou éclairé par cette lumière qu'est l'intellect, cela devient plus noble que tout ce qui est corporel. Cela devient plus limpide et plus lumineux que le soleil, car cela ôte aux choses corporéité et temporalité. Cette lumière est également si ample qu'elle dépasse l'amplitude ; elle est plus ample que l'amplitude. Elle dépasse la sagesse et la bonté, comme Dieu dépasse la sagesse et la bonté, car Dieu n'est ni sagesse ni bonté, plutôt : c'est de Dieu que viennent sagesse et bonté. Intellect ne vient pas de la sagesse, et intellect ne procède pas de la vérité et ne naît pas d'elle comme la volonté [naît] de la bonté. Car c'est de la bonté que veut la volonté *, et elle naît de là et procède d'intellect et non pas intellect de la vérité. Et cette lumière est connaissance qui là flue de l'intellect, et est exactement comme un flux et un jaillissement ou un torrent en regard de ce qu'intellect est en lui-même dans son être. Et ce jaillissement est d'aussi loin éloigné de cela que l'est le ciel au-dessus de la terre. Je dis cela souvent et le pense encore plus souvent : c'est une merveille que Dieu ait versé intellect dans l'âme.

---

* Que la volonté tire son vouloir.

Il est maintenant une autre lumière, c'est la lumière de la grâce ; en regard d'elle, la lumière naturelle est aussi petite que ce que pointe d'une aiguille peut saisir de terre en regard de la terre entière, ou ce que pointe d'une aiguille pourrait saisir du ciel, lequel est incroyablement plus grand que terre entière[2]. Que Dieu soit dans l'âme par grâce, cela porte plus de lumière en elle que ne pourrait en produire tout intellect ; et toute la lumière qu'intellect peut produire en regard de cette lumière est comme une seule goutte en regard de la mer, et encore mille fois plus petite. Ainsi en est-il de l'âme qui est dans la grâce de Dieu : à elle sont petites et exiguës toutes choses et tout ce qu'intellect peut produire et saisir.

On me demanda une fois d'où vient qu'à gens de bien il fait si bon d'être avec Dieu qu'ils servent Dieu avec tant de sérieux. Je répondis alors et dis que cela vient de ce qu'ils ont goûté Dieu, et ce serait merveille qu'à l'âme qui une fois a goûté et recherché Dieu quelque chose d'autre puisse jamais avoir goût. C'est ce que dit un saint, que, à l'âme qui a goûté Dieu, tout ce qui n'est pas Dieu devient une peste puante.

Prenons maintenant selon un autre sens le mot que dit le sage : « Celui, aimé de Dieu et des hommes » [—] et le mot « est » est passé sous silence [—], en sorte qu'il ne dit pas : « Il est aimé de Dieu et des hommes », et ne le retient pas * en raison de ce qu'il a de changeant et de mouvant dans la temporalité, car l'être que contient ce mot est tellement élevé au-

---

* *und engedenket des niht.*

dessus. L'être a toutes choses comprises en lui et est pourtant tellement élevé au-dessus qu'il ne s'est encore jamais trouvé touché par tout ce qui fut jamais créé. Tous ceux qui s'imaginent qu'ils ont ici-bas savoir de quelque chose, ils ne savent de cela rien de rien. Saint Denis[3] dit : Tout ce que nous connaissons, que nous divisons ou à quoi nous pouvons conférer différence, cela n'est pas Dieu, car en Dieu il n'est ni ceci ni cela que nous puissions déduire ou saisir par différence. Il n'est rien en lui qu'Une-chose, et c'est lui-même. Et à ce propos on discourt beaucoup parmi les maîtres, pour savoir comment se peut advenir que cet être immobile et cet être intangible, détaché, qui se tient dans un lieu non atteignable pour l'âme, puisse être donné en partage à l'âme, et ils sont très préoccupés par la manière selon laquelle l'âme peut le recevoir. Et je dis que sa déité dépend de ce qu'il peut se communiquer à tout ce qui est réceptif de lui ; et ne se communiquerait-il pas, alors il ne serait pas Dieu.

L'âme que Dieu doit aimer et à laquelle il doit se communiquer, il lui faut être si totalement dénudée de temporalité et de tout goût des créatures que Dieu, en elle, ait goût selon son propre goût. L'Ecriture dit que « à la minuit, quand toutes choses étaient en silence, alors vint, Seigneur, ta Parole depuis ton trône royal[4] », c'est-à-dire : dans la nuit, alors qu'aucune créature n'éclaire ni ne brille dans l'âme, et dans le silence où rien ne parle dans l'âme, alors se trouve dite la Parole dans l'intellect. La Parole est quelque chose de propre à l'intellect et s'énonce « Verbum », selon que la Parole est et se tient dans l'intellect.

Je m'effraie souvent, quand je dois discourir de Dieu, à quel point de détachement il faut que soit l'âme qui veut parvenir à l'union. Et cela, personne ne doit se l'imaginer impossible; il n'est rien d'impossible à l'âme qui là a la grâce de Dieu. Il n'est jamais rien de plus facile à un homme qu'à l'âme qui a la grâce de Dieu de laisser toutes choses. Je dis plus : Pour un homme jamais rien non plus n'est plus facile à faire que pour l'âme qui a la grâce de Dieu de laisser toutes choses; aucune créature ne peut lui porter préjudice. C'est ce que dit saint Paul : « Je suis certain de ce qu'aucune créature ne peut me séparer de Dieu, ni bonheur ni malheur, ni vie ni mort[5]. »

Or notez ! Nulle part Dieu n'est proprement Dieu que dans l'âme. En toutes créatures il est quelque chose de Dieu, mais dans l'âme Dieu est divinement, car elle est son lieu de repos. C'est pourquoi un maître a dit : Dieu n'aime que soi-même; il dépense tout son amour en lui-même. Ce serait certes un fou celui qui en un tournemain pourrait se saisir de cent marks et ne saisirait pourtant pas plus qu'un pfennig. Son amour est en nous une efflorescence du Saint Esprit. Un autre mot à ce propos : Dieu n'aime rien en nous que la bonté qu'en nous il opère. Un saint dit : Rien ne se trouve couronné par Dieu que sa propre œuvre qu'il opère en nous[6]. Personne ne doit s'effrayer de ce que je dis que Dieu n'aime rien que soi-même; c'est là ce qui est le mieux pour nous car en cela il vise notre plus grande béatitude. Il veut par là nous attirer en soi-même, en sorte que nous soyons purifiés, qu'il nous place par là dans soi-même, pour qu'il puisse nous aimer en lui et s'aimer en nous avec lui-même. Et ce lui est nécessité que notre béatitude, en sorte qu'il nous attire dans soi avec tout cela et qu'il puisse nous emporter dans soi, que ce soit agrément ou désagrément. A Dieu ne plaise * que jamais il ne nous impose quelque chose par quoi il ne nous attire pas à lui. Je ne veux jamais remercier Dieu de ce qu'il m'aime, car il ne peut le laisser, qu'il le veuille ou qu'il ne le veuille pas, sa nature l'y contraint. Je veux le remercier de ce qu'il ne puisse de par sa bonté laisser qu'il ne lui faille m'aimer. Que nous nous trouvions dépris de nous-mêmes et placés en Dieu, cela n'est pas difficile, car il faut que Dieu l'opère lui-même en nous, car c'est une œuvre divine si l'homme seulement le suit et ne s'y oppose pas, s'il le souffre et laisse Dieu opérer.

Pour que nous suivions si bien Dieu qu'il puisse nous placer en soi, afin que nous nous trouvions unis à lui, qu'il puisse nous aimer avec lui-même, qu'à cela Dieu nous aide. Amen.

---

* *trutz gote*. Il s'agit là d'un défi lancé à Dieu dont on sait qu'il ne peut faillir à lui-même.

Sermon 74

Dilectus deo et hominibus,
cujus memoria in benedictione est.
Similem illum fecit in gloria sanctorum

« Il a été aimé de Dieu et des hommes » (celui dont nous faisons maintenant mémoire), « et est béni et est sanctifié en Dieu dans la clarté des saints[1]. » Ces paroles, on les lit aujourd'hui à propos de mon cher Messire saint François, et il se trouve loué ici en deux choses, et celui qui les a est un grand homme.

L'une est pauvreté vraie. On lit à son propos qu'il cheminait un jour avec l'un de ses compagnons. Vint à leur rencontre un homme pauvre. Il dit alors à son compagnon : Cet homme maintenant nous a fait honte et nous a fait reproche de ce qu'il est plus pauvre que nous[2]. Notez ce mot, qu'il se tient humilié de ce qu'il a trouvé quelqu'un qui était plus pauvre que lui. J'avais parfois coutume de dire un mot (et il est vraiment vrai) : Qui aime vraiment pauvreté, il lui est grande nécessité que de ne permettre à personne d'avoir moins que lui. Et il en est ainsi de toutes choses, que ce soit pureté, que ce soit justice, que ce soit telle vertu qu'il aime, en cela il veut être au plus haut. Il veut avoir toujours le plus haut degré que l'on peut avoir dans le temps, et ne peut souffrir que quelque chose soit au-dessus de lui ; il veut toujours avoir la place la plus haute. L'amour n'est pas satisfait aussi longtemps que quelque chose est là par quoi l'on puisse aimer. Ce saint avait tel amour pour pauvreté qu'il ne pouvait souffrir que quiconque soit plus pauvre que lui. Plus l'homme est pauvre en esprit, plus détaché est-il et réduisant toutes choses à rien ; plus pauvre il est en esprit, plus propres lui sont toutes choses et plus elles lui sont propres.

L'autre vertu qui rend un homme grand, c'est humilité vraie ; ce saint l'a parfaitement, et anéantissement et abjection de soi-même. Cette vertu rend l'homme le plus grand de tous ; qui a cela au plus profond et au plus parfait, celui-là a capacité de recevoir toute perfection.

« Il a été aimé » (dit l'Ecriture), « de Dieu et des hommes. » Je veux maintenant vous dire une très belle histoire ; qui l'entend, c'est là une chose très consolante. L'homme qui aime Dieu, celui-là est aimé de tous les saints et de tous les anges si immensément que tout l'amour que l'on peut penser est inégal à cet amour et est un rien en regard de cet amour. Tous ceux qui sont au royaume des cieux, ceux-là m'aiment tellement (si moi j'aime Dieu), tout ce que l'on peut penser en fait d'amour, cela est chose inégale, quoi que vous vouliez ou de quelle manière vous le vouliez : je suis aimé de toute la cohorte des anges, laquelle est innombrable.

On m'a demandé récemment comment il se peut qu'il y ait un nombre plus grand d'anges que de toutes choses corporelles, dont il est vraiment beaucoup, ainsi en blé et en herbe et en tant de choses. Je dis alors : Il faut que soient en grand nombre* les choses auxquelles Dieu se donne en propre et que Dieu s'approprie en lui et qui sont proches de Dieu. Les maîtres disent (ceux qui veulent bien dire) que chaque ange a une nature particulière et reçoit de façon particulière toute la nature dans soi. De même manière : serais-je un homme et aurais-je en moi nature de tous les hommes, force, sagesse, beauté, et tout ce qu'ont tous les hommes, alors je serais vraiment un homme beau ; et n'y aurait-il d'autres hommes que moi, je recevrais ce que reçoivent tous les hommes. Chaque ange a sa nature particulière ; plus proche il est de Dieu, plus noble il est, et il a de Dieu saisi dans soi autant que le peut sa [capacité de] recevoir. Et cette cohorte m'aime, et m'aiment tous ceux qui aiment Dieu, et personne ne me hait que ceux qui sont ennemis de Dieu. Quel qu'il soit, en cela même il devient ennemi de Dieu, et Dieu lui est contraire en cela même. Si donc Dieu est son ennemi et que Dieu pardonne à ce sien ennemi, pourquoi ne voudrais-je pas lui pardonner moi aussi ? Et si Dieu me venge, à quoi bon entreprendre encore de me venger ?

Or vous pourriez dire : Gens de mal l'ont à la bonne que de parvenir à leur volonté plus que les autres gens. Salomon dit[3] : Le méchant ne doit pas dire : Quel dommage me cause de faire le mal, puisque cela ne me fait pas souffrir ? Ou : Qui à ce compte me ferait du mal ? En cela même que tu fais le mal, en cela est pleinement ton dommage et bien

* *gross.*

assez de souffrance. Soyez certains, de par l'éternelle vérité, de ce qu'il est une aussi grande colère de Dieu ; il ne saurait faire au pécheur rien de pire, ni par enfer ni par quoi que ce soit, que de faire en sorte qu'il permette et admette que quelqu'un soit pécheur et qu'il n'exerce pas sur lui sa miséricorde en sorte qu'il ne permette pas, le concernant, détresse si grande qu'il ne puisse pécher. Et Dieu lui donnerait-il toute la souffrance du monde, Dieu pourtant ne saurait davantage le châtier, car il est châtié par le fait qu'il pèche.

« Il a été agréable et aimable à Dieu et aux gens, lui dont la mémoire est en louange et bénédiction. » Ce mot fut tout d'abord dit de Moïse, et ce même [Moïse] ne veut rien dire d'autre que quelqu'un qui se trouve tiré de l'eau [4]. Par l'eau on entend choses éphémères. Seul est agréable à Dieu l'homme qui est détaché et retiré de toutes choses éphémères. L'homme qui est le plus détaché et le plus oublieux de toutes choses éphémères, celui-là est le plus agréable à Dieu et le plus proche de Dieu lui-même.

Or tu pourrais dire : Comment pourrais-je faire en sorte que je méprise le monde entier pour Dieu ? Je dis : Celui-là aurait de loin fait davantage qui saurait se détourner de toutes choses ou s'en retirer. Le roi David dit : « Ma fille, oublie ton peuple et la maison de ton père, ainsi le roi désirera-t-il ta beauté [5]. » Comme s'il disait : « Le roi deviendra tout à fait fou et hors de sens dans l'amour de toi. » Que l'amour de Dieu opère en nous, et ce qu'en dignité nous recevons de ce que Dieu nous aime, cela je l'ai dit dans un autre sermon et une autre prédication [6]. Ce mot

(« oublie ton peuple et la maison de ton père »), prêtez-y grande attention. Pourquoi mon père m'est-il plus cher qu'un autre homme ? Pour la raison qu'il est mon père et mon *Omne* *, car il est mon *Omne*, c'est-à-dire tout ce qui est mien, oui, ce qui est mien. Ce qui est mien, je dois l'oublier en toutes choses, voilà ce que signifie ce mot. Le prophète dit : « La maison de ton père » ; comme je l'ai dit récemment : L'homme pourrait-il en venir à cela, par-delà soi et à partir de soi, qu'il aurait bien combattu. Oublie ce qui est tien, tu gagnes alors la vertu.

La vertu a quatre degrés. Le premier fait brèche et soustrait l'homme à toutes choses éphémères. Le second les retire pleinement à l'homme. Le troisième ne les retire pas seulement, plus : il fait en sorte qu'elles soient pleinement oubliées, comme si elles n'avaient jamais été, et cela en fait partie [fait partie de cette expérience]. Le quatrième degré est pleinement en Dieu et est Dieu lui-même. Lorsque nous parvenons là, « alors le roi désirera notre beauté ».

Il dit en outre : « Car il est le Seigneur, ton Dieu, et ils l'honoreront et l'adoreront[7]. » C'est alors que Notre Seigneur est ton Dieu ; aussi vraiment et aussi puissamment est-il tien qu'il est à soi-même (pense cela comme tu le veux), c'est ainsi qu'il est tien. Comment se trouve-t-il ainsi tien ? — En ce que tu es pleinement sien. Dieu doit-il être mien comme sien, je dois alors être sien comme mien[8].

Un écrit dit[9] : Quand Dieu est-il tien ? — Quand rien ne te réjouit [que ce qui est sien], car c'est ainsi

* Mon Tout.

qu'il a goût pour toi. Mais désires-tu quelque chose qui de quelque façon attire en dehors de lui, alors il n'est pas tien. En un autre lieu il dit : Aimes-tu un homme davantage que l'autre, que ce soit même parce que tu aimes en lui des vertus, tu es là à toi-même et Dieu n'est pas ton Dieu. Le prophète dit en outre : « Car ils l'adoreront et toutes les races et les rois de la terre lui apporteront et offriront des dons[10]. » Et ce mot est ainsi expliqué : « Il a été aimable et agréable à Dieu et aux hommes, et bénédiction lui est octroyée par tous les hommes. » Lorsque l'on dit « tout », alors rien n'est exclu. Tout ce que possèdent ceux qui sont aux royaumes du ciel et de la terre, cela est mien aussi proprement qu'à eux, et je suis aussi bienheureux de ce que possède Notre Dame que de ce que je possède moi-même ; et serait-ce sa dignité, sa vertu, je suis aussi bienheureux que si je les avais moi-même produites.

Or on pourrait dire : « Eh bien, si toutes choses sont ainsi miennes et que j'en use autant qu'eux, pourquoi devrais-je alors à ce point travailler et être tellement détaché ? Je veux certes avoir une volonté bonne et être un homme bon et me soucier de mon confort et veux avoir une aussi bonne part au ciel que ceux qui travaillent pour cela. » Or je dis : Autant tu es détaché, d'autant plus as-tu. Mais penses-tu à ce qui doit t'advenir et as-tu là-dessus un regard, alors rien ne t'en advient. Mais autant je sors [de moi et de toutes choses], autant il m'advient. Et encore un autre mot : si j'aime mon prochain à égalité avec moi-même[11].

Tout comme qui aime Dieu de cœur, celui-là aime son prochain comme soi-même. C'est pourquoi se trouve écrit *Tanquam*, c'est-à-dire : de façon juste ou égale. Pourquoi m'est-il plus agréable qu'advienne quelque chose de bien à mon frère ou à moi-même plutôt qu'à un autre ? Pour cette raison que j'aime davantage ce qui est mien que ce qui est à un autre. Mais si je l'aime comme moi, selon que l'ordonne le commandement de Dieu selon lequel je dois aimer Dieu, alors me semble tout pareil ce qu'ordonne le commandement que je dois aimer Dieu de tout cœur, de toute mon âme, et mon prochain comme moi-même : c'est en Dieu qu'il [= l'amour] doit commencer et être égal pour le prochain. Si je sors pleinement de ce qui est mien et ai amour égal, alors j'aime toutes choses pleinement de façon égale et entre en possession de ce qui est leur. Cela ne peut être à propos des choses corporelles ; car c'est en cela qu'elles diffèrent des spirituelles, oui, elles ne sont égales en rien.

Prenez une comparaison. L'eau qui est dans un tonneau n'est pas dans le bois, mais le bois est tout autour de l'eau ; le bois n'est pas non plus dans l'eau ; aucun d'eux n'est dans l'autre. Et l'eau qui est dans le tonneau est séparée de toute eau. Mais dans les choses spirituelles il n'est aucune séparation de l'une par rapport à l'autre. Tout ce que l'ange le plus élevé a en lui, cela l'a pareillement, pleinement enclos en lui, celui qui est au-dessous de lui, en sorte que le plus élevé n'a pas ne serait-ce que gros comme un point qui ne soit dans le plus bas, ni être ni béatitude. Ainsi en est-il dans les choses spirituelles, car ce qui est dans l'une cela est aussi dans l'autre en partage ; et il s'ensuit que celui qui laisse le plus reçoit aussi le plus. Mais les gens auraient-ils omis quelque chose d'eux-mêmes ou de ce qui est leur, alors ils n'auraient rien laissé comme je dis à propos de saint Pierre qu'il a dit : «*Ecce nos reliquimus omnia*» : «Vois, Seigneur, nous avons laissé toutes choses; qu'en sera-t-il pour nous en retour[12] ?» Celui qui a regard sur ce qu'il en est pour lui en retour, comment peut-il avoir laissé toutes choses ?

Prenez encore un mot et puis rien de plus. Plus la chose est commune, plus elle est noble et digne. J'ai la vie en commun avec les choses qui vivent, là où vie va de pair avec l'être. Il en est plus qui ont l'être qu'il n'en est qui ont la vie. J'ai les sens en commun avec les animaux. Je me laisserais priver de mes sens plutôt que de ma vie. C'est l'être qui m'est le plus cher, il est ce qui m'est le plus commun et le plus intérieur. Je laisserais plutôt tout ce qui est au-dessous de Dieu. L'être flue de Dieu sans intermédiaire, et la vie flue de l'être, et c'est pourquoi je le [= l'être] goûte le plus, et c'est pourquoi il est le plus aimé de toutes les créatures. Plus notre vie est commune, meilleure et plus noble elle est.

Pour que nous en venions à être «agréables à Dieu» et qu'en vraie pauvreté nous abandonnions le monde entier et oubliions «la maison de notre père» et «aimions notre prochain à égalité avec nous-mêmes», pour que cela nous soit donné de façon égale «dans la clarté des saints», qu'à cela Dieu nous aide. Amen.

Sermon 75

Mandatum novum do vobis,
ut diligatis invicem,
sicut dilexi vos etc.

Dans le saint évangile que Jean écrit pour nous, on lit que Notre Seigneur dit à ses disciples : « C'est un commandement nouveau que je vous donne : que vous deviez vous aimer les uns les autres comme je vous ai aimés ; et par là les gens connaîtront que vous êtes mes disciples : si vous avez de l'amour les uns pour les autres [1]. »

Or nous trouvons trois sortes d'amour qu'a Notre Seigneur ; en cela il nous faut être égaux à lui. Le premier est selon la nature, le second est selon la grâce, le troisième est divin, encore que rien n'est en Dieu qui ne soit aussi Dieu [2]. Mais il nous faut prendre cela en tant que, en nous, il s'élève d'un bien vers un mieux et d'un mieux vers un plus parfait. Mais en Dieu il n'est pas de moins ni de plus ; il [= Dieu] n'est qu'une vérité simple, limpide, essentielle.

Le premier amour qu'a Dieu, en lui nous devons apprendre comment sa bonté naturelle le contraignit à créer toutes les créatures dont il avait été éternellement gros dans l'image de sa providence, pour qu'avec lui elles jouissent de sa bonté. Et parmi toutes les créatures il n'en aime pas une plus que les autres; car autant chacune a ampleur pour le recevoir, autant il se répand en elle. Mon âme serait-elle aussi ample et aussi large que l'ange [qui appartient à l'ordre] des séraphins qui ne possède rien en lui, Dieu verserait cela en moi aussi parfaitement que dans le séraphin. Tout comme qui tracerait* un cercle rond et dont le pourtour serait de petits points et au milieu un point : de ce point tous les autres petits points seraient également proches et lointains; un petit point devrait-il s'en approcher, il lui faudrait sortir de son lieu, cependant que le point central demeurerait de façon égale au milieu. Il en est ainsi pour l'être divin : il ne recherche rien en dehors de lui, plus : il demeure tout entier dans lui-même. Se doit-il que la créature reçoive de lui, il faut alors de nécessité qu'elle se trouve déplacée hors d'elle-même. Lorsque l'on discourt à propos de l'homme, on discourt à propos de toutes créatures, car Christ a dit lui-même à ses disciples : « Allez et prêchez l'évangile à toutes créatures[3] », car toutes créatures sont rassemblées en l'homme. Mais Dieu se répand pourtant de façon essentielle dans toutes les créatures, en chacune autant qu'elle peut recevoir. C'est là pour nous une doctrine bonne, à quel point nous devons aimer également toutes créatures avec tout ce que nous avons reçu de Dieu; si pourtant l'une nous est plus proche de parenté ou d'amitié selon la nature, que pourtant de par l'amour divin nous portions faveur égale en ce qui regarde le même bien. Il me

---

* *machete.*

semble parfois que j'aime davantage un homme que l'autre ; mais j'ai la même faveur à l'égard d'un autre que je n'ai jamais vu, cependant que celui-là se présente à moi plus souvent ; et c'est pourquoi je puis me déverser en lui davantage. C'est ainsi que Dieu aime toutes créatures de façon égale et les emplit de son être. Et nous aussi devons fluer avec amour sur toutes créatures. L'on trouve cela souvent chez les païens, qu'ils en vinrent par connaissance naturelle à cette paix riche en amour, car voici ce que dit un maître païen : « L'homme est un animal qui est doux par nature[4]. »

Le second amour de Dieu, qui est de grâce ou spirituel, par lui il [= Dieu] flue dans l'âme et dans l'ange, selon que j'ai dit auparavant qu'il faut que la créature douée d'intellect se trouve déplacée hors d'elle-même avec une lumière qui est par-delà toute lumière naturelle. Puisque toutes créatures ont tant de plaisir dans leur lumière naturelle, il faut alors que soit plus grand le fait que de là elles tirent une lumière de grâce. Car dans la lumière naturelle l'homme a plaisir en lui-même ; mais la lumière de la grâce, qui est indiciblement plus grande, ôte à l'homme son propre plaisir et le tire dans soi-même. C'est pourquoi l'âme dit dans le grand Livre de l'amour : « Entraîne-moi à ta suite dans tes saveurs *. »

Or on ne peut aimer Dieu qu'il ne faille d'abord le connaître, car le point essentiel que Dieu est et qui se tient là au milieu de façon également lointaine et proche de toutes créatures, si je dois me rapprocher

---

* *in dînem geschmacke.* Cf. Ct 1,3.

de lui, il faut alors que mon intellect naturel se trouve déplacé vers le dehors par une lumière qui est au-dessus de lui. Comme si mon œil était une lumière et était si puissant qu'il reçoive dans sa puissance la lumière du soleil et devienne un avec, alors il ne verrait pas seulement avec sa puissance, plutôt : c'est avec la lumière du soleil qu'il le verrait, tel qu'il [= le soleil] est en lui. Ainsi en est-il de mon intellect. Intellect, qui est une lumière, si je le retire de toutes choses et le tourne vers Dieu, alors, étant donné que Dieu flue sans relâche par sa grâce, mon intellect se trouve éclairé et uni à l'amour, et en cela connaît Dieu et aime Dieu tel qu'il est en lui-même. Par là nous sommes avisés à quel point Dieu flue à l'extérieur dans les créatures douées d'intellect avec la lumière de la grâce, et à quel point nous, avec notre intellect, devons nous approcher de cette lumière de grâce et nous trouver tirés hors de nous-mêmes et nous élever dans une lumière qui est Dieu même.

Le troisième amour [est divin], en lui nous devons apprendre comment Dieu éternellement a engendré à l'extérieur son Fils unique et l'engendre maintenant et éternellement — dit un maître ; et c'est ainsi qu'il dépose l'enfant, comme une femme qui a enfanté, dans toute âme bonne tirée hors d'elle-même et habitant en elle-même. Cette naissance est sa connaissance, qui éternellement a jailli de son cœur paternel, dans lequel il a tous ses délices. Et tout ce qu'il peut réaliser *, cela il le consume dans la connaissance qui est son engendrement, et il ne recherche rien en

---

* *geleisten.*

dehors de lui. Tous ses délices, il les a dans son Fils, et il n'aime rien que son Fils et tout ce qu'il trouve en lui ; car le Fils est une lumière, qui là éternellement a lui dans le cœur paternel. Devons-nous y parvenir, il nous faut alors nous élever de la lumière naturelle dans la lumière de la grâce, et là croître dans la lumière que le Fils lui-même est. Là nous nous trouvons aimés dans le Fils par le Père avec l'amour qui est le Saint Esprit, qui là éternellement a jailli et a fleuri à l'extérieur pour son engendrement éternel — c'est là la troisième Personne — et fleurit à l'extérieur du Fils vers le Père comme leur amour à tous deux.

Le maître dit : Je pense parfois à la parole que l'ange dit à Marie : « Sois saluée, pleine de grâce[5]. » Que me servirait que Marie soit « pleine de grâce » si je n'étais aussi « plein de grâce » ? Et que me servirait que le Père engendre son Fils si je ne l'engendrais moi aussi ? C'est pourquoi Dieu engendre son Fils dans une âme parfaite et dépose ainsi l'enfant à l'intérieur, pour qu'elle l'engendre plus avant à l'extérieur dans toutes ses œuvres. A ce propos une jeune fille païenne dit de Messire Joseph fils du patriarche : « Je ne le considérais pas comme un homme, plutôt : comme un dieu, car c'est Dieu qui luit dans ses œuvres. » C'est ainsi que nous devons nous trouver unis à l'amour du Saint Esprit dans le Fils, et avec le Fils connaître le Père et nous aimer en lui et lui en nous avec leur amour à tous deux.

Celui maintenant qui veut être parfait en ce triple amour, il lui faut de nécessité posséder quatre choses. La première : un vrai détachement de toutes créatures. La seconde : une vraie vie à la Lia, cela veut dire une vie d'œuvre, qui le meut dans le fond de l'âme de par la touche du Saint Esprit. La troisième : une vraie vie à la Rachel, c'est-à-dire une vie de contemplation. La quatrième : un esprit qui s'élève. Un disciple interrogea son maître à propos de l'ordonnance des anges. Alors il l'enseigna et dit : « Va-t'en et enfouis-toi en toi-même jusqu'à ce que tu le comprennes, et abandonne-toi là avec ton être et veille à ce que tu ne sois en rien d'autre qu'en ce que tu trouves en lui. Alors il t'apparaîtra tout d'abord à quel point tu es tous les anges avec tous les anges. » Le disciple s'en alla et s'enfouit en lui-même jusqu'à ce qu'il eût trouvé tout cela selon la vérité. Alors il alla de nouveau vers le maître, et le remercia et dit : « Il m'est advenu selon que tu m'as dit. Lorsque je m'abandonnai à l'être des anges et m'élevai dans leur être, alors il me sembla en fin de compte que j'étais tous les anges avec tous les anges. » Alors le maître dit : « Eh bien, si tu vas un peu plus loin dans l'origine, alors merveille sur merveille se trouvera opérée dans ton âme » ; car aussi longtemps l'homme s'élève et reçoit par l'intermédiaire de créatures, il n'est pas alors parvenu au repos. Mais lorsqu'il s'élève en Dieu, là il reçoit du Père dans le Fils avec le Fils tout ce que Dieu peut réaliser *.

Pour qu'ainsi nous nous élevions d'un amour à l'autre et devenions unis en Dieu et demeurions en cela éternellement bienheureux, qu'à cela Dieu nous aide. Amen.

---

* *geleisten.*

Sermon 76

Videte qualem caritatem dedit nobis pater, ut filii dei nominamur et simus[1]

Il faut savoir que, selon les choses : c'est tout un de connaître Dieu et d'être connu de Dieu et de voir Dieu et d'être vu par Dieu. En cela nous connaissons Dieu et le voyons qu'il nous fait voyants et connaissants. Et comme l'air qui est illuminé n'est pas autre chose que le fait d'illuminer, car il illumine par le fait qu'il est illuminé, c'est ainsi que nous connaissons parce que nous sommes connus et qu'il nous fait connaissants. C'est pourquoi Christ dit : « De nouveau vous me verrez », c'est-à-dire : en cela que je vous fais voyants, en cela vous me connaîtrez, et suit de là : « Et votre cœur se réjouira », c'est-à-dire : dans la vision et dans la connaissance de moi, « et votre joie personne ne vous l'enlèvera[2] ».

Saint Jean dit : « Voyez, quel amour Dieu nous a donné que nous soyons appelés enfants de Dieu et le soyons. » Il ne dit pas seulement « être appelés », plus : également « être ». Ainsi je dis : Aussi peu l'homme peut-il être sage sans savoir, aussi peu peut-il être fils sans l'être-fils du Fils de

Dieu *, à moins qu'il n'ait le même être du Fils de Dieu qu'il a lui-même, exactement comme être-sage ne peut être sans savoir. C'est pourquoi : dois-tu être le Fils de Dieu, cela tu ne peux l'être à moins que tu n'aies l'être même de Dieu, celui qu'a le Fils de Dieu. Mais cela « nous est maintenant caché », et c'est pourquoi il est écrit : « Bien-aimés, nous sommes fils de Dieu[3]. » Et que savons-nous ? C'est là ce qu'il ajoute : « Et nous lui serons égaux », c'est-à-dire : la même chose que ce qu'il est, le même être et goûter et entendre et tout cela même qu'il est lorsque « nous le verrons tel qu'il est Dieu ». C'est pourquoi je dis : Que Dieu ne pourrait faire en sorte que je sois le fils de Dieu et que je n'aie pas l'être du Fils de Dieu, aussi peu que Dieu pourrait faire en sorte que je sois sage et n'aie pas l'être-sage. Comment sommes-nous enfants de Dieu ? « Nous ne le savons pas encore, cela ne nous est pas encore manifeste[4] » ; de cela nous ne savons jamais que ce qu'il dit : « Nous lui serons égaux. » Il est certaines choses qui nous cachent cela dans nos âmes et qui voilent pour nous cette connaissance.

L'âme a quelque chose en elle, une petite étincelle de la discursivité ** qui jamais ne s'éteint, et c'est dans cette petite étincelle que l'on pose l'image de l'âme comme dans la partie la plus élevée de l'esprit *** ; et

---

* *âne sunlich wesen gotes sunes.*

** *redelicheit* : en l'occurrence l'intelligence qui procède par images.

*** *gemüet* : en l'occurrence l'esprit dans son acte de connaître.

il est aussi dans nos âmes un connaître orienté vers les choses extérieures, à savoir le connaître sensible et d'entendement, qui est selon la ressemblance et selon le discours, ce qui nous cache cela *. Comment sommes-nous « fils de Dieu » ? En cela que nous avons un [seul] être avec lui. Pourtant, que nous entendions quelque chose au fait que nous sommes le Fils de Dieu, voilà qui est à entendre par l'entendement extérieur et par l'entendement intérieur. Le connaître intérieur est celui qui se fonde sous mode intellectuel dans l'être de notre âme ; pourtant il n'est pas être de l'âme, plutôt : il y est enraciné et est quelque chose de la vie de l'âme, car nous disons que l'entendement est quelque chose de la vie de l'âme, c'est-à-dire vie douée d'intellect, et dans cette vie l'homme se trouve engendré fils de Dieu et ordonné à la vie éternelle ; et ce connaître est sans temps et sans lieu, sans ici et sans maintenant. Dans cette vie toutes choses sont un, toutes choses en commun, tout et tout dans tout, et tout uni.

Je donne une comparaison. Dans le corps, toutes les parties du corps sont unies et unes en sorte que l'œil appartient au pied et le pied à l'œil. Le pied pourrait-il parler, il dirait que l'œil, qui est situé dans la tête, est davantage à lui que s'il était situé dans le pied, et la même chose l'œil le dirait à l'inverse. Et c'est ainsi que je pense que toute la grâce qui est dans Marie appartient davantage et de façon plus propre à l'ange et est davantage en lui — elle qui là est en

* C'est-à-dire qui nous cache le savoir qui ressortit à la partie la plus haute de l'esprit.

Marie — que si elle était en lui ou dans les saints. Car ce que Marie a, cela le saint l'a tout entier, et c'est davantage sien, et la grâce qui là est en Marie est pour lui davantage la grâce que si elle était en lui.

Encore trop grossier et trop corporel est ce sens, car il dépend d'une comparaison corporelle. C'est pourquoi je vous dis un autre sens, qui est encore plus limpide et encore plus spirituel. Je dis que dans le royaume des cieux tout est en tout, et tout un et tout nôtre. Ce que Notre Dame a comme grâce, cela est tout en moi — si je suis là —, et pourtant non comme jaillissant ni fluant de Marie, plutôt : comme en moi et comme mon propre et non pas comme procédant de l'étranger. Et c'est ainsi que je dis : Ce que là l'un a, cela l'autre l'a, et non pas comme de l'autre ni dans l'autre, plutôt comme dans lui-même, en sorte que la grâce qui est dans l'un est pleinement dans l'autre comme sa grâce propre est en lui. Et c'est ainsi que l'esprit est dans l'esprit. C'est pourquoi je dis que je ne puis être le fils de Dieu à moins que de posséder le même être que là a le Fils de Dieu, et de par la possession du même être nous lui devenons égaux, et nous le voyons tel qu'il est Dieu. Mais « n'est pas encore manifeste ce que nous serons[5] ». C'est pourquoi je dis qu'en ce sens il n'est pas d'égal ni de différence, plutôt : c'est sans aucune différence que nous devenons les mêmes être et substance et nature qu'il est lui-même. Mais « cela n'est pas manifeste maintenant » ; cela est manifeste « lorsque nous le verrons tel qu'il est Dieu ».

Dieu nous fait le connaître lui-même, et c'est connaissants qu'il nous fait le connaître lui-même, et son être est son connaître, et c'est la même chose qu'il me fasse connaissant et que je connaisse. Et c'est pourquoi son connaître est mien, comme dans le maître c'est une [seule] chose qu'il enseigne et qui dans le disciple se trouve enseignée. Et puisque son connaître est mien et que sa substance est son connaître et sa nature et son être, il suit de là que son être et sa substance et sa nature sont miens. Et puisque sa substance, son être et sa nature sont miens, alors je suis le fils de Dieu. « Voyez », frères, « quel amour Dieu nous a donné, que nous soyons appelés le Fils de Dieu et le soyons. »

Notez ce par quoi nous sommes le fils de Dieu : de ce que nous avons le même être qu'a le Fils. Comment est-on le fils de Dieu, ou comment sait-on qu'on l'est, puisque Dieu n'est égal à personne ? C'est vrai. Isaïe dit : « A qui l'avez-vous comparé, ou quelle image lui donnez-vous[6] ? » Etant donné que c'est la nature de Dieu qu'il n'est égal à personne, il est de nécessité que nous en venions au fait que c'est parce que nous ne sommes rien que nous pouvons être établis dans le même être qu'il est lui-même. C'est pourquoi, lorsque j'en viens à ne me configurer à rien et que je ne me configure pas à moi et que je rejette et répudie ce qui est en moi, alors je puis me trouver établi dans l'être nu de Dieu, et c'est là l'être nu de l'esprit. Là il faut que se trouve chassé tout ce qui est égalité, que je sois établi en Dieu et devienne un avec lui et une substance et un être et une nature et le Fils de Dieu *. Et après que cela est advenu, il n'est rien

---

* Il y a parfaite cohérence à n'être *rien* (ni image, ni même égalité avec Dieu) et être « établi dans l'être nu de Dieu ».

de caché en Dieu qui ne devienne manifeste et qui ne devienne mien. Je deviens alors sage, puissant et toutes choses comme lui et une [seule] et même chose avec lui. Alors Sion devient un voyant véritable, un « vrai Israël », c'est-à-dire « un homme qui voit Dieu », car à lui rien n'est caché dans la déité. Là l'homme se trouve mené en Dieu. Mais, pour que rien ne se trouve caché pour moi en Dieu qui ne me devienne manifeste, il faut qu'en moi ne soit manifeste rien d'égal ni aucune image, car il n'est aucune image qui nous ouvre la déité ni son être. Car, resterait-il quelque image en toi ou quelque chose égale, tu ne deviendrais jamais un avec Dieu. Pour la raison que tu es un avec Dieu, il faut que rien ne soit en toi, ni figure intérieure ni figure extérieure *, c'est-à-dire que rien en toi ne soit voilé qui ne devienne manifeste et ne se trouve jeté dehors.

Note ce qu'est le défaut ! Il provient du néant. C'est pourquoi : ce qui relève du néant dans l'homme, il faut que cela se trouve détruit ; car, aussi longtemps que le défaut est en toi, tu n'es pas le fils de Dieu. Que l'homme se lamente et souffre, tout cela vient du défaut. C'est pourquoi il faut que tout cela soit détruit et chassé pour que l'homme devienne fils de Dieu, en sorte qu'il n'y ait là ni lamentation ni douleur. L'homme n'est ni pierre ni bois, car tout cela est défaut et rien. Nous ne lui devenons pas égaux aussi longtemps que cela ne se trouve pas chassé, pour que nous devenions tout en tout, comme Dieu est « tout en tout[7] ».

---

* *noch îngebildet noch ûzgebildet.*

Il est deux sortes de naissance des hommes : une dans le monde et une hors du monde, c'est-à-dire : spirituelle en Dieu. Veux-tu savoir si ton enfant est né et s'il est dénudé, c'est-à-dire si tu es fait fils de Dieu ? Aussi longtemps tu souffres dans ton cœur à propos de chose quelconque, fût-ce à propos de péchés, aussi longtemps ton enfant n'est pas né. As-tu mal au cœur, tu n'es pas mère, plutôt : tu es dans l'enfantement et proche de la naissance. C'est pourquoi, n'en doute pas, que tu sois souffrant pour toi ou pour ton ami : il n'est pas né, il est pourtant proche de la naissance. Mais il n'est parfaitement né que lorsque l'homme n'éprouve pas de souffrance de cœur à propos d'aucune chose ; alors l'homme a l'être et nature et substance et sagesse et joie et tout ce qu'a Dieu. Alors l'être même du Fils de Dieu devient nôtre et en nous, et nous parvenons à l'être même de Dieu.

Christ dit : « Qui veut me suivre, qu'il renonce à soi-même et porte sa croix et me suive[8]. » C'est-à-dire : tout mal de cœur, chasse-le, en sorte que dans ton cœur il n'y ait que joie permanente. C'est ainsi que l'enfant est né. Par conséquent : l'enfant est-il né en moi, et verrais-je alors mon père et tous mes amis tués devant moi, mon cœur n'en serait pas remué *. Mais, mon cœur se trouverait-il remué par cela, l'enfant ne serait pas né en moi ; mais peut-être serait-il

---

* Comme dans le traité du *Détachement*, il n'est ici nulle apologie d'une indifférence qui serait inhumaine, mais la conviction de ce que l'émotion, en pareils cas, traduit le recourbement sur *soi* par oubli de l'*autre*.

proche de la naissance. Je dis que Dieu et les anges ont si grande joie de chaque œuvre d'un homme de bien qu'aucune joie ne pourrait l'égaler. C'est pourquoi je dis : L'enfant est-il né en toi, tu as si grande joie de chaque œuvre bonne qui advient dans ce monde que ta joie en vient à la stabilité la plus grande, en sorte qu'elle ne s'altère pas. C'est pourquoi il dit : « Votre joie, personne ne vous l'enlèvera[9]. » Et suis-je bien élevé jusqu'à l'être divin, Dieu et tout ce qu'il a deviennent mien. C'est pourquoi il dit : « Je suis Dieu, ton Seigneur[10]. » Alors j'ai joie juste, lorsque ni souffrance ni peine ne peut me l'enlever, car alors je suis établi dans l'être divin, là où aucune souffrance n'a lieu. Car nous voyons qu'en Dieu il n'est ni colère ni trouble, mais amour et joie. Bien qu'il paraisse que parfois il s'emporte contre le pécheur, ce n'est pas colère, c'est amour, car cela vient de grand amour divin ; car ceux qu'il aime, il les châtie, car « il est l'amour[11] », qui là est le Saint Esprit. C'est pourquoi la colère de Dieu vient de l'amour, car il s'emporte sans douleur. C'est pourquoi, lorsque tu en viens à n'avoir ni douleur ni souci à propos de rien et que souffrance ne t'est pas souffrance et que toutes choses te sont une joie limpide, alors l'enfant est né en vérité. Soyez donc zélés pour que non seulement l'enfant soit en voie de naître, plutôt : qu'il soit né, tout ainsi qu'en Dieu de tout temps le Fils est né et de tout temps est en voie de naître.

Pour que cela nous advienne, qu'à cela Dieu nous aide. Amen.

Sermon 77

Ecce mitto angelum meum

Ceci est écrit dans l'évangile, et s'énonce en français : « Voyez, j'envoie mon ange[1]. »

Il faut d'abord savoir ce qu'est un ange, car un texte dit que nous devons être égaux aux anges. Un maître[2] dit que l'ange est une image de Dieu. Le second dit qu'il est configuré selon Dieu. Le troisième dit qu'il est un miroir limpide qui a en lui et porte en lui égalité de bonté divine et de limpidité divine du silence et de l'être-caché de Dieu, autant que cela est possible. Mais un [autre] dit qu'il est une lumière intellectuelle nue, séparée de toutes choses matérielles. C'est à ces anges que nous devons devenir égaux. Chaque [être] qui connaît, il faut qu'il connaisse dans une lumière qui est dans le temps, car ce que je pense, je le pense dans une lumière qui est dans le temps et est temporelle. Mais l'ange connaît dans une lumière qui est au-dessus du temps et est éternelle. C'est pourquoi il connaît dans un maintenant éternel. Mais l'homme connaît dans un maintenant du temps. Le moindre [des deux] est le maintenant du temps. Si tu ôtes le maintenant du temps, tu es partout et as tout temps. Cet être-ci ou celui-là n'est pas toutes choses, car aussi longtemps je suis ceci et cela ou ai ceci et cela, je ne suis pas toutes choses et n'ai pas toutes choses. Si tu te détaches, en sorte que tu ne sois ni ceci ni cela et que tu n'aies ni ceci ni cela, tu es toutes choses et as toutes choses; et donc : si tu n'es ni ici ni là, tu es partout. Et donc : si tu n'es ni ceci ni cela, tu es toutes choses. L'ange est et opère aussi selon l'intellect en son lieu et contemple sans relâche, et son objet* est un être selon l'intellect. C'est pourquoi son être est fort loin de toutes choses. Ce qui est totalité ou nombre, de cela il est loin.

Parlons un peu plus avant du mot qu'il dit : « J'envoie ». Un texte tait le nom « je[3] », l'autre use du nom « je[4] ». Le prophète dit : « J'envoie mon ange » ; mais l'évangéliste tait le nom « je » et dit : « Voyez, [j'] envoie mon ange. » Que signifie maintenant que l'un des textes taise le nom « je » ? Cela signifie en premier lieu l'indicibilité de Dieu, le fait que Dieu est innommable et au-dessus de tous les mots dans la limpidité de son fond, étant donné que Dieu, aucun mot ni discours ne peut l'embrasser**, puisqu'il est indicible pour toutes les créatures et ne correspond à aucun mot***. La seconde raison : cela signifie que l'âme est indicible et est sans mot [adéquat]**** ; là où elle se prend dans son fond propre, là elle ne cor-

---

* *gegenwurf.*

** *dâ got kein wort noch rede niht haben enmac.*

*** *unwortlich.*

**** *âne wort.*

respond à aucun mot et à aucune nomination et ne peut avoir là aucun mot, car là elle est au-dessus du nom et au-dessus de tout mot. C'est cela que signifie le fait qu'est tu le nom « je », car elle n'a là ni mot ni discours. En troisième lieu : [cela signifie] que Dieu et l'âme sont à ce point un que Dieu ne peut avoir aucune propriété par quoi il serait séparé de l'âme ou serait quelque chose d'autre, en sorte qu'il ne peut dire : « J'envoie mon ange », comme s'il était quelque chose d'autre que l'âme. Car, dirait-il « je », il viserait quelque chose d'autre que l'âme. C'est pourquoi l'on tait le nom « je », parce que lui et l'âme sont tellement un que Dieu ne peut avoir aucune propriété, que ni quelque chose ni rien ne peut être dit par Dieu qui pourrait indiquer différence ou altérité *.

En second lieu : que l'Ecriture dise « je » signifie tout d'abord l'étantité de Dieu, que Dieu seul est ; car toutes choses sont en Dieu et de lui, car en dehors de lui et sans lui il n'est rien en vérité : car toutes créatures sont une chose misérable et néant nu en regard de Dieu. C'est pourquoi : ce qu'elles sont en vérité elles le sont en Dieu, et c'est pourquoi Dieu seul en vérité est. Et c'est ainsi que le mot « je » vise l'étantité de la vérité divine, car il est une attestation d'un

---

* Puisque Dieu est tout, il ne peut exciper d'un « je » qui ferait nombre avec le « je » de l'homme. Dans d'autres textes, Eckhart saura déployer le paradoxe de l'unité et de la différence au sein même de l'unité. Voir en particulier le *Livre de la consolation divine, in* Maître Eckhart, *Les Traités et le Poème, op. cit.*, p. 133.

étant*. C'est pourquoi cela atteste que lui seul est. En second lieu : cela signifie que Dieu est non-séparé de toutes choses, car Dieu est en toutes choses, car il leur est plus intérieur que ce qu'elles sont en elles-mêmes. Ainsi Dieu est-il non-séparé de toutes choses. Ainsi également l'homme doit-il être non-séparé de toutes choses, c'est-à-dire : que l'homme en soi-même n'est rien et s'en est pleinement allé de soi-même ; ainsi est-il non-séparé de toutes choses et est toutes choses. Car, pour autant que tu n'es rien en toi-même, pour autant tu es toutes choses et non-séparé de toutes choses. C'est pourquoi, pour autant que tu es non-séparé de toutes choses, pour autant tu es Dieu et toutes choses, car déité de Dieu tient à ce qu'il est non-séparé de toutes choses. C'est pourquoi : l'homme qui est non-séparé de toutes choses prend la déité là où Dieu lui-même prend sa déité. En troisième lieu, le mot « je » signifie en quelque façon perfection du nom « je », car il n'est pas à proprement parler un nom : il est à propos d'un nom et à propos de la perfection du nom, et signifie une immobilité et inébranlabilité, et c'est pourquoi il signifie que Dieu est immobile et inébranlable et est éternelle stabilité. En quatrième lieu, il signifie la limpidité nue de l'être divin, qui est nuement sans aucun co-être**. Car bonté et sagesse et quoi que l'on puisse dire de Dieu, tout cela est co-être du nu être de Dieu ; car tous les co-êtres constituent quelque chose d'étranger à l'être.

---

* *ein bewîsunge eines istes* : une attestation de quelque chose qui-est.

** *mitewesen.*

Et c'est ainsi que le mot «je» signifie limpidité de l'être de Dieu qui là est nuement en lui-même sans tous les co-êtres qui constituent quelque chose d'étranger et de lointain.

Disons maintenant quelque chose en plus à propos des anges, selon que je disais maintenant qu'ils sont une image de Dieu et qu'ils sont un miroir qui en lui a égalité de bonté et de limpidité du silence et de l'être-caché de Dieu, pour autant que c'est possible. Or nous devons être égaux aux anges et c'est ainsi que nous devons être une image de Dieu, car Dieu a fait de nous une image de lui-même. Le maître qui veut faire une image d'un homme, il ne la fait pas d'après Conrad ou d'après Henri. Que s'il faisait une image d'après Conrad ou d'après Henri, il ne viserait pas alors l'homme, il viserait Conrad ou Henri. Mais ferait-il une image d'après Conrad, il ne viserait pas alors Henri ; car, s'il le voulait et le pouvait, il ferait pleinement Conrad et celui-ci même et pleinement égal à lui. Or Dieu veut et peut pleinement, et c'est pourquoi Dieu t'a fait ainsi pleinement égal à lui et une image de lui-même. Mais «égal à lui» atteste quelque chose d'étranger et quelque chose de lointain. Or il n'est entre l'homme et Dieu ni [rien d'] étranger ni [rien de] lointain; et c'est pourquoi il n'est en rien égal à lui, plutôt : il est pleinement égal à lui et la même chose que ce qu'il est pleinement *.

---

* Cf., ci-dessus, note p. 599, avec cette conclusion étonnante selon laquelle il est une identité qui n'est plus du ressort de l'égalité, dans la mesure où l'égalité implique un rapport entre deux termes.

Je ne sais ni ne peux rien de plus ; qu'avec cela ce discours trouve sa fin. Mais j'ai pensé une fois en chemin que l'homme devait être à ce point détaché dans sa visée qu'il ne devrait viser personne ni rien que la déité en elle-même, ni béatitude ni ceci ni cela que seulement Dieu en tant que Dieu et la déité en elle-même ; car, quoi que tu vises d'autre, tout cela est un co-être de la déité. C'est pourquoi détache-toi de tout co-être de la déité et prends-la nuement en elle-même.

Pour que nous en venions à cela, qu'à cela Dieu nous aide. Amen.

Sermon 78

Missus est Gabriel angelus etc.

Saint Luc écrit dans l'évangile : « Un ange fut envoyé de par Dieu dans une terre du nom de Galilée, dans une ville du nom de Nazareth, à une vierge du nom de Marie, qui était fiancée à Joseph, lequel était de la lignée de David[1]. »

Bède[2], un maître, dit : « Ce fut le commencement de notre salut. » J'ai dit quelquefois et le dis encore : Tout ce que fit jamais Notre Seigneur, il ne le fit pour rien d'autre que pour que Dieu soit avec nous et que nous devenions un avec lui ; et c'est pourquoi Dieu est devenu homme. Les maîtres disent que Dieu fut engendré spirituellement en Notre Dame avant que corporellement il ne soit engendré d'elle ; et de la surabondance de l'engendrement où le Père des cieux engendra son Fils unique dans son âme, c'est de là que la Parole éternelle reçut nature humaine en elle, et elle devint corporellement enceinte.

Or il dit : « Un ange fut envoyé de Dieu. » Je dis qu'il fallait de nécessité qu'il lui soit envoyé de Dieu. L'âme mépriserait de recevoir lumière de l'ange si elle ne lui était envoyée par Dieu, et si la lumière divine n'y collait de façon cachée, elle qui là rendait pleine de saveur la lumière de l'ange ; autrement elle n'en voudrait pas.

Or il dit : « Un ange ». Qu'est-ce qu'un ange ? Trois maîtres tiennent trois sortes de discours sur ce qu'est un ange. Denys[3] dit : Un ange est miroir sans tache, purifié au plus haut point, qui en lui reçoit le reflet de la lumière divine. Augustin[4] dit : L'ange est proche de Dieu, et la matière est proche du néant. Jean Damascène[5] dit : L'ange est une image de Dieu et fait sa percée à travers tout ce qui est sien avec l'image de Dieu. L'âme a cette image à son plus haut sommet, en son rameau le plus haut, là où lumière divine luit sans relâche. C'est là la première chose qu'il dit sur ce qu'est un ange. Après cela il dit que l'ange est une lame acérée *, enflammé de désir divin, et dit que l'ange est libre de matière, et à ce point libre qu'il est ennemi de la matière. Voyez, tel est un ange.

Or il dit : « Un ange fut envoyé de Dieu. » Pourquoi ? Denys[6] dit que l'ange a trois sortes d'œuvres. La première : il balaie, la seconde : il illumine, la troisième : il accomplit. Il balaie l'âme de trois façons : la première : il la balaie des taches qui en elle sont tombées ; la seconde : il la balaie de la matière et la dispose et la rassemble vers elle-même ; la troisième : il la balaie de la nescience, comme aussi un ange le fait pour les autres. En second lieu, il illumine l'âme de deux façons : la lumière divine est de telle surabondance que l'âme ne peut la pâtir qu'elle ne se

---

* *eine durchsnîdendiu scherpfe.*

trouve tempérée et adombrée dans la lumière de l'ange et portée ainsi dans l'âme. Après quoi il l'illumine par des comparaisons. L'ange dépose sa connaissance à l'âme et la fortifie pour qu'elle puisse recevoir ou pâtir lumière divine. Si j'étais seul dans un désert où je serais saisi de frayeur, si près de moi j'avais un enfant, la frayeur me passerait et je serais fortifié ; si noble et si pleine d'agrément et si puissante est la vie en elle-même. Et si je ne pouvais avoir un enfant, aurais-je un animal, je serais consolé. C'est pourquoi : ceux qui dans les livres noirs opèrent bien des prodiges prennent un animal, un chien, et la vie en cet animal les fortifie. Egalité fortifie en toutes choses. C'est pourquoi l'ange la dépose en l'âme, car il lui est égal et l'illumine et la fortifie et la dispose pour qu'elle puisse recevoir lumière divine.

Or il dit : « Un ange fut envoyé de Dieu. » Il faut que l'âme soit égale à l'ange en ces choses que j'ai dites, si le Fils doit lui être envoyé et être engendré en elle. Maintenant demeure en suspens le point qui concerne la façon dont l'ange l'accomplit.

Pour que Dieu nous envoie son ange qui nous balaie et nous illumine et accomplisse, et que nous soyons éternellement bienheureux avec Dieu, qu'à cela Dieu nous aide. Amen.

Sermon 79

Laudate caeli et exultet terra. Ego sum lux mundi

J'ai dit deux petits mots en latin : l'un est écrit dans la lecture et c'est le prophète Isaïe qui le dit : « Réjouissez-vous, ciel et terre, Dieu a consolé son peuple et veut avoir pitié de ses pauvres[1]. » Le second se trouve dans l'évangile et c'est Notre Seigneur qui le dit : « Je suis une lumière du monde, et qui me suit ne marche pas dans les ténèbres, et il trouvera et aura lumière de la vie[2]. »

Or notez le premier petit mot que dit le prophète : « Réjouissez-vous, ciel et terre ». Pour de vrai, pour de vrai, de par Dieu, de par Dieu *, et soyez-en aussi certains que de ce que Dieu vit : la moindre œuvre bonne ou le moindre bon vouloir ou le moindre bon désir, de cela se réjouissent tous les saints dans le ciel et sur la terre et tous les anges, d'une joie telle qu'aucune autre joie de ce monde ne peut le faire **. Et tout saint, si élevé qu'il soit, plus il est élevé, plus sa joie est grande, et tout ange, plus il est élevé, plus sa

---

* *sic.*

** *geleisten.*

joie est grande, et cette joie tout entière rassemblée est exactement aussi petite qu'une lentille en regard de la joie que Dieu a dans cette œuvre. Car Dieu a vraiment* un tressaillement, un rire dans l'œuvre bonne ; car toutes les autres œuvres qui n'adviennent pas pour la louange de Dieu sont vraiment de la cendre devant Dieu. C'est pourquoi il dit : « Réjouissez-vous, ciel et terre, Dieu a consolé son peuple. » Or notez qu'il dit : « Dieu a consolé son peuple et veut avoir pitié de ses pauvres. » Il dit : « Ses pauvres ». Les pauvres sont laissés à Dieu seul, car personne ne les prend en charge. Quelqu'un aurait-il un ami qui est pauvre, il ne le connaît pas** ; mais s'il a du bien et est savant***, il dit : « Tu es mon parent » et il le reconnaît bientôt**** ; mais au pauvre il dit : « Dieu te garde ! » Ceux-là se trouvent laissés à Dieu ; car, où qu'ils aillent, ils trouvent Dieu et ont Dieu en tous lieux, et Dieu les prend en charge, car c'est à lui qu'ils sont donnés. C'est pourquoi il dit dans l'évangile que « les pauvres sont bienheureux ».

Or notez le petit mot qu'il dit : « Je suis une lumière du monde ». « Je suis » — par là il touche à l'être. Les maîtres disent : Toutes les créatures peuvent certes dire « je », et le mot est commun [à tous] ; seulement le mot *sum*, « suis », personne à proprement parler ne peut le dire que Dieu seul. *Sum* veut

---

* *rehte.*

** *er envergihet sîn niht* : il l'ignore.

*** *wîse.*

**** *vergihet sîn balde.*

dire une chose qui porte intérieurement tout bien, et cela est refusé à toutes créatures qu'aucune ait tout ce qui peut consoler totalement l'homme. Aurais-je tout ce que je pourrais désirer, et mon doigt me ferait-il mal, je n'aurais pas tout car mon doigt serait blessé, et je n'aurais pas toute consolation aussi longtemps que le doigt me ferait mal. Du pain, voilà qui est très consolant pour l'homme lorsqu'il a faim ; mais lorsqu'il a soif, il aurait aussi peu de consolation au pain qu'en une pierre. Et il en va de même à propos des vêtements lorsqu'il a froid ; mais lorsqu'il a trop chaud, il n'a aucune consolation aux vêtements ; et il en va de même pour toutes les créatures, et c'est pourquoi il est vrai que toute créature porte intérieurement amertume. Il est certes vrai que toutes les créatures portent à l'intérieur quelque consolation comme de la mousse de miel. Le miel, c'est rassemblé en Dieu tout ce qu'il peut y avoir rassemblé de bon en toutes créatures. C'est pourquoi il est écrit dans le Livre de la Sagesse : « Avec toi vint à mon âme tout bien[3] », et la consolation est de Dieu. Mais la consolation des créatures n'est pas totale, car elle porte en elle un manque. Mais consolation de Dieu est limpide et sans manque et est pleine et est parfaite ; et il lui est si nécessaire de te la donner qu'il ne peut différer de se donner à toi avant toutes choses. C'est ainsi que Dieu est rendu fou par son amour à notre égard, exactement comme s'il avait oublié royaumes de ciel et de terre et toute sa béatitude, et toute sa déité, et n'avait rien affaire que seulement avec moi, pour me donner tout ce qui peut me consoler. Et il me le donne pleinement, et me le donne parfaitement, et me le donne au plus limpide, et le donne en tout temps, et le donne à toutes créatures.

Or il dit : « Qui me suit ne marche pas dans les ténèbres. » Or notez qu'il dit : « Qui me suit ». Les maîtres disent que l'âme a trois puissances. La première puissance recherche partout ce qui est le plus doux. La seconde recherche en tout temps le plus élevé. La troisième puissance recherche en tout temps le meilleur ; car l'âme est si noble qu'elle ne peut se reposer en aucun lieu si ce n'est en l'origine, là d'où découle ce qui fait bonté. Voyez, si douce est consolation divine que toutes les créatures la recherchent et la pourchassent. Et je dis plus, qu'être et vie de toutes les créatures tiennent en ce qu'elles recherchent Dieu et le pourchassent.

Or vous pourriez dire : « Où est ce Dieu que pourchassent toutes les créatures, dont elles ont leur être et leur vie ? » — Je parle volontiers de la déité, car toute notre béatitude en découle. Le Père dit : « Mon Fils, dans la splendeur des saints je t'engendre aujourd'hui[4]. » Où est ce Dieu ? — « C'est dans la plénitude des saints que je suis enclos[5]. » Où est ce Dieu ? — Dans le Père. Où est ce Dieu ? — Dans l'éternité. Dieu, personne jamais ne pourrait l'avoir trouvé, comme dit le prophète : « Seigneur, tu es le Dieu caché[6]. » Où est ce Dieu ? — Exactement comme un homme se cache, puis toussote et par là se trahit ; c'est ainsi également que Dieu a fait. Dieu, personne jamais ne pourrait l'avoir trouvé ; or il s'est maintenant trahi. Un saint[7] dit : Je ressens parfois telle douceur en moi que je m'oublie moi-même et toute créature et veux pleinement me fondre en toi.

« Et lorsque je veux l'enserrer pleinement, Seigneur, tu me le retires. Seigneur, que veux-tu dire par là ? Si tu m'y engages, pourquoi me le retires-tu ? Si tu m'aimes, pourquoi me fuis-tu alors ? Ah, Seigneur, tu fais cela pour que je puisse beaucoup recevoir de toi. » Le prophète dit : « Mon Dieu [8]. — Qui te dit que je suis ton Dieu ? — Seigneur, parce que je ne peux jamais me reposer qu'en toi, et que je ne suis bien nulle part qu'en toi. »

Pour que nous recherchions Dieu de la sorte et aussi le trouvions, qu'à cela nous aide le Père et le Fils et le Saint Esprit. Amen.

Sermon 80

Homo quidam erat dives

« Il y avait un homme riche qui était vêtu de soie et de velours et mangeait tous les jours des mets choisis, et il n'avait pas de nom [1]. »

Cela, on peut l'entendre d'une double manière : à propos de la déité sans fond et à propos de toute âme délicate.

« Il y avait un homme riche. » « Homme » veut dire une chose douée d'entendement, c'est ce que dit un maître païen [2]. Par homme on entend Dieu dans l'Ecriture [3]. Saint Grégoire dit : Y aurait-il en Dieu une chose plus noble que l'autre, si l'on pouvait dire, ce serait connaissance ; car par connaissance Dieu est manifeste à lui-même, par connaissance Dieu s'épanche en lui-même, par connaissance Dieu flue au-dehors dans toutes choses, par connaissance Dieu a créé toutes choses. Et n'y aurait-il pas en Dieu de connaissance que la Trinité n'aurait pu être, jamais non plus créature n'aurait flué au-dehors.

« Il n'avait pas de nom. » C'est ainsi que le Dieu insondable * est sans nom ; car tous les noms quc lui

* *der grundlôse got.*

donne l'âme, elle les prend dans le connaître d'elle-même. A ce propos, un maître païen dit dans le livre qui s'appelle *La Lumière des lumières* : Dieu est au-delà de l'être et au-delà du discours et au-delà de la connaissance, pour autant qu'il est question d'un connaître naturel[4]. Je ne parle pas d'un connaître de grâce, car un homme pourrait se trouver tiré si loin par grâce qu'il comprendrait, comme saint Paul le comprit, lequel se trouva ravi au troisième ciel et vit des choses telles qu'il ne faut et que l'on ne peut en parler pleinement[5]. Même lorsqu'il les vit, il ne put les traduire en mots ; car ce que l'on doit comprendre, il faut qu'on le comprenne en la cause ou en le mode ou à propos de l'œuvre. C'est pourquoi Dieu demeure non compris, car il n'est causé par personne, puisqu'il est toujours ce qui est premier. Il est aussi sans mode, c'est-à-dire dans l'inconnaissabilité. Il est aussi sans œuvre, c'est-à-dire : dans sa quiétude cachée. C'est pourquoi il demeure sans nom. Où sont maintenant tous les noms qui lui ont été donnés ? Moïse s'enquit à propos de son nom. Dieu dit alors : « Celui qui là est, celui-là t'a envoyé[6]. » Autrement il n'aurait pu le comprendre ; car, dans la mesure où Dieu est en lui-même, ainsi ne pouvait-il jamais se donner à comprendre à une créature, non pas parce qu'il ne l'aurait pu, plutôt : les créatures n'auraient pu le comprendre. C'est pourquoi le maître dit dans le livre qui s'appelle *La Lumière des lumières* : Dieu est au-delà de l'être et au-delà de la louange et au-delà du discours et au-delà de la connaissance.

L'homme était aussi « riche ». C'est ainsi que Dieu est riche en lui-même et en toutes choses. Or notez !

La richesse de Dieu tient en cinq choses. La première : qu'il est la cause première, c'est pourquoi il s'épanche à l'extérieur en toutes choses. — La seconde : qu'il est simple en son être, c'est pourquoi il est l'intériorité de toutes choses. — La troisième : qu'il est originaire, c'est pourquoi il se communique à toutes choses. — La quatrième : qu'il est immuable, c'est pourquoi il est ce qui est le plus constant. — La cinquième : qu'il est parfait, c'est pourquoi il est ce qui est le plus désirable.

Il est la cause première, c'est pourquoi il s'épanche au-dedans en toutes choses. A ce propos un maître[7] païen dit que la cause première s'épanche davantage dans toutes les causes [secondes] que les autres causes ne s'épanchent dans leur opération *. — Il est aussi simple en son être. Que veut dire simple ? L'évêque Albert dit : Telle chose est simple qui en elle-même est une sans autre [chose], c'est-à-dire Dieu, et les autres choses unifiées se tiennent dans ce qu'il est. Là les créatures sont un dans le Un et sont Dieu en Dieu ; en elles-mêmes elles sont néant. — En troisième lieu : qu'il est originaire, c'est pourquoi il s'épanche à l'extérieur en toutes choses. A ce propos l'évêque Albert dit : De triple manière il s'épanche à l'extérieur en toutes choses de façon commune ** : par être et par vie et par lumière, et particulièrement dans l'âme douée d'intellect en capacité [de connaître] toutes choses, et en un retour des créatures dans leur première origine : c'est là la « Lumière des

---

* *in ir werk.*

** *gemeinlîche* : de façon universelle.

lumières », car « tout don et [toute] perfection flue du Père des lumières[8] », comme le dit saint Jacques. — En quatrième lieu : qu'il est immuable, c'est ce qu'il y a de plus constant. Or notez comment Dieu s'unit aux choses. Il s'unit aux choses et se maintient pourtant un en lui-même, et les autres choses unes en lui. Christ dit à ce propos : Vous serez transformés en moi et non pas moi en vous[9]. Cela provient de son immutabilité et de son immensité et de la petitesse des choses. C'est pourquoi un prophète dit que toutes choses en regard de Dieu sont aussi petites qu'une goutte en regard de la mer déchaînée[10]. Qui verserait une goutte dans la mer, la goutte se transformerait dans la mer et non pas la mer dans la goutte. Ainsi en advient-il à l'âme. Lorsqu'elle tire Dieu dans soi, elle se trouve transformée en Dieu, en sorte que l'âme devient divine et non pas Dieu l'âme. Là l'âme perd son nom et sa puissance et non pas sa volonté et non pas son être. Là l'âme demeure en Dieu comme Dieu demeure en lui-même. C'est pourquoi l'évêque Albert[11] dit : Dans la volonté où l'homme intérieurement meurt, là il doit éternellement demeurer intérieurement. — En cinquième lieu : qu'il est parfait, c'est pourquoi il est ce qui est le plus désirable. Dieu est perfection de soi-même et de toutes choses. Que veut dire perfection en Dieu ? Cela veut dire qu'il est bonté de soi-même et de toutes choses. C'est pourquoi toutes choses le désirent, car il est bon.

Pour que nous advienne le bien que Dieu est lui-même, et pour que nous jouissions de lui éternellement, qu'à cela Dieu nous aide. Amen.

Sermon 81

Fluminis impetus laetificat civitatem Dei : sanctificavit tabernaculum suum Altissimus

« Le flux torrentiel ou impétueux a réjoui la cité de Dieu[1]. » En ces mots nous devons noter trois choses. La première : le flux rapide « de Dieu » ; la seconde : la « cité » dans laquelle il s'épanche ; la troisième : l'avantage qui de là procède.

Saint Jean dit que « tous ceux qui ont la foi » qui est vive de par l'amour de Dieu et qui l'atteste par des œuvres bonnes, « de tous ceux-là flueront les eaux vives »[2]. Par là il veut attester le Saint Esprit, et le prophète de façon étonnante ne sait pas comment il doit nommer le Saint Esprit eu égard à son œuvre impétueuse et étonnante. C'est pourquoi il l'appelle un « torrent » en raison de son cours impétueux, car il flue d'autant plus parfaitement dans l'âme qu'elle a fait sa percée à l'extérieur en humilité et a gagné en ampleur pour le recevoir. J'en suis certain : mon âme serait-elle aussi disposée et Dieu trouverait-il place en elle autant que dans l'âme de Notre Seigneur Jésus Christ, il l'emplirait aussi parfaitement de ce « flux » ; car le Saint Esprit ne peut s'empêcher de se répandre dans tout ce en quoi il trouve « espace * » et autant qu'il trouve « espace ».

En second lieu, nous considérerons ce qu'est la « cité » ; cela veut dire, au sens spirituel, l'âme. Une « cité » signifie *civium unitas* ; cela signifie une cité qui est fermée à l'extérieur et est unifiée à l'intérieur. C'est ainsi que doit être l'âme dans laquelle Dieu doit fluer, qu'elle soit protégée des dangers à l'extérieur et à l'intérieur unifiée en toutes ses puissances. Si je regarde un homme dans les yeux, j'y vois mon image et elle est pourtant dans l'air avant que dans les yeux. Elle ne pourrait jamais venir dans l'œil si elle n'était avant dans l'air, et pourtant on ne la voit pas dans l'air. Pour la raison que l'air est diaphane et n'est pas rassemblé de façon compacte, en sorte qu'aucune image ne peut se manifester en lui, ce que l'on peut vérifier dans l'arc-en-ciel : lorsque l'air est compact l'image du soleil apparaît en multiples couleurs dans l'arc-en-ciel. Si je regarde dans un miroir, mon visage reçoit un reflet en retour. Cela n'adviendrait jamais si n'était étendue en arrière une couche de plomb. Ainsi faut-il que l'âme soit rassemblée et compacte en la puissance la plus noble qui est en elle, si elle doit recevoir le « flux » divin qui l'emplisse et la réjouisse. Saint Jean écrit que les Apôtres étaient rassemblés ensemble et enfermés lorsqu'ils reçurent le Saint Esprit[3].

Je l'ai déjà dit quelquefois : un débutant, qui doit débuter une vie bonne, qu'il prenne une comparaison : qui veut faire un cercle — là où il pose le pied

---

* *stat* : c'est le même mot traduit ci-dessus par « cité ».

en premier, là il se tient jusqu'à ce qu'il ait achevé le cercle ; ainsi le cercle est correct *. Cela veut dire : que l'homme apprenne en premier lieu à faire en sorte que son cœur soit constant, alors il sera constant en toutes ses œuvres. Quelque grandes choses qu'il fasse — si son cœur est inconstant, cela ne sert de rien. De deux sortes furent les maîtres. Les uns voulaient que l'homme de bien ne se trouve pas remué [intérieurement] ; ce qu'ils ont attesté par maints beaux discours. Les autres ne le voulaient pas ; ils voulaient que l'homme de bien puisse se trouver remué [intérieurement], et c'est à cela que s'en tient la Sainte Ecriture. Il se trouve certes remué [intérieurement], mais il ne se trouve pas détourné. Notre Seigneur Jésus Christ se trouva profondément remué [intérieurement][4] et d'autres de ses saints ; mais ils ne se trouvèrent pas détournés vers des vices, comme l'ont aussi éprouvé ceux qui ont coutume de voyager sur l'eau : lorsque l'on veut dormir, on jette l'ancre dans l'eau, ainsi le navire est-il immobilisé ; il se balance certes sur l'eau, mais il ne s'éloigne pas. J'ai dit qu'un homme parfait ne peut facilement se trouver entravé ; mais s'il s'irrite de certaines choses, c'est qu'il n'est pas parfait.

La troisième est l'avantage qui de là procède, c'est-à-dire ce que dit le prophète : Notre Seigneur habite au milieu d'elle ; c'est pourquoi elle ne se trouve pas altérée **. Elle ne veut rien que le plus limpide. Pour la raison que limpidité de Dieu opère

---

* *guot.*

** *verwandelt.*

en elle, elle ne peut souffrir rien de mélangé qui soit mélangé avec les créatures. Certaine œuvres, Dieu Notre Seigneur les opère lui-même sans aucun concours *, quelques-unes avec concours et avec aide. La grâce qui est liée à ma parole pourrait-elle parvenir dans l'âme sans aucun concours, comme si Dieu lui-même la disait ou l'opérait, l'âme se trouverait aussitôt convertie et deviendrait sainte et ne pourrait s'en empêcher. Lorsque je dis la parole de Dieu, je suis un coopérateur de Dieu et la grâce est mélangée avec la créature et ne se trouve pas totalement reçue dans l'âme. Mais la grâce que le Saint Esprit apporte dans l'âme se trouve reçue sans aucun concours, si l'âme est rassemblée en la puissance simple qui connaît Dieu. La grâce jaillit dans le cœur du Père et flue dans le Fils, et dans l'union des deux elle flue à partir de la Sagesse du Fils et flue dans la bonté du Saint Esprit et se trouve envoyée avec l'Esprit Saint dans l'âme. Et la grâce est un visage de Dieu et se trouve imprimée dans l'âme, sans nul concours, avec l'Esprit Saint, et configure l'âme selon Dieu. Cette œuvre, Dieu l'opère lui-même sans nul concours. Il n'est aucun ange si noble qui puisse servir à cela, ni aucune dignité de l'homme. Néanmoins : le pourrait-il certes de par la noblesse de sa nature, Dieu ne voudrait souffrir qu'aucune créature en vienne à le servir en cela ; car dans l'heure il a élevé l'âme si haut par-delà sa demeure naturelle qu'aucune créature ne peut la rejoindre. Néanmoins :

---

* *âne underscheit* : sans qu'intervienne rien de *différent* de lui.

l'ange pourrait-il certes faire cette œuvre et Dieu aussi le laisserait-il être en cela serviteur, cela l'âme le mépriserait, car elle méprise dans l'heure tout ce qui est mélangé avec la créature. Néanmoins la lumière dans laquelle elle se trouve unifiée, elle la mépriserait si elle ne savait et n'était sûre que Dieu la reçoive en cette lumière, car elle méprise tout ce qui n'est pas Dieu en lui-même; car Dieu mène sa fiancée hors de la dignité et de la noblesse de toutes les créatures en un désert en lui-même, et parle lui-même à son cœur, c'est-à-dire : il la rend égale à lui-même en la grâce[5]. Pour cette œuvre noble, l'âme doit se rassembler et s'enfermer, comme on peut le vérifier par une comparaison en l'âme : comme l'âme à proprement parler donne la vie au corps sans l'intermédiaire du cœur et de tous les membres — lui faudrait-il avoir l'aide du cœur, il faudrait que ce soit un autre cœur que celui dont elle reçoit la vie — c'est ainsi que Dieu, sans intermédiaire, opère la vie limpide de la grâce et de la bonté en l'âme. De même que tous les membres se réjouissent de la vie de l'âme, ainsi toutes les puissances de l'âme se trouvent emplies et réjouies par l'influx limpide de la grâce de Notre Seigneur; car la grâce se comporte envers Dieu comme le rayon du soleil envers le soleil et est un avec lui et porte l'âme dans l'être divin et la fait de la couleur de Dieu et qu'elle ait saveur de noblesse divine.

L'âme qui a reçu l'influx de la grâce divine et a saveur de noblesse divine, à elle devient amer et contraire tout ce qui n'est pas Dieu. L'autre chose est qu'elle veut ce qui est le plus élevé, au point qu'elle ne peut rien souffrir au-dessus d'elle. Je dis même en définitive qu'elle ne peut souffrir Dieu au-dessus d'elle. L'âme serait-elle tirée vers le haut au-dessus de toutes choses en sa liberté la plus haute au point de toucher Dieu en sa nature divine nue qu'elle ne serait jamais en repos à moins que Dieu ne fasse irruption en elle et elle en Dieu. Même si Dieu en sa noblesse et en sa nature est loin au-dessus d'elle, elle ne peut pourtant trouver repos qu'elle ne comprenne Dieu autant qu'il est possible à une créature de comprendre Dieu. C'est pourquoi Messire Salomon dit que l'eau dérobée est bien plus douce que les autres eaux, c'est-à-dire : que l'âme parfaite ne peut être liée à rien qu'elle ne fasse irruption hors de toutes choses et au-dessus de toutes choses et n'en vienne à liberté divine ; de cela elle a grande jouissance. En troisième lieu, qu'elle veut ce qui est le plus agréable que puisse opérer la nature, c'est-à-dire : qu'elle se réalise * soi-même au plus élevé et selon elle-même. La plus grande jouissance aux royaumes du ciel et de terre se trouve dans l'égalité **. Que nature divine opère au plus élevé en l'âme, c'est là égalité. Aucun homme ne peut suivre totalement Dieu qu'il n'ait une égalité de Dieu en lui. C'est cela que l'on doit vérifier [:] si toutes les grâces qu'il a reçues sont divines et si elles ont saveur de noblesse divine, et si elles communiquent et fluent au-dehors, comme Dieu flue au-dehors par sa bonté sur tout qui peut recevoir quelque chose de lui. C'est ainsi que l'homme doit

---

* *würke.*

** *glîchnisse.* Ainsi également pour les occurrences à venir.

fluer au-dehors et communiquer par tous les biens qu'il a reçus de Dieu. Saint Paul dit : « Qu'y a-t-il que nous n'ayons reçu de lui[6] ? » Un homme a-t-il quelque chose qu'il ne souhaite pas à un autre, il n'est pas bon. L'homme qui ne souhaite pas à l'autre choses spirituelles et ce qui regarde sa béatitude, celui-là ne fut jamais spirituel. Il ne doit se recevoir ni se posséder soi seul, mais il doit se communiquer et fluer au-dehors par tout ce qu'il a en corps et en âme aussi loin qu'il le peut jamais et quel que soit ce qu'on désire de lui.

Saint Paul dit : « C'est le bien le plus élevé que l'homme affermisse son cœur par la grâce[7]. » A propos de ces paroles on doit noter trois choses. L'une : où cela doit-il commencer ? C'est : dans le cœur ; et par quoi ? C'est : par la grâce ; et en vue de quoi ? C'est : que l'on demeure bon. On doit donc commencer dans le cœur. C'est le membre le plus noble dans le corps et il se trouve au centre pour donner la vie à tout le corps : car la source de la vie jaillit dans le cœur et opère à l'égal du ciel. Car le ciel accomplit son cours sans relâche ; c'est pourquoi il lui faut être rond pour pouvoir accomplir son cours rapidement, car à toutes créatures il donne leur être et vie. Et s'arrêterait-il un instant — si un homme prenait du feu dans sa main, il ne le brûlerait pas, et les eaux ne s'écouleraient pas et toutes les créatures n'auraient aucune puissance. Pour sûr, sans l'âme et sans le ciel toutes les créatures disparaîtraient pleinement comme si elles n'avaient pas été. La puissance, le ciel ne l'a pas de lui-même, mais de l'ange qui le meut. Selon que je l'ai dit souvent, toutes images et modèles* de toutes les créatures furent créés auparavant dans les anges, avant qu'ils ne se trouvent faits corporellement dans les créatures. C'est pourquoi l'ange déverse sa vie et sa puissance dans le ciel et le meut sans relâche et opère donc avec le ciel toute vie et toute puissance dans les créatures. Tout comme la volonté que j'ai conçue dans le cœur je la déverse par la main dans une lettre, en sorte que je trace le caractère avec la plume, et que je l'envoie à un autre homme et la lui fais lire, en sorte qu'il connaît ma volonté — c'est ainsi que l'ange, en touchant le ciel, déverse avec sa volonté dans les créatures tous les archétypes de création** qu'il a reçus de Dieu. Le ciel est aussi au centre ; il est également proche de toutes extrémités. C'est ainsi que le cœur dans l'homme est presque rond et opère sans relâche ; il bat et est en mouvement sans relâche. Mais lorsque le cœur se rompt par le milieu*** ou qu'il s'arrête [ne serait-ce qu'] un instant, l'homme alors est mort sur-le-champ. C'est pourquoi il en est ainsi : lorsque l'homme est en péril, il devient blême, ce qui veut dire que la nature et le sang se retirent de tous les membres et refluent vers le cœur et veulent venir au secours du cœur ; car la source de la vie est dans le cœur. C'est pourquoi le cœur se trouve au centre — pour que si quelque péril survient au corps, il ne parvienne pas au cœur en premier lieu. Et lorsque l'homme a crainte, que l'on veut le frapper ou le

* *glîchnisse.*
** *geschepfnisse.*
*** *enzwei treget.*

transpercer, alors il met ses deux mains devant son cœur et craint le plus pour son cœur. Ainsi en est-il de la grâce, que Dieu sans aucun concours imprime dans l'âme au plus intérieur : quelque adversité advienne à l'homme au corps ou à l'âme, que pourtant la grâce se trouve conservée, en sorte qu'on ne la perde en rien. C'est pourquoi l'homme doit interposer soi-même et tout ce qui n'est pas Dieu devant la grâce plutôt que de perdre la grâce, en laquelle se trouve la vie de son éternelle béatitude. Aussi longtemps l'homme a la volonté qu'aucune chose ne lui soit jamais si chère ni ne lui plaise si bien qu'il ne veuille y renoncer volontiers plutôt qu'il ne se trouve empêché en la grâce — aussi longtemps il se trouve ainsi, aussi longtemps l'homme se tient en sa perfection. Car une volonté bonne fait un homme de bien, et une volonté parfaite fait un homme parfait, et c'est selon leur bonté que l'on aime toutes choses. Qui là veut être le plus aimable entre tous les gens, qu'il soit le meilleur entre tous les gens. Autant meilleur autant aimé de Dieu.

Pour cette vérité, que Dieu nous aide. Amen.

Sermon 82

Quis, putas, puer iste erit ? Etenim manus domini cum ipso est

« Qu'adviendra-t-il d'étonnant de cet enfant ? La main de Dieu est avec lui[1]. »

A propos de ces mots nous noterons trois choses. La première : la dignité du maître d'œuvre, lorsqu'il dit : « La main de Dieu est avec lui. » « La main de Dieu » signifie le Saint Esprit pour deux raisons. La première : que c'est avec la main que l'on opère l'œuvre. La seconde, qu'elle est un avec le corps et avec le bras ; car toutes les œuvres que l'homme opère avec la main jaillissent dans le cœur et procèdent vers les membres et se trouvent accomplies par la main. C'est pourquoi en ces paroles on peut reconnaître * la Sainte Trinité : le Père en le cœur et en le corps. Tout comme pour l'âme l'être est éminemment en le cœur, même si elle est parfaite dans tous les membres, et aussi parfaite dans les moindres que dans les plus grands, cependant son être et le ressort de ses œuvres sont éminemment dans le cœur — ainsi le Père est-il un commencement et un ressort de

---

* *merken.*

toutes œuvres divines. Et le Fils est signifié par le bras, comme il est écrit dans le *Magnificat*, qu'« il a déployé sa puissance dans son bras[2] ». Et c'est ainsi que la puissance divine procède du corps et du bras vers la main, par quoi est signifié le Saint Esprit. Car, tout comme l'âme est mêlée au corps et aux choses matérielles, ce qu'on lui signifie* à propos des choses spirituelles c'est qu'il leur faut être mêlées aux choses matérielles, si elle doit en connaître. C'est pourquoi il faut que l'on signifie le Saint Esprit par la « main », laquelle a opéré cette œuvre en cet « enfant ».

En premier lieu : que nous notions comment doit être l'homme dans lequel Dieu opère son œuvre. Lorsqu'il dit un « enfant », cela signifie un air limpide ou ce qui est sans tache. C'est ainsi que l'âme doit être limpide et pure, si le Saint Esprit doit opérer en elle. Un maître sage dit : « La Sagesse éternelle est enclose en Sion et son repos doit être dans la cité limpide[3]. » « Sion » signifie une hauteur ou une tour de guet. C'est ainsi que l'âme doit être élevée au-dessus de toutes choses éphémères. En second lieu, elle doit être soustraite aux choses éphémères et aux [choses] changeantes. En troisième lieu, elle doit être aux aguets face aux périls à venir.

En second lieu : que nous notions l'opération du Saint Esprit en l'âme. Personne ne peut opérer de façon heureuse à moins qu'il ne trouve sa ressemblance dans ce en quoi il opère. Devrais-je guider un homme, s'il ne trouvait en soi ressemblance avec

---

* *bewîsen.*

moi, il ne me suivrait jamais de façon heureuse. Car jamais aucun mouvement ni œuvre ne se trouve opéré de façon heureuse sans ressemblance. Ainsi en est-il de tous ceux qui suivent Dieu ; car il faut que toutes gens suivent Dieu, qu'ils le veuillent ou ne le veuillent pas. S'ils le suivent volontiers, ce leur est un bonheur ; mais s'ils ne le suivent pas volontiers, alors ce leur est peine et leur apporte seulement des douleurs. C'est pourquoi, en raison de la bienveillance et de l'amour qu'il a envers l'âme, il lui a donné une lumière divine au temps où elle fut créée, pour qu'il puisse opérer avec bonheur dans la sienne ressemblance.

Or aucune créature ne peut opérer au-delà de ce qu'elle a en elle-même. C'est pourquoi l'âme ne peut opérer au-delà de soi-même avec la lumière que Dieu lui a donnée, car elle lui est propre, et Dieu la lui a donnée, en guise de don matutinal, dans la puissance supérieure de l'âme. Quoique la lumière de Dieu soit ressemblance, elle est pourtant créée par Dieu, car le créateur est une chose et la lumière une autre chose, et est une créature ; car avant que Dieu n'ait jamais créé créature, il y avait Dieu et non pas lumière et non pas ténèbres. C'est pourquoi Dieu vient avec son amour vers l'âme, pour qu'il élève l'âme afin qu'elle puisse opérer au-delà de soi-même. Or amour ne peut être qu'il ne trouve de l'égal ou ne fasse de l'égal. Pour autant que Dieu trouve sa ressemblance dans l'âme, pour autant Dieu opère avec cet amour au-dessus de l'âme. Car Dieu est infini, c'est pourquoi l'amour doit être infini. L'homme vivrait-il mille ans ou plus longtemps qu'il devrait croître en l'amour, comme on peut le noter à propos du feu : autant il a de bois, autant le feu opère. A proportion de ce que le feu est grand et que le vent souffle fort, à proportion le feu est grand. C'est pourquoi par le feu nous entendons l'amour et par le vent l'Esprit Saint en vue de l'opérer de l'Esprit Saint en l'âme. Plus l'amour est grand en l'âme et plus le Saint Esprit souffle, plus parfait est le feu, pourtant non pas d'un coup mais progresivement en vue de la croissance de l'âme; car l'homme brûlerait-il d'un coup, ce ne serait pas bon. C'est pourquoi le Saint Esprit souffle progressivement, l'homme devrait-il vivre des milliers d'années pour pouvoir croître en l'amour.

En troisième lieu, on doit noter l'œuvre étonnante que Dieu opère en l'âme de par les paroles qu'il dit : « Qu'adviendra-t-il d'étonnant de cet enfant ? » Il faut qu'il en soit ainsi que chaque outil porte aussi loin que ce qu'opère l'artisan, si l'œuvre doit être parfaite; car l'homme est un outil de Dieu, et c'est d'après la noblesse du maître d'œuvre. C'est pourquoi il ne suffit point à l'âme que le Saint Esprit opère en elle car il n'est pas sa nature. Et comme je l'ai dit souvent, il lui a donné une lumière divine qui est égale à lui et équivalente à sa nature, et il l'a donnée à l'âme comme chose propre, en sorte qu'elle est une part de l'âme, pour qu'il puisse opérer avec bonheur en elle; comme on peut le noter à propos de la lumière, qui opère selon la noblesse de la matière sur laquelle elle tombe. Dans le bois elle opère son œuvre propre, c'est-à-dire chaleur et feu; dans les arbres et dans les choses humides elle opère croissance et non pas chaleur ni son œuvre propre, mais pour qu'elles verdoient et portent du fruit. Dans les créatures vivantes elle opère vie à partir de choses mortes, comme le mouton qui broute là l'herbe et de là provient un œil ou une oreille. En l'homme elle opère béatitude. Cela vient de la grâce de Dieu : elle élève l'âme jusqu'à Dieu et l'unit à lui et la fait de la couleur de Dieu. L'âme doit-elle être divine, il lui faut être élevée. Un homme doit-il parvenir au sommet d'une tour, il lui faudrait être élevé aussi haut qu'est la tour : c'est ainsi qu'il faut que la grâce élève l'âme en Dieu. L'œuvre de la grâce est qu'elle attire et attire totalement, et qui ne la suit pas devient malheureux. Cependant, l'âme ne se contente pas de l'œuvre de la grâce, car elle [= la grâce] est une créature, à moins qu'elle n'en vienne à ce que Dieu opère dans sa nature propre, là où le maître d'œuvre opère selon la noblesse de l'outil, c'est-à-dire : dans sa propre nature, là où l'œuvre est aussi noble que le maître d'œuvre, et où celui qui se répand et ce qui est répandu sont tout un. Saint Denys [4] dit que les choses supérieures se déversent dans les inférieures et les inférieures dans les supérieures et se réunissent dans les supérieures. C'est ainsi que l'âme se trouve réunie en Dieu et enfermée, et là la grâce la quitte en sorte qu'elle n'œuvre plus avec la grâce, mais en Dieu divinement. Là l'âme se trouve ravie d'étonnante manière et vient hors d'elle-même [—] comme qui verserait une goutte d'eau dans une cruche pleine de vin [—] en sorte qu'elle ne sache et ne sache plus rien d'elle-même, qu'elle soit Dieu, comme je veux vous le raconter par une histoire. Un cardinal demandait à saint Bernard [5] : « Pourquoi dois-je aimer Dieu et selon quel mode ? » Alors saint Bernard dit : « Je vais vous le dire. Dieu est la cause pour laquelle on doit l'aimer. Le mode est sans mode », car Dieu est néant ; non point qu'il serait sans être : il n'est ni ceci ni cela que l'on puisse dire ; il est un être au-dessus de tous les êtres. Il est un être dépourvu d'être. C'est pourquoi le mode doit être dépourvu de mode, par quoi l'on aime Dieu. Il est au-delà de tout dire.

Pour que nous en venions à ce parfait amour, qu'à cela Dieu nous aide. Amen.

Sermon 83

Renovamini spiritu

« Vous devez vous trouver renouvelés dans votre esprit qui s'appelle *mens*, ce qui veut dire un esprit *. » C'est ainsi que parle saint Paul[1].

Or saint Augustin dit qu'en la partie supérieure de l'âme, qui là s'appelle *mens* ou esprit, Dieu a créé en même temps que l'être de l'âme une puissance que les maîtres appellent un réceptacle ou un écrin de formes spirituelles ou d'images de type formel **. Cette puissance fait le Père égal à l'âme de par le flux de sa déité, à partir de laquelle il a versé toute la richesse de son être divin dans le Fils et dans le Saint Esprit selon une différenciation personnelle, tout comme la mémoire de l'âme déverse dans les puissances de l'âme le trésor des images. Si jamais maintenant l'âme par cette puissance contemple ce qui est de l'image *** — qu'elle contemple image d'un

---

* *gemute* : esprit au sens de mentalité (*mens*).
** *formeliche bilde.*
*** *bildekeit.*

ange, qu'elle contemple image d'elle-même —, c'est là pour elle une carence. Contemple-t-elle Dieu tel qu'il est Dieu ou tel qu'il est image ou tel qu'il est trine — c'est une carence. Mais lorsque toutes les images se trouvent détachées de l'âme, et qu'elle contemple seulement l'unique Un, alors l'être nu de l'âme, reposant passivement en lui-même, trouve l'être nu dépourvu de forme de l'unité divine, qui là est l'être au-delà de l'être. Ah, merveille sur merveille, quel noble pâtir est-ce que l'être de l'âme ne peut pâtir autre chose que seulement l'unité nue de Dieu !

Or saint Paul dit : « Vous serez renouvelés dans l'Esprit ». Renouvellement tombe en toutes les créatures qui sont en dessous Dieu ; mais en Dieu ne tombe aucun renouvellement, car [en lui] tout [est] éternité. Qu'est-ce qu'éternité ? Notez-le ! La propriété de l'éternité est qu'être et jeunesse en elle sont un ; car éternité ne serait pas éternelle si elle pouvait devenir nouvelle et n'était pas constante. Or je dis : Renouvellement tombe en l'ange, c'est-à-dire : la connaissance de l'avenir, car l'ange ne sait rien des choses à venir que dans la mesure où Dieu les lui manifeste. En l'âme tombe aussi renouvellement pour autant qu'elle s'appelle âme, car elle s'appelle âme pour la raison qu'elle donne vie au corps et est une forme du corps. En elle tombe aussi renouvellement pour autant qu'elle s'appelle un esprit. La raison pour laquelle elle s'appelle un esprit c'est qu'elle est détachée d'ici et de maintenant et de toute naturalité. Mais là où elle est une image de Dieu et dépourvue de nom comme Dieu, là ne tombe aucun renouvellement en elle, que seulement éternité, comme en Dieu.

Or notez ! Dieu est dépourvu de nom, car de lui personne ne peut parler ni entendre. C'est pourquoi un maître païen dit : Ce que nous entendons et disons à propos de la cause première, nous le sommes davantage nous-mêmes que si c'était la cause première, car elle est au-dessus de tout dire et entendre. Je dis maintenant : « Dieu est bon » — ce n'est pas vrai, plutôt : Je suis bon, Dieu n'est pas bon ! Je veux dire davantage : « Je suis meilleur que Dieu ! », car ce qui est bon, cela peut devenir meilleur ; ce qui peut devenir meilleur, cela peut devenir meilleur que tout. Or Dieu n'est pas bon, pour la raison qu'il ne peut devenir meilleur. Parce qu'il ne peut devenir meilleur, pour cette raison il ne peut devenir le meilleur de tout ; car ces trois choses sont loin de Dieu : « bon », « meilleur », et « meilleur que tout », car il est au-dessus de tout. Si je dis également : « Dieu est sage » — ce n'est pas vrai : je suis plus sage que lui. Si je dis également : « Dieu est un être » — ce n'est pas vrai : il est un être planant au-dessus et un néant au-dessus de l'être. C'est pourquoi saint Augustin dit : « La plus belle chose que l'homme puisse dire de Dieu, c'est de pouvoir se taire en raison de la sagesse de son royaume intérieur[2]. » C'est pourquoi tais-toi et ne palabre pas à propos de Dieu ; car lorsque tu palabres à son propos, tu mens, ainsi commets-tu un péché. Que si tu veux être sans péché et parfait, ne palabre pas à propos de Dieu. Tu dois aussi ne rien entendre de Dieu, car Dieu est au-dessus de tout entendre. Un maître[3] dit : Aurais-je un Dieu que je puis entendre, je ne voudrais jamais le considérer comme Dieu. Entends-tu maintenant quelque chose de lui, cela il ne l'est pas, et, pour autant que tu entends quelque chose de lui, tu te fourvoies en une non-connaissance *, et de cette non-connaissance tu te fourvoies dans l'animalité ; car ce qui est non-connaissant en les créatures, cela est animal. Veux-tu maintenant ne pas être animal, ne connais rien du Dieu indicible. — « Ah ! Comment donc dois-je faire ? — « Tu dois pleinement t'abîmer de ton être-tien ** et dois te fondre dans son être-sien ***, et ce qui est tien et ce qui est sien doivent devenir un mien aussi totalement que toi, éternellement, tu comprends avec lui son étantité non-devenue et sa néantité innommée.

Or saint Paul dit : « Vous serez renouvelés en l'esprit ». Si donc nous devons être renouvelés en l'esprit, il faut que les six puissances de l'âme[4], les deux supérieures et les inférieures, aient chacune un anneau en or doré à l'or de l'amour divin. Or notez ! Les puissances inférieures sont au nombre de trois. La première s'appelle discernement, *rationalis* ; pour elle tu dois avoir un anneau d'or, c'est-à-dire la lumière qui en tous les temps en dehors du temps illumine ton discernement par la lumière divine. La seconde puissance s'appelle l'irascible, *irascibilis* ; pour elle tu dois avoir un anneau, c'est-à-dire ta paix. « Pourquoi ? » — Car, autant en paix, autant en Dieu ;

---

* *unverstandenheit.*

** *diner dinisheit.*

*** *in sine sinesheit.*

autant hors de paix, autant hors de Dieu. La troisième puissance s'appelle désir, *concupiscibilis* ; pour elle tu dois avoir [un anneau, c'est-à-dire :] une satisfaction, qui doit te suffire en regard de toutes les créatures qui sont en dessous de Dieu ; mais Dieu ne doit jamais te satisfaire, car tu ne peux jamais te contenter de Dieu : plus de Dieu tu as, plus tu désires ce qui est sien ; car, Dieu pourrait-il te satisfaire, en sorte que tomberait en Dieu satisfaction, Dieu ne serait pas Dieu.

Il te faut aussi pour les puissances supérieures avoir à chacune un anneau d'or. Les puissances supérieures sont également au nombre de trois. La première s'appelle une puissance qui garde, *memoria.* Cette puissance on la dit égale au Père dans la Trinité. Pour celle-ci tu dois avoir un anneau d'or, c'est-à-dire : un garder par quoi tu dois garder en toi toutes choses éternelles. La seconde s'appelle intellect*, *intellectus.* Cette puissance on la dit égale au Fils. Pour celle-ci tu dois également avoir un anneau d'or, c'est-à-dire : connaissance, par quoi connaître Dieu en tous temps — « Et comment ? » — Tu dois le connaître sans image, sans intermédiaire et sans comparaison. Mais si je dois ainsi connaître Dieu sans intermédiaire, il faut que je me trouve tout près de lui et qu'il devienne moi. Je dis davantage : Il faut que Dieu se trouve tout près de moi et moi tout près de Dieu, à tel point une chose que ce « il » et ce « je » deviennent et soient un « est », et dans l'étantité**

---

* *verstendikeit.*

** *istikeit.*

opèrent éternellement une seule œuvre; car ce «il» et ce «je», c'est-à-dire Dieu et l'âme, sont de grande productivité. [S'il y avait] un unique «ici» ou un unique «maintenant», alors ce «je» ne pourrait jamais opérer ou devenir un avec le «il». La troisième puissance s'appelle volonté, *voluntas*. Cette puissance on la dit égale au Saint Esprit. Pour celle-ci tu dois avoir un anneau d'or, c'est-à-dire : l'amour, pour que tu aimes Dieu. Tu dois aimer Dieu sans [l']amabilité, c'est-à-dire : non pour la raison qu'il est aimable, car Dieu n'est pas aimable; il est au-delà de tout amour et amabilité. «Comment donc dois-je aimer Dieu?» — Tu dois aimer non spirituellement, c'est-à-dire : de telle sorte que ton âme soit non-spirituelle et dénuée de tout caractère spirituel; car aussi longtemps ton âme est conforme à l'esprit, elle a des images; aussi longtemps elle a des images, elle a des intermédiaires; aussi longtemps elle a des intermédiaires, elle n'a pas unité ni coïncidence *; aussi longtemps elle n'a pas coïncidence, elle n'a jamais encore aimé Dieu de façon juste; car aimer de façon juste tient à coïncidence. C'est pourquoi ton âme doit être non-spirituelle par rapport à tout esprit et doit se tenir dépourvue d'esprit; car, si tu aimes Dieu selon qu'il est Dieu, selon qu'il est esprit, selon qu'il est personne et selon qu'il est image — il faut que cela disparaisse! «Comment donc dois-je l'aimer?» — Tu dois l'aimer tel qu'il est Un non-Dieu, Un non-esprit, Une non-personne, Une non-image, plutôt : selon qu'il est un limpide

* *einberkeit.*

pur et clair Un, séparé de toute dualité, et dans cet Un nous devons nous abîmer éternellement du quelque chose au rien.

Qu'à cela Dieu nous aide. Amen.

Sermon 84

Puella, surge

Notre Seigneur dit à la jeune fille : « Lève-toi [1] ! » Par cette unique parole Notre Seigneur Jésus Christ nous enseigne comment l'âme doit se lever de toutes les choses corporelles. Et comme le Fils est une Parole du Père, ainsi enseigne-t-il l'âme par une parole, de quelle manière elle doit se tenir debout et de quelle manière elle doit s'élever au-dessus d'elle-même et habiter au-dessus d'elle-même. Le Père a dit une Parole qui était son Fils. Dans cette unique Parole il a dit toutes les autres choses. Pourquoi n'a-t-il dit qu'une Parole ? Pour la raison qu'à elle toutes choses sont présentes. Devrais-je saisir dans une seule pensée toutes les pensées que j'ai jamais pensées ou que je penserai jamais, je n'aurais qu'une parole, car la bouche profère ce qui est dans le cœur. De quoi je ne veux maintenant parler davantage.

Pour quatre choses l'âme doit « se lever » et habiter au-dessus d'elle-même. La première est : pour les multiples délices qu'elle trouve en Dieu, car la perfection de Dieu ne saurait se retenir de laisser couler de soi des créatures, auxquelles il pourrait se communiquer, qui pourraient recevoir sa ressemblance, comme s'il s'en trouvait vidé*, et elles ont flué à l'extérieur sans mesure, en sorte qu'il y a davantage d'anges que de grains de sable ou d'herbes et de feuilles. A travers eux tous fluent jusqu'à nous lumière et grâce et don. Cela même qui par toutes ces créatures ou natures flue, cela Dieu le propose à l'âme pour qu'elle le reçoive ; et tout ce que Dieu peut donner, tout cela est trop petit pour une âme, si Dieu ne se donnait lui-même dans les dons.

La seconde est : que l'âme doit « se lever » à cause de la limpidité qu'elle trouve en Dieu, car toutes choses sont limpides et nobles en Dieu. Aussitôt qu'elle flue hors de Dieu dans la créature la plus proche, cela devient aussi inégal que quelque chose et rien ; car en Dieu sont lumière et être, et dans les créatures sont ténèbres et néant ; car ce qui en Dieu est lumière et être, cela est dans les créatures ténèbres et néant.

La troisième est : que l'âme doit « se lever » en raison de la totalité** qu'elle trouve en Dieu, car là il n'est aucune différence. Sagesse et bonté sont un en Dieu. Cela même qui est sagesse, cela est aussi bonté ; et cela même qui est miséricorde, cela est aussi justice. Si en Dieu bonté était une chose et sagesse une autre, l'âme ne pourrait jamais trouver satisfaction en Dieu ; car l'âme est par nature inclinée à la bonté, et toutes les créatures désirent sagesse

---

* *als mê, als ob er gelediget würde.*

** *sementheit.*

par nature. Quand l'âme s'épanche dans la bonté, si alors bonté était une chose et sagesse une autre, il lui faudrait alors délaisser la sagesse avec peine ; lorsqu'elle voudrait s'épancher dans la sagesse, il lui faudrait alors délaisser la bonté avec peine. C'est pourquoi saint Augustin[2] dit : Les âmes dans le royaume des cieux ne sont pas encore parfaitement bienheureuses car elles ont encore une inclination vers le corps. C'est pourquoi l'âme ne peut avoir repos en personne qu'en Dieu, car elle trouve en lui totalité de toute bonté. Il faut aussi que l'âme habite au-dessus d'elle-même si elle doit saisir Dieu, car toutes choses se produisent elles-mêmes * ; chacune produit sa nature. Pourquoi la nature du pommier ne produit-elle pas du vin et pourquoi la vigne ne produit-elle pas des pommes ? — Parce que ce n'est pas sa nature, et de même pour toutes les autres créatures : le feu produit du feu ; pourrait-il réduire en feu tout ce qui est proche de lui, il le ferait. Ainsi ferait aussi l'eau ; pourrait-elle aussi réduire en eau et imprégner tout ce qui est proche d'elle, elle le ferait aussi. Si grand amour a la créature pour son propre être qu'elle a reçu de Dieu. Qui déverserait sur une âme toutes les peines de l'enfer, elle ne voudrait pourtant pas ne pas être. Si grand amour a la créature pour son propre être qu'elle a reçu immédiatement de Dieu. Il faut aussi que l'âme habite au-dessus d'elle-même si elle doit saisir Dieu ; car, quelle que soit la façon dont elle opère avec la puissance par laquelle elle saisit toutes choses, [puissance] qui est créée — Dieu aurait-il

---

* *würkent sich selber.*

créé des milliers de cieux et des milliers de terres, elle les saisirait certes tous avec cette seule puissance —, elle ne peut cependant saisir Dieu. Le Dieu immense qui est dans l'âme, c'est lui qui saisit le Dieu qui est immense. Là Dieu saisit Dieu, et Dieu se produit soi-même dans l'âme et la configure selon lui.

La quatrième, pourquoi l'âme doit « se lever », c'est : en raison de l'immensité qu'elle trouve en Dieu ; car toutes choses en Dieu sont nouvelles en dehors du temps. C'est pourquoi saint Jean dit dans l'Apocalypse : « Celui qui là était assis sur le trône dit : "Je veux faire toutes choses nouvelles."[3] » Toutes choses sont nouvelles avec le Fils, car il se trouve engendré aujourd'hui par le Père comme si jamais il n'avait été engendré ; et comme Dieu flue dans l'âme, ainsi flue-t-elle en retour en Dieu. Et comme l'on peut mourir de peur avant le coup, ainsi peut-on aussi mourir de joie. Et c'est ainsi que meurt aussi l'âme en elle-même avant que de passer en Dieu. L'âme passe en Dieu par quatre pas. Le premier pas est que la crainte et l'espérance et le désir croissent en elle. En second lieu elle progresse ; ainsi crainte et espérance et désir se trouvent-ils abolis. En troisième lieu elle en vient à un oubli de toutes choses temporelles. En quatrième lieu elle passe en Dieu, là où elle doit demeurer éternellement, régnant avec Dieu dans l'éternité ; et alors elle ne se souvient plus jamais de choses temporelles ni de soi-même, plutôt : elle est fondue en Dieu et Dieu en elle. Et ce qu'elle fait alors, elle le fait en Dieu.

Pour qu'ici-bas nous puissions cheminer et mourir en sorte que nous puissions jouir de lui dans l'éternité, qu'à cela Dieu nous aide. Amen.

Sermon 85

Puella, surge

« Lève-toi[1] ! »

Notre Seigneur « étendit sa main sur la jeune fille et dit : “Lève-toi !” ». La main de Dieu, c’est le Saint Esprit. Toutes les œuvres se trouvent opérées dans la chaleur. Lorsque l’amour enflammé pour Dieu refroidit dans l’âme, elle meurt, et si Dieu doit opérer dans l’âme, il faut que Dieu soit uni à cette âme. L’âme doit-elle donc être ou devenir unie à Dieu, il lui faut être séparée de toutes choses et il lui faut être seule comme Dieu est seul ; car une œuvre que Dieu opère dans une âme déprise, cela est meilleur que royaumes de ciel et de terre. Ce pour quoi Dieu a créé l’âme, c’est pour qu’elle lui devienne unie. Un saint[2] dit : L’âme est faite de néant et c’est lui seul qui l’a faite et personne avec lui. Quelqu’un l’aurait-il faite avec lui, il aurait pu craindre que cette âme s’inclinât vers lui. C’est pourquoi il faut que l’âme soit seule comme Dieu est seul.

Choses spirituelles et choses corporelles ne peuvent être unies. Perfection divine doit-elle opérer dans l’âme, il faut alors que l’âme soit un esprit comme Dieu est un esprit, et Dieu doterait-il l'âme dans l'âme, il lui faudrait la doter avec mesure. C'est pourquoi il l'attire en elle-même dans lui-même : c'est ainsi qu'elle se trouve unie à lui. Il est une comparaison : comme le feu et la pierre s'unissent, cependant, parce qu'ils sont tous deux corporels, la pierre demeure toute froide à l'intérieur à cause de la grossièreté de la pierre. Et ainsi de l'air et de la lumière : tout ce que tu vois dans l'air, tu le vois dans le soleil. Plutôt pourtant, parce que tous deux sont corporels, il y a davantage de lumière dans une lieue que dans une demi et dans une demi-lieue que dans une maison. La comparaison la plus proche que l'on puisse trouver, c'est corps et âme : ils sont à ce point unis que le corps ne peut œuvrer sans l'âme et l'âme sans le corps ; et comme l'âme est en relation au corps, ainsi Dieu est-il en relation à l'âme, et lorsque l'âme se sépare du corps, c'est la mort du corps. Ainsi l'âme meurt-elle si Dieu se sépare d'elle.

Il est trois obstacles qui font que l'âme ne s'unit pas à Dieu. Le premier : qu'elle est par trop divisée, qu'elle n'est pas simple ; car lorsque l'âme est inclinée vers les créatures, elle n'est pas simple. Le second : qu'elle soit unie aux choses temporelles. Le troisième : qu'elle ait inclination vers le corps, ainsi ne peut-elle s'unir à Dieu.

De même il est trois exigences pour l'union de Dieu avec l'âme. L'une : que l'âme soit simple et non divisée ; car, doit-elle être unie à Dieu, il lui faut être simple comme Dieu est simple. La seconde : qu'elle demeure au-dessus d'elle-même et au-dessus de toutes choses éphémères et s'attache à Dieu. La troisième : qu'elle soit séparée de toutes choses corporelles et opère selon la limpidité première. Augustin[3] dit de l'âme libre : Si tu ne me veux pas, je te veux ; si je te veux, tu ne me veux pas. Lorsque je te pourchasse, tu me fuis. Dans le retour, c'est une course unique qu'engagent les esprits limpides vers la nudité de Dieu.

Sermon 86

Intravit Iesus in quoddam castellum etc. [1]

Saint Luc écrit dans l'évangile que Notre Seigneur Jésus Christ alla dans une petite ville ; là le reçut une femme du nom de Marthe ; elle avait une sœur du nom de Marie ; celle-ci était assise aux pieds de Notre Seigneur et écoutait sa parole ; mais Marthe s'affairait et servait l'aimable Christ.

Trois choses faisaient que Marie était assise aux pieds du Christ. L'une était que la bonté de Dieu s'était saisie de son âme. L'autre était désir indicible : elle désirait elle ne savait quoi et voulait elle ne savait quoi. La troisième était la douce consolation et délectation qu'elle puisait dans les paroles éternelles qui s'échappaient de la bouche du Christ.

Quant à Marthe, trois choses la poussaient aussi, qui la faisaient s'affairer et servir l'aimable Christ. L'une était un âge éminent* et un fond bien éprouvé jusqu'à l'ultime ; ce pour quoi il lui semblait qu'à personne ne reviendrait d'accomplir l'ouvrage aussi bien qu'elle. L'autre était une sage vue

---

* *hêrlich alter.*

des choses * qui apprend à bien accomplir l'œuvre extérieure jusqu'à l'ultime qu'amour commande. La troisième était la grande dignité de l'aimable hôte.

Les maîtres disent que Dieu se tient aux côtés de tout homme pour une satisfaction raisonnable et sensible jusqu'à l'extrême de ce qu'il désire. Que Dieu nous satisfasse selon le raisonnable ** et qu'il nous satisfasse aussi selon le sensible ***, cela comporte différence chez les aimables amis de Dieu. Etre satisfait selon le sensible veut dire que Dieu nous donne consolation, délectation et satisfaction ; être ainsi gâté intérieurement, cela fait défaut aux aimables amis de Dieu selon les sens inférieurs. Mais la satisfaction raisonnable, cela est selon l'esprit. Je parle de la satisfaction raisonnable quand, sous l'effet de toute délectation, la cime la plus élevée de l'âme ne plie pas, qu'elle ne se noie pas dans la délectation, qu'elle se tient puissamment au-dessus d'elle. C'est seulement alors qu'il est dans la satisfaction raisonnable quand amour et peines de la créature ne peuvent faire plier la cime la plus élevée. Je nomme « créature » tout ce que l'on éprouve et voit en dessous de Dieu.

Marthe dit alors : « Seigneur, ordonne-lui de m'aider. » Cela, Marthe ne le dit pas par contrariété, plutôt : elle le dit par une bienveillance qui la pressait. Nous devons l'attribuer à une bienveillance ou à une taquinerie. Comment donc ? Prêtez attention ! Elle

---

* *ein wîsiu verstantnisse.*

** *nâch redelicheit.*

*** *nâch sinnelicheit.*

voyait que Marie était possédée * par la délectation selon toute la satisfaction de son âme. Marthe connaissait Marie mieux que Marie Marthe, car elle avait déjà vécu longtemps et bien ; car c'est la vie qui confère la connaissance la plus noble. La vie connaît mieux que délectation ou lumière tout ce qu'en ce corps l'on peut atteindre en deçà de Dieu, et d'une certaine manière la vie connaît de façon plus limpide que ce que pourrait donner la lumière éternelle. La lumière éternelle donne de connaître soi-même et Dieu, mais non soi-même sans Dieu ; mais la vie donne de connaître soi-même sans Dieu. Etant donné qu'elle ne considère que soi-même, elle remarque mieux ce qui est égal ou inégal. C'est ce qu'atteste saint Paul, et aussi les maîtres païens. Saint Paul[2], dans son ravissement, vit Dieu et soi-même à la manière de l'esprit en Dieu, et pourtant il n'eut pas de mode imaginaire ** qui en lui lui fît connaître à l'ultime toutes vertus ; et la raison en était qu'il ne les avait pas exercées dans des œuvres. Les maîtres, par exercice des vertus, parvenaient à des connaissances si élevées qu'ils connaissaient toutes vertus par mode imaginaire de façon plus précise que Paul ou n'importe quel saint dans son premier ravissement.

Il en fut de même avec Marthe. C'est pourquoi elle dit : « Seigneur, ordonne-lui de m'aider », comme si elle disait : « Ma sœur estime qu'elle peut ce qu'elle veut aussi longtemps qu'elle est assise près de toi dans la consolation. Fais-lui voir maintenant s'il en

---

* *unbegriffen.*
** *bildelîche.*

est ainsi, et ordonne-lui de se lever et de te quitter.» Par ailleurs, c'était un tendre amour, même si elle l'exprimait en marge du sens [des mots]. Marie était si pleine de désir : elle désirait elle ne savait quoi, et voulait elle ne savait quoi. Nous la soupçonnons, la chère Marie, d'avoir été assise plutôt pour quelque délectation que pour un profit raisonnable. C'est pourquoi Marthe dit : «Seigneur, ordonne-lui de se lever», car elle craignait qu'elle en reste à la délectation et ne passe pas outre. Alors le Christ lui répondit et dit : «Marthe, Marthe, tu te soucies, tu es en peine pour beaucoup de choses. Une seule est nécessaire. Marie a choisi la meilleure part, qui jamais ne lui sera ravie.» Cette parole, le Christ la dit à Marthe non pas sous forme de blâme, plutôt : il lui répondit et lui donna consolation que Marie deviendrait telle qu'elle le désirait.

Pourquoi le Christ dit-il : «Marthe, Marthe», et la nomma-t-il deux fois ? Isidore dit : Il n'y a pas de doute que Dieu, avant le temps où il devint homme et après le temps où il devint homme, ne nomma jamais par leur nom des hommes dont l'un ou l'autre se serait jamais perdu. Ceux qu'il ne nomma pas par leur nom, il demeure un doute les concernant. «L'acte de nommer du Christ», je l'entends comme son savoir éternel [:] de manière qui ne trompe pas, être éternellement, avant la création de toutes les créatures, dans le Livre de vie «Père-Fils-et-Saint-Esprit.» Ce qui là fut nommé et dont Christ exprima le nom par des mots, de ces hommes aucun ne fut jamais perdu. Cela Moïse[3] l'atteste, à qui Dieu lui-même dit : «Je t'ai connu par ton nom», et Nathanaël[4], à qui l'aimable Christ dit : «Je t'ai connu quand tu étais allongé sous les feuilles du figuier.» Le figuier signifie Dieu dans lequel son nom était écrit de toute éternité. Et ainsi est-il attesté que jamais encore ne fut perdu ni ne le sera aucun des hommes que l'aimable Christ, de sa bouche humaine, nomma jamais à partir de la parole éternelle.

Pourquoi nomma-t-il Marthe par deux fois? Il voulait dire que tout ce qui était bien temporel et éternel et que devait posséder la créature, cela Marthe l'avait pleinement. La première fois qu'il dit Marthe, il attestait sa perfection en œuvres temporelles. L'autre fois qu'il dit Marthe, il attestait que tout ce qui est requis pour la béatitude éternelle, rien de cela ne lui manquait. C'est pourquoi il dit : «Tu te soucies», et il voulait dire : Tu te tiens auprès des choses, et les choses ne sont pas en toi ; et ceux-là se tiennent en souci qui se tiennent sans entraves en toute leur entreprise. Ceux-là se tiennent sans entraves qui orientent toute leur œuvre de façon ordonnée selon l'image de la lumière éternelle ; et ces gens se tiennent près des choses, et non dans les choses. Ils se tiennent très près, et n'ont pas moins que s'ils se tenaient là-haut aux confins de l'éternité. «Très près», dis-je, car toutes les créatures font office d'intermédiaire. Il est deux sortes d'intermédiaires. L'un, sans lequel je ne peux parvenir en Dieu : c'est œuvre ou entreprise dans le temps, et cela n'amoindrit béatitude éternelle. Œuvre, c'est lorsqu'on s'exerce à l'extérieur aux œuvres des vertus ; mais entreprise, c'est lorsqu'on s'exerce de l'intérieur avec discrétion raisonnable. L'autre intermédiaire, c'est : être nu de cela même. Car la raison pour laquelle nous sommes placés dans le temps est que, par une entreprise temporelle intelligente, nous devenions plus proches de Dieu et plus égaux [à lui]. C'est ce qu'aussi voulait dire saint Paul lorsqu'il dit : « Déliez le temps, les jours sont mauvais[5]. » « Délier le temps », c'est que sans relâche on s'élève en Dieu par intellect, non pas selon la distinction de l'ordre de l'image, plutôt : par vérité intellectuelle vivante. Et quant à « les jours sont mauvais », cela s'entend ainsi : le jour atteste la nuit. S'il n'y avait la nuit, il n'y aurait ni ne serait nommé le jour, car tout serait une lumière ; et c'est ce que voulait dire Paul, car une vie de lumière est par trop petite en laquelle pourrait être encore quelque ténèbre qui pour un esprit magnifique voilerait et assombrirait la béatitude éternelle. C'est aussi ce que voulait dire Christ lorsqu'il dit : « Avancez aussi longtemps que vous avez la lumière »[6] ; car celui qui œuvre dans la lumière, celui-là s'élève vers Dieu, libre et nu de tout intermédiaire : sa lumière est son entreprise, et son entreprise est sa lumière.

Ainsi en allait-il de l'aimable Marthe. C'est pourquoi il dit : « Une chose est nécessaire », non pas deux. Moi et toi, une fois enveloppés de lumière éternelle, c'est un, alors que deux-un c'est un esprit ardent qui se tient là au-dessus de toutes choses et au-dessous de Dieu, aux confins de l'éternité. Celui-ci est deux, car il ne voit pas Dieu sans intermédiaire. Son connaître et son être, ou son connaître et aussi l'image de la connaissance, cela ne devient jamais un. Ils ne voient pas Dieu, car Dieu n'est vu spirituellement que là où il est libre de toutes images. Un devient deux, deux est un ; lumière et esprit, le deux est un dans l'enveloppement de lumière éternelle.

Prête attention maintenant à ce que sont les confins de l'éternité. L'âme a trois chemins vers Dieu. L'un est : avec industrie multiple, avec amour ardent, chercher Dieu dans toutes créatures. C'est ce que voulait dire le roi Salomon lorsqu'il disait : « En toutes choses j'ai cherché le repos[7]. »

L'autre chemin est chemin sans chemin, libre et cependant lié, [où l'on est] élevé et ravi grandement au-dessus de soi et de toutes choses, sans volonté et sans image, même si cela par soi n'a pas consistance essentielle. C'est ce que voulait dire Christ lorsqu'il disait : « Bienheureux es-tu, Pierre ! Chair et sang ne t'éclairent pas », plutôt : « être-élevé-dans-l'intellect » tandis que tu me dis « Dieu » : « Mon Père céleste te l'a révélé[8]. » Saint Pierre ne vit pas Dieu nuement ; il fut en fait, au-dessus de tout entendement* créé, entraîné par la force du Père céleste aux confins de l'éternité. Je dis qu'il fut saisi par le Père céleste dans un tendre embrassement, avec force impétueuse, sans le savoir, dans un esprit tendu vers le haut qui est ravi par-delà tout entendement dans la puissance du Père céleste. C'est là que saint Pierre fut interpellé d'en haut par un suave son créé, dénué pourtant de toute jouissance corporelle, dans la simple vérité de l'unité Dieu et homme dans la Personne du Père-Fils céleste. Je dis hardiment : Saint Pierre aurait-il vu Dieu sans intermédiaire, dans sa nature, ainsi qu'il le fit par après, et comme Paul lorsqu'il fut ravi au troisième

---

* *redelicheit.*

ciel, le langage de l'ange le plus élevé lui aurait été par trop grossier. Ainsi proféra-t-il plus d'une parole tendre dont l'aimable Jésus n'aurait pas eu besoin puisqu'il voit dans le fond du cœur et de l'esprit, étant donné qu'il se tient sans intermédiaire devant Dieu dans la liberté de ce-qui-est-leur en vérité *. C'est ce que voulait dire saint Paul lorsqu'il dit : « Il y eut un homme ravi en Dieu, et il entendit des paroles secrètes qui sont inexprimables pour tous les hommes[9]. » Puissiez-vous comprendre de là que saint Pierre se tenait aux confins de l'éternité, et non pas dans l'unité en voyant Dieu dans ce-qui-est-sien **.

Le troisième chemin s'appelle chemin et est pourtant un chez-soi, c'est-à-dire : voir Dieu sans intermédiaire dans son être-sien. Or l'aimable Christ dit : « Je suis le chemin et la vérité et la vie[10] », un Christ une Personne, un Christ un Père, un Christ un Esprit, trois Un, trois « chemin, vérité et vie », un aimable Christ en qui tout cela est. En dehors de ce chemin, toutes les créatures encerclent et constituent des intermédiaires. Etre conduit en Dieu sur ce chemin par la lumière de sa parole et être enveloppé par l'amour de l'Esprit des deux : cela excède tout ce que l'on peut exprimer avec des mots.

Laisse donc venir la merveille ! Quelle merveilleuse façon de se tenir à l'extérieur et à l'intérieur, de comprendre et de se trouver compris, de voir et d'être ce qui est vu, de contenir et de se trouver contenu :

---

* *in vrîheit wârer iresheit.*

** *in sînesheit.*

c'est là le terme où l'esprit demeure en repos dans l'unicité de l'aimable éternité.

Retournons maintenant à notre discours, comment l'aimable Marthe et avec elle tous les amis de Dieu se tiennent avec le souci, non pas dans le souci, et c'est là que l'œuvre temporelle est aussi noble que n'importe quelle façon de s'accommoder à Dieu ; car elle accommode d'aussi près que la plus haute qui peut nous survenir, sauf seulement de voir Dieu dans sa nue nature. C'est pourquoi il dit : « Tu te tiens à même les choses et à même le souci », et il veut dire qu'elle était certes troublée et préoccupée par les sens inférieurs, car elle n'était pas autant comblée dans la suavité de l'esprit. Elle se tenait à même les choses, non pas dans les choses ; elle se tenait séparée et toutes choses séparées [d'elle].

Ce sont trois choses que nous devons avoir dans nos œuvres. C'est que l'on œuvre avec ordre et raison * et savoir. Cela je le dis ordonné qui en tous points répond à l'ultime. De même je dis raisonnable ce par rapport à quoi dans le temps on ne connaît rien de meilleur. De même je dis conforme au savoir ce qu'avec présence allègre on trouve [comme] vérité vivante dans les œuvres bonnes. Partout où ces trois choses sont, elles unissent d'aussi près et sont aussi utiles que toute la joie de Marie-Madeleine dans le désert.

Or Christ dit : « Tu es en peine pour beaucoup de choses », non pour une seule. C'est dire : lorsqu'elle se tient limpide simple sans entreprise quelconque,

---

* *redelîche.*

tournée vers le haut aux confins de l'éternité, elle est alors troublée lorsque pour elle une affaire fait intermédiaire, en sorte qu'elle n'est pas en mesure de se tenir avec allégresse dans cette hauteur. L'homme se trouve troublé dans l'affaire lorsqu'il sombre là et se tient à même le souci. Mais Marthe se tenait dans une vertu souveraine fort affermie et dans une tournure d'esprit libre *, sans entrave de choses quelconques. C'est pourquoi elle désirait que sa sœur fût mise dans la même situation, car elle voyait qu'elle ne tenait pas de manière conforme à l'essentiel. C'était un fond souverain qui lui faisait désirer qu'elle se tienne en tout ce qui relève de l'éternelle béatitude. C'est pourquoi Christ dit : « Une chose est nécessaire. » Quelle est-elle ? C'est le Un, c'est Dieu. Cela est nécessaire à toutes créatures ; car, Dieu reprendrait-il en lui ce qui est sien, toutes créatures deviendraient néant. Dieu reprendrait-il de l'âme du Christ ce qui est sien, là où son esprit [= l'esprit de cette âme] est uni à la Personne éternelle, Christ demeurerait nue créature. C'est pourquoi certes l'on a besoin d'une [seule] chose. Marthe redoutait que sa sœur ne demeurât fixée dans l'allégresse et dans la suavité, et désirait qu'elle devienne comme elle. C'est pourquoi Christ dit, comme s'il disait : Sois rassurée, Marthe, « elle a choisi la meilleure part » ; cela doit lui passer. L'ultime qui puisse advenir à la créature, cela doit lui advenir : elle doit devenir bienheureuse comme toi.

Laissez-vous maintenant instruire à propos des vertus. La vie vertueuse comporte trois points concer-

---

* *in einem vrîen gemüete.*

nant la volonté. L'unique chose est : remettre la volonté en Dieu, car il faut que l'on accomplisse ce que l'on connaît là, qu'il s'agisse de diminuer ou de croître. [Or] il y a trois sortes de volontés. L'une est une volonté sensible, l'autre est une volonté raisonnable, la troisième une volonté éternelle. La volonté sensible requiert enseignement, que l'on entende de vrais maîtres. La volonté raisonnable consiste à mettre ses pas en toutes œuvres de Jésus Christ et des saints, ce qui veut dire [:] que d'égale façon l'on oriente parole, conduite et entreprise en les ordonnant à l'ultime. Tout cela se trouve-t-il accompli, Dieu concède quelque autre chose dans le fond de l'âme, qui est : une volonté éternelle avec le tendre commandement du Saint Esprit. Alors l'âme dit : « Seigneur, dis en moi ce qu'est ta volonté éternelle. » Satisfait-elle ainsi à ce que nous avons dit auparavant, si alors cela plaît à Dieu, le Père bien-aimé dit alors son éternelle Parole dans l'âme.

Or nos bonnes gens disent que l'on doit devenir si parfait qu'aucune joie ne puisse émouvoir et que l'on ne puisse être atteint par joie et par peine. En cela ils ont tort. Je dis quant à moi qu'il n'y eut jamais saint si grand qu'il n'ait voulu être ému. Je dis toutefois là contre aussi : Ce qui certes comble un saint en cette vie, c'est que rien de rien ne puisse l'écarter de Dieu. Vous croyez qu'aussi longtemps que des paroles peuvent vous émouvoir en joie et en peine, vous êtes imparfaits. Il n'en est pas ainsi. Christ ne l'avait pas pour son compte ; il l'attesta lorsqu'il dit : « Mon âme est triste jusqu'à la mort[11]. » Les mots faisaient si mal au Christ que, les souffrances de toutes les créatures seraient-ils tombés sur une créature, cela n'aurait pas été aussi intense que la souffrance le fut au Christ; et cela provenait de la noblesse de sa nature et de la sainte union de la nature divine et humaine. C'est pourquoi je dis qu'il n'y eut jamais saint et que jamais il ne saurait y en avoir à qui peine ne fasse du mal et à qui amour ne fasse du bien. Cela advient parfois, par amour et inclination * et par grâce : si l'un venait et disait [à un autre] qu'il est un hérétique ou ce que l'on veut, autant cet homme serait inondé de grâce, autant se tiendrait-il égal en joie et en peine. Or cela advient bien au saint, que rien de rien ne peut le détourner de Dieu quand bien même son cœur se trouve dans la peine, en sorte que même si l'homme n'est pas dans la grâce, la volonté cependant se tienne simplement en Dieu, et dise donc : « Seigneur, moi à toi et toi à moi. » Quoi qu'il lui tombe dessus, cela n'empêche pas béatitude éternelle aussi longtemps que cela ne tombe sur la cime la plus élevée de l'esprit, là où elle se tient en haut en union à la tout aimable volonté de Dieu.

Or Christ dit : « Pour beaucoup de souci tu te trouves en peine. » Marthe était tellement ramenée à l'essentiel que ce qu'elle entreprenait ne l'entravait pas ; œuvre et entreprise la menaient vers la béatitude éternelle. Celle-ci comportait il est vrai quelque intermédiaire : mais sont certes requis noble nature et zèle constant et vertus précédemment énoncées. Marie fut Marthe avant que de devenir Marie ; car, lorsqu'elle était assise aux pieds de Notre Seigneur, elle n'était

* *von liebe und minne.*

pas Marie : elle l'était certes par le nom, elle ne l'était pas toutefois en son essence ; car elle était assise dans la délectation et dans la douceur, et ne faisait qu'entrer à l'école et apprendre à vivre. Mais Marthe se tenait si ramenée à l'essentiel, c'est pourquoi elle dit : « Seigneur, commande-lui de se lever ! », comme si elle disait : « Seigneur, j'aimerais bien qu'elle ne soit assise là par délectation ; j'aimerais que vivre elle apprenne, qu'elle le possède essentiellement. "Commande-lui de se lever", afin qu'elle devienne accomplie. » Elle ne s'appelait pas Marie lorsqu'elle était assise aux pieds du Christ. Voici ce que j'appelle Marie : un corps bien exercé obéissant à une âme avisée. Voici ce que j'appelle obéissance : ce que jugement * commande, qu'à cela la volonté satisfasse.

Or nos bonnes gens se figurent parvenir à ce que la présence de choses sensibles ne soit rien pour les sens. Ils n'y arrivent pas. Qu'un vacarme pénible à mes oreilles soit aussi délectable qu'un doux jeu de cordes, à cela je ne parviendrai jamais. Mais ce que l'on doit avoir, c'est qu'une volonté raisonnablement conformée à Dieu se tienne nue de toute délectation naturelle, et, lorsque le jugement s'en aperçoit, qu'il ordonne à la volonté de s'en écarter, que la volonté dise alors : Je le fais volontiers. Voyez, le combat deviendrait alors délectation ; car ce qu'il faut que l'homme conquière à grand labeur, cela devient pour lui une joie du cœur et c'est alors qu'elle devient féconde.

---

* *bescheidenheit.*

Or certaines gens veulent en venir à être dépris des œuvres. Je dis : Cela ne peut être. Après que les disciples eurent reçu l'Esprit Saint, c'est alors seulement qu'ils commencèrent à pratiquer les vertus. « Marie était assise aux pieds de Notre Seigneur et écoutait sa Parole » et apprenait, car elle ne faisait qu'entrer à l'école et apprenait à vivre. Mais après cela, lorsqu'elle eut appris et que Christ fut monté au ciel et qu'elle reçut l'Esprit Saint, alors seulement elle commença à servir et alla par-delà la mer et prêcha et enseigna et fut une servante et une lavandière des disciples. Lorsque les saints deviennent saints, alors seulement ils en viennent à pratiquer les vertus, car alors ils rassemblent un trésor d'éternelle béatitude. Ce qui est pratiqué auparavant, cela acquitte dette et écarte châtiment. De quoi nous trouvons témoignage en Christ : depuis le commencement que Dieu fut homme et l'homme Dieu, il se mit à œuvrer pour notre béatitude éternelle jusqu'à la fin où il mourut sur la croix. Il n'est pas un membre en son corps qui n'ait exercé vertu particulière.

Que nous le suivions véritablement dans l'exercice de vraies vertus, Dieu nous y aide. Amen.

Sermon 87

Ecce, dies veniunt, dicit dominus, et suscitabor David germen justum

Jérémie dit cette parole : « Ecoutez, les jours viennent, dit le Seigneur, où je réveillerai les justes racines de David[1]. » Salomon dit : « Une bonne nouvelle d'un pays lointain est comme une eau fraîche pour une âme assoiffée[2]. »

Accorde-t-on attention au péché, l'homme est loin de Dieu. C'est pourquoi le royaume des cieux lui est comme un pays lointain étranger, et cette nouvelle était du ciel. Saint Augustin dit de lui-même[3], alors qu'il n'était pas encore converti, qu'il se trouvait loin de Dieu dans un pays étranger, [celui] de l'inégalité.

C'est une chose pitoyable que l'homme soit hors de ce sans quoi il ne peut être bienheureux. Soustrairait-on de la lumière divine les créatures les plus belles que Dieu a créées, là où elles se tiennent sous [cette lumière] — car, pour autant que toutes choses se tiennent sous la lumière divine, pour autant elles sont agréables et plaisantes —, et serait-ce volonté de Dieu et permettrait-il qu'elles se trouvent soustraites de la lumière divine et assignées à une âme qu'elle ne pourrait avoir en elles agrément ni plaisir quelconques, mais il lui faudrait pâtir de là.

Plus pitoyable encore est que l'homme soit hors de ce sans quoi il ne peut avoir d'être.

Pitoyable au plus haut point est qu'il soit hors de celui qui est sa béatitude éternelle.

C'est pourquoi c'était une bonne nouvelle que ce que dit le prophète : « Voyez, les jours viennent, dit le Seigneur, où je réveillerai les justes racines de David. » Quand les anciens pères connurent la pitié dans laquelle ils étaient, alors ils crièrent de [tout] leur désir vers le ciel et se trouvèrent attirés vers Dieu avec leur esprit et lurent dans la sagesse divine que Dieu devait naître.

C'est pourquoi la bonne nouvelle était comme « une eau fraîche pour une âme assoiffée ». Car il est vrai que Dieu donne son royaume céleste comme une gorgée d'eau fraîche à un cœur bon[4]. Voilà qui suffit. Et je le prends pour mon âme : celui qui offre une bonne pensée dans l'amour éternel où Dieu intérieurement est devenu homme, il sera sauvé *. C'est pourquoi l'homme ne doit craindre ni le diable, ni le monde, ni sa propre chair, ni Notre Seigneur Dieu. Car saint Paul dit : Le Fils nous est donné en promesse, lui qui est une Sagesse du Père, lui qui avec sagesse doit délivrer une parole en lieu de toute notre folie et méfait. Saint Paul dit aussi : Il nous a été donné pour intercesseur[5], lui qui doit intercéder victorieusement ** dans toute notre détresse. Nous

---

* *behalten.*

** *sigevehten.*

devons prier, que le Père céleste reçoive notre prière ou non. Le Père devrait-il guerroyer contre nous qu'il ne le pourrait pas, car le même pouvoir et [la même] sagesse qu'a le Père, le Fils l'a à égalité avec lui, lui qui nous est totalement donné pour intercesseur et nous a rachetés à grand prix en sorte qu'il ne veut pas nous abandonner. Et le Père ne peut lui refuser, car il est sa Sagesse. Il ne peut non plus combattre contre lui *, car il est sa force. C'est pourquoi l'homme ne doit pas craindre Dieu, qu'il ne puisse aller hardiment à Dieu avec tout ce qui lui appartient.

Lorsque l'homme fut chassé du paradis, à cause de cela Dieu posta trois sortes de gardes. L'une était [de] nature angélique, la seconde un glaive de feu, la troisième : le fait qu'il soit à double tranchant.

Nature angélique désigne la limpidité. Quand le Fils de Dieu vint au royaume de terre, lui qui est « un miroir limpide sans tache », il brisa la première garde, et apporta innocence et limpidité dans la nature humaine au royaume de terre. Salomon dit du Christ : « Il est un miroir sans tache[6]. »

Le glaive de feu désigne l'amour divin enflammé, sans lequel l'homme ne peut parvenir au royaume des cieux. Le Christ l'apporta avec lui et brisa la seconde garde. Car il aima l'homme avec le même amour avant qu'il ne le créât. *« Et in caritate perpetua dilexi te. »* Jérémie dit : « D'amour éternel Dieu t'a aimé[7]. »

La troisième garde était le glaive tranchant, c'était l'état pitoyable de l'homme. C'est lui que Notre Seigneur prit sur lui à l'ultime, ainsi que le dit Isaïe :

---

* *gegen im niht gevehten.*

« *Vere languores nostros ipse tulit.* Vraiment il portera nos maladies[8]. » C'est pourquoi il est venu au royaume de terre, afin de prendre sur lui le péché de l'homme, de l'abolir et de sauver* l'homme. Mais maintenant, le royaume des cieux est ouvert sans garde quelconque ; c'est pourquoi l'homme peut hardiment aller à Dieu.

Nous devons encore noter une parole qu'il dit aussi : « Je veux réveiller le germe de David ou son fruit[9]. » On peut le prouver par le fait que l'ange touchait l'eau à une [certaine] heure du jour[10]. De quoi elle gagnait une si grande force qu'elle guérissait les gens de toutes sortes de maladies. Bien plus grand le fait que le Fils de Dieu toucha la nature humaine dans le corps de Notre Dame. De quoi toute la nature humaine est devenue bienheureuse.

Plus grande béatitude encore est le fait que Dieu, de sa nature propre, toucha l'eau dans le Jourdain lorsqu'il fut baptisé[11]. Par ce moyen il donna force à toutes les eaux : en sorte que, lorsque l'homme se trouve baptisé, il se trouve purifié de tous ses péchés et devient un enfant de Dieu[12].

La béatitude suprême est que Dieu naisse et se trouve manifesté dans l'âme en une union spirituelle. De quoi l'âme devient plus bienheureuse que le corps de Notre Seigneur Jésus Christ sans son âme et sans sa divinité**, car toute âme bienheureuse est plus noble que le corps mortel de Notre Seigneur Jésus Christ.

---

* *behielte.*

** *gotheit.*

La naissance intérieure de Dieu en l'âme est un accomplissement de toute sa béatitude, et la béatitude lui profite davantage que le fait que Notre Seigneur devint homme dans le corps de Notre Dame sainte Marie, et que le fait qu'il ait touché l'eau. Ce que Dieu jamais effectua et fit par l'homme, cela ne l'aiderait pas plus qu'une fève s'il ne se trouvait uni à Dieu en une union spirituelle, là où Dieu naît dans l'âme et [où] l'âme naît en Dieu, et de là Dieu a effectué toute son œuvre.

Pour que cela nous advienne, que Dieu nous vienne en aide. Amen.

Sermon 88

Post dies octo vocatum est nomen ejus Iesus

« *Post dies octo vocatum est nomen ejus Iesus.* Au huitième jour, on lui donna le nom de Jésus [1]. » « Le nom de Jésus personne ne le dit à moins que le Saint Esprit ne l'opère en lui [2]. »

Un maître dit : En quelque âme que le nom de Jésus se trouve dit, il faut que cela advienne au huitième jour [3].

Le premier jour est qu'il donne sa volonté à la volonté de Dieu et en vive.

Le deuxième jour est un éclatant éclat du feu de Dieu *.

Le troisième jour est une âme courant tout alentour [4] et se languissant vers Dieu.

Le quatrième jour est que toutes les forces de l'homme sont tendues vers Dieu. Un maître dit : Lorsque l'âme se trouve touchée par les choses éternelles, alors elle se trouve mue. Et par ce mouvement elle se trouve réchauffée. Et par ce réchauffement elle se trouve dilatée, en sorte qu'elle peut recevoir grand bien.

---

* *beglîmende beglîmunge götlîches viures.*

Le cinquième jour, c'est un se-tenir en Dieu *.

Le sixième jour est que Dieu ameublit ** l'âme.

Le septième jour est que l'âme se trouve unie à Dieu.

Le huitième jour est un jouir de Dieu.

C'est alors qu'à l'enfant se trouve donné le nom de Jésus.

---

* *ein înstân in got.*

** *zerlaezet.*

Sermon 89

Angelus Domini apparuit

«*Angelus Domini apparuit*» etc. «L'ange se manifesta à Joseph dans son sommeil et lui dit : Prends l'enfant [1] » etc.

Un maître dit que l'Ecriture est, selon son sens, comme une eau qui coule, qui déborde au-dehors sur ses côtés et creuse en profondeur et s'étale d'utile façon et coule cependant devant soi. Saint Augustin dit : L'Ecriture, selon son sens, est cachée d'utile façon, afin que l'on ne puisse trouver d'un coup les vérités premières [2]. C'est pourquoi on trouve maints discours utiles délectables qui certes se tient près de la vérité première, selon que Moïse dit que des eaux sont au-dessus de nous et au-dessous de nous [3]. Qui peut l'entendre * ?

Les saints [4] se demandent pourquoi Notre Seigneur Dieu a-t-il créé l'homme en dernier, lorsqu'il eut créé toutes les créatures ? Cela peut être la chose la plus mystérieuse et une [chose] véritable, qu'il a créé d'un coup en l'homme perfection de toutes les créatures.

---

* *bevinden.*

C'est pourquoi la Sainte Trinité tint conseil lorsqu'elle voulut créer l'homme, et dit : « Faisons l'homme à notre image[5]. » De là est attesté que l'image de la Sainte Trinité est créée en l'âme. En second lieu : la nature angélique, qu'elle a en commun avec les anges et en même temps avec ressemblance et perfection de toutes créatures, est créée en l'homme afin que Dieu puisse contempler et refléter sa perfection et celle de toutes créatures en l'homme. Et [cela] a attesté que l'homme est de toutes les créatures ce qu'il y a de mieux. Moïse a commis quatre livres, qui étaient utiles. Après quoi, il a commis le cinquième. Ce fut le plus petit et le meilleur, et il exprimait la vérité de toute l'Ecriture. C'est ce que Dieu commanda et que Moïse devait déposer dans l'arche[6]. Saint Augustin commit aussi beaucoup de livres. En dernier il commit aussi un petit livret, dans lequel était consigné tout ce que l'on ne pouvait entendre dans les autres. Celui-là, il l'avait en tout temps avec lui et auprès de lui, et il lui était le plus cher. Ainsi en est-il pleinement en ce qui concerne l'homme : Dieu l'a fait comme un livre-à-portée-de-main *, pour qu'il le voie et joue avec lui et ait plaisir en lui[7]. C'est pourquoi l'homme commet grand péché lorsqu'il détruit cet ordre saint. Car au dernier jour toutes les créatures doivent appeler le malheur ** sur celui qui fait cela.

Maintenant nous devons considérer qu'après la mort d'Hérode Joseph dut retourner dans le pays qui

---

* *hantbuoch.*

** *'wâfen' schrîen.*

pour Dieu était débarrassé de ceux qui lui faisaient obstacle[8]. Ainsi faut-il que pour Dieu [l'on] se trouve débarrassé des péchés en sorte que l'âme soit juste, si Dieu doit habiter en elle. Saint Jean dit : « La vraie lumière vint dans le monde, et le monde ne l'a pas reçue[9]. » Il veut dire : il ne se trouva aucun lieu qui pût la contenir. C'est pourquoi elle ne fut pas reçue. Un maître[10] dit : Veux-tu recevoir et connaître Dieu dans un cœur limpide, alors chasse de toi joie, crainte, espérance. C'est ce qui vient en premier lorsque l'on doit faire place nette * pour Dieu.

La seconde chose est la paix qui régnait dans le pays où Dieu était né. On en a la preuve en ce que le monde entier relevait de et était soumis à un empereur[11]. Je le prouve aussi par les trois rois qui vinrent d'un pays si lointain[12]. C'est ainsi qu'une paix totale doit régner dans l'âme. Là est juste paix où le plus bas est soumis au plus élevé.

---

* *rûmen.*

Sermon 90 *

Sedebat Iesus docens in templo

« *Sedebat Jesus docens in templo.* » L'évangile dit que « Christ était assis dans le temple et enseignait[1] ».

Qu'il était assis, cela signifie repos.

Car celui qui est assis, celui-là est davantage prêt à accomplir choses limpides que celui qui se déplace ou se tient debout. Etre assis signifie repos, se tenir debout travail, se déplacer instabilité.

« Christ était assis et enseignait. » En ces mots sont signifiées trois choses. La première est : il était assis. C'est là un repos.

Celui qui est assis, celui-là est davantage prêt à accomplir choses limpides que celui qui se tient debout ou se déplace. Etre assis signifie repos, se tenir debout travail, se déplacer instabilité.

---

* Pour ce sermon, Georg Steer fait droit à deux versions différentes et pareillement attestées qui comportent de légères variantes. Elles sont ici présentées en deux colonnes parallèles.

C'est pourquoi l'âme doit être assise, c'est-à-dire dans une humilité écrasée sous toutes les créatures. Alors elle en arrive à une paix quiète. Cette paix, elle la gagne dans une lumière. La lumière lui est donnée dans un silence, alors qu'à l'intérieur elle est assise et demeure.

C'est pourquoi l'âme doit être assise, c'est-à-dire dans une humilité écrasée sous toutes les créatures. C'est pourquoi elle en vient à une paix accoisée. Cette paix, elle la gagne dans une lumière. La lumière lui est donnée dans un silence, alors qu'à l'intérieur elle est assise et demeure.

Albert[2] dit aussi : C'est la raison pour laquelle les maîtres sont assis, eux qui doivent enseigner les sciences *. Car celui qui est allongé, à celui-là les esprits grossiers, c'est-à-dire le sang grossier, montent au cerveau et obscurcissent l'intelligence **. Mais lorsque l'homme est assis, le sang grossier

Là-dessus l'évêque Albert dit, c'est là la raison pour laquelle on fait asseoir les maîtres qui doivent enseigner la science. Car celui qui est allongé, à celui-là les esprits grossiers, c'est-à-dire le sang grossier, montent au cerveau et obscurcissent l'intelligence. Mais lorsque l'homme est assis, alors

* *künste.*

** *verstantnisse* : habituellement traduit par « entendement » (discursif), ce mot, dans le contexte, désigne à l'évidence l'intelligence en tant qu'elle est globalement la puissance de la connaissance.

tombe * et les esprits légers se pressent en haut vers son cerveau. Ainsi la mémoire se trouve-t-elle éclairée.

C'est pourquoi Christ était assis dans le temple, c'est-à-dire dans l'âme.

Le second point est qu'il enseignait. Qu'enseignait-il ? Il enseignait à notre intelligence comment elle devait opérer. Car ce qui doit enseigner, cela enseigne selon ce qu'il est lui-même. C'est pourquoi, étant donné que Christ est une intelligence, il enseigne notre intelligence.

Christ avait toute sorte de science et de sagesse.

le sang grossier retombe ** et les esprits légers se portent en haut vers son cerveau. Ainsi la mémoire se trouve-t-elle éclairée.

C'est pourquoi Christ était assis dans le temple, c'est-à-dire dans l'âme.

La seconde [chose] est qu'il enseignait. Qu'enseignait-il ? Il enseignait à notre intelligence comment elle devait opérer. Car ce qui doit enseigner, cela enseigne selon ce qu'il est lui-même. C'est pourquoi, étant donné que Christ est une intelligence, il enseigne notre intelligence.

Eh bien, notez ce mot avec zèle. C'est ce qu'un grand maître dit des sciences[9]. Christ avait en lui deux sortes de science. L'une des sciences, qu'il a selon la déité,

* *sinket.*

** *sinket nider.*

c'est qu'il connaît toutes choses que connaît le Père dans l'être et dans les Personnes, et tout ce qu'il a fait et fait maintenant et doit faire encore et qu'il pourrait faire s'il le voulait. Cela il le connaît dans l'être, et aussi les images autres qui sont dans la Personne médiatrice, que le Père voit dans le Fils et le Fils dans le Père selon les Personnes. Seulement, bien qu'il y ait un [seul] Dieu en l'être, il y a pourtant distinction dans les Personnes, selon le discours. Cela, il l'a de par la déité, car aucune créature ne le pourrait. Cela est Dieu et n'est pas créature.

Une autre science il l'a selon l'humanité, c'est-à-dire que sa capacité peut recevoir et qu'elle se trouve aussi remplie. Dans sa capacité il a imprimé les images qui sont dans la Personne médiatrice, autant qu'il était possible pour que l'âme connaisse toutes choses qui sont créées et qui doivent encore advenir. Mais ce que Dieu pourrait faire encore s'il le voulait, et qui cependant ne vient jamais au jour, cela elle ne le connaît pas. Cela n'appartient qu'à Dieu. Cette lumière est de l'ordre de la créature, et est pourtant surnaturelle pour son âme. Pourtant là où était son âme, là elle contemplait Dieu, comme elle le fait actuellement.

La troisième science est celle qu'elle a en commun avec les anges. C'est que toutes choses sont formées dans elle. Là-dessus saint Denys[10] dit : Quand Dieu créa les anges, il leur donna des images de toutes choses. Cela ils l'ont naturellement. Ainsi l'âme du Christ a-t-elle naturellement en elle les images de toutes choses. Cela ils l'ont par nature. Ainsi l'âme du Christ a-t-elle en elle par nature des images de toutes choses. Cela il faut l'entendre de l'image de lui-même qu'il lui a donnée, alors qu'il n'est pas cette image même : tout comme le sceau donne sa forme à la cire alors qu'il ne peut être amalgamé à elle.

La quatrième [chose] que Christ a, c'était une science en croissance. Cela tenait aux sens corporels, comme nous le spécifierons par après. Or notez la capacité qu'il avait concernant chacune de ces sciences.

La première était divine. C'est par son intermédiaire qu'il [=Christ] connaissait ce qui est en l'éternelle providence : pas seulement ce qui est et doit advenir, plus : également tout ce que Dieu pourrait s'il le voulait.

La première science[,] que Dieu est, c'est par son intermédiaire qu'il [=Christ] connaissait ce qui est en l'éternelle providence : tout ce qui est advenu et est maintenant et doit être jamais et pourrait encore advenir

Avec cette science il voyait dans le cœur des gens, et toutes les œuvres qui relèvent de Dieu il les opérait avec cette science. Cela, Christ le pouvait avec la science qui est Dieu.

La seconde science du Christ, c'est [de l'ordre de la] créature, c'est-à-dire la science qui fut infusée en son âme quand elle fut créée, et elle est surnaturelle.

C'est pourquoi elle jouissait de Dieu et contemplait Dieu en son être. En cette science il ne progressait ni ne régressait. Avec cette science il [=Christ] était capable de connaître ce que Dieu jamais créa et ce qu'il veut encore

s'il le voulait et pourtant jamais ne vient à la lumière. Cela pourtant a [l']être en son être [=dans l'être de Dieu] et non pas en lui-même.

Avec cette science il voyait dans le cœur des gens, et toutes les œuvres qui relèvent de la déité il les opérait avec cette puissance. Cela, Christ le pouvait grâce à la science qui est Dieu.

La seconde science du Christ, c'est [de l'ordre de la] créature, c'est-à-dire exprimée par l'âme, elle lui fut infusée, en elle en tant que créature, elle est au-dessus de la nature.

C'est pourquoi elle jouissait [de Dieu] et contemplait Dieu en son être. En cela jamais il ne progressait ni ne régressait. Avec cette science il [=Christ] était capable de connaître tout ce qui jamais advint et est maintenant et doit jamais créer ; mais non ce qui concerne son infinité, cela il ne le connaissait pas. Cette lumière est [de l'ordre de la] créature, et est pourtant surnaturelle pour son âme.

La troisième science est celle qu'il a [en commun] avec les anges, qui ont en eux l'image de toutes choses.

Saint Denys[3] dit : Lorsque Dieu créa les anges, il leur donna l'image de toutes choses, ce qu'ils ont naturellement. Ainsi l'âme du Christ a-t-elle naturellement l'image de toutes choses qu'il [=Dieu] lui a donnée, et pourtant il n'est pas cette même image, tout comme le sceau donne sa forme à la cire et pourtant ne fait pas un avec elle. En cette science il ne progressait ni ne régressait. Par son intermédiaire elle [=l'âme du Christ] était en mesure de perce-

advenir ; mais ce que pourrait la capacité de Dieu s'il le voulait, ce qui regarde son infinité, cela lui était caché.

La troisième science est celle qu'il a [en commun] avec les anges, qui ont en eux l'image de toutes choses.

Ainsi l'âme du Christ l'a-t-elle [=cette image]. Elle lui est naturelle.

En cela elle [=l'âme] ne progressait ni ne

voir toutes les choses qui adviennent et non [celles] qui doivent advenir, tout comme l'ange ne connaît pas les choses à venir, à moins qu'elles ne lui soient révélées. Par nature il ne l'a pas.

La quatrième science qu'il avait était en la sensibilité. Car ce que les sens saisissent à partir du dehors, cela se trouve porté spirituellement dans l'imagination *, et c'est là que l'appréhende la pénétration de l'intelligence **. Ainsi avait-il un progresser tout comme nous. Maître Thomas dit : Il avait un progresser des puissances des sens [4].

régressait. Par son intermédiaire elle était en mesure de connaître toutes les choses présentes et qui maintenant adviennent, mais non pas celles qui doivent encore advenir, tout comme l'ange ne connaît pas les choses à venir, à moins qu'elles ne lui soient révélées par Dieu. Il n'a pas cela par nature.

La quatrième science qu'il a était en la sensibilité. Car ce que les sens saisissent à partir du dehors, cela se trouve porté spirituellement dans l'imagination, et l'intelligence le contemple. Ainsi a-t-il un progresser tout comme nous. Ce que dit un grand maître, Thomas, qu'il avait un progresser des puissances des sens.

---

* *bildaerinne.*

** *daz înblicken des verstantnisses.*

Maintenant nous devons noter ce qu'il nous enseigne avec ces sciences.

La première science, qui est Dieu, à partir de laquelle ont flué toutes choses, avec elle il nous enseignait comment nous devons faire retour et ordonner toutes choses dans leur première origine : cela advient dans l'homme dans lequel toute multiplicité et toutes choses corporelles se trouvent rassemblées [et] se trouvent portées vers le haut en Dieu dans leur première origine, qui est Dieu. Et lorsque l'homme en vient à ce qu'il se trouve un avec Dieu, alors en tout premier lieu il rapporte toutes choses à leurs causes premières.

A ce propos saint Bernard[5] dit : Seigneur, qu'est-ce que l'homme que tu l'aies tant aimé ?

Maintenant notez avec zèle ce qu'il nous enseigne avec ces sciences.

La première science, qui est Dieu, à partir de laquelle ont flué toutes choses, avec cette science il nous enseignait comment nous devons faire retour et ordonner toutes choses dans leur première origine : cela advient totalement dans l'âme en l'homme dans lequel se trouvent rassemblées toute multiplicité et toute chose corporelle dans sa première origine, qui est Dieu. Et lorsque l'homme en vient à ce qu'il se trouve un avec Dieu, alors en tout premier lieu il rapporte toutes choses à leurs causes premières.

Là-dessus saint Bernard dit : Seigneur, qu'est-ce que l'homme que tu l'aies tant aimé ?

Il [=l'homme] est un bien dans lequel se trouvent rassemblées toutes choses multiples en une unité. Cela il nous l'enseignait avec la science qui est Dieu.

Que nous enseigne-t-il avec la science qui est surnaturelle ? Par là il nous enseigne que nous dépassons tout ce qui est naturel.

En premier lieu, nous devons dépasser nos sens propres et [le fait] de conjecturer et présumer d'après cela. Maintenant avance, noble âme, mets tes chaussures de marche que sont intelligence et amour. Par là dépasse les œuvres de tes puissances et ton intelligence propre et les trois hiérarchies et la lumière qui te fortifie, et bondis dans le cœur de Dieu, c'est-à-dire dans son

Cela il en rend compte lui-même : il [=l'homme] est un bien dans lequel se trouvent rassemblées toutes choses multiples en une unité. Cela il nous l'enseignait avec la science qui est Dieu.

Notez maintenant ce qu'il nous enseignait avec la science qui est surnaturelle. Par là il nous enseigne que nous dépassons toute naturalité.

En premier lieu, nous devons dépasser nos sens propres et [le fait] de conjecturer et présumer d'après cela. Maintenant avance, noble âme, mets tes chaussures de marche ! Que sont les chaussures de marche de l'âme ? C'est intelligence et amour. Par là dépasse les œuvres de tes puissances et dépasse ton intelligence propre et dépasse les trois hiérarchies et dépasse la être-caché* : c'est là que tu dois te trouver intérieurement caché à toutes créatures. Cela il nous l'enseigne avec la science surnaturelle.

C'est pourquoi saint Paul dit : « Vous êtes morts, et votre vie est cachée avec Christ en Dieu[6]. »

Que nous enseigne-t-il avec la science naturelle qu'il a [en commun] avec les anges qui de toutes choses ont en eux l'image ? C'est ainsi que l'âme a en elle une capacité de comprendre toutes choses.

C'est pourquoi elle devrait demeurer en elle-même, car la vérité est à partir de l'intérieur et non à partir de l'extérieur.

lumière qui te fortifie et bondis dans le cœur de Dieu, c'est-à-dire dans son être-caché : c'est là que tu dois te trouver intérieurement caché à toutes créatures. Cela il nous l'enseigne avec la science surnaturelle.

C'est pourquoi saint Paul dit : « Vous êtes morts, et votre vie est cachée avec Christ en Dieu. »

Maintenant notez ce qu'il nous enseigne avec la science naturelle qu'il a [en commun] avec les anges qui de toutes choses ont en eux l'image. C'est ainsi que l'âme a en elle une capacité de comprendre toutes choses.

C'est pourquoi elle devrait demeurer en elle-même, car la vérité est à partir de l'intérieur et non à partir de l'extérieur.

---

* *in sîne verborgenheit.*

C'est pourquoi saint Augustin[7] dit : O Seigneur, combien y en a-t-il qui sont sortis d'eux-mêmes pour chercher la vérité qui jamais encore ne sont parvenus à eux-mêmes ?

Pour cette raison ils n'ont pas trouvé la vérité, car Dieu est à l'âme intériorité la plus intérieure. C'est cela qu'il nous enseigne avec la science naturelle.

Que nous enseigne-t-il avec la science qui progresse ? C'est la façon dont nous devons ordonner notre homme extérieur.

L'ordonnance se trouve accomplie par l'acte d'examiner : l'homme [s'examinant] lui-même. Car que l'homme se connaisse soi-même, cela est mieux que connaissance de toutes choses créées.

C'est pourquoi saint Augustin dit : O Seigneur, combien y en a-t-il qui sont sortis d'eux-mêmes pour chercher la vérité qui jamais encore ne sont parvenus à eux-mêmes ?

C'est pourquoi ils n'ont pas trouvé de vérité, car Dieu est à l'âme intériorité la plus intérieure. C'est cela qu'il nous enseigne avec la science naturelle.

Maintenant notez ce qu'il nous enseignait avec la science qui progresse. C'est, dit brièvement, la façon dont nous devons ordonner notre homme extérieur en tout ce qui le concerne.

L'ordonnance se trouve accomplie par l'acte d'examiner : l'homme [s'examinant] lui-même. Car que l'homme se connaisse soi-même, cela est mieux que connaissance de toutes choses.

« Christ les enseignait. » Qui sont-ils ceux qu'il enseigne ? Ce sont les simples. Qui est vraiment simple ? C'est celui qui ne trouble personne ni n'est trompé par rien et ne peut non plus se trouver trompé par personne. Ce sont là les vrais simples [8].

Vers la vraie simplicité, que Dieu nous vienne en aide. Amen.

« Christ les enseignait. » Qui sont-ils ceux qu'il enseignait ? Ce sont les simples. Qui est vraiment simple ? C'est celui qui ne trompe personne avec rien et qui aussi par personne ne peut se trouver trompé. Ce sont là les vrais simples.

Vers cette simplicité, que Dieu nous vienne en aide. Amen.

Notes

Présentation

1. Par une bulle datée du 29 mars 1327, au terme d'un procès canonique tenu à la cour d'Avignon.

2. F. Pfeiffer, *Deutsche Mysticker des vierzehnten Jahrhunderts, Bd 2 : Meister Eckhart*, Leipzig 1857.

3. *Meister Eckhart und seine Jünger*, Freiburg 1895.

4. *Meister Eckharts Schriften und Predigten*, Jena 1903.

5. *Meister Eckharts deutsche Predigten und Traktate*, Leipzig 1927.

6. Cet ensemble, diligenté par les éditions Kohlhammer (Stuttgart), est publié sous les auspices de la *Deutsche Forschungsgemeinschaft*. La responsabilité de Josef Quint porte sur l'œuvre allemande ; quant à l'œuvre latine, elle vit le jour sous la direction de Josef Koch.

7. Volume V des *Deutsche Werke*.

8. On peut aussi bien, comme Quint lui-même, ne compter que trois titres, dans la mesure où le *Livre de la consolation divine* et le texte intitulé *De l'homme noble* constituent en fait les deux parties, étroitement coordonnées, d'un ensemble que l'on désigne souvent sous l'incipit de la citation latine placée au début du premier de ces textes : *Benedictus Deus*.

9. L'achèvement de cette œuvre, désormais sous la responsabilité de Georg Steer, portera le nombre de cet ensemble à cent quinze sermons.

10. Ces sermons, qui seront inclus dans la traduction française

de l'œuvre latine du Maître actuellement en cours de publication, sont au nombre de cinquante-six.

11. Quatre d'entre eux, les sermons 87 à 90, dont la version originale a été publiée par Georg Steer, figurent dans ce volume (ci-dessus, p. 658-681).

12. *Dit buchelin heizit ein paradis der fornüntigen sele*. *Cf.* Kurt Ruh, *Initiation à Maître Eckhart, théologien, prédicateur, mystique*, Editions Universitaires de Fribourg (Suisse) / Editions du Cerf, 1997, p. 83 et suiv.

13. « Marie se tenait près du tombeau et pleurait » (ci-dessus, p. 459).

14. Sermon 51, ci-dessus, p. 421.

15. Parmi les traductions françaises existantes, on passera ici sous silence, malgré leurs mérites, celles qui n'avaient pu bénéficier des travaux de Quint et qui s'appuyaient sur les différentes versions produites en allemand moderne depuis le début de ce siècle. La seule version française des quatre-vingt-six numéros authentifiés par Quint est due à la grande eckhartienne que fut Jeanne Ancelet-Hustache (trois volumes, Paris, Ed. du Seuil, 1974-1979). Signalons en outre une version du Sermon 1 par Maurice de Gandillac (in *Voici Maître Eckhart*, Jérôme Millon, 1994) ; sept sermons traduits et commentés par Reiner Schürmann in *Maître Eckhart ou la joie errante* (Ed. Planète, 1972) ; un sermon, le n° 77, par Alain de Libera in *Philosophes médiévaux des* XIII*e* *et* XIV*e* *siècles* (10/18, 1986) ; enfin un florilège d'une trentaine de sermons (dont les quinze premiers de l'édition de Quint) par le même Alain de Libera dans le cadre d'une reprise des *Traités et Sermons* publiés en 1942 par Aubier et Molitor (GF-Flammarion, 1993).

16. Dans *Maître Eckhart ou l'empreinte du désert* (Albin Michel, 1995), le chapitre intitulé « Le prédicateur » (p. 73-84) donne en particulier les indications essentielles qui permettent de mieux situer cette part de son activité dans l'ensemble de son œuvre. Quant aux thèmes principaux qui forment le contenu de cet enseignement pratique, ils sont présentés et analysés dans la seconde partie de ce même ouvrage, sous le titre « Eclats de sa vision » (p. 121).

17. Maître Eckhart ne manque pas à l'occasion de souligner lui-même sa pertinence. Dans l'un des sermons (ci-dessus, 16 b, p. 186), traitant familièrement d'un point de grande difficulté relatif au statut de l'*image* quand il s'agit des rapports entre Dieu et l'homme, il déclare de façon significative : « Cela n'est pas dit des

choses dont on doit discourir à l'Ecole ; mais on peut bien les dire en chaire, en guise d'enseignement » (ci-dessus, p. 190).

18. Une double qualification que l'on a coutume d'inscrire sous les deux vocables de *Lesemeister* et de *Lebemeister* — maître en doctrine et en enseignement d'une part, maître en expérience vécue d'autre part.

19. *Ordinis praedicatorum* (o.p.), c'est encore le titre sous lequel on identifie de nos jours les fils de saint Dominique.

20. Sermon 20 a, ci-dessus, p. 211 et suiv.

21. Les sermons latins reconnus comme authentiques sont au nombre de cinquante-six. Tel ou tel d'entre eux est en connexion prochaine, quant à son contenu, avec un ou plusieurs des sermons allemands. Selon certaines hypothèses, il pourrait s'agir en ce cas d'esquisses ou de premières rédactions. On a rappelé que c'est là un des critères retenus par Quint pour asseoir l'authenticité, le cas échéant, de l'un ou l'autre des textes connus par ailleurs en allemand.

22. Ainsi, par exemple, dans les sermons 9, 14, 15, 16 b, 22. En ces passages ou en d'autres, Eckhart précise parfois que le point de doctrine qu'il évoque s'est trouvé débattu « à Paris » (14, 15, 24).

23. Les lieux, sinon les dates, de certains de ces sermons sont parfois précisés : « Comme je l'ai dit récemment *zo mergarden...* » — il s'agit là sans doute du *Mariengarten*, le monastère « Sainte-Marguerite » des dominicaines de Strasbourg (cf. les numéros 13, 14, 22). Une autre fois il est question d'un sermon prononcé *zo sent merueren* — un couvent identifié par Quint comme le monastère des « Saints-Macchabées » occupé par des bénédictines à Cologne (Sermon 14).

24. Vingt-six que Eckhart reconnut comme siennes tout en rejetant la lecture que l'on en faisait, et deux mises à part dans la mesure où il contesta les avoir jamais prononcées ou écrites.

25. Le texte en est repris en appendice des *Traités et Sermons* publiés par Alain de Libera, *op. cit.*, p. 406-415. Le ton en est sévère : il s'agit de faire en sorte que, « dans le champ du Seigneur », soit « étouffée dans son origine » et ne prolifère pas « en un pullulement nocif » l'ivraie que « l'ennemi » a jetée en l'occurrence pardessus la « semence de vérité » ; bref, il faut que soit éradiquée la « semence des vices » et arrachées les « épines des erreurs ». Quant à l'auteur présumé de ces malheurs — désigné avec hauteur comme « un certain Eckhart, des pays allemands, docteur ès Ecritures saintes, à ce qu'on dit, et professeur de l'ordre des frères prêcheurs »

— on l'enferme dans cette condamnation laconique : « Il a voulu en savoir plus qu'il ne convenait. »

26. Sur tous ces points on trouvera des notations plus développées dans *Maître Eckhart ou l'empreinte du désert, op. cit.*, p. 77-84.

27. C'est en ce sens qu'il faut entendre un mot qui revient sans cesse sous la plume de Maître Eckhart lorsqu'il en vient à juger de la vérité d'une situation ou du bien-fondé d'un propos : ceci est *reht* ou cela est *unreht.* La *rehticheit* est la « justice », moins au sens éthique de ce terme qu'en une acception proprement ontologique. Ce qui est *reht* est « comme il faut », « dans l'ordre » — « juste » de par sa conformité à *ce qui est.* A l'inverse, *unreht* désigne ce qui n'est « pas comme il faut », ce qui n'est pas « dans l'ordre » — bref, ce qui contrevient à la vérité de ce qui est.

28. Sermon 9, ci-dessus, p. 131.

29. Sermon 2, ci-dessus, p. 74.

30. Sermon 41. « Desceller » (au sens propre : dé-couvrir) et « dénuder » : *entdecken, entbloezen.* Dans le Sermon 40, ces deux mêmes verbes s'appliquent à la nécessité pour l'homme de « dénuder » en lui l'image de Dieu.

31. *îngebildet in daz einvaltige guot* : configuré intérieurement de par un mouvement qui porte vers le bien simple. Comme toujours chez Eckhart, il y a identité entre le mouvement d'intériorisation ou de présence à soi et la réalité d'une relation qui procède de l'origine et fait retour à elle.

32. Sermon 53, ci-dessus, p. 435.

33. On reviendra dans un instant sur cette affirmation controversée.

34. Sermon 48, ci-dessus, p. 397 — « [...] dans l'opérativité de la naissance-intérieure », *in der würklicheit der îngeberunge.*

35. « La mesure selon laquelle nous devons aimer Dieu, cela n'a pas de mode ; autant d'amour que nous le pouvons jamais, cela est sans mode » (Sermon 9, ci-dessus, p. 126).

36. Sermon 9, ci-dessus, p. 131.

37. Sermon 5 b, ci-dessus, p. 100-101.

38. Sermon 9, ci-dessus, p. 132. Sous le titre « Une créature comme un livre », l'écrivain Paul-Louis Combet propose un commentaire de cette sorte de maxime dans l'ouvrage collectif intitulé *Voici Maître Eckhart*, textes et études réunis par Emilie Zum Brunn, Ed. Jérôme Millon, 1994, p. 425-428.

39. Sermon 37, ci-dessus p. 326. Où l'on retrouve les quatre notes, rappelées ci-dessus, dans lesquelles Eckhart résume ce qu'il

a toujours dessein d'aborder en sa prédication (et singulièrement la dernière d'entre elles, qui exprime la vérité de l'*union*).

40. Cf. ci-dessus, p. 425 sq.

41. Ci-dessus, p. 427-428.

42. Sermon 31, ci-dessus, p. 294.

43. Car en Dieu il n'est rien que Dieu, et « ce qui est en Dieu, cela est Dieu » (Sermon 3, ci-dessus, p. 79). — Un texte semblable, dans *Le Livre de la consolation divine* (cf. Maître Eckhart, *Les Traités et le Poème,* Albin Michel (coll. « Spiritualités vivantes »), 1996, p. 148).

44. Sermon 59, ci-dessus, p. 478.

45. *Le Livre de la consolation divine, in* Maître Eckhart, *Les Traités et le Poème, op. cit.*, p. 133.

46. Sermon 31, ci-dessus, p. 296-297.

47. Cf. Sermon 34, ci-dessus, p. 308.

48. Sermon 32, ci-dessus, p. 299.

49. *In der würklicheit der îngeberunge.* Sermon 48, ci-dessus, p. 397.

50. Cf. Sermon 32, ci-dessus, p. 299 et Sermon 34, ci-dessus, p. 308.

51. Cette différence tient à ce que l'homme est *créé* dans cette égalité plénière avec son origine. « Il est, affirme Maître Eckhart, une puissance dans l'âme dont j'ai souvent parlé, — et l'âme seraitelle toute ainsi, elle serait incréée et incréable. Or il n'en est pas ainsi. Selon l'autre partie, elle a un regard vers le temps et une dépendance à son égard, et là elle touche le créé et est créée » (Sermon 13, ci-dessus, p. 167). Les deux « parties » ici évoquées ne sont pas à comprendre selon une acceptation d'ordre quantitatif ; elles définissent des *dimensions* différentes de la réalité une, le fait qu'apparaisse ici *sous un mode* ce qui là est *mode sans mode.*

52. Sermon 16 b, ci-dessus, p. 189.

53. Sermon 20 a, ci-dessus, p. 214. A noter cette première affirmation : la « petite étincelle de l'âme » est bien « une puissance *dans l'âme* ».

54. Sermon 17, ci-dessus, p. 194.

55. Sermon 2, ci-dessus, p. 72-73.

56. Sermon 20 a, ci-dessus, p. 215. — Elle n'est pas une puissance — et elle est cependant une puissance, comme on vient de le lire dans un extrait de ce même Sermon 20 a, ci-dessus, note 53.

57. Sermon 20 a, ci-dessus, p. 214. C'est nous qui soulignons.

58. *Le Livre de la consolation divine*, in *Les Traités et le Poème,*

op. cit., p. 133. Amour « naturel » ne s'oppose aucunement ici à ce que serait, dans une autre économie de pensée, un ordre « surnaturel » ; il s'agit d'un amour qui émane de la « nature » — en l'occurrence, de ce qui constitue le « fond » commun de Dieu et de l'homme.

59. Sermon 26, ci-dessus, p. 263.

60. Sermon 31, ci-dessus, p. 297.

61. *Ibid.* Sur cette « ordonnance de l'âme », on voudra bien se référer au chapitre qui porte ce titre dans *Maître Eckhart ou l'empreinte du désert, op. cit.*, p. 164-173. Le chapitre suivant, intitulé « L'étincelle et le petit château » (p. 174-187), complète cette analyse en montrant son dépassement intérieur en ce qui *dans l'âme* est *au-delà de l'âme*.

62. Sermon 26, ci-dessus, p. 263.

63. Sermon 7, ci-dessus, p. 116.

64. Sermon 9, ci-dessus, p. 130.

65. Sermon 26, ci-dessus, p. 263.

66. Sermon 9, ci-dessus, p. 130.

67. Ainsi du Sermon 19, qui met nettement l'unité des deux puissances supérieures sous l'égide de l'intellect : « La connaissance délie, car la connaissance est meilleure que l'amour. Mais deux sont meilleurs qu'un, car la connaissance porte l'amour en elle » (ci-dessus, p. 206).

68. Sur la connaissance de Dieu « sans intermédiaire et sans image et sans comparaison », voir le Sermon 70, de particulière netteté, ci-dessus, p. 548.

69. Sermon 7, ci-dessus, p. 115.

70. Cf., ci-dessus, p. 73.

71. Sermon 26, ci-dessus, p. 263-264.

72. Sermon 10, ci-dessus, p. 135.

73. *Ibid.* Les citations qui suivent sont tirées de ce même passage.

74. Cf. Gwendoline Jarczyk, *Système et liberté dans la logique de Hegel*, Paris, Aubier-Montaigne (coll. « Philosophie de l'esprit »), 1980 ; 2e éd. Paris, Ed. Kimé, 2001, p. 184.

75. *Ibid.*

76. Cf. ci-dessus, p. 575.

77. Saint Jean de la Croix, *Les Maximes*, nº 123, *Œuvres complètes*, Bibliothèque européenne, Paris, Desclée de Brouwer, 1959, p. 1315.

78. *Von abegescheidenheit und von habenne gotes* (*cf.* Maître Eckhart, *Les Traités et le Poème, op. cit.*, p. 58 sq.).

79. Sermon 5 b : «*In hoc apparuit caritas dei in nobis*», ci-dessus, p. 97. — La citation qui suit est tirée du Sermon 5a, ci-dessus, p. 93.

80. La volonté, l'une des deux «puissances supérieures» en l'homme.

81. Cf. ci-dessus, p. 624.

82. Cf. ci-dessus, p. 635.

83. Maître Eckhart, *Les Traités et le Poème, op. cit.*, p. 197.

84. *Ibid.*, p. 198.

85. Georg Steer s'est donné pour tâche de mener à son terme le grand œuvre entrepris par Josef Quint, en produisant au jour les vingt-neuf sermons que celui-ci n'avait pas eu le temps de traiter, et qui formeront le quatrième tome de l'édition de référence. Du premier fascicule publié par lui en 1997 (il comporte les sermons 87 à 95), ont été prélevés les quatre premiers numéros inclus dans le présent volume.

86. Jacques Roubaud, *Le Grand Incendie de Londres*, Paris, Le Seuil, 1989, p. 333.

87. *Ibid.*

88. *Ibid.*

89. *Ibid.*

90. Cf. Sermon 9, ci-dessus, p. 132.

91. Jacques Roubaud, *Le Grand Incendie de Londres, op. cit.*, et *loc. cit.*

92. Michel Deguy, *L'Energie du désespoir, ou d'une poétique continuée par tous les moyens*, Collège international de philosophie, PUF, 1998, p. 83.

Sermon 1

1. Jn 2,16.

2. *ledic*. Habituellement traduit par «dépris», ce terme signifie ici «désencombré», «libre».

3. Cette identification entre le temple de Dieu et l'âme de l'homme se retrouve en plusieurs endroits de l'œuvre de Maître Eckhart. Voir par exemple Sermon 9, p. 128 : «Où est il donc dans son temple, où il brille saintement ? L'intellect est le temple de Dieu. Nulle part Dieu ne demeure de façon plus propre que dans son

temple, dans l'intellect » ; ainsi est-il *en lui-même*, dans l'âme qui possède « une gouttelette d'intellect, une petite étincelle, une brindille » (*ibid*., p. 129). Telle est la grandeur de l'âme, en laquelle Dieu a voulu se dire selon ce qui fait son essence même : « [...] l'âme, il ne l'a pas faite uniquement selon l'image qui est en lui, ni selon ce qui se tient en dehors de lui, ainsi que l'on parle à son propos ; plutôt : il l'a faite selon lui-même, oui, selon tout ce qu'il est, selon [sa] nature, selon [son] être et selon son œuvre fluant à l'extérieur demeurant intérieurement, et selon le fond où il demeure en lui-même, où il engendre son Fils unique, d'où s'épanouit le Saint Esprit : selon cette œuvre fluant à l'extérieur demeurant intérieurement, Dieu a créé l'âme » (Sermon 24, p. 249).

4. Gn 1,26.
5. Cf. ci-dessus, note 2.
6. Jn 15,5.
7. Cf. ci-dessus, note 2.
8. *mit eigenschaft*.
9. *eigenschaft*.
10. Cf. ci-dessus, note 2.
11. *eigenschaft*.
12. *vermügenheit*.
13. Probable évocation du Prologue de l'évangile de Jean (Jn 1,16). L'homme est à la fois égal à Dieu par nature selon son être incréé et, selon qu'il est créé, appelé à cette égalité par grâce.
14. Ps 36,10.
15. *weselîche istikeit*.

Sermon 2

1. Eckhart oppose ici *in dem latîne*, « en latin », à *ze tiutsche*, au sens littéral « en allemand ».
2. Lc 10,38.
3. *eigenschaft*.
4. *eigenschaft*. Ce terme plusieurs fois répété domine ce passage.
5. Cf. Hb 1,3.
6. L'intellect.
7. La volonté.

Sermon 3

1. Ac 12,11 ; voir aussi Ps 18,1.
2. *einigent die sêle in got* : l'âme trouve son unité avec elle-même et avec Dieu dans le mouvement qui la porte vers lui.
3. Mt 11,27.
4. Un adage scolastique hérité d'Aristote et de sa tradition souligne qu'il n'y a connaissance que du même au même (cf. Aristote, *De anima* I c. 2, 404 b 17).
5. Cf. Aristote, *De anima* III c. 8, 431 b 21.
6. 1 Tm 6,16.
7. Cf. Thomas d'Aquin, *Sum. theol.* Ia, q. 89, a. 5 et 6.
8. 1 Co 13,8.
9. Cf. Aristote, *Eth. Nicom.*, VII c. 12, 1152 b 24 sq.
10. Mt 16,19.
11. C'est-à-dire la puissance qui *anime*.
12. *ûzbruch* : jaillissement.
13. Cf. ci-dessus, note 4.
14. Cf. Thomas d'Aquin, *Sum. theol.* Ia, q. 16 a. 3.
15. *ingebildet* : lorsque l'*image* de Dieu se trouve gravée *en* l'âme.
16. *weselîcheit*.
17. 1 Tm 6,16.

Sermon 4

1. Jc 1, 17.
2. *die sich ze gote lâzent* : qui se laissent tomber en Dieu, qui s'en remettent à Dieu.
3. Cf. *Discours du discernement*, n° 17, *in* Maître Eckhart, *Les Traités et le Poème, op. cit.*, p. 82-85.
4. Mt 6,10.
5. Voir Thomas d'Aquin, *Sum. theol.* Ia, q. 50 a. 3.
6. *gemeine* : commun au sens d'universel.
7. *den ebenkristen*. Cf. Mc 12,31 ; Mt 22,39.
8. *sô ist im unreht*.
9. Dans le *Discours du discernement* (n° 6, *in* Maître Eckhart, *Les Traités et le Poème, op. cit.*, p. 50) et en maints autres passages de

son œuvre, Eckhart identifie semblablement le détachement *(abegescheidenheit)* et le posséder-Dieu *(das haben gotes).*

10. Rm 8,17.

11. Ga 4,4.

12. *sô sie alle zît vürgangen hât* : lorsque l'âme a dépassé tout rapport au temps comme à une réalité qui s'ajouterait à Dieu et la maintiendrait dans son état de créature. Ainsi s'exprime le poème :

«Laisse lieu, laisse temps
et l'image également !
Prends sans chemin
le sentier étroit
ainsi viendras-tu à l'empreinte du désert.»
(*in* Maître Eckhart, *Les Traités et le Poème, op. cit.*, p. 198)

Sermon 5 a

1. 1 Jn 4,9.

2. Le texte conjugue, semble-t-il, une citation indéterminée et une affirmation de Eckhart lui-même, retenue contre lui par ses censeurs et que lui-même et ses amis ont défendue. Une position similaire est exposée par Thomas d'Aquin (cf. *Sum. theol.* IIIa q. 57 a. 5).

3. Cf. *In epist. joann. ad Parthos*, tract. II n° 14 (PL 35, 1997).

4. « Un en tant que un ne donne pas amour, deux en tant que deux ne donne pas amour ; deux en tant que un donne de nécessité amour naturel, impérieux, ardent» (*Le Livre de la consolation divine, in* Maître Eckhart, *Les Traités et le Poème, op. cit.,* p. 133).

5. Ps 82,6.

6. *hatt es*. Texte elliptique et sans doute défectueux complété par une suggestion de Quint.

7. En latin, *mundus,* comme nom, signifie «monde» et, comme adjectif, «pur».

8. *ein luter niht*. L'adjectif *luter* renforce ici le caractère négatif attaché au néant de la créature.

9. *sy hand all in all*. Quint avoue ne pas comprendre ce membre de phrase, et penche pour une altération du texte. On peut avancer ce sens : elles ont tout en tout et à partir de tout, mais ce tout n'est rien, et c'est pourquoi elles ne peuvent que souiller.

10. Le Sermon 5 b (voir p. 97) développe ce même thème en apportant cette précision : la cause de la brûlure vient de ce que la

main *n'a pas (niht)* en elle un élément que comporte le charbon incandescent, par quoi il agit sur elle.

11. *im*. Ce pronom vise sans doute Dieu à l'égard de qui pareille attitude est impropre dans la mesure où elle fait droit à un aspect seulement de l'universalité qu'il est.

12. *das gebrist nit an im, sunder an uns* : cela n'est pas un défaut en lui, mais en nous.

Cette première version du sermon sur le thème *In hoc apparuit caritas dei in nobis* ne comporte pas l'habituelle prière finale qui se trouve en revanche dans la seconde version (voir p. 103).

Sermon 5 b

1. 1 Jn 4,9.
2. Thomas d'Aquin, *Sum. theol.* IIIa q. 57 a.
3. Voir entre autres Thomas d'Aquin, *II Sent.* d. 32 q. 2 a. 3.
4. Cette conclusion est en cohérence avec l'enseignement de Maître Eckhart selon lequel *swaz mê ist dan ein, des ist ze vil* — « ce qui est plus que un est trop » (Sermon 53, JAH II 154).
5. *alle geschaffenheit* : tout ce qui est de l'ordre de la créature. — Selon Quint, ce passage, sans doute lacunaire, devrait être mis en relation, comme dans le parallèle du 5 a, avec la double correspondance *mundus : monde* et *pur*.
6. Toujours selon Quint, cette proposition doit être mise en rapport avec l'affirmation, que l'on trouve ci-dessous, selon laquelle « toutes choses sont créées de néant ». Il s'agit alors du « néant » que revêt la créature lorsqu'elle sort de Dieu pour se trouver posée *face à* lui.
7. Le même thème figure dans le Sermon 5 a, voir p. 69, et ci-dessus, p. 694, note 10.

Sermon 6

1. Sg 5,16.
2. Sont sans doute visées ici les *Institutiones* de l'empereur Justinien (VIe siècle), où l'on peut lire : « Juris praecepta sunt haec : honeste vivere, alterum non laedere, *suum cuique tribuere* » (*Inst.* I, 1).
3. *sie enahteten eine bone niht ûf got.*
4. Dans son *Commentaire sur saint Jean* (n. 469), Eckhart écrit

semblablement : « Et secundum hoc optime dicit Augustinus quod anima verius est ubi amat quam ubi animat. » Cette citation n'a pu être retrouvée dans les écrits d'Augustin.

5. *isticheit*. Mot forgé à partir du verbe « être » à la troisième personne du présent : qualité de ce qui *est*.

6. Jn 1,1.

7. Quint interprète : afin qu'elle ne soit par rapport à l'homme « ni plus bas ni plus haut, mais qu'elle lui soit égale ».

8. Jn 1,1.

9. 2 Co 3,18.

10. *sô waere diz als vil als jenez waere*.

11. Jn 15,14.

12. *ûzer im* et *in im* renvoient à *man*, le sujet indéterminé de cette phrase. La même chose vaut de la proposition suivante.

13. Cf. 1 Jn 3,2.

14. 1 Co 13,12.

Sermon 7

1. Os 14,4.
2. Lc 7,36-50.
3. Jn 16,33.
4. 1 Jn 5,4.
5. *kunst*.
6. *ûzbruch*.
7. Thomas d'Aquin, *Sum. theol.* Ia q. 21 a. 4.
8. 1 Jn 4,16.
9. *begrîfen*.
10. *kunst*.
11. Augustin, *in De Gen. ad litt.* VI c. 29 n. 40.
12. *kunst*.

Sermon 8

1. 2 M 11,37.
2. Mt 5,11. Voir aussi Mt 10,22.
3. *alliu pîne und werk der arbeit*.
4. Cf. Thomas d'Aquin, *Sum. theol.* Ia q. 4 a. 2 *ad* 3. De même Augustin, *De libero arbitrio*, II c. 3 n. 7.

5. « L'anneau merveilleux
est jaillissement,
tout immobile se tient son point. » (*Poème,* str. III, in Maître Eckart, *Les Traités et le Poème, op. cit.*, p. 196.)

6. *gotes eigenschaft.*

7. Cf. Augustin, *De Gen. ad litt.* l. IV c. 23 n. 40. Voir aussi Thomas d'Aquin, *Sum. theol.* Ia q. 58 a. 6 *ad* 2.

8. Cf. Augustin, *Conf.* XII.

9. *ez* : le fait que le temps soit une « retombée » par rapport à l'éternité et à l'être.

10. Avicenne, *De anima*, 1re partie, ch. 5, folio 6ra : « Le lien de l'âme avec le corps [...] est ordonné à ce que l'intellect contemplatif soit accompli et soit sanctifié et soit purifié. »

11. Cf. Thomas d'Aquin, *Sum. theol.* Ia q. 77 a. 8.

Sermon 9

1. Si 50,6-7.

2. Eckhart a en vue le *Liber 24 philosophorum* du Pseudo-Hermès Trismégiste. Il s'est encore référé à cet écrit dans plusieurs de ses commentaires exégétiques en latin.

3. Cette troisième opinion citée entre guillemets renvoie explicitement au n° 20 du livre évoqué dans la note précédente.

4. Cf. Thomas d'Aquin, *Sum. theol.* Ia q. 10 a. 2 *ad* 4.

5. Cf. saint Bernard, *De diligendo Deo*, c. 1 n. 1 et c. 6 n. 16.

6. Cf. Augustin, *De Trin.* l. V c. 1 n. 2.

7. Ces « petits maîtres » sont ceux qui à l'Ecole s'en tiennent de façon assez extérieure à l'énonciation des dix catégories aristotéliciennes.

8. Cf. Mc 10,18.

9. Jc 1,17.

10. *bî im.*

11. Echo d'une « dispute » académique qui se tint sans doute à l'université de Paris (peut-être au cours du séjour que Eckhart y fit en 1310-1311). Le représentant de l'« autre Ecole » pourrait être Gonsalve de Balboa, franciscain.

12. *glîch.*

13. Jn 1,1.

14. *der vrîe sterne* : l'étoile libre ; *vrîtac* : vendredi. En français, « vendredi » signifie le jour de Vénus, alors qu'en allemand « Frei-

tag» signifie «jour libre» et a rapport à «étoile libre», l'un des noms de Vénus.

15. Ainsi s'exprime le *Poème* :

«Ô cœur du Père
d'où en liesse
la Parole toujours flua !
Cependant le sein
a gardé la Parole, c'est vrai» (Maître Eckart, *Les Traités et le Poème, op. cit.*, p. 195).

Une telle identité entre le fluer et le demeurer *(fliezen, blîben)* n'a lieu que dans et pour l'intellect. C'est lorsqu'il se situe dans cette économie que l'homme est un «adverbe» *auprès de* cette Parole.

Sermon 10

1. Cf. Sermon 2, p. 691, note 1.
2. Si 44,16-17.
3. On trouve des notations proches de celle-là dans les *Enarr. in Ps. LXXIV* n. 9 : «Ne pensez pas que Dieu soit attaché aux lieux [...] Où que tu fuies, là il est [...] Veux-tu fuir loin de lui ? Fuis vers lui.»
4. Jn 14,8.
5. Cf. Jn 14,6.
6. Cf. Jn 14,9.
7. Rm 6,22.
8. Jn 15,15.
9. *ein got-wizzender-mensche*.
10. *dem ist gar reht*.
11. Cf. Augustin, *In Ioan.* tr. 13 n. 3.
12. *anderheit*.
13. C'est une idée traditionnelle que les hommes sont faits fils dans le Fils unique de Dieu. Dans cet esprit, Angelus Silesius écrira : «Gott der Vater hat nur einen Sohn, und derselbe sind wir alle *in Christo*» — «Dieu le Père n'a qu'un [seul] Fils, et ce même [Fils] nous le sommes tous *in Christo*» (*Le Pèlerin chérubinique*, trad. Camille Jordens [modifiée], Le Cerf/ Albin Michel, 1994, p. 18).
14. 1 Jn 4,16.
15. Mc 1,11.
16. Lc 3,22.

17. Mt 3,17.
18. Cf. Lc 9,23.
19. Le terme de désert, qui dans le *Poème* de Maître Eckhart intervient comme un nom propre de Dieu (cf. également *Les Traités et le Poème, op. cit.*, p. 198 ; *Maître Eckhart ou l'empreinte du désert, op. cit.*, p. 21) est présent tout au long de la tradition biblique et spirituelle, en particulier chez les plus proches disciples de Maître Eckhart, Tauler et Suso.

Sermon 11

1. Lc 1, 57, 63, 66.
2. Cf. 1 Jn 3,1.
3. Eckhart s'en tient ici à l'étymologie admise qui rapproche le nom « Jean » de l'expression « grâce de Dieu ».
4. Ph 4,4.
5. Le Sermon 12 énonce à nouveau — cette fois en mettant la temporalité en dernier — ce triple obstacle interdisant d'entendre la parole (cf. p. 154).
6. Augustin, *Conf.* l. X c. 41.
7. Gal 4,4.
8. *meinunge*.
9. Cette image, traditionnelle, est évoquée par exemple par Thomas d'Aquin, *De Ver*. q. 26 a. 1. Elle a été reprise ultérieurement par la littérature mystique (voir en particulier Jean de la Croix, *La Montée du Carmel*, l. II ch. 8 ; *La Nuit obscure*, l. II ch. 10).
10. *sô envelte ez niht.*
11. Ep 3,18.
12. Rm 11,36.
13. Référence possible, selon Quint, à Augustin, *De lib. arb.* l. II c. 12 n. 33.
14. 1 Co 11, 6-7.
15. Dans son *Commentaire de saint Jean* (n. 84), Eckhart, à propos de cette opinion, fait référence en particulier à Augustin, *De Trin.* l. XII c. 7 n. 9-10. Il reprend ici, sans lui apporter la critique que l'on attendrait, une image dont la tradition antérieure, qui l'avait reçue de Paul, ne manqua pas d'user et d'abuser. Thomas d'Aquin lui-même ne s'était-il pas fait l'écho de cette anthropologie religieuse inégalitaire ? Eckhart y aura recours à plusieurs reprises ; ainsi dans les Sermons 11, 16b, 17, 63. Il avait pourtant écrit dans

le Sermon 2 : « Femme est le mot le plus noble que l'on peut attribuer à l'âme. [...] L'esprit est une femme dans la gratitude qui engendre en retour là où pour Dieu il engendre Jésus en retour dans le cœur paternel » (p. 66-67).

16. Mt 10,26 ; Lc 12,2 ; Mc 4,22.
17. *nach sühticheit der suht.*
18. Ap 14,4.

Sermon 12

1. Si 24,30-31.
2. Cf. Sermon 11, p. 147.
3. Lc 14,26.
4. Rm 9,3.
5. Cf. Sermon 10, p. 143, note sous double astérisque.
6. Cf. Thomas d'Aquin, *Sum. theol.* Ia q. 64 a. 4 *ad* 3.
7. Hegel a repris, pour la faire sienne, cette affirmation de Maître Eckhart qu'il dit avoir trouvée « dans l'un de ses sermons » : « Das Auge, mit dem mich Gott sieht, ist das Auge, mit dem ich ihn sehe ; mein Auge und sein Auge ist ein » (*Vorlesungen über die Philosophie der Religion*, Teil 1, *Der Begriff der Religion. Vorlesungen* Bd. 3, Felix Meiner Verlag 1983, p. 248).

Sermon 13

1. Ap 1-4.
2. L'image d'une chaîne qui relie ciel et terre est reprise d'Homère. On la trouve par exemple chez Macrobe et Denys l'Aéropagite.
3. *nach der geschaffenheit.*
4. *entrûwet,* antonyme de *getrûwet* (fiancé).
5. Dans son *Commentaire de la Genèse* (I n. 228), Eckhart évoque cette même opinion en la rapportant à Aulu-Gelle.
6. Monastère de dominicaines à Strasbourg.
7. Lc 8,43-45.
8. Dans son *Commentaire de la Genèse* (I n. 126), Eckhart attribue cette opinion à Sénèque le Rhéteur. On lit en effet au livre X de ses *Controverses* (Préface n. 9) : « Tous les oiseaux qui bondissent çà et là, tous les poissons qui nagent, toutes les bêtes féroces

qui bondissent, trouvent leur tombeau dans notre ventre. Cherche maintenant pourquoi nous mourons si subitement : nous vivons de morts. »

9. Ph 1,20.
10. 1 Jn 3,2.
11. Jn 14,8.
12. Boèce, *De Consol. phil.* l. III poésie IX.
13. Ap 14,5.
14. Dans son *Commentaire de saint Jean* (n. 242), Eckhart se réfère à ce propos à Augustin : « Dans mon avarice, je voulais ne pas te perdre, mais je voulais aussi en même temps que toi le mensonge ; [...] c'est pourquoi je t'ai perdu, car tu ne souffres pas qu'on te possède en même temps que le mensonge » (*Confessions*, l. X c. 41 n. 66).
15. Mt 12,34.
16. Cf. Sermon 10, p. 137, note sous double astérisque. Cette précision constitue une réponse anticipée à l'une des accusations qui furent faites à Eckhart lors du procès de Cologne.
17. *in sînem istigen wesene.*
18. *niht glîch mit derglîcheit.*

Sermon 13 a

1. Le texte de l'Apocalypse porte en fait « cent quarante-quatre mille ».
2. Ap 14,1-4.
3. *mit sinem vndersten.*
4. *obrestes.*
5. *ein instan.*
6. *insiczen in sich selber.*
7. Maître Eckhart vient d'annoncer quatre enseignements. Le texte, sans doute défectueux, n'en livre que deux.
8. C'est-à-dire, selon l'étymologie de ce nom, si nous voulons être « grâce ».

Sermon 14

1. Is 60,1.
2. *inteligencia.*

3. Ce rappel d'un schème d'origine augustinienne n'est guère fréquent chez Eckhart, qui s'en tient habituellement à la bipartition volonté et intellect (voir à ce propos, *Maître Eckhart ou l'empreinte du désert, op. cit.*, deuxième partie, ch. 4 : « L'ordonnance de l'âme », p. 64 sq.).

4. Le texte est sans doute incomplet. Quint signale qu'après l'*irascibilis*, assimilée au Père, mention devait être faite des deux autres puissances, la *concupiscibilis* et la *rationalis,* rapportées respectivement au Fils et à l'Esprit.

5. De tels schèmes se trouvent par exemple chez Albert le Grand, *De Animalibus* l. 13 tract. 1 c. 7. Référence est faite là aux traditions platonicienne et pythagoricienne.

6. A nouveau, le texte est ici lacunaire, et Quint a dû renoncer à en rechercher la suite possible ou vraisemblable.

7. Quint, qui n'a pas trouvé de référence directe pour cette opinion, suggère une influence possible d'Empédocle, lequel, parmi d'autres, affirme que le soleil n'est pas en lui-même un feu, mais seulement le reflet d'un feu.

8. Selon Quint, il s'agit probablement d'un monastère de bénédictines situé à Cologne.

9. Mt 11,29.

10. Is 60,1.

11. *inthoeget* : dépouillé de son élévation.

12. Jn 1,12-13.

13. *neit ey merin*. Selon Quint, il se peut que le texte soit ici défectueux. Le plus vraisemblable est qu'il veuille dire que l'homme ne procède pas de Dieu à la manière naturelle du Fils par rapport au Père, mais que le fait de *naître de Dieu* est réalité aussi bien intérieure à Dieu qu'à l'homme.

14. Lc 1,34 sq.

15. Ps 2,7.

16. Ces propos ont été repris dans l'un des articles de la Bulle de condamnation (n° 21).

17. Jn 1,5.

Sermon 15

1. Lc 19,12.

2. Lc 14,27.

3. *die geschaffenhait*.

4. Ici le texte est défectueux, et Quint renonce à le traduire. On pourrait peut-être entendre : «elle [= la bonté] charme l'âme constamment au-dessous d'elle et la tire de là vers le dehors. Le bien [est] disposition envers toute chose, le bien est dans une communauté, et la grâce demeure à même le désir.» Ce qui signifierait que le bien ne vaut en vérité que lorsqu'il ne s'abstrait pas du tout pour s'affirmer par lui-même; il n'a valeur que dans la communauté Dieu/homme.

5. Le texte original est défectueux. Nous nous en tenons à la version que Quint a cru pouvoir restituer en se basant sur d'autres passages.

6. Ce livre d'Aristote auquel Eckhart se référera encore une fois dans ce sermon est la *Métaphysique*.

7. *redelich / unredelich* : il s'agit de la capacité ou de l'incapacité de se livrer à une argumentation.

8. Boèce, *De Consol. phil.* l. III poésie IX.

9. Aristote, *Métaphysique* l. Lambda c. 8. Le néoplatonisme et la scolastique identifièrent souvent ces «esprits détachés» avec les anges.

10. *ain «was»* . Il s'agit sans doute d'une transcription simplifiée du *to ti èn einai* repris par les Scolastiques pour signifier ce que l'être est dans sa réalité profonde.

11. *begriffent.*

12. *begriffet sich selber in im selber.*

13. *enbegraiff das nit.* Jn 1,5.

14. Ex 3,14.

15. Is 45,15.

Sermon 16 a

1. Cet extrait d'un sermon de Maître Eckhart a été authentifié par Josef Quint sur le vu d'un parallèle évident entre ses trois derniers paragraphes et l'un des articles d'accusation du procès de Cologne.

Sermon 16 b

1. Cf. Si 50,9. Cette citation est tirée de l'épître que le missel dominicain propose pour la fête de saint Augustin.

2. *ist sîn natûre* : est sa nature même.

3. *obe dem willen.*
4. *ûzganc.*
5. *erbildet.* Il s'agit donc de l'« image » de lui-même que Dieu forme dans l'âme.
6. *merken.*
7. *sich erbildet.*
8. Mt 11,27.
9. Cf. Avicenne, *De Anima*, 4e partie, ch. 2, fol. 18vb.

Sermon 17

1. Jn 12,25.
2. Dans son *Commentaire de saint Jean* (n. 528), Eckhart évoque à ce propos Avicenne, *De anima,* 1re partie, chap. 1, fol. lrb. Il a sans doute puisé dans les chapitres 1 et 2 de cet ouvrage pour ce qui, dans les lignes à venir, concerne la nature de l'âme, son rapport aux œuvres, les différentes définitions que l'on en a données ainsi que les comparaisons que l'on a développées à son propos.
3. Citation indéterminée. Nicolas de Cues, dans un de ses sermons (n° 12), cite cette même opinion qu'il attribue lui aussi à Augustin.
4. Jn 12,25.
5. *begriffen.*
6. Dans son *Commentaire de la Genèse* (1,26 ; n. 115), Eckhart attribue cette opinion à Avicenne, « au livre X de sa *Métaphysique* » (en réalité, *Liber de Philos. Prima*, IX c. 7).
7. Il s'agit d'Aristote, pour qui « il y a, d'une part, l'intellect *(noûs)* capable de devenir toutes choses, d'autre part l'intellect capable de les produire toutes » (*De Anima,* III c. 5, 430 a 14).
8. Grégoire, *Moralia in Iob* (l. XX c. 32).
9. Ct 1,4-5.
10. Ct 1,8.

Sermon 18

1. Lc 7,14.
2. Is 26,1.
3. Si 24, 10,11.
4. Dans le Sermon latin XXXVI (n. 365), ainsi que dans son

Commentaire de la Genèse (1,1 ; n. 21) et dans son *Commentaire de la Sagesse* (n. 36), Eckhart attribue cette opinion à Avicenne, pour souligner aussitôt que Thomas d'Aquin s'est employé à la réfuter (*Sum. theol.* Ia q. 47 a. 1).

5. *ez smilzet în.*
6. *in daz êrste.*
7. *in der mügelîchen kraft* : il s'agit là d'une faculté qui rend *possible* une action de l'âme.

Sermon 19

1. Jr 7,2.
2. *heltet got zesamen.*
3. *meinunge.*
4. Ps 93,5.
5. *ein geist.*
6. Jn 4, 23-24.
7. Jn 4,22-23.
8. Il ne s'agit pas en fait de Denys, mais de Jean Damascène (*De fide orthodoxa* III c. 24). Voir aussi Thomas d'Aquin (*Sum. theol.* IIa IIae q. 83 a. 2 et IIIa q. 21 a. 1).
9. *zerstoerunge.*
10. *dar über sol diu sêle komen.*
11. Augustin, *Sermon* XXXVI n. 370 sq.
12. Pr 4,18.
13. Cf. Jr 7, 3 (dans le texte latin de la Septante).

Sermon 20 a

1. Lc 14,16.
2. Ps 68,5.
3. Gn 28,11.
4. Grégoire, *Homélies sur l'Evangile* II 36 n. 2.
5. Augustin, *Confessions* I c. 1.
6. Citation indéterminée qui conjugue sans doute plusieurs passages des *Confessions.*
7. *glîchnisse des brôtes.*
8. Ps 31,20.
9. Augustin, *Confessions* VII c. 10 n. 16.

10. Grégoire, *Homélies sur les Evangiles* XXXVI, 2.
11. Lc 14,17.
12. Il s'agit d'Aristote.
13. Lc 14,17.
14. Lc 14,18.
15. *Ibid.*
16. Jn 4, 16-18.
17. Lc 14,20.
18. Lc 14,21 et 23-24.
19. *verziunet*. Eckhart se plaît à exploiter l'image de la clôture.
20. Lc 14, 23-24.

Sermon 20 b

1. Lc 14,16.
2. *âbentwirtschaf* : le « festin du soir ».
3. Cf. Grégoire, *Homélies sur l'Evangile,* II *hom.* 36 n. 2.
4. Augustin, *Confessions,* l. VII c. 10 n. 16.
5. Ps 31,20.
6. *eigenlîche.*
7. *wîsheit.*
8. Cf. Denys l'Aéropagite, *De caelesti hierarchia,* c. 2 § 3.
9. Ps 36,10.
10. Cf. Grégoire, *Homélies sur l'Evangile,* II *hom.* 36 n. 2.
11. *nement in gote.*
12. Lc 14,17.
13. Il s'agit d'Aristote.
14. Lc 14,18.
15. Lc 14,19.
16. *An ieglîchem sinne sint zwei.*
17. Lc 14,20.
18. Lc 14, 24.
19. Lc 14,21.
20. Lc 14,23.
21. *beziunet.*

Sermon 21

1. Ep 4,6.
2. Lc 14,10.

3. Boèce, *De Consol. phil.* l. III poésie IX.
4. Mt 5,8.
5. *loufent.*
6. *swie vil.*
7. Thomas d'Aquin, *Quodlibet* X q. 1 a. 1 *ad* 3.
8. *ein versagen des versagennes.* Transcription probable du latin *negatio negationis* qui connaît plusieurs occurrences dans l'œuvre latine de Maître Eckhart. Cette expression se trouve explicitement dans le texte de Thomas d'Aquin cité à la note précédente.
9. Il s'agit de Thomas d'Aquin, *Sum. theol.* Ia q. 112 a. 1 c.

Sermon 22

1. Lc 1,28.
2. Cf. Lc 1,35 ; Jc 1,17 ; Sg 18,15.
3. *kleinheit.*
4. Lc 11,27-28.
5. Jn 1,14.
6. Cf. Lc 1,34-35 ; Sg 18,15 ; Jc 1,17.
7. Jn 1,1.
8. Is 9,6.
9. *kleinheit.*
10. Voir Sermon 14, p. 174 sq, et p. 702, note 8.
11. A supposer que vous vous souveniez de ce que j'ai dit en cette occurrence.
12. *verborgenheit.*
13. Za 9,9.
14. Cf. Jn 1,5.

Sermon 23

1. Mt 14,22.
2. Cf. Aristote, *De Anima* III c. 4.
3. 2 Co 3,18.
4. Cf. Augustin, *Sermon* 311 c. 4.
5. Cf. 2 Co 3,18.
6. Ac 2,38.
7. Cf. Ex 3,14.
8. Cf. Augustin, *De vera religione*, c. 36 n. 66.

9. *in dem daz ez andert*. Quint déchiffre ici une affirmation de même nature que le « nier du nier » (cf. Sermon 21, p. 228) ; que la négation ait valeur d'affirmation, c'est la condition pour qu'il y ait changement (transformation), et non disparition pure et simple.

10. Cf. 2 Co 12,2-3.

11. *verstân*.

12. Augustin, *De spiritu et anima*, c. 47.

13. Ps 46,5.

Sermon 24

1. Rm 13,14.
2. *unledic*.
3. Parmi eux sans doute Avicenne (cf. Sermon 17, p. 704, note 2).
4. Augustin, *De Trinitate* XIV : c. 7 n. 9 ; c. 14, n. 18.
5. Parmi eux, Thomas d'Aquin, *De ente et essentia*, c. 3 ; *Sent.* III d. 6 q. 1 a. 2.
6. Ga 4,4.

Sermon 25

1. Ex 32,11.
2. Ex 32,9-10.
3. Ex 32,31-32.
4. *sîn eigen*.
5. Augustin, *Enarr. in Ps. CXLV* n. 11.
6. Mt 6,10.
7. Ex 32,32.
8. Parmi eux, Thomas d'Aquin, *Sum. theol.* IIa IIae q . 26 a. 4.
9. Jn 7,16.
10. Za 2,8. Si l'on en croit Albert le Grand, une allusion à ce texte de Zacharie pourrait être décelée en Mt 5,14 (« Vous êtes la lumière du monde »).

Sermon 26

1. Jn 4,23.
2. *utile, delectabile, honestum* traduisent, chez Thomas d'Aquin

et Albert le Grand en particulier, les trois composantes du bien énoncées par Aristote (*Eth. Nic.* II c. 2 et 3).

3. Jn 14,8.
4. *urspringet* : bondit, s'élance.
5. Mt 11,27.
6. *gesmucket.*

Sermon 27

1. Jn 15,12.
2. Jn 15,15.
3. Jn 15,16.
4. Ainsi Pierre Lombard, *Sent.* I d. 17 c. 1 n. 143. De même Thomas d'Aquin, *Sum. theol.* IIa IIae q. 23 a. 2.
5. Parmi eux, Thomas d'Aquin, *Sum. theol.* Ia IIae q. 27 a. 1.
6. Lc 6,28.
7. 1 Jn 4,16.
8. Jn 21,15.
9. *eigenschaft.*
10. Jn 14,8.
11. Jn 15,15.
12. Mt 6,10.
13. Cf. Jn 15,16. Selon Quint, ces synonymes, qui ne se trouvent pas dans le texte évangélique, proviennent probablement d'adjonctions de copistes.

Sermon 28

1. Jn 15,16.
2. Jn 15,12.
3. Jn 15, 9-10.
4. Mt 19,29.
5. *des underwindet sich diu gerehticheit* : la justice s'empare de lui, se le soumet.
6. On ignore à quel ouvrage il est fait ici référence.
7. *geschepfede.*
8. *ein elende.*

Sermon 29

1. *agestein* : on dirait aujourd'hui « aimant ».
2. Augustin, *Enarr. in Ps. XXXVI*, Sermon 1 n. 3.
3. Jn 15,15.
4. *Ibid.*
5. Ps 2,7.
6. Cf. Jn 20,11 sq.
7. Cf. Sermon 28, p. 278, note sous astérisque.
8. 1 Tm 6,16.
9. *gar entglîchet.*

Sermon 30

1. 2 Tm 4,2.
2. 1 Jn 3,1.
3. Ps 62,12.
4. Mt 6,10.
5. Ct 5,2.
6. Augustin, *Conf.* IV c. 12 n. 18 : « Dieu n'a pas fait les âmes pour les quitter ensuite ; venues de lui, elles sont en lui. » Cf. aussi *De Gen. ad litt.* IV c. 12.
7. Lc 10,27.
8. Si 45,2.
9. Cf. Ac 5,41.
10. 2 Tm 4,5.

Sermon 31

1. Cf. Mal 3,1-2.
2. *mügentheit.*
3. *überschwebend* : un être qui déborde l'être, et dont la caractéristique est d'excéder toute détermination de « nature » par laquelle on croirait pouvoir le définir.
4. *gewalt.*
5. *maht.*
6. *entspringet.*
7. Dans son commentaire latin de la Genèse (II, n. 129), Maître

Eckhart attribue une opinion proche de celle-ci à Rabbi Moyses, *alias* Maïmonide.

8. Cette comparaison a été illustrée aussi bien par Aristote (*Met.* Λ (10, 1075 a 13 sq.) que par Thomas d'Aquin (*Contra Gent.* III 76).

9. *gotvar*.

Sermon 32

1. Pr. 31,27. Ce texte est pris de la première lecture de la fête de sainte Elisabeth, veuve du comte Ludwig de Thüringe, morte en 1231.

2. Alcher de Clairvaux, *De spiritu et anima*, c.47 (Pat. lat. 40, 814).

3. *einvar* : simple, de couleur une.

4. *Ennarat. in Psalmos,* Ps. 146 n.13.

5. *âne underscheit* : au sens propre, sans différence. Joseph Quint justifie cette interprétation en arguant du contenu de la référence augustinienne qui précède.

6. Dans son commentaire latin sur la Genèse (I n.237), Eckhart attribue ce jugement à Avicenne.

7. *Conf.*, II, c.4, n.9.

Sermon 33

1. Hb 11,32.
2. Ps 38,10.
3. Ph 3,8.
4. *redelîch*.
5. Cf. ci-dessus, p. 302, en note.
6. Il ne s'agit probablement pas en cela d'une citation explicite. Selon Quint, ce propos pourrait être inspiré d'un texte contenu dans un écrit du Pseudo-Bernard (*Traité du statut des vertus*, troisième partie, *De timore et charitate*, n.37 ; PL 184, 810).

Sermon 34

1. Ph 4,4

2. Cette citation n'a pu être retrouvée dans l'œuvre de saint Jérôme.

3. Ps 86,4.
4. Même remarque que ci-dessus, note 2.
5. Ps 145,18.
6. *glîchenisse*.

Sermon 35

1. Col 3,1-2.
2. Col 3,3.
3. Cf. Mt 28.
4. Thomas d'Aquin, *Sum.th.* Ia IIae q.65 a. 1.
5. Ainsi Jean de la Croix donne-t-il lui aussi « trois signes » pour connaître le temps où l'on doit passer de la *méditation* à la *contemplation* : ne plus pouvoir user du discours dans les choses de Dieu, n'avoir goût de penser aux autres choses de la terre, éprouver contentement à demeurer simplement en silence et nudité (*Montée du Carmel*, livre II, chapitre 13).
6. Ps 105,4.
7. Dans son *Commentaire sur la Genèse* (I n.49), Eckhart rapporte cette opinion à Bonaventure (*Sent.* II d.2 p. 2 a. 2 q.1) et à Albert le Grand (*Phys.* IV hom.1 q.13).
8. Thomas d'Aquin, *Sum.theol.* IIa IIae q.185 a. 3 ad 3.
9. Jc 1,17. Le Sermon 4 est consacré au commentaire de ce texte (cf. *L'Etincelle de l'âme, op. cit.*, p. 57 sq.).
10. Cf. Sermon 34, ci-dessus, p. 309.
11. Jn 10,7.
12. Cf. Albert le Grand, *Des noms divins*, c.4 n.46.
13. Dans son *Commentaire de la Genèse* (I n.43), Eckhart, à propos de ce texte, renvoie en particulier à Augustin (*Conf.* XII).
14. Ps 90,4.

Sermon 36 a

1. Jn 20,19 sq.
2. Il s'agit probablement d'une allusion au Sermon 20 a (cf. ci-dessus, p. 211 sq.).
3. Gen 28,10.
4. Cf. Sermon 35, ci-dessus, note 9.
5. Cf. Augustin, Sermon 117 c.5 n.7.

6. Albert le Grand (*Met.* IV tr.3 c.4) attribue cette opinion à Aristote (*Met.* Γ c.5 1010 a 13) ; quant à Thomas d'Aquin (*In Met.* IV c.5 lect. 12), il la réfère à Héraclite et à Cratyle.

7. Cf. Grégoire le Grand, *Moral.* XX c.32 n.62.

8. Il s'agit probablement d'un passage du Sermon 32 (cf. ci-dessus, p. 300-301), dans lequel Eckhart montre comment l'âme, dans son connaître, dépend de l'exercice des sens.

9. Cf. *Ménon* c.15, 81 C ; *id.*, c.21,86 A-B ; *Phédon* c.22,76 D-77 A ; c.41,92 D.

10. *La Cité de Dieu*, VIII c.7.

Sermon 36 b

1. Jn 20,19.
2. Gn 28,10.
3. Cf. ci-dessus, p. 714, sermon 36 a, note 7.
4. Cf. ci-dessus, *ibid.*, note 10.
5. Cf. Ac 17,28.
6. Cf. ci-dessus, *ibid.*, note 3.

Sermon 37

1. 2 R 4,1 sq.

2. Jn 4,7 sq. Les citations à venir sont tirées de cette page.

3. Augustin, *Commentaire de saint Jean*, tr. 15 n.18 sq.

4. Ce rapprochement entre les puissances supérieures de l'homme et les trois Chœurs des anges est un thème traditionnel illustré en particulier par Pierre Lombard (cf. *Sent.* II d.9 c.1 n.59 sq.) et Thomas d'Aquin (cf. *Sum. theol.* Ia q.54 a.5 ; I q.108 a.5 ad6). Joseph Quint propose d'autres références à Denys l'Aréopagite et Albert le Grand.

5. *Commentaire sur la Genèse*, II n.138.

6. Il s'agit d'Avicenne.

7. *verstandnisse*.

8. Cette distinction figure déjà, sous une autre forme, chez Aristote (cf. *De l'âme* Γ c.5 430 a 13).

9. Il s'agit d'Avicenne (cf. *Met.* IX c. 7).
10. Thomas d'Aquin, *Sum. theol., Suppl.*, q. 87, a. 1, ad 3.

Sermon 38

1. Lc 1,26.
2. Dans son *Commentaire de la Genèse* (I n. 132), Maître Eckhart renvoie à ce propos à Albert le Grand (*De vegetab.* V tr. 1 c. 7 n. 55).
3. Il s'agit du philosophe juif Maïmonide (cf. *Dux neutrorum*, III c. 14).
4. Gal 4,4.
5. *Enarrat. in Psalmos*, Ps. 72 n. 16.
6. En particulier Thomas d'Aquin, *Sum. theol.* I q. 50, a. 3 ad 1.
7. *einer andern natûre* : d'une autre espèce.
8. Cette étymologie est avancée par Isidore de Séville (cf. *Etymologiae* VII c. 5 n. 10) et par Jérôme (cf. *Liber interpret. Hebr. nom.*).
9. *würken* : opérer ; ici « se produire » — au sens de [se re-] produire, engendrer. Il en va de même pour les lignes qui suivent.
10. Dans ses *Commentaires* de la *Sagesse* (n. 34), de l'*Exode* (n. 207) et de l'évangile de *Jean* (n. 48), Eckhart renvoie sur ce point à Augustin, *In ep. Ioh. ad Parthos* tr. 2 n. 14.
11. *Commentaire de saint Jean* tr. 72 n. 3.
12. Isidore de Séville, *Etymologiae* VII c. 9 n. 5.
13. *sinne* : le sens que nous avons des choses, par voie d'entendement.
14. Ps 119,20.

Sermon 39

1. Sg 5,16.
2. Jn 1,1.

3. Cf. Maître Eckhart, *Les Traités et le Poème*, *op. cit.*, p. 119.
4. Is 62,1.
5. Si 24,14.
6. Même propos ci-dessus, p. 341.
7. Ep 1,4.
8. *von sînem grunde und von sîner wesunge und von sînem wesene.*
9. *lêraere* : enseignants, docteurs.
10. *geboren ist.*
11. *zuoval* : ce qui « tombe » sur l'être à la façon d'une adjonction de hasard.

Sermon 40

1. Jn 14,4.
2. Si 14,22.
3. *inwendic*, que l'on entend ici dans son acception étymologique.
4. Joseph Quint, pour qui le texte reste problématique, suggère que le *inwendic* pourrait être une version erronée, à la place de *ûzwendic* ; ce qui donnerait : « ... à choses aucunes que, extérieurement, saisissent les sens ».
5. *« sunder-zal »* (sic).
6. *crêatiurlicheit.*
7. *In epist. Ioh. ad Parthos* tr. 2 n. 14.
8. *in dem inneblîbenne.*
9. *eigenschaft eines lîdennes.*
10. *eigenschaft der gebornheit.*

Sermon 41

1. Prov 15,9.
2. Mt 5,6.
3. Sg 7,28.
4. Pr 15,9.

5. Col 1,13.
6. Mt 5,6.
7. Jn 1,10.
8. Sixième homélie sur Jérémie.
9. Ps 42,5.
10. 2 Co 3,18.
11. Cf. Thomas d'Aquin, *Sum. theol.* Ia IIae q.61 a.5 obj.1.

Sermon 42

1. Lc 7,12.
2. Aristote, *De l'âme*, A c.4408 b 21. Maître Eckhart cite encore ce texte dans son *Commentaire de la Sagesse*, n.74. Par ailleurs, ce lieu commun a été évoqué aussi par Thomas d'Aquin et Albert le Grand.
3. Jn 1,1.
4. Sur ce thème, voir ci-dessus Sermon 2, p. 73.
5. *geschaffenheit*.

Sermon 43

1. Lc 7,12.
2. Jn 4,16.
3. *diu geburt*.
4. Cf. 1 Tim 5,5.
5. Is 54,1 et Gal 4,24.
6. Cf. le *Commentaire de la Genèse* de Maître Eckhart, II n.191.
7. *geburt*.
8. Cf. Albert le Grand, *Commentaire de saint Matthieu*, c.6,9. Maître Eckhart revient sur cette citation dans divers passages de son œuvre latine, en particulier dans son *Commentaire de la Sagesse*, n.161.
9. Dans l'un de ses sermons latins, Maître Eckhart attribue cette citation à Augustin (*De Trinitate* XIV c.8 n.11).
10. *geburt*.

Sermon 44

1. Lc 2,22.
2. Dans son *Commentaire de la Sagesse* (n. 166), Eckhart cite ce même texte, que l'on trouve dans *Conf.* VII c. 10, n. 16.
3. Thomas d'Aquin, *Sum. theol.* Ia IIae q. 5 a. 5 ad 3.
4. Dans l'un de ses sermons latins, Eckhart renvoie à ce propos à Augustin (*De Trin.* VI c. 10 n. 11) ; cf. aussi Thomas d'Aquin (*Sum. theol.* Ia q. 93 a. 1).
5. Dans son *Commentaire sur saint Jean* (n. 67), Eckhart renvoie à ce propos à Aristote (*De anima* II t. 34). Cf. aussi Thomas d'Aquin (*Contra Gent.* III c. 21).
6. *Sur l'épître de Jean aux Parthes* (tr. 2 n. 14).
7. Il s'agit de saint Luc.
8. 1 Co 15,10.
9. Ga 2,20.
10. Qo 1,10.
11. Ph 4,7.

Sermon 45

1. Mt 16,17.
2. Cf. saint Augustin (*De Trin.* XIII c. 3 n. 6).
3. Cf. *Conf.* X c. 37 n. 61.
4. Dans son *Commentaire sur saint Jean* (n. 339 sq.), Maître Eckhart, à propos de ces mêmes thèmes, renvoie à Augustin et à Thomas d'Aquin (*Sum. theol.* IIa IIae q. 153 a. 2 ad 1.
5. Il s'agit de Sénèque.
6. *verstandnis* : la faculté de comprendre.
7. Ex 33,20.
8. Cf. *Moral.* XVIII c. 54 n. 89.
9. Cf. Augustin, *Conf.* I c. 6 n. 9.
10. Cf. Augustin, *Soliloq.* II c. 1 n. 1.
11. Le « premier maître » est Démocrite, le second Aristote (cf. *De anima* B c. 7 419 a 15 sq.).
12. Ps 85,9.
13. Cf. Aristote, *Ep. à Nicomaque* (K c. 7 1177 a 12 sq.).
14. Ex 3,14.
15. Mt 19,28 et Lc 22,29 sq.

Sermon 46

1. Jn 17,3.
2. Mt 11,27.
3. *wesen und wesunge*.
4. Jn 17,11.

Sermon 47

1. Sg 1,7.
2. Thomas d'Aquin, *Sum. theol.* Ia q.45 a.7.
3. Cette référence n'a pu être identifiée.
4. Cette nouvelle référence n'a pas davantage été identifiée.
5. Dans son *Commentaire de la Genèse* (II n.47), Eckhart se réfère à Avicenne (*De an.* V c.1), auquel il emprunte cet exemple du charpentier, pour le reformuler à sa façon.
6. Ps 16,2.
7. Dans son *Commentaire de l'Ecclésiastique* (n.64), Eckhart renvoie à ce propos à Averroës (*Met.* X com. 7). Cf. aussi Thomas d'Aquin (*Sum. theol.* Ia q.3 a.5 ad 2).
8. Il s'agit de Denys l'Aréopagite (*De divinis nominibus* c.7 § 3).
9. Pas d'identification précise de ce « maître » ; des formules approchées se trouvent chez Augustin (*Ennarat. in Ps CXLV* n.4) et chez Thomas d'Aquin (*Sum. theol.* Ia q.75 a.1).
10. *De Trin.* VIII c.7 n.11.

Sermon 48

1. Dans son *Commentaire de la Genèse* (n.221), Eckhart renvoie à ce propos à Thomas d'Aquin (*Sum. theol.* Ia IIae q. 29 a.1). La même thématique se retrouve chez Albert le Grand (*Met.* III tr.2 c.10).
2. Maïmonide (*Dux neutrorum* II c.27).
3. *würklicheit*.
4. *in der würklicheit der îngeberunge*.

Sermon 49

1. Lc 11,27.
2. Saint Grégoire le Grand, *Hom. in evang.* I hom. 18 m. 1.
3. Jn 12,24.
4. Mt 11,11.
5. Mt 26,38 ; Mc 14,34.
6. *redelîche.*
7. Jn 8,54.
8. Mt 13,11.
9. Mt 11,29.

Sermon 50

1. Ep 5,8.
2. Dans son *Commentaire de la Genèse* (I n. 73), Maître Eckhart se réfère sur ce point au chapitre XII des *Confessions* de saint Augustin.

Sermon 51

1. *in teütsch* : en allemand.
2. Mt 14,4 ; Ex 20,12.
3. Ex 20,17.
4. Ex 20,18.
5. Ex 20,24.
6. Ex 20,21.
7. *Moral. Ep.* c. 4.
8. Il s'agit en fait de Grégoire le Grand (*Hom. in Ez.* I hom. 6 n. 13) : *Nec immerito mari similis scriptura sacra dicitur.*
9. Cf. *Conf.* XII c. 14 n. 17
10. *gleichnuss.*
11. *mitt gleichnuss.*
12. *gleychnuss.*
13. 2 Mac 7,20 sq.
14. Is 58,10.
15. Jn 1,5.

Sermon 52

1. Le texte de ce Sermon a été publié dans Maître Eckhart, *Du détachement et autres textes*. Traduit et présenté par Gwendoline Jarczyk et Pierre-Jean Labarrière, Rivages poche / Petite Bibliothèque 1994, p. 71 sq. — On y trouvera, en introduction, une analyse commentée de ce texte à laquelle nous nous permettons de renvoyer, p. 23 sq.
2. Mt 5,3.
3. Albert le Grand, *Enarrat. in Ev.* Mt 5,3.
4. 1 Co 15,10.
5. Dans le Sermon 13 (cf. ci-dessus, p. 166), Maître Eckhart se réfère à ce propos à Boèce (*Consolation de la philosophie* III m. IX).

Sermon 53

1. Jr 1, 9.
2. Cf. le traité *Du détachement*, *in* Maître Eckhart, *Les Traités et le Poème, op. cit.*, p. 175 sq., et dans Maître Eckhart, *Du détachement et autres textes*, *op. cit.*, p. 47 sq.
3. Ce thème est récurrent chez saint Augustin. Dans son Sermon 36 a (ci-dessus, p. 319), Maître Eckhart renvoie à ce propos à Augustin, *Sermon 117* c. 5 n. 7. De même, dans son *Commentaire de la Genèse* (I n. 299), référence est faite à Augustin, *De doctrina christiana* I c. 6 n. 6.
4. Ps 68,5.
5. Dans son *Commentaire de saint Jean* (n. 282), Maître Eckhart, à propos de cette opinion, évoque explicitement Sénèque (*Natural. Quaest.* I praef. 5).
6. Ps 62,12.
7. Jr 1,9.

Sermon 54 a

1. Jn 17,1
2. Innocent III, *De sacro altaris mysterio* IV c.5.
3. Sg 7,28.
4. Augustin, *De cons. evangel.* I c.35 n.53.
5. Parmi eux Albert le Grand, *Mineral.* I tr.1 c.8.
6. Dans son *Commentaire de la Sagesse* (n.163), Maître Eckhart, à propos de cette opinion, se réfère à Aristote (*De gen. et corr.* A c.5322 a 8-10). Cf. aussi Thomas d'Aquin (*Sum. theol.* IIIa q.66 a.4).
7. *vernünfticlîche.*
8. *Conf.* V 1.

Sermon 54 b

1. Jn 17,3.
2. Cf. ci-dessus, Sermon 54 a, note 2.
3. Sg 7,28.
4. *würket.*
5. Jn 17,3.

Sermon 55

1. Jn 20,1 sq.
2. Il s'agit du Pseudo-Origène.
3. Il s'agit du Pseudo-Origène.
4. Cf. Lc 7,47.
5. Cf. Pr 8,17.
6. Cette étymologie se rencontre chez Isidore de Séville (*Etymologiae* VII c.5 n.1 sq.) et chez Grégoire le Grand (*Hom. in evang.* II *hom.*25 n.3).
7. Jn 17,3.

Sermon 56

1. Jn 20,11.
2. Citation du Pseudo-Origène dans son homélie sur ce texte.
3. Thomas d'Aquin, *Contra Gentiles* II c. 79.
4. Dans son *Commentaire de saint Jean* (n. 706), Maître Eckhart se réfère, à ce propos, à Origène.

Sermon 57

1. Ap 21,2.
2. 1 Co 3,16.
3. Il s'agit en fait de Bède le Vénérable, dans la préface de son livre sur le Cantique des Cantiques (c. 5 n. 9).
4. Denys l'Aréopagite, *De div. nom.* c. 11 § 1.
5. *Ibid.*, c. 12.
6. Jn 8,34.
7. Dans la poussière du tombeau. — Ce jugement, emprunté à Augustin (*De Gen. ad litt.* XII c. 35), est repris entre autres par Thomas d'Aquin (*Sum. theol.* IIIa *Suppl.* q. 78 a. 3 obj. 2).
8. Cf. Albert le Grand, *Met.* II tr. 2 c. 28.
9. Cf. Augustin, *Sermon 216* c. 2 n. 2.
10. Cf. Albert le Grand, *Met.* IV tr. 1 c. 5.
11. Le texte porte ici un point-virgule.
12. Denys l'Aréopagite, *De cael. hierarch.* c. 1 § 2.
13. *Enarr. in psalmos* 83 n. 3.
14. Ct 2,9.
15. Sermon XV, 2 n. 160. — Cf. aussi *Conf.* X c. 27
16. Ct 2,11.
17. Ct 2,12.
18. Ct 4,16.

Sermon 58

1. Jn 12,26.
2. Il s'agit probablement d'un martyr qui fut décapité sous Adrien, et dont la fête se célébrait le 30 mars.

3. Cf. Isidore de Séville, *Etymologiae* X n.257.
4. Denys l'Aréopagite, *De div. nom.*c.5 § 2.
5. *Conf.* X c.26 n.37.
6. Cf. Jos 24,18.
7. Jn 12,26.
8. Jn 14,8.
9. *ein glîchnisse der klârheit.*
10. Cf. Mt 17,1-4 ; Mc 9,1-4 ; Lc 9,28-33.
11. Gn 3,23 sq.
12. Denys l'Aréopagite, *De cael. hierarch.* c.3 § 2.

Sermon 59

1. Dn 3,41.
2. Sg 7,7-9.
3. Sg 7,11.
4. Jn 10,27.
5. Mt 6,10.
6. Lc 9,23. — Cf. aussi Mt 16,24 et Mc 8,34.
7. Cf. Rm 9,3.
8. Lc 9,23.
9. Jn 10,28.
10. Jn 10,30.
11. Cf. Jn 17,21.
12. Ps 34,9.
13. Cf. Mt 26,39.
14. Ap 14,4.
15. Mt 16,23.
16. Jn 14,11.
17. Dn 3,41.

Sermon 60

1. Si 24,11 sq.
2. Anselme, *Proslogion* c.1.
3. Os 2,14.
4. Il s'agit d'Anselme.
5. Ps 80,2.

Sermon 61

1. Ps 33,5.
2. Augustin, *Enarr. in Ps. XXXII, Sermo* 2 n. 4.
3. Ps 32,6.
4. Augustin, *Enarr. in Ps. XXXII, Sermo* 2 n. 5.
5. 2 Co 12,4.
6. Rm 11,33.
7. Augustin, *De Gen. ad litt.* XII c. 34.
8. Jn 1,9.
9. Jn 1,1.
10. Augustin, *In Ioan.* tr. 2 c. 1 n. 2.
11. Jb 37,18.
12. Mt 7,24.
13. Quint renvoie à ce propos au texte de Jn 4,17-19.
14. Bernard de Clairvaux, *In Cant. Sermo 31* n. 2.
15. Cf. Aristote, *Ethique à Nicomaque* I c. 18 (A c. 13 1102 b 2-11). Thomas d'Aquin se réfère à ce passage dans la *Som. théol.* IInda IIndae q. 154 a. 5.
16. Is 66,1.
17. Ct 8,6. Eckhart inverse ici l'image habituelle : l'homme est la cire qui se trouve imprimée en Dieu.

Sermon 62

1. Pr 22,2.

Sermon 63

1. 1 Jn 4,16.
2. Dans son commentaire de saint Jean (n. 731), Eckhart renvoie à ce propos au Livre IV c. 14 du *De Trinitate* d'Augustin.
3. Quint avoue ne pas déceler sous ce texte une citation littérale. Dans un autre passage, Eckhart évoque à ce propos *Confessions* XIII c. 8.
4. Il est possible qu'Eckhart évoque ici le Sermon 4, 2 n. 159 d'Augustin.
5. Denys l'Aréopagite, *Des noms divins* c. 7 § 3.

Sermon 64

1. Ex 33,11.
2. Mt 25,21.
3. Jn 17,20.
4. Jn 12,26.

Sermon 65

1. 1 Jn 4,16.
2. Augustin, *Sermon 15*, 2 n. 159. — Cf. aussi *De Genes. ad litt.* XII c. 26.
3. Même affirmation dans le Sermon 66, ci-dessus, p. 516.
4. Cf. Pierre Lombard, *Sen.* I b. 17 c. 1, n. 143. Thomas d'Aquin le contredit sur ce point (cf. *Sum. Theol.* IInda IIndae q. 23 a. 2).
5. 1 Jn 4,16.
6. Mt 25,21.
7. Jn 17,21.
8. Jn 17,20-21.
9. Cf. Jn 4,24.

Sermon 66

1. Mt 25,21 et 24,47.
2. Mc 10,17 *sq.* et Mt 19,16 *sq.*
3. Mt 25,21.
4. Jn 4,6 *sq.*

Sermon 67

1. 1 Jn 4,16.
2. Cf. 1 Co 13,12.

Sermon 68

1. Lc 21,31.
2. Rm 13,11. En réalité, le texte de Paul est celui-ci : « Le salut est maintenant plus près de nous qu'au temps où nous avons cru. »
3. Ps 32,9.
4. Gn 28,16.
5. En fait, cette citation ne se trouve pas dans l'Ecclésiastique, mais dans Os 7,12.
6. Bernard de Clairvaux, *Sermon 31 sur le Cantique des Cantiques*, n. 2.
7. Dans son *Commentaire de la Genèse I* (n. 73), Eckhart évoque à ce propos les *Confessions* d'Augustin (c. 9, n. 9).
8. Cf., entre autres, Thomas d'Aquin, *Sum. theol.* q. 12 a. 1-13.
9. Cf. Sg 10,10 *sq*.

Sermon 69

1. Jn 16,16.
2. Augustin, *Sermon 150* c. 8 n. 10.
3. Jn 17,3.
4. Cf. ci-dessus, Sermon 73, p. 110.
5. Ct 3,2.
6. Ct 3,4.
7. Même affirmation dans le Sermon 65 (ci-dessus, cf. p. 509).
8. Les maîtres en question sont respectivement Démocrite et Aristote (cf. *De anima* B c. 7419 a 15 *sq*.). Mêmes références dans le Sermon 45, ci-dessus, p. 381.
9. Boèce, *Consolation de la philosophie* I m. VII.
10. 1 Jn 3,1.
11. Même affirmation dans le Sermon 43, ci-dessus, p. 369. Cf. Thomas d'Aquin, *Sent.* I d. 37 q. 4 a. 1 ad 2.
12. Sur le thème « Dieu est en toutes choses », cf. Sermon 30, ci-dessus, p. 287 et p. 290, et Sermon 9, *ibid*., p. 101. « Dieu est quelque chose [...] où toutes choses tendent comme vers leur fin dernière » (*ibid*.). Cf. Thomas d'Aquin, *Sum. theol.* I q. 8 a. 1.
13. 1 Co 13,12.
14. 1 Jn 3,2.
15. 1 Tim 6,16.

16. Ce paradoxe — un cheminer vers la vérité qui est *bien* sans être la *vérité* tout entière — est repris dans le Sermon 71 : « Dieu est une lumière à laquelle il n'est pas d'accès [...]. Dieu n'est pas une lumière qui croît : il faut pourtant en croissant parvenir jusque-là [...]. Aussi longtemps nous sommes dans l'accès, nous ne parvenons pas jusque-là » (cf. ci-dessus, p. 552).

Sermon 70

1. Jn 16,16-18.
2. Cf. Sermon 68, ci-dessus, p. 529.
3. Jn 17,3.
4. Cette citation, qui sera évoquée une nouvelle fois dans le Sermon 71 (cf. ci-dessus, p. 551), est rapportée par Bihlmeyer au *Sermon 279* n. 1 d'Augustin.
5. Ap 10,6.
6. Jn 1,10.
7. Cf. Sermon 68, ci-dessus, p. 532.
8. Cf. Sermon 69, ci-dessus, p. 539.
9. Cf. Sermon 68, ci-dessus, p. 532.
10. Jn 12,35.
11. 1 Tim 6,16.
12. Ex 33,20.
13. Jn 3,2.
14. 1 Co 13,12.
15. Jn 17,3.

Sermon 71

1. Ac 9,8.
2. Dans le Sermon 70 (cf. ci-dessus, p. 546) Eckhart attribue à Augustin ce mot : « Lorsque saint Paul ne vit rien, alors il vit Dieu. »
3. Cf. Albert le Grand, *De caelo et mundo* II tr. 3 c. 15, et II tr. 1 c. 2.
4. Albert le Grand attribue cette opinion à Aristote (cf. *De caelo et mundo* I tr. 1 c. 11).
5. 1 Tim 6,16.
6. Cf. Sermon 69, ci-dessus, p. 542, n. 15, et Sermon 70, p. 549.
7. Ac 9,3.

8. Ac 9,8.
9. Ct 3,1.
10. Ct 3, 2-4.
11. Denys l'Aréopagite, *De myst. theol.* c. IV.
12. Cf. Augustin, *De trin.* VIII c. 2 n. 3, et *De ord.* II c. 16 n. 44.
13. « [...] ce qui est en Dieu, cela est Dieu » (Sermon 3, ci-dessus, p. 79). Cf. aussi *Livre de la consolation divine*, *in* Maître Eckhart, *Les Traités et le Poème, op. cit.*, p. 155.
14. Jb 9,7.
15. Augustin, *Sermon 279* c. 1 n. 1. Cf. Sermon 70, ci-dessus, p. 546.
16. Augustin, *De trin.* VIII c. 7 n. 11.
17. Aristote, *De anima* II t. 71.
18. Ct 3,4.
19. Cf. le Pseudo-Bernard, *Sermon VII sur le Cantique des cantiques*.

Sermon 72

1. Mt 5,1.
2. Augustin, *De discipl. christ.* c. 14 n. 15. Cf. aussi, du même auteur, *In epist. Ioannis ad Parthos* tr. 3 n. 13.
3. Mt 17,1 *sq.*
4. Cf. Jn 16,4.
5. Cf. Augustin, *De Gen. ad litt.* XII c. 34. Cette doctrine est reprise par Thomas d'Aquin, dans la *Sum. theol.* IInda IIndae q. 175a. 3ad 4.
6. Cf. Isidore de Séville, *Ethymologiae* VII c. 5 n. 21 sq.
7. Mt 17,1 et 17,2.
8. Ez 34,11 *sq.*
9. Thomas d'Aquin, *Sent.* II d. 20 q. 2 a. 2 ad 5.
10. Ex 34,13-14.
11. Augustin, *De Gen. ad litt.* IV c. 24 n. 41.
12. Jn 1,9 et 5.
13. Cf. Thomas d'Aquin, *Sum. theol.* IIIa q. 90 a. 3 corp. De même, Albert le Grand, *De anima* III tr. 1 c. 2.
14. Hb 1,2.

Sermon 73

1. Si 45,1-2.
2. Cf. Sermon 69, ci-dessus, p. 537.
3. Denys l'Aréopagite, *De la hiérarchie céleste*, c. 2 § 5.
4. Sg 18, 14-15.
5. Rm 8,38.
6. Cf. Augustin, *De la grâce et du libre arbitre*, c. 6 n. 15.

Sermon 74

1. Si 45,1.
2. Cf. Bonaventure, *Légendes de saint François*, c. VII n. 6.
3. Cf. Jb 35,6.
4. Cf. Sermon 25, ci-dessus, p. 258.
5. Ps 45,11.
6. Allusion probable au Sermon 73, ci-dessus, p. 569.
7. Ps 45,12.
8. Cf. Sermon 16 b, ci-dessus, p. 151.
9. Dans son *Commentaire de l'Exode* (n. 12), Eckhart évoque à ce propos Avicenne, *Métaphysique* c. 7.
10. Cf. Ps 72,10 sq.
11. Cf. Mc 12,30 sq.
12. Mt 19,27 ; Lc 5,11.

Sermon 75

1. Jn 13,34 sq.
2. Cf. Sermon 71, ci-dessus, p. 557, et note 13, p. 731.
3. Mc 16,15.
4. Aristote, *Topiques* V c. 21.
5. Lc 1,28.

Sermon 76

1. 1 Jn 3,1.
2. Jn 16,22.

3. 1 Jn 3,2.
4. *Ibid.*
5. *Ibid.*
6. Is 40,18.
7. 1 Co 15,28.
8. Mt 16,24 ; Mc 8,34.
9. Jn 16,22.
10. Ex 20,2.
11. 1 Jn 4,16.

Sermon 77

1. Ml 3,1. Dans l'ancien missel dominicain, ce texte est proposé à la fête de la Présentation au Temple, le 2 février.
2. Denys l'Aréopagite, *Des noms divins* c. 4 § 22 ; *De la hiérarchie céleste* c. 3 § 2, et c. 4 § 2.
3. Ainsi Lc 7,27.
4. Ml 3,1.

Sermon 78

1. Lc 1,26-27.
2. Bède le Vénérable, *Homélies* I, 1.
3. Denys l'Aréopagite, *Des noms divins* c. 4 § 22.
4. Augustin, *Confessions*, XII c. 7.
5. Jean Damascène, *De fide orthodoxa* II c. 3.
6. Denys l'Aréopagite, *Des hiérarchies célestes*, II c. 3 § 2.

Sermon 79

1. Is 49,13.
2. Jn 8,12.
3. Sg 7,11.
4. Cf. Ps 110,3.
5. Si 24,16 — dans la version latine de la Vulgate : *In plenitudine sanctorum detentio mea.*
6. Is 45,15.
7. Augustin, *Confessions* X c. 40 n. 65.
8. Ps 16,2.

Sermon 80

1. Lc 16,19.
2. Cf. Aristote, *Eth. Nic.* L. X c. 7.
3. « L'Ecriture dit que nous devons être égaux à Dieu » : Sermon 13, ci-dessus, p. 164.
4. Cf. *Liber de causis,* § 5.
5. Cf. 2 Co 12, 2-4.
6. Ex 3,14.
7. Cf. *Liber de causis,* prop. 1 § 1.
8. Jc 1,17.
9. Cf. Jn 6,57.
10. Sg 11,23.
11. Albert le Grand, *Super Matth.* 7,2.

Sermon 81

1. Ps 46,5.
2. Jn 7,38.
3. En fait il ne s'agit pas d'une référence à saint Jean, mais à Ac 4,31.
4. Cf. le traité « Du détachement », *in* Maître Eckhart, *Les Traités et le Poème, op. cit.*, p. 185 sqq.
5. Sans doute y a-t-il ici une allusion à Os 2,16.
6. 1 Co 4,7.
7. Hb 13,9.

Sermon 82

1. Lc 1,66.
2. Lc 1,51.
3. Si 24,15.
4. Denys l'Aréopagite, *De la hiérarchie céleste* c. 7 § 3.
5. Cf. Bernard de Clairvaux, *De diligendo Deo* c. 10 n. 28.

Sermon 83

1. Eph 4,23.
2. En réalité, la citation doit être attribuée à Denys l'Aréopagite, *De myst. theol.* c. 1 § 1.
3. Cf. Augustin, *Sermon 117* c. 3 n. 5, et Albert le Grand, *De resurrectione*, tr. 4 q. 1 n. 135.
4. Sur cette hiérachie des facultés, et en particulier sur le sens de l'*irascibilis*, cf. *Maître Eckhart ou l'empreinte du désert, op. cit.*, p. 164 sq.

Sermon 84

1. Lc 8,54.
2. Augustin, *De Gen. ad litt.* XII c. 35.
3. Ap 21,5.

Sermon 85

1. Lc 8,54.
2. Cf. Augustin, *De Gen. ad litt.* VII c. 21.
3. Augustin, *Enarr. in Ps.* 69 n. 6.

Sermon 86

1. Cf. Lc 10, 38-40. Pour une présentation et un commentaire de ce sermon, voir notre édition sous le titre *Le Château de l'âme*, Desclée de Brouwer, 1995, p. 27-47.
2. Cf. II Co 12, 2-3.
3. Cf. Ex. 33,12.
4. Jn 1,48.
5. Ep. 5,16.
6. Jn 12,35.
7. Si 24,11.
8. Mt 16,17.
9. Cf. 2 Co 12,3 sq.
10. Jn 14,6.
11. Mt 26,37.

Sermon 87

1. Jr 23,5.
2. Pr 25,25.
3. Cf. Augustin, *Conf.* VII, c. 10, n. 16.
4. Cf. Mt 10,42.
5. Cf. Rm 8,34. Le terme *vorvehtaere* désigne communément celui qui combat en faveur d'un autre.
6. Sg 7,26.
7. Jr 31,3.
8. Is 53,4.
9. Jr 23,5.
10. Cf. Jn 5,4.
11. Cf. Mt 3,13-17 ; Mc 1,9-11 ; Lc 3,21-22 ; Jn 1,29-34.
12. Cf. Sermon 60, ci-dessus, p. 483.

Sermon 88

1. Lc 2,21.
2. 1 Co 12,3.
3. Selon Georg Steer, il se pourrait que ce maître soit Jean Damascène : Sermon 23 n. 225.
4. Cf. Ct 3,2.

Sermon 89

1. Mt 2,19-20.
2. Cf. Sermon 22, ci-dessus, p. 236.
3. Cf. Gn 1,7.
4. Cf., entre autres, Pierre Lombard, *Sent. II* d. 15 c. 5.
5. Gn 1,26.
6. Dt 31,26.
7. Pr 8, 30-31.
8. Cf. Mt 2,19-20.
9. Jn 1,9-11.
10. Dans son *Commentaire sur l'Exode*, Eckhart se réfère à ce propos au dernier chapitre du *Livre de la consolation* de Boèce.

11. Cf. Lc 2,1.
12. Cf. Mt 2,1-2.

Sermon 90

1. Lc 2,46.
2. Albert le Grand, *Super Matt.* 5,1.
3. Denys l'Aréopagite, *De div. nom.* c. 7,2.
4. Cf. Thomas d'Aquin, *Sum. theol.* III q. 9 a. 4.
5. Bernard de Clairvaux, *In dedicatione ecclesiae Sermo V* n. 3 n. 7.
6. Col 3,3.
7. Cf. Augustin, *Enarr. in Ps.* 4 n. 9.
8. Cf. Pr. 12,21.
9. Cf. Pierre Lombard, *Sent. III* d. 13 n. 8.
10. Cf. Denys l'Aréopagite, *De div. nom.* c. 7,2.

Index des noms de personnes cités dans les textes de Maître Eckhart

Eckhart évoque à de nombreuses reprises l'opinion d'un ou de plusieurs maîtres dont il omet de citer le ou les noms. Nombre de ces citations anonymes ont pu être décryptées, et sont identifiées en note. Pour autant, ces noms ne sont pas repris ici, pas plus que ceux qui sont cités dans la Présentation et dans les notes de ce volume. Ne figurent donc dans le présent Index que les noms mentionnés de façon explicite dans le texte même de Maître Eckhart.

Adam : 472.
Albert (saint) : 422, 613 sq., 669.
Anselme (saint) : 482.
Apôtres (les) : 164, 292, 459, 616.
Aristote : 180 sqq.
Augustin (saint) : 92, 107, 116, 118, 121, 127, 134, 147 sq., 150, 186, 192, 196, 209, 212 sqq., 215, 219, 235 sq., 255, 282, 290, 300, 303, 309, 319 sq., 323, 327 sq., 332, 336-337, 349, 358, 371, 374, 379, 381, 393, 419, 435, 440, 445, 461, 463, 466, 470, 486 sqq., 500, 509, 536, 546, 559, 563 sq., 567, 604, 630, 632, 639, 643, 658, 665 sq.

Bar Iona : 379.
Barnabé : 273.
Bède (le Vénérable) : 603.
Benoît (saint) : 569.
Bernard (saint) : 125, 489, 532, 547, 560, 628, 677.
Boèce : 166, 181, 225, 538.
Burkhard : 257.

Cephas : 379, 383.
Christ : 57, 97 sq., 102, 177, 196, 242, 248, 251 sq., 257, 312-315, 319, 346, 349, 371, 374, 379, 381, 393, 418, 435, 440, 445, 461, 463, 466, 470, 518, 526 sqq., 583, 589, 614, 644, 647 sqq., 650 sqq., 653 sqq., 656 sqq., 660, 668, 670, 672-675, 681. Cf. Jésus, Jésus Christ, Mère du Christ, Notre Seigneur, Notre Seigneur Jésus Christ.
Chrysostome (saint) : 468.
Conrad : 335, 507, 512 sq., 525, 601.

Daniel : 473.
David : 176, 209, 211, 214, 220 sq., 226, 305, 309 sq., 314, 316, 339, 382, 436, 470, 478, 483, 486, 578, 603, 658 sq., 661.
Denis, Denys (saint) : 208, 221, 297, 461 sq., 465, 469, 472, 501, 556, 572, 604, 628, 672, 675.
Dominique : 287.

Elisabeth (sainte) : 146, 302.

François (saint) : 575.

Gabriel : 332, 336, 603
Grégoire (saint) : 119, 199, 212, 214, 218, 221, 319, 323, 380, 400, 417, 458, 569, 611.

Henri : 196, 257, 507, 512 sq., 525, 601.
Hérode : 75, 666.

Iona : cf. Bar Iona.
Isaïe : 593, 606, 660.
Isidore (saint) : 647.
Israël : 594.

Jacob : 212, 318, 320, 322, 324, 530 sq.
Jacques (saint) : 81, 128, 314, 614.
Jean (saint) : 90, 96, 108, 113, 116, 131, 140, 162, 168, 170, 175, 260, 270, 288, 317, 338, 342, 363, 376, 461, 462, 475, 479, 488, 499, 536, 540, 545 sq., 549, 566, 583, 589, 615 sq., 640, 667.
Jean (le Baptiste) : 146, 331, 402, 410-412.
Jean Damascène (saint) : 604.
Jérémie : 660.
Jérôme (saint) : 308, 310.
Jésus, Iesus : 55, 61 sqq., 64 sqq., 67, 69, 72, 74, 202, 242 sq., 312, 454, 519, 562, 663, 668. Cf. Christ, Jésus Christ, Notre Seigneur, Notre Seigneur Jésus Christ.
Jésus Christ : 90, 176, 258, 385, 405, 409, 410, 446,

654. Cf. Christ, Jésus, Notre Seigneur, Notre Seigneur Jésus Christ.

Job : 488, 558.

Joseph (fils du patriarche) : 587.

Joseph (saint) : 603, 665 sq.

Judas : 356, 391.

Lia : 588.

Luc (saint) : 65, 211, 220 sq., 224, 331, 360, 371, 476, 551, 603, 644.

Marie : 98, 233 sq., 257, 399, 587, 591 sq., 603. Cf. Mère du Christ, Notre Dame.

Marie (sœur de Lazare et de Marthe) : 644, 646 sq., 655 sqq.

Marie-Madeleine (sainte) : 285, 296, 454, 456, 460, 652.

Marthe (sœur de Lazare et de Marie) : 644 sqq., 647 sqq., 652 sqq., 655 sqq.

Matthieu (saint) : 75, 352, 505.

Mère du Christ : 399, 401 sq. Cf. Marie.

Messie : 518.

Moïse : 188, 201, 245, 253 sq., 256, 258, 384, 417, 423, 505, 549, 578, 612, 647, 665 sq.

Nathanaël : 617-618.

Notre Dame : 87, 94, 235, 244, 265, 291, 401-402, 405, 580, 592, 603, 661 sq. Cf. Marie.

Notre Seigneur (désigne communément *le Christ*, mais aussi, parfois, *Dieu Notre Seigneur*) : 55 sqq., 59 sq., 75, 84, 91, 99, 110 sq., 113 sq., 118, 136, 138, 141, 155, 160, 164, 194 sq., 200, 202 sq., 205, 207 sq., 210, 219, 222 sq., 225, 233, 257 sq., 260, 264, 266, 269 sq., 273, 275, 279, 283, 285, 296, 305, 308, 312, 315, 317, 321, 325, 327, 360 sq., 365, 370, 378, 379-380, 384, 399, 405 sq., 410-411, 419, 424 sq., 440, 445-446, 458, 461, 463, 468, 470-471, 476, 479, 483, 486, 488 sqq., 491 sq., 506, 514 sq., 517 sq., 520, 522, 536 sq., 545, 548, 550, 561 sqq., 565 sq., 568, 579, 583, 603, 606, 617 sqq., 644, 655, 657, 659 sq., 662, 666. Cf. Christ, Jésus, Jésus Christ, Notre Seigneur Jésus Christ.

Notre Seigneur Jésus Christ : 59, 65, 92, 254, 305, 346, 354, 357, 363, 385, 400, 408, 425, 454, 470 sq., 478, 482, 513, 536, 615, 617, 637, 644, 661. Cf. Christ, Jésus, Jésus Christ.

Notre Seigneur Dieu (Dieu Notre Seigneur) : 305.

Origène : 296, 356, 459.

Paul (saint) : 69, 76, 78, 112, 136, 147, 149, 156 sq., 225, 229, 243, 246 sqq., 257, 285, 287, 291, 305, 308, 310, 312, 314, 332, 344, 353, 358, 375, 378, 413 sqq., 431-432, 461, 476, 486 sqq., 529, 542, 546, 549, 551 sq., 556, 558 sq., 568, 573, 612, 621, 630 sq., 633, 646, 649 sq., 659, 679.
Petrus : 382. Cf. Pierre, Simon, Simon Pierre.
Pharisiens (les) : 410.
Philippe (saint) : 136, 165, 263, 271, 471.
Pierre (saint) : 75 sqq., 164, 244, 257, 270, 291, 379-380, 471, 479, 582, 650. Cf. Petrus, Simon, Simon Pierre.
Platon : 278, 320, 323, 465.

Rachel : 588.

Salomon : 303, 352, 377, 577, 620, 650, 658, 660.
Samaritaine : 517.
Second (saint) : 468.
Sénèque : 436.
Siméon : 371.
Simon : 382. Cf. Petrus, Pierre, Simon Pierre.
Simon Pierre : 379, 383. Cf. Petrus, Pierre, Simon.

Thomas [d'Aquin] (saint) : 676.

Zachée : 463.

Index des matières

abandonné, abandonner, abandonner (s'), *geben (sich), gelâzen, lâzen, lassen (sich), übergeben, verlâzen* : 70, 292, 422, 478, 549, 582, 588, 660. Cf. laisser.
abîme, *abgrunt* : 155, 278, 428.
abîmer (s'), *versinken* : 328, 633, 636.
aimable, aimable (se rendre), *minniclich, lieben (sich)* : 294, 355, 500 sq., 508 sq., 535, 578, 580, 629, 635, 644 sq., 648 sq., 651 sq., 655.
aimer, s'aimer, *lieben, liebhaben, minnen (sich)* : 82, 84 sq., 90, 92, 106, 107, 112 sq., 125 sq., 129 sq., 136, 140 sqq., 145, 155 sq., 159, 164, 178, 190 sq., 194 sqq., 197, 212, 218, 220, 235, 239, 245, 254, 256, 262, 266 sqq., 269 sq., 273 sqq., 279, 290 sqq., 294, 321, 336, 343 sq., 346 sq., 349, 352-356, 363, 374, 380, 383, 388, 395, 429, 446, 457, 464 sq., 471, 481, 490, 499-503, 508 sq., 525, 537 sq., 542, 548, 554 sq., 559 sq., 569, 571-578, 580-587, 596, 610, 623, 629, 635, 660, 677.
ajouter, *zuolegen* : 78, 166, 206 sq., 227 sq. 245, 521, 590.
âme, *sêle* : 55, 60 sqq., 63, 66, 68 sq., 73 sqq., 76 sqq., 80, 84, 86 sqq., 93, 99, 102, 107 sqq., 114 sqq., 117, 119 sq., 122 sq., 125, 127, 129 sq., 132 sq., 134 sqq., 138 sqq., 141 sqq., 144, 146 sq., 150, 157, 167, 169, 171 sq., 177, 182, 184 sqq., 187 sqq., 192, 194 sqq., 197 sqq., 294-304, 306, 309, 314-324, 326-333, 335

sqq., 342, 344, 350, 358, 360-363, 365-370, 372-374, 380-383, 387, 391-394, 397 sq., 405-410, 414 sqq., 421, 428 sq., 431, 435, 438-445, 447 sqq., 451, 455 sq., 459-467, 471 sq., 474 sq., 477-484, 487, 489, 491, 494, 496, 500 sq., 503, 505 sq., 509, 511 sq., 518, 523-528, 530-539, 541, 546 sqq., 552-557, 559 sq., 562 sqq., 566-573, 581, 584-588, 590 sq., 598 sq., 603 sqq., 608 sq., 611-616, 618-621, 623-628, 630, 632, 635, 637-646, 653 sq., 656, 658 sq., 661, 663, 669 sq., 674 sq., 678 sq. Cf. image de l'âme, jour de l'âme, œil de l'âme, ordonnance de l'âme.

âme humaine (l'), *menschlîche sêle (die)* : 405.

amertume, *bitterkeit* : 144, 255, 261, 269, 409, 608.

ami, *vriunt* : 99, 111, 136, 156, 163, 170, 190, 218 sq., 225, 227 sqq., 230 sq., 240, 253 sq., 264, 266 sq., 269 sqq., 274, 283, 384, 466, 483, 487 sq., 490, 542, 595, 607, 645, 652.

amitié, *vriuntschaft* : 156, 227, 269.

amour, *liebe, minne* : 57, 60, 82, 84 sq., 90, 92, 105, 109, 115 sq., 126, 136, 140 sq., 144 sq., 151 sqq., 155, 165, 172, 192, 196, 203, 206 sqq., 211, 220, 227, 235, 238 sqq., 244, 247, 250, 264, 266 sqq., 269 sq., 273 sq., 276, 282, 291, 294, 296, 298, 303-306, 311, 327 sq., 337, 344 sq., 349, 353, 362 sq., 380, 383, 400 sq., 425, 458 sq., 461 sq., 464 sq., 466, 472, 481, 483, 490, 495, 499-503, 505, 508-511, 513, 531 sq., 537 sq., 542, 546, 556, 559, 573, 576, 581, 583, 585-589, 593, 596, 608, 626 sq., 629, 635, 639, 641, 645, 647, 650 sq., 655, 659 sq., 678.

amour de Dieu, amour divin, *gotes lieb, gottes liebe, götlîche liebe, götliche minne, liebe gotes, minne gotes* : 96 sq., 160, 274, 276, 303, 321 sq., 353, 368, 382, 401, 426, 441, 465, 495, 510, 578, 584-586, 596, 615, 633, 660.

amour éternel (l'), *ewige minne (die)* : 659.

ampleur, amplitude, *wîte* : 535, 570, 584, 615.

anéantir, anéantir (s'), *vernihten, vernihten (sich)* : 95, 99, 155, 191, 240, 277, 395, 432.

ange, *engel* : 60, 75, 77 sq.,

84, 90, 92 sqq., 97, 104 sq., 115, 120 sq., 126 sq., 130 sq., 136, 158 sq., 163, 174 sq., 179 sqq., 182, 193, 197, 199, 201 sqq., 204, 208 sq., 214, 216 sq., 221 sqq., 227 sq., 235, 237 sq., 247, 257 sq., 276 sq., 285, 288, 291, 294-299, 312, 314, 318, 322, 324, 328-331, 333-338, 342, 347, 361, 365, 370, 390 sqq., 425, 428, 433, 438, 443, 450, 454, 458 sqq., 462, 472, 479, 502, 510 sq., 523, 537, 547, 553, 555, 558, 563, 618, 622, 631, 666, 672, 675 sq., 678.
angélique, *engelisch*. Cf. lumière angélique, nature angélique, sagesse angélique.
animal, *vihe* : 331, 334, 450, 565, 633.
apparenté, *gesippe* : 120, 157, 227, 236, 271, 285, 336.
apparenté au péché, *sündegesippe* : 546.
approfondir, *gründen* : 418.
ascendant, *ûfkriegend* : 302, 311. Cf. puissance ascendante.
assurance, *zuoversiht* : 336.
attachement, attacher, attacher (s' — à), *behaften, folgen, haften* : 414, 498, 536, 554, 559, 642.
attachement propre, attachement au moi propre, *eigenschaft* : 59 sq., 65-66, 68.
attestation, *biwîsunge* : 599.
attester, *biwîsen* : 600 sq., 615, 617, 646-649, 654, 666.
attouchement, *berüerunge* : 143, 216.
aujourd'hui, aujourd'hui (l'), *hoede, hoede (daz), hiute* : 125, 139, 175, 186, 218, 253, 273, 284, 287, 340, 352, 362, 377, 399, 415, 439, 464, 499, 517, 519, 569, 575, 609, 640.
avantage, *nutz, vorteil* : 191, 261, 290, 292, 401, 490, 615, 617. Cf. prospérité.

baiser, *kuss* : 143, 179, 439.
baptême, *touf* : 166.
béatitude, *saelicheit* : 98 sqq., 102 sq., 105, 112, 133, 143, 145, 159, 230 sq., 248, 250, 253 sqq., 256 sq., 261, 267 sq., 270 sqq., 274, 283, 291, 304, 323, 341 sq., 344 sq., 347, 349, 364, 370, 379 sq., 383 sqq., 391, 401, 408, 411, 413, 425, 429, 444, 452, 477, 510 sq., 523 sq., 529, 545 sq., 573 sq., 581, 602, 608 sq., 621, 628, 648 sq., 653, 655, 657, 659, 661, 663.
béatitude divine (la), *götlîche saelicheit (die)* : 303.

béatitude éternelle (la), *êwige saelicheit (die)* : 623, 648 sq., 653, 655, 657, 659.

bien (le), *güote (daz)* : 70, 84 sq., 91 sq., 95 sq., 98 sq., 103 sq., 108, 110, 156, 166, 172 sq., 178 sq., 181, 215, 222, 234, 262 sq., 274 sq., 311, 313 sqq., 346, 356, 391, 400 sq., 406, 412 sq., 417, 419, 435, 468, 474, 489 sq., 496, 500, 509, 520, 583 sq., 608, 614, 621, 648, 655, 663, 678. Cf. femme de bien, gens de bien, homme de bien.

bienheureux, *saelic* : 119, 130, 133, 177, 226, 233, 268, 304, 311, 342, 346, 350 sqq., 379 sq., 382, 384 sq., 398 sq., 401 sq., 425, 433, 452, 503, 511, 515, 530, 544, 580, 588, 605, 607, 639, 650, 653, 658, 661. Cf. vie bienheureuse.

bois, *holze* : 502, 505, 510, 515, 530, 552, 581, 594, 627.

bon, *guot* : 56, 59 sq., 71, 73, 81 sq., 104 sq., 110, 113, 119, 127, 130, 137, 140, 143, 153, 159 sq., 169, 186 sq., 191 sq., 202, 207, 222, 228, 233 sq., 245, 254 sqq., 257, 261 sq., 267, 301, 306, 320, 328, 330, 347, 356 sq., 361, 363 sq., 366, 368, 372, 383, 396, 398, 425, 427, 442, 449, 453, 474, 490 sq., 497, 502, 509, 511, 514 sqq., 519-522, 527, 544, 559, 571, 584, 587, 606, 608, 614, 616, 621, 627, 632, 654, 656, 658 sq. Cf. gens de bien, homme bon, œuvre bonne, volonté bonne.

bondir, *springen, entspringen* : 102, 146, 158, 234, 240.

bonheur, *gelücke* : 131, 257, 479, 573, 626 sq.

bonté, *güete, güte* : 58 sq., 115 sq., 127, 129 sq., 166, 173, 177 sq., 197, 202, 206, 228-229, 238, 245, 262, 264, 267 sq., 273 sq., 296, 315, 327 sq., 346 sq., 353, 370, 376, 441, 448, 457, 462, 479, 486, 502, 509, 515, 520, 525, 534, 543 sq., 570, 573 sq., 583, 597, 600 sq., 609, 614, 618 sqq., 623, 638 sq., 644.

bonté divine (la), *götlîche guotheit (die)* : 597.

bonté naturelle (la), *natiurlîchiu güete (die)* : 583.

bouche, *mund* : 310, 332, 425, 435, 437, 438 sq., 468, 486, 490, 562, 564, 568, 637, 644, 648.

brasier, *brant* : 296, 311, 328.

briller, *liuhten* : 342, 348, 350, 361, 376 sq., 382, 393, 423,

465, 482, 537, 551, 554, 556, 558 sqq., 567, 572.
brindille, *zwîc* : 129.
bûche, *tâht* : 484.

céleste, *himelisch* : 532. cf. force céleste, homme céleste, lumière céleste, Père céleste, Père-Fils céleste, royaume céleste.
chair, *vleisch* : 69, 110, 173, 175, 208, 213, 235, 305, 379, 403, 442, 448, 650, 659.
chaleur, *hitze* : 317, 321, 357, 370, 397, 408, 463, 466, 478, 536, 542, 564, 567, 627, 641.
château fort (petit), *bürgelîn* : 65, 67, 72 sqq.
Chérubins (les), *Cherubîn (die)* : 328, 483.
chose, *dinc*, *sache* : 55 sq, 62 sqq., 65 sq., 70, 76 sqq., 79, 81 sqq., 84 sqq., 87 sq., 91, 94 sqq., 98, 102, 104 sqq., 107 sq., 114 sq., 118, 120 sq., 123 sqq., 126 sqq., 129 sq., 132 sqq., 137 sqq., 140 sqq., 144, 147 sqq., 150, 152 sqq., 158, 160, 164, 166, 168 sq., 173, 177 sqq., 180 sq., 184, 186, 190 sq., 194 sqq., 197 sq., 202 sqq., 206, 208 sq., 213, 215 sqq., 219 sqq., 225 sq., 231 sqq., 238 sq., 242 sq., 246 sqq., 249 sqq., 252, 258, 261 sq., 264, 267, 273 sqq., 276, 278, 281 sqq., 285, 287 sqq., 250, 292 sq., 294, 301, 303, 305 sq., 309 sq., 312, 314 sqq., 318 sqq., 322 sqq., 327, 329 sq., 333-336, 340-343, 345 sqq., 350, 355 sq., 358 sqq., 362 sq., 366, 372, 376 sq., 379-384, 387 sq., 390-393, 395, 397 sq., 400-405, 409, 413-416, 418, 420-423, 426, 428, 430-433, 435-439, 444 sqq., 448, 451 sqq., 457, 460-466, 468-478, 480 sq., 486-490, 492 sq., 494-497, 500, 502, 506, 511 sq., 515 sq., 518, 520, 529, 531-535, 537 sq., 541, 546, 548, 551-555, 557 sqq., 562 sq., 565-568, 570-573, 575-582, 586 sq., 589 sqq., 593-600, 604 sq., 608, 611-615, 617, 620 sq., 623-628, 631 sq., 634, 638 sqq., 641 sq., 644, 647 sq., 649 sq., 652 sqq., 656, 658, 663, 665, 667 sq., 670 sqq., 675 sqq.
chose corporelle (la), *lîpliche dinc (daz)* : 299, 320, 322 sq., 354, 379, 392, 396, 400, 430, 487, 510, 533, 538, 563, 570, 576, 581, 637, 641, 643, 677.
chose spirituelle (la), *geistlich dinc (daz)* : 354, 396, 468 sq.,

482, 490, 510, 523, 538, 581, 621, 625, 641.
choses terrestres (les), *irdischen dinge (die)* : 489, 532.
chrétienté, *kristenheit* : 401.
ciel, *himel* : 55, 70, 72, 79, 84, 87, 90, 102, 106, 114, 118 sq., 122, 139, 172, 201, 204, 216, 222, 231, 239, 246, 279 sq., 285, 295, 312, 314 sqq., 318, 322, 333, 337 sq., 360, 369, 375, 379, 381, 383, 395, 409, 412, 414, 422, 440, 442 sq., 446-451, 455, 457, 463, 471 sq., 486-491, 532 sq., 537 sq., 541, 546 sq., 551-554, 562, 567, 570 sq., 580, 606 sqq., 612, 620 sqq., 641, 651, 657 sqq. Cf. royaume du ciel.
ciel corporel (le), *liphafte himel (der)* : 414.
co-engendrer, *mitgebern* : 69 sq.
co-être, *mitewesen* : 600 sqq.
cœur, *herze* : 63, 67, 69, 73, 88, 90, 93, 98 sq., 105, 125, 140, 147, 152, 163, 166, 172, 174, 177, 192, 208, 226, 269 sq., 290, 304, 310, 332, 378, 382, 410 sq., 421, 433 sq., 437, 447 sq., 455, 457 sq., 466, 473, 482 sq., 518, 537, 543, 545, 553 sq., 580 sq., 586 sq., 589, 595, 617 sqq., 621-624, 637, 651, 655 sq., 659, 667, 674, 678.
commandement, *gebôt* : 85, 266 sq., 273 sq., 281, 290, 417, 472, 581, 583, 654.
comme il faut, *reht* : 86, 97, 99 sq., 106 sq., 111, 140 sq., 156, 191, 196, 238, 252, 254 sq., 261, 274, 282, 284, 368, 405 sq., 498, 507, 512 sq., 524, 531 sq. Cf. dans l'ordre, droit, juste.
commencement, *begin* : 64, 72, 79, 131, 172, 176, 182, 197, 237, 240, 363, 368, 464, 488, 603, 624, 657.
communauté, *gemeinschaft* : 92, 135, 221, 247.
comparaison, *gleichniss, glichnis, gli(î)chnisse, glichnüss* : 79, 99, 110, 184 sqq., 190, 213, 247, 300, 357, 396, 418 sqq., 449, 484, 505, 548, 557, 563, 581, 591 sq., 605, 616, 619, 634, 642. Cf. conformité, égalité, ressemblance.
confiance, confiance (avoir), *consciencie, zuoversiht (haben), engetriuwen, getrûwen, gewar werden* : 68, 196, 260, 303, 401, 496, 539.
configuration, *geschepfnisse* : 484.
configurer, configuré, *bilden, gebilden, gefigüret* : 547,

564, 593, 597, 618, 640. Cf. figure.
configurer (se), *erbilden (sich)* : 413. Cf. figure.
conformé à Dieu, *gotgeformet* : 656.
conformer (se), *vüegen (sich)* : 309, 349.
conformité, *glîchnisse* : 469. Cf. comparaison, égalité, ressemblance.
connaissance, connaissance (en), *bekantnis, bekantnisse, bekennen, kunst, vernünfticlîche, verstantnisse, wissunge* : 59 sq., 62, 75 sqq., 78, 88, 112, 116, 119, 122, 124, 128, 129, 133 sq., 136, 144, 149, 155, 184, 206 sq., 237, 244, 246, 300, 302 sq., 304, 308, 309, 320, 329, 345, 366, 383, 400, 403, 429, 453, 479, 483, 487 sq., 493 sq., 511, 515, 533, 545 sq., 550, 556, 559, 561, 563, 568, 570, 586, 589 sq., 605, 611 sq., 631, 634, 646, 649, 680. Cf. entendement, intelligence, non-connaissance.
connaissance naturelle (la), *natiurlîche verskantnisse (diu)* : 382, 585.
connaissance de Dieu, *gotes bekantnisse, kunst gotes* : 487, 494, 533.
consolation, *trost* : 191, 304, 335, 337, 371, 474, 527, 608 sq., 644, 647.
consolation divine : *gotes trôst* : 609.
consoler, *troesten* : 285, 367, 458, 460, 494, 548, 576, 605-608.
contemplation, *anesehen, aneschouwend, schouwelich, underscheid* : 247, 252, 345, 407-408, 588.
contemplation de Dieu, *anesehen gotes* : 345.
contemplation divine (la), *götlîche schouwunge (die)* : 381.
contemplation intellectuelle (la), *vernünftic aneschouwen (daz)* : 407.
contempler, *beschouwen, insehen, schowen, schouwen* : 70 sq., 92, 164, 181, 226, 243, 263, 362, 380 sq., 404, 406, 462, 598, 630 sq., 666, 672, 674, 676.
contraint (non-), *unbetwungen* : 304.
contraindre, *twingen* : 170, 173, 179, 212, 238, 280 sq., 529, 574, 583.
contrainte, *gedrenge, getwanc* : 311, 358.
contrecoup, *widerslac* : 243.
corporéité, *lîplicheit* : 84, 147, 154, 246, 570.
corporel, *liplich, lîplich* : 77, 84, 114, 133, 157, 160, 180,

186, 206, 212, 226, 233, 242, 279, 315 sq., 322, 392, 401, 409, 510, 563, 570, 592, 642, 650, 673. Cf. chose corporelle, ciel corporel, créature corporelle, image corporelle, naissance corporelle.

corps, *lîb, lîchamen, lîp* : 76 sq., 110, 114, 118, 122, 129, 134 sqq., 169, 195 sqq., 212, 214, 218 sqq., 222, 224, 227, 230, 233, 244, 246 sq., 260, 263, 277, 291, 299, 327 sq., 360 sqq., 368, 392 sq., 399, 402, 405 sqq., 410, 421 sqq., 455-458, 462-466, 484, 526 sqq., 538, 547 sq., 560, 563, 591, 619, 621-625, 631, 639, 642, 646, 656 sq., 661 sq.

couleur, *varwe* : 299, 302, 314, 316, 320, 381, 420 sq., 448, 484, 487, 501, 510, 533, 542, 547, 560, 564, 567, 616.

couleur de Dieu (de la), *gotvar* : 298, 370, 448 sq., 619, 628.

créabilité, *schepflicheit* : 285.

créable, *geschepfelich* : 285.

créateur, *schepfer* : 189, 480 sq., 626.

création, *geschepfnisse, schepfunge* : 277, 622, 647.

créature, créature (l'être de), *crêatûre, crêatiurlicheit* : 55, 78, 84 sqq., 90, 93, 101 sq., 115, 118 sqq., 121, 125, 128, 131, 138, 140 sqq., 144, 151, 158, 162 sqq., 166, 168 sq., 173, 178, 180, 182, 196 sq., 201 sq., 205, 209, 213, 221, 226 sqq., 231, 234 sqq, 238 sqq., 244, 251, 322 sq., 328 sq., 332, 335, 337 sq., 341, 346, 348-349, 357 sq., 363, 366-370, 377, 382, 389, 391, 395, 398, 408, 414, 425, 428, 430-433, 436 sqq., 446, 448, 458 sqq., 464, 477 sq., 480-483, 485, 487, 499-502, 506, 509 sqq., 514 sq., 520, 523 sq., 531, 533, 537, 540, 553 sq., 557 sq., 560, 563, 565 sq., 568, 572 sq., 582-586, 588, 598 sq., 607 sqq., 611 sqq., 618-622, 626, 628, 631, 633 sq., 637 sqq., 642, 645, 647 sq., 650 sq., 653 sqq., 658, 665 sq., 669, 671, 674, 679.

créatures corporelles (les), *lîplîchen crêatûren (die)* : 436.

créature (de l'ordre de la), *crêatiurlich* : 672.

créé (le), nature créée (la), *geschaffenheit, geschaffene natûre* : 102 sq., 138, 157, 167, 177, 192, 285. Cf. incréé.

créer, *schepfen* : 55, 60 sq.,

63, 70, 76, 86, 99, 102, 138, 142, 157, 160, 167, 179, 191, 202, 209, 214, 221, 225, 235 sq., 240, 246 sq., 249, 261, 273, 276 sq., 283, 285, 287 sq., 290, 299, 308, 331, 333, 337, 343, 347 sq., 351, 356, 361 sq., 367, 377, 386, 392, 397, 405 sqq., 409, 412, 414, 421, 426 sqq., 441, 447, 462 sq., 472, 480, 490, 496, 508, 511, 516, 520, 537, 546, 548, 554, 558, 565 sq., 570, 572, 583, 587, 611, 622, 626, 630, 639, 641, 650, 658, 660, 665 sq., 672, 674 sq., 680. Cf. être-créé, incréable, incréé.

dans l'ordre, *reht* : 82 sq., 287. Cf. comme il faut, droit, juste.

défaut, *gebreste* : 93, 106, 200, 203, 213, 294, 301, 595, 645.

défaut (faire), *gebrechen* : 301 sq., 304, 335, 375, 529.

déité, *goitheit, gothait, gotheit* : 73, 78, 90, 102, 121, 134, 143, 151, 153, 165, 173-174, 176, 178 sq., 182, 188, 227 sq., 231, 235, 240, 241, 244, 246 sq., 256 sq., 262, 265, 268, 270 sq., 278, 284, 318, 334, 349, 353, 358, 396, 402 sqq., 408, 415, 423, 457, 479, 494, 503, 509, 516, 526 sq., 543, 549, 564, 572, 594, 600, 602, 608 sq., 611, 630, 670 sq., 674. Cf. divinité, image de la déité, fond de la déité, connaissance de la déité.

délices, *wunne* : 71, 73, 156, 337, 523, 586 sq., 637.

dénuder, *enbloezen* : 242 sq. Cf. nu, nudité.

demeure, *hütte, wonunge* : 443, 470, 618.

demeurer, demeurer à l'extérieur, demeurer-avec, demeurer (rester) à l'intérieur, demeurer intérieurement, demeurer - intérieurement, *blîben, inblîben, inneblîben, innewonen, mitewonen, ûzeblîben, wonen* : 57, 62 sqq., 69, 71, 74, 76, 79, 83, 95, 102 sq., 116, 122, 125, 128, 132 sq., 136, 138, 140, 160 sq., 166, 168, 170, 176, 181 sqq., 185, 188, 226, 234, 236 sq., 240 sq., 243, 246, 249, 266, 268, 272 sqq., 277 sqq., 284, 287, 290, 304, 308 sq., 321 sq., 333, 340, 346 sq., 349-352, 357, 363 sq., 369, 373 sq., 384, 396, 402, 405, 411 sq., 414, 419, 421, 431 sqq., 436, 442 sq., 448, 456, 460 sq., 474, 479, 485, 493, 499, 501, 508, 510 sqq., 522 sqq, 527-528, 541 sq.,

549, 553 sq., 584, 605, 612, 614, 621, 640, 642, 652 sq., 669, 679.
demeurer-intérieur, *inneblîben, inneblîbunge (die)* : 227, 525.
démon, *vîend* : 106, 108.
dénudation : *entbloezunge* : 348.
dénuder, *enbloezen* : 242 sq., 347, 538, 572, 595, 635. Cf. nu, nudité.
dépouillé, *abegeschelt, abegezogen, beroubet* : 379, 384, 429, 440, 526 sq., 560.
dépouiller de l'image, *entbilden* : 349.
dépouiller, dépouiller (se), *abeloesen, abeschelen, berouben, entschelen* : 374, 376, 445, 453.
déprendre, déprendre (de quelque chose), *entwachsen, ledic machen* : 420, 422, 432.
dépris, *ledic* : 57 sqq., 65 sq., 72, 86, 93, 159, 178, 362, 400 sq., 410, 427-431, 433, 435, 439, 515, 574, 641, 657.
desceller, *entbloezen* : 354.
désert, *einoede, wüeste, wüestenunge, wüestunge* : 143, 155, 277, 280, 398, 483, 605, 618, 652.
désir, *begerunge, begirde, gerunge* : 92, 105, 115, 177, 203, 207, 260, 305, 332, 339, 361, 373, 375, 380, 427, 432, 447, 448 sq., 460, 465 sqq., 471, 481, 501, 519, 606, 634, 640, 644, 647, 659.
désirable, *begirlich* : 75, 107 sq., 209, 346, 350, 567, 613 sq.
désir divin (le), *götlîche begirde (die)* : 604.
désir naturel (le), *natiurlîche begerunge (die)* : 480 sq., 485.
désirer, désir (avoir), désir (avoir un), *begeren, begern, engeren, geren* : 58, 85, 93, 101 sq., 108 sq., 111, 113 sq., 121, 130, 137, 160, 178, 215, 233, 269, 301, 304, 339, 352, 355 sq., 358 sq., 361, 373 sq., 379 sq., 400 sq., 409, 417, 423, 427 sq., 455, 460, 465, 471, 476, 479, 494, 499 sqq., 509, 535, 541, 578 sqq., 608, 614, 621, 634, 638, 644 sq., 647, 653.
détaché, *abegescheiden, abgescheiden* : 93, 134, 180 sq., 226, 266 sqq., 271, 293, 379, 384, 440, 523, 572, 576, 578, 580, 602, 631.
détachement, *abegescheidenheit* : 142, 181, 435, 535, 573, 577.
détacher, détacher (se), *abes-*

cheiden, snitten : 374, 445, 502, 598, 602.
détacher (un), *abescheiden (ein)* : 246.
Dieu, *got* : 55-83, 85-153, 155-179, 181 sqq., 185, 187 sqq., 191 sqq., 195-217, 219-241, 243-259, 261-265, 267-278, 280-283, 285-293, 295-312, 314-361, 364, 366-378, 380-401, 406 sq., 409 sq., 412-418, 420-453, 455-479, 481-485, 487-497, 499-520, 522-528, 530-543, 545-590, 592-667, 672-681. Cf. amour de Dieu, connaissance de Dieu, contemplation de Dieu, couleur de Dieu, face de Dieu, Fils de Dieu, fond de Dieu, image de Dieu, jour de Dieu, justice de Dieu, limpidité de Dieu, lumière de Dieu, manière de Dieu, manifestation de Dieu, Mère de Dieu, naissance de Dieu, œuvre de Dieu, parole de Dieu, royaume de Dieu, Sagesse (sagesse) de Dieu, volonté de Dieu, vouloir de Dieu.
différence, *underscheit* : 63, 102, 110 sq., 134, 141 sqq., 144, 180, 186, 222, 230, 252, 269 sq., 284 sq., 300, 347, 350, 386 sq., 390, 398, 404, 421, 432, 471, 478, 510, 515, 542, 546, 572, 592, 599, 638, 645. Cf. distinction.
discernement, *underscheidunge* : 633.
discours, *rede* : 132, 260, 272, 282, 359, 383, 425, 432 sq., 449, 468, 470, 473, 487, 514, 591, 598 sq., 602, 604, 612, 617, 652, 665, 671.
discursif, *redelich*. Cf. puissance discursive.
discursivité, discursivité (selon la), *redelicheit, redelîche* : 365, 406 sq., 590.
distinction, *underscheit* : 328, 334, 651, 671. Cf. différence.
divin, *götlîch* : 58 sq., 62 sq., 70, 73, 76, 79, 120, 131, 135, 137, 152 sq., 168, 181, 187 sq., 193, 195, 198, 200 sqq., 204 sqq., 209, 211, 213 sq., 218 sq., 239, 247, 250, 271, 277, 284, 288, 373, 471, 583, 614, 620, 673. Cf. amour divin, bonté divine, consolation divine, contemplation divine, don divin, être divin, désir divin, flux divin, force divine, grâce divine, image divine, liberté divine, limpidité divine, lumière divine, nature divine, néant divin, noblesse divine, œuvre divine, opération divine, ordonnance divine, mœurs divines (les), paix divine, perfection divine,

puissance divine, repos divin, ressemblance divine, révélation divine, sagesse divine, uni-formité divine, unité divine, vérité divine, vertu divine, vie divine, volonté divine.
divinité, *gotheit* : 661. Cf. déité.
diviser vers l'extérieur, *ûzerteilen* : 373.
doctrine, *lêre* : 142, 202, 257, 440, 584.
don, *gâbe* : 57, 59, 67, 81, 83 sq., 89, 91, 128, 140, 146, 148, 244, 284, 314, 326, 353, 391, 400 sq., 474, 477, 494, 503, 580, 614, 626, 638.
dons divins (les), *götlîche gâben (die)* : 392.
douceur, *süezicheit* : 63, 71, 100, 144, 153, 191, 214, 220, 268 sq., 466, 474, 496, 527, 563, 567, 609, 656.
douleur, *smerze* : 121 sq., 153, 173, 406 sqq., 489, 532, 594, 596, 626.
doute, *swîvel* : 63, 82, 355, 476, 501, 647.
doux, *süez* : 303, 362, 383, 410 sq., 460, 468, 478, 489 sq., 496, 513, 517, 585, 609, 620, 644, 656.
droit, *reht* : 137, 142, 156, 191, 300, 302, 338, 401, 410, 412, 427, 457. Cf. comme il faut, dans l'ordre, homme droit, juste (le).

écrit, Ecriture, *geschrift, schrift* : 104, 108, 121, 146 sq., 150, 164, 174, 191, 236, 244, 252, 269 sq., 273, 304, 331, 336, 342 sq., 349, 352, 356, 358, 374, 418, 435, 437, 440, 446, 488 sq., 491, 505, 511, 523, 533, 568, 572, 576, 599, 611, 617, 665 sq. Cf. Sainte Ecriture (la).
écrit (un), *geschrifft (ein)* : 579.
effusion, *ûzfluss* : 158, 181. Cf. flux.
égal, *glîch* : 55 sq., 58 sqq., 62, 66, 70, 74, 76, 78, 86 sq., 91, 95, 106-110, 112, 119 sq., 127, 135, 141, 144 sq., 148-151, 158, 160, 164 sq., 167, 171, 181, 187, 191 sq., 200 sq., 204, 208 sqq., 213, 220 sq., 235, 238, 243, 245, 268 sq., 276, 286, 292.
égal (à l' — de), *glîche* : 621.
égal, égal (l'), *glîch, glîch (daz)* : 298, 300, 305, 331, 335 sqq., 342, 348, 350, 352, 358, 362, 369, 372 sqq., 392, 395, 403, 420, 433, 450, 458, 475, 482, 491, 501, 532, 540 sq., 543, 546 sq., 549, 563, 569, 581,

583 sq., 590, 592 sqq., 597, 601, 605, 619, 627, 630, 634 sq., 646, 649, 655.
égal (faire de l'), (trouver de l'), *glîch machen, glîch vinden* : 626.
égalité, égalité (à), *gleich, glîch, gelicheit, glîcheit, glîchnisse* : 62, 76, 78, 155, 158 sqq., 165, 167, 175, 187, 189, 200, 204, 208, 220, 239, 257, 264, 269, 296, 298, 348, 372 sqq., 400, 403 sq., 411, 447 sqq., 474 sq., 580, 582, 593, 597, 601, 605, 620, 660. Cf. conformité, comparaison, ressemblance.
égalité (à, dans l'), *gelich, glîch* : 87, 92.
égalité (dépouillé de toute), *gar entglîchet* : 286.
église, *kirche* : 86, 517, 519, 532.
empreinte intérieure, *îngedrücketheit* : 192.
enfant, *kint* : 92, 131, 146, 151, 166, 198 sq., 226, 235, 277, 287 sq., 305, 366, 374, 403 sq., 418, 484, 506, 509, 540, 557, 565, 586 sq., 589 sq., 595 sq., 605, 624 sq., 627, 661, 664 sq.
enfantement, *geburt* : 366, 595. Cf. naissance.
enfanter, enfanter (s'), *gebern, gebern (sich)* : 69, 146, 235, 285, 366, 475, 586.
enfer, *helle* : 99 sq., 106, 108, 179, 181, 215, 221 sq., 255, 262, 337, 388, 391, 409, 578, 639.
engendrement, *gebern (daz) geberunge, geburt* : 331, 336, 344, 586.
engendrement de la déité, *berunge der gotheit* : 248. Cf. déité.
engendrement (état-de-non-), *ungebornheit* : 236.
engendrement éternel, *êwige geburt (die)* : 587.
engendrer, *gebern* : 69, 73, 75, 87 sq., 93, 98, 100, 102, 109 sqq., 139, 142 sq., 146 sqq., 164 sqq., 169, 175 sq., 182, 184, 187, 208, 231, 234, 236 sq., 239, 247, 249, 256, 271 sq., 278, 283 sq., 288 sqq., 295 sq., 324, 336, 338, 342, 344, 347, 362 sq., 366 sq., 369 sq., 390, 402 sqq., 414 sq., 419, 586 sq., 591, 603, 605, 649. Cf. co-engendrer, Fils unique (le).
engendrer à l'extérieur, *ûzgebern* : 278, 586.
engendrer en retour, engendrer en retour (s'), *widergebern, wider îngebern, wider îngebern (sich)* : 59, 67.

ennemi (l'), *vîende (der)* : 75, 195, 269, 490, 577, 604.
enserrer, *alumbe gehen, sliuzen, slussen, umbegreifen, umbevâhen* : 375, 450, 451, 453, 510, 559, 610.
entendement, *verstân, verstantnisse, redelicheit* : 87, 170, 181, 229 sq., 242 sq., 285, 323, 338, 361 sq., 413, 418, 432, 438, 445, 493, 516 sq., 650. Cf. connaissance, intelligence.
entendement (connaître d') (le), *daz verstentlîche bekennen* : 591.
entendement (une chose douée d'), *verstendic dic (ein)* : 611.
entendement (si peu doué d'), *sô unverstendic* : 519.
entendre, *hoeren, verstân* : 56, 61, 76, 87, 91 sq., 100, 107, 137, 141 sq., 154 sq., 157, 163, 171, 180 sq., 184 sq., 204 sq., 207, 214, 217, 233 sq., 237, 242, 247, 252, 266, 270 sqq., 276, 281, 283 sqq., 289, 294, 303, 314, 319 sq., 336, 349, 354, 362 sq., 365, 367 sq., 375, 377, 382, 391, 396, 399-402, 408, 410, 417 sqq., 423, 425 sqq., 434, 436, 438, 454, 464, 471, 478, 486 sqq., 490, 506, 512, 521, 540, 542 sq., 547, 552, 576, 578, 590 sq., 611, 627, 632 sq., 647, 649, 651, 654, 666, 673.
entrer à l'intérieur, *îngehen* : 543.
envoyer, *senden* : 294 sq., 331 sqq., 384 sq., 410, 446, 458, 597 sqq., 603 sqq., 612, 618, 622.
épancher à l'extérieur (s'), *ûzgiezen* : 613.
éphémère : *vergenclich* : 300, 400 sq., 419, 460, 466, 494, 496 sq., 555, 578 sq., 625, 642.
erreur, *irrunge* : 63, 179.
espace, *stât* : 88, 141 sq., 192, 309, 312, 487, 616.
espérance, *hoffenunge* : 303, 306, 311, 332, 336, 532, 539, 640, 667.
esprit, *geist, gemuete* : 62, 67, 69-73, 100, 134, 137, 142, 154, 181, 195, 197, 201, 206-209, 219, 226, 246 sq., 260, 280 sqq., 305, 316, 319, 323, 344 sq., 362, 389, 391 sqq., 403, 405 sq., 409, 412, 418, 425, 430, 434, 462, 473 sqq., 486, 513, 518, 524-527, 541, 547, 563, 576, 588, 590, 592, 630 sq., 633, 635, 641 sqq., 645 sq., 649-653, 655, 659, 669.
Esprit, Esprit Saint (l'), Saint Esprit (le), *geist, heilige*

geist (der), gotes geist (der) : 63 sq., 74, 76, 87, 102, 110, 133, 136, 140, 145, 148, 150, 166, 171, 175 sq., 178, 182, 188, 201 sq., 219 sq., 228, 233, 235, 243 sq., 249, 254, 263, 264 sqq., 279, 284, 289, 295, 310, 315, 317 sq., 325 sq., 344, 353, 365, 377, 389, 391, 393 sq., 398, 405, 413 sq., 436, 439, 458, 462, 481, 510, 512, 525, 627, 657. Cf. Père-Fils-et-Saint-Esprit.

étantité, *isticheit, istikeit* : 63, 108, 157.

éternel, *êwic* : 70, 87, 92, 100, 108, 118, 122, 154, 179, 186, 192, 209, 215, 235, 237, 240 sq., 243, 246, 255, 257, 272, 283, 385, 404, 423, 428 sq., 432, 451, 464, 478, 481, 497, 597 sq., 631, 634, 663, 673. Cf. amour éternel, béatitude éternelle, bien éternel, engendrement éternel, être éternel, Fils éternel, humanité éternelle, lumière éternelle, maintenant éternel, naissance éternelle, paix éternelle, Parole (parole) éternelle, paroles éternelles, Père éternel, Personne éternelle, Sagesse éternelle, savoir éternel, vérité éternelle, volonté éternelle, vie éternelle.

éternité, *êwicheit* : 70, 91, 93, 109, 125, 139 sq., 147, 150, 154, 156 sq., 165, 175, 206, 208 sq., 246, 252, 258, 260, 263, 278 sqq., 285, 299, 326 sq., 333, 340 sq., 343, 345 sq., 366, 371 sq., 387, 392, 427, 439, 516, 566, 609, 631 sq., 640, 648-653.

étincelle, petite étincelle, *vunke, vünkelîn* : 72, 129, 195, 214 sq., 197-222, 236, 326, 329, 336, 361, 398, 510, 523, 590.

étoile, *sterne* : 124, 131 sq., 173, 204, 209, 248, 414, 441 sqq., 448 sq., 482, 551.

étranger, *vremd, vremde* : 61, 65, 78, 85, 91, 94, 109, 111, 135, 141, 157, 165, 177, 189, 246, 250, 285, 310, 319, 338, 361, 372, 374 sqq., 387 sq., 404, 440, 535, 541, 547, 552, 554, 557 sq., 592, 600 sq., 658.

étrangeté, *ein elende (ein)* : 277.

étrangèreté, *anderheit, vremdicheit* : 138, 250.

être (l'), *wesen (daz)* : 65 sqq., 75, 78, 82, 84, 86 sqq., 105, 107-110, 114, 116, 119-122, 124-128, 130sq., 134 sq., 138, 141 sq., 144, 146, 148, 150 sq., 153, 155, 157 sq.,

166 sq., 169, 172, 174, 176, 178-182, 184-190, 192, 195, 202, 205 sqq., 209, 213, 220, 222, 227, 238, 240, 245, 249 sqq., 256, 265, 270, 277, 282-285, 288, 292, 296, 303, 306, 308, 310, 324, 329 sq., 344 sq., 353, 357, 363 sq., 371 sq., 374, 376 sq., 380, 382 sq., 387, 391, 396 sqq., 403 sq., 409 sq., 415 sq., 419, 421 sqq., 427 sq., 430, 432, 437 sq., 441 sq., 444 sq., 451, 453, 457, 462, 469, 477 sqq., 491, 506, 509 sq., 512, 515 sq., 525-528, 530, 534, 537, 540, 542, 553, 555-560, 570 sqq., 581 sq., 585, 588, 590-595, 598, 600 sq., 607, 609, 612 sqq., 619, 621, 624, 629-632, 638 sq., 649, 659, 670 sq., 674. Cf. co-être.

être-caché (de Dieu), *verborgenheit (gotes) (die)* : 597, 601, 679.

être-créé (l'), *geschaffenheit (die)* : 364.

être de créature, *crêatiurlicheit* : 348-349.

être divin (l'), *götlîche wesen (daz)* : 155, 157, 179, 181, 251, 283, 324 sq., 357, 384, 398, 428, 457, 584, 596, 600, 619, 628, 630.

être éternel (l'), *êwige wesen (daz)* : 431, 437, 527 sq.

être-fils du Fils de Dieu, *sunlich wesen gotes sunes* : 589-590.

être propre, *eigene wesen (daz)* : 111, 250, 387.

être-sage, *wîse-wesen* : 590.

être sans être, *wesen âne wesen* : 560.

être-sien, *sinesheit* : 633, 651.

être-tien, *dinisheit* : 633.

être-un (l'), *einen (ein)* : 338.

évangéliste, *êwangeliste* : 141.

évangile, *êwangelium* : 55, 65, 177, 194, 211, 225, 233, 257 sq., 260, 266, 273, 317, 346, 352, 360, 365, 371, 376, 385, 399, 402, 417, 475 sq., 506, 514, 536, 545, 562, 583 sq., 597, 603, 606 sqq., 644, 668.

exercice, *uebunge* : 320, 324, 369, 426, 646, 657.

exercices extérieurs, *ûzerlîche uebunge* : 68.

extérieur, extérieur (quelque chose d'), *ausserlich, auszwendig, ûzer, ûzerlich, ûztragenne (ein), ûzwendic, ûzwendic (ich)* : 100, 138, 151, 304, 314, 324, 345, 360, 367, 393, 419 sq., 425 sq., 431, 547, 552, 557, 559, 591. Cf. homme exté-

rieur, image extérieure, œuvre extérieure.
extérieur (à l'), *bûzen, her ûz, hie vor, ûz, ûze, ûzen, ûzer* : 74, 167, 202, 206, 219, 226, 234, 250, 287, 315, 442, 474, 479, 535, 586 sq., 616, 648, 651. Cf. engendrer à l'extérieur, épancher à l'extérieur (s'), faire sa percée à l'extérieur, fleurir à l'extérieur, fluer à l'extérieur.
extérieur (à partir de l'), *von bûzen* : 679.
extérieur (de l'), *von ussen, von ussnen, von ûzen her, von ûzen zuo, ûzwendic* : 84, 93, 100, 229, 320, 324, 557.
extérieur (par l'), *von ûzen* : 559.
extérieur (vers l'), *ûzwert* : 133, 372. Cf. lorgner vers l'extérieur, porter vers l'extérieur, tourner vers l'extérieur.

face, *antlütze* : 294, 381, 473, 479 sq., 505. Cf. visage.
face de Dieu (la), *angesihte gotes (daz), antlütze gotes (daz)* : 314, 443.
faim : 302, 352, 354 sq., 359, 397, 408, 471.
faire sa percée à l'extérieur, *ûzbrechen* : 615.
fécond, *baerhaft, fruchtbäre, fruhtbaere, vrochtber, vruhtbaere, vruhtsam, fruhtbaerlich* : 63, 66 sq., 69, 173, 366, 395, 398, 408 sq., 488, 490, 502, 656.
fécondité, *vruhtbaerkeit* : 67, 188, 403, 405 sq., 408 sqq.
félicité, *vroüde* : 62, 69 sqq., 410, 510 sq. Cf. joie.
femme, *frowe, vrouwe, wîp* : 65-69, 72, 108, 113, 139, 150, 164, 168, 192, 199, 207, 216 sq., 223, 233 sqq., 260, 269, 277, 304, 312, 326 sqq., 330, 350, 365 sq., 375, 399, 402, 410, 419, 423, 454 sq., 457, 501, 517 sqq., 557, 586, 644.
femme de bien (la), *guot vrouwe (die)* : 299.
ferveur, *andaht* : 81, 94 sq., 101, 191, 356, 359, 482, 493 sq.
festin du soir, *âbentwirtschaft* : 211, 218, 220, 224.
feu, *viur* : 99 sqq., 112, 119, 126, 128, 148, 195, 201, 216, 235, 243, 294, 314, 318, 322, 338, 357, 370, 373, 393, 404, 417, 422, 472, 478, 484 sq., 538, 542, 551, 554, 564, 568, 621, 627, 639, 642, 660, 663.
figure, *figur* : 212, 278, 440, 484, 594. Cf. configurer (se).
Fils, *sun* : 486, 525, 528, 543 sq., 564, 567 sq., 587 sq.,

593, 596, 605, 609 sq., 618, 625, 630, 634, 637, 640, 659 sq.

Fils éternel (le), *êwige sun (der)* : 69, 386.

fils, fils unique, *sun, eingeborene sun, einige sun (der)* : 87 sq., 97, 139, 146, 200, 202 sq., 236, 264, 297, 326, 328 sq., 330, 335, 355 sq., 371, 375, 380, 392, 400, 413, 426, 543, 587, 589.

Fils, Fils de Dieu, Fils du Père, Fils unique (le), *sun, sun gotes, sun des vaters, eingeborene sun (der)* : 62, 69 sq., 73 sqq., 76, 78, 87 sq., 90, 93, 97 sq., 100, 109 sq., 116, 136, 139 sq., 141 sqq., 145, 147, 155, 175 sq., 185, 188, 191, 202 sq., 208, 228, 231, 234, 236 sq., 239-240, 244 sq., 252, 254, 256 sq., 263 sqq., 265, 270 sq., 278, 283 sq., 288 sqq., 294 sqq., 310, 315, 332, 338, 342, 344, 348, 350, 352, 353, 356 sqq., 361 sqq., 366 sq., 369, 372, 375, 383-387, 389 sq., 398, 403, 408, 414 sq., 419 sq., 436-441, 443 sq., 446 sq., 451, 458, 462, 476, 479, 481, 486, 564, 568, 589-595, 603, 660 sq., 671.

fleurir, *blüejen, blüen* : 319, 338, 414, 502, 538.

fleurir à l'extérieur, *ûzblüejen* : 587.

fluer, *vliezen* : 306, 327, 338, 346, 369, 414, 429, 433, 461, 467, 494, 519, 553 sq., 556, 558, 564, 566 sqq., 570, 583, 585 sq., 611, 614 sqq., 618, 620 sq., 638, 640, 677.

fluer, fluer à l'extérieur, fluer au-dehors, fluer dans, *vliezen, vloen, invliezen, ûzvliezen* : 63, 69, 71, 108, 128, 134, 146, 148, 158, 173 sq., 178, 182, 192, 203, 228, 249 sq., 263 sq., 270, 287, 368, 440-441, 586, 638.

flux, *ûzvluz, vloit, vluz* : 63, 171, 173, 203, 385, 414, 553, 570, 615, 630. Cf. influx, reflux, effusions.

flux divin (le), *götliche vluz* : 616.

foi, *gloube* : 302, 305 sq., 319, 517, 615.

fond de Dieu, *grunt gotes* : 441, 447.

fond de la déité, *grunt der gotheit* : 445.

fond, fondement, *grunt* : 69, 98-101, 115, 117, 122, 134, 138, 143 sq., 166, 178 sq., 182, 191, 193 sqq., 202, 205 sq., 209, 227, 236, 242 sqq., 249, 251, 282, 319, 324, 340 sq., 344, 364, 375 sq., 379 sq., 384, 396,

398, 402, 417-420, 441 sq., 444, 447, 449, 457, 526 sqq., 543, 557, 559, 567, 588, 598, 644, 651, 653 sq.
fond (sans), *âne grunt* : 516, 611.
force, *kraft* : 486, 577, 650, 660, 661, 663. Cf. puissance.
force céleste (la), *himelische kraft (die)* : 443.
force divine (la), *götlîche kraft (die)* : 441 sq.
force du Père céleste, *kraft des himelschen vaters* : 650.Cf. puissance du Père céleste.
forme, *form* : 72, 84, 109, 138, 180 sqq., 198, 219, 246, 277, 302, 324, 363, 386, 413, 415, 420, 464, 630 sq., 675. Cf. conforme, conformer (se), uniformité.
former, former à l'intérieur, former intérieurement, *bilden, erbilden, înbilden* : 55, 102, 129, 132, 138, 191, 197 sq., 243 sqq., 300, 332, 340 sq., 347, 349, 390, 415, 435, 439, 450 sq., 453, 464, 481. Cf. reformer.
fruit, *vruht* : 66-69, 230, 266, 271-274, 301, 349, 366, 402, 405, 407, 466, 475, 500, 557, 628, 661.

gain de soi-même, *gewinnunge sîn selbes* : 157.
gens de bien, *guote liute* : 56, 59, 166, 360, 426, 571.
gens de mal, *boess leüt* : 577.
gloire, * êre* : 69, 240, 407, 516. Cf. honneur.
goutelette d'intellect, *tröpfelîn vernünfticheit* : 129.
grâce, *gnâde* : 57, 62, 64, 73, 100, 117, 132, 146 sqq., 153, 165, 171, 191, 230, 231, 233, 244, 291, 303, 305 sq., 308, 311, 326, 337 sqq., 368, 370, 375 sq., 381 sq., 401, 408 sq., 412, 431 sqq., 440, 448, 495, 497, 515, 517, 519, 527 sq., 548 sq., 552, 567, 571, 573, 583, 585 sqq., 591 sq., 612, 618-621, 623, 628 sq., 638, 655.
grâce divine (la), *götlîche gnâde* : 619.
grain de blé, *weizenkorn* : 402, 405-416.
gratitude, *dankbaerkeit* : 59, 67.

habiter, *wonen* : 70, 76, 78, 140, 144, 147, 154 sq., 158, 160, 273 sq., 279, 285, 447, 488, 534, 552, 559, 587, 617, 637, 639, 667.
hauteur, *hoe, hoede, hoehe, hoehi, hôheit* : 149, 172, 174, 178, 204, 218, 220, 342, 439, 448, 625, 653.
homme, *man, mensche, mentsch,*

mynsche : 55, 57-60, 63, 65, 70 sqq., 81 sq., 85 sq., 91 sq., 97-101, 105-108, 111, 113, 115, 118 sq., 121, 129, 131 sq., 136-141, 147 sq., 154 sq., 156-160, 163-166, 173 sq., 176, 178-181, 190 sqq., 194, 200, 203, 211-221, 223 sq., 231, 234 sq., 238 sq., 243, 248 sq., 251, 254 sq., 256-259, 262, 264, 268 sq., 274 sqq., 276 sqq., 279, 281-286, 288 sq., 291 sqq., 296, 298, 300 sq., 305 sq., 311, 313, 315, 318, 329 sqq., 334, 336, 344, 347-351, 353, 355 sqq., 361-365, 367 sq., 371, 374-378, 380, 382, 384-387, 390, 392 sq., 395 sq., 399-403, 405 sq., 408, 411 sq., 421 sqq., 425-433, 435 sq., 442, 450, 455, 457, 459, 462 sq., 468-474, 487-490, 492-495, 497, 500 sq., 507, 514 sq., 517, 519 sq., 523, 530 sq., 534 sq., 541, 549, 552, 557, 563, 566, 569, 571, 573-580, 584 sq., 587 sqq., 591, 594 sq., 597, 600-603, 608 sq., 611 sq., 614, 616 sqq., 620-628, 632, 645, 647 sq., 650 sq., 653, 655-663, 665 sq., 669, 677, 680. Cf. jeune homme, naissance de l'homme.

homme bon (l'), homme de bien (l'), *guot mensch, guote mensch (der), guote mensche (der)* : 127, 261 sq., 301, 308, 337, 379 sq., 437, 478, 488, 490, 580, 596, 617, 623.

homme céleste (l'), *himelische mensche (der)* : 114, 118.

homme charnel, *vleischlich mensche (der)* : 490.

homme-Dieu : *mensche-got* : 527.

homme droit (l'), *gerehte mensche (der)* : 209. Cf. homme juste (l').

homme extérieur (l'), *ûzer mensche (der), ûzerste mensche (der)* : 64, 526 sq., 680.

homme humble (l'), *oitmoedege mynsche (der) demutig mentsch (der), dêmüetige mensche (der)* : 173 sqq., 178 sq., 238, 376, 418.

homme inexprimable (l') : *unsprechelîche mensche (der)* : 213.

homme injuste (l'), *ungerehte mensche (der)* : 276, 497.

homme intérieur (l'), *inner mensche (der)* : 64, 527.

homme juste (l'), *gerehte mensche, rehte mensche (der)* : 107, 145, 173, 252, 275, 340, 342 sq., 354, 383. Cf. homme droit (l').

homme mauvais, méchant

(l'), *boese mensche (der)* : 166, 490.
homme noble (l'), *edle mensche (der)* : 175, 177, 182.
homme parfait, *volkomen mensche (der)* : 617, 623.
homme pauvre, *arme mensch (der)* : 97, 426 sq., 428, 430, 575.
homme pur, *reine mensche (der)* : 490.
homme qui-sait-Dieu (l'), *gotwizzende mensche (der)* : 137.
homme riche (l'), *rîche mensche (der)* : 97, 138, 234, 474, 611.
homme sage (l'), *wîse mensche (der)* : 97, 138.
homme spirituel (l'), *geistlich mensche (der)* : 490.
homme véritable (l'), *wârhafte mensche (der)* : 101.
homme vrai (l'), *wâre mensche (der)* : 157.
homme (vraiment) spirituel (l'), *(rehte) geistlich mensche (der)* : 485.
honneur, *êre* : 58, 82, 85, 104 sq., 108 sqq., 153, 170, 226, 230 sq., 253, 256, 304, 313, 400 sqq., 408, 410, 421, 433, 470. Cf. gloire.
humain, *menschlich* : 90 sqq., 97 sq., 117, 235, 251 sq., 386, 406 sq., 408, 528, 549, 648. Cf. âme humaine, nature humaine.
humain (l'), être humain (l'), *menschlîche (daz), menschlîche wesen (daz)* : 65.
humanité, *menscheit* : 87, 90, 98, 257 sqq., 349, 386, 400, 405 sq., 408, 420, 456, 526 sqq., 534, 671.
humanité de Jésus Christ, sainte humanité (la), *menscheit Jêsû Kristî, heilige menscheit (die)* : 405 sq., 408.
humanité éternelle (l'), *êwige menscheit (die)* : 527.
humble, *demütig* : 95, 410 sqq., 447. Cf. homme humble (l').
humilité, *demüeticheit, demuetigkeit, demutikait, oitmoedicheit* : 88, 173 sq., 176, 178 sq., 375, 410 sqq., 441 sq., 446 sq., 457, 496, 576, 615, 668.

illumination intérieure, *înerliuhtunge* : 298.
image, *bilde* : 55, 59, 62, 65 sq., 78, 80, 99, 102, 109, 127, 130 sq., 136, 138, 180 sq., 184 sq., 187-190, 192, 197 sq., 208, 213 sq., 221 sq., 234, 236 sq., 243 sq., 246, 249, 276 sq., 288 sq., 300, 320, 323 sq., 326, 336, 348 sq., 357 sq., 363, 370, 372 sqq., 377, 386, 413 sqq., 419, 440 sq., 447, 464, 501, 525 sq., 533,

539 sq., 542 sq., 547 sqq., 557, 563 sq., 583, 593 sq., 601, 604, 616, 621, 630 sq., 635, 648 sqq., 666, 671 sq., 675, 679. Cf. dépouiller de l'image.

image corporelle (l'), *lîphafte bilde (daz)* : 376.

image de Dieu, image divine, *gotes bilde* : 170 sq., 187 sq., 221, 244, 347 sq., 370, 373, 421, 543, 549, 563 sq., 597, 601, 604, 631.

image de la déité, *bilde der gotheit* : 414.

image de l'âme, *sêle bilde* : 138, 184 sq., 188, 421, 590.

image divine (l'), *götlîche bilde (daz)* : 347, 386.

image du Père, *vaters bilde* : 386, 419, 549.

image éternelle, *êwic bilde* : 243.

image intellectuelle, *vernünftic bilde* : 234.

image extérieure (l'), *ûzwendige bild (daz)* : 426.

image sans image, *bilde sunder bilde* : 415.

immobile, *unbewegelich* : 160, 166, 170, 181, 225, 395, 398, 433, 572, 600.

immobilité, *unbewegelicheit* : 600.

immuable, *unwandelbaere, unwandelhaftic* : 77, 160, 181, 613 sq.

imparfait, *unvolkomen* : 100, 156, 199.

imperfection, *unvolkmenheit* : 304, 513 sq.

impossible, *unmügelich* : 119, 149, 163, 226, 262, 281, 305, 315, 338, 449, 573.

impression, *îndruk* : 78 sq., 135, 245, 375, 532, 546 sq., 557 sq., 565.

inconfort, *ungemach* : 407, 409, 423.

inconnaissance de la déité cachée, *unbekantniss der verborgenen gothait* : 182.

incorporel, *unlîplich* : 71.

incréable, *ungeschepflich* : 143, 157, 167, 397.

incréé, *ungeschaffen* : 60 sq., 143, 157, 167, 236, 397, 409, 521. Cf. créé.

indicible, *unsprechelich* : 195, 435, 437, 516, 598, 633, 644.

inégal, *unglîch* : 127, 141, 149 sq., 208, 214, 237 sq., 243, 257, 269, 276, 286, 336, 377, 382, 395, 413, 418, 438, 462, 566, 576, 638, 646.

inégalité, *unglîcheit* : 149, 160, 375 sq., 414, 458, 465, 658.

inengendré, *ungeborn* : 579.

inexprimable, *unsprechelîch* : 105, 116, 435, 651. Cf. homme inexprimable (l').

inférieur, *nider, niderste, underste* : 123, 162, 168 sq., 196, 201, 246, 249, 263, 338, 447, 553, 562, 628, 633. Cf. puissances inférieures, sens inférieurs.
influx, *învluz* : 181, 250, 279, 375, 391, 415, 527, 554, 565, 619. Cf. flux, reflux.
inhabitation, inhabiter (un), *înhangen, înhangen (ein)* : 78 sq.
injuste, *unrecht, unreht* : 85, 94. Cf. homme injuste (l').
injustice, *ungerehticheit, unreht* : 95, 356, 513.
inné, *anegeborn* : 475.
intangible, *unberüerlich* : 251.
intellect, *vernunft, vernünfticheit, verstendikeit* : 60, 75, 116 sq., 122 sq., 128, 130 sq., 133, 144 sq., 167, 203, 222 sq., 229 sqq., 237, 242, 244 sq., 263, 276, 311, 323, 326-333, 362, 365, 367 sq., 370, 376, 378, 383, 403 sq., 406, 516, 520 sq., 526, 539, 542 sq., 548, 552-553, 568, 570 sqq., 586, 634, 649 sq. Cf. gouttelette d'intellect, lumière de l'intellect, opération intellective, puissance intellective.
intellect (doué d'), intellect (selon l'), intellectuel, intellectuel (sous mode), *vernüftic, vernünftic, vernünfticlîche, vernünftig* : 62, 65, 84, 150, 152, 189 sq., 197 sq., 208, 234, 237, 277, 288, 391, 393, 398, 407, 418, 440, 446, 453, 477, 500 sq., 520, 585 sq., 591, 597 sq., 613. Cf. lumière intellectuelle.
intellect (par), *vernünfticlîche* : 516.
intelligence, *vernunft, verstandnis* : 380, 428. Cf. connaissance, entendement.
intention, *meinunge, willen* : 148, 282, 357, 402. Cf. opinion, visée.
intérêt, *nutze* : 379.
intérieur, *inne, inner, innerlich, innic, innig, inwendig* : 84, 100, 102, 135, 137 sq., 140, 144, 191, 200, 202 sq., 251, 278, 298, 303, 324, 333, 398, 409, 419, 425, 431, 447, 460, 482, 563, 591, 600, 632, 680. Cf. homme intérieur, illumination intérieure, naissance intérieure de Dieu, sens intérieurs.
intérieur (à l'), *binnen, binnen (fon), dar inne, in, inne, innen* : 121, 134, 154, 175, 181 sq., 185, 216, 251, 289, 314, 373, 455 sq., 483, 496, 535, 587, 616, 642, 648, 651, 669. Cf. demeurer à l'intérieur, entrer à l'intérieur, porter à l'intérieur.

intérieur (à partir de l'), *von binnen* : 679.
intérieur (de l'), *innen (von), inwendic (von)* : 84, 93 sq.
intérieur (le plus), *allerinnigeste (daz), innerste (daz), innigeste (daz), inwendigeste (daz)* : 100, 144, 542, 582, 623.
intérieur (regarder à l'), *înblicken* : 543.
intérieur (s'empresser vers l'), *îndringen* : 543.
intérieur (tourné vers l'), *îngezogen* : 558.
intérieur (vers l'), *înwendic, înwert* : 133, 346.
intériorité, *innerkeit, innicheit* : 81, 86, 100, 104, 191, 400, 493 sq., 527, 613, 680.
intermédiaire, intermédiaire (sans), *mittel, âne mittel* : 64, 98, 103, 108, 134 sq., 138, 140, 142, 152, 178, 181 sq., 184, 187 sq., 190, 192, 215, 217, 246, 300, 356, 359, 372, 381 sq., 397, 407, 421, 423, 434, 536 sq., 539, 547 sq., 558, 582, 588, 619, 634 sq., 648 sqq., 651, 653, 655, 673, 676.

jaillir, jaillir au-dehors, *entspringen, urspringen, ûzbrechen, ûzquellen, ûzquillen* : 188, 197, 207, 244, 296, 298, 315, 326, 338, 414, 445, 517 sqq., 543 sq., 568, 586 sq., 592, 618, 621, 624.
jaillissement, *ûzbruch* : 143, 188, 201, 207, 315, 368, 380, 383, 444, 570.
jeune, *junc* : 360 sqq., 368, 418.
jeune fille, *juncvrouwe* : 587, 637, 641.
jeune homme, *jüngelinc* : 200, 203, 360 sq., 363-368, 514.
jeunesse, *jugent* : 327, 631.
joie, *vröude* : 76, 85, 95 sq., 118, 140, 159, 164, 181, 209, 238, 276, 308, 333, 335, 337, 340 sq., 363, 388, 419, 436, 460, 462, 474, 476 sq., 489, 505, 510 sq., 514-517, 520 sq., 523 sq., 532, 538 sq. 541, 545, 589, 595 sq., 606 sq., 640, 652, 654 sqq., 667. Cf. félicité.
jour, *tac* : 69, 77, 83, 111, 124 sq., 129 sq., 132, 134, 138 sqq., 142, 144, 173, 207, 209, 211 sq., 218 sq., 235, 252, 255, 260, 277, 279, 282, 284, 294, 300, 309, 315-318, 321 sq., 325, 329, 332 sq., 371, 466, 520, 523, 554, 566, 575, 611, 649, 658 sq., 661, 663 sq., 666, 672.
jour de Dieu, *gotes tac* : 139, 142.
jour de l'âme (le), *sêle tac (der)* : 139, 142, 321.

juste, *gereht, recht, reht* : 57, 60, 95, 99, 102 sq., 104 sqq., 108, 134, 144, 274, 282, 319, 328, 341, 343, 347, 354, 356, 371, 427, 445, 494, 497, 596, 658 sq., 677. Cf. droit.

juste (le), *gerehte (der)* : 104, 106 sq., 112, 340-343, 535. Cf. homme juste (l').

justice, *gerechtigkeit, gerehticheit* : 106 sq., 112, 134, 145, 191, 261 sq., 275, 283, 339-343, 347, 352 sqq., 358, 388, 535, 575, 638.

justice de Dieu, *gerehticheit gotes* : 329.

labeur, *arbeit* : 407, 409, 464, 656.

largeur, *breite, wîte* : 149, 208, 309, 333, 535.

laisser, délaisser, laisser (se), *lassen, lâzen, lâzen (sich)* : 56, 58, 74, 81, 94, 101, 109, 125, 140-143, 152, 155, 157, 160, 177 sq., 186, 203, 212, 216, 219, 238, 253-256, 261, 274 sq., 281 sqq., 302, 304, 309 sq., 337, 359, 362, 366, 375, 396, 402 sq., 409, 412, 422, 429, 444, 448, 463, 468 sqq., 476, 492 sq., 496, 511, 516 sq., 562 sq., 573 sq. 581 sq., 607, 619, 637, 639, 651. Cf. abandonner.

libérer de, libérer (se), *benemen, loesen (sich)* : 386, 442.

liberté, *vrîheit* : 60, 68, 178, 275, 280 sqq., 298, 304, 323, 462, 620, 651.

liberté divine (la), *götlîche vrîheit (die)* : 629.

libre, *vrî* : 57-60, 66, 68, 72, 102 sq., 131, 148, 224, 275 sq., 280, 282, 311, 320, 323, 386, 428, 462, 516, 518, 526, 604, 643, 649 sq., 653. Cf. volonté libre (la).

limpide, *lûter* : 59 sq., 63, 69, 75-79, 86 sqq., 115 sq., 119 sq., 122, 126 sq., 137, 157, 162, 168, 178, 181 sq., 186, 195 sqq., 202, 204 sq., 211, 214 sq., 219 sq., 222, 226 sqq., 230, 232, 234 sq., 237, 240, 244 sqq., 266 sqq., 271, 275, 277, 280, 282, 285, 292, 296 sq., 308 sq., 311, 315-318, 321 sqq., 328, 331 sq., 337, 347, 363, 374, 377, 379 sq., 382, 410, 414 sqq., 440 sq., 442-445, 447, 462 sq., 469, 473, 482, 484, 488 sq., 501 sq., 509, 511, 526, 540 sq., 547, 549, 552 sq., 557, 559 sq., 567, 570, 583, 592, 596 sq., 608 sq., 617, 619, 625, 635, 638, 643, 646, 652, 660, 667 sq.

limpidement, de façon lim-

pide (de façon non limpide), *lûterlich (e), unlûterliche* : 58 sq., 76, 78, 85, 95, 123, 135, 148, 152, 181, 212, 230, 247, 268, 319, 362 sq., 391 sq., 401, 487, 495, 501, 519, 538, 557.
limpidité, *lûterkeit* : 62, 163, 165, 194 sq., 197, 213, 220, 226, 230, 235-238, 240, 245, 276, 278, 347, 376, 422, 435, 442, 444, 447, 462 sq., 489, 523, 551, 560, 598, 600 sq., 638, 643, 660.
limpidité divine (la), *götliche lûterkeit (die)* : 597.
limpidité naturelle (la), *natiurlîche lûterkeit (die)* : 551.
limpidité de Dieu, *lûterkeit gotes* : 489, 617.
Livre de l'amour, *der minne buoche* : 466, 491, 537, 554, 560.
Livre de la Révélation, *buoch der tougen* : 479.
Livre de la Sagesse, *buoche der wîsheit* : 352, 440, 480, 569, 608.
livre qui s'appelle « Lumière des lumières », *das buoc, daz heiz lieht der liehte* : 612, 614.
longueur, *wîte* : 309.
longueur, *lancheit, lenge* : 149, 207, 209.
lorgner vers l'extérieur, *ûzluogen* : 217, 357.
louange, *lob* : 58 sq., 67, 170, 208, 379 sq., 400 sq., 407 sq., 516, 569, 578, 607, 612.
lumière, *lieht* : 57, 59 sq., 63, 68 sqq., 72 sq., 76, 78, 81, 87, 89, 123, 128, 130, 132, 135, 154, 170, 173, 176, 180, 182, 195, 198, 201, 204, 211, 214 sq., 218, 220 sqq., 233, 237, 241, 246, 250, 263, 279 sq., 285, 296, 298, 300, 302, 306, 311, 314 sqq., 318, 321 sq., 324, 326, 344, 357, 368, 374, 376, 381 sq., 392 sq., 397 sq., 404 sq., 412-416, 418, 423 sq., 437, 440, 450 sq., 460 sq., 465, 472, 484, 488, 539, 542, 547 sqq., 551 sqq., 554 sqq., 558 sqq., 564, 566 sqq., 570 sq., 585 sqq., 597, 606 sq., 613 sq., 619, 626 sq., 633, 638, 642, 646 sqq., 667, 669, 672, 674 sq., 678. Cf. livre qui s'appelle « Lumière des lumières », Père des lumières.
lumière angélique (la), lumière de l'ange (la), *engelische lieht (daz), des engels liehte* : 204 sq., 209, 216, 223, 295, 321 sq., 324, 443.
lumière céleste, *himelische lieht (daz)* : 279.

lumière de Dieu, *lieht gotes* : 295, 322, 324, 382, 626.
lumière de la grâce, *lieht der gnâde* : 548, 571, 585 sq.
lumière de l'âme, *lieht der sêle* : 205-206, 209 sq., 226.
lumière de l'ange, *des engels lieht* : 554, 603 sqq.
lumière de l'intellect, *lieht der vernünfticheit, vernünftic lieht (daz)* : 548, 570, 597.
lumière divine (la), *gotlich liecht (daz), götlich (e) lieht (daz)* : 76, 120, 135, 200, 203 sq., 209, 211, 213, 218 sq., 223, 295, 298 sqq., 302, 317 sq., 322, 326, 329, 382 sq., 391, 423, 437, 443, 465, 472, 548 sq., 554, 603 sqq., 626 sq., 633, 658.
lumière éternelle (la), *êwic lieht (daz), daz êwige lieht* : 235, 284, 424, 646, 648 sq.
lumière intérieure, *innere lieht (daz)* : 135.
lumière matutinale, lumière du matin, *morgenlieht, des morgens lieht* : 121, 211, 329 sq.
lumière naturelle (la), *natiurlich lieht (daz), natiurlîche lieht (daz)* : 129, 139, 199, 204 sq., 297, 321, 330, 370, 443, 570 sq., 585, 587.
lumière vespérale, *âbentlieht* : 121, 329 sq.
lune, *mâne* : 124, 131, 173, 186, 209, 248, 377, 461, 533.

maintenant, maintenant présent (le), *nû, das gegenwertige* : 56, 59 sqq., 65 sq., 68, 70, 72 sq., 75 sqq., 86, 92 sq., 97, 99, 101 sq., 104 sq., 118 sq., 124 sq., 129, 136-139, 141 sq., 156, 158 sq., 166, 178, 185, 189 sqq., 205 sqq., 208, 215-216, 218, 220, 222 sqq., 226, 229, 230, 234, 245 sq., 250, 258, 260, 265, 272, 274, 277, 283 sq., 287 sq., 297, 314, 319 sq., 327, 329, 333 sq., 340, 342 sq., 349 sq., 353 sqq., 359-364, 376 sq., 394, 401 sqq., 405 sq., 408 sqq., 413 sqq., 416, 419, 424-428, 430-433, 457, 463 sq., 499 sqq., 502-505, 508-512, 514-520, 524, 531, 540, 542 sq., 568 sq., 571, 575 sq., 586 sq., 590 sqq., 598, 601, 605, 609, 612, 630-633, 635, 637, 646, 650, 652 sq., 661, 666, 671, 673 sq., 676-681.
maintenant éternel (le), *êwige nû (daz)* : 597.
maison, *hûs* : 112, 205-208, 210, 299, 302, 304, 336, 390, 415, 417, 454, 461,

489, 491, 534, 578 sq., 582, 642.
maître, *meister* : 66, 75-79, 90, 97 sqq., 102, 111, 114-120, 122, 124-128, 130 sq., 135 sqq., 140 sqq., 156, 162 sqq., 169, 171, 181 sq., 184, 188, 190 sqq., 194-198, 201, 204, 208 sq., 211, 213, 215, 221 sqq., 227 sqq., 231 sq., 235, 238 sq., 242, 244 sq., 249 sqq., 256, 262 sq., 266 sq., 269, 280, 283, 289, 297, 299, 301, 306, 309, 313-316, 318 sqq., 323 sqq., 327, 330 sq., 333 sqq., 338, 344, 352, 359, 361, 367-373, 379 sqq., 383, 389-392, 395, 414 sqq., 418 sq., 430 sq., 433, 441 sq., 450, 452, 455, 457 sq., 460, 466, 469, 474, 477 sqq., 482, 484, 505, 510, 514 sq., 520 sq., 529, 531 sqq., 535, 538 sqq., 545 sqq., 548, 551 sqq., 557 sqq., 563 sqq., 567 sq., 572 sq., 577, 586 sqq., 593, 597, 601, 603 sq., 607, 609, 612, 617, 625, 630, 632, 645 sq., 654, 663, 665, 667 sq., 669 sq., 676.
maître païen (le), *heidenische meister (der)* : 128, 164, 220, 297, 323, 328 sq., 377, 379, 383, 490 sq., 546, 585, 611 sqq., 633, 646.
maître d'œuvre, *werkmeister* : 624, 627 sq.
mal, *übel* : 92, 172, 222, 261, 269, 489, 500.
mal (faire), *wê tûn* : 608, 654 sq.
mal de cœur, *herzeleit* : 595.
malade, *siech* : 106, 159, 254 sq., 264, 479, 495.
malade (le), *sieche (der)* : 125 sq., 152, 217, 224, 304.
maladie, *siechtage, sêrde, suht* : 81 sq., 152, 292, 355, 479, 661.
malheur, *unglücke* : 131, 479, 573.
manière, *wîs(e)* : 62, 69, 71-74, 99, 103, 110, 115 sq., 147, 149, 157 sq., 189 sq., 211, 219 sq., 234, 237, 252, 256, 282, 284, 314, 350, 353 sq., 356, 367, 374, 395 sq., 428 sqq., 441, 449, 469 sq., 506, 611, 613, 646. Cf. mode.
manière de Dieu, *wîse gotes* : 430.
manière (de même), *zu gleicher weiss* : 577.
manifestation, *offenbârunge* : 460, 472.
manifestation de Dieu, *offenbârunge gotes* : 348.
manifeste, manifeste (de façon), *offen, offenbaere, offenbâre* : 518, 590, 592, 594, 611.
marche, *stîg* : 301 sq., 304.

matière, *materie* : 300, 320, 390, 396, 414, 487, 491, 604, 627.
matin, mi-matin, *morgen, mittenmorgen* : 317 sq., 321 sq.
mauvais, méchant (le), *boeze, boese, übel* : 58, 107 sqq., 128, 164, 166, 301, 352, 368, 422, 466, 488, 577, 649. Cf. homme méchant (l').
mauvais (quelque chose de), mauvais (quelque chose qui est), *iht übels, iht, daz boese sî* : 490, 509.
mère, *muoter* : 198 sq., 212, 219, 274, 277, 291, 303, 331, 417, 419, 421, 484, 595.
Mère de Dieu, *muoter gotes* : 98, 175, 233, 257.
Mère du Christ, *Kristî muoter* : 399, 401 sq.
messager, *bote* : 300, 365, 458.
midi, *mittac* : 317 sq., 321 sq.
miracle, *wunder* : 204, 313, 459, 537, 562.
miroir, *spiegel* : 130-131, 184 sq., 187, 464, 539, 597, 601, 604, 616, 660.
miséricorde, *barmherzicheit* : 115, 427, 441, 448, 486, 578, 638.
mode, *art, wîse, wîs* : 60, 62, 65, 73 sq., 79, 81, 94-95, 101 sq., 105, 109, 125 sqq., 138, 147, 212, 252, 263, 320, 364, 389, 398, 403, 406-412, 413 sq., 496, 506, 515, 519, 521, 526 sqq., 560 sq., 612, 629, 646. Cf. manière, manière d'être.
mode non-né (le), *ungeborene wîse (die)* : 432.
mode sans modalité, *wîse âne wîsheit* : 127.
mode (sans), *sunder wîse, âne wîse* : 60, 73, 101, 126.
mode sans mode, *wîse âne wîse* : 125, 521, 560, 629.
mode (sous — intellectuel), *vernünfticlîche* : 591.
moelle, *mark* : 264.
mœurs, *site* : 301, 306 sqq., 423.
mœurs divines (les), *götlichen siten (die)* : 423.
moi propre, *eigenschaft* : 59, 426.
monde, *wellt, werlt* : 71, 76, 86, 88, 90, 93, 97, 100, 109, 113, 118 sqq., 125, 142, 160, 194, 196-199, 202, 211, 218, 222, 224, 255, 259, 268, 273, 275 sq., 278, 280-283, 287 sq., 292, 299, 301, 304 sq., 308, 318, 328 sq., 331, 333, 336 sqq., 356, 368, 381, 439, 468, 474, 488, 502, 511, 523, 531, 537, 546, 556, 566, 569, 578, 582, 595 sq., 606 sq., 659, 667.

mortalité, *toetlicheit* : 123.
mort, *tôt* : 110, 118 sq., 121, 147, 160, 164, 200, 203 sq., 264, 282 sq., 285, 295, 312, 326 sqq., 341, 343, 360, 365 sq., 380 sqq., 387, 400, 456, 458 sqq., 518, 543, 622, 628, 679.
mort (la), *tôt (der)* : 64, 70, 108, 119, 121, 156, 164, 254, 337, 401, 406 sqq., 422, 455, 500, 573, 642, 654, 666.
mort (le), *tôte (der)* : 200, 203, 285, 381.
mortel, *toetlich* : 407, 432, 458, 519, 661.
mot, *wort* : 65 sq., 83 sq., 86 sqq., 124, 134, 162, 194-198, 213, 278 sq., 281, 283, 289 sq., 297, 323, 331, 340 sqq., 346, 349 sq., 352, 358, 375 sq., 385, 406, 414, 451, 453, 480, 502, 506, 512, 515, 517, 531, 536, 543, 556, 569, 571, 573, 575, 578 sqq., 582, 598-601, 606 sq., 612, 615, 624, 647, 651, 654, 668, 670. Cf. parole.
mot (petit), *wörtelîn* : 61, 65, 83, 100, 131, 151, 154, 186, 198, 225, 253, 260, 264, 266, 270, 272, 287, 289, 308 sq., 352, 354, 359, 371, 375, 444, 505 sq., 508, 521, 524, 551, 554, 606 sqq.
mouvement, *bewegunge* : 297, 387, 400, 480 sq., 485, 541, 622, 626, 663.
multiplicité, *manicvalticheit, manigualtikait, manigvaltigkeyt, menige* : 141, 147 sq., 154, 159, 178, 181, 200, 280, 347, 419.

naissance, *geburt, gebern, geberunge* : 69, 139, 142, 149, 263, 271, 291, 329, 332, 335 sq., 337 sq., 348, 366 sqq., 373 sq., 376, 389, 397, 399, 414, 415, 432, 462, 475, 586, 595 sq. Cf. enfantement.
naissance corporelle (la), *lîplîche geburt (die)* : 325.
naissance de Dieu, *gotes geburt* : 319, 348.
naissance de l'homme, *geberunge des menschen* : 348.
naissance divine (la), *götlîche geburt (die)* : 367.
naissance éternelle (la), *êwige geburt (die)* : 385, 415.
naissance intérieure de Dieu, *inwendige geburt gotes* : 662.
nature, *natûre* : 62, 77, 83, 87 sq., 90 sq., 98 sqq., 109 sq., 112, 114, 119, 131, 138, 142 sq., 148, 152, 155, 158, 162 sq., 169, 172, 185, 187 sqq., 194-198, 201, 212, 215, 221, 225, 231,

233, 235, 249, 265, 271, 273 sq., 276 sq., 279, 284 sqq., 291, 296, 313, 315 sq., 329, 331 sq., 334 sq., 337 sq., 344, 347, 353, 373 sq., 379 sq., 386 sq., 390 sq., 395, 396, 403, 409 sq., 412, 420 sqq., 437 sq., 441, 447 sq., 450, 460, 463, 471, 475, 482, 484, 487, 495, 502, 510, 515 sq., 523 sq., 540 sq., 552 sq., 563, 565, 568, 574, 577, 582 sqq., 592 sq., 595, 618, 620, 622, 627, 638 sq., 650, 652, 655, 660, 673 sq., 676.

nature angélique (la), *engelische natûre (die)* : 297, 331, 365, 472, 660, 666.

nature divine (la), *götlîche natûre (die)* : 62, 79, 137, 181, 193, 214, 222, 271, 284, 326, 364, 374, 389, 398, 403, 406 sq., 435, 453, 480 sq., 483 sq., 524, 620, 655.

nature humaine (la), *menschlîche natûre (die)* : 90 sq., 98, 235, 251 sq., 386, 406, 408, 603, 655, 660 sq.

nature propre (la), *eigene natûre (die)* : 350, 384, 661. Cf. propriété.

nature propre (sa), *sin selbes natûre* : 628.

naturel, *natiurlich* : 129, 139, 142, 156, 164, 166, 181 sq., 187, 189, 196 sq., 199, 204 sq., 242, 249, 285, 314, 316, 322, 385, 586, 612, 618, 656, 675, 679 sq. Cf. connaissance naturelle, désir naturel, limpidité naturelle, lumière naturelle.

néant (le), *niht (daz)* : 58, 61, 67, 76, 85 sqq., 93, 99 sq., 102, 151 sq., 179, 221, 277, 285, 362, 382, 410, 460, 462 sq., 473, 501, 551, 554-559, 594, 599, 604, 613, 629, 632, 638, 641, 653.

néant de néant, *nihtes niht* : 61.

nier du nier, *versagen des versagennes* : 228 sq.

néant divin (le), *götlich niht (daz)* : 559.

néantisé (être), néant (être réduit à), *ze nihte werden* : 341, 349, 391.

néantité, *nitheit* : 633.

noble, *edel* : 60, 66, 69, 72 sq., 76 sqq., 84, 98, 102, 108, 114, 119 sqq., 130, 135, 142 sqq., 150, 158, 166, 169, 173, 178, 187 sqq., 197 sq., 212 sq., 220, 227, 229, 232, 257, 261, 263 sq., 267 sq., 282, 300, 313, 316, 320, 322 sq., 356, 360, 363 sq., 368 sq., 376, 382, 391, 392, 397, 405-409,

413, 433, 443 sq., 469, 474 sq., 502, 511, 520, 523, 532, 557, 570, 577, 582, 605, 609, 611, 616, 618 sq., 621, 628, 631, 638, 646, 652, 655, 661, 678. Cf. homme noble (l').

noblesse, *adel* : 72, 91, 169, 186, 192, 221, 279, 299, 435, 470, 475, 502, 618 sqq., 627 sq., 655.

noblesse divine (la), *götlîche edelkeit (die)* : 619 sq.

non-connaissance, *unverstandenheit* : 633.

nom, nom (pas de), nom (sans), *name, namen, ungenant* : 318 sqq., 324 sq., 335, 350, 369, 371, 379, 381 sqq., 385, 436, 468, 512, 543, 555 sq., 567, 569, 598 sqq., 603, 611 sq., 614, 631 sq., 644, 647 sq., 656, 663 sq.

nom propre (le), propre nom (le), *eigene name (der), eigens name (der)* : 322, 335.

nombre, *zal* : 333 sq., 347, 502, 511, 523 sq., 576 sq., 598, 633 sq.

non-circonscrit, *unbegriffen* : 483.

non-repos des œuvres extérieures (le), *unruowe ûzwendiger werke (die)* : 482.

nouveau, *niuwe* : 70, 162, 171, 215, 222, 252, 329, 337, 377, 415, 464, 566, 583, 631, 640. Cf. homme nouveau (l').

nouveau (à), *niuwe, wieder* : 313, 356, 366, 418, 439, 463.

nouveau (de), *anderwarbe, wieder* : 588 sq.

noyau, *kerne* : 163, 264, 380, 383, 420 sq., 445, 545.

nu, *blôz* : 76, 116, 119, 130, 142, 150, 162 sq., 167, 181, 192, 195, 197, 207, 212, 219, 222, 227, 244, 246, 250 sq., 266 sqq., 292, 328, 347, 364, 376, 380, 386, 397 sq., 422, 443, 445, 453, 509 sqq., 523, 526 sq., 593, 597, 599 sq., 618, 631, 648 sq., 652 sq., 656. Cf. dénudation, dénuder.

nudité, *blôzheit* : 98 sqq., 159, 178, 194, 345, 348, 442, 447, 643. Cf. dénudation, dénuder.

nuit, *naht* : 121, 129, 139, 173 sq., 255, 277, 284, 330, 419 sq., 554 sq., 564, 566, 572, 649.

obéissance, *gehôrsam* : 656.

obscurcir, *bevinstern* : 296, 463. Cf. ténèbre(s).

obscurité, *tunkelheit* : 198. Cf. ténèbre(s).

œil (yeux), *ouge (n)* : 91, 114,

125, 129 sq., 138, 149, 159, 189, 196, 201, 215, 222, 229, 234 sq., 254, 258, 264, 267, 278, 300, 301 sq., 314, 316, 320, 324, 361, 381, 396 sq., 421, 427, 440 sqq., 446-449, 451, 458, 481, 489, 518, 532 sq., 538 sq., 547, 551 sq., 554, 556 sq., 559 sq., 563 sq., 586, 591, 616, 628.

œil (yeux) de l'âme, *ouge (n) der sêle* : 299, 362.

œuvre, *werk* : 56-59, 66, 68, 82, 87, 91, 100 sq., 105, 108, 110, 114-117, 122, 133, 137 sq., 146, 149, 155, 159, 170, 176, 192, 195, 199, 206, 213, 215, 221 sq., 226 sq., 229 sq., 232, 239, 249, 253, 256, 257 sq., 264, 267, 276 sq., 282, 291, 293, 295, 298, 301 sq., 306, 315, 323, 331, 335, 337 sq., 340-343, 363 sqq., 366-369, 371 sq., 373, 380, 387, 389, 393, 397, 407, 415 sq., 431 sq., 436 sqq., 440-443, 446, 466, 469 sq., 475, 480 sqq., 485, 490, 497, 525, 528, 553 sq., 573 sq., 587 sq., 596, 604, 607, 612, 615, 617 sqq., 624-628, 635, 641, 646, 648, 652, 654 sq., 657, 662, 674, 678. Cf. maître d'œuvre, opération.

œuvre bonne (l'), *guot(e) werk (daz)* : 330, 341, 357, 369, 441, 472, 596, 606 sq., 615, 652.

œuvre de Dieu, *werk gotes* : 364, 414 sq., 430, 440.

œuvre divine (l'), *götlich werk (daz)* : 296, 298, 306, 433, 464, 466, 472, 482 sq., 485, 574, 625.

œuvre extérieure (l'), *ûzer werk (daz)* : 313, 497, 645. Cf. non-repos des œuvres extérieures.

œuvre propre (l'), œuvre propre de l'homme (l'), *eigen werk (daz), des menschen eigen werk (daz)* : 303, 429, 431.

œuvrer, opérer, *würken* : 56 sqq., 91, 93 sq., 100 sq., 108, 110 sq., 112, 115 sqq., 125 sq., 129, 133, 135 sq., 140, 146-149, 154 sq., 174, 176, 179, 198, 201 sq., 204, 206, 208 sq., 213 sq., 220, 222, 227, 230 sq., 235, 239, 243, 253, 256 sq., 264, 267, 274, 276 sq., 281 sq., 288-291.

offrir, *geben, opfern* : 580, 659.

offrir, offrir (s'), *biuten, büten, erbiuten (sich), geben, opfern, opfern (sich)* : 294, 358, 391, 408, 469 sq.

oisiveté (dans l'), *müezig* : 299, 302, 304.

opération, *werk, würkunge* : 310, 322, 337, 380, 387,

436, 443, 525, 613, 625. Cf. œuvre.
opération divine (l'), *götlîche werk (daz)* : 336.
opération intellective (l'), *vernünftige würkunge (die)* : 443.
opérativité, *würklicheit* : 396.
opérer, *würken* : 547, 553, 574, 588, 618, 620, 625 sqq., 635, 641, 670, 674.
opinion (avoir une), *meinunge, meinen* : 427, 538. Cf. intention, visée.
ordonnance (l'), *ordenunge* : 296, 319, 322 sqq., 588, 680.
ordonnance de l'âme (l'), *ordenunge de sêle (die)* : 297.
ordonnance divine (l'), *götlîche ordenunge (die)* : 296 sq., 483.
oreille, *ôre* : 300, 302, 314, 320, 397, 421, 468, 490, 547, 628, 656.
orgueil, *stolz* : 303.
origine, *ursprunc* : 102 sq., 202, 220, 247, 263, 270, 280, 319, 385, 420, 422, 432, 462, 472, 481, 500, 539, 543, 588, 609, 613, 677.
ôter, *abelegen, benemen, nemen* : 63, 66, 148, 152, 159, 184 sq., 245, 350, 421, 456, 475.
paix, *fride, vride, vriede* : 64, 68, 83, 113 sqq., 164, 268 sq., 282, 297, 317 sq., 321, 325, 342, 377 sq., 382, 461, 485, 500, 585, 633 sq., 667, 669.
paix divine (la), *götlîche vride (der)* : 461.
paix éternelle (la), *êwige vride (der)* : 325.
parenté, *sippeschaft* : 257, 277, 337, 584.
parfait, *volkomen* : 62, 91, 100, 209, 213, 259, 304, 314, 358, 366, 375 sq., 411 sq., 415, 419, 462, 477, 479, 489, 494, 527, 576, 583, 587, 608, 613 sq., 617, 620, 624, 627, 629, 632, 654. Cf. homme parfait.
parole (Parole), *wort* : 62 sq., 75 sq., 82, 87 sq., 95, 107 sqq., 113 sq., 116, 124, 129-132, 134, 141 sq., 150, 154, 156 sq., 171, 177, 194, 200, 203 sqq., 207 sq., 213, 220 sq., 223, 225 sqq., 233 sq., 236, 242 sqq., 252, 273, 283, 287, 289, 295, 311 sq., 324 sq., 331 sq., 337, 352 sqq., 356, 358, 361, 363, 375, 382, 399 sq., 402-405, 410, 417 sq., 425, 431 sq., 435-438, 441, 454, 459, 468, 479, 486, 488, 496, 505, 514, 518, 520,

539, 546, 550, 551, 572, 575, 587, 618, 621, 624, 627, 637, 647, 651, 654, 657 sqq., 661. Cf. mot.
parole de Dieu, *gotes wort* : 155, 233, 399-400, 401 sq., 545, 618.
Parole du Père, *wort des vaters* : 637.
Parole éternelle (la), *êwige wort (daz)* : 69, 154 sq., 182, 191, 200 sq., 251, 270, 332, 385 sq., 403 sqq., 407, 539, 603, 644, 648.
pâtir, *lîden* : 295, 299 sq., 431, 604 sq., 631, 659. Cf. souffrir.
pauvre, pauvre (le), *arm, arme (der)* : 70, 97, 190, 224, 259, 305, 352, 359, 400 sq., 425-428, 430 sqq., 492, 516, 575 sq., 606 sq. Cf. homme pauvre (l').
pauvreté, *armuot* : 70, 81, 190, 290, 304 sq., 323, 355, 409, 425 sqq., 429 sqq., 433, 575 sq., 582.
péché, *sünde* : 56, 83, 91, 95, 115, 136, 173, 203, 276, 303 sq., 306, 330, 337, 341, 441, 447 sq., 457, 462, 465, 489, 500, 502, 518 sq., 546, 595, 632, 658, 661, 666 sq.
peine, *laid, leit, pîn, pîne* : 70, 82 sq., 106, 108, 118, 156, 159, 240, 255, 262, 269, 305, 337, 388, 436, 460, 477, 486, 503, 508 sq., 524, 538 sq., 541, 596, 626, 639, 645, 647, 652, 654 sq.
pelage, *vel* : 116, 129 sq., 245.
pensée, *gedanke* : 296, 308, 310 sq., 329, 332, 356, 376, 378 sq., 396, 415, 445, 482, 494, 552 sq., 555, 562, 637, 659.
percée (faire sa — à l'extérieur), *durchbrechen, ûzbrechen* : 75, 77, 116, 263, 280, 296 sqq., 321, 383, 433, 456, 483, 543, 604, 615.
père, *vater* : 110, 149, 166, 199, 226, 264, 276, 291, 335, 390 sq., 403 sq., 417, 419, 421, 436, 518, 543, 578 sq., 582, 595, 659.
Père, *vater* : 62 sqq., 69 sq., 73-76, 78, 81, 87-90, 97 sq., 100, 102, 109 sqq., 116, 128, 132 sq., 136 sq., 139, 142 sq., 145, 148, 150, 154, 162, 165, 168, 170 sq., 175 sq., 182, 185, 188, 191, 202, 208, 225-229, 232, 234-237, 239 sq., 243, 245, 256 sq., 260-266, 270-273, 279, 283 sq., 288, 290, 294-297, 310 sqq., 315, 329, 338, 342, 344 sq., 348, 350, 357, 362 sq., 372, 379, 383-387, 389 sq., 398, 400, 402-405, 407, 410, 414 sq., 419 sq., 425, 436 sq., 439 sqq., 443 sq., 446 sq., 451,

454, 462, 470 sq., 477, 479, 481, 486, 506, 512, 525, 528, 543 sq., 549, 564, 587 sq., 609 sq., 618, 624, 630, 634, 637, 640, 651, 654, 660, 671. Cf. Fils du Père, image du Père, Parole du Père, sagesse du Père.

Père céleste (le), Père des cieux (le), *himelsche vater (der), der himelische vater* : 59, 110, 165, 199, 205, 236, 294, 360, 404, 419, 423, 486, 603, 650, 660.

Père éternel, *êwige vater (der)* : 69, 155, 161, 233, 237, 241, 278, 386, 423.

Père-Fils céleste (le), *himelsche vater-sun (der)* : 650.

Père-Fils-et-Saint-Esprit, *vater-sun-und-heilic-geist* : 647.

Père des lumières, *vater der liehte* : 614.

perfection, *volkomenheit* : 81, 89, 143, 156 sq., 197, 235, 239 sq., 255, 257, 263, 274, 293, 304, 364, 400, 430, 462, 467, 471, 523 sq., 526, 565, 576, 600, 614, 623, 637, 648, 665 sq.

perfection divine (la), *gotliche vollincumenheit (die)* : 641.

personne, Personne, *persône* : 62, 73, 98 sq., 143 sq., 151, 188, 251, 334, 347, 398, 400, 403 sq., 404, 414, 462, 471, 478, 487, 525, 587, 650 sq., 671 sq.

Personne éternelle (la), *êwige persône (die)* : 653.

pharisien, *phariseûs* : 113 sqq.

plaisir, *lust* : 72 sqq., 104 sq., 121 sq., 155, 158, 180, 198, 208 sq., 253, 262, 269, 295, 309, 327, 335, 337, 344, 357, 366, 391, 475, 478, 500 sq., 508 sq., 515, 585, 659, 666.

plénitude, *vülle, vüllede* : 88, 151, 155, 165, 226, 228, 230 sq., 236 sq., 252, 278, 284, 287 sq., 332 sq., 518 sq., 609.

porter à l'intérieur, *innetragen, întragen* : 314, 320, 323 sq., 549, 608.

porter vers l'extérieur, *ûztragen* : 122-123, 565.

possibilité, *mügelicheit* : 76, 329.

possible, *mügelich* : 126, 191, 248, 257, 296, 299, 303, 310, 330, 422 sq., 438, 477, 535, 597, 601, 620, 672.

pourchasser, *iagen, jagen* : 499 sq., 508, 510 sq., 609, 643.

pourquoi (en vue de quelque), pourquoi (pas de), pourquoi (sans), pourquoi (un), *umbe einic warumbe, kein warumbe, sunder warumbe, ein warumbe* : 100 sq., 112,

282, 341, 345, 354, 356, 474.
prêcheurs, *prediger* : 214, 217, 221.
préjudice, *ungemach* : 73, 106, 261.
présence, *gegenwerticheit, gegenwürticheit* : 86, 136 sq., 357, 406, 460, 487, 652, 656.
présent, *gegenwertic, gegenwürtic* : 66, 68, 76 sq., 84, 91, 129, 131 sq., 139, 142, 150 sq., 167, 171, 178, 251 sq., 265, 288, 333, 357, 363, 415, 457, 487, 512, 530, 545, 637, 675. Cf. maintenant présent.
prière, *gebet* : 68, 207 sq., 381, 437, 461, 478, 524, 532, 660.
prochain (le), *ebenkriste (der), ebenmensch (der), naehste (der), nechste (der)* : 85, 104, 268, 290 sq., 401, 417, 580 sqq.
profond, *tief* : 576.
profondeur, *doifde, tiefe, tieffi* : 145, 174, 178 sq., 418, 447, 457.
prophète, *prophet, prophête, wîssage* : 63, 92, 113, 115, 171, 174, 182, 200, 247 sq., 252, 289, 326, 330, 358, 366, 374, 391, 413, 438, 489, 530, 535, 564, 579 sq., 598, 606, 609 sq., 614 sq., 617, 659.
propre (comme chose —), (le), *eigen, eigen (daz), eigentlîche (als)* : 514, 565, 568, 572 sq., 576, 585, 592, 598, 626 sq., 639, 659, 661, 678.
propre (appartenir en), *geeigent sîn* : 516.
propre, propre (en), propre (ce qui est, le), *eigen, eigen (als), eigene (daz)* : 71, 78, 80, 83 sqq., 87 sq., 90 sq., 93 sq., 97-101, 105 sq., 109, 111, 120, 128, 131, 138, 143, 147, 150, 152, 155, 174 sqq., 178 sq., 188, 191, 196, 220, 228, 238, 250, 253-256, 258, 261, 265, 268, 271, 274, 276 sqq., 281, 292, 295, 302-303, 319, 323 sq., 337, 341, 353, 362, 374, 376, 379, 383 sq., 387 sq., 399, 409 sq., 429 sqq., 436, 441, 444, 447, 470, 477, 481, 485. Cf. attachement propre, être-propre, moi propre, nature propre, nom propre, volonté propre.
propre (se donner en), *eigent (sich — [geben])* : 577.
propriété, nature propre, *eigenschaft* : 73 sq., 87, 137, 143, 187, 189, 231, 271, 286,

379, 398, 404, 443, 458, 540, 547, 549, 599, 631.

prospérité, *nutz* : 85. Cf. avantage.

puissance, *craft, gewalt, kraft, maht, mügentheit* : 62 sqq., 69-73, 75, 79, 97, 114-117, 122 sq., 127, 129, 135 sq., 139, 143-144, 146, 150, 167, 169, 171 sq., 195, 198, 202-205, 207, 209 sq., 212 sqq., 229, 239, 247, 263 sqq., 271, 296 sq., 299, 301 sqq., 306, 311, 320, 324, 327-330, 333, 336 sq., 350 sq., 360, 362 sq., 366 sqq., 374, 382, 387, 393, 397, 405 sqq., 410, 429, 437 sq., 456, 473 sq., 481, 483 sq., 525 sq., 530, 539-542, 563, 567, 586, 609, 614, 616, 618, 621 sq., 625, 630, 633 sqq., 639 sq., 674, 678. Cf. force, toute-puissance.

puissance ascendante (la), *ûfkriengende kraft (die)* : 302, 306, 311.

puissance discursive (la), *redelîche kraft (die)* : 306.

puissance divine (la), *götlîche mügentheit (die) götlîchin kraft (diu)* : 296, 625.

puissances inférieures (les), *nidersten crefte (die)* : 150, 192, 199, 297, 299, 352, 633.

puissance intellective (la), *kraft vernünftige (die)* : 443.

puissance naturelle (la), *natiurlîche kraft (die)* : 313.

puissance du Père, *gewalt des vaters, mügenheit des vaters* : 486, 525.

puissance du Père céleste, *vaters vermügenheit des himelschen vaters* : 650. Cf. force du Père céleste.

puissance(s) supérieure(s) (la, les), *oberste kraft (die), obersten krefte (die)* : 171, 192, 246, 263, 297, 299 sq., 302, 323, 350, 382 sq., 392, 406 sq., 483, 626, 633 sq.

puissances de l'âme, *crefte der selen, krefte der sêle* : 552 sq., 562 sq., 619, 633.

puissances des sens, *krefte der sinne* : 676.

pur, *luter, reine* : 93, 99, 220, 226, 230, 282, 304, 425, 429, 431, 451, 482, 488, 490, 525, 533, 625, 636.

pur néant (le), *blôze niht (daz)* : 93, 151.

pureté, *reinicheit, reinigkeit* : 192, 226, 489, 575.

purifier, *liutern, reinigen* : 295, 324, 440, 539, 573, 661.

quelque chose, quelque chose (un), *dehein dinc, ein, einez, ein wênic, etwaz, iht, swaz, waz (ein)* : 56, 61, 72, 74,

85 sq., 93, 98 sq., 111, 116-120, 123-126, 148 sqq., 152, 154, 157, 163, 165 sq., 168 sq., 172, 175 sqq., 181, 189, 195 sq., 199, 207 sqq., 212, 215, 219, 223, 228 sq., 236, 245, 249 sq., 261, 263, 272 sq., 275, 277 sq., 283, 285, 294, 301 sqq., 315, 319, 324, 331, 336, 341, 354-360, 363, 366 sq., 369, 377, 379 sq., 382, 386, 391, 393, 400 sq., 410, 412, 429, 435, 437, 440, 443 sq., 451 sq., 456 sq., 462, 469, 471, 473 sq., 481, 483, 488, 490, 493 sq., 496 sq., 501, 506, 509, 512 sq., 520 sq., 524, 533, 537 sq., 541, 546 sq., 549, 556 sqq., 571 sqq., 576, 580 sqq., 590 sq., 594, 599, 621, 633, 636, 638.

quelque chose de réceptif, *enpfenclîchez (ein)* : 526.

racine, *wurzel* : 122, 136, 173, 179, 213, 220, 264, 271, 280, 357 sq., 389, 403, 445, 480, 544, 658 sq.

raisonnable, *redelich* : 645, 647 sq., 652, 654.

réceptif, *enpfenclich* : 59, 62 sq., 391, 457, 572. Cf. quelque chose de réceptif.

réception de soi-même, *enpfâhunge sîn selbes* : 157.

réceptivité, *enpfenclicheit* : 67.

recevoir, *empfâhen, enpfachen, enpfaehen, enpfâhen, enphâhen, nemen, nimen* : 59, 62, 65 sqq., 70, 72, 74, 79, 82 sq., 87 sqq., 91, 105, 115, 119, 128, 132, 157, 159 sq., 170, 175, 181, 184, 186 sq., 189, 193, 211 sqq., 219 sq., 222 sq., 234, 239, 246, 249 sq., 256 sq., 265, 279, 284, 303, 309, 314 sq., 317 sq., 323 sq., 327, 331, 334, 359, 373, 375 sq., 383 sq., 387, 391 sqq., 402, 409 sqq., 419, 421, 428, 433, 438, 443, 448, 457, 462, 465 sq., 471, 477, 483 sq., 489, 493-497, 503, 510 sq., 519, 526 sq., 535, 546 sq., 553 sq., 562-567, 576 sqq., 581, 584, 588, 603 sqq., 610, 615 sq., 619 sqq., 638, 663, 667, 671.

récompense, *lôn* : 85, 104, 111 sq., 118, 275, 341 sq., 352, 359, 401, 451, 470.

reflet, *schîn, widerschîn, widerbilde, widerslac, widerslak* : 69, 284, 358, 549, 604, 616.

reflux, *daz wider vlissende* : 414. Cf. flux, influx.

reformer, *widerbilden* : 191, 196. Cf. former.

regarder à l'intérieur, *înblicken* : 543.

renouveler, *ernuwen, nuwen,*

vernüwern : 500, 630 sq., 633. Cf. nouveau.
renouvellement, *nüwe, nuwekeit* : 500, 631 sq.
repas du soir, *âbentspîse* : 211 sqq., 215 sq., 218.
repos, repos (en), *ruowe, ruowic, widerruowe* : 297, 303, 315, 319-322, 324, 344, 369, 407, 422, 460, 480 sqq., 485, 494, 531, 588, 625, 650, 652, 668. Cf. non-repos des œuvres extérieures (le).
repos (lieu de), *ruowestat* : 573.
repos divin (le), *götlîche ruowe (die)* : 485.
reposer, reposer (se), trouver repos, *geruowen, ligen, ruowen, wideruowen* : 318, 322 sqq., 328, 342, 344, 380, 442, 462, 480-483, 485, 496, 543, 609 sq., 620, 631.
résider, résider (un) *ligen, insiczen (ein), sitzen* : 112, 120, 123, 169, 206, 208, 303 sq., 308, 380, 391, 452 sq., 545 sq.
ressemblance, *glîchnisse, gleichnuss, gleichnyss* : 55, 75, 99, 165, 201, 284, 297, 300, 371, 373, 390, 392, 392, 419 sqq., 443, 462, 464, 481, 591, 625 sq., 638, 666. Cf. comparaison, conformité, égalité.
ressemblance divine (la), *götlîche glîchnisse (daz)* : 296, 298, 306, 443.
résurrection, *ûferstân* : 313.
révélation, *offenbârunge* : 239, 310, 332. Cf. le Livre de la Révélation.
révélation divine (la), *götlîche offenbârunge (die)* : 483.
riche, riche (le) *rîche, rîche (der)* : 177 sq., 234, 264, 301, 333 sq., 359, 364, 390 sq., 453, 474, 492, 519, 585, 612. Cf. homme riche.
richesse, *hort, rîcheit, rîchtuom* : 63, 71, 73, 115, 153, 190 sq., 231, 292, 304, 313, 323, 333, 336, 391, 409 sq., 428, 433, 474, 487, 531, 534, 613, 630.
rien, rien (le), *niht, niht (daz), nîht* : 55 sq., 57 sqq., 63, 65, 67 sq., 70, 78 sq., 83 sq., 86 sq., 88, 90 sq., 93, 95, 101, 104, 106 sq., 109 sqq., 115, 117-123, 125, 129, 131, 141, 142 sq., 146, 148, 150 sqq., 155, 157-160, 162, 165 sq., 169 sq., 172, 174, 176-179, 182, 184, 195 sq., 198, 200, 206, 208, 209 sq., 212 sq., 219-222, 225-231, 243, 245, 251, 254 sq., 260, 263, 267 sqq., 271 sq., 275, 278, 281 sqq., 285, 289, 295, 300, 303, 309 sq., 312, 315, 319 sqq.,

323, 326, 329, 332 sqq., 336, 340 sq., 347, 350, 352-355, 357, 359, 362, 366 sq., 372, 374-377, 381, 385, 387, 392, 395 sq., 398, 402 sq., 407, 409 sq., 412, 414, 417, 419 sq., 423, 426 sqq., 430 sq., 435, 439, 444 sq., 447, 450 sqq., 455-461, 464, 469, 471, 474, 477, 479, 482, 488, 503 sq., 506 sqq., 512-515, 524, 530, 532 sq., 538-542, 546 sq., 549, 551-559, 563, 566 sq., 572 sq., 576, 579-584, 586 sqq., 593-596, 599-602, 605, 617-620, 623, 628, 631 sqq., 636, 638, 648, 652, 656, 681. Cf. néant.

rien de rien, *nihtes niht* : 57, 60, 64, 71, 82, 88, 109, 111, 148, 151, 157, 179, 245, 356, 360, 362 sq., 379, 384, 400 sq., 407, 419, 423, 442, 451, 493, 514, 525, 529, 541, 572, 654 sq.

royaume, *rîche* : 70, 85, 87, 100, 305, 307, 384, 391, 439, 473, 529, 632.

royaume céleste (le), royaume des cieux, *himelische rîche, himelrîche (daz), hymelreich (daz), rîche der himel (daz)* : 104, 179, 254, 346, 391, 410 sqq., 425, 427, 462, 466, 469, 476, 486, 576, 592, 639, 658-661.

royaume de l'âme, *rîche der sêle* : 230.

royaume de terre, *ertrîche* : 361, 380.

royaume terrestre (le), *irdische rîche (daz), erdrîche* : 254, 486, 660-661.

royaumes de (du) ciel et de terre, *himelrîche und ertrîche, himmilriche und ertriche* : 580, 608, 620, 641.

royaume de Dieu, *gotes rîche, rîche gotes* : 334, 384, 528 sqq., 534, 562.

sacrement, *sacrament* : 110.

sage, sage (le), *wise, wîse, wîse man (der), wîsiu* : 138, 328, 340, 344, 392, 418, 436, 440, 445 sq., 453, 473, 531, 565, 569, 571, 589, 594, 625, 632, 644, 659. Cf. homme sage.

sage (être-), *wîse-wesen* : 590.

sagesse (Sagesse), *weissheit, wisheit, wîsheit, wysheit* : 63, 76, 79, 137 sq., 145, 151, 166, 171, 185, 188, 204, 208, 231, 249, 296, 298, 302 sq., 308, 313, 328, 334, 336, 346, 350, 353 sq., 359 sq., 425, 446 sq., 473 sqq., 483, 525, 536, 543, 570, 577, 595, 600, 632, 638 sq., 660. Cf. Livre de la Sagesse.

sagesse angélique (la), *engelische wîsheit (die)* : 310.
sagesse (avec), *wîsliche* : 520, 659.
sagesse de Dieu, *gotes wîsheit, wîsheit gotes* : 352, 425, 487.
sagesse divine (la), *götlîche wîsheit (die)* : 296, 330, 440, 483, 659.
sagesse du Fils, *wîsheit des sunes, wîsheit des suns* : 486, 525, 618.
sagesse du Père, *wîsheit des vaters* : 659.
Sagesse éternelle (la), *ewîge wîsheit (die)* : 154, 161, 200, 480, 482, 625.
saint, *heilic, sente* : 55, 69, 77, 81, 90, 95, 107 sq., 112 sq., 116, 118 sq., 121, 125, 127 sq., 129 sq., 134, 136, 140, 147 sqq., 150, 156 sq., 162, 164, 168, 175, 186, 192, 207, 209, 211-215, 218-221, 224 sq., 228, 233, 243-248, 252, 255, 257, 260, 263, 270 sq., 273, 282, 285, 287 sq., 290 sq., 326, 358, 401, 408, 411, 423, 426, 440, 462 sq., 480, 618, 655, 657, 666. Cf. Esprit Saint.
saint (le), *heilige (der), helige (der), heylge (der)* : 76, 94, 98, 104 sq., 149, 171, 179, 186, 192, 212, 255, 257, 273, 284, 288, 292, 295, 305, 313, 318, 352, 382, 411 sq., 425, 437, 462, 569, 571, 573, 575 sq., 582, 592, 606, 609, 617, 641, 646, 654 sq., 657, 665.
Saint Esprit (le), *heilge (heilige, helige) geist (der)* : 486, 538, 544, 567, 573, 587 sq., 596, 610, 615 sq., 618, 624 sq., 630, 635, 641, 654, 663.
Saint Evangile (le), *heilige êwangelium (daz)* : 545, 583.
Sainte Ecriture, *heilige geschrift (diu), heilige schrift (diu)* : 511, 617.
Sainte Trinité, *heilig(e) drîvalticheit (diu)* : 486, 488, 528, 624, 666.
sainteté, *heilicheit* : 90, 104, 192, 201, 208, 248, 412, 462.
sang, *bluot* : 379, 622, 650, 669.
santé : *gesuntheit* : 125, 159, 254 sq., 292, 474.
satisfaction, *genuogde, gnuogin, genüegede* : 357 sq., 407, 426, 471, 501, 634, 638, 645 sq.
satisfaction (trouver), *genüegen* : 638.
satisfaire, *begnuogen, genuegen, genuoc sîn, genuogen* : 420, 427 sq., 500 sq., 576, 634, 645, 654, 656.

savoir (le), *kunst, wizzen (daz)* : 115, 117, 137, 190, 320, 323 sq., 328, 347, 429 sqq., 493 sq., 572, 589 sq.
savoir (avec), *wizzentlîche* : 652.
savoir (beaucoup de), *vil sinne* : 565.
savoir (dénué de), *unwizzend* : 530.
savoir éternel (le), *êwige wizzen (daz)* : 647.
Seigneur, *herre* : 520 sq., 579, 596, 658 sq.
seigneurie, *hêrschaft* : 55, 62 sq., 77, 238, 296, 308, 328, 390, 408, 436, 473, 563.
sens (le), *sin (der)* : 56, 74, 83, 92, 104 sq., 119, 128, 163, 171, 205, 214, 218, 289 sq., 292, 309, 312, 319, 329, 333, 336 sqq., 340, 353, 377, 396, 402, 405, 418 sq., 423, 426, 430, 441, 444, 506 sq., 529, 546, 548, 551, 565, 571, 578, 592, 616, 647, 665.
sens (le, les), *sin (der), sinne (die)* : 77, 84, 123, 172, 196, 216, 223 sq., 229, 246, 263, 301 sq., 309, 314, 320, 323 sq., 327, 330, 335, 346, 361, 407, 455, 487, 490, 518, 552 sq., 582, 656, 676, 678.
sens corporels (les), *lîplîchen sinne (die)* : 673.
sens extérieurs (les), *ûzern sinne (die)* : 552.
sens inférieurs (les), *nidern sinne (die)* : 645, 652.
sens intérieurs (les), *inwendigen sinne (die)* : 552.
Séraphin, *Seraphîn* : 328, 483, 584.
service (être au), *dienen* : 497.
servir, *dienen* : 470, 523, 618, 644, 657.
serviteur, *chnecht, dienaere, dienestkneht, kneht* : 111, 136, 141, 214-217, 221 sq., 253, 274, 276, 283, 326 sqq., 436, 468, 470, 474, 505 sq., 511, 514 sqq., 520 sq., 619.
signe, *zeichen* : 166, 290, 306, 313 sq., 319, 338, 367, 447, 473, 490, 497, 559.
signes extérieurs, *glîchnisse* : 487.
silence, *stille* : 322, 363, 398.
simple, *ainvaltic, einvaltic, simpel* : 63, 72 sqq., 91, 98 sqq., 102, 111, 136, 169, 181, 190, 195, 198, 292, 302, 368, 380, 386, 388, 396 sqq., 418, 435, 453, 466, 484.
simple, simple (de façon), *einualdic, einvaltic, einvalticlîche* : 551, 553, 559, 564 sq., 583, 613, 618, 642, 650, 672.
simplicité, *einvalticheit* : 178,

181, 194, 197, 202, 298, 345, 347, 388.
soif, *durst* : 305, 352, 354, 359, 397, 408, 517, 541, 608.
soir, *abent* : 317 sq., 320 sqq., 325, 444.
soleil, *sunne* : 299, 306, 314, 317, 322, 357, 377, 382, 392 sq., 414, 442, 448, 450 sq., 461, 465, 478, 489, 542, 548, 551, 554, 558, 566, 570, 586, 616, 619, 642.
sortir, *ausgehen, ûzerrucken, ûzgân, ûzkomen* : 87, 98, 101-104, 106, 117, 144, 151, 155, 159, 162 sq., 169, 177, 178, 180, 185, 226, 240, 285, 301, 309, 330, 358, 362, 428, 436, 438, 451, 457, 481, 507, 517, 525, 543, 584, 680.
souffrance, *leide(n), leit, lîden, lîdunge, wê* : 62, 71, 82, 95, 118, 144, 148, 151 sqq., 156 sq., 163 sq., 173, 192, 217, 221, 238 sq., 250, 276, 292, 337, 356, 406, 408 sq., 423, 456 sq., 459 sq., 578, 595 sq., 654 sq.
souffrir, *erlîden, gelîden, leit haben, leyden, lîden* : 70 sq., 99 sq., 118, 156, 163 sqq., 240, 254, 275, 292, 311, 350, 358, 380, 393 sq., 401, 406-409, 465, 471, 477, 482 sq., 495, 538, 541, 547, 574-577, 594 sq., 618 sqq. Cf. pâtir.
soumis, *gehoeric, underböugic, undertaenic* : 149, 244, 382 sq., 390, 411, 448, 667.
soumission, *undersetzunge* : 436.
source de la vie (éternelle), *brunne des (êwigen) lebens* : 517, 621 sq.
source divine (la), *götlichiu brunnen (der)* : 306.
spirituel, *geistlich* : 58, 68, 71, 133, 160, 184, 186 sq., 211, 284, 392, 395, 397, 400, 401, 405, 408 sq., 419, 461, 468, 487, 510, 563, 585, 592, 595, 616, 621, 630, 635, 661 sq. Cf. chose spirituelle, homme (vraiment) spirituel.
stabilité, *staeticheit* : 596, 600.
subtilité, *kleinlicheit* : 416.
supérieur, *ober, oberste, houbet (der)* : 78, 128 sq., 205, 249, 263, 314, 323, 365, 438, 448, 456, 628, 630. Cf. puissance(s) supérieure(s).
surnaturel, *übernatiurlich* : 117.

temple, *tempel* : 55-58, 60 sq., 124, 128, 294, 371, 461, 516.
temps, *zît* : 57, 59 sq., 63 sq.,

68 sqq., 85, 88, 91, 95, 102 sq., 105, 122, 124 sq., 131, 137, 139-142, 145-149, 153, 158, 167, 207 sq., 222 sq., 235, 238, 246 sq., 249-253, 256, 260-264, 275, 278 sqq., 282 sq., 288 sq., 295, 299, 303, 305 sq., 308-312, 314 sqq., 321, 327, 329, 331 sqq., 337, 341 sqq., 346 sqq., 350 sq., 357, 361 sq., 365 sq., 371 sqq., 376 sq., 388, 390, 392, 398, 405, 407 sq., 414, 421, 432, 437 sq., 440, 443, 450, 463 sq., 474, 487, 490 sq., 496, 502, 516, 518 sq., 531, 533 sqq., 540, 546, 556, 575, 591, 596 sqq., 609, 626, 631, 633, 640, 647 sqq., 652, 666.

ténèbre, ténèbres, *dosternysse, dusternis, finstenisse, vinster, vinsternis, vinsternisse* : 57, 63, 176, 182, 237, 240 sq., 361, 382, 413, 417, 423 sq., 465, 556, 566 sq., 606, 609, 626, 638, 649. Cf. obscurité.

tentation, *bekorunge* : 164, 292, 467.

terre, *erde* : 55, 70, 72, 106, 132, 172 sq., 177, 190, 198, 239, 243, 246, 275, 299, 306, 312, 314, 317 sq., 322, 337 sq., 361, 374 sq., 380, 389, 394 sq., 402, 405-410, 417, 425, 430, 441 sq., 447, 449, 457, 462 sq., 465, 482, 485, 489, 491, 502, 516, 520, 532 sq., 541, 551, 554, 556 sq., 568, 570 sq., 580, 603, 606 sq., 640.

terrestre, *irdisch* : 132, 168, 223, 243, 336. Cf. chose terrestre, royaume terrestre.

toute-puissance, *almehtichei* : 542.

tourner vers l'extérieur (se), *uskeren* : 181.

transformer, transformer (en), transformer (se), *machen ze, überbilden, überformieren, verwandeln, wandeln, wandeln (sich)* : 79, 110, 112, 148, 212, 214, 219, 289, 308, 340, 358, 422, 442, 510, 614.

Trinité, *driualtikeit, drîvalticheit* : 144, 171, 270, 453, 480 sq., 611, 634.

triste, *trûric* : 654.

tristesse, *trûricheit* : 195, 242, 406 sq.

Trônes (les), *Thrôni (die)* : 328.

Un (le), *ain (daz), ein (daz), einez (daz), einz (daz), eyn (dat)* : 69, 73 sq., 98, 102, 110, 157, 166, 174, 179, 202 sq., 225, 227 sqq., 231 sq., 236, 238, 243, 245, 251, 269, 276 sqq., 280, 285 sq.,

299 sq., 313, 322, 328, 347 sqq., 354, 357 sq., 364, 366, 370, 372 sq., 376 sq., 385, 387, 390, 397, 404 sq., 419-422, 433, 438 sq., 444 sqq., 452 sq., 458, 471, 477 sq., 499, 501 sq., 505 sq., 510, 512, 519, 524-528, 533, 542, 548, 550, 555 sq., 564 sq., 613, 631, 635 sq., 651, 653. Cf. être-un (l').
unicité, *eindaerkeit, einicheit, einikeit* : 63, 398, 652.
uni-formité divine (l'), *götlîche einförmicheit (die)* : 349.
union, *einicheit, einigunge, einunge, vereinunge* : 66, 76, 90, 92, 114, 143, 157, 257, 304, 358, 361, 369 sqq., 374, 392 sqq., 405 sq., 411, 470 sqq., 538, 573, 618, 642, 655.
union spirituelle (l'), *geistlîche einunge (vereinunge) (die)* : 661.
union véritable, *rehtiu einunge* : 538.
unifier, *einigen, vereinen* : 613, 616, 619.
unir, unir (s'), *einen, einigen, foreinen, verainen, vereinen, vereinen (sich), vereinigen, vüegen* : 298, 300, 302, 348, 369-374, 390 sq., 393, 395, 398, 400, 405 sqq., 409, 411, 448, 464, 471 sq., 483 sq., 505, 512, 514, 519, 528, 574, 586 sqq., 591, 614, 628, 641 sq., 652 sq., 662, 664.
unité, *ainichait, ainikait, ainickeit, einicheit, einikeit* : 137, 143 sq., 147, 155, 157-160, 165, 167, 178 sq., 202 sq., 206, 208, 231, 245, 276, 278, 280, 282, 284 sqq., 348, 396 sq., 421, 438, 506 sq., 509, 511, 635, 651, 678.
unité Dieu et homme, *gotes und menschen einicheit* : 650.
unité nue de Dieu, *bloz einekeit gotiz* : 631.
unité divine (l'), *gotliche einkeit (die)* : 631.

vastitude, *wîte* : 329, 333.
veine, *âder* : 264.
véritable, *wârhaft, wârhaftigiu* : 87, 103, 370, 427, 447, 482, 485, 665. Cf. homme véritable (l'), union véritable, voyant véritable.
vérité, vérité (en, en bonne), *wârheit, waerlîche, wârheit (in der), wâhrheit (mit guoter)* : 57, 59 sq., 66, 70 sq., 73-74, 76, 78, 85, 87 sq., 92, 99, 103, 115 sq., 131, 134 sq., 166, 182, 186, 192, 207 sq., 213 sqq., 228, 230 sq., 241, 245 sq., 253 sqq., 258-262, 264, 268, 272,

276 sq., 281 sq., 285, 296 sq., 302, 304, 310 sq., 319, 332, 336 sq., 341, 357, 359, 361-364, 376, 381, 383, 389, 396, 398-401, 403 sq., 406, 411, 413 sq., 426, 428 sq., 433, 445, 453, 463, 479, 509, 513 sq., 517-519, 524 sq., 530, 538, 542 sq., 547, 570, 578, 583, 588, 596, 599, 623, 650, 652, 665 sq., 679 sq.

vérité (en bonne), *bî (mit) guoter wârheit* : 516, 519-520, 543.

vérité (la nue), *blôziu wârheit (die)* : 509, 511.

vérité divine (la), *götlîche wârheit (die)* : 296, 369, 426 sq., 457, 599.

vérité éternelle (la), *ewige warheit (die)* : 396, 398, 425, 427, 578.

vérité intellectuelle vivante, *vernünfltige lebelîche wârheit (die)* : 649.

vertu, *tugent* : 38, 83, 123, 140, 179, 193, 203, 267 sqq., 274, 281, 294, 301, 304, 313, 328, 340, 342 sq., 358, 369, 379 sq., 410 sq., 441, 463, 484, 575 sq., 579 sq., 646, 648, 653, 655, 657.

vertu divine (la), *götlîche tugent (die)* : 302 sq., 306.

vêtement, *kleit* : 82, 116, 130, 152, 164, 170, 195, 199, 212, 217, 223, 302, 304, 306, 312, 347, 355, 470, 477, 479, 487, 541, 608.

veuve, *witewe* : 200, 203, 365 sq., 399.

vie, *leben* : 65, 84, 87, 93, 101, 105, 107 sq., 110 sq., 118-123, 152, 156, 164, 174, 178 sqq., 194, 203 sq., 219, 250, 256 sq., 264 sq., 268, 277, 306, 312, 324, 327 sq., 342 sqq., 354, 367, 374 sq., 387, 392, 396, 398, 401, 403 sq., 406 sqq., 411 sq., 421 sq., 428, 440, 443 sq., 468, 477, 484, 495, 497, 500, 509, 512, 516, 526, 531, 535, 538, 554, 556, 573, 582, 588, 591, 605 sq., 609, 613, 616, 619, 621 sqq., 628, 631, 646 sq., 649, 651, 653.

vie bienheureuse (la), *saelige leben (daz)* : 269, 377.

vie divine (la), *götlîche leben (daz)* : 483 sq.

vie de Dieu, *gotes leben* : 515.

vie de l'âme, *leben der sêle* : 591, 619.

vie éternelle (la), *êwic leben (daz), êwige leben (daz)* : 105, 111, 121, 155, 160, 194, 199, 230, 275, 327, 345, 380, 383, 385, 411, 440, 444-445, 447 sqq., 458, 466, 493, 517, 531,

536, 545 sq., 550, 558, 563, 591.
vieillesse, *alter* : 327.
vierge, Vierge, *juncvrouwe, megde* : 65-69, 72, 139, 152 sq., 162 sq., 167 sq., 234, 237, 603.
virginité, *juncvröuwelicheit* : 67, 135.
visage, *antlit, antlüt, antlütze* : 131, 187, 243, 254, 282, 303, 312, 328, 464 sqq., 503, 616, 618. Cf. face.
visée, *meinunge, mynunge* : 95, 137, 146, 176, 192, 276, 291. Cf. intention, opinion.
visée (avoir pour), *meinen* : 369, 480, 602. Cf. intention, opinion.
volonté, *wille* : 55, 77, 81 sqq., 102 sq., 106, 112, 116 sq., 122, 130, 135 sq., 142, 163, 171, 177 sq., 184, 187 sq., 196, 203, 227, 229 sqq., 235, 254-259, 263, 269, 272, 274 sq., 280 sqq., 289, 302 sq., 306, 311, 320, 323, 327, 329, 332, 355, 362, 367 sq., 370, 380, 390, 403, 415, 426 sqq., 432, 476, 479, 488 sq., 497, 516, 519, 542 sq., 570, 577, 614, 622 sq., 635, 650, 654 sqq., 664.
volonté (par), *williclîche* : 516.
volonté bonne (la), *guot (e) wille (der)* : 105, 160, 580, 623.
volonté bonne (la), *guote wille (der)* : 580, 623.
volonté de Dieu (la), *gotes wille (der)* : 66, 82, 106, 159, 177 sq., 254 sqq., 269, 281, 355 sq., 427, 430, 433, 476 sq., 479, 494 sq., 519, 655, 658.
volonté éternelle (la), *êwige wille (der)* : 654.
volonté divine (la), *der götlîche willen* : 303.
volonté libre (la), *vrîe wille (der)* : 282, 518-519.
volonté parfaite (la), *volkomen wille (der)* : 623.
volonté propre (la), *eigne wille (der)* : 71, 99 sq., 106, 157, 433, 469, 479.
vouloir de Dieu, *gotes willen* : 405.
voyant véritable, *wâr-sehender* : 594.
vrai, *wâr* : 61, 73 sq., 76, 78, 83, 86, 92, 100, 105, 107, 111, 120, 122, 130, 138, 151, 153, 157, 169, 207 sq., 213, 216, 245, 260 sqq., 266, 289, 301, 305, 313, 319, 331, 356, 379, 385 sq., 393, 396, 400, 406, 412, 417, 422, 430, 432 sq., 440, 444 sqq., 450 sq., 453, 457 sq., 470, 476, 488, 501, 506, 510 sq., 514, 517 sq.,

523, 525, 535 sq., 538, 545, 550, 554, 556, 559, 566, 575 sq., 582, 587 sq., 593 sq., 608, 632, 654, 657, 659, 667, 681. Cf. homme vrai (l').

zèle, zèle (avec), zèle (mettre son — à), *vlîz, vlîze (mit), vlîziclîche, vlizzen* : 65 sq., 80, 82 sq., 105, 181, 190, 301 sqq., 307, 358, 360, 382, 391, 399, 412, 514, 542, 655, 670, 677.

Table

Présentation 7

Maître Eckhart prédicateur 12
« Quand je prêche, j'ai coutume... » 19
L'union dans l'âme, au-delà de l'âme 24
Une pensée de la totalité 37
Le néant de Dieu 40
Comme un livre à portée de main 46

Sermon 1 : *Intravit Jesus in templum et coepit eicere vendentes et ementes* 55
Sermon 2 : *Intravit Jesus in quoddam castellum et mulier quaedam, Martha nomine, excepit illum in domum suam* 65
Sermon 3 : *Nunc scio vere, quia misit Dominus angelum suum* 75
Sermon 4 : *Omne datum optimum et omne donum perfectum desursum est* 81
Sermon 5 a : *In hoc apparuit charitas dei in nobis, quoniam filium suum unigenitum misit deus in mundum ut vivamus per eum* 90
Sermon 5 b : *In hoc apparuit caritas dei in nobis* 97
Sermon 6 : *Justi vivent in aeternum* 104

Sermon 7 : *Populi ejus qui in te est, misereberis* . 113
Sermon 8 : *In occisione gladii mortui sunt* 118
Sermon 9 : *Quasi stella matutina in medio nebulae et quasi luna plena in diebus suis lucet et quasi sol refulgens, sic iste refulsit in templo Dei* 124
Sermon 10 : *In diebus suis placuit deo et inventus est justus* 134
Sermon 11 : *Impletum est tempus Elisabeth* 146
Sermon 12 : *Qui audit me* 154
Sermon 13 : *Vidi supra montem Syon agnum stantem etc.* 162
Sermon 13 a 168
Sermon 14 : *Surge illuminare iherusalem etc.* ... 171
Sermon 15 : *Homo quidam nobilis abijt in regionem longinquam accipere regnum et reuerti* .. 177
Sermon 16 a 184
Sermon 16 b : *Quasi vas auri solidum ornatum omni lapide pretioso* 186
Sermon 17 : *Qui odit animam suam in hoc mundo etc.* 194
Sermon 18 : *Adolescens, tibi dico : surge* 200
Sermon 19 : *Sta in porta domus domini et loquere verbum* 205
Sermon 20 a : *Homo quidam fecit cenam magnam* 211
Sermon 20 b : *Homo quidam fecit cenam magnam etc.* 218
Sermon 21 : *Unus deus et pater omnium etc.* ... 225
Sermon 22 : *Ave, gratia plena* 233
Sermon 23 242
Sermon 24 248
Sermon 25 : *Moyses orabat dominum deum suum etc.* 253

Sermon 26 : *Mulier, venit hora et nunc est, quando veri adoratores adorabunt patrem in spiritu et veritate* 260
Sermon 27 : *Hoc est praeceptum meum ut diligatis invicem, sicut dilexi vos* 266
Sermon 28 : *Ego elegi vos de mundo* 273
Sermon 29 : *Convescens praecepit eis, ab Ierosolymis ne discederent etc.* 279
Sermon 30 : *Praedica verbum, vigila, in omnibus labora* 287
Sermon 31 : *Ecce ego mitto angelum meum etc.* 294
Sermon 32 : *Consideravit semitas domus suae et panem otiosa non comedit* 299
Sermon 33 : *Sancti per fidem vicerunt regna.* .. 305
Sermon 34 : *Gaudete in domino, iterum gaudete etc.* 308
Sermon 35 : *Si consurrexxistis cum Christo, quae sursum sunt etc.* 312
Sermon 36 a : *Stetit Iesus in medio discipulorum et dixit : pax etc.* 317
Sermon 36 b 321
Sermon 37 : *Vir meus servus tuus mortuus est* ... 326
Sermon 38 : *In illo tempore missus est angelus Gabriel a deo : ave, gratia plena* 331
Sermon 39 : *Iustus in perpetuum vivet et apud dominum est merces eius etc.* 340
Sermon 40 : *[« Demeurez en moi ! »]* 346
Sermon 41 : *Qui sequitur iustitiam diligetur a domino. Beati qui esuriunt, et sitiunt iustitiam : quoniam ipsi saturabuntur* 352
Sermon 42 : *Adolescens, tibi dico : surge* 360
Sermon 43 : *Adolescens, tibi dico : surge* 365
Sermon 44 : *Postquam completi erant dies, puer Iesus portabatur in templum* 371

Sermon 45 : *Beatus es, Simon Bar Iona, quia caro et sanguis etc.* 379
Sermon 46 : *Haec est vita aeterna* 385
Sermon 47 : *Spiritus domini replevit orbem terrarum etc.* 389
Sermon 48 395
Sermon 49 : *Beatus venter, qui te portavit, et ubera, quae suxisti* 399
Sermon 50 : *Eratis enim aliquando tenebrae* . . . 413
Sermon 51 : *Hec dicit dominus : honora patrem tuum etc.* 417
Sermon 52 : *Beati pauperes spiritu, quoniam ipsorum est regnum caelorum* 425
Sermon 53 : *Misit dominus manum suam et tetigit os meum et dixit mihi etc. Ecce constitui te super gentes et regna* 435
Sermon 54 a 440
Sermon 54 b : *Haec est vita aeterna, ut cognoscant te, solum deum verum, et quem misisti, Iesum Christum* 446
Sermon 55 : *Maria Magdalena venit ad monumentum etc.* 454
Sermon 56 : *«Maria stuont ze dem grabe und weinete»* 459
Sermon 57 : *Vidi civitatem sanctam Ierusalem novam descendentem de caelo a domino etc.* . . 464
Sermon 58 : *Qui mihi ministrat, me sequatur, et ubi ego sum, illic et minister meus erit* 468
Sermon 59 : 473
Sermon 60 : *In omnibus requiem quaesivi* 480
Sermon 61 : *Misericordia domini plena est terra* 486
Sermon 62 : *Got hât die armen gemachet durch die rîchen* 492
Sermon 63 : *Man liset hütt da haimê in der epistel* 499

Sermon 64 : *die sele die wirt ain mit gotte vnd nit veraint* 504
Sermon 65 : *Deus caritas est et qui manet in caritate* 508
Sermon 66 : *Euge, serve bone et fidelis* 514
Sermon 67 : *Gott ist die minne, und der in der minne wonet, der wonet in in gote und got in im* . . . 523
Sermon 68 : *Scitote quia propre est regnum dei* . 529
Sermon 69 : *Modicum et jam non videbitis me* . . . 536
Sermon 70 : *Modicum et non videbitis me* 545
Sermon 71 : *Surrexit autem Saulus de terra* 551
Sermon 72 : *Videns Iesus turbas, ascendit in montem* 562
Sermon 73 : *Dilectus deo et hominibus, cujus memoria in benedictione est* 569
Sermon 74 : *Dilectus deo et hominibus, cujus memoria in benedictione est* 575
Sermon 75 : *Mandatum novum do vobis* 583
Sermon 76 : *Videte qualem caritatem dedit nobis pater* 589
Sermon 77 : *Ecce mitto angelum meum* 597
Sermon 78 : *Missus est Gabriel angelus* 603
Sermon 79 : *Laudate caeli et exultet terra* 606
Sermon 80 : *Homo quidam erat dives* 611
Sermon 81 : *Fluminis impetus laetificat civitation Dei* 615
Sermon 82 : *Quis, putas, puer iste erit ?* 624
Sermon 83 : *Renovamini... spiritu mentis vestrae* 630
Sermon 84 : *Puella, surge* 637
Sermon 85 : *Puella, surge* 641
Sermon 86 : *Intravit Iesus in quoddam castellum* 644
Sermon 87 : *Ecce, dies veniunt, dicit dominus, et suscitabor David germen justum* 658

Sermon 88 : *Post dies octo vocatum est nomen ejus Jesus* 663
Sermon 89 : *Angelus Domini apparuit* 665
Sermon 90 : *Sedebat Iesus docens in templo* 668

Notes 683
Index des noms de personnes 733
Index des matières 737

DES MÊMES AUTEURS

Gwendoline Jarczyk (sélection)

Système et liberté dans la logique de Hegel, Paris, Aubier-Montaigne (coll. « Philosophie de l'esprit »), 1980 ; 2e éd., Paris, Éd. Kimé, 2001.

Science de la logique, Hegel, Paris, Ellipses (coll. « Philo-œuvres »), 1998.

Le Négatif ou l'écriture de l'autre dans la logique de Hegel, Ellipses (coll. « Philo »), 1999.

Le Mal défiguré. Étude sur la pensée de Hegel, Ellipses (coll. « Philo »), 2000.

Au confluent de la mort. L'universel et le singulier dans la philosophie de Hegel, Ellipses (coll. « Philo »), 2002.

La Réflexion spéculative. Le retour et la perte dans la pensée de Hegel, Paris, Éd. Kimé, 2004.

Le Concept dans son ambiguïté. La manifestation du sensible chez Hegel, Ed. Kimé (coll. « Logique hégélienne »), 2006.

La Liberté ou l'être en négation. Rapport et unité relationnelle dans la logique de Hegel, Éd. Kimé (coll. « Logique hégélienne »), 2009.

Tous les mille ans, Paris, Le Méridien Éditeur (coll. « Luminaires »), 1988.

Diaphonies, Paris, Le milieu du jour (coll. « Luminaires »), 1990.

Éloge des libertés, Paris, Desclée de Brouwer, 1990.

Entretiens

Dieu immédiat, entretiens avec Eugen Drewermann, Desclée de Brouwer, 1995.

Entre Dieu et le cosmos, entretiens avec Raimon Panikkar, Paris, Albin Michel, 1998.

Profession théologien. Quelle pensée chrétienne pour le XXIe siècle ?, entretiens avec Claude Geffré, Albin Michel, 1999.

Penseur libre en Islam, entretiens avec Mohammed Talbi, Albin Michel, 2002.

Fils de la Parole, entretiens avec Salah Stétié, Albin Michel, 2004.

Profession rabbin. De la communauté à l'universel, entretiens avec Daniel Farhi, Albin Michel, 2006.

Pierre-Jean Labarrière

Structures et mouvement dialectique dans la Phénoménologie de l'esprit de Hegel, Paris, Aubier-Montaigne, 1968 ; réimpr. 1988.
Introduction à une lecture de la Phénoménologie de l'esprit de Hegel, Aubier-Montaigne, 1979 ; réimp. 1987.
Phénoménologie de l'esprit de Hegel, Ellipses, 1997.
L'Unité plurielle. Éloge, Aubier-Montaigne, 1975.
Le Discours de l'altérité, Paris, PUF, 1983.
L'Utopie logique, Paris, L'Harmattan, 1992.
Poïétiques. Quand l'utopie se fait histoire, PUF, 1998.
Croire et comprendre. Approche philosophique de l'expérience chrétienne, Paris, Éd. du Cerf, 1999.
Un silence d'environ une demi-heure, Paris, Librairie-Galerie Racine, 2006.

En collaboration

Hegel. Notes et fragments (Iéna 1803-1806), texte traduit et commenté par Catherine Colliot-Thélène, Gwendoline Jarczyk, Jean-François Kervégan, Pierre-Jean Labarrière, Alain Lacroix, André Lécrivain, Béatrice Longuenesse, Denise Souche-Dagues, Steve Wajsgrus, Paris, Aubier (coll. « Bibliothèque philosophique »), 1990.
L'Anneau immobile. Regards croisés sur Maître Eckhart, par Secondo Bongiovanni, Gwendoline Jarczyk et Pierre-Jean Labarrière, Benoît Vermander, Paris, Éd. Facultés jésuites de Paris, 2005.

Bibliographie de Gwendoline Jarczyk et Pierre-Jean Labarrière

Hegel

Science de la Logique, texte traduit, présenté et annoté : L'Être (version de 1812), Paris, Aubier-Montaigne (« Bibliothèque philosophique »), 1972 ; 2e éd., Paris, Éd. Kimé (coll. « Logique hégélienne »), 2006, *La doctrine de l'essence*, Aubier-Montaigne (« Bibliothèque philosophique »), 1976 (2e éd. sous presses aux Éd. Kimé), *La logique subjective ou doctrine du concept*, Paris, Aubier (coll. « Bibliothèque philosophique »), 1981 (2e éd. en préparation aux Éd. Kimé), *La doctrine de l'être* (version de 1832), Éd. Kimé (coll. « Logique hégélienne »), 2007.

Phénoménologie de l'esprit, texte traduit, présenté et annoté, Paris, Gallimard (coll. « Bibliothèque de philosophie »), 1993 ; réimp. Gallimard (coll. « Folio / Essai »), 2002.

Hegeliana, Paris, PUF (coll. « Philosophie d'aujourd'hui »), 1986.

Les Premiers Combats de la reconnaissance. Maîtrise et servitude dans la Phénoménologie de l'esprit de Hegel, éd. bilingue et commentaire, Aubier (« Bibliothèque du Collège international de philosophie »), 1987.

Le Malheur de la conscience ou l'accès à la raison, éd. bilingue et commentaire, Aubier (coll. « Bibliothèque philosophique »), 1989.

Le Syllogisme du pouvoir. Y a-t-il une démocratie hégélienne ?, éd. bilingue et commentaire, Aubier (coll. « Bibliothèque philosophique »), 1989.

De Kojève à Hegel. 150 ans d'études hégéliennes en France, Paris, Albin Michel (coll. « Bibliothèque Albin Michel Idées »), 1996.

Maître Eckhart et Henri Suso

Maître Eckhart ou l'empreinte du désert, Paris, Albin Michel (coll. « Spiritualités vivantes »), 1995.

Maître Eckhart, Du détachement et autres textes, texte traduit et présenté, Paris, Éd. Payot & Rivages (coll. « Petite Bibliothèque »), 1995.

Maître Eckhart, Le Château de l'âme, Sermons 2 et 86 traduits et présentés, Paris, Desclée de Brouwer (coll. « Les Carnets »), 1995.

Maître Eckhart, Les Traités et le Poème, texte traduit, présenté et annoté, Albin Michel (coll. « Spiritualités vivantes »), 1996.

Le Vocabulaire de Maître Eckhart, Paris, Ellipses (coll. « Vocabulaire de... »), 2000.

Henri Suso, Petit Livre de la Vérité, éd. bilingue, texte présenté, traduit et annoté, Paris, Éd. Belin (coll. « L'extrême contemporain »), 2002.

Impression CPI Firmin Didot en juin 2015
Éditions Albin Michel
22, rue Huyghens, 75014 Paris
www.albin-michel.fr

ISBN : 978-2-226-19102-1
ISSN : 0755-1835
N° d'édition : 18555/03   N° d'impression : 129348
Dépôt légal : mars 2009
Imprimé en France